Beat Fischer (1641–1698)
Der Gründer der bernischen Post

Frontispiz: *Beat Fischer (1641–1698),
Ausschnitt aus dem Familienporträt
des Basler Malers Johann Rudolf Werenfels
von 1671 (Gesamtbild siehe Abb. 93, S. 230).*

Hans Braun

Barbara Braun-Bucher

Annelies Hüssy

Thomas Klöti

Georges Herzog

Beat Fischer (1641–1698)

Der Gründer der bernischen Post

Schriften der Burgerbibliothek Bern

Impressum

Auslieferung an den Buchhandel:	Stämpfli Verlag AG, Bern
	ISBN 3-7272-1222-5
	© Burgerbibliothek Bern, 2004
Buchgestaltung und technische Koordination:	Eugen Götz-Gee, ADD Atelier Design+Druck AG, Bern
Karten-Illustrationen:	Steven Götz, Bern
Satz:	ADD Atelier Design+Druck AG, Bern
Fotolithos:	Prolith AG, Schönbühl/Bern
Druck:	Stämpfli AG, Publikationen, Bern
Einband:	Buchbinderei Schlatter AG, Köniz
	Printed in Switzerland

Inhaltsverzeichnis

Geleitwort 7

Vorwort 9

Hans Braun
Zur familiären Herkunft Beat Fischers 11–30

Barbara Braun-Bucher
Beat Fischer – Jugend, Lehrjahre und Bibliothek 31–82

Annelies Hüssy
Beat Fischer – Ökonomie, Politik und barocke Lebensart 83–159

Thomas Klöti
Die Gründung der Fischerpost – Eine Erfolgsgeschichte 161–219

Georges Herzog
Beat Fischer als Bauherr und Freund der Künste 221–327

Anhang 329–349

Bibliographie 331

Literatur 334

Personenregister 340

Ortsregister 346

Abbildungsnachweis 349

Geleitwort

Mit der vorliegenden Monografie zu «Beat Fischer (1641–1698)» umfasst die 1953 eröffnete Reihe «Schriften der Burgerbibliothek Bern» bereits 24 Bände. Ziel der Schriftenreihe ist es, «das Erbe der Vergangenheit erinnernd zu bewahren». Verschiedene Publikationen wurden zu echten Standardwerken, so etwa «Berns Anteil am evangelischen und eidgenössischen Defensionale im 17. Jahrhundert» von Georges Grosjean, «Das Emmental im Staate Bern bis 1798» von Fritz Häusler oder auch das «Historisch-topografische Lexikon der Stadt Bern» von Berchtold Weber. Viel beachtet und geschätzt wurden auch die kulturhistorischen Essays Michael Stettlers wie «Bernerlob», «Neues Bernerlob» oder «Aare, Bär und Sterne». Die kürzlich erschienenen Prachtsbände «Handwerkskunst in Gold und Silber» von Robert L. Wyss, «Fonck à Berne» von Hermann von Fischer sowie das «Wappenbuch der Burgergemeinde Bern» von Berchtold Weber und Martin Ryser sind noch in frischer und bester Erinnerung. Mehr als ein Band wurde dank der grossen gestalterischen Kompetenz von Eugen Götz-Gee im Wettbewerb «Die schönsten Bücher» ausgezeichnet. Mein erster Dank und herzliche Gratulation geht somit an die Burgerbibliothek Bern, die mit Hingabe, Umsicht und Sorgfalt die Herausgabe und Produktion der Bände betreut. Wir dürfen stolz auf die Reihe «Schriften der Burgerbibliothek Bern» sein, die uns die bernische Geschichte und Tradition lebendig näher bringt.

Oftmals wird behauptet, ja gar der gewagte und untaugliche Versuch unternommen, wissenschaftlich-statistisch zu belegen, dass Bern blosses Mittelmass, nur baren Durchschnitt hervorbrachte – und auch heute noch hervorbringt! Zuzugeben ist, dass der Berner Mentalität eher Behäbigkeit, Schollenverbundenheit und Solidität entspricht. Höhenflüge jeder Art werden oftmals als suspekt betrachtet. Richtig ist auch, dass im alten Bern, mehr als in anderen Städten, die Ambitionen des Patriziates sich fast ausschliesslich auf die Magistratur konzentrierten. Neben der politischen Laufbahn konnten allenfalls die militärische Karriere in fremden Diensten oder die Verwaltung der eigenen Landgüter als standesgemäss gelten. Das frühindustrielle Unternehmertum fehlte tatsächlich in Bern fast gänzlich. Aber dennoch: Auch Bern hat Raum geschaffen für herausragende, schillernde Persönlichkeiten, die weit über Bern hinausstrahlten. Zu denken ist an Hieronymus von Erlach, an Albrecht von Haller und Theodor Kocher oder an Jeremias Gotthelf. Aber auch Wirtschaftspioniere wirkten in Bern. Zu nennen sind etwa Theodor Tobler, Dr. Georges Wander, Gustav Adolf Hasler oder Christian Gfeller.

Ganz ohne Zweifel gehört auch Beat Fischer zu denjenigen Berner Persönlichkeiten, deren Wirken europäischen Glanz und Ausstrahlung erlangte. Beat Fischers Lebenswerk war fraglos Gründung und Aufbau der bernischen Post, auch «Fischerpost» genannt. Krönung war die Eröffnung der Gotthardpost 1696. Wegen seiner Verdienste um den Länderverkehr wurde er in den erblichen Adelsstand erhoben. Daneben hatte er aber noch mancherlei Facetten: er liess das «Ballenhaus», am heutigen Standort des Parlamentsgebäudes, zum Schauspielhaus erbauen, er errichtete im Waisenhaus eine Tuchweberei, ihm wurde die Münzstätte übertragen, er ermöglichte als erste Zeitung in Bern die «Gazette de Berne», er betreute eine Tuchmanufaktur in Thun sowie eine Ziegelei in der Matte und gründete die erste bernische Brauerei. Daneben durchlief er eine eindrückliche politische Laufbahn als Landvogt zu Wangen, Mitglied des Kommerzienrates, Deutschseckelschreiber sowie Mitglied des Grossen und später auch des täglichen Kleinen Rates. In der von ihm prunkvoll hergerichteten Herrschaft Reichenbach liess er durch Josef Werner den brisanten «Perregauxhandel» in einer Flucht von zehn Gemälden darstellen.

Beat Fischer – eine wahrlich aussergewöhnliche Persönlichkeit, die eine Monografie in der Schriftenreihe der Burgerbibliothek reichlich verdient!

Die Herausgabe des vorliegenden Werkes wurde weitestgehend durch die Stiftung der Familie von Fischer (von Reichenbach) ermöglicht. An sie geht unser aller Dank.

Franz von Graffenried
Burgergemeindepräsident

Vorwort

Kaum ist ein Jahr vergangen, und schon kann die Reihe der Schriften der Burgerbibliothek Bern erneut mit einem Band vor ein hoffentlich interessiertes Publikum treten. Er ist wieder einmal dem 17. Jahrhundert gewidmet, der Epoche, die in Bern nach wie vor «im Schatten des goldenen Zeitalters», des 18. Jahrhunderts, steht. Nachdem Bücher der Schriftenreihe in den Jahren 1991 und 1999 mit dem Schultheissen Samuel Frisching (1605–1683) und dem Maler Albrecht Kauw (1616–1681) bereits zwei interessante Persönlichkeiten des 17. Jahrhunderts zum Thema hatten, widmet sich das vorliegende Werk Beat Fischer, dem Gründer der bernischen Post, einer besonders initiativen Figur jener Zeit, von der dank des Baus von Schloss Reichenbach noch heute Spuren vorhanden sind.

Die Herausgabe dieses Bandes ist in mehrfacher Hinsicht die Frucht schöner Zusammenarbeit: So wurde sie ermöglicht dank des guten Einvernehmens zwischen der seit 1981 bestehenden Stiftung der Familie von Fischer (von Reichenbach) und der Burgerbibliothek Bern. Die Stiftung hatte vorgängig die wissenschaftliche Forschung für den Mehrautorenband finanziell gesichert, die auf die Schultern zweier Historikerinnen, zweier Historiker und eines Kunsthistorikers verteilt war.

Diese gingen in gegenseitiger Absprache den bisher schlecht erforschten Beat Fischer von verschiedenen Seiten thematisch an, so dass die vorliegende Monographie dessen Persönlichkeit in ihrer ganzen Breite dokumentiert, von der familiären Herkunft über die Jugend und die Lehrjahre bis zu den ökonomischen und politischen Aktivitäten. Nicht nur die Erfolgsgeschichte der Fischerpost wird dargestellt, sondern auch die Rolle Beat Fischers als Bauherr und Freund der Künste aufgezeigt.

Der erste Dank gilt daher den fünf Autorinnen und Autoren, die ihr Bestes gegeben haben, nämlich Dr. phil. Barbara Braun-Bucher, lic. phil. Hans Braun, Dr. phil. Georges Herzog, lic. phil. Annelies Hüssy sowie Dr. phil. Thomas Klöti.

Die aufwändige Redaktion des Bandes lag in den Händen von Annelies Hüssy – die auch die Koordinatorin des Buches darstellte – und von Hans Braun. Die einfallsreiche Buchgestaltung besorgten einmal mehr Eugen Götz-Gee, der eng mit der Buchreihe verbunden ist, und seine Mitarbeiter, während der sorgfältige Druck wie seit Anbeginn der Schriftenreihe auch dieses Mal von der Stämpfli AG, Publikationen, ausgeführt wurde. Ihnen allen ist für die qualitätvolle Arbeit zu danken.

Die Produktion eines gestalterisch anspruchsvollen, reich illustrierten Buches setzt beträchtliche finanzielle Mittel voraus. Neben den Leistungen der Stiftung der Familie von Fischer (von Reichenbach) und der Burgerbibliothek Bern ist ein ganzes Drittel der notwendigen Mittel verständnisvollem Mäzenatentum zu verdanken. Wir sind daher folgenden Geldgebern ganz besonders verbunden: mehreren Mitgliedern der Familie von Fischer, der burgerlichen Gesellschaft zu Ober-Gerwern, dem Lotteriefonds des Kantons Bern und dem Verein zur Förderung des Bernischen Historischen Museums.

Es ist zu hoffen, dass die gut lesbare Monografie zu Beat Fischer den Erfolg erfahren wird, den sie verdient, und dass sie genau studiert wird. Dann wird man nämlich auch erfahren, dass es dank der mit Pferd und Postkutsche arbeitenden Fischerschen Post bereits 1675 möglich war, auf Briefe nach Schaffhausen, Zürich, Genf etc. innert dreier Tage eine Antwort in Händen zu halten, dass Beat Fischer also vor mehr als 300 Jahren die heutige B-Post klar geschlagen hat!

Dr. Berchtold von Fischer
Präsident der Stiftung
der Familie von Fischer (von Reichenbach)

J. Harald Wäber
Direktor
der Burgerbibliothek Bern

Hans Braun

Zur familiären Herkunft Beat Fischers

Beat Fischer von Reichenbach gilt als eine der bedeutendsten Persönlichkeiten, die Bern im 17. Jahrhundert hervorgebracht hat. Gerühmt wird vor allem sein innovativer Geist, gepaart mit grosser Tatkraft.[1] Doch hätte er nie eine Karriere als Postherr und Betreiber anderer Unternehmungen sowie als Grossrat, Landvogt und Kleinrat durchlaufen, in den Reichsritterstand erhoben und Herrschaftsherr von Reichenbach werden können, wenn nicht die familiären Voraussetzungen gestimmt hätten. In der Ständegesellschaft des Ancien Régime wurden die Stellung des Einzelnen in der Gesellschaft und damit dessen Karrieremöglichkeiten in erster Linie durch seine familiäre Herkunft bestimmt. Von der grossen Bedeutung, die man der Geschlechterzugehörigkeit beimass, zeugen die in der ersten Hälfte des 17. Jahrhunderts im grossen Stil in Bern aufkommende Wappen- und Porträtmalerei sowie die mit viel Aufwand betriebene genealogische Forschung, wie sie in grossen und künstlerisch teilweise reich ausgestatteten Stammbäumen ihren Niederschlag gefunden hat.[2]

Zur genealogischen Überlieferung

Gemäss dem periodisch aktualisierten Berner Burgerverzeichnis waren Beat Fischers Vorfahren und dessen Nachkommen, die heutige Familie von Fischer, seit 1226 beziehungsweise 1562 in Bern verburgert, und Richard Feller schreibt: «Das Geschlecht der Fischer gab dem ältesten Bern einen Schultheissen und Mitglieder der Räte bis ins 16. Jahrhundert. Es ist anzunehmen, wenn auch nicht urkundlich zu belegen, dass mit ihm die Fischer zusammenhingen, die mit Niklaus Fischer von Thun 1562 in das Burgerrecht von Bern traten.»[3] Tatsächlich taucht bereits am 3. September 1226 ein Berchtoldus Piscator zusammen mit elf weiteren Räten als Mitglied des Berner Rats auf,[4] und ein Jahr später ist wohl derselbe Berchtoldus Piscator als Berner Schultheiss bezeugt.[5] Doch was berechtigt zur Annahme, dass Beat Fischer ein Nachfahre dieses Berchtoldus Piscator sei? Wer waren die bis ins 16. Jahrhundert in Bern immer wieder in den Quellen auftauchenden Fischer?

Um 1750 konstruierten Dekan Johann Rudolf Gruner (1680–1761), der bedeutende Berner Genealoge des 18. Jahrhunderts, und Franz Ludwig Gruner (geboren 1710) Stammbäume des Geschlechts der Fischer, die sie sogar bis auf einen Peter zurückführten, der 1220 Mitglied des Berner Rates gewesen sein

---

1 Vgl. den Aufsatz von Annelies Hüssy in diesem Band.
2 Ludi 1995.
3 Feller 1974 III, S. 137.
4 FRB II, Nr. 65, S. 75 f.
5 FRB II, Nr. 71, S. 82 f.

soll.⁶ In dem 1753 erschienenen siebenten Teil des «Allgemeinen Helvetischen, Eydgenössischen oder Schweizerischen Lexicons» von Hans Jacob Leu werden die Fischer bis auf das Jahr 1226 zurückgeführt. So heisst es eingangs: «Eines der ältesten Regiments-fähigen Geschlechteren in der Stadt Bern, aus welchem Berchtold Anno 1226, Conrad A. [= Anno] 1286, und Peter A. 1290, weiters Niclaus A. 1332, Peter A. 1402, Johann A. 1417, und ein anderer Peter Anno 1445 des täglichen Raths worden, und Antoni als Hauptmann in Königlichen Französischen Diensten in der Schlacht bey Biccocca A. 1522 geblieben: Crispinus, von welchem alle die diszmahligen Geschlechts-Verwandten abstammen, ward A. 1528 des täglichen Raths, und A. 1530 Gesandter zu Beschwehrung des Burger-Rechts mit Freyburg, A. 1536 einer der Kriegs-Räten bey Einnahm der Waat, und Anno 1537 einer der Gesandten zu Einrichtung der Regierung in solchen Landen gewesen, von seinen Söhnen ward Heinrich Anno 1575 des Raths, und in gleichem Jahr Obervogt zu Schenckenberg, und erloschte sein Stamm in dem anderen Grad: Jacob ward Anno 1566 Landvogt zu Bipp, und starb ohne Kinder: Burckhard aber, der Anno 1579 Land-Vogt zu Wangen worden, und A. 1592 gestorben, zeugete vier Söhne [...]»⁷, womit wir beim historisch nachgewiesenen Stammvater angelangt wären, der 1562 ins Berner Burgerrecht aufgenommen worden war. Ein grosser kolorierter Stammbaum von 1852 in der Campagne Oberried bei Belp hingegen führt das Geschlecht nur bis zum erwiesenen Stammvater Burkhard (gestorben 1592) zurück.

Abb. 1 S. 14

Niklaus Friedrich von Mülinen (1760–1833) hält jedoch knapp hundert Jahre später in seinen so genannten «Blauen Heften» fest: «Der nahme Fischer ist allenthalben so gemein, so viele Geschlechter im Land führen noch denselben, dass es sehr schwer zu entscheiden ist, ob die itzt blühenden Fischer von dem alten Hause dieses Nahmens abstammt [sic!], welches im Anfange der Republik in derselben einen ansehnlichen Rang gehabt hatte. Gewiss ist, dass die heutigen Fischer mit den alten völlig das gleiche Wappen führen. Der Stammbaum aber, den das patrizische Geschlecht angenommen hat, ist augenscheinlich falsch und voller Unwahrheiten. Die älteren Allianzen sind gewiss auch alle erdichtet, wie jeder Kenner der älteren Genealogie der Berner sogleich einsehen muss.»⁸

Im 19. und zu Beginn des 20. Jahrhunderts betrieben Albert Rudolf (1796–1876), Karl Ludwig Friedrich (1823–1908) und vor allem Leopold Rudolf von Fischer (1868–1924), von den Stammregistern des 18. Jahrhunderts ausge-

6 BBB Mss.h.h. VIII. 5: Gruner, S. 77–240; Mss.h.h. XVII. 18: Gruner, S. 1–240; BBB FA von Fischer 1: Gruner, 1736.

7 Leu 1753 VII, S. 129 f.

8 BBB Mss. Mül. 643.1: Stammregister Bernischer Geschlechter I: Amport–von Frisching, Heft 22: Fischer.

Abb. 1: *Stammbaum der Familie von Fischer von 1852, beginnend mit dem erwiesenen Stammvater Burkhard (gestorben 1592). Die Aszendenz des Postgründers Beat Fischer (1641–1698) – Beat (1577–1628) und Beat (1613–1668) – sowie der Postpächter selbst bilden den Stamm. Privatbesitz.*

9 Siehe Stammbücher und Stammregister in BBB FA von Fischer 2–12 und 112.

10 BBB FA von Fischer 11: (Karl Ludwig) Friedrich von Fischer von Bellerive (1823–1908): Beatus Fischer [1641–1698], S. 2.

11 Vgl. die Korrespondenz der Familie von Fischer mit dem Burgerrat der Burgergemeinde Bern in BBB FA von Fischer 12 (12).

12 Türler 1901.

hend, umfassende genealogische Forschungen, doch gelang es auch ihnen nicht, eine bis 1226 zurückgehende lückenlose Stammfolge nachzuweisen.⁹ Karl Ludwig Friedrich von Fischer hält im Gegenteil fest, dass «alle Geschichtskundigen, die sich mit der Genealogie der Familie Fischer beschäftigt haben, […] darin überein[stimmen], dass Beatus' Urgrossvater Burkhard Fischer […] der Stammvater der heute bestehenden Familie Fischer ist, bis auf welchen nämlich die Filiation urkundlich nachgewiesen werden kann».¹⁰ Somit ist entgegen der von Feller geäusserten Annahme viel eher davon auszugehen, dass es sich wie bei vielen anderen Geschlechtern mit einer Berufsbezeichnung als Familiennamen auch bei den in Bern vom 13. bis zum 16. Jahrhundert erwähnten Fischer um verschiedene Familien handelte, da der Beruf des Fischers wie derjenige des Gerbers, Schmieds oder Müllers sehr verbreitet war und sich entsprechend die Berufsbezeichnung in vielen verschiedenen Familien zum Geschlechtsnamen verfestigt hat. Das Prädikat «von» führt die Familie, das heisst die Deszendenz des Postgründers, offiziell erst seit 1842.¹¹ Die rechtliche Grundlage dazu bot die Ordnung des Grossen Rates von 1783, die allen regimentsfähigen Geschlechtern Berns den Gebrauch dieses Prädikats erlaubte.¹²

Als letztes Argument für eine durchgehende Genealogie seit der ersten Hälfte des 13. Jahrhunderts bleibt somit nur noch das Familienwappen. Leopold Rudolf von Fischer erklärt: «Der innere Zusammenhang des heutigen und des alten Hauses [Fischer] bleibt indessen unzweifelhaft und ist schon durch das urkundlich geführte gleiche Wappen bewiesen.»[13] Tatsächlich besiegelte schon am 29. November 1293 ein Conradus Piscator eine Urkunde mit dem dann 1680 kaiserlich verbrieften und bis heute gebräuchlichen Wappen, bestehend aus einem nach rechts gewandten Fisch über einem Bach und einem sechsstrahligen Stern über seinem Rücken.[14] Und Karl Ludwig Friedrich von Fischer will ein «Satzungen- und Ordnungenbuch» des 1562 ins Berner Burgerrecht aufgenommenen Burkhard Fischer (gestorben um 1591), des urkundlich belegten Stammvaters, besessen haben, auf dessen Titelblatt «Burkhard Fischer von Bern 1577» gestanden habe und welches mit dem erwähnten Wappen versehen gewesen sei. Dieses habe links und rechts des Sterns die Initialen B und F getragen.[15] Dieser Umstand beweist jedoch keineswegs einen genealogischen Zusammenhang der frühen Piscator mit den heutigen von Fischer. Vielmehr ist davon auszugehen, dass die Fischer wie andere Familien ein älteres Wappen von einem ausgestorbenen Geschlecht gleichen Namens übernommen haben, um an frühere Traditionen anzuknüpfen und so in einer Zeit, in der die familiäre Herkunft für die Stellung des Einzelnen in der Gesellschaft von entscheidender Bedeutung war, ihre Ansprüche zu begründen.

Die nachgewiesenen Vorfahren Beat Fischers

Die nachgewiesenen Vorfahren Beat Fischers lassen sich aufgrund der Quellenüberlieferung bis ins 16. Jahrhundert zurückverfolgen. Das Thuner Mannlehenurbar von 1564 erwähnt unter dem 22. Oktober 1579 einen Niklaus Fischer (gestorben spätestens 1582), Gerber von Thun, als Käufer des Baumgartenguts an der «Lowinen» hinter dem Thuner Schlossberg. Dieses Gut erbte später sein Bruder Burkhard (gestorben um 1591), wie aus einem weiteren Eintrag vom 3. Mai 1583 hervorgeht.[16] Gemäss dem von Carl Friedrich Lohner bearbeiteten Ämterbuch der Stadt Thun taucht ab 1532 regelmässig ein Niklaus Fischer als Gerber und Mitglied des Thuner Rats auf, der von 1547 bis 1566 in Thun als Venner zu Metzgern wirkte.[17] Dieser Niklaus könnte Niklaus' und Burkhards Vater gewesen sein, da er über seine Ehegattin Barbara Mutter in den Besitz eines Lehengutes in Rümligen gelangt war, das später Burkhard gehörte.[18]

Der jüngere Niklaus ist – ebenfalls nach Lohner – seit 1559 als Mitglied des Thuner Grossen Rats fassbar. Er versah die Ämter des Einungers (Busseneinzieher), Siechenvogts und Ungelters (Einzieher der Weinsteuern), gelangte dann in den Kleinen Rat und amtete ab 1575 wie sein wahrscheinlicher Vater als Venner zu Metzgern.[19] Spätestens 1582 – just ein Jahr vor dem Eintrag des Besitzwechsels des Thuner Baumgartenguts von Niklaus zu Burkhard im Thuner Mannlehenurbar – war Niklaus verstorben, denn damals wurde seine Witwe Christine Ritschard von der Berner Obrigkeit gebüsst, weil sie bei der Teilung von Niklaus' Hinterlassenschaft mit ihrem Schwager Burkhard etliches Gut unterschlagen hatte.[20]

13 BBB FA von Fischer 112, Mappe «Allgemein».
14 StAB Fach Mushafen: Urkunde vom 29. November 1293.
15 BBB FA von Fischer 11.
16 StAB Mannlehenurbar 1564, S. 357.
17 BAT Lohner, S. 269.
18 StAB C I b 286: Dokumentenbuch des Interlakenhauses, S. 242–248; StAB Urbarien Amt Seftigen, Nr. 18: «Erkanntnisse über zwei lehengüter zu Hermannswil und Hasli in der Kirchgemeinde Thurnen 1593».
19 BAT Lohner, S. 316.
20 BAT Lohner, S. 316.

Burkhard, der erwiesene Stammvater, erwarb 1562 das Berner Burgerrecht und wurde als Weissgerber in die Gesellschaft zu Nieder-Gerwern aufgenommen, die sich 1578 mit der Stube zu Ober-Gerwern zusammenschloss und deren Namen übernahm, so dass die Fischer seither zu Ober-Gerwern stubengenössig sind.[21] Im folgenden Jahr heiratete er Cleopha Herport. Wie die Thuner Seckelmeisterrechnungen berichten, spendete damals der Thuner Rat an die Hochzeit, «als man die frömden zu gast hielt», 11 Pfund und mehrere Kannen Wein.[22] 1568 leistete Burkhard den Udelzins für ein Haus im Gerberngraben in Bern,[23] 1571 gelangte er in den Grossen Rat, und 1578 wurde er Landvogt von Wangen.[24] Um Fischers Einkünfte als Landvogt zu verbessern, gliederte der Rat nur vier Tage nach seiner Wahl die Schaffnerei Herzogenbuchsee der Landvogtei Wangen an.[25] Während seiner Amtszeit in Wangen erbte er, wie erwähnt, von seinem verstorbenen Bruder Niklaus das Baumgartengut in Thun.

Wohl nicht zuletzt die Heirat mit Cleopha Herport erleichterte Burkhards Nomination und Wahl in den Berner Grossen Rat. Ähnlich wie er stammte auch seine Frau aus einer Familie, die noch mehr als die Fischer zur Führungsschicht einer Untertanenstadt gehört hatte und nun im Begriff war, sich aus dem Handel heraus im Berner Magistratenstand zu etablieren. Die Herport waren im luzernischen Willisau durch Tuchhandel reich geworden, hatten dort im 15. Jahrhundert mehrere Schultheissen gestellt und waren, nachdem Rudolf (1480–1507) die Herrschaften Liebegg und Rued sowie einen Wappenbrief erworben hatte, im Begriff gewesen, in den Junkernstand aufzusteigen. Doch Rudolfs Sohn und Cleophas Grossvater Peter (gestorben 1546), Tuchhändler und Mitherr von Rued, hatte nach der Reformation seinen Herrschaftsanteil verkauft und war nach Bern gezogen, wo gleich fünf seiner sechs Söhne – darunter Cleophas Vater, der Tuchhändler Beat (gestorben 1567) – als Mitglieder der Gesellschaft zum Mohren in den Grossen Rat gewählt worden waren.[26]

Burkhard Fischer (gestorben um 1591) zeugte mit seiner Frau Cleopha zehn Kinder. Die vier Söhne Niklaus (geboren 1569), Beat (1577–1628), Samuel (1581–1652) und Burkhard (1588–1656) wurden zu Stammvätern je einer Linie, während die übrigen Kinder entweder bereits im Kindesalter starben oder als Erwachsene ledig blieben. Die Liste der Taufpaten seiner Kinder zeigt, wie stark Burkhard bereits im Kreis der regierenden Familien verankert war. So finden sich darunter 1577 der Grossweibel Theodor Bitzius (1534–1598) als Pate des späteren Venners Beat und Grossvaters unseres Beat[27], 1579 der Kleinrat Peter Koch (gestorben 1598) als Pate der früh verstorbenen Salome[28] sowie 1588 der Venner Berchtold Vogt und der spätere Berner Schultheiss Albrecht Manuel (1560–1637) als Paten des zukünftigen Venners und Welschseckelmeisters Burkhard.[29]

Niklaus (geboren 1569), der älteste der vier Stammväter, heiratete 1592 mit Elisabeth Thormann (geboren 1569) eine Tochter des Gerbers und Landvogts Bartlome (gestorben 1577)[30], auch dieser Abkömmling einer seit der ersten Hälfte des 15. Jahrhunderts im Grossen und Kleinen Rat vertretenen Familie.[31] Im Unterschied zu seinen drei jüngeren Brüdern wurde Niklaus nie Grossrat. Er übernahm aus dem väterlichen Erbe das Baumgartengut in Thun und scheint sich in der Folge dorthin zurückgezogen zu haben.[32]

---

21 Stürler 1863, S. 119, 133.
22 BAT Nr. 1240, Seckelamts Rechnungen 1570–1580.
23 StAB A I 651: Osterbuch 5, fol. 48 r.
24 StAB A II 269: RM 398, S. 40.
25 StAB A II 269: RM 398, S. 40.
26 HBLS IV, S. 197; Bickel 1982, S. 359–361, 402 f., 530–533.
27 BBB VA BK Burgertaufrodel IV, S. 408 (19. Juli 1577).
28 BBB VA BK Burgertaufrodel IV, S. 464 (16. September 1579).
29 BBB VA BK Burgertaufrodel V, S. 161 (11. Januar 1588).
30 BBB VA BK Eherodel III, S. 56 (16. November 1592).
31 HBLS VI, S. 732–734.
32 StAB Mannlehenurbar 1564, S. 357.

Beat (1577–1628), der Grossvater unseres Beat, vermählte sich 1599 in erster Ehe mit Salome Gürtler (geboren 1581), Tochter des aus Basel zugewanderten Tuchhändlers Jakob Gürtler, der 1610 in den Grossen Rat gelangen sollte.³³ Nachdem Beat 1608 ein Grossratsmandat erlangt und 1613 für sechs Jahre Landvogt von Bonmont (VD) geworden war, wurde er 1621 als Erster des Geschlechts in den Kleinen Rat gewählt, wo er sechs Jahre später – nach seiner Amtszeit als Schultheiss von Interlaken – zum Venner zu Gerwern aufstieg.³⁴ 1626, ein Jahr vor diesem Aufstieg, hatte er in zweiter Ehe Magdalena Blauner, Tochter des ebenfalls nach Bern zugewanderten und inzwischen verstorbenen Stadtarztes Joseph Blauner (gestorben 1612) und Witwe des Messerschmieds und Landvogts Isaak Schneider (1588–1621), geheiratet.³⁵ Dass Beat trotz seiner Verschwägerung mit neuburgerlichen Familien als Erster des Geschlechts in die höchsten Ämter Berns aufsteigen konnte, ist wohl nicht zuletzt dem Umstand zuzuschreiben, dass das Regiment unter anderem wegen der damals nach wie vor nicht besiegten Pest, der er 1628 selber erlag, auf fähigen Nachwuchs aus neu zugewanderten Familien angewiesen war.

Abb. 2

Abb. 2: *Venner Beat Fischer (1577–1628), Grossvater des Postgründers. Anonym. Öl/Leinwand, 68 x 59 cm. Privatbesitz.*

Samuel (1581–1652), der Stammvater der dritten Linie, erbte das väterliche Haus am Gerberngraben³⁶ und ehelichte 1617 mit Susanna Zurkinden eine Tochter des Venners Niklaus Zurkinden (1552–1624)³⁷, dessen Vorfahren schon in der zweiten Hälfte des 15. Jahrhunderts im Grossen Rat vertreten gewesen waren und Bern mehrere Stadtschreiber gegeben hatten.³⁸ Zwei Monate nach seiner Heirat wurde er als Weissgerber in den Grossen Rat gewählt und versah in der Folge die Schultheissenämter von Unterseen (ab 1622) und Murten (ab 1640).³⁹ 1642, während seiner Amtszeit als Schultheiss von Murten, vermählte er sich in zweiter Ehe mit Kunigunde Hackbrett, Tochter eines seit 1632 in Bern verburgerten Chirurgengeschlechts, das bis dahin erst durch ihren Grossvater Andres Hackbrett im Grossen Rat (seit 1579) vertreten gewesen war.⁴⁰ Nach Leopold Rudolf von Fischer erwarb er die am Murtensee gelegene Campagne Guévaux.⁴¹

Burkhard (1588–1656) schliesslich heiratete 1611 Elisabeth Frisching, Tochter des Landvogts Hans Frisching (1569–1620) und der Maria Sager (geboren 1570), einer Schwester Hans Rudolf Sagers (1547–1623), der sich damals als Schultheiss mit Burkhards Taufpaten Albrecht Manuel (1560–1637) im Amt abwechselte.⁴² Die nichtadeligen Frisching waren schon zu Beginn des 16. Jahrhunderts mit Hans (1486–1559) im Kleinen Rat vertreten gewesen und hatten sich seither als Vennergeschlecht etabliert.⁴³ Ähnlich wie sein Bruder Beat wurde 1612 auch Burkhard Fischer Unterschreiber und gelangte zwei Jahre später in den Grossen Rat. Nach seinen Amtszeiten als Grossweibel sowie als Landvogt von Lugano und Avenches folgte er 1629 seinem an der Pest verstorbenen Bruder Beat (1577–1628) in den Kleinen Rat, wo er von 1642

---

33 BBB VA BK Eherodel III, S. 88 (11. Oktober 1599); BBB Mss.h.h. XVII. 70: Gruner, S. 139–146, hier S. 141.

34 BBB Mss. Mül. 236.6: Steiger/Kirchberger VI, S. 159.

35 BBB Mss.h.h. VIII. 18: Gruner, S. 362; BBB Mss.h.h. VIII. 46: Gruner, S. 170; BBB VA BK Eherodel III, S. 97 (15. Mai 1626).

36 StAB A I 652: Osterbuch 6, fol. 363 v: Eintrag zum Jahr 1617.

37 BBB VA BK Eherodel III, S. 120 (19. Februar 1607).

38 HBLS VII, S. 767.

39 BBB Mss. Mül. 236.6: Steiger/Kirchberger VI, S. 159.

40 HBLS IV, S. 41; HLS (www.hls.ch).

41 BBB FA von Fischer 112.

42 BBB VA BK Eherodel III, S. 141 (Ende November 1611); Braun-Bucher 1991, S. 522 f.

43 HBLS III, S. 341; HLS (www.hls.ch); Braun-Bucher 1991, S. 93 f., 522 f.

bis 1645 und von 1651 bis 1655 das Amt des Venners zu Gerwern und dazwischen jenes des Welschseckelmeisters versah.[44] Im Jahr seiner Wahl in den Kleinen Rat hatten die Fischer erstmals fünf Vertreter im Regiment, nämlich Burkhard selbst als Kleinrat sowie Niklaus' gleichnamigen Sohn (1595–1675) und Beats Söhne Jakob (1601–1635) und Burkhard (1603–1651). Damit bekleideten sie zusammen mit den Diesbach und den Rohr den dritten Rang hinter den Zehender mit acht und den Erlach mit sechs Vertretern.[45] Burkhard besass in Bern ein Haus an der Kirchgasse[46] und kaufte 1650 das unweit von Samuels Campagne Guévaux am Murtensee gelegene Rebgut Mur.[47]

In der – vom Stammvater Burkhard an gerechnet – dritten Generation, die zwischen 1595 und 1630 geboren wurde, verästelte sich die Familie Fischer weiter. Die vier Stammväter Niklaus, Beat, Samuel und Burkhard hatten insgesamt elf Söhne, die durch ihre Heiraten und ihre Karrieren in Verwaltung und Politik die Stellung der Familie innerhalb der regierenden Geschlechter weiter festigten. Sieben Töchter verschwägerten sich grösstenteils ebenfalls mit regierenden Familien und trugen so ihrerseits dazu bei, dass die Fischer ihre Position im Regiment behaupten und ausbauen konnten. Hervorzuheben sind Beats Töchter Margaretha (geboren 1605) und Salome (geboren 1607): erstere vermählte sich mit dem als Grossrat an der Pest früh verstorbenen Peter Freudenreich (1606–1628), Sohn des Kleinrats Michael Freudenreich (1585–1632)[48], und Salome mit dem späteren Landvogt Georg von Römerstal (1604–1651)[49], Sohn des Venners Simon von Römerstal (gestorben 1611).

Niklaus (geboren 1569) hatte einen gleichnamigen Sohn (1595–1675), der sich in erster Ehe 1618 mit Johanna Tribolet (geboren 1600), Tochter des Landvogts Georg (1561–1623), vermählte,[50] 1624 in den Grossen Rat gelangte und 1637 Kastlan von Frutigen wurde.[51] Die ursprünglich aus der Gegend von Neuenstadt (BE) und Le Landeron (NE) stammenden Tribolet waren seit 1478 im Besitz des Berner Burgerrechts. Rudolf Tribolet (gestorben 1510), der Stammvater des Geschlechts, war in Gals (BE) begütert und wird 1478 als Berner Ausburger erwähnt. Bereits dessen Sohn Jakob (gestorben 1565) stieg bis zum Venner zu Pfistern auf, und die weiteren Nachfahren etablierten sich wie Niklaus Fischers Schwiegervater Georg (1561–1623), Besitzer der ehemaligen Kartause La Lance bei Concise (VD), als Grossräte und Landvögte.[52] In fortgeschrittenem Alter heiratete Niklaus Fischer in zweiter Ehe Küngold Noll, Tochter eines Geschlechts, das seit Ende des 15. Jahrhunderts mehrere Grossräte und Landvögte gestellt hatte.[53]

Venner Beat (1577–1628), der Grossvater unseres Beat, hatte mit Salome Gürtler (geboren 1581), seiner ersten Ehegattin, neun Kinder. Wie schon sein Vater gewann auch er als Paten und Patinnen Angehörige aus dem Kreis der regierenden Familien Berns, darunter 1601 den Schultheissen Albrecht Manuel (1560–1637) für seinen ältesten Sohn, den späteren Grossrat Jakob (1601–1635)[54], und 1609 den Kleinrat und späteren Deutschseckelmeister und Venner Daniel Lerber (1569–1648) für den bereits als Kind verstorbenen Beat.[55] Vier von Beats Söhnen – Jakob (1601–1635), Burkhard (1603–1651), Beat (1613–1668) und Samuel (1618–1682) – erreichten das Erwachsenenalter, heirateten und gelangten ihrerseits ins Regiment. Jakob (1601–1635) vermählte sich 1624 mit Anna Herport (geboren 1598), Tochter des Landvogts Hans

---

44 BBB Mss. Mül. 236.6: Steiger/Kirchberger VI, S. 159.
45 Ausgezählt nach BBB Mss. Mül. 236.3: Steiger/Kirchberger III, S. 1574–1577.
46 StAB A I 652: Osterbuch 6, fol. 326 v.
47 Gemäss Leopold von Fischer, in: BBB FA von Fischer 112.
48 BBB VA BK Eherodel IV, S. 85 (11. Oktober 1624).
49 BBB VA BK Eherodel IV, S. 95 (24. April 1626).
50 BBB VA BK Eherodel IV, S. 29 (16. November 1618).
51 BBB Mss. Mül. 236.6: Steiger/Kirchberger VI, S. 159.
52 HBLS VI, S. 790–792.
53 BBB VA BK Eherodel V, S. 25 (17. März 1661); HBLS V, S. 308.
54 BBB VA BK Burgertaufrodel V, S. 519 (9. November 1601).
55 BBB VA BK Burgertaufrodel VI, S. 194 (9. Juni 1609).

Rudolf (1576–1614).⁵⁶ Gleichentags ehelichte der um zwei Jahre jüngere Burkhard (1603–1651) Margaretha Lerber (geboren 1607), Tochter des oben erwähnten Kleinrats Daniel (1569–1648), der seinerseits ein Sohn des aus Solothurn zugewanderten Tuchscherers und Landvogts Urs Lerber war.⁵⁷ Fünf Jahre später, nach der verheerenden Pest von 1628/29, gelangten beide Brüder in den Grossen Rat. Burkhard wurde in der Folge zweimal Landvogt, nämlich 1636 von Bipp und 1650 von Interlaken.⁵⁸

Die beiden wesentlich jüngeren Söhne Beat und Samuel verheirateten sich mehr als zehn Jahre später. Beat (1613–1668), der Vater des Postgründers und Herrn von Reichenbach, ehelichte 1635 Esther Tribolet (geboren 1619), Tochter des Grossrats und Salzdirektors Georg Tribolet (1579–1662), der seinerseits ein Neffe des obgenannten Landvogts Georg (1561–1623) war,⁵⁹ und Samuel (1618–1682) vermählte sich 1641 mit Anna Katharina Seiler (geboren 1620) aus Aarau, Tochter des Hieronymus Seiler (geboren 1589).⁶⁰ Die zu den führenden Geschlechtern Aaraus gehörenden Seiler sollten zwar erst zu Beginn des 19. Jahrhunderts das Berner Burgerrecht erwerben, waren aber mehrfach mit regierenden Geschlechtern Berns verschwägert.⁶¹ Beide Brüder gelangten 1645 in den Grossen Rat. Beat wurde im gleichen Jahr Landvogt von Bipp und trat 1659 als Gubernator von Aigle seine zweite Landvogtei an. Samuel war schon seit 1642 Expektant in der Kanzlei und avancierte 1648 zum Deutschseckelschreiber. Von 1654 bis 1660 versah er die Landvogtei Fraubrunnen, und 1661, fünf Jahre nach dem Tod seines Onkels Burkhard (1588–1656), wurde er als Vierter des Geschlechts in den Kleinen Rat gewählt. Dort übernahm er 1666 das Amt des Bauherrn und avancierte 1671 zum Venner zu Gerwern und ein Jahr später zum Deutschseckelmeister.⁶²

Von der vierten Generation, jener unseres Beat (1641–1698), die – über fast zwei Generationen verteilt – zwischen 1619 und 1673 geboren wurde, heirateten bereits 23 Söhne und 13 Töchter. Allein bei der Beat'schen Linie, bestehend aus den eben erwähnten vier Brüdern Jakob (1601–1635), Burkhard (1603–1651), Beat (1613–1668) und Samuel (1618–1682), waren es sieben Söhne und vier Töchter, unter ihnen der Postgründer Beat und drei weitere Söhne sowie zwei Töchter des Landvogts Beat.

Beat wurde am 23. Mai 1641 als Sohn des Landvogts Beat (1613–1668) und der Esther Tribolet (geboren 1619) getauft. Seine Taufpaten waren der zweimalige Landvogt und Kleinrat Niklaus Kirchberger (1591–1648), der Landvogt und später bis zum Venner zu Metzgern aufsteigende Daniel Morlot (1596–1670), Herr von Münchenwiler, sowie Ursula Thormann-Wagner (geboren 1610), Ehegattin Georg Thormanns (1609–1653), der ebenfalls Kleinrat werden sollte.⁶³ Die Taufpaten seiner Geschwister umfassten ein weites Spektrum. Es reichte vom Theologieprofessor Christoph Lüthard (1590–1663) für die früh verstorbene Judith (geboren 1639)⁶⁴ und vom Münsterpfarrer Hans Heinrich Hummel (1611–1674) für Samuel (1653–1716)⁶⁵ als bedeutende Gelehrte bis zum späteren Kleinrat Bernhard Tscharner (1612–1695) und zum künftigen Schultheissen Johann Anton Kirchberger (1627–1696) als führende Politiker, beide für Burkhard (1658–1702).⁶⁶ Am 6. Juni 1667, ein Jahr vor dem Tode seines Vaters, vermählte sich Beat mit Euphrosine Wurstemberger (1650–1727).⁶⁷ Auch diese Heirat wies über den bisherigen Fischer'schen Heiratskreis nicht hinaus. Euphrosines gleichnamige Mutter (geboren 1621) war

Abb. 3: *Beat Fischer (1613–1668), Landvogt von Bipp und Aigle, Vater des Postgründers. Anonym. Öl/Leinwand, 5,2 x 4,4 cm. Privatbesitz.*

56 BBB VA BK Eherodel IV, S. 85 (11. Oktober 1624).
57 BBB Mss.h.h. LII. 9.3: von Rodt, S. 280 f.
58 BBB Mss. Mül. 236.6: Steiger/Kirchberger VI, S. 159 f.
59 BBB VA BK Eherodel IV, S. 177 (5. März 1635).
60 BBB VA BK Eherodel IV, S. 227 (21. Februar 1641).
61 HBLS VI, S. 332; Merz, Wappenbuch, S. 252–256.
62 BBB Mss. Mül. 236.6: Steiger/Kirchberger VI, S. 160.
63 BBB VA BK Burgertaufrodel VIII, S. 31 (23. Mai 1641).
64 BBB VA BK Burgertaufrodel VIII, S. 11 (14. Oktober 1639).
65 BBB VA BK Burgertaufrodel VIII, S. 241 (16. Mai 1653).
66 BBB VA BK Burgertaufrodel IX, S. 38 (21. Februar 1658).
67 BBB VA BK Eherodel V, S. 73 (6. Juni 1667).

Abb. 4: *Der Postgründer Beat Fischer (1641–1698). Öl/Leinwand, 76 x 60 cm. Privatbesitz.*

eine Tochter des Venners und Welschseckelmeisters Burkhard Fischer (1588–1656), des Begründers der jüngsten Linie. Dieser hatte seine Karriere wie erwähnt als Welschseckelschreiber begonnen, welches Amt später Burkhards Schwiegersohn und Beats Schwiegervater Hans Rudolf Wurstemberger (geboren 1624) versehen sollte.[68] Quasi um die Tradition fortzusetzen, begann auch Beat seine Karriere 1671 als Deutschseckelschreiber – zwei Jahre nachdem sein Onkel Samuel (1618–1682) das Amt des Deutschseckelmeisters angetreten hatte.[69] Die Wurstemberger waren seit Beginn des 16. Jahrhunderts in Bern verburgert. Der Stammvater Simon (gestorben 1548) war Färber gewesen und 1536 zum ersten bernischen Landvogt von Ternier[70] gewählt worden. Bereits sein gleichnamiger Sohn (gestorben 1577) hatte eine Ämterkarriere bis in den Kleinen Rat durchlaufen. Danach hatte sich das Geschlecht in die ältere Linie zu Webern und die jüngere und vornehmere zu Pfistern geteilt. Beats Gemahlin gehörte zu ersterer, die zwar ebenfalls mehrere Landvögte und einen weiteren Kleinrat hervorgebracht hatte, aber im Unterschied zur Linie zu Pfistern kaum über Herrschaftsrechte verfügte.[71]

68 BBB Mss.h.h. LII. 9.6: von Rodt, S. 223 f.
69 BBB Mss. Mül. 236.6: Steiger/Kirchberger VI, S. 159 f.
70 Landvogtei südlich des Genfersees, die Bern 1564 wieder an Savoyen abtreten musste.
71 HBLS VII, S. 602 f.

Abb. 5: *Euphrosine Fischer-Wurstemberger (1650–1727), Ehegattin des Postgründers. Johann Rudolf Huber (1668–1748), 1723. Öl/Leinwand, 87 x 71,5 cm. Privatbesitz.*

1673 gelangte Beat zusammen mit drei anderen Familienmitgliedern in den Grossen Rat, nämlich mit Samuel (1642–1689) und Beat (1643–1708), den beiden älteren Söhnen seines Onkels, des Deutschseckelmeisters Samuel (1618–1682), sowie mit Franz Ludwig (1642–1708) aus der jüngsten, der Burkhard'schen Linie. Bereits im Regiment waren allen voran der Deutschseckelmeister Samuel, sodann der betagte Landvogt Niklaus (1595–1675) aus der ältesten Linie des Niklaus, die beiden damals gerade amtierenden Landvögte Beat Jakob (1633–1675) von Biberstein und Burkhard (1638–1679) von Fraubrunnen, Söhne von Beats verstorbenem Onkel Burkhard (1603–1651), sowie der ebenfalls amtierende Landvogt Niklaus (1629–1702), Schultheiss von Murten, aus der Samuel'schen Linie.[72]

72 BBB Mss. Mül. 236.3: Steiger/Kirchberger III, S. 1660–1663.

Die Fischer im Regiment

Nachdem die Fischer 1629 wie erwähnt mit fünf Sitzen hinsichtlich der Anzahl Grossratsmandate noch den dritten Rang belegt hatten, figurierten sie 1673 mit ihren nun neun Sitzen nach den Graffenried mit 13, den Zehender mit elf sowie den Stürler und Wattenwyl mit je zehn Mandaten zwar nur noch an fünfter Stelle, zusammen mit den Diesbach und den Jenner.[73] Dennoch gehörten sie zu den Gewinnern einer gesellschaftlichen Entwicklung, in welcher sich die politisch und wirtschaftlich führenden Schichten gegenüber den unteren sozialen Gruppen immer stärker abschotteten. Ausgelöst wurde dieser Prozess durch das im 16. Jahrhundert einsetzende verstärkte Bevölkerungswachstum. Schon das Ausscheiden der eidgenössischen Orte aus dem Kampf der Grossmächte und der rasche Abschluss des schweizerischen Religionskrieges zu Beginn der 1530er Jahre hatten wichtige Sterblichkeitsfaktoren beseitigt. Da die Bevölkerung stärker wuchs als der zur Verfügung stehende Lebensraum, verknappten sich die natürlichen Ressourcen zusehends, und dies führte langfristig zu höheren Preisen für landwirtschaftliche Güter. Steigende Preise für Agrarprodukte bedeuteten für den Staat Bern aber auch höhere Einnahmen aus den Landvogteien, und weil sich die Besoldung der Landvögte nach den erwirtschafteten Gewinnen bemass, gewannen die Landvogteistellen an Attraktivität. Dadurch verstärkte sich der Zudrang zum Regiment, denn ein Grossratsmandat war Voraussetzung, um zu den lukrativen Ämtern zu gelangen. Der weitgehende Wegfall der erwähnten Sterbefaktoren gerade auch unter den regierenden Geschlechtern führte andererseits dazu, dass neu aufgestiegene Familien nicht mehr so schnell wieder ausstarben, sondern sich über Jahrhunderte hinweg im Regiment etablierten. Ihre Stellung behaupten und ausbauen konnten sie jedoch nur, wenn es ihnen gelang, die nachrückende Konkurrenz der neu aus dem Handwerk und Gewerbe aufsteigenden Familien auszuschalten.[74]

Der erste Schritt dazu geschah, als man die Aufnahmen ins Berner Burgerrecht zu beschränken anfing.[75] Das ganze 16. Jahrhundert hindurch und noch zu Beginn des 17. Jahrhunderts war man mit der Erteilung des Burgerrechts sehr freigebig. So heisst es in der Stadtsatzung von 1539: «Alle die in unser Statt Bern husheblich gesessen sind und allda lieb und leyd tragen, dieselben sollent für burger gehalten und geachtet werden, der statt recht haben und aller rechten und freyheiten derselben statt genoss sin.»[76] Entsprechend war es für den Stammvater Burkhard Fischer einfach, in Bern Fuss zu fassen und bald in den Grossen Rat gewählt zu werden. Doch 1619, als die Fischer bereits zu dritt im Grossen Rat vertreten waren, und zwei Jahre vor ihrer erstmaligen Einsitznahme im Kleinen Rat wurde im Grossen Rat der Antrag gestellt, «zu überlegen, wie die neuen Burger zu restringieren seyn möchten, dass sie den alten nobilibus und patriciis nicht über den Kopf auswachsen»[77]. Die Anregung scheint jedoch keinen Widerhall gefunden zu haben, denn 1622 wurden 41 Burger aufgenommen, 1625 waren es 40, und 1629 – nach der Pest, der allein in der Stadt Bern 2756 Personen erlagen – fanden sogar 70 Aufnahmen statt. Von da an jedoch gingen die Zahlen zurück, bis 1643 die so genannte «Nüwe ordnung» erlassen wurde, welche die Aufnahme stark beschränkte: «Erstlich söllent nit alsbald alle und jede daharkommende, sonders söliche

---

73 Ausgezählt nach BBB Mss. Mül. 236.3; Steiger/Kirchberger III, S. 1660–1663.

74 Körner 1986, S. 388–392; Geiser 1934, S. 92–94; Feller 1974 III, S. 115–119.

75 Die folgenden Ausführungen fussen im Wesentlichen auf Geiser 1934.

76 SRQ BE Stadt, Bd. I/II, S. 641.

77 Zit. nach Geiser 1934, S. 88.

personen aufgenommen werden, die da ehrliche, redliche, leüt, guten herkommens, thuns und laszens, deren man (sonderlich in handtwercken) von nöthen habe, zugleich auch die mit nohtwendigen eignen mittlen zuo irem und der ihrigen underhalt versehen syend, gestalten unser statt irer geehret, unsere Burgerschafft mit ihnen bedienet, und unser spittäl mit ihnen, noch ihren wyb und kinden nit, wie etwan hievor vilfaltig beschechen, beschwärt werdint».[78]

Schon einige Jahre vorher war mit einer Ordnung vom 31. August 1635 der Zugang zum Grossen Rat eingeschränkt worden. In Anbetracht des Umstands, dass neu angenommene Burger zuweilen vor der gesetzlich bestimmten Anzahl von Jahren «gleich in das Regiment und zu anderen ämbteren erhebt, und etwan alten burgerlichen geschlechten (deren elteren von alter har umb ein statt Bern wohl verdient g'sin und mit derselben lieb und leid getragen) vor zogen worden, das aber offtmals vil widerwillens und misshäl in unserem stand verursachet und noch künfftigklich gebären möchte», sollte von den neu ins Burgerrecht Aufgenommenen inskünftig niemand mehr in den Grossen Rat gewählt werden, sondern erst deren Söhne. Der Kleine Rat sollte sogar erst den Enkeln offen stehen.[79] In der «Nüwen ordnung» von 1643 ging man noch einen Schritt weiter, indem man den Status von Habitanten oder Ewigen Einwohnern schuf. Um zu verhindern, dass neu ins Burgerrecht Aufgenommene sofort ins Regiment und zu den lukrativen Ämtern gelangten und so «ehrliche, nothwendige Handwerk als auch anständige Gewerb und Handtierungen» alsobald aufgegeben würden und dadurch Mangel an guten Handwerkern entstünde, wurde festgesetzt, «dass alle die jenige persohnen, so der annemmung begerend und auch angenommen werdend, es syend die, so ohne andere handtierung und begangenschaft irer eignen zytlichen mittlen zu geleben habend, oder die sich nohtwendiger, anstandiger gewerben undernemmend und gebruchend, deszgleichen auch die geistlichen stands sind, item schryber, und ins gemein alle andere persohnen, wie die nammen haben mögind, fürnemmlich aber handtwercksleüth, andrist nit, dann under dem titul und nammen ehwiger ynwohneren oder habitanten angenommen werden söllind». Diese Ewigen Einwohner oder Habitanten sollten bei ihrem Beruf oder Handwerk bleiben, und es sollten weder sie noch ihre Nachkommen darauf aspirieren, in das Regiment zu gelangen, «als zu besatzung deszen wir by disen zeiten, gott lob! gnugsam versehen»[80]. Ferner war den Ewigen Einwohnern der einträgliche und auf die Burgerschaft monopolisierte Weinhandel verboten. Sonst aber genossen sie alle wirtschaftlichen Vorrechte der Burger und durften auch den Gesellschaften angehören.

Neben dieser neuen Kategorie der Ewigen Einwohner oder Habitanten gab es nach wie vor die grosse Zahl der Hintersässen, die auch von den Gesellschaften ausgeschlossen waren. Sie mussten ihre Aufenthaltsbewilligung Jahr für Jahr erneuern lassen und durften kein Grundeigentum erwerben. Acht Jahre später, 1651, wurde – angeblich zur Beförderung der Handwerke und zur Aufhebung des Müssiggangs – das Burgerrecht besonders für fremde Handwerker geschlossen, und an die Gesellschaften erging der Befehl, über ihre Mitglieder ordentliche Rödel zu führen, «damit der Unterschied zwischen den patrizischen oder Regimentsfähigen Burgern und den angenommenen Hintersässen [also den Habitanten oder Ewigen Einwohnern]» stets

---

78 SRQ BE Stadt, Bd. V, S. 203.
79 SRQ BE Stadt, Bd. V, S. 200 f.
80 SRQ BE Stadt, Bd. V, S. 204.

Abb. 6: *Deutschseckelmeister Samuel Fischer (1618–1682), Onkel des Postgründers. Anonym. Öl/Leinwand, 71 x 59 cm. Privatbesitz.*

beobachtet werde.[81] 1660 beschloss dann der Grosse Rat, während der nächsten zehn Jahre überhaupt keine Burger mehr aufzunehmen, und 1694 wurde dieser Beschluss für zwanzig Jahre erneuert und auf die Ewigen Einwohner ausgedehnt.

Diese Ordnungen hatten den Effekt, dass ab 1643 nur noch wenige Aufnahmen zu regimentsfähigen Burgern erfolgten. Dabei handelte es sich aber nicht mehr um Leute aus dem Handwerker- und Gewerbestand, sondern um vornehme Herren, Gelehrte und Geistliche. Dagegen erlangten 1644 gleich 74 Einburgerungswillige den Status von Ewigen Einwohnern. Aber auch bei ihnen wurde man immer restriktiver, so dass in den folgenden 23 Jahren nur noch gerade deren 23 neue dazukamen. Diese Restriktionen hatten zur Folge, dass von 1650 bis 1694 die Zahl der burgerlichen Familien von 540 auf 420 zurückging.

Parallel dazu reduzierte sich auch die Zahl der im Grossen Rat vertretenen Familien, nämlich von 139 im Jahre 1630 auf 88 im Jahre 1701. Einige zahlenmässig starke und reiche Geschlechter wie die Fischer konnten sich also auf Kosten vieler kleinerer und schwächerer Familien im Regiment immer stärker ausdehnen, und dies hatte zur Folge, dass es innerhalb der Burgerschaft zu einer Scheidung zwischen tatsächlich regierenden und bloss regimentsfähigen Familien kam, die nur noch selten oder überhaupt nicht mehr in den Grossen Rat gelangten. Entsprechend bezog sich der Begriff des Patriziers immer ausschliesslicher auf die Gruppe der regierenden Familien.

Die Herausbildung eines sich zunehmend verengenden Kreises von regierenden Familien wurde begünstigt durch den Umstand, dass die Kandidaten für den Grossen Rat von den Kleinräten und den aus dem Grossen Rat gewählten Sechzehnern nominiert und nur die übrigen vakanten Sitze in freier Wahl durch den Grossen Rat vergeben wurden.[82] So stellt sich die Frage, auf wessen Unterstützung Beat bei seiner Wahl 1673 zählen konnte. Hier lässt sich nur so viel sagen, dass ausser Beats Onkel, dem Deutschseckelmeister Samuel (1618–1682), und dem mit seiner Ehegattin nur sehr entfernt verwandten, zur Linie zu Pfistern gehörenden Hans Rudolf Wurstemberger weder die Fischer noch die Wurstemberger und auch nicht Beats mütterliche Familie der Tribolet in jenem Jahr nominierende Familienmitglieder hatten. Zudem war damals noch keines seiner Geschwister verheiratet, und auch seine Ehegattin hatte keine Schwäger, die ihn hätten nominieren können. Überdies waren seine Paten beziehungsweise der Ehegatte seiner Patin, die alle drei Kleinratskarrieren absolviert hatten, verstorben. Da seit fünf Jahren auch sein Vater nicht mehr lebte, richtete sich das Augenmerk auf Beats Onkel Samuel (1618–1682), denn dieser spielte als höchster Amtsträger des Geschlechts die Rolle des Familienpatrons, in dessen direkter oder indirekter Obhut sich die verwaisten Familienmitglieder befanden. Da gleichzeitig mit Beat auch die beiden älteren Söhne Samuels – Samuel (1642–1689) und Beat (1643–1708) – in den Grossen Rat gelangten, musste Beat seinen Nominator oder seine Wähler über indirekte Absprachen in einem weiteren Umfeld gefunden haben, wobei sein Onkel durchaus die nötigen Fäden gesponnen haben könnte.

In den beiden Grossratserneuerungen von 1680 und 1691 konnten die Fischer ihren Bestand von neun Mandaten halten, und 1701 erhöhten sie ihn auf das vor- und nachher nicht mehr erreichte Maximum von elf, so dass sie

---

81 Zit. nach Geiser 1934, S. 89 f.
82 Zu den Gross- und Kleinratswahlen vgl. Feller 1974 III, S. 108–111.

Abb. 7

zusammen mit den Jenner und den Wattenwyl wieder den dritten Rang nach den Graffenried und den May mit je 14 Mandaten belegten. Die starke Vertretung der Fischer im Grossen Rat korrespondierte mit ihrer Vertretung im Kleinen Rat. Nach zwölfjähriger Absenz seit dem Tode des Deutschseckelmeisters Samuel (1618–1682) gelangte 1694 dessen Sohn Beat (1643–1708) in den Kleinen Rat, und nur ein Jahr später folgte ihm der Postgründer, so dass die Fischer in diesem Gremium erstmals gleich doppelt vertreten waren. Nachdem unser Beat 1698 verstorben war, stieg sein gleichnamiger Vetter im Jahre 1700 als vierter des Geschlechts zum Venner zu Gerwern auf.[83]

Abb. 7: *Venner Beat Fischer (1643–1708), Vetter des Postgründers und Sohn des Deutschseckelmeisters Samuel. Anonym. Öl/Leinwand, 69 x 58,5 cm. Privatbesitz.*

Der Heiratskreis der Fischer

Weiteren Ausdruck fand die zunehmende soziale Differenzierung innerhalb der Burgerschaft in einem Formularbuch des 17. Jahrhunderts. Darin hob der Berner Stadtschreiber Johannes Matthey aus den burgerlichen Geschlechtern die angesehensten heraus und teilte sie in drei Klassen ein. In die höchste Klasse der «wohledelvesten» Familien reihte er die ursprünglich freiherrlichen Bonstetten, die aus dem Ministerialadel stammenden Erlach, Mülinen und Luternau sowie die bereits im 15. Jahrhundert aus dem Handel in den Junkernstand aufgestiegenen Diesbach und Wattenwyl ein. Diese sechs Geschlechter erhielten gemäss einem grossrätlichen Dekret von 1669 im Kleinen Rat die Ehrensitze nach Schultheiss, Seckelmeistern und Vennern.[84] Elf weitere Geschlechter – die ursprünglich ministerialadeligen Ligerz, Muralt, Graviseth und Gingins sowie die bürgerlichen Schultheissengeschlechter Nägeli, Steiger (mit dem weissen Steinbock im Wappen) und Manuel, aber auch die ebenfalls bürgerlichen May, Michel von Schwerdtschwendi, Tscharner und Lombach – figurierten in der zweiten Klasse der «edelvesten» Familien. Ihnen ist gemeinsam, dass sie Ende des 15. oder im Laufe des 16. Jahrhunderts erstmals in den Kleinen Rat gelangten. Die dritte Kategorie der «vesten» Geschlechter bestand ausschliesslich aus Familien bürgerlichen Ursprungs, nämlich aus den Schultheissengeschlechtern Graffenried und Daxelhofer sowie den Tillier, von Büren, Frisching, Morlot, Stürler, Willading, Wurstemberger, Kirchberger, Thormann, Wyttenbach, Römerstal, Zehender und Lentulus. Die Fischer selbst werden in dieser bis zu Beginn des 18. Jahrhunderts nachgeführten Liste nicht erwähnt und gehörten somit zum grossen Rest der burgerlichen Geschlechter.[85] Dies entspricht ungefähr ihrem Heiratskreis. Seit ihrer ersten Heirat in Bern im Jahre 1563 bis zum Jahre 1700 entfielen 51 der insgesamt 84 Eheschliessungen auf die grosse Zahl der nicht klassifizierten Geschlechter, 18 auf «veste» sowie nur gerade zwei auf die «edelvesten» (Tscharner 1637, Manuel 1681) und drei auf die «wohledelvesten» Familien (Diesbach 1659, Luternau 1683 und Bonstetten 1684). Der Rest von fünf Heiraten erfolgte mit auswärtigen Familien. Diese Zahlen zeigen, dass zwischen den Fischer und den vornehmsten Geschlechtern Berns zumindest bezüglich ihres Heiratsverhaltens ein deutlicher Abstand herrschte. Umgekehrt verschwägerten sich beispielsweise die «wohledelvesten» Wattenwyl vor ihrer im 17. Jahrhundert erfolgten starken Verästelung ebenfalls vor allem mit Familien der ersten und zweiten Klasse.[86] Dieser gesellschaftliche Abstand zwischen

83 BBB Mss. Mül. 236.6: Steiger/Kirchberger VI, S. 160 f.
84 SRQ BE Stadt, Bd. V, S. 318.
85 StAB A I 709: Formularbuch Matthey, S. 16 f.
86 Braun 2004, S. 47 f., 128–135.

den Klassen zeigte sich übrigens auch darin, dass bei der Schultheissenwahl von 1675, als der verstorbene Anton von Graffenried ersetzt werden musste, von den Geschlechtern bürgerlichen Ursprungs der Deutschseckelmeister Samuel Fischer portiert wurde, dieser aber zugunsten des von den Twingherren unterstützten und als Herr von Spiez wesentlich potenteren Venners Sigmund von Erlach, des Generals im Bauernkrieg von 1653, verzichtete.[87]

Ferner fällt auf, dass die Söhne verhältnismässig häufiger in höher klassierte Familien einheirateten als die Töchter. Die insgesamt 53 Heiraten von Söhnen stehen im Verhältnis von 1,7 zu 1 zu den 31 Eheschliessungen der Töchter. Bei den Verschwägerungen mit den «wohledelvesten», «edelvesten» und «vesten» Geschlechtern beträgt dieses Verhältnis jedoch 2,8 zu 1, wobei vier der fünf Heiraten mit Familien der beiden obersten Klassen von Söhnen geschlossen wurden. Bei den übrigen Berner Familien sowie bei den auswärtigen Familien besteht hingegen ein Verhältnis von bloss 1,5 zu 1.

Die Folgen von Beats Karriere für die weitere Familiengeschichte

Beat Fischers Karriere fiel hinsichtlich seiner Ämterlaufbahn bis zum Kleinrat nicht aus dem Rahmen, in welchem sich die Fischer bis dahin bewegt hatten. Als Postpächter erwarb er sich im Ausland jedoch schon bald so grosse Verdienste, dass er 1680 von Kaiser Leopold I. unter Vermehrung seines Wappens in den erblichen Reichsritterstand erhoben wurde. Seine Supplik begründete Beat nebst seinen Verdiensten um die Aufrichtung von zuverlässigen internationalen Postverbindungen insbesondere damit, dass seine Vorfahren seit mehr als dreihundert Jahren für «Patricy» gehalten und diese dank ihrer «gueten qualitäten und geschicklichkeit [in Bern] zu hohen dignitäten und Ehren Ämbteren» befördert worden seien.[88] Die Post und andere wirtschaftliche Unternehmungen sowie die Landvogtei Wangen, die im 18. Jahrhundert in die erste Klasse der ertragreichsten Vogteien eingereiht werden sollte,[89] warfen offensichtlich so grosse Gewinne ab, dass Beat 1683 die Herrschaft Reichenbach kaufen und in der Folge am Schloss umfassende Erneuerungen vornehmen konnte.[90] Sein wirtschaftlicher Erfolg als Postherr, seine Erhebung in den Reichsritterstand sowie sein gesellschaftlicher Aufstieg zum Twingherrn gingen so sehr über den bisherigen familiären Rahmen hinaus, dass seine Karriere für die Geschichte der Familie Fischer einen wichtigen Wendepunkt markiert, denn während Beats Deszendenz die erreichte Stellung als Postherren und Herren von Reichenbach bis zum Ende des Ancien Régime beziehungsweise bis 1831 aufrechterhalten konnte, zeigten sich in allen anderen Linien, Ästen und Zweigen schon bald Abstiegstendenzen.

Die drei Söhne des Postgründers – Beat Rudolf (1668–1714), Samuel (1673–1720) und Heinrich Friedrich (1676–1725) – wurden zu Stammvätern je einer neuen Linie, nämlich der älteren von Oberried, der mittleren von Bellerive und Eichberg sowie der jüngeren von Mur, in der sich nach anfänglich gemeinsamer Verwaltung schliesslich auch Reichenbach vererbte. Das wirtschaftliche Rückgrat dieser drei Linien blieb das Postunternehmen, das die drei Linien bis zum Übergang an den Staat im Jahre 1831 gemeinsam weiter-

Abb. 8–10
S. 27

---

87 Tillier 1838 IV, S. 277.
88 Ausführlich dazu der Aufsatz von Annelies Hüssy in diesem Band.
89 Im 18. Jahrhundert wurden die Landvogteien und einige andere obrigkeitliche Ämter je nach ihren Erträgen in vier Klassen eingeteilt. Vgl. SRQ BE Stadt, Bd. V, S. 460, 472, 532.
90 Vgl. den Aufsatz von Georges Herzog in diesem Band.

Abb. 8: *Beat Rudolf Fischer (1668–1714), ältester Sohn des Postgründers. Johann Rudolf Huber (1668–1748). 1722 hergestellte Kopie des Originals von 1703. Öl/Leinwand, 87 x 71 cm. Privatbesitz.*

Abb. 9: *Samuel Fischer (1673–1720), mittlerer Sohn des Postgründers. Anonym. Miniatur, 8,8 x 7,5 cm. Privatbesitz.*

Abb. 10: *Heinrich Friedrich Fischer (1676–1725), jüngster Sohn des Postgründers. Anonym. Öl/Holz, 74,5 x 61 cm. Privatbesitz.*

führten.[91] Dies zeigt sich nicht zuletzt darin, dass die Angehörigen dieser drei Linien bis zum Ende des Ancien Régime eher selten in fremden Diensten anzutreffen waren und auch in der bernischen Miliz mit Ausnahme des Obersten Karl (1734–1821) höchstens bis zum Hauptmann aufstiegen, um nachher nach Bern zurückzukehren, zu heiraten und – zum Teil in Verbindung mit einer Ämterkarriere als Grossrat und Landvogt – sich dem Postunternehmen zuzuwenden. Entsprechend hatte Beats Deszendenz auch stets eine starke Vertretung im Grossen Rat, stellte mit Rudolf Friedrich (1704–1781) und Emanuel Friedrich (1732–1811) zwei weitere Kleinräte, von denen letzterer zum Venner avancierte, und brachte während der Regeneration mit Emanuel Friedrich von Fischer (1786–1870) sogar einen Berner Schultheissen hervor. Vor allem durch die Eheschliessungen Beat Rudolf (1668–1714) und Emanuel Rudolf Friedrich Fischers (1761–1827) sicherte sich die Familie weitere Verbindungen ins bernische Machtzentrum, denn Beat Rudolf, der älteste Sohn des Postgründers, heiratete mit Katharina Steiger (mit dem schwarzen Steinbock im Wappen, geboren 1680) eine Tochter des späteren Schultheissen Christoph Steiger (I, 1651–1731), die zugleich eine Schwester des ebenfalls bis zum Berner Schultheissen avancierenden Christoph Steiger (II) war, und Emanuel Rudolf Friedrich vermählte sich mit Henriette von Sinner (1764–1847), Tochter des Schultheissen Friedrich von Sinner (1713–1791). Im Zuge der sich fortsetzenden Differenzierung der Berner Burgerschaft in fünf Klassen während der ersten Hälfte des 18. Jahrhunderts wurden die Fischer mit den Steiger (mit dem schwarzen Steinbock im Wappen), Sinner und mehreren weiteren Geschlechtern, mit denen sie sich nach wie vor am häufigsten verschwägerten, schliesslich in die dritte Klasse der «vesten» Familien eingereiht.[92]

91 Vgl. Hüssy 1996.
92 Wälchli 1981, S. 140 f.

Die anderen Linien, Äste und Zweige schieden nach und nach aus dem Regiment aus, waren aber mit Johann (1688–1753) nochmals im Kleinen Rat vertreten. Dafür wandten sie sich häufiger dem Solddienst zu, wo sie fast wie die Beat'sche Deszendenz nie höher als bis zum Hauptmann aufstiegen, wurden Pfarrer oder verdienten ihr Brot als Schreiber oder Inhaber anderer obrigkeitlicher Ämter, für die ein Grossratsmandat nicht erforderlich war. Unter ihnen betrieb Beat Friedrich (1740–1810) die obrigkeitliche Druckerei. Im 19. Jahrhundert sanken die noch lebenden Zweige ins Handwerk ab, bis sie in der ersten Hälfte des 20. Jahrhunderts ebenfalls erloschen.

Die weitere Geschichte der Familie Fischer nach dem Tode Beat Fischers zeigt also, wie der Prozess der Verdrängung der schwächeren Gruppen durch die stärkeren, der mit der Abschliessung des Berner Burgerrechts seinen Anfang genommen hatte und durch die Scheidung der Burgerschaft in regierende und nur regimentsfähige Familien in ein neues Stadium getreten war, sich innerhalb einzelner Familien fortsetzte. Die sich schnell verzweigende und prosperierende Deszendenz des Postgründers trat im Regiment bald an die Stelle der übrigen Familie. Nach 1701, als die Fischer den Höchststand von elf Mandaten erreicht hatten, ging die Vertretung der Fischer bis 1727 auf einen Tiefststand von fünf Mandaten zurück, so dass sie noch den 17. Rang belegten. Danach aber folgte dank der zunehmenden Verzweigung der Beat'schen Deszendenz eine Wende, bis die Fischer 1775 wieder auf ein Maximum von zehn Sitzen kamen und hinter den Jenner mit 15, den Graffenried und Wattenwyl mit je 13 sowie den Stürler mit zwölf Mandaten zusammen mit den Sinner und den Tscharner auf den fünften Rang kamen. In der gleichen Zeitspanne verminderte sich die Zahl der regierenden Familien von 91[93] auf 76 Familien.[94]

Wie eingangs erwähnt, wurden die Karrieremöglichkeiten des Einzelnen während des Ancien Régime in hohem Masse von dessen familiärer Herkunft bestimmt. Beat selbst zeigte zwar sowohl als Postherr wie auch in vielen anderen Aktivitäten viel Klugheit, Dynamik und Durchsetzungsvermögen und hatte dadurch einen wirtschaftlichen Erfolg, der über den bisherigen familiären Rahmen weit hinausging; doch seine gesellschaftlichen Ambitionen, wie sie sich in seiner Erhebung in den Reichsritterstand, in der Erwerbung einer Twingherrschaft und in seiner Wahl zum Kleinrat zeigten, richteten sich nach dem traditionellen Aufstiegsmuster aus. Etwas anderes war, sollte sein Erbe bewahrt werden und die Familie weiterblühen, auch gar nicht denkbar.

---

93 Geiser 1934, S. 95, kommt auf 88 Familien.

94 Über die Nachkommen des Postgründers Beat Fischer insbesondere im 18. Jahrhundert vgl. auch Kellerhals 1991.

Verkürzte Genealogie

(enthaltend nur die verheirateten männlichen Mitglieder sowie einige ledige Pfarrer und Soldoffiziere)

Grossräte	Kleinräte, Venner und Seckelmeister		Solddienst	Pfarrer	Postherren
Generation 0	**I**	**II**	**III**	**IV**	**V**
(Niklaus)	**Burkhard** –um 1591	Niklaus 1569–	Niklaus 1595–1675	Georg 1621–	
		Beat 1577–1628	Jakob 1601–1635		
			Burkhard 1603–1651	Beat Jakob 1633–1675	Caesar 1656–1705
					Franz Ludwig 1672–
				Burkhard 1638–1679	Hans Jakob 1665–1733
				Niklaus 1644–1679	Niklaus 1670–1741
			Beat 1613–1668	**BEAT** 1641–1698	**Beat Rudolf** 1668–1714
					Samuel 1673–1720
					Heinrich Friedrich 1676–1725
				Samuel 1653–1716	
				David 1656–	Hieronymus 1697–1758
				Burkhard 1658–1702	
			Samuel 1618–1682	Samuel 1642–1689	Samuel 1673–1759
					Hans Rudolf 1676–1733
				Beat 1643–1708	
				Burkhard 1645–1706	
				Hans Jakob 1651–1707	
				Hieronymus 1653–1719	Hieronymus 1704–1772
					Gabriel 1709–1761

Verkürzte Genealogie (Fortsetzung)

(enthaltend nur die verheirateten männlichen Mitglieder sowie einige ledige Pfarrer und Soldoffiziere)

Grossräte	Kleinräte, Venner und Seckelmeister		Solddienst	Pfarrer	Postherren
Generation					
0	I	II	III	IV	V
				Johannes 1658–1709	Johannes 1688–1753
					Samuel 1699–1766
		Samuel 1581–1652	Niklaus 1629–1702	Samuel 1676–1742	
				Beat Jakob 1679–1749	
			Hans Franz 1638–	Johann Niklaus 1686–1750	
		Burkhard 1588–1656	Hans Rudolf 1613–	Franz Ludwig 1642–1708	Daniel 1668–1706
					Franz Ludwig 1680–1742
			Burkhard 1615–	Sigmund 1646–	
				Burkhard 1650–1705	
			Samuel 1627–	Burkhard 1653–1733	
			Johann 1630–1672	Johann Friedrich 1659–1745	Johann Friedrich 1698–1757
					Sigmund 1696–1750
					Johann Rudolf 1702–1746
				Sigmund 1664–	
				Burkhard 1666–1708	
				Johann Rudolf 1669–1744	Hans Rudolf 1705–1782
	Niklaus –um 1582				

Barbara Braun-Bucher

Beat Fischer – Jugend, Lehrjahre und Bibliothek

Archivalia

So berühmt Beat Fischer durch sein Unternehmertum und seine Postgründung geworden ist, so karg stehen die Daten aus der Jugendzeit zur Verfügung. Das systematische Absuchen von zeitgenössischen Quellen, Chroniken, Briefen, Selbstzeugnissen und Stammbüchern von Zeitgenossen hat keine unmittelbaren Hinweise auf den Werdegang und die frühen Jahre Beat Fischers ergeben. Ausser dem Eintrag in der Universitätsmatrikel Basel von 1654 fehlen konkrete Angaben zu Reisen, Kavalierstour, Auslandaufenthalten und Kontakten in der Jugendzeit.

Die eigentlichen Archivalia, Fixpunkte aus der Jugendzeit und Dokumente aus späteren Jahren, die Rückschlüsse auf frühere Lebensabschnitte zulassen, sind rasch aufgezählt:

1. Das Taufdatum im Taufrodel des Berner Münsters am 5. Mai 1641.[1]
2. Der Eintrag in der Universitätsmatrikel Basel 1654.[2]
3. Die Überlieferung, dass die Idee der Postverbindungen von einem Mann namens Diodati stammt.[3]
4. Die Einladung zu den Festivitäten des Äusseren Standes vom 24. April 1682.[4]
5. Der Eintrag im Manual der Bogenschützen 1666.[5]
6. Die anlässlich des Umzugs bei Antritt der Landvogteistelle in Wangen erstellte Bücherliste.[6]

Das ist auch schon alles, äusserst wenig für einen so bekannten und verdienstvollen Zeitgenossen! Spuren, die Vermutungen und Schlüsse zulassen, existieren dennoch.

Einschätzungen in der Literatur, ausgehend von den späteren Leistungen, sind verschiedentlich vorhanden und gleichen sich alle, es sind wohl teilweise Projektionen, Spiegelungen von Zeitgenossen und Nachfahren, zusammengesetzt aus allgemein menschlicher Erfahrung und basierend auf der Annahme, dass sich Anlagen und Talente eines aussergewöhnlichen, unternehmensorientierten, aus dem Rahmen fallenden Zeitgenossen zwingend und notwendigerweise bereits in der Jugend manifestieren.

Zwar werden hier die erwiesenen Elemente exakt angeführt, es sei aber auch erlaubt, gesicherte Umfelder zu erstellen und von diesen her Möglichkeiten zu postulieren und Wahrscheinlichkeiten aufzuspüren, etwa die Situation in Bern im Geburtsjahr 1641 zu umreissen, die sich überstürzenden poli-

---

1 BBB VA BK Burgertaufrodel VIII, S. 31, Nr. 9.
2 UB Basel AN II 4a: Matricula studiosorum Universitatis Basiliensis 1654–1761, fol. 2r.
3 BBB FA von Fischer 11: (Karl Ludwig) Friedrich von Fischer von Bellerive (1823–1908): Beatus Fischer (1641–1698) 1885, S. 1.
4 BBB Mss.h.h. XLIV. 191: Äusserer Stand, Schultheiss, Rät und Burger an Beat Fischer, 24. April 1682.
5 BBB GA Bogenschützen 1.3.3: Aufnahmerodel 1646 ff., Anno 1666.
6 StAB FA von Fischer I 21 (3): Journal und Memorialia wegen erlangten Ambts Wangen, S. 107–113, 121–122.

Abb. 11: *Eintrag in die Basler Matrikel vom September 1654 «Beatus Piscator, Helvetio-Bernensis», Matricula studiosorum Universitatis Basiliensis 1654–1761. UB Basel AN II 4a.*

tischen und kriegerischen Ereignisse während des Vaters Landvogteizeit in Bipp 1648 bis 1654 zu skizzieren, den Schicksalen von bernischen Zeitgenossen nachzugehen, das Leben an der Universität Basel 1654/55 zu schildern, die Verhältnisse in Genf um 1655 mit Fakten zu belegen.

Am Begräbnis von Beat Fischers Sohn Heinrich 1725 zeichnet der Prediger Herkunft und Aszendenz des Verstorbenen nach und erwähnt die ausserordentlichen Fähigkeiten und Qualitäten des Vaters: Beat Fischer, Herr zu Reichenbach, ehemals Landvogt von Wangen war «ein Herr, welcher von Gott mit sonderen gaben, als Fürsichtigkeit, Klugheit, und ungemeinem Fleiß u[nd] unverdroßener, ja unermüdeter Arbeitsamkeit außgesteuret u[nd] be-

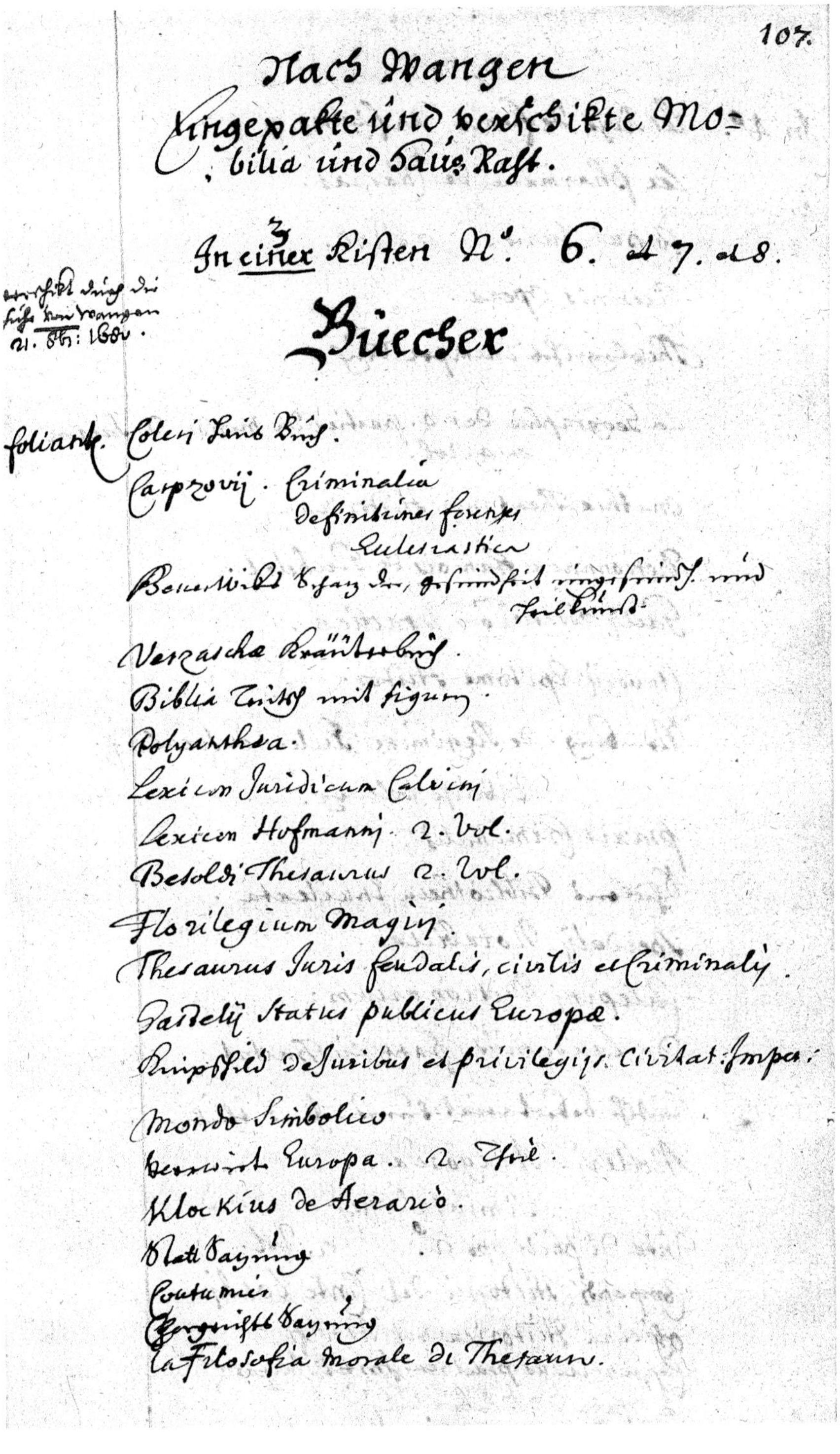
107.
Nach Wangen
Eingepakte und verschikte Mo-
bilia und Haus Raht.
In einer Kisten No. 6. & 7. & 8.
Buecher
foliant.
Carpzovij. Criminalia
Definitiones forenses
Ecclesiasticae
Verzasche Kräuterbuch.
Biblia Teutsch mit figuren.
Polyanthea.
Lexicon Juridicum Calvini
Lexicon Hofmannj. 2. Vol.
Besoldi Thesaurus 2. Vol.
Florilegium Magij.
Thesaurus Juris feudalis, civilis et Criminalis.
Gastelij Status publicus Europae.
Knipschild de Juribus et privilegijs. Civitat. Imper.
Mondo Simbolico
Verwirrt Europa. 2. Theil.
Klockius de Aerario.
Statt Satzung
Coutumes
Chorgrichts Satzung
La Filosofia morale di Thesauro.

Abb. 12: *Anfang der handschriftlichen Bücherliste: «Nach Wangen eingepakte und verschikte Mobilia und Haus Raht». StAB FA von Fischer 21 (3).*

gabet, auch deßentwegen sowol zu- alß auch ußert dem Vatterland bekant, und sich in ruhm gesetzt: Ein Herr welcher eben hierdurch Ihr Gnaden Post-Regale mit großem applause und Nutzen yngeführt, und hierdurch sich u[nd] Ihme, ja allen seinen Nachkommen einen unsterblichen Nahmen und Nachrufen erworben. Seine annoch lebende betrübte Fr[au] Mutter ist die vil ehr und tugendryche Frauw Margaretha Wurstemberger, welche der Höchste in Gnaden trösten [wolle].»[7] Auch die Erziehungsgrundsätze im Hause Fi-

7 BBB FA von Fischer 51 (9): Auszug aus dem Totenrodel von Lenzburg zu Heinrich Friedrich Fischer (1676–1725) 1904, nicht paginiert.

scher finden hier Erwähnung, denn der Verstorbene ist von «seinen hochansehnlichen Eltern, in seiner Jugend zur Tugend u[nd] gutten Künsten gehalten, u[nd] mit guten Informatoren wohl besorget» worden. Nach dem Studium in Basel schickt der Vater seinen Sohn Heinrich nach Lyon, damit dieser dort Französisch und Italienisch und die «Kunstgriffe der Kaufmannschaft und was dazu gehörig» lernt, später leitet er ihn «in vielfaltigen hohen Standt- und sonderlich Postgescheften» an. Nach seinem Tod wird der Stammhalter zu Verhandlungen an den Hof von Turin «zum Vernügen und Nutzen sowohl des Herzogs als auch der Interessierten» delegiert. Es hört sich an wie die Schilderung von verwirklichten erzieherischen Idealvorstellungen des väterlichen Postgründers...

Der Zeitgenosse Franz Ludwig Lerber (1648–1720), der in seiner Chronik Episoden aus dem öffentlichen Leben, innere Probleme des Staates und Zwistigkeiten in der Politik aus der Sicht des Mitbeteiligten der regierenden Oberschicht schildert und eine Vorliebe für Spektakel, Machenschaften, Klatsch, Personen-, Familien- und Parteienhader hat, ist hingerissen von Beat Fischers Unternehmungen: «Aus diesem [Postwesen], wie auch dem Waysenhaus und dem Project, so diser H[er]r Fischer der Buchhalterei halb in der Seckelschreiberei gemacht, [...], ist zu sehen, was für einen fertigen, hohen, erfahrenen, klugen Geist und Verstand er habe, solche schöne, anständige und sehr nützliche Sachen, [...], einzuführen, was ihm wegen solcher dexteritet [Geschicklichkeit] zu einem ewigen Nachruhm dienen wird.»[8]

In seiner Geschichte Berns charakterisiert Richard Feller den Postgründer folgendermassen: Beat Fischer «[...] erhielt eine gründliche Bildung, die ihn mit Sprachkenntnissen ausstattete und in das beste Schrifttum einführte. [...] Er war einer der hellsten Berner des Jahrhunderts. Sein wagender Geist verachtete die Geleise des Herkommens. Sein findiger und wirklichkeitskundiger Verstand wies ihm den Weg, auf dem er das Abgestandene bekämpfen konnte, ohne von der Entrüstung ereilt zu werden. Das Dasein sollte ihm nicht nur Pflicht, sondern auch Genuss sein. Er konnte insgeheim die Enge der Sittenvorschriften nicht ausstehen. Seine hochgemute Lust, das Neue, Unvertraute zu versuchen, erweckte Bedenken und Neugierde. Gespannt und besorgt erwartete man die Anschläge seines sprühenden Geistes.» Er war vertraut mit der «Blüte der französischen Literatur, d[en] verheissungsvollen naturwissenschaftlichen Entdeckungen in Holland und England» und dem zunehmenden «Einfluss der Staatsraison auf die Nachbarstaaten».[9]

Eine moderne Postgeschichte formuliert die Kenntnisse über Beat Fischers Jugendzeit hingegen vollkommen nüchtern: «Über den frühen Werdegang von Beat Fischer wissen wir wenig. Er soll für Berner Verhältnisse eine gute Ausbildung sprachlicher, juristischer und kaufmännischer Art genossen und sich im Ausland mit der Organisation und dem Betrieb der Post vertraut gemacht haben.»[10] Mehr Einsichten stehen nicht zur Verfügung!

8 BBB Mss.h.h. I. 98: Berner Chronik von 1673–1704, S. 32.
9 Feller 1974 III, S. 137–138.
10 Kronig 1991, S. 18.

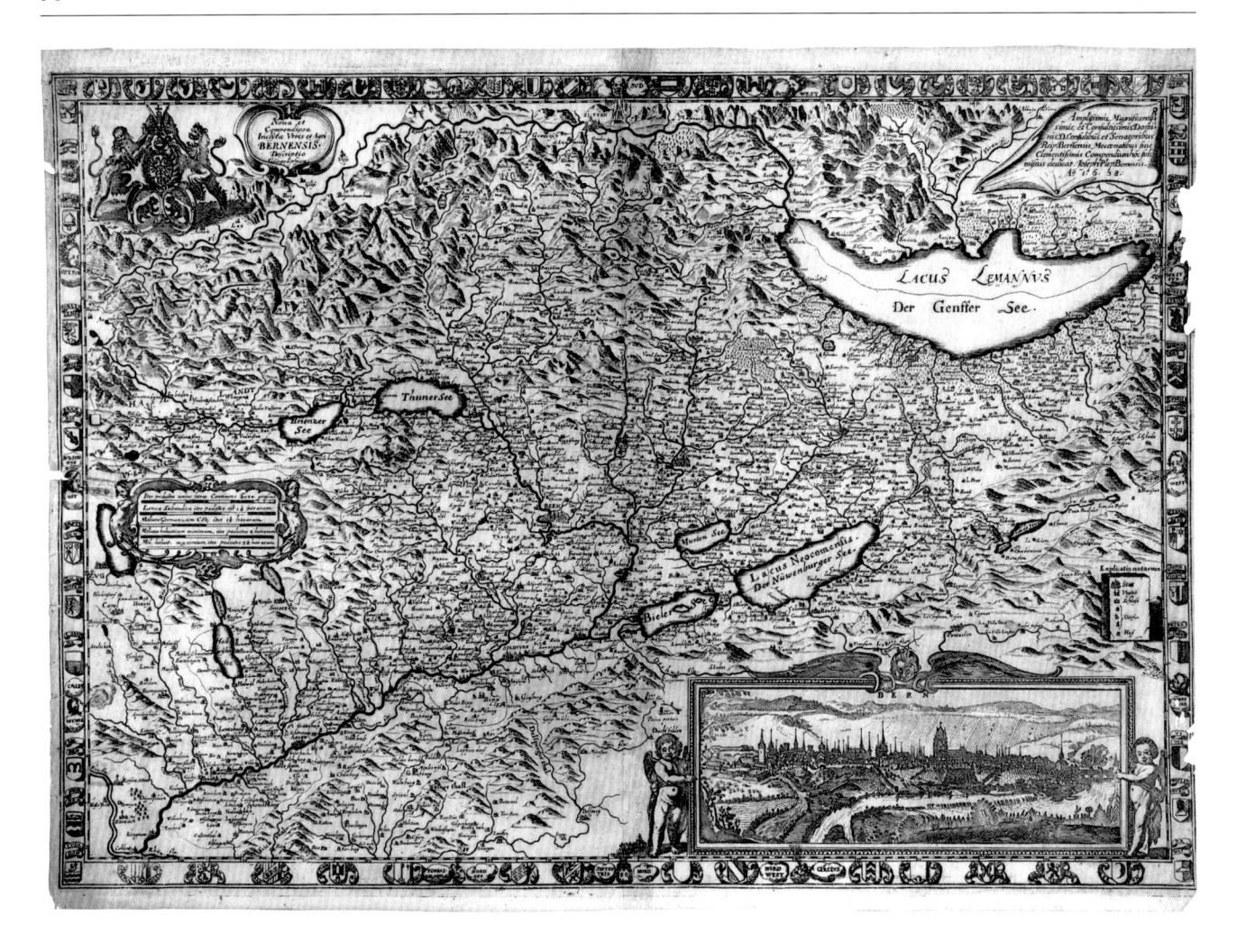

Abb. 13: *Joseph Plepp Bern 1595–1642: Nova et compendiosa Inclytae Urbis et Agri Bernensis Descriptio Geographica 1638, Masstab ca. 1:420 000. Kupferstich/Radierung. StAB AA I Nr. 15.*

Bern im Geburtsjahr 1641

Die Schilderung der satirischen Schrift «Heutelia» von Berns geografischer Lage und Bedeutung im 17. Jahrhundert könnte wie das Leitmotiv einer vergehenden Zeit über Beat Fischers beginnendem Leben stehen. Die Reise zweier Fremder durch die Schweiz hat, wenn überhaupt, zwischen 1634 und dem November 1638 stattgefunden. Bern liegt damals nicht an der bekannten, gängigen Reiseroute von Basel, Solothurn, Murten, Moudon nach Genf. Nach Bern gelangt man nur für spezifische Geschäfte, zur Besichtigung der Stadt oder wenn man die Strasse nach Murten verpasst hat: «Denn sonsten nicht bald frembde Gäst dahin [nach Bern] kommen, sie haben dann dort sonderlich zu thun, oder sie begehren dieselbe Statt, als Durchreisende besonders zu besehen: oder aber daß sie der Land-Straßen von Durosolo [Solothurn] nach Tamurum [Murten] [...] verfehlen.»[11] Beat Fischer wird als Wegbereiter der intensivierten Verbindungen und des Ausbaus des Strassennetzes im 18. Jahrhundert in die Geschichte eingehen.

Was beschäftigt und bewegt die Menschen politisch in dieser zwar weniger schnelllebigen, aber kriegsbelasteten, unsicheren Zeit? Die Affäre Frischherz, die neu erhobene Tellsteuer, der Tod des Festungsbaumeisters, die Eroberung der Freigrafschaft durch französische Truppen, die Transgressionen?

---

11 Veiras 1969, S. 129.

Abb. 14

Der Seckelmeister Frischherz hatte den eigenen mit dem öffentlichen Nutzen vermischt, bereits fünf Halbjahresrechnungen frisiert und Steuern hinterzogen. Nach einem Streit klagt ein betroffener Kaufmann, Frischherz missachtet die Verweise, die an Johannis 1639 abgelegte Rechnung weist Lücken auf, er hat acht Tage Zeit, die Rechnung in Ordnung zu bringen, auf der Flucht ersucht er, statt am Gerichtstag zu erscheinen, die evangelischen Orte um freies Geleit, verfasst ein Memorial mit Schmähungen gegen den Rat und verletzt damit den Ehrenkodex. Das Todesurteil wird am 5. März 1640 gefällt und ein paar Stunden später auf der offenen Richtstätte an der Kramgasse vollzogen.[12]

Zwar ist sich der Staat seiner regelmässigen Einnahmen sicher, die Zwischenfälle des Kriegs erfordern jedoch plötzlich abrufbare Ausgaben, für einen Aufmarsch an der Grenze oder die Kosten für die Befestigung der Hauptstadt. Der Staat erhebt eine neue Telle für den Grenzschutz, 1628 zunächst allein in der Hauptstadt, nach sechs Jahren in der Waadt und schliesslich am 7. Januar 1641 auch in der deutsch-bernischen Landschaft. Es beginnt zu gären im Emmental, im Amt Thun, die Stadt greift durch, unterdrückt den Aufstand, der Groll bleibt.[13]

Abb. 15
S. 38

1640 ist der Festungsbaumeister, Valentin Friderich, gestorben, seit 1610 hat er die Arbeiten an den Schanzen geleitet, die zunächst als Gemeinwerk der Stadt, danach unter Zuzug der Landgerichte, ausgeführt worden sind. Zuletzt vergibt der Rat die Arbeit an Unternehmer, das verschlingt Geld.[14]

1641 erobert Frankreich die Freigrafschaft und wird Berns unmittelbarer Nachbar. Die Tagsatzung verlangt vom König einen Waffenstillstand. Die Orte aus der Innerschweiz stellen im August den Antrag, die eidgenössischen Soldtruppen aus Frankreich heimzurufen, Bern ist dagegen, unterliegt aber der Mehrheit. Der Waffenstillstand wird darauf zwar gewährt, aber kaum eingehalten. Die Tagsatzung beschliesst eine Gesandtschaft an den König mit dem Auftrag, die burgundische Neutralität auszuhandeln. Vor der Abreise der Gesandten stirbt der König.[15]

Die Eidgenossenschaft gewährt Werbungen von Offizieren und Soldaten unter dem vertraglichen Vorbehalt der defensiven Verwendung. Um Konfrontationen unter Schweizern zu vermeiden und diverse bestehende bilaterale Verträge einzelner Orte nicht zu gefährden, darf der Kriegsherr die Truppen nur im eigenen Land einsetzen. Im zu Ende gehenden Dreissigjährigen Krieg schert sich kein Fürst mehr um solche Abmachungen und verwendet die Söldner offensiv. Auf der Tagsatzung spricht man erstmals von Transgressionen, die eidgenössischen Orte sind machtlos und schieben die Verantwortung auf die Hauptleute, die einen Eid leisten müssen, sich und ihre Untergebenen nicht bündniswidrig verwenden zu lassen.[16] Unruhige Zeiten also, obwohl die Eidgenossenschaft direkt vom Krieg verschont geblieben ist und finanziell profitiert hat.

In diese Zeit hinein wird Beat Fischer als drittes Kind der Familie geboren. Am 23. Mai tragen ihn die Paten zur Taufe ins Münster: Ratsherr Niklaus Kirchberger (1591–1648), Herr zu Bremgarten, eben als ehemaliger Landvogt von Lenzburg aus dem Oberaargau heimgekehrt, Daniel Morlot (1596–1670), Herr zu Bavois, Offizier und ehemaliger Landvogt von Romainmôtier und die Patin Ursula Thormann-Wagner (geboren 1610), deren Vater 1620 in Tirano

Abb. 14: *Johannes Frischherz (1587–1640), Mitglied des Kleinen Rats, ab 1629 Venner zu Schmieden, wird 1640 hingerichtet, nicht wegen eines Fehlbetrags von 71000 Pfund, sondern wegen einer von ihm verfassten Schmähschrift gegen die Regierung. Die Schmähungen gelten als Majestätsbeleidigung. BBB Gr. C. 152.*

12 Feller 1974 II, S. 582.
13 Feller 1974 II, S. 590–594.
14 Feller 1974 II, S. 494–497.
15 Feller 1974 II, S. 514.
16 Feller 1974 II, S. 518–519.

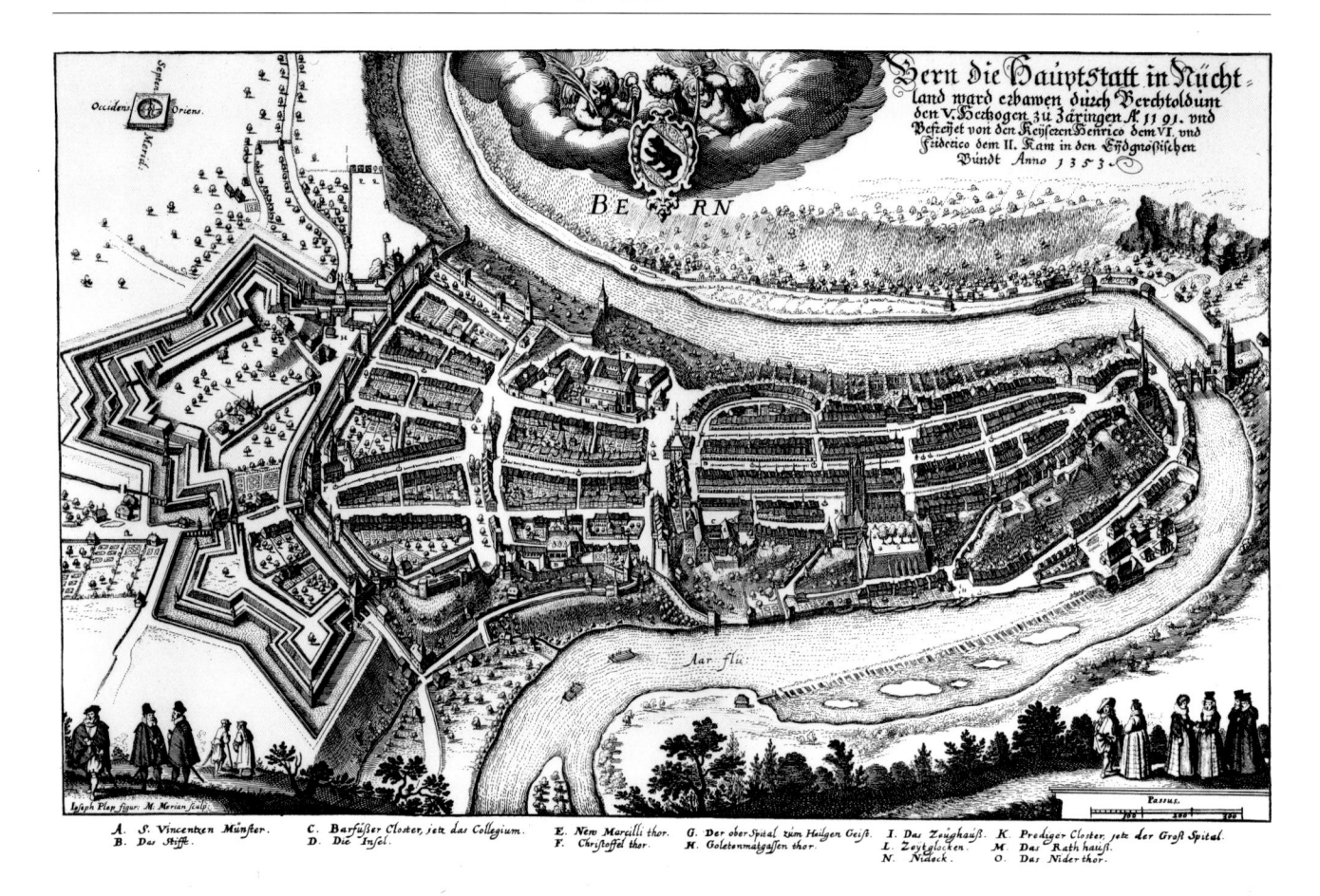

Abb. 15: *Bern 1642, Stadtplan von Josef Plepp, Bern, und Matthäus Merian, Basel. Topographia Helvetiae, Rhaetiae et Valesae. Basel 1642, Radierung. BBB Mülinen S 108.*

auf dem Schlachtfeld geblieben, deren erster Mann bereits gestorben und die, zum zweiten Mal verheiratet mit dem Grossrat und künftigen Landvogt Georg Thormann, mit dem ersten Kind schwanger ist.

Die Landvogteizeit des Vaters in Bipp 1648–1654

1648 wird der Vater zum Landvogt in Bipp gewählt, er zieht im Herbst als Landvogt auf. Die bereits stattlich angewachsene Familie – die Mutter hat fast jedes Jahr ein Kind zur Welt gebracht, 1638 Hans Jakob, 1639 die nach ihrer Basler Grossmutter mütterlicherseits benannte Judith, 1641 Beat, 1642 Esther, 1644 Burkhard, der jung stirbt, 1645 Niklaus und 1648 Margarethe – nimmt im idyllisch gelegenen Schloss mit weitem Blick übers Tal Wohnsitz. Das Bergschloss Bipp, Castellum Pipini, gilt zumindest im 18. Jahrhundert noch als vom Haushofmeister Pipin d.J. und späteren König der Franken gebautes und genutztes Jägerhaus.[17] Das Bipperamt umfasst im 17. Jahrhundert einen Teil des Buchsgaus und das Amt Wangen mit der Kirchgemeinde Wangen, mit der Stadt und den Dörfern Walliswil-Wangen und Wangenried.[18] Es hat Teil am grosszügig angelegten strategischen römischen Strassensystem. Zwei bedeutende internationale Strassenzüge durchziehen den Oberaargau. Der eine führt von Genf über Aventicum und Solothurn durch die Klus nach Basel-Augst, der andere von der Engehalbinsel bei Bern über Burgdorf, Herzogenbuchsee, Bleienbach, Langental und das Roggwilerfeld nach Zofingen.[19]

Abb. 16
S. 39

17 Leu 1747 IV, S. 81.
18 Studer 1958, S. 5; weitere Literatur Schmitz 2000; Balsiger 2003; Zutter 1999.
19 Studer 1958, S. 10.

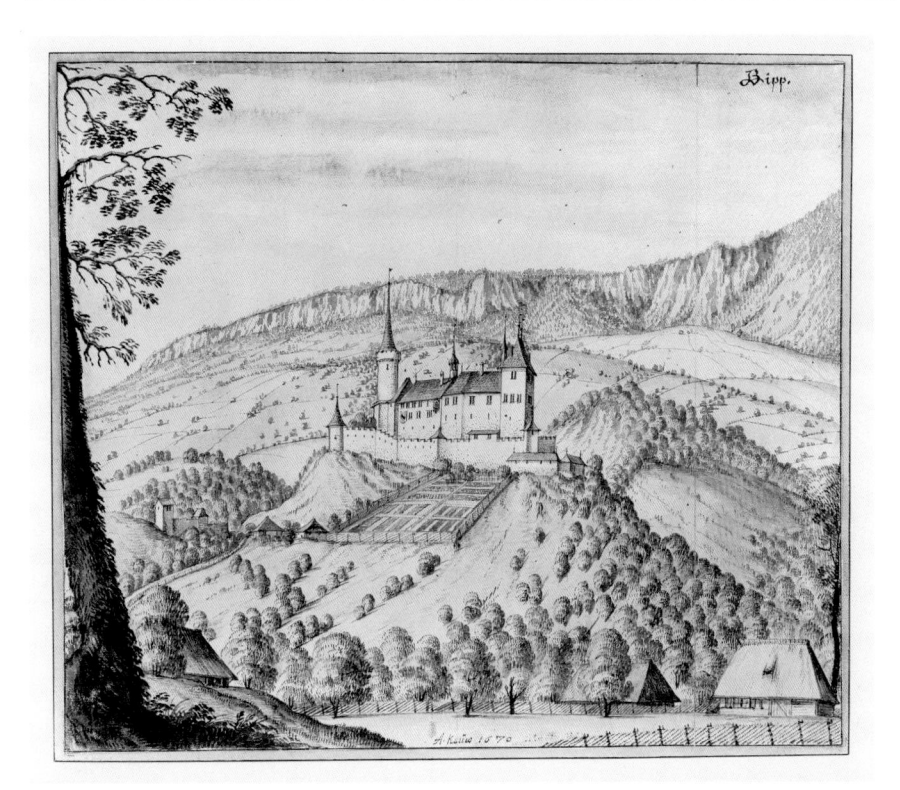

Abb. 16: *Schloss Bipp von Albrecht Kauw 1670. Bernisches Historisches Museum, Sammlung Kauw, Inv.Nr. 26098.*

Die bereits im Mittelalter komplizierten Besitz- und Rechtsverhältnisse sind es auch zu dieser Zeit noch, aber bis ins Detail geregelt. Wangen, seit 1501 durch die Verleihung einer Handfeste privilegiert, wählt den Schultheissen und die sechs Ratsmitglieder selbst und erhält das Bestätigungsrecht für drei jährliche Jahrmärkte. Bern bestätigt Wiedlisbach 1578 das Recht, zwei Jahrmärkte und den Dienstag-Wochenmarkt abzuhalten. Das dem Schloss benachbarte, regelmässig angelegte Landstädtchen wird in der südlichen Hälfte von der grossen Verkehrsstrasse durchquert, an der Handwerker ihre Werkstätten eingerichtet haben und eine Herberge Kaufleute und Reisende zum Absteigen einlädt.

Nach der Eroberung des Aargaus und später der Waadt ändert das kluge Regiment die wirtschaftlichen Verhältnisse im häuslichen und handwerklichen Bereich und die gerichtlichen Konstellationen nicht, der Landvogt übt die gleichen Hoheitsrechte aus wie vorher Landgraf oder Bischof: das Hochgericht, das Aufgebot der Wehrpflichtigen zum Ausbildungs- und Aktivdienst und zu den Inspektionen und den Bezug der Steuern. Das Landgericht, früher das Hochgericht, findet hier für die drei Vogteien Wangen, Bipp und Aarwangen bis 1560 beinahe immer in Wangen statt, nachher je nach Fall abwechselnd zwischen Wangen und Aarwangen. Bipp erhält ein eigenes Landgericht mit Landtagen in Wiedlisbach. Ausschliesslich der vom Kleinen Rat in Bern gewählte Landschreiber von Wangen verurkundet in allen drei Ämtern, besorgt den Schriftwechsel des Landvogts und sichert durch diese Kontinuität den Gleichgang der Verwaltung bei wechselnden Landvögten.[20]

20 Feller 1974 III, S. 69.

Abb. 17: *Wiedlisbach: Anonyme Ansicht mit Schloss Bipp, anfangs 17. Jahrhundert, Ölgemälde, Privatbesitz.*

Die Ämter Bipp, Aarwangen und Wangen haben sich 1641 geweigert, die Tellsteuer zu entrichten, Abgeordnete erhalten in Bern bei Kniefall Verzeihung. Am 22. November 1652 erlässt die Regierung das Münzmandat, innert dreier Tage muss ein alter, minderwertiger Batzen gegen einen neuen mit doppeltem Silbergehalt eingetauscht werden. Die kurze Frist erbittert die Bauern. Im Gegensatz zu Wangen, das regierungstreu bleibt, schliesst sich das Bipperamt dem Bauernaufstand an und wird unter dem Wiedlisbacher alt Bürgermeister Hans Känzig einen Trupp Verstärkung zum Bern belagernden Bauernheer schicken. Im Kern kämpfen die Bipper und die Wiedlisbacher um die Nutzung des Längwaldes und um Abgabeerleichterungen. Am 14. März 1653 steigen zwanzig Niederbipper den steilen Weg zum Landvogteischloss hinauf und fragen «mit ziemlicher Bescheidenheit»[21] beim Landvogt Beat Fischer nach dem Konzessionsbrief, der die Nutzung des Längwaldes für die Gemeinden Wangen, Bipp und Aarwangen regelt. Die Bipper befürchten zudem, dass zu viel Getreide nach Bern geführt wird, und verweigern weitere Transporte, obwohl der Fuhrlohn von fünf Batzen um einen halben Batzen pro Mütt erhöht wird und der Landvogt aus eigenem Ermessen den halben Batzen auf zwei aufrundet. Fischer schlägt nun vor, das Getreide an den Ambassadoren in Solothurn zu verkaufen oder einen Teil in den Gemeinden auszuteilen und den Rest nach Bern zu transportieren. Die Regierung tritt jedoch nicht auf die Vermittlungsvorschläge Beat Fischers ein.

Als sich die unruhige Lage im Amtsbezirk zuspitzt, verlangt der Landvogt in der Hauptstadt sechs bis acht Männer, Waffen und Munition zum Schutz des Schlosses. Bern lehnt ab. Die Aufständischen setzen jene unter Druck, die dem Vogt geschworen haben, das Schloss zu verteidigen und ihm bei Gefahr

---

21 StAB A IV 137: Allgemein Eidgenössische Bücher B, S. 307.

mit «Leib und Leben» beizustehen.²² Fischer stellt in eigener Verantwortung fünf Bieler ein. Ende des Jahres zieht er deren Sold und Verpflegungskosten im Einverständnis mit der Obrigkeit von der Amtsrechnung ab.

Nochmals kommt eine Einigung zwischen Regierung und Untertanen zustande. Die Bipper unterschreiben am 9. April, niemand traut jedoch dem Frieden. Die aufständischen Wiedlisbacher mobilisieren ein Aufgebot, um die befürchtete welsche Verstärkung für die dortige Garnison aufzuhalten, und die Bieler patrouillieren weiter auf dem Schloss. «Werde gerade [zu] der Stunde berichtet», meldet der Landvogt nach Bern, «dass die von Wiedlisbach, samt anderen neuen bestellten Hilfsvölkern auf der Wangerstrasse, nach Solothurn, den Postläufer samt meinem und anderen Schreiben eingefangen, nach Wiedlisbach geführt, und die Schreiben abgenommen haben: ob nun dieselben geöffnet und wie sie mit dem Boten umgehen werden, stehe E[u]w[er] Gn[aden] In Kurzem zu vermelden.»²³

Kurz darauf setzen die Wiedlisbacher Wachen französische Reisende fest. Der Botschafter Frankreichs Jean de la Barde verwendet sich im Einverständnis mit der Regierung persönlich beim Bauernführer Niklaus Leuenberger für deren Freilassung. Dieser schickt einen Boten ins Städtchen: «[…] wir können nid hinder halten, wie das uff hütt dr herr baron von solenndduren bei uns zu ranflüh ist ann kommen und uns hat an zeigt, wie ihr drei herren vonn frankrich in aräst uff haltind, die von Rom här köme und nach frankrich all heim nach huss wöllen begäbenn. Das ist unser bevälch, ihr welend die herren lassen, welche zu Wietlispach von den bürgeren und landt lütenn sind uffgehalten worden. Die welend ihr lasen marschieren und maiestet brieffen und siglen nit uffhalten […]», alle andern sollen sie weiterhin kontrollieren und nach Gutdünken festhalten.²⁴ Leuenberger reist selbst zu Verhandlungen ins Städtchen. Bern fürchtet um seinen Ruf und zum Gespött des ganzen Landes zu werden: «Wietlispach», notiert der Berner Stadtschreiber am 12. Mai 1653 ins Ratsmanual, «Ihnen Ihr Gnaden missfallen ab den klagenden uffhaltung etlicher h[e]r[re]n Ehrengesandten, wie auch anderen durchreisenden fürnemmen h[e]r[re]n, und öffnung deren fäls und schreiben remontierlich fürhalten und ernstlich bevelchen, dergleichen wider alle gebür und aller völckeren rechten und zu schand und spot des gantzen lands gereichenden actionen, sich inskünfftig zemüssigen.»²⁵

Nach der Niederlage bei Herzogenbuchsee büssen die Wiedlisbacher für ihren Aufstand, das Erzrebellennest wird vom Regiment Morlot, dem Obersten Daniel Morlot, dem Paten des kleinen Beat, niedergeworfen, es verliert seinen Silberschatz, seine Tore und sinkt von einem städtischen Gemeinwesen zum Dorf ab: «Es heisst, selbigen Abends (6. Juni) kam Zytung, wie die Rebellen sich in etliche Tausend Mann stark besammelt hätten, weil vorigen Tags durch das Morlotische Regiment zu Fuss und die Reuterey Wiedlispach ingenommen, alles gspoliert [geplündert], die Porten niedergerissen und also zu einem offenen Flecken gemacht worden, auch also das ganze Amt Bipp zur Gehorsame gebracht worden, welches Langenthal erschreckte, dass sie sich zur Huldigung untergabend.»²⁶ Der Anführer, erneut alt Bürgermeister Hans Känzig, wird vor Gericht gestellt, das ihm die Teilnahme an den Landsgemeinden von Langenthal, Huttwil und Sumiswald vorwirft. Er hat die Bipper veranlasst, dem Bauernbund beizutreten, ist mit einer Muskete bewaffnet vor

22 Hediger 1995, S. 218.
23 Zit. nach Stüssi-Lauterburg 2003, S. 159.
24 StAB A IV 139: Allgemein Eidgenössische Bücher D, S. 47.
25 StAB A II 428: RM 117, S. 99.
26 Stark 1984, S. 168–170.

Bern aufmarschiert, hat die Gnädigen Herren beschimpft und befohlen, an die Obrigkeit adressierte Briefe zu öffnen und fremde Herren einzusperren. Der Schiedspruch lautet auf 240 Kronen Busse und Abschlagen eines Ohrs. Die Verstümmelung durch den Scharfrichter schliesst ihn als zukünftigen Amtsträger aus.[27] Auch die Amtsbezirke werden mit einer zusätzlichen Abgabe belastet, die Bipper bieten 1200 Gulden an, gefordert werden jedoch 3700, zahlbar innert acht Jahren.[28] Landvogt Beat Fischer setzt sich für seine Amtsangehörigen ein, indem er auf die rigorose Plünderung durch die Regierungstruppen verweist. Die Obrigkeit bleibt hart, Gnade wird nicht gewährt, lediglich die Wehr, die Erlaubnis, Waffen zu tragen, wird den «Reuigen» wieder zugesprochen.[29]

Bewegte, hektische Zeiten also, der Landvogt ist viel unterwegs auf unsicheren Strassen, er sieht zum Rechten, versucht zu vermitteln, reist zum Rapport in die Hauptstadt. Wie erzieht man in solchen Umständen eine kleine Schar Kinder, die Buben: den zwölfjährigen Beat, den neunjährigen Burkhard, den achtjährigen Niklaus, und auch die Mädchen: die vierzehnjährige Judith und die elfjährige Esther? Da Beat nicht in der Promotionsliste der bernischen Hohen Schule figuriert, ist anzunehmen, dass er seine Jugend in Bipp verbracht und dort, zusammen mit den Geschwistern, den Unterricht eines oder mehrerer Privatlehrer erhalten hat. Der Unterricht beginnt früh. Die Aufnahmefähigkeit des Kleinkindes wird von den Pädagogen der Zeit generell bestätigt. Pierre Charron, Philosoph und Hofprediger der Königin von Navarra, setzt das Alter des Bildungsbeginns auf vier, fünf Jahre fest: «L'enfant qui peut scavoir combien il y a de poulles chez sa mere, et cognoistre ses cousins, comprendra bien combien il y a eu de Roys, et puis de Caesars à Rome.»[30]

Die Bernische Hohe Schule in der ersten Hälfte des 17. Jahrhunderts

Beat Fischer steht mitten in der Umsetzung einer sich neu orientierenden Bildungspolitik. Ein dichtes Netz von Schulinstitutionen entsteht in ganz Europa von der Reformation bis in die Zeit des Dreissigjährigen Kriegs. Alle, ob Fürstenschule, Klosterschule, Ratsgymnasium, reformierte Hohe Schule oder Jesuitengymnasium, streben das Gleiche an, die Vermittlung der Grundlagen des Wissens. Antike, Bibel und christliche Theologie sind, verbreitet durch gymnasialen Unterricht, konstante Bildungsfaktoren für die gelehrten Schichten, ebenso wie die konfessionelle Differenzierung und die Gegensätze in Lehre und Leben.[31]

Der Anfang des 17. Jahrhunderts bringt einen Neuerungsschub, indem Erziehung und Bildung ein wichtiges, öffentliches Thema werden, das in einer grossen Zahl pädagogischer Schriften zur Diskussion steht.[32] Auch in Bern erkennt man die Zeichen der Zeit, erlässt 1616 eine neue Schulordnung mit der ausdrücklichen Zielsetzung, nicht mehr nur Theologen, sondern auch Staats- und Verwaltungsbeamte auszubilden, nicht «allein die wahre, reine religion, sonder auch de[n] oberkeitliche[n] stand» zu «erhalten, fortzupflan-

---

27 Hediger 1995, S. 228.
28 StAB A IV 141: Allgemein Eidgenössische Bücher F, S. 22–23.
29 Hediger 1995, S. 230.
30 Charron, Pierre: De la Sagesse, S. 523, zit. nach Viguerie 1981.
31 Schindling 1994, S. 77.
32 Dülmen 1982, S. 296.

zen und zu aufnen»[33]. Neben einschneidenden strukturellen Veränderungen widmet sie sich ausführlich Lehrgegenständen, -stoffen und -büchern. Hier findet diese Erneuerung im gesamteuropäischen Kontext Eingang, indem die neuen Wissenschaften integriert, die grundlegende, zeitgenössische Diskussion von staatspolitischen, juristischen, religionsgeschichtlichen und geisteswissenschaftlichen Fragen einbezogen, das Verhältnis von Staat und Kirche, Staat und Individuum, die Vorstellung von Souveränität, «Haus», Sozialordnung und Ökonomie behandelt, die göttliche Legitimität des Staates definiert, der theologischen Begriff von der Kirche in der Orthodoxie gedeutet werden, die Theologie wird entthront durch den neuen Stellenwert der Erfahrungswissenschaften im wissenschaftlichen und praktischen Bereich.

Die um 1640 geborenen Zeitgenossen Beat Fischers sind bereits im Besitz dieser neuen Errungenschaften. Die Öffnung der Grenzen nach dem Dreissigjährigen Krieg ermöglicht in einem neuen Innovationsschub die Expansion und Differenzierung von Bildung mit der Verbreitung und Verbreiterung von Bildung und Wissen, der Vermittlung von nützlichem Fachwissen und anspruchsvoller literarischer Bildung die Fortsetzung eines Prozesses, der im 16. Jahrhundert mit Humanismus, Buchdruck, Reformation und Konfessionalisierung begonnen hat.[34] Für die Weiterbildung nach dem Absolvieren der bernischen Hohen Schule haben sich für Berner Studenten neben Basel, der einzigen schweizerischen Universität, zwei Routen als klassische Bildungswege herauskristallisiert, eine führt direkt nach Norden über Herborn, Heidelberg in die Niederlande nach Leiden, Groningen, Franeker und Utrecht, eine zweite über Lausanne oder Genf nach Orléans.

Neben der zielgerichteten Ausbildung von Theologen, Medizinern und teilweise Juristen erwirbt sich die Mehrzahl der Studenten lediglich eine allgemeine Bildung ohne Abschluss. Sie besteht in der Kenntnis der Klassiker, in rudimentären Einsichten in Philosophie und Wissenschaften wie Mathematik und Geometrie, einigen Prinzipien im Recht, besonders im protestantischen Bereich in ausgeprägter Bibelfestigkeit, aber auch in Reiten, Fechten, Zeichnen und Musik.

Ein weiteres Element der Bildung ist die Kavalierstour. Die «peregrinatio» oder «perlustratio academica» der Studenten aus dem Bürgertum und dem niederen Adel verdrängt mit der soziologischen Umschichtung gegen Ende des 16. Jahrhunderts die Turnierreise des mittelalterlichen, geschlossenen, adligen Personenverbandes. Das neue politisch-ständische System des Absolutismus bietet dem Bürger die Möglichkeit, in die Ratsoligarchie, in die Hierarchie des Hofs und dem Gebildeten in die regierende Schicht des Ämter- und Ständestaates aufzusteigen. Studienorte und Bildungsgang werden fassbar in den Stammbüchern und der Reiseliteratur. Die Stammbücher des ausgehenden 16. und des 17. Jahrhunderts aus den bernischen Familien Manuel, Graviseth, Tschiffeli, Wyss, Haller, Steck, Bucher, Frisching, Tillier und Hortin weisen neben Bern, Lausanne und Genf nach Paris, Montauban, Sedan, Saumur oder nach Basel, Marburg, Herborn, Heidelberg, Frankfurt und Strassburg bis in die Niederlande.

Ende des 16. Jahrhunderts beginnt die eigentliche Reiseliteratur, die Reise wird methodisiert. Theodor Zwingers 1577 in Basel erscheinender «Methodus // Apodemica» wird bis Ende des 17. Jahrhunderts massgebend bleiben. Er gibt

---

33 SRQ BE Stadt, Bd. XII, S. 26–27.
34 Möller 1987, S. 336–381.

einen Überblick über Arten und Formen des Reisens, Beispiele und Ratschläge und liefert vier exemplarische Stadtbeschreibungen – Basel, Paris, Padua und Athen. Das Itinerar, diese geografisch-politische Landesbeschreibung, wird im europäischen Rahmen zur Mode und zum Erziehungsmedium, denn sie hat den Zweck, dem Jüngling von Stand und Vermögen, der zum Abschluss seiner Erziehung Weltläufigkeit lernt, den Glanz seines Hauses repräsentiert und nützliche auswärtige Beziehungen knüpft, die beste Grundlage für die Kavalierstour und Richtlinien für eine möglichst effiziente Studienreise zu bieten.[35]

An der Basler Universität 1654/55

Abb. 18
S. 45

1654 läuft die Amtszeit des Vaters in der Landvogtei Bipp aus, die Familie kehrt nach Bern zurück. Der dreizehnjährige Beat schreibt sich mit 95 andern Studenten im 194. Jahr des Bestehens der Universität Basel als Nummer 22, «Beatus, Piscator, Helvetio-Bernensis», im September 1654 in die Matrikel ein.[36] Es ist zwar nicht die Regel, kommt aber mehrfach vor, dass Studenten die Universität so jung beziehen. Im Fall von Beat spricht diese Tatsache und der Umstand, dass er nicht in den Promotionslisten der Bernischen Hohen Schule erscheint, für einen sorgfältigen, privaten Unterricht fern von der Hauptstadt. Die Rückkehr nach Bern stellt für die ganze Familie einen neuen Lebensabschnitt dar, es würde wenig Sinn machen, Beat jetzt noch in die städtische Hohe Schule zu integrieren.

Basel bietet sich als einzige Universität in der Eidgenossenschaft und durch das verwandtschaftliche Umfeld der Familie an. Beat Fischers Grossvater mütterlicherseits, Georg Tribolet (1579–1662), alt Salzdirektor, hat die Baslerin Judith Werenfels geheiratet. Sie ist vermutlich die Schwester des Pfarrers und Vaters des Malers Hans Rudolf Werenfels (1629–1673), der 1671 das Familienbildnis mit Beat Fischer, seiner Frau Euphrosine und dem Kind malen wird. Was liegt näher, was ist sicherer und kostengünstiger, als den jungen Beat bei der Verwandtschaft in der Rheinstadt einzulogieren?

Als Nahziel wird die Universität Basel bereits in ihren Anfängen ab 1460 sehr stark von Bernern frequentiert. Der Auszug der gedruckten Basler Matrikel[37] zählt von 1557 bis 1700 total 263 Berner Studenten auf. Der Anteil der Berner bleibt sich durchgehend ungefähr gleich: 1557–1600: 94, 1601–1650: 86, 1651–1700: 83. Sowohl für die katholischen wie die reformierten Stände sind die Universitäten und Hohen Schulen nicht frei wählbar. Für Berner ist der Besuch der Hochburgen der lutherischen Orthodoxie in dieser Zeit, Leipzig, Jena, Wittenberg, Strassburg, Frankfurt a. O. und Helmstedt, untersagt. Auch das sonst wegen seiner Fecht- und Reitschule beliebte französische Saumur bleibt für Berner Studenten zeitweise gesperrt, weil der dort lehrende Moïse Amyraut (1596–1664) die streng calvinistische Gnadenlehre ablehnt und dadurch mit der sich an den Dordrechter Beschlüssen orientierenden reformierten Orthodoxie in Konflikt gerät.[38]

Im Dreissigjährigen Krieg verfestigt sich die Staatsgewalt. Es setzt ein kontinuierliches Ringen um die Durchsetzung von Ansprüchen und die Wahrung von Privilegien ein. Der Staat greift ins Wirtschaftsleben ein, rationiert

---

35 Ridder-Symoens 1989, S. 205–206.
36 UB Basel AN II 4a: Matricula studiosorum Universitatis Basiliensis 1654–1761, fol. 2r.
37 Wackernagel 1962 III, S. 498–508.
38 Pfister 1974, S. 556.

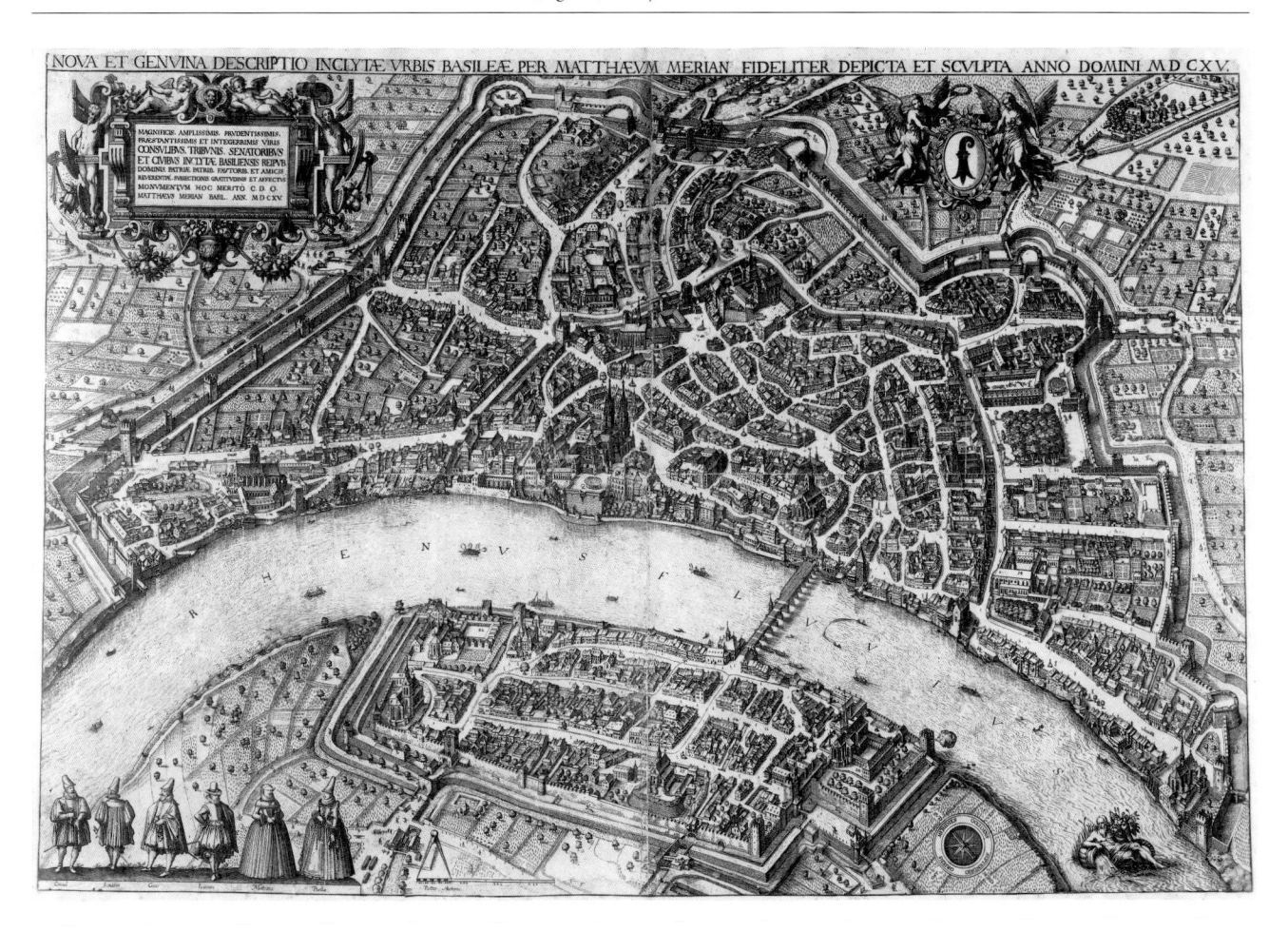

die Lebensmittel, überwacht die Preise, bekämpft die Inflation und greift zur Deckung der Kosten zum Mittel eines Wehropfers. Die Universität verteidigt sich erfolgreich gegen die Abgabe, ebenso wahrt sie die Privilegien gegen ein neu geschaffenes Reformationskollegium zur schärferen Überwachung der Sittenmandate. Beim Viehzoll und an einer neuen Kriegssteuer müssen sich jedoch alle akademischen Bürger beteiligen. Interessant ist die Argumentation des Rektors zur Erhaltung der bestehenden und immer wieder angeführten Privilegien von 1460, dem Gründungsjahr der Universität, indem er auf die drohende Konkurrenzgefahr der zwar im Krieg ruinierten, jetzt aber mit reichen Mitteln restaurierten deutschen Universitäten hinweist. Unter den Hochschulen hat ein Konkurrenzkampf eingesetzt, man versucht, sich gegenseitig die Studenten abspenstig zu machen. Die Regionalisierung des Einzugsgebiets setzt auch in Basel ein, es beschränkt sich immer mehr auf die Eidgenossenschaft.[39]

Bei weitem nicht alle Studenten geben ihre Studienrichtung an, im Studienjahr 1654/55 belegt ungefähr ein Drittel Theologie, gegen zwanzig besuchen ausdrücklich die juristische Fakultät, der Rest sind Medizinstudenten oder nicht spezifizierte Studiengänge. Auch bei Beat Fischer findet sich kein Vermerk, aus seinen späteren Interessen lässt sich jedoch schliessen, dass er sich bei den Juristen umgesehen hat.

Die Juristenfakultät steht in der altehrwürdigen Tradition des Humanisten Bonifacius Amerbach, der bei der Ausarbeitung seiner Gutachten seine ei-

Abb. 18: *Matthäus Merian d. Ä. Basel. Grosser Vogelschauplan von Norden. 1615/17. Radierung von 4 Platten. Blatt 70,5 x 105 cm. Ohne Inv. Kunstmuseum Basel. Kupferstichkabinett.*

39 Zur Geschichte der Universität Basel: Bonjour 1960; Staehelin 1957, S. 259–260.

Abb. 19: *Das «Faesch'sche Kabinett» am Petersplatz mit seinen Kunstschätzen, Altertümern, Büchern und Globen. Die Wahrheit diktiert der Fama die Hauptdaten der Geschichte, während Amor versucht, Chronos an dessen Werk der Zerstörung zu hindern. Miniatur zum Rektorat des Historikers Christoph Faesch 1672–1673. Matricula studiosorum Universitatis Basiliensis 1654–1761. UB Basel AN II 4a.*

gene grosse Privatbibliothek, an die 3000 Bände, nahezu ein Drittel fachwissenschaftliche Bücher, die im 17. Jahrhundert an die Universität übergeht, benützt hat. Besonders die europäische Rechtskunde ist fast lückenlos vertreten. Amerbach hat die Rechtsfindung nach einem unverrückbaren Leitstern ausgerichtet, dem göttlichen oder natürlichen Recht: «Dann die natürlich Recht, wie Aristoteles, M[arcusTullius] Cicero und Justinianus warlich anzeigen, unwandelbar, mögen durch kein Statut, Bruch oder Gewonheit ufgehoben und verendert werden.»[40] Ihn interessieren vor allem die praktische Rechtsanwendung, weniger die Grundlagen und Methoden des Rechts. Seinen Sohn Basilius ermahnt er immer wieder, auf die Praxis alle Mühe zu verwenden.[41] Für diese Tradition ist die Basler Juristenfakultät, deren Professoren stets für zahlreiche Gutachten im In- und Ausland angegangen werden, auch noch im 17. Jahrhundert bekannt und gefragt. Die praktische Ausrichtung der Lehre gibt den Studenten Anleitung für ihre künftige Tätigkeit im Verwaltungsbereich und beim gerade in dieser Zeit so bezeichnenden Ringen um Rechtsvereinheitlichung.

Nach der internationalen Besetzung der Lehrstühle der juristischen Fakultät während der Bürgerkriege in Frankreich und im Dreissigjährigen Krieg kommen auch immer wieder altbaslerische Familien zum Zug. Der älteste Sohn des reichen Basler Kaufmanns und Bürgermeisters Remigius Faesch (1595–1667) hat eine sorgfältige juristische Ausbildung in Bourges und Marburg genossen. Entscheidendes Erlebnis seiner Bildungsjahre aber bleibt die grosse Reise nach Italien 1620/21, die ihn bis nach Neapel geführt hat. In Rom widmet er seine ganze Aufmerksamkeit den antiken Denkmälern, Inschriften und Münzen. Er lehrt fast vierzig Jahre mit Auszeichnung an der juristischen Fakultät in Basel. Beliebt bei den Studenten wegen seiner klaren Systematik und der Eleganz seiner Vorlesungen, ist er wie die meisten Juristen seiner Zeit praktisch fruchtbar, als Consiliarius der Herzöge von Württemberg und der Markgrafen von Baden-Durlach. In jahrzehntelanger Arbeit baut er eine schon damals berühmte Kunstsammlung mit Gemälden von Holbein, Konrad Witz und Hans Baldung, mit Handzeichnungen, Holzschnitten, Kupferstichen, Skulpturen, Schmuckgegenständen, Antiken, Naturalien, einem prächtigen Münzkabinett von seltener Vollständigkeit und eine reichhaltige Bibliothek auf.[42] Diese von ihm selbst «Museum» genannte Kunstkammer wird von vielen Reisenden besucht, die alle sehr beeindruckt sind: «Die Behausung ist in wendig mehr ein Pallast / als ein Burgerliches Haus / auch sonst aufs allervernünftigste mit kunstreichen Gemählden und Bildhauerey / einer vornehmen Bibliothek / und mit allerhand anderen raritäten / ungemein und zierlich versehen / als hätte Minerva daselbst ihre Wohnung genommen.»[43] Hier erstehen bildhafte Vorstellungen vom Ausbau und der Ausschmückung der Landvogtei Wangen durch Beat Fischer, vom reichen Interieur des Schlosses Reichenbach, in dem Minerva gewissermassen ebenfalls Wohnsitz genommen hat[44], und von der zwar leider nur partiell in ihrem Fachliteraturbereich bekannten, ungewöhnlich umfangreichen Büchersammlung.

Gleichzeitig schreiben sich im Herbst 1654 neben zahlreichen Theologen und etlichen angehenden Medizinern verschiedene Juristen ein. Das Publikum ist international gemischt. Nach der Überzeugung der Zeit erwirbt sich

---

40 Zit. nach Bonjour 1960, S. 194.
41 Bonjour 1960, S. 191.
42 Staehelin 1960, S. 66.
43 Zit. nach Bonjour 1960, S. 202.
44 Vgl. dazu den Aufsatz von Georges Herzog in diesem Band.

CAMPVS DIVI PETRI, QVI EST BASILEÆ.   S. PETERS PLATZ IN BASEL.

Abb. 20: Basler Promenade St. Petersplatz von Matthäus Merian d. Ä. Topographia Helvetiae, Rhaetiae et Valesae. Basel 1642, Radierung. BBB Mülinen S 108.

der Student mit dem römischen Rechtsstudium formal-juristische Kompetenz, die ihn auch für nichtforensische Tätigkeiten, insbesondere den Staatsdienst, qualifiziert.[45] Bei den Juristen finden sich zahlreiche Studenten aus vornehmen Geschlechtern, die sich teils eine allgemeine Bildung holen oder auf der obligaten Kavalierstour Station machen, aber auch solche, die den Doktortitel erwerben: Die beiden Brüder Johannes und Gottfried zum Berghe aus Westfalen, die beide promovieren, Achat von Knesebeck, Levin von Knesebeck, später kurbrandenburgischer geheimer Rat und Hauptmann der Ämter Trebbin und Zossen, wohlangesehen bei Hofe, Christoph von Knesebeck und die beiden Brüder Achat und Thomas von Jagow, alle aus altem brandenburgischem Adel stammend, die beiden Dänen Jakob Hoëgh und Thago Hoëgh, Sprosse eines alten jülischen Adelsgeschlechts, beide die Rechte studierend und aus Strassburg kommend. Bernhard Elsner aus Schlesien, der, 1627 geboren, in Rostock wegen seines jugendlichen Alters 1641 nicht vereidigt wird und nach Fortsetzungen in Jena und Leiden sein Studium 1657 mit dem Doktor iuris utriusque in Basel abschliesst. Reinhold Langerfeld aus Preussen, der bereits in Frankfurt a.O. und in Strassburg studiert hat, Johann Hellffricht Chuno aus Kassel, der über Heidelberg und Strassburg nach Basel kommt. Beide beenden das Studium mit dem Doktor iuris utriusque und schreiben dem Studienkollegen Hieronymus Bauhin einen Vers ins Stammbuch.[46] Enoch Gläser aus Schlesien, später bekannter Rechtsgelehrter und Professor der Jurisprudenz in Helmstedt, promoviert nach Studien in Leipzig, Wittenberg, Altdorf und Tübingen in Basel.

---

45 Hammerstein 1996, S. 213.
46 UB Basel AN VI 22: Stammbuch.

Abb. 21: *Ansicht der Stadt Genf.*
StUB Sammlung Ryhiner, Ryh 3225_33.

Anton Schott aus Colmar (1636–1684), studiert nach dem Gymnasium in Montbéliard in Basel die Rechte und kehrt über Tübingen und Strassburg in seine Heimatstadt Colmar zurück, wo er Stadtarchivar, 1671 Bürgermeister wird und anschliessend bis zu seinem Tod bei Johann Georg Kurfürst von Sachsen als Hofrat amtet. Wie Beat Fischer erhebt ihn Kaiser Leopold I. in den Adelsstand. Verschiedene Studenten aus Mülhausen, dem zugewandten Ort, tauchen auf, darunter Daniel Hofer aus einer Kunstmalerdynastie, später Sechser der Bäckerzunft und Schöffe, oder der Schaffhauser Hans Martin Peyer, der sein Theologiestudium in Groningen abschliesst und später Pfarrer am Münster in seiner Heimatstadt wird.

Zahlreiche Berner finden sich im Stammbuch von Friedrich Gysi zwischen 1651 und 1659,[47] die nicht in der Basler Matrikel verzeichnet sind: 1653 und 1654 Ludwig von Erlach (1635–ca. 1672), Vinzenz Stürler (1636–1662), der in einem Raufhandel von Albert Archer (geboren 1642) erstochen worden sein soll, Johannes Ochs, Albert Sulzer, David Nötiger, alle setzen ihre Reise anschliessend nach Genf fort, wo sie teilweise wieder fassbar werden. Von Beat Fischer findet sich nirgends ein Stammbucheintrag. Trotzdem weisen Spuren nach Genf.

---

47 UB Basel P III 32: Stammbuch.

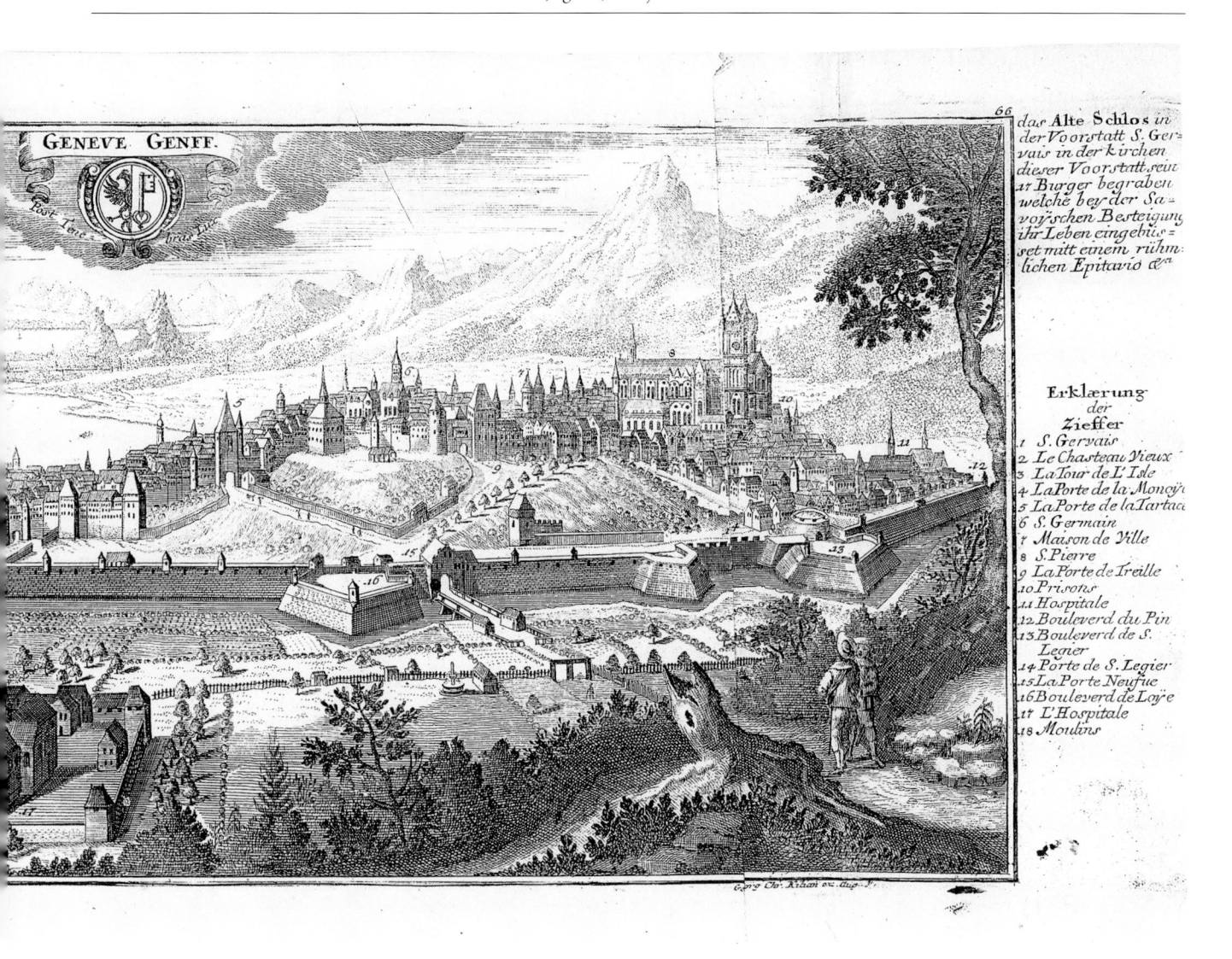

Wahrscheinlicher Genfer Aufenthalt 1655

Bereits in der frühen biografischen Literatur findet sich der Vermerk, dass der junge Beat Fischer die Idee, eine permanente Post einzurichten, von seinem Jugendfreund Diodati hat.⁴⁸

Wer sind die Diodati, und was spielen sie für eine Rolle? Das Geschlecht der Diodati oder Déodati ist eine in Genf ansässige Familie mit berühmten Theologen, Medizinern und Rechtsgelehrten. Der zum Protestantismus konvertierte Pompée Diodati verlässt seinen Heimatort, die republikanische Patrizierstadt Lucca, und lässt sich in Genf nieder. Bereits seine beiden Söhne Elie und Alexandre steigen zu bedeutenden Bürgern in der Rhonestadt auf, sind jedoch beide beruflich in Frankreich engagiert. Elie (1576–1661) beginnt sein juristisches Studium 1590 in Basel, setzt es 1591 in Heidelberg fort, beschliesst es mit einer Thèse de doctorat 1596 in Genf und wird als Avocat au Parlement in Paris tätig sein. Sein Bruder Alexandre (1598–1676) absolviert 1613 die Académie in Genf, studiert 1615 Medizin in Heidelberg, ist Feldarzt in der französischen Armee und später einer der Leibärzte Ludwigs XIII. Er wird 1629 in den Rat der Sechzig in Genf gewählt und ist vierzig Jahre lang Mitglied

Abb. 21

48 BBB FA von Fischer 11: (Karl Ludwig) Friedrich von Fischer von Bellerive (1823–1908): Beatus Fischer (1641–1698) 1885, S. 19.

des Gesundheitsrates (1636–1676). Seine drei Söhne werden in Genf erzogen: der erstgeborene, nach dem Grossvater benannte Pompée, der 1633 geborene César, Mitglied des Rates der Zweihundert ab 1677, und schliesslich der dritte Sohn Jean, 1639 geboren, der sich 1655 im Livre du Recteur zusammen mit den aus Basel angekommenen Studenten einschreibt.[49] Er wird später als Händler (marchand) tätig sein.[50] Zufall?

Unter den verschiedenen Kommilitonen aus Basel, die ab 1655 in der Matrikel der Genfer Hohen Schule figurieren, sind: Samuel de Chambrier, der seinen Bakkalaureus gemacht hat, anschliessend nach Strassburg weiterzieht und später Staatsrat und Kanzler von Neuenburg wird, der künftige Neuenburger Ratsherr Blasius Rosselet, der spätere Statthalter von Valangin, Samuel Veuillemier, der Pole Samuel Vartenius, der theologische und philosophische Studien betreibt.

Zur gleichen Zeit hält sich eine ganze Gruppe junger Berner, die direkt aus Bern in die Rhonestadt gezogen sind, zur Ausbildung in Genf auf: Jakob Frisching, der 1641 geborene und vielversprechende Sohn des späteren Schultheissen Samuel Frisching (1605–1683), der in Genf bei einem Tischherrn eingemietet ist und sich mit Hilfe seines «Cousins Albrecht» und der «Base Fischer» in Kleiderfragen beraten und so perfekt standesgemäss ausstaffieren lässt, dass er den Vater brieflich um einen finanziellen Nachschub bitten muss. Albrecht (1633–1702) ist Samuel Frischings Neffe, für den er anstelle des früh zu Tode gekommenen Bruders – er ist an den Verletzungen eines Steinwurfs in den Berner Gassen, den er durch sein cholerisches Temperament wohl selbst provoziert hat, gestorben – die Verantwortung übernommen hat. Die junge Base Fischer lässt sich als die 1644 geborene Magdalena Fischer, die Enkelin von Frischings mit Burkhard Fischer (1588–1656), dem ehemaligen Welschseckelmeister, verheirateter Schwester Elisabeth, identifizieren. Die Kontakte sind intensiv, Elisabeth stirbt 1655, Frisching bedauert den Tod seines Schwagers Burkhard, der ihm 1656 in einem Brief aus Genf gemeldet wird, sehr und muss auch noch den Tod seines einundzwanzigjährigen Neffen Johann Friedrich auf dem Schlachtfeld 1657 zur Kenntnis nehmen.

Die Familie Fischer ist auch einige Jahre später noch präsent in Genf. 1661 reist der 1646 geborene Daniel Engel, dessen Stiefmutter Euphrosine Fischer eine Schwester des gefallenen Johann Friedrich ist, in die Rhonestadt. Daniel beschreibt in einem zwei Foliobände zu 567 und 503 Seiten umfassenden Reisebericht seine neun Jahre dauernde Kavalierstour durch ganz Europa. Unter dem 26. September 1663 heisst es: «[…] Mad[e]moiselle Fischer, fille de M[onsieu]r Le Gouverneur d'Aigle arrivée» und auf der folgenden Seite nennt er die Teilnehmer an einem Ausflug auf den Salève, die «H[er]ren Ludw[ig] von Brand, Kienstock, Bone, Leücht, Sergeant, Mad[e]m[oiselle] Fischer und ich»[51]. Es handelt sich hier offensichtlich um eine Schwester unseres Beat Fischer, entweder um die 1642 geborene Esther oder wahrscheinlicher um die 1648 geborene Margarethe. Ein weiteres Indiz für einen Aufenthalt Beats in Genf, denn männliche Familienmitglieder und besonders Stammhalter werden ausbildungsmässig bevorzugt und besonders sorgfältig geschult.

Seit der Gründung der Akademie 1559 hat Genf den Anspruch, eine weltoffene Universitätsstadt zu werden, da das eigene Territorium für die Re-

---

49 Stelling-Michaud, S[ven]: Le Livre du Recteur de l'Académie de Genève (1559–1878), t. I: Le texte. Genève 1959, Matrikel Nr. 3469.
50 Galiffe 1976 III, S. 117.
51 BBB Mss.h.h. III. 254 und 255: [Daniel Engel] I. Meine Reise durch Frankreich 1661–1666, II. Meine Reise durchs Niederland und Teutschland, hier 254, S. 55 und 56.

Veüe du Manege et de La Maison de Monsieur Neubaur, auec vne caualcate de Noblesse du costé du parapet vis à vis dela Maison de Mr. Bolacre
Fr. Diodati inuenit, et fecit.

Abb. 22: *Le Manège de la Corraterie et la maison de l'écuyer de la Seigneurie in Genf. Stich von Fr. Diodati, in: Borgeaud, Charles/Martin, Paul.-E.: L'Académie de Calvin 1559–1798. Genève 1900. StUB H XLII 1.*

krutierung von Studenten zu klein ist.[52] Die Strahlungskraft des «protestantischen Rom», der seit 1585 bestehende, immer wieder mit weltberühmten Gelehrten besetzte juristische Lehrstuhl, die an dieser Schule früher und spezifischer betriebene Magistratenausbildung[53] und nicht zuletzt die französische Sprache und Lebensart machen die Rhonestadt zu einem gern besuchten Studienort und zu einem für Berner fast klassischen Ausgangspunkt für weitere Bildungsreisen.

Im Livre du Recteur erscheinen Berner ab 1579. Der Eintrag umfasst das Immatrikulationsdatum, den Namen des Studenten, den Herkunftsort, ab und zu die Studienrichtung und stets eine Matrikelnummer. Zwischen 1579 und 1700 schreiben sich 96 Berner Studenten in die Liste ein. Unbestimmbar bleibt der mit Sicherheit bedeutende Anteil von nicht immatrikulierten jungen Leuten, die sich bei Tischherren einmieten und Privatkollegien besuchen. Über solche Aufenthalte und Präsenzen geben verschiedene Stammbücher und Korrespondenzen Auskunft, in dieser Zeit zum Beispiel das Album Amicorum von Niklaus Frisching aus den Jahren 1652 bis 1656[54] oder jenes von Jacob Tillier mit Einträgen ab 1647[55], in dem neben dem Pfarrer am Berner Münster Johann Heinrich Hummel (1611–1674) und den Professoren der Berner Hohen Schule Christoph Lüthard (1590–1663), David Maser (1582–1661) und Berchtold Haller (1601–1659), der oben genannte Albrecht Frisching verewigt ist, ausserdem der Briefwechsel zwischen Samuel Frisching Vater und Sohn aus den Jahren 1655–1657, in dem wiederholt bernische Verwandte und Bekannte, die sich gleichzeitig in Genf aufhalten, erwähnt werden. Eine ganze Gruppe – Johann Rudolf Steiger (1639–1682), Anton von Graffenried (1639–1730) und Cousin Niklaus Lombach (1641–1700) – plant eine Reise nach Nîmes. Zudem sind deren Studienfortschritte erfreulich «und gehet alles bÿ

52 Im Hof 1978, S. 245–249.
53 Elsener 1975, S. 162.
54 BBB Mss.h.h. LI. 253: Stammbuch Niklaus Frisching, 1652–1656.
55 BBB [ohne Signatur]: Album Amicorum von Jacob Tillier (1630–1685).

Innen, in dütsch Latinisch und Frantzösische Oratorie, zierlich und nach wunsch ab»⁵⁶. Später immatrikulieren sich alle obigen Berner Studenten, zusammen mit Abraham Stettler (1638–1714) und den drei Brüdern Ferdinand (1640–1700), Alexander (1641–1716) und Vinzenz Maximilian (1643–1706) von Wattenwyl in Orléans, der Kaderschmiede für angehende Magistraten.

Eine weitere, sehr beliebte Bildungsanstalt ist die Reitschule von Neubauer, durch welche die ganze sich in Genf aufhaltende, reitfreudige «Jeunesse dorée» geht.⁵⁷

Abb. 22
S. 51

Zwar lebt die Genfer Akademie nach dem Tode des Juristen Jacques Godefroy (1587–1652), der Genf nach seinem Vater nochmals zum international anerkannten Zentrum gelehrten Rechts im französischen Sprachbereich gemacht hat, Mitte der Fünzigerjahre mehrheitlich vom vergangenen Ruhm. Immerhin hat jedoch Ezéchiel Spanheim (1629–1710), der spätere Gesandte bei den Generalstaaten und Erzieher des Sohnes des Kurfürsten von der Pfalz, den Lehrstuhl für Eloquenz inne.

Der Familienclan 1662–1668

Der einflussreiche Onkel Samuel, Bruder des Vaters, spielt eine bedeutende Rolle in der Familie Fischer. Mit seiner aus Aarau stammenden Frau Katharina Seiler hat er acht Buben und zwei Mädchen. Die beiden ältesten, Samuel (1642–1689) und Beat (1643–1708), ziehen 1662 beide nach Orléans und schreiben sich als Angehörige der Deutschen Nation an der Akademie ein. Auch der jüngere Bruder, Hans Jakob (1651–1707), studiert 1671 in Orléans. Beste Voraussetzungen für ein Fortkommen im Staat, der mehr und mehr Verwaltungsfachleute braucht und begünstigt! Die Investition hat sich gelohnt, sechs männliche Nachkommen machen Karriere als Politiker, sind Grossräte, Landvögte, einer bringt es bis zum Venner, einer dient als Offizier.

Obwohl aus einem andern Zweig stammend, wird der gleiche Onkel Samuel Fischer 1664 für die sechs Kinder des Grossrats Burkhard (geboren 1615), somit auch für die bereits aus Genf bekannte «Base Magdalena», als Vormund eingesetzt. Dessen Vater wiederum, Burkhard (1588–1656), ehemals Welschseckelmeister und Venner, hat auf die Amtsrechnung einen Schuldbrief unterschrieben und ist dem Staat eine namhafte Summe schuldig geblieben.⁵⁸ Wie die Obrigkeit den Zinsendienst nachsichtig behandelt, scheint sie auch mit verzögerten Rückzahlungen grosszügig zu sein. Jetzt, acht Jahre nach seinem Tod, müssen die beiden Söhne, Burkhard (geboren 1615) und Samuel (geboren 1627), geradestehen. Burkhard, Mitglied des Rats der Zweihundert ab 1645, wird 1654 wegen Ehebruchs entsetzt, sitzt ab 1657 bereits wieder im Grossen Rat und wird 1660 wegen «Leibhaft» erneut aus dem Rat gestossen. Er beantragt selbst einen Geltstag, der ihm am 21. November 1664 vom Rat bewilligt wird.⁵⁹ Auch im Haushalt seines Bruders Samuel kommt es zum Konkurs, der Rat verordnet hier am 14. Januar 1665 einen Geltstag, da seine «Sachen in sölichen unrichtigkeit stehen, daß selbige anderst alß vermitlest eines geltstags nit könnend liquidiert werden»⁶⁰. Samuel versucht zweimal, den Vollzug zu verhindern. Der Rat teilt der Gesellschaft zu Ober-Gerwern

---

56 BBB Mss.h.h. XXXIV. 175: Samuel Frisching I an Samuel Frisching II, 24. Dezember 1657.
57 Ansicht der Reitanstalt: «Scènes de la vie quotidienne au XVIIᵉ et au XVIIIᵉ siècles» von François Diodati (1647–1690) und Robert Gardelle (1682–1766), in: Guichonnet 1973, neben S. 193.
58 StAB A II 460: RM 149, S. 123.
59 StAB A II 460: RM 149, S. 392.
60 StAB A II 461: RM 150, S. 38.

am 14. Juni 1665 mit, dass er keine andere Lösung sehe, den Kindern Samuels zu ihrem mütterlichen Gut zu verhelfen, als den Vollzug des Konkurses zu beschleunigen.⁶¹ Am 20. Juli 1665 ergeht die schriftliche Aufforderung, den Geltstag «schleünigsten» abzuwickeln.⁶²

Am 25. September 1667 erhalten die beiden Vettern, der 1645 geborene Bruder von Beat, Niklaus, und der gleichaltrige Cousin Burkhard ein Reisepatent, ein offizielles Empfehlungsschreiben vom Rat für eine Reise nach «Teutsch-Land».

Beim systematischen Absuchen der Register des Ratsmanuals erweckt ein Eintrag im Inhaltsverzeichnis die Aufmerksamkeit: «Fischer abgestraft wegen nächtlichen unwesens».⁶³ Am 22. November 1666 werden der Sohn von Frau Zehenderin, der kürzlich wieder nach Hause gekommen ist, vermutlich der 1645 geborene Markwart, und der Sohn des Herrn von Weil, der 1648 geborene Albrecht von Diesbach, wegen Sachbeschädigung am Zytgloggen-Turm, «nechtlichen gestüchels» und dieses als «hoch trefflichen Nachtfrefel» eingestuften Vorkommnisses auf einen Monat des Burgernziels verwiesen. Gubernator Beat Fischer, der auch an diesem «Spiel» teilgenommen hat, wird zu 3 mal 24 Stunden Gefangenschaft im Kerker sowie Rückerstattung von Speis und Trank und zu Einzelhaft ohne jegliche Gesellschaft verurteilt, vermutlich weil er als Vertreter der älteren Generation mehr Verstand und Verantwortungsbewusstsein hätte haben sollen. Die Anklage, vorgebracht von Junker Niklaus von Graffenried (1634–1698), zur Zeit Hauptmann in Frankreich und auf Heimaturlaub, und dem Gerichtsschreiber, wird am 24. November 1666 zurückgezogen und Fischer für unschuldig erklärt, die ausgesprochene Kerkerhaft aufgehoben. Der Grossweibel erhält den Auftrag, den Gubernator Beat Fischer zu benachrichtigen. Interessanterweise werden Titel und Vorname «Gub[ernator] Beat» zweimal kurz nacheinander im Ratsmanual gründlich unkenntlich gemacht – das Ultraviolettlicht lässt aber mit grosser Sicherheit die Identifikation zu –, der Familienname «Fischer» bleibt stehen.

Der Vater des Postgründers ist schon früher immer wieder aktenkundig geworden, sei es wegen Zehntstreitigkeiten oder Übervorteilung bei der Getreideausgabe. 1664 bekommt er Streit mit seinen Schwiegersöhnen, Niklaus Fischer, dem Mann von Margarethe, Vater und Ehemann sind direkte Vettern, und David Steiger (mit dem schwarzen Bock im Wappen), der Judith geheiratet hat. Es geht um die Verteilung des Mutterguts der beiden Töchter, also den Nachlass von Grossvater Georg Tribolet, dem ehemaligen Salzdirektor, der bei seinem Tod 1662 direkt an seine Enkel übergeht, da Esther Fischer-Tribolet bereits vor 1661 gestorben ist. Ein Schiedsspruch vom 13. April 1664 gibt den das Erbe einfordernden Schwiegersöhnen Recht, ein erneuter Schiedsspruch im Spätherbst 1667 bestätigt das erste Urteil mit der Begründung, der Gubernator habe damals der Handänderung zugestimmt. Dieser weigert sich, das Urteil anzuerkennen, bis der Sohn Beat wieder in der Stadt ist und er sich mit ihm beraten kann.⁶⁴ Am 18. Februar 1668 erschiesst sich der Vater «unglücklicherweise», ob im Zusammenhang mit diesem Vorkommnis, ist aus den Akten nicht ersichtlich. Vielleicht war es ein Unglücksfall, vielleicht Selbstmord? Es gibt keine Hinweise. Der 26-jährige Beat muss die Verantwortung für den ganzen Familienzweig übernehmen, für die Stiefmutter Elisabeth Fischer-Wunderli, die der Vater am 25. Juni 1661 in Köniz geheiratet

---

61 StAB A II 461: RM 150, S. 557.
62 StAB A II 462: RM 151, S. 38.
63 StAB A II 465: RM 154, S. 223 und 234.
64 StAB A II 467: RM 156, S. 31.

hat, und die Geschwister, den zehnjährigen Burkhard, den zwölfjährigen David und den fünfzehn Jahre alten Samuel. In der Folge gibt es zahlreiche Erbansprüche und -streitigkeiten, die von Beat Fischer selbst mit Hartnäckigkeit verschleppt, pariert oder erneuert werden. Verschiedene Einträge in den Ratsmanualen «H[er]rn Gubernator Beat Fischers sel[ige] Erben» zeugen davon.

Wie schon zu Vaters Zeiten streiten sich jetzt die Schwäger – Beat Fischer, David Steiger und Niklaus Fischer – um den Nachlass des Grossvaters Georg Tribolet.

Auch mit der Verwandtschaft gibt es Ärger. Der Mann der Schwester Margarethe wird, kaum verheiratet, wegen Ehebruchs des Landes verwiesen, aber 1669 wieder zu den Ämtern zugelassen. Streit gibt es mit der angeheirateten Tante, der Witwe Abraham Tribolets, des Bruders von Beats Mutter, die am 18. Juni 1669 – drei Jahre nach dem Tod des Gatten – vor dem Rat die Klage vorbringen lässt, dass sie von den Erben des Gubernators Fischer «hart getrieben werde» für eine Summe, die sie nicht jenen, sondern Gubernator Fischer selbst geschuldet hatte. Der Rat beschliesst Fristerstreckung bis Martini mit der Auflage, die Witwe in Ruhe zu lassen.

Erste Schritte zur Ämterkarriere

Am 24. April 1682 ergeht eine Einladung an Beat Fischer, an den Festivitäten des «usseren Regiments der Statt Bern» teilzunehmen: «Dieweilen wir auff Zulaß = und bewilligung unserer Gnedigen Herren und Oberen, Altem Loblichem gebrauch nach unseren wohlgeehrten Herren Landtvogt, uff Habspurg, Herren Niclaus Gottfrid Chasseur (:geliebts Gott:) Montags den 19. Maij nacher Urttenen uff zubegleiten, und daselbst bei einer Mahlzeit uns zuergetzen, auch Mittwochens darnach Unsere gewohnte Kriegs Exercitia zuversicheren Vorhabens und willens sind: Als gelangt demnach unsere fründtliche bitt an den Herren Landtvogt, gedeüten Solemniteten und freüdenfesten beyzuwohnen auch sich mit anderen guten fründen und geladenen Ehrengesten, so wol in auffbegleitung unseres wolermelten Herren Landtvogts als auch in inessung der Mahlzeit, under der Zellten zuerlustigen [...]»[65]

Es handelt sich hier um eine der alljährlichen Veranstaltungen des Äusseren Standes, einer Art «Schattenregierung» im Bern des Ancien Régime, den Aufritt am Montag und die Manöver am darauf folgenden Mittwoch. Der Aufritt geht in die Umgebung Berns als Begleiter des imaginären Landvogts von Habsburg und wird mit einem standesgemässen Mahl auf dem Festplatz, diesmal Urtenen, beschlossen. Der Äussere Stand weist das gleiche Organigramm auf wie die Regierung mit Schultheiss, Vennern, Kleinen und Grossen Räten, Landvögten und weiteren Ämtern. Im 17. Jahrhundert herrschen die militärischen Elemente vor, Kriegsspiele für die Reiter, Veranstaltungen für die Schützen und Scheingefechte anlässlich des Umzugs. Die Obrigkeit lässt den Äusseren Stand im 18. Jahrhundert stärker als Vorschule für das Regiment ausgestalten. Die Überlieferungslücken in den Mitgliederlisten ab Mitte der sechziger Jahre bis gegen Ende des 17. Jahrhunderts erlauben es nicht, eine Mitgliedschaft Beat Fischers beim Äusseren Stand zu belegen. Ob er als Ver-

65 BBB Mss.h.h. XLIV. 191: Äusserer Stand, Schultheiss, Rät und Burger an Beat Fischer, 24. April 1682.

Abb. 23: *Innere Ansicht des Zwingelhofes von Karl Jakob Durheim, Lithographie nach einer Zeichnung von Samuel Weibel, in: BBB BT 1857, S. 96.*

treter der Honoratioren von Amtes wegen oder als ehemaliger Amtsträger zu den Festivitäten eingeladen wird, muss offen bleiben.

Abb. 23   1666 nimmt die wohladelige Gesellschaft der Flitzbogenschützen den 25-jährigen Beat Fischer in ihren vornehmen Kreis auf. Die bis auf den heutigen Tag bestehende Gesellschaft der Bogenschützen führt ihre Ursprünge auf das Bogenschiessen, wie es in England ausgeübt worden und von da im Hochmittelalter auf den Kontinent gelangt ist, zurück. Auf dem europäischen Festland hingegen wird die Armbrust verwendet und bald auch für die Jagd eingesetzt, was die Obrigkeit in Bern 1441 zum Verbot, «Wild und Geflügel mit dem Armbrust zu vachen», veranlasst.[66]

Das Aufkommen der Feuerwaffen verdrängt das Bogenschiessen auf den Kriegsschauplätzen. Die politische und die konfessionelle Entwicklung des späten 16. Jahrhunderts und die militärisch-technischen Fortschritte in den übrigen europäischen Staaten geben auch in Bern den Anstoss zu durchgreifenden Reformen. 1588 geht eine Weisung von Schultheiss und Rat an die deutschen Amtleute: Da «by allen nationen, die sidt dryssig jaren biss uff gägenwürtige zyt krieg bestanden und gebrucht habend, die büchsen in fürnembste übung kommen», sollen die Untertanen angewiesen werden, «sich derselben reyssbüchsen ouch gevasst und übig zu machen»[67]. Mehr und mehr üben die gesellschaftlich formierten Bogenschützen das Schiessen nur noch als sportlichen Wettbewerb in ihren Mussestunden aus und erleiden einen erheblichen Mitgliederschwund. Im Polizeibuch von 1613 wird vermerkt, «des Bogenschiessens halb, diewyl by etlichen Jaren daher, die Anzahl derer sich sehr gemindert und dann die Uebung derselben zu keiner Kriegspräparaten erforderlich, die Bogenschützen aber jeerlich ein hübsch Anzaal an Hozen und Gelt von Mynen G[nädigen] H[erren] ze verschiessen gehabt, will My-

---

66 Zit. nach Durheim 1857, S. 84.
67 SRQ BE Stadt, Bd. XI, S. 51.

nen H[e]r[re]n Verordneten für rathsam und thunlich gefallen, Inen den halben Theil ihrer Ordinari Gaben an Hozen und Geld zu entzucken und damit der Musketiereren Gaben zu vermehren»[68]. Der jährliche Zustupf der Obrigkeit an Geld und Hosen wird auf die Hälfte reduziert, die andere Hälfte geht an die Musketiere.

Erhalten bleibt der Bogenschützengesellschaft, einer der ältesten Gesellschaften Berns, bis ins 19. Jahrhundert das Recht, den so genannten Zwingelhof, einen Raum zwischen der doppelten Ringmauer der Stadt, weiterhin als Übungsgelände zu benützen.

In die sich immer mehr abschliessende wohladelige Gesellschaft der Flitzbogenschützen aufgenommen zu werden, bedeutet gesellschaftliche Distinktion. Alljährlich am Königstag wird der «Schützenkönig» erkoren. Er regiert jeweils für ein Jahr mit beinahe monarchischem Gepränge, was dem Verfasser einer historischen Studie zur Gesellschaft, Karl Jakob Durheim, im 19. Jahrhundert den schwärmerischen Satz entlockt: «Die wohladeliche Gesellschaft der Flitzbogenschützen von Bern, die kleinste Monarchie der Erde, findet sich auf keiner geographischen Karte bezeichnet und hat gleichwohl den Bestand vieler mächtigen Reiche überdauert».[69]

1699 wird statutarisch festgehalten, dass der Hauptrodel der «Adenlichen Gesellschaft deß Bogenspihls […] wegen bißhar schlecht gehaltener Registratur, und hinläßiger Verzeichnung der Zeit und deß tags, da der Eint oder andere derselben, entweders mit tod abgangen, oder sonsten das Spihl auffgeben» abgeschrieben und von Amtes wegen zuverlässig vom jeweiligen Seckelmeister zu führen ist. Genau dieses Problem begegnet uns beim einzigen Eintrag im Jahr 1666: «Beat Fischer der Mittler hat es angenommen 1666 und hats aufgeben, Rahtsh[err] obijt 1698.»[70] Hat ihn gesellschaftliche Konvention oder echtes Interesse zum Eintritt bewogen? Es gibt verschiedene Mitglieder, die das Spiel auch wieder aufgegeben haben, nur steht dort jedes Mal das Jahr des Austritts, bei Beat Fischers fehlt diese Angabe, entweder ist sie vergessen worden oder Fischer ist noch im selben Jahr wieder ausgetreten. Auch diese Frage bleibt unbeantwortet.

Am 27. Juli 1666 wird der bisherige Substitut Beat Fischer als Exspectant gewählt, am 24. Juli 1667 ein Beat Fischer zum Notariat beschaffen befunden und nach bestandenem Examen für den Kanzleidienst vereidigt.[71] Bei diesem Namen, Beat Fischer, gibt es zwei Identifikationsmöglichkeiten: Entweder tritt der bereits erwähnte 1643 geborene Sohn des Onkels Samuel, der in Orléans studiert, oder der spätere Postgründer, der sein juristisches Grundwissen in Basel erworben hat, in den Staatsdienst, der erste, 24 Jahre alt, wird später zur Unterscheidung der Jüngere, der zweite, 26 Jahre alt, jetzt zu Lebzeiten des Vaters noch der Mittlere, nach dessen Tod der Ältere genannt werden. Zu diesem Zeitpunkt differenziert das Ratsmanual nicht, was eine eindeutige Zuordnung der Ämter zur Person verunmöglicht, aber eine praktische Laufbahn des Postgründers als Notar auch nicht ausschliesst.

---

68 Durheim 1857, S. 85.
69 Durheim 1857, S. 99.
70 BBB GA Bogenschützen 1.3.3: Aufnahmerodel 1646 ff., Anno 1666.
71 StAB A II 467: RM 156, S. 178.

Die Bibliothek

Am Jakobstag 1680 (23. Juli) erfolgt Beat Fischers Wahl zum Landvogt von Wangen. Alle Gegenstände, die in den nächsten sechs Jahren gebraucht werden, sind in einer Liste «Nach Wangen eingepackte und verschickte Mobilia und Haus Raht» aufgeführt, darunter auch einzelne Werke seiner Bibliothek.[72] Zunächst ist eine Kiste, die Nummer 6 inmitten des übrigen Hausrats, für Bücher vorgesehen, die praktischerweise für die Verpackung nach Grösse – Folianten, Quart- und Oktavformat und kleinere – geordnet werden. Der Platzvorrat erweist sich schnell als zu gering, zwei weitere Kisten, 7 und 8, werden dazugefügt. Am 21. Oktober 1680, also vor seinem Aufzug, holt die «fuhr von Wangen» in seinem Auftrag die Kisten in Bern ab und transportiert sie ins Landstädtchen im Oberaargau, am 29. November wird ein weiteres «Kistli» mit Büchern als «Nr. 21» auf der Hausratsliste per Schiff nach Wangen verfrachtet.[73] Die Bücherliste umfasst Fachliteratur, die der angehende Landvogt wohl als Handapparat für die juristische Weiterbildung und als Entscheidungshilfen bei rechtlichen und staatspolitischen Fragen braucht, aber auch Bücher für die kulturelle Weiterbildung, die religiöse Erbauung und die medizinische Versorgung.

In zwei, drei, teils abgekürzten Stichworten notiert der neu gewählte Landvogt gegen 170 Titel und die Anzahl Bände der Werke, ein Vermerk zu den jeweiligen Ausgaben fehlt, öfter sind diese Bücher im Laufe des Jahrhunderts und auch später immer wieder aufgelegt worden, was auf regen Gebrauch

Abb. 24: *Wangen a. A., Schloss und Stadt von Nordosten. Wangen, Gemeindehaus, Burgerratssaal, Vedute, Öl/Lw.,* sig. «A. Kauw 1664».

---

72 StAB FA von Fischer I 21 (3): Journal und Memorialia wegen erlangten Ambts Wangen, Bücherliste S. 107–113.
73 StAB FA von Fischer I 21 (3): Journal und Memorialia wegen erlangten Ambts Wangen, Bücherliste S. 121–122.

schliessen lässt. Dieses Inventar hat es erlaubt, die heute nicht einmal mehr in Spuren vorhandene Bibliothek wenigstens in diesen spezifischen Fachbereichen virtuell wieder herzustellen.[74] Nach der ziemlich aufwendigen Rekonstruktion der meist umfangreichen barocken Titel und einer thematischen Gliederung werden im folgenden Kapitel einzelne Werke im zeitgenössischen Umfeld verankert und von ihrem Gehalt her kommentiert.

In der heutigen Forschung spricht man immer noch von Defiziten in der Erforschung von «barocken Bücherbergen»[75], die Literaturwissenschaft registriert parallele Phänome.[76] Insofern erscheint der umfangreiche Bücherkatalog Beat Fischers als passendes Spiegelbild der Zeit. Das 17. Jahrhundert sieht den in allen Wissenschaften und Künsten informierten und tätigen Menschen, der in vielerlei Ämtern aktiv und in zahlreichen literarischen Gattungen bewandert ist, als Ideal. Erst im 18. Jahrhundert zeichnen sich die Trennungslinien zwischen politischer Theorie, Jurisprudenz, Rhetorik, Dichtung und Poetik ab. Als Beispiel sei hier der Niederländer Hugo Grotius angeführt, der als Philologe, Theologe, Dichter, Diplomat und als Natur- und Völkerrechtler glänzt.

Sicher hat Beat Fischer seit seiner Jugend Bücher gekauft und zu einer Bibliothek zusammengetragen, seit 1679 bestellt er seine Bücher, wie aus dem «Lauffender Schulden- und Contibuch» hervorgeht, vor allem beim Buchhändler Thomas Amaulry aus der berühmten Verleger- und Buchhandelsdynastie in Lyon.[77] Erstaunlicherweise werden auch die Neuerscheinungen, die das deutsche Reich betreffen, und hauptsächlich in Latein abgefasst sind, im französischen Sprachgebiet geordert. Dies zeigt die Internationalität des Buchhandels und weist auf Beat Fischers Ausrichtung gegen Westen, die Verankerung seiner Geschäftsbeziehungen im französischen und italienischen Sprachgebiet hin. Die kommerziellen Kontakte in Lyon bestehen und sind erprobt, wenn Beat Fischer seinen Sohn Heinrich zur Erlernung der Sprache und der Kaufmannschaft dorthin schicken wird.

Fischers Bücherliste umfasst folgende Themen:

Abhandlungen zur Politik (prudentia civilis), zur Reichspublizistik und zum öffentlichen Recht (ius publicum), Literatur zur Staatsräson und Fürstenspiegel,
Werke zur Jurisprudenz – Corpus Iuris Civilis, die Institutionen, Kommentare zu Justinian und zum Gesandtenrecht, Sammlungen lokaler Rechtsmittel, Manuale zum Kirchenrecht,
praktische Theologie und Streitschriften, Bibeln und Psalmen, protestantische Martyrologie, Exempelbücher,
Rhetorik, Sammlungen von Sentenzen, antike und zeitgenössische Literatur, Emblematik, Lexika, Geographie, Geschichte, Memoiren, Wörterbücher und Grammatik, Werke zum Gebrauch der deutschen Sprache,
Streitschriften zur aktuellen Politik in Frankreich, italienische Gesandtschafts- und französische Reiseberichte und Unterhaltungsliteratur,
ökonomische, medizinische und pharmazeutische Ratgeber für den Hausgebrauch.

Die Bücher aus den spezifischen Fachgebieten zeigen die eindeutige Vorliebe Beat Fischers für Themen, welche die Strukturen des deutschen Staats der frühen Neuzeit, die Legitimation der französischen Monarchie, die von

---

74 Bearbeitete Bücherliste, Anhang I.
75 Stolleis 1988, S. 50 ff.
76 Dünnhaupt 1980, S. 441.
77 StAB FA von Fischer II 1 (1): Lauffender Schulden- und Contibuch, S. 32 ff.

Italien ausgehenden, nördlich der Alpen neu interpretierten Theorien der Staatsräson und den aus italienischen und französischen Gesandtschaftsberichten hervorgehenden diplomatischen Verkehr in der Praxis behandeln. Alles staatenübergreifende Themen, Aktualitäten, die erneut auf seine Beziehungen zum Ausland hinweisen und den allgemeinen internationalen Austausch von Ideen und Gütern im 17. Jahrhundert unter Beweis stellen.

Es mag zunächst überraschen, dass ein grosser Teil der Fachliteratur dieses Berners die Reichspublizistik, die Politik und das öffentliche Recht des grossen Nachbarlandes zum Inhalt haben. Der Grund liegt wohl in den geistig-politischen Veränderungen in der Nachfolge des Dreissigjährigen Kriegs, im Wandel vom übermächtigen politisch-konfessionellen zu einem vermehrt politisch-weltlichen Denken und Handeln. Das politische Interesse der Fürsten appelliert an die Fähigkeit zu Übereinkunft und Absprache, auch bei unterschiedlicher religiöser Zugehörigkeit. Der Konsens ist im Westfälischen Frieden erreicht worden, indem theoretisch eigentlich der alte Zustand des Reichs nominell wiederhergestellt worden ist. Die pazifizierende, auf Recht und Gesetz ausgerichtete Reichsidee kann ihr Funktionieren und ihre Belastbarkeit unter Beweis stellen.[78] Aus dieser Situation erwächst eine Flut von Literatur, die sich mit dem Thema beschäftigt, mit dem öffentlichen Recht, mit dem Funktionieren der Politik, mit der guten Ökonomie, mit Theorien zur Verbesserung der staatlichen Strukturen, der Definition der Souveränität, mit der Anwendung antik-humanistischer Ideen auf die neuen, modernen Verhältnisse.

Politik (prudentia civilis)

Die für das Gemeinwesen grundlegenden Fragen gehören seit der Antike zur «Politik» und werden im Mittelalter und in der Frühneuzeit auf der Textgrundlage des «lateinischen» Aristoteles an der Artistenfakultät behandelt, die klassischen Fragen nach der richtigen Ordnung und den Zielen des Gemeinwesens, nach der Legitimation obrigkeitlicher Herrschaft, nach den Formen ihrer Ausübung und nach ihrer Sicherung, nach den Heilmitteln bei «Staatskrankheiten», nach der Begründung eines Widerstandsrechts und nach dem Untergang von Staaten. Die Vermittlung der Fächer Politik, Ökonomie und Ethik im Rahmen der praktischen Philosophie ist als Propädeutikum für alle Studenten gedacht. Spezifisch juristische Fächer umfassen vor allem positiv römisch-rechtlichen Wissensstoff.

Auf der Ebene der Verwaltung braucht es zunächst vordergründig weder Kenntnisse im römischen Recht noch die aristotelische Politik. Für den Verwaltungsfachmann, die Räte, die Schreiber in den Rats- und Gerichtsstuben, die Landvögte, hat bis jetzt das juristische Grundwissen genügt, das sie sich nicht an Universitäten, sondern in der Praxis im Vorfeld des eigentlichen Amts als Schreiber und anschliessend im Amt selbst erworben haben.

Im Verlauf des 17. Jahrhunderts zeigen sich jedoch allmählich Züge einer Entpersönlichung des Gemeinwesens, eine Trennung von Privatbesitz und überpersönlichem Gut, eine stärkere Zentralisierung der Geldbeschaffung, die Regulierung von Mass und Gewicht, Markt- und Gesundheitspolizei in

---

78 Hammerstein 1996, S. 92–93.

den Städten, Zwangs- und Bannrecht und hoheitliche Nutzung von Regalien.[79] Der Vorgang verlangt ein erweitertes Blickfeld. Beat Fischer holt sich seine Informationen und Ideen in grundlegenden älteren Werken und in Publikationen zur zeitgenössischen öffentlichen Diskussion, die dem Mentalitätswechsel Rechnung tragen, er ist mit seinem umfassenden theoretischen Interesse also durchaus zeitgemäss und nimmt mit seinem Weitblick die neue Entwicklung voraus.

Reichspublizistik und öffentliches Recht (ius publicum)

Einerseits gehört die Reichspublizistik zur Ideengeschichte, andererseits markiert sie den fassbaren Beginn der Wissenschaftsgeschichte des öffentlichen Rechts (ius publicum). In zahllosen Publikationen auf dem Gebiet der Reichspublizistik, die gegen Ende des 16. Jahrhunderts ein- und sich über das ganze 17. Jahrhundert fortsetzen, findet Reflexion über Herrschaft und Gehorsam, Individuum und Staat, Verfassung und Verfassungsrecht statt, die nicht Geschichte selbst darstellt, aber nur zusammen mit der engsten Vermittlung der Ereignisse verständlich wird.

Um 1500 häufen sich weltgeschichtlich bedeutsame Phänomene, die Kriegstechnik verändert sich, der Buchdruck ist erfunden, die Perspektive erweitert sich durch die Eroberung der Neuen Welt, Humanismus und Renaissance beeinflussen die europäische Kultur, Musik, Literatur, Philosophie, politisches Denken und die Wissenschaft und erzeugen ein neues Bewusstsein und Lebensgefühl. Reformation und Glaubenskriege lösen die politischen und religiösen Einheitsvorstellungen des abendländischen Denkens auf. Nach den Religions- und Bürgerkriegen des 16. Jahrhunderts in Frankreich und in den Niederlanden und erneut in den Wirren des Dreissigjährigen Kriegs drängt sich die Wiederherstellung von Ordnung und Sicherheit auf. In dieser Zeit wird die Geschichte des öffentlichen Rechts fassbar, lassen sich Entstehung, Ausdifferenzierung und wissenschaftliche Bearbeitung der Rechtsregeln verfolgen, die das Gemeinwesen konstituieren, das Binnenverhältnis zwischen Herrschern und Beherrschten und die Aussenverhältnisse zu andern Gemeinwesen ordnen.[80]

Das Ius Publicum Imperii Romano-Germanici ist eine deutsche Spezialität und gilt nur innerhalb der Reichsgrenzen. Es wird nur ausnahmsweise ausserhalb dieser Grenzen vorgetragen – beipielsweise in Genf oder Leiden[81] –, um deutsche Studenten anzulocken. In deutschen Territorien hören Ausländer nur insofern öffentliches Recht, als es zu den Kavaliersfächern allgemein bildenden Charakters wie Staatenkunde, Reichshistorie, Natur- und Völkerrecht gehört. Die Geschichte des Völkerrechts wird stets als Spezialdisziplin des ius publicum verstanden und bleibt durch das Naturrecht (ius publicum universale) in engem Kontakt mit dem Hauptgebiet. Auch die Lehrbücher der Politik (prudentia civilis), eine der Hauptwurzeln des ius publicum, behandeln bis weit ins 17. Jahrhundert hinein Krieg und Frieden, Gesandtschaftsrecht und Bündnisse. Kirchenintern gesetztes Recht wird se-

---

79 Stolleis 1988, S. 80–81.
80 Stolleis 1988, S. 43.
81 Vater und Sohn Vitrarius, Philipp Reichard (1647–1720) lehrt zunächst in Genf, anschliessend in Leiden, Johann Jakob (1679–1745) in Leiden öffentliches Recht. Vgl. Stolleis 1988, S. 250–251; Schneppen 1960, S. 101 zur Lehrtätigkeit der beiden Vitrarius in Leiden.

parat erörtert, kirchliche Normen sind jedoch ins ius publicum ebenso einbezogen wie kirchliche Machtbefugnisse in weltlichen Fragen (Staatskirchenrecht heute), es gibt Darstellungen des «öffentlichen Kirchenrechts».[82]

Beat Fischers nach Wangen transportierte Gebrauchsbibliothek umfasst zu gut einem Drittel Titel dieses Gebiets in den Sektoren Reichspublizistik, Politik (prudentia civilis), Staatsräson, Fürstenspiegel, Jurisprudenz und Kirchenrecht, die keinen unmittelbaren Bezug haben zu den eidgenössischen Verhältnissen, aber vermutlich im allgemeinen Trend von Vereinheitlichung und Strukturierung der Rechtsverhältnisse in der Grundausstattung übertragbar sind. Ihnen allen gemeinsam ist der fächerübergreifende Ansatz der Materie und die Interdisziplinarität der Verfasser, aus ihnen geht die grenzüberschreitende Internationalität des Gedankenguts und des Bewusstseins für anstehende Probleme und Fragen hervor. Die Beschaffung der spezifisch ausgerichteten Bibliothek zeigt auch den Willen zu einer politischen Karriere.

Abb. 25 Fünf Autoren seien hier kurz kommentiert: Justus Lipsius, Christoph Besold, Johann Nikolaus Myler ab Ehrenbach, Andreas Knichen und Dietrich Reinking.

Justus Lipsius (1547–1606), in Oversyssche bei Brüssel geboren, ehemaliger Jesuitenschüler, lernt in Rom die Schriften Machiavellis und Guicciardinis kennen. Zurück in den Niederlanden, flieht er vor dem spanischen Heer des Herzogs Alba aus Löwen und lehrt an der protestantischen Universität Jena Geschichte und Rhetorik, wechselt 1574 ins katholische Köln, 1579 ins protestantische Leiden, wo er die Professur für Geschichte und Recht übernimmt, ab 1592 lehrt er im katholischen Löwen. Jeder Tausch des Lehrstuhls bedingt jeweils den Religionswechsel! Seine Hauptschriften «De constantia» (1584) und «De politicorum sive civilis doctrinae» (1589) prägen das Denken des 17. Jahrhunderts entscheidend. Die «Constantia», eine Einweisung der Untertanen in ihre Pflichten, wird bis zu Lipsius' Tod 24-mal im lateinischen Original und in 14 Übersetzungen aufgelegt, die «Politik», eine Einweisung des Fürsten in die Ausübung der Herrschaft, erfährt bis 1620 25 lateinische Auflagen.[83]

Nachdem man in Rom auf den überwältigenden europäischen Erfolg der «Politik» aufmerksam geworden ist, muss Lipsius Anpassungen an die katholische Lehre und Praxis vornehmen, da Inhalt und Beispiele als zu antikheidnisch eingestuft werden. Diese spätere, überarbeitete Version von Lipsius' «Politik», die 1605 erschienene, gewissermassen verchristlichte Ausgabe «Monita et Exempla politica», die sich vor allem den Interpretationen des spanischen Staatsphilosophen Juan de Mariana (1536–1623) und des italienischen Jesuiten Robert Bellarmin (1542–1621) annähert[84], findet sich erstaunlicherweise auf Beat Fischers Bücherliste, wohl weil sie ideengeschichtlich die aktuellste darstellt und er mit seinen internationalen Verbindungen Realpolitiker und offen ist für diversifizierte Anschauungen in philosphischen, rechtlichen und Glaubensfragen.

Abb. 26 Christoph Besold (1577–1638) hat in Tübingen studiert, ist dort zunächst Advokat und seit 1600 Professor für Pandekten an der Universität. Als gutes Beispiel für die Interdisziplinarität bewegt er sich in zahlreichen, angrenzenden intellektuellen Fachgebieten. Seine Schriften behandeln nicht nur rechts- und politikwissenschaftliche, sondern auch theologische, utopische, mysti-

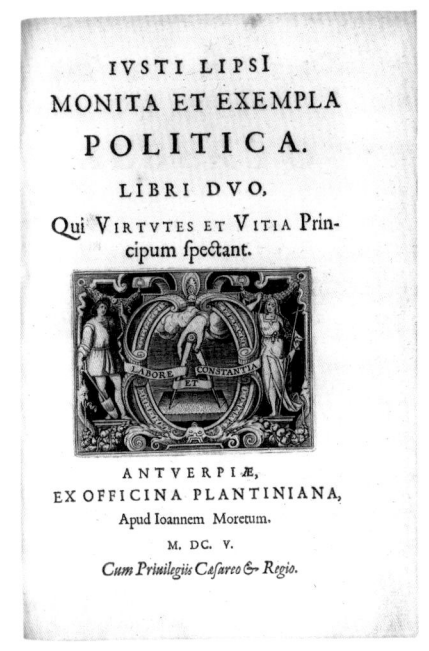

Abb. 25: *Titelblatt aus Justus Lipsius' Monita et Exempla Politica. Antwerpen 1605. BBB Mut. 126 (4).*

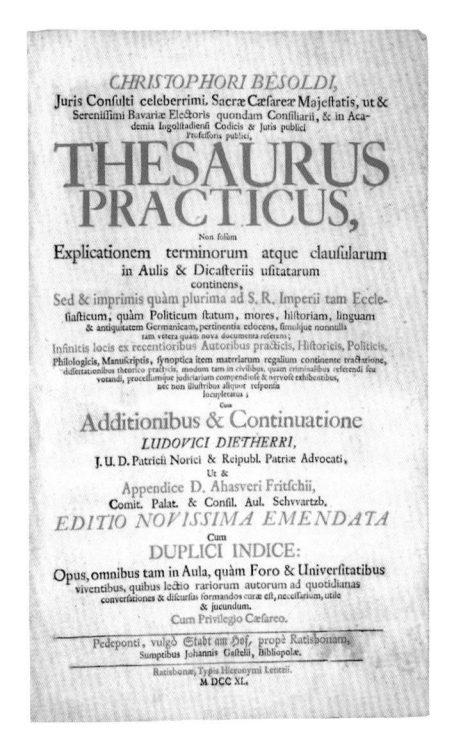

Abb. 26: *Titelblatt aus dem Thesaurus Practicus von Christoph Besold, gedruckt in Nürnberg 1679. BBB Mülinen A 297.*

---

82 Stolleis 1988, S. 47.
83 Münkler 1985, S. 64.
84 Oestreich 1989, S. 201–204.

sche, sprachwissenschaftliche und völkerkundliche Themen, den gesamten traditionellen Fragenkatalog der aristotelischen Politik, den er anschliessend zu einem systematischen Werk, der «Synopsis politicae doctrinae», zusammenfügt. Er bezweckt die Verbindung von Politik und Rechtswissenschaft und legt den inneren Zusammenhang allen Wissens durch religiöse Fundierung dar.[85] Sein berühmtestes Werk ist das grosse, nach Schlagworten geordnete Rechtslexikon, der zweibändige «Thesaurus practicus», das wichtigste dogmatische, mit vielen Allegationen und Exzerpten angereicherte Rechtslexikon des 17. Jahrhunderts. Dieser württembergische Rechtskreis nimmt grossen Einfluss auf die Entwicklung der deutschen Privatrechtsdogmatik. Beide Werke stehen in Beat Fischers Bibliothek.

Nach Besold wirkt Johann Nikolaus Myler ab Ehrenbach (1610–1677) als Lehrer in Tübingen. Bereits seine Dissertation von 1641, welche Stellung und Rechte der Reichsstände behandelt, die weltliche und geistliche landesfürstliche Obrigkeit in allen rechtlichen Verzweigungen knapp und vollständig darstellt, wird mehrfach aufgelegt. Er vertritt darin schon die seit 1660 akzeptierte Maxime, das öffentliche Recht aus der heimischen Quelle zu entwickeln. Dieser Leitsatz macht Schule, denn die Forderung, dass das öffentliche Recht nun an den Universitäten eingeführt und gepflegt werden muss, geht Hand in Hand mit Hinweisen zur Quellengrundlage, auf der das öffentliche Recht basieren soll. Dieser neue Zweig setzt sich nicht nur inhaltlich, sondern auch methodisch von der Vergangenheit ab. Sehr schnell, verbreitet durch Buchdruck, Buchhandel und die intensive Briefkultur, findet man den Konsens, dass die Quellen öffentlich-rechtlich sein und aus der heimischen deutschen Rechtsverfassung stammen müssen. Ein Vorgehen, das perfekt zu Beat Fischers Vorhaben passt, die zerstückelten Herrschaftsrechte im Amte Wangen zu vereinheitlichen.

Auch Andreas Knichen (1560–1621) übernimmt diese Forderung und setzt sich in seinem grossen Werk über das Territorialrecht kategorisch ab von der bisher gültigen Lehre, indem er erklärt, dass das römische Reich der Antike vom Heiligen Römischen Reich der Deutschen vollkommen verschieden sei. Bei der Behandlung des öffentlichen Rechts hat man sich strikt an das positive Recht der einzelnen Herrschaften, an die Landesgeschichte und ihre Quellen zu halten. Der thüringische Kanzler Knichen zieht Urkunden und Chroniken heran, um Inhalt und Umfang des jeweiligen ius superioritatis beziehungsweise der iuridictio zu beweisen.[86] Parallelen zu eidgenössischen und bernischen Verhältnissen, wie sie der zukünftige Landvogt antreffen wird, drängen sich auf.

Die Durchsetzung des Fachs öffentliches Recht an den Universitäten ruft nach Gesamtdarstellungen in didaktischer Absicht. Professoren, die sich für das ius publicum spezialisieren, sind durchwegs auch ausseruniversitär im Dienste ihres Landesherrn tätig, als fallweise herangezogene Berater, als Inhaber einer Rats- oder Kanzlerstelle, als Gesandte bei Missionen an andere Höfe, auf Friedenskongressen oder am Wiener Hof. Lehrbücher des öffentlichen Rechts haben darum im 17. Jahrhundert einen unverkennbar praktischen Zug. Bücher sollen nützlich und übersichtlich sein, viel Material enthalten und den Interessen der eigenen Herrschaft nicht zuwiderlaufen. Sie sind zunächst häufig als Sammlungen von einzelnen Disputationen angelegt,

---

85 Stolleis 1988, S. 119–122.
86 Stolleis 1988, S. 147.

die Kapitel werden von einzelnen Studenten bearbeitet und disputiert und anschliessend unter dem Namen des Respondenten zusammengefasst.

Als Beispiel kann hier Dietrich Reinking (1590–1664) stehen, der aus Disputationssammlungen eigentliche Kurzlehrbücher zu den Institutionen zusammenstellt, die öffentliches Recht in Form von kurzen Sentenzen zum Zweck des Memorierens anbieten. Hier wird auch die Umformung der Wissensvermittlung fassbar, an der Reinking massgeblich beteiligt ist, indem er ein festes Schema entwickelt. Das starre, auch in Bern noch lange gängige ramistische Verfahren verliert an Überzeugungskraft, ebenso das Institutionenschema des römischen Rechts. Das Aufbauprinzip der aristotelischen Politiken und die ramistischen Dichotomien werden aufgegeben, und das Institutionenschema des römischen Rechts weicht einem sich aus der Sache entwickelnden Modell. Der Gedankengang folgt einem «natürlichen Gefälle» von oben nach unten, er entspricht dem anthropomorphen Bild von Haupt und Gliedern, der sozialen Hierarchie und dem Zeremoniell. Mit der neuen Denknorm geht die Entdeckung des «roten Fadens» einher. Diese Methode wird bis Ende des 18. Jahrhunderts beibehalten. Auch das eine grundsätzliche Neuerung des Denkens und Deduzierens, der sich Beat Fischer stellt. Er besitzt Dietrich Reinkings erstmals 1653, erneut 1656 und wieder 1717 erschienene «Biblische Policey». Sie gilt als Fundamentalwerk protestantischer, kaisertreuer Reichsstaatslehre und als repräsentatives, sogar abschliessendes Werk altprotestantischer Sozialphilosophie. Reinkings Verständnis von Herrschaft ist biblisch, die Reichsverfassung wird monarchisch interpretiert. Das römisch-deutsche Reich ist die letzte der vier Universalmonarchien der Weltgeschichte, das auf die Deutschen ohne Mittelstellung des Papstes transferierte römische Reich. Zwar wird der Herrscher von Gott eingesetzt, die sakralisierte kaiserliche Macht ist jedoch eingebunden durch Recht und Sozialethik, die den kaiserlicher Absolutismus einschränken und die eine von Religion und Moral befreite Politik oder das Handeln nach der «teuflischen» Staatsräson ausschliessen. Reinking bedauert die Schwächung des Kaisertums, lehnt Säkularisierung und Rationalisierung ab. Das Alterswerk «Biblische Policey» ist der Versuch, diese Tendenz aufzuhalten.[87]

In der Bibliothek des Landvogts von Wangen sind die grundlegenden Werke der Staatsräson prominent vertreten, vorab mit den Italienern Niccolò Macchiavelli (1469–1527) und Traiano Boccalini (1556–1613), aber auch mit zahlreichen Fürstenspiegeln, Lehrbüchern zur Erziehung von künftigen Herrschern und Verantwortungsträgern im Staat.

Literatur zur Staatsräson und Fürstenspiegel

Die Fürstenspiegel bilden eine ausseruniversitäre Gruppe politisch bedeutsamer Schriften, deren Tradition bis in die Antike zurückreicht. Sie haben vielfältig kombinierbare Intentionen: Prinzenerziehung, Belehrung, Mahnung und Herrscherlob. Öfter verbinden sie auch die Absicht, den Idealstaat zu skizzieren und praktische Ratschläge für den am besten zu verwaltenden Staat zu geben. Sie begleiten gewichtigere Kommentare und Lehrbücher der Universitäten als leichtere, elegante und auf den Hof orientierte Gattung, sind

---

87 Stolleis 1988, S. 218–220.

ohne wissenschaftlichen Anspruch und wegen der Nähe zu herrschenden Kreisen oft reizvolle Quellen für das politische Denken der Zeit. Die Fürstenspiegel haben im 16. und 17. Jahrhundert Konjunktur.

Natürlich kennt Beat Fischer «seinen» Machiavelli, er besitzt gar die Gesamtausgabe seiner Werke in italienischer Sprache. Nach den frühen politischen Traktaten, die dem Florentiner Amtsenthebung und Verbannung eintragen, vergleicht er seine politischen Erfahrungen und Beobachtungen mit den Schriften der antiken Historiker, bringt die Gespräche mit Holzfällern, Fuhrleuten, kleinen Handwerkern und Gastwirten, denen er im Exil begegnet, ein und kommt damit zur Einsicht des «politischen Realismus», zu einer Betrachtung der Dinge, «wie sie sind», nicht, «wie sie sein sollen», die er im «Principe» festhält.[88]

Fast ein Jahrhundert später betreibt Boccalini eine philologisch verlässlich fundierte Lektüre und Kommentierung der Annalen und Historien des Tacitus, zieht Parallelen von den Religions- und Bürgerkriegen im 16. Jahrhundert zu den römischen Bürgerkriegen bis hin zum Prinzipat. Tacitus macht Militärputsche und Hofintrigen, Herrscherwillkür und politische Anpassung der Untertanen zum Thema, gibt Einblicke in den Mechanismus des monarchischen Systems und erfindet in seiner manieristischen, stilistisch schwierigen Sprache Aphorismen über den Umgang mit der Macht. Boccalini, ideenmässig verwandt mit Machiavelli, diskutiert dessen Themen im Gewand des Tacitus, auch den Gemeinplatz der Staatsräsonliteratur, dass jede bedeutsame Tat eine gewisse Ungerechtigkeit mit sich bringt, dass das Unrecht des Einzelnen jedoch durch den Nutzen für die Allgemeinheit ausgeglichen wird. Dieser Topos ist eine hoch ideologisierte Kernstelle des frühabsolutistischen Denkens, denn er erlaubt den hoheitlichen Zugriff contra legem und den Verstoss gegen die «bürgerliche» Moral, wenn der Nutzen für das Ganze plausibel gemacht werden kann. Beiden Autoren ist die Amoralität und die Illusionslosigkeit des Blicks eigen, sie verfügen über eine geschickte psychologische Vermittlungsgabe und einen knappen, vielsagenden Stil.[89]

Der Zeitgenosse Pierre Charron (1541–1603) geniesst eine Juristenausbildung in Orléans, ist Advokat in Bourges und Paris. Bald wendet er sich der Theologie zu, wird Kanoniker in Bordeaux, ein enger Freund Montesquieus und Prediger der Margarethe von Valois. 1601 erscheint sein Hauptwerk «De la Sagesse», in dem er für eine menschliche und eine philosophische Weisheit plädiert, die er von der mondänen und der göttlichen Weisheit unterscheidet. Er vertritt eine von der Religion getrennte rationale Moral, denn die auf Religion gegründete Moral führt, wie in den französischen Bürgerkriegen, erwiesenermassen zu Intoleranz und Fanatismus. Das Werk gilt als Manifest des Libertinismus und steht auf dem Index der katholischen Kirche.

Sein Landsmann, François de La Rochefoucauld (1613–1680), Pair von Frankreich, Prince von Marsillac, legt in seinen «Maximes et Mémoires» seine Erfahrungen mit Königen, Prinzen und anderen Personen von Stand nieder. Im «Misstrauen» (défiance) erkennt er ein Grundübel und die Ursache zum Betrug des andern, einen Defekt, der ein ganzes Gemeinwesen deformieren kann, wenn sich der Einzelne nicht der Ordnung des «Vertrauens» (confiance) anpasst. Diese auferlegt strenge Beschränkungen und richtet die eigene Freiheit stets auf die Interessen der andern aus, sie verpflichtet, Absprachen

Abb. 27
S. 65

---

88 Münkler 1985, S. 30–40.
89 Buck 1987, S. 37 ff.

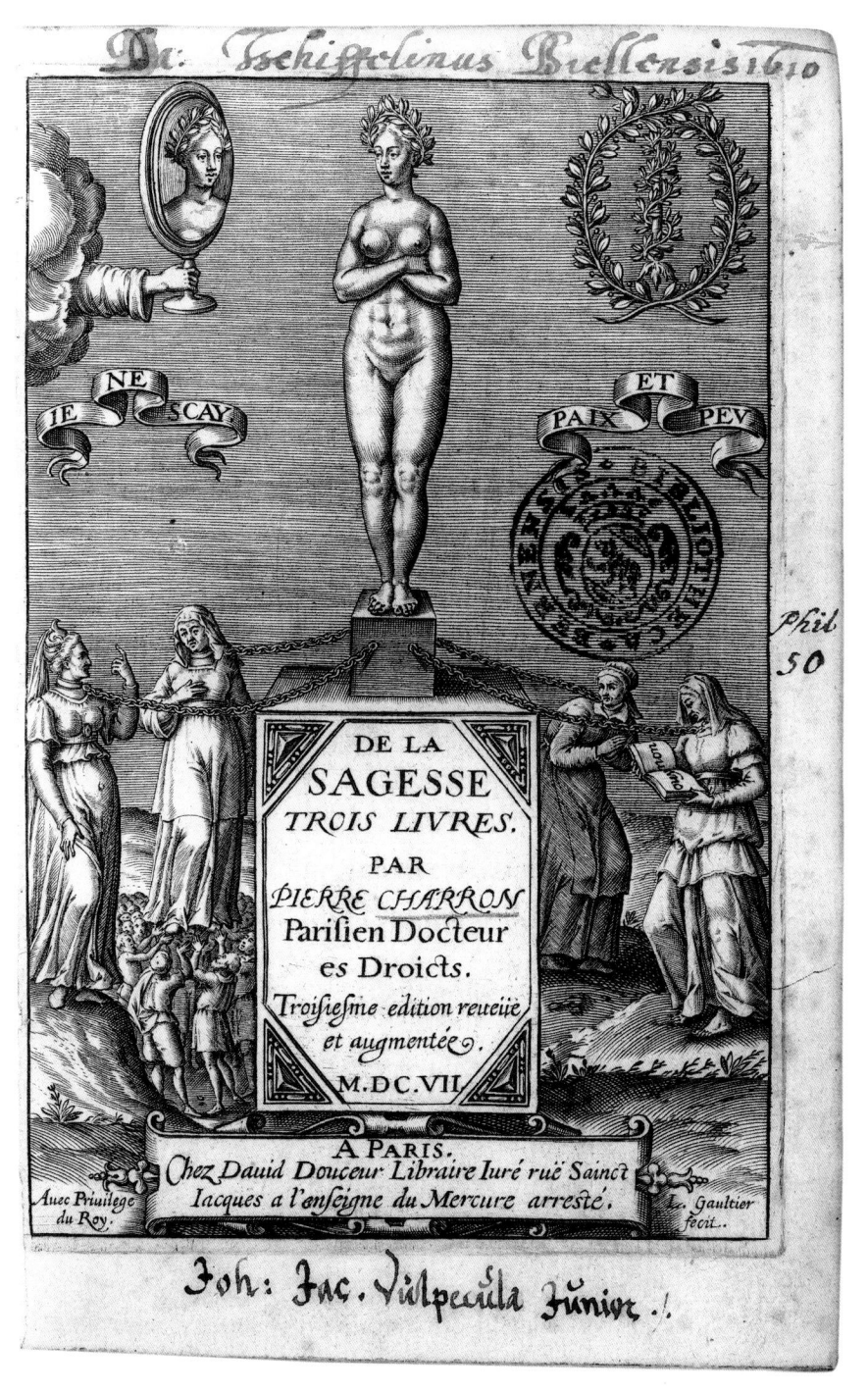

Abb. 27: *Titelblatt von Pierre Charrons 1601 erstmals erschienenem Hauptwerk «De la Sagesse» mit einer ausführlichen Erklärung zur Emblematik «Explication de la Figure qui est au frontispice de ce liure. Tovt au plus haut, & sur l'inscription du liure, la Sagesse est representée par vne belle femme toute nuë, sans que les hontes paroissent, quasi non essent, en son simple naturel, quia puram naturam sequitur; au visage sain, mafle, joyeux, riant; regard fort & magistral; corps droict, les pieds ioints sur vn Cube, les bras croisez, comme s'embrassant elle mesme, comme se tenant bien à soy, sur soy, en soy, contente de soy; sur sa teste vne couronne de laurier, & d'Oliuier, c'est victoire et paix: un espace ou vuide à l'entour, qui signifie liberté; se regardant dedans vn miroüer assez esloigné d'elle, soustenu d'vne main sortant d'vn nüage, dans la glace duquel paroist vne autre femme semblable à elle: Car tousiours elle se regarde & se cognoit. A son costé droit, ces mots IE NE SÇAY, qui est sa deuise, Et au costé gauche, ces autres mots PAIX ET PEV, qui est la deuise de l'Autheur signifiée par vne raue mis en pal, entortillée d'vn rameau d'Oliuier, & enuironnée de deux branches de Laurier en Quale.*

Au dessous, y a quatre petites femmes, laides, chetiues, ridees, enchaisnees, & leurs chaisnes se rendent & aboutissent au Cube qui est sous les pieds de la Sagesse, qui les mesprise, codemne & foule aux pieds, desquelles deux sont du costé droit de l'Inscription du liure, sçauoir, Passion & Opinion. La Passion, maigre, au visage tout alteré; l'Opinion, aux yeux esgarez, estourdie, soustenuë & par nombre de personnes, c'est le Peuple. Les deux autres sont de l'autre costé de l'inscription; sçauoir, superstition au visage trássy, ioignant les mains comme vne seruante qui tremble de peur; Et la science, verru ou preu-d'hommie artificielle, acquise, pédatesque, serue des loix & coustumes, au visage enflé, glorieux, arrogant, auec les sourcils releuez, qui lit en vn liure, où y a escrit, OVY, NON [...]»
3 Bände, Paris 1607. StUB r 257.

einzuhalten, Verträge zu erfüllen und sich vernünftig zu verhalten. La Rochefoucauld formuliert seine ethischen Grundsätze vor dem Hintergrund von Richelieus Politik, er vermisst beim Kardinal die Grösse zur Vermittlung und das Mass, dessen Herrschsucht erscheint ihm vor allem wegen der Hugenotten, des Verfahrens gegen Maria de Medici und des versuchten Ruins der grossen Häuser des Königreichs ungerecht. Die «Maximes et Mémoires» vermitteln dem Zeitgenossen jede Menge Einsichten in die jüngst vergangene französische Geschichte.[90]

---

90 Barudio 1985, S. 227–228.

Abb. 28: *Schloss Reichenbach, Gerichtssaal. Nördliches Gewölbefeld mit der Allegorie der Justitia. Die weibliche Figur der Justitia mit dem Szepter der weltlichen Macht schwebt inmitten einer Gruppe auf einer Wolkenbank. Sie wird von einem Engel begleitet. Je ein Putto trägt eine Waage, Attribut der Gerechtigkeit, und den Himmelsglobus. Denkmalpflege des Kantons Bern.*

Jurisprudenz – Corpus Iuris Civilis, die Institutionen, Kommentare zu Justinian und zum Gesandtenrecht, Sammlungen lokaler Rechtsmittel, Manuale zum Kirchenrecht

Die grosse Rechtssammlung, das Corpus Iuris Civilis Kaiser Justinians aus dem 6. Jahrhundert, bestimmt von der Gliederung ihrer Materie her Aufteilung und Hierarchie der Lehrstühle an der Juristenfakultät: Den ersten Rang belegt der Kodizist, der über den Codex, die justinianische Gesetzessammlung, liest. Die im Corpus Iuris Civilis gesammelten Rechtsgutachten römischer Juristen, die Digesten (Pandekten), vermittelt der Inhaber des zweiten Lehrstuhls. Beide Professoren, der Kodizist und Pandekist, lesen in einem Vierjahreskurs. Nur halb so lang dauert die Vorlesung über die justinianischen Institutionen, sie steht im Rang zurück, übertrifft jene aber an allgemeinbildender Bedeutung. Studenten, die keine Promotion anstreben, begnügen sich mit dieser Vorlesung, die nicht nur Fachjuristen, sondern auch Laien einen Überblick über die römische Rechtswissenschaft und einen Einblick in ihre philosophischen Fundamente liefert. Das dürfte auch der Fall des auf die Praxis ausgerichteten Studenten Beat Fischer in Basel gewesen sein. Folgerichtig finden sich, möchte man meinen, in seiner Bibliothek die Institutionen, sogar gleich zweimal, einmal als Gebrauchsausgabe und einmal als bibliophile Edition «in läder». Aber weit gefehlt, auch das Corpus Iuris Civilis ist in einer zweibändigen Ausgabe auf der Bücherliste verzeichnet! Die Ausgabe ist nicht spezifiziert, es könnte sich zum Beispiel um die vom berühmten Genfer Rechtsgelehrten Dionysius Gothofredus besorgte zweibändige, 1662 erschienene Lyoner Ausgabe handeln. Die von ihm mit eigenen Noten, jedoch ohne die im Mittelalter üblichen Glossen publizierte Edition bestimmt als «Littera Gothofrediana» die juristische Rechtsquellenlage bis ins 19. Jahrhundert. Die Geschichte der Editionen wäre allerdings in einem eigenen Beitrag abzuhandeln!

Die ebenfalls in der Liste verzeichneten Kommentare zu Justinian zeigen, dass sich Beat Fischer grundlegend mit dem Werk und seinen Interpretationsmöglichkeiten auseinander gesetzt hat.

Einer der bedeutendsten Juristen Deutschlands, Benedict Carpzov (1595–1666), wirkt, nachdem er seine juristischen Studien in Wittenberg, Leipzig und Jena abgeschlossen hat, als Schöffe in Leipzig. Unter seiner Führung erlangt der Richter als Rechtspraktiker höchstes soziales Ansehen. Erst spät, auf wiederholtes Drängen nimmt er einen Ruf an die Universität Leipzig an. Sein Werk «Jurisprudentia forensis Romano Saxonica», Kommentar, Entscheidungssammlung und Lehrbuch zum sächsischen Zivilrecht, entsteht aus der Alltagspraxis, den umfangreichen Materialien der sächsischen Gerichtsbarkeit – Carpzov verarbeitet im zivilrechtlichen Teil 4500 Urteile aus dem Zeitraum von sechzig Jahren (1575–1636) – und gilt als das berühmteste deutsche Zivilrechtswerk des 17. und 18. Jahrhunderts. In Beat Fischers Bibliothek stehen auch das Lehrbuch und die Entscheidungssammlung zum Strafrecht, «Practicae novae imperialis Saxonicae rerum criminalium», und Carpzovs Ausführungen zum sächsischen Kirchen- und Konsistorialrecht.

Praktische Theologie und Streitschriften

Die zahlreichen Gründungen von Landesuniversitäten ab der Mitte des 16. Jahrhunderts sind nicht zuletzt das Ergebnis der Konkurrenz zwischen Katholiken, Lutheranern und Calvinisten, die alle danach trachten, eine ihnen genehme akademische Gelehrtenschicht auszubilden. Die jeweils vom Fürsten favorisierte Konfession setzt sich durch, die Untertanen haben sich anzupassen oder auszuwandern.

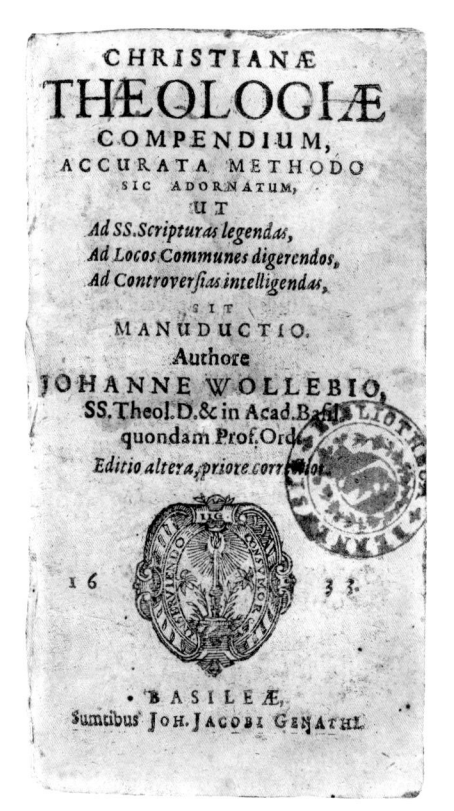

Abb. 29: *Titelblatt aus der Christlichen Theologie von Johannes Wolleb, gedruckt in Basel 1633. StUB H X 221.*

Die theologischen Schriften in Beat Fischers Auswahlbibliothek stammen sowohl aus dem calvinistischen als auch aus dem Bereich der reformierten Orthodoxie. Die Verfasser repräsentieren jedoch keine Aussenseiter, sondern klar anerkannte Kapazitäten.

Marcus Friedrich Wendelin (1584–1652) hat in Heidelberg studiert, nach Hofmeisterstellen bei adeligen Familien führt er während vierzig Jahren das Rektorat am «Gymnasium illustre» von Zerbst, einer bedeutenden frühmodernen Hohen Schule. Er lehnt alle Rufe an andere Universitäten ab, verfasst ein verbreitetes lateinisches Lehrbuch, die «Medulla», ist aber auch als einer der wichtigsten Dogmatiker der reformierten Kirche bekannt. Zerbst, nicht wie Wittenberg oder Leipzig rein lutherisch geprägt, orientiert sich am theologischen Erbe von Philipp Melanchthon, der Einfluss auf die Besetzung von Professoren-, Lehrer- und Pfarrstellen nimmt. Unter Wendelin setzt sich die calvinistische Ausrichtung durch. Sein umfangreiches Lehrbuch «Compendium Theologiae Christianae» über die theologischen Auffassungen der Calvinisten gehört bis ins 18. Jahrhundert zu den Standardwerken der reformierten Dogmatik in Mitteleuropa.

Auch das Hauptwerk des Basler Professors für Altes Testament, Johannes Wolleb (1586–1629), ebenfalls ein Compendium christlicher Theologie, behandelt Hauptstücke der Dogmatik und Ethik und ist die Grundlage für Wollebs systematische Vorlesungen. Das klar und stringent gegliederte Schulbuch des Vertreters der reformierten Orthodoxie, der die Bundesbeschlüsse des dreieinigen Gottes zum Strukturprinzip der Lehre erhoben hat, findet weite Verbreitung.

Der einzige englische Autor, Thomas Ellwood (1639–1714), den Fischer aber vermutlich in französischer Übersetzung liest, publiziert Streitschriften, in denen er sein Quäkertum verteidigt, wie das hier vorliegende, erst kürzlich erschienene Werk «Christianity no Enthusiasm». Zugleich ist er mit Milton befreundet, täglich als Vorleser bei diesem tätig, liest als Erster das Manuskript von «Paradise Lost», publiziert selbst Gedichte und verfasst 1714 eine Biografie.[91]

Protestantische Martyriologie

Der im französischen Arras geborene Jean Crespin (1520–1572) studiert Jurisprudenz in Löwen, dann in Paris, wird Avocat du Parlement, konvertiert mit 25 Jahren zum Protestantismus, flüchtet nach Strassburg und zieht 1548 mit Théodore de Bèze nach Genf, wo er zehn Jahre später das Bürgerrecht erhält. Er gründet eine Druckerei, beteiligt sich am «Lexicon Graeco-Latinum» von Robert Constantin, verfasst und druckt die hier genannte «Histoire des martyrs», einen Katalog protestantischer Märtyrer, der in verschiedene Sprachen übersetzt und stets auf den neusten Stand gebracht wird: «Das Grosse Martyr-Buch und Kirchen-Historien: Worinnen herrliche und in Gottes Wort gegründete Glaubens-Bekäntnissen [...] sampt andern denckwürdigen Reden und Thaten vieler heiligen Märtyrer beschrieben werden [...] ; Welche nach den Zeiten der Aposteln, biß auff das Jahr 1572 [...] gemartert, [...] worden. [...] Anfänglich in Frantzösischer Sprache beschrieben, hernacher [...] treu-

---

91 Thomas Ellwood: The History of Life. London 1714, zahlreich aufgelegt.

lich übergesetzt und in Teutsche Sprache gebracht / Durch Paulum Crocium […] Anitzo aber biß auf das 1656ste Jahr continuiret […] Samt zweyen Registern […] Auf vielfältiges Begehren und Nachfragen / aufs neue übersehen und an einigen Orthen verbessert.»

Verschiedene Exempel- und Erbauungsbücher, Bibeln in lateinischer, französischer und deutscher Sprache, Psalmen- und Liederbücher runden diese Auswahl ab, die es erlaubt, den täglichen Bedarf an Gebet, Erbauung und Lektüre zu decken, aber auch die Klärung religiöser Fragen und richtungskonformer Zweifel ermöglicht.

Rhetorik, Sentenzen, Werke zum Gebrauch der deutschen Sprache

Aus der umfangreichen Sammlung von Anleitungen zur Rhetorik, von Sentenzen, Büchern zur Emblematik, Lexika, Wörterbüchern, Grammatiken und Werken zum Gebrauch der deutschen Sprache seien hier sechs herausgegriffen: Jacob Masen mit dem Pseudonym Ioannes Semanus (1606–1681) unterrichtet nach dem Besuch des Jesuitengymnasiums in Köln selbst als Jesuit in St. Emmerich, Köln, Trier und Paderborn. Er wirkt auf zahlreichen Gebieten, als Poetiker, Theologe, Historiker und Theaterautor und vermittelt in zahlreichen Publikationen die theoretischen Grundlagen der von ihm gelehrten Fächer. Masen erreicht grösste Popularität durch seine 1658 auf dem Frankfurter Reichstag gehaltene Rede zum Thema der Wiedervereinigung von Katholiken und Protestanten. Sie erscheint 1661 lateinisch mit dem Titel «Meditata concordia protestantium cum catholicii in una confessione fidei», bald aber in verschiedenen Übersetzungen, zum Beispiel jener von Johann Caspar Jäger: «Wohlbedachte Vereinigung der Protestirenden mit den Catholischen» 1662.[92]

Valentin Thilo (1607–1662) ist 1624 an der theologischen Fakultät der Universität Königsberg immatrikuliert, betätigt sich aber vor allem als Rhetoriker, schliesst seine Studien in Leiden ab und übernimmt 1634 die Professur für Rhetorik in Königsberg, die er 28 Jahre ausübt. Er ist befreundet mit den Dichtern Simon Dach und Heinrich Albert, selbst Mitglied der Königsberger poetischen Vereinigung und Verfasser zweier Rhetorikbücher und von Kirchenliedern.

Die Bücherliste verzeichnet eine Rhetorik des Jesuiten Masen, die 1660 erschienene «Palaestra oratoria», und eine Anleitung zum Verfassen von Reden, die «Topologia Oratoria: Seu Praxis Locorum Dialecticorum in Oratoriis», des Königsbergers Thilo.

Julius Wilhelm Zincgref (1591–1635) ist ein Dichter mit juristischer Ausbildung.[93] Der Sohn eines kurfürstlichen Rats aus Heidelberg immatrikuliert sich 1607 in seiner Heimatstadt. Nach einem Philosophiestudium und einer Ausbildung in Jurisprudenz bricht er zu einer fünfjährigen Bildungsreise auf. Nach der Eroberung Heidelbergs durch bayerische Truppen, bleibt ihm als Generalauditor der Garnison nur die Flucht. In seiner Stellung als Dolmetscher bei einem französischen Gesandten reist er an verschiedene Höfe und kehrt schliesslich als Landschreiber beim Pfalzgrafen Philipp Ludwig in seine

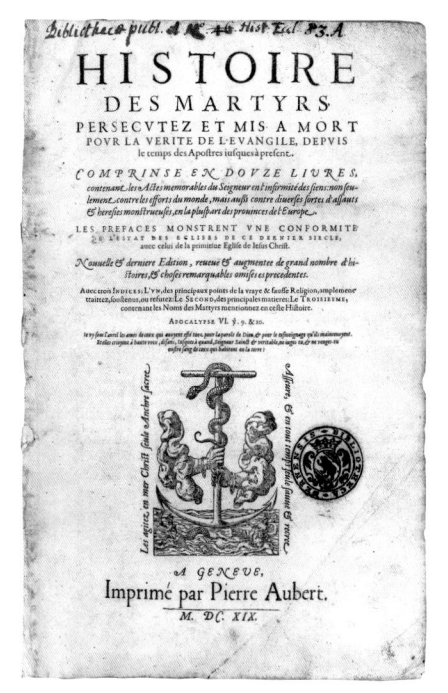

Abb. 30: *Titelblatt aus der Martyriologie des Franzosen Jean Crespin in französischer Sprache, gedruckt in Genf 1619. StUB G 51.*

Abb. 31
S. 70

---

92 Dünnhaupt 1991, S. 267–284.
93 Bircher 1979, S. 189.

Abb. 31: *Sentenzensammlung von Julius Wilhelm Zincgref (1591–1635), immer wieder aufgelegt mit leicht variiertem Titel, Elzevir-Ausgabe von 1653. Amsterdam. StUB Litt. X 73.*

Heimatstadt zurück, wo in enger Symbiose des Hofs und der international ausgerichteten, calvinistischen Universität ein bedeutendes Zentrum humanistischer Gelehrsamkeit, Bildung und Dichtung entsteht, was im protestantischen Bereich durchaus etwas Besonderes ist.[94] Die «Apophtegmata, das ist der Teutschen scharffsinnige kluge Sprüche [...] auß allerhand Schrifften»[95], gelten als sein bedeutendstes Werk. Zincgref ist ein früher Verehrer des oft als «Vater der deutschen Dichtung» gepriesenen Martin Opitz, der Rolle und Aufgabe des Poeten im Rahmen der Bildungsgesellschaft neu bestimmt. Mit seiner Reform und einem gemeinsamen Standard des ästhetischen Urteils will er beweisen, dass eine formbewusste deutsche Dichtersprache auch den elitären Anspruch eines gehobenen Publikums befriedigen kann.

Justus Georg Schottel (1612–1676) verbreitet mit seinen wegweisenden grossen, theoretisch fundierten Sprachlehrbüchern den Sinn für die autochthonen, nicht an der Antike gemessenen Qualitäten des Deutschen.[96] Der in Leiden und Wittenberg ausgebildete Jurist wird 1636 Erzieher am Hof Herzog Augusts d. J. in Wolfenbüttel, Rat und Beamter. Sein überragendes Werk, in dem frühere Publikationen eingebracht worden sind, findet sich in Fischers Bibliothek: «Ausführliche Arbeit von der teutschen HauptSprache» 1663, daneben auch eine «Ethica [...] Sittenkunst oder Wollebenskunst; In Teutscher Sprache vernemlich beschrieben in dreyen Büchern» aus der Spätzeit.[97]

Fehlen darf auf gar keinen Fall Kaspar von Stielers (1632–1707) repräsentatives Grundwerk «Teutsche Sekretariatskunst», ein Briefsteller, in dem die rechte Schreibart, der gemeine, mittlere oder hocherhabene Stil definiert werden. Nach der Studienzeit in Leipzig, Erfurt und Giessen und einer abenteuerlichen Reise über Hamburg und Frankreich nimmt Stieler am französisch-spanischen Krieg teil, wird Sekretär beim Bernburger Grafen Dohna in Orange, reist durch Italien und die Schweiz, schliesst das Studium der Rechte in Jena ab und legt als Sekretär des Grafen von Schwarzburg in Rudolstadt den Grund für seine theoretischen und praktischen Anleitungen.[98] Als oberstes Prinzip gilt ihm die «Zierlichkeit», welche sich in vorgegebenen rhetorischen Figuren, der kunstmässigen Gestaltung des Ausdrucks durch Ausschmücken mit Tropen und prächtigen Beiwörtern manifestiert. Der Stil ist in erster Linie von sozialen Rücksichten geprägt, ständisch-gesellschaftlich bestimmt und deshalb starr geordnet.[99]

Abb. 32 S. 71

Nicht minder unentbehrlich ist Georg Philipp Harsdörffers (1607–1658) in Nürnberg erschienenes Formular- und Titulaturbuch «Der Teutsche Secretarius» für die «Cantzley =, Studir = und Schryb = Stuben» mit den aktuellen Ehrentiteln für hohe Potentaten, Könige, Kurfürsten, Fürsten, Herren und Städte und Briefformularen für Geschäfts-, Freundschafts-, Trost-, höfliche Frauenzimmer- und Liebesbriefe. Aus einer begüterten Nürnberger Patrizierfamilie stammend, ist es Harsdörffer nach einer sorgfältigen Erziehung, Studien, ausgedehnten Bildungsreisen und seiner Tätigkeit als Assessor am Gerichtshof seiner Vaterstadt vergönnt, die intellektuellen Ideale des Barock in die Tat umzusetzen und sein Leben mit polyhistorischen und schöngeistigen Beschäftigungen zu verbringen. Er ist als Übersetzer anerkannt, aber auch seine eigenen Schöpfungen in Poesie und Prosa gelten als vorbildlich unter den Zeitgenossen. Auffallend, wie viele Juristen sich als Sprachtheoretiker, Dichter und Schriftsteller hervortun!

Abb. 33 S. 72

---

94 Hammerstein 1996, S. 78.
95 Bircher 1979, S. 189.
96 Kühlmann 1996, S. 174–175.
97 Wehrli 1980, S. 157.
98 Bircher 1979, S. 169.
99 Nickisch 1969, S. 51.

Abb. 32: *Porträt von Kaspar von Stieler (1632–1707) des Nürnberger Kupferstechers Cornelius Nikolaus Schurts nach einer Zeichnung von Johann David Herlicus. Privatbesitz.*

Abb. 33: *Porträt von Georg Philipp Harsdörffer (1607–1658) des Kupferstechers Jakob Sandrart nach einer Zeichnung von Georg Strauch. Herzog August Bibliothek Wolfenbüttel. Portrait A 8895.*

Abb. 34 Neben antiken Klassikern wie den Fabeln Äsops, den Reden und Briefen Marcus Tullius Ciceros, den Werken von Horaz und zeitgenössischer Literatur, Torquato Tassos «Gerusalemme liberata», den Fabeln von Jean de La Fontaine, Christan Hofmann von Hofmannswaldaus «Pastor fido», Philipp von Zesens «Hohelied Salomonis» finden sich Werke zur Emblematik und Allegorik, zu Geographie und Geschichte, Lexika, Memoiren, Biographien, Grammatiken und Wörterbücher zur französischen und lateinischen Sprache und zur juristischen Terminologie.

Abb. 34: *Die allgemeine Einführung in die Geographie von Philipp Clüver, Elzevir-Ausgabe ohne Jahr. Amsterdam. StUB s 260.*

Die aktuelle Politik in Frankreich, der Gesandte in Theorie und Praxis und französische Reiseberichte

Die französische Politik wird in dieser Zeit in zahlreichen Flugschriften erörtert. Als Flugschriften werden billige und ungebundene Broschüren in handlichem Format, deren Ziel Werbung, ja häufig Agitation und Propaganda ist, bezeichnet. Diese Streitschriften sind nicht an eine bestimmte Leserschaft gerichtet, sondern für die gesamte Öffentlichkeit bestimmt. Die Texte erscheinen meist anonym oder pseudonym, Druckernamen und/oder Druckerorte werden häufig verschwiegen oder verstellt. Die Flugschriften gehören neben den illustrierten Flugblättern und den periodischen Zeitungen zu den Frühformen publizistischer Medien, sie behandeln oft aussenpolitische Themen, die von offiziellen Skribenten und bezahlten Propagandisten

Abb. 35: *Die Lebensbeschreibung Philipps II. von Gregorio Leti in 2 Bänden von 1679, Frontispiz. StUB z 29.*

Abb. 36: *Die Lebensbeschreibung Philipps II. von Gregorio Leti in 2 Bänden, Titelblatt mit dem fingierten Druckort Coligni aus dem Jahr 1679. StUB z 29.*

---

100 StAB FA von Fischer II 1 (1): Lauffender Schulden- und Contibuch, S. 32.

analysiert werden. In der zweiten Hälfte des 17. Jahrhunderts sehen sich die Zeitgenossen mit dem französischen Herrschaftsanspruch konfrontiert, der neben Kolportationen der Tagespolitik zu grundsätzlichen staatsphilosophischen und -rechtlichen Abhandlungen Anlass gibt, indem französische «Intriguen und Affairen» aufgezählt und Repräsentanten und Aktionen der französischen Politik kommentiert werden.

Abraham van Wicquefort (1598–1682), Resident des Herzogs von Braunschweig, verfasst verschiedene bedeutende Manuale für Theorie und Praxis des Gesandten, mit diversifizierten Tabellen, welche Anleitungen geben zu Person, Aufgaben, Protokoll und Unterhalt der Haushaltung.

François de Bassompierre (1579–1646), aus alter Familie stammend, die während Generationen den Herzögen von Burgund und der Lorraine gedient hat, französischer Höfling, Diplomat und Marschall, Gesandter in Madrid, London und Solothurn, macht auch im Militär Karriere. Selbst in die Politik verstrickt von Heinrich IV. bis Ludwig XIII., nimmt er durch seine heimlich angetraute Frau, die Witwe des Prinzen Conti, am Komplott gegen Richelieu teil und wird 1631 bis 1642 in der Bastille inhaftiert. Dort schreibt er seine Memoiren, wichtige Zeugnisse der Zeitgeschichte, und schildert seine Missionen als Gesandter nach Spanien, in die Schweiz und nach England.

Eine besondere Vorliebe scheint Beat Fischer für die Publikationen des Italieners Gregorio Leti (1630–1701) zu haben. In kurzen Abständen bestellt er mehrbändige Werke in Form von Gesandtschaftsberichten über die politischen Institutionen in Rom, den Vatikan, über politische Theorien, Bücher zur Geschichte Italiens und Biographien.

Im 17. Jahrhundert wird die Reise zur Mode, ein breites Publikum interessiert sich für die Kenntnis ferner Länder und fremder Völker, für die Schilderung von exotischen Sitten und Kulturen. Jean Baptiste Tavernier (1605–1689) entstammt einer Familie von Verlegern und Kartografen, er unternimmt zwischen 1632 und 1668 als im Fernhandel tätiger Kaufmann sechs grosse Orientreisen, die ihn bis nach Indien führen. Nach seiner Rückkehr wird Tavernier von Ludwig XIV. nobilitiert. Die Reiseberichte enthalten tagebuchartige Beschreibungen der Route und grundlegende Kapitel über die Geografie, Fauna und Flora der Länder, Sitten und Gebräuche der Bewohner. Erwähnenswert ist auch der Überblick über die politischen und ständischen Institutionen im Perserreich. In der Ausgabe von 1679 findet sich eine Ergänzung zu den sechs Reisen: «Recueil de plusieurs relations et traitez singuliers et curieux; Qui n'ont point esté mis dans ses six premiers voyages».

Unterhaltungsliteratur

Nachdem Beat Fischer ein paar Probenummern geprüft hat, vermerkt er im «Lauffender Schulden- und Contibuch» 1679: «Du mercure galant depuis le commencement 50 vol.», offensichtlich eine Nachbestellung, da ihm die Lektüre wohl gefallen hat.[100] Jean Donneau de Visé (1638–1710), dessen Bruder und Schwester eine Charge bei Hof haben, sucht seinen Weg in einer literarischen Karriere, zunächst als Kritiker von Molière und Corneille, dann als

Roman- und Theaterschriftsteller. 1672 gründet er eine literarisch-politische Zeitschrift, den «Mercure Galant». Nach einer Versuchsperiode und einer kurzen Unterbrechung erscheint die Reihe ab Januar 1677 monatlich bis zum Tode des Publizisten 1710. Im Vorwort des ersten Bandes heisst es: «Ce livre doit avoir de quoi plaire à tout le monde à cause de la diversité des matières dont il est rempli»: Kriegsnachrichten, Politik, mondänes Leben, Poesie, Musik mit Notenbeilagen, Rätsel, vor allem aber, nach dem neuen literarischen Geschmack der Zeit, romanhafte und anekdotische Kurzgeschichten. Das Publikum wendet sich ab von den grossen französischen, klassischen Romanen des 17. Jahrhunderts, und Madame de Villedieu (um 1640–1683) knüpft an die Tradition der Kurzromane seit Margarethe von Navarra an «et mit à la mode ces petites historiettes galantes […] et fit tomber ces longs et vastes récits d'aventures héroiques».[101] Gedichte und Musikstücke erscheinen immer unter dem Autorennamen, die Kurzgeschichte jedoch stets unsigniert, die Protagonisten werden ebenfalls standardisiert: la comtesse, la marquise, un jeune comte, un conseiller und spezifisch typisiert: la jeune fille de famille, la femme mariée, la jeune veuve oder l'homme d'épée, l'homme de robe, l'homme d'église. Durch diesen Kunstgriff gelingt es Donneau, die Anonymität der Verfasser und Verfasserinnen zu gewährleisten und dadurch zahlreiche Autoren aus dem mondänen Leserkreis und der adligen Gesellschaft, in der die Geschichten spielen, zu gewinnen. Das Rätseln um die Identität der Beteiligten macht Vergnügen und bietet viel Stoff zur Unterhaltung. In den Rechnungen für den Lyoner Buchhändler Amaulry ist belegt, dass Fischer den «Mercure Galant» für sich selbst integral ab dem Jahre 1677 nachbestellt hat und später jeweils auch Doppelsendungen ordert, die er weitergibt und sich rückerstatten lässt.

Abb. 37: *Reisebeschreibung von Johann Baptist Tavernier, Titelblatt der deutschen Ausgabe, gedruckt in Genf 1681. StUB Nat q 56.*

Ökonomische, medizinische und pharmazeutische Ratgeber

Auch ein Exemplar mit praktischen ökonomischen Anweisungen und medizinisch-pharmazeutischen Ratschlägen für den Hausgebrauch aus der gängigen, weit verbreiteten Hausväterliteratur fehlt nicht, Johannes Colerus' (1647–1707) 1680 erneut aufgelegte, in Frankfurt am Main erschienene «Oeconomia ruralis et domestica: Darin[n] das gantz Ampt aller trewer Hausz-Vätter und Hausz-Mütter beständiges und allgemeines Hauß-Buch, vom Haußhalten, Wein-Acker-Gärten-Blumen- und Feld-Bau, begriffen, auch Wild- und Vögelfang, Weidwerck, Fischereyen, Viehezucht, Holtzfällung, und sonsten […]; Sam[m]t beygefügter einer experimentalischer Hauß-Apotheken und kurtzer Wundartzney-Kunst, wie dann auch eines Calendarii perpetui […] / Hiebevor von M. Joanne Colero beschrieben, Jetzo aber, auff ein Neues […] corrigirt, vermehret und verbessert, in zwey Theil abgetheilet und mit […] Kupfferstücken gezieret».

Im medizinischen und pharmazeutischen Bereich finden sich neben einem Verzascha-Kräuterbuch, einer Hausapotheke, der Pharmacie de Charnas und dem Médecin charitable zwei identifizierbare Titel: einer von Paul Dubé (?–

Abb. 38: *Reisebeschreibung von Johann Baptist Tavernier, Frontispiz der deutschen Ausgabe, gedruckt in Genf 1681. StUB Nat q 56.*

---

101 Bayle: Dictionnaire, zit. nach Vincent 1996, IX.

?), «Le Médecin des pauvres, qui enseigne le moyen de guérir les malades par les remèdes faciles», gedruckt in Lyon, und Eberhard Rudolph Roths (1646– 1716) «Arzney büechlein der Reisenden. Der Räisende Samariter [...] von Guten und offtbewehrten Artzney-Mitteln / deren die Räisende im Nothfall und Mangel eines Medici sich sicher bedienen können», gedruckt in Ulm 1680.

Die europäisch ausgerichtete Bibliothek

Etwas vom Erstaunlichsten an dieser Bibliothek ist die hohe wissenschaftliche Qualität der Bücher, die fast immer von anerkannten Kapazitäten stammen. Die Sammlung wird auch während der Landvogteizeit laufend ergänzt mit den neusten Zeugnissen der Forschung, gleich dem ganzen «Journal des Sçavants» des Jahrgangs 1682 in dreissig Heften, mit Fachliteratur zum Recht und dessen Anwendung, Grundwerken zur Jurisprudenz wie – noch etwas zögerlich oder als Grundlage für die Naturrechtslehre – Samuel Pufendorffs erstem Werk, den zwei Büchern «Elementorum jurisprudentiae universalis», 1680 neu aufgelegt, und weiteren älteren und neueren Abhandlungen zur Reichspublizistik, aber auch mit Geschichtsbüchern zum Reich, zu England, zu Kur-Brandenburg, zu Ludwig XIV. und dessen Favoriten, mit Reiseberichten und der aktuellsten französischen und deutschen Theater- und Opernliteratur.

Beat Fischer nimmt damit, wie bereits angedeutet, Anteil an den seit der Mitte des Jahrhunderts sich beschleunigenden Neuerungen des Denkens, am Mentalitätswandel und am modifizierten Schema der Wissensvermittlung. Seine Vorliebe gilt vorbildlichen Quellensammlungen, immer in exemplarischer Vollständigkeit, und Werken von Autoren, die als Berater und Beamte nützliche, übersichtliche, materialreiche und praxisbezogene Fachbücher verfassen. Gerade in der so eingehend vertretenen Reichspublizistik, die Fragen über Herrschaft und Gehorsam, Individuum und Staat, Verfassung und Verfassungsrecht, Souveränität und Staatsräson in überregionaler und überzeitlicher Gültigkeit behandelt, treten die geistige Produktion, das intellektuelle Klima der Zeit, die pädagogischen und schriftstellerischen Anstrengungen im Bereich der Staatswissenschaften zutage.[102]

Mit diesem weltläufigen «geistigen Gepäck» und willens, neue Ideen einzubringen und umzusetzen, installiert sich Beat Fischer nun im Amt Wangen. Die Schwierigkeiten sind vorprogrammiert!

---

102 Stolleis 1988, S. 47.

Beat Fischers 1680 nach Wangen transportierte virtuelle Bibliothek, thematisch geordnet:

Abhandlungen zur Politik (prudentia civilis),
zur Reichspublizistik
und zum öffentlichen Recht (ius publicum)

Besoldi Synopsis politic:[1]
Christoph Besold *1577–1638*: Christophori Besoldi J. C. Synopsis politicae doctrinae. Francofurti 1642. Amst[elodami] 1643, Erstausgabe 1623.

Besoldi Thesaurus 2 vol.
Christoph Besold *1577–1638*: Thesaurus Practicus Christophori Besoldi, [...] Non solùm explicationem Terminorum atque Clausularum in Aulis & Dicasteriis usitatarum continens: Sed & inprimis quàm plurima ad Sacri Romani Imperii tàm Ecclesiasticum [...] Editio Nova, auctior, & emendatior, Infinitis locis, ex Recentioribus Autoribus Practicis, Historicis, Politicis, Philologicis, Manuscriptis [...] Studio & operâ Christophori Ludovici Dietherrns [...] Unà cum Indice Rerum, Verborum, Clausularum locupletissimo. Norimbergae 1666, Erstausgabe 1629, dann 1659, 1674, 1679, o. O.

Copper (z) Usus practicus Instit. Imper.

Corvini Enchiridium Juridicium
Johannes Arnoldus Corvinus *1582–1650*: Johannis Arn. Corvini enchiridium seu institutiones imperiales, insertis latioribus materiis, theorice ac practice digestæ, et explicatæ per erotemata. Amsterodami 1644.

Gastelij de Juribus et privilegij Civitat. Imper:
Christiani Gastelii J. U. Doctoris De Statu Publico Europae Novissimo Tractatus, In quo unà cum aliis nobilissimis atque utilissimis materiis Juris Publici, practici magis, quàm speculativi, Illustres controversiae, Praetensiones, Judicia Politica, Praecedentiarum Quaestiones et Decisiones, tàm in Comitiis Imperii, quàm alibi agitatae, reperiuntur quibus insuper accesserunt, instar commentarii paratitla de Aurea Bulla [...]. Norimbergae 1675.

Klockius de Aerario
Caspar Klock *1583–1655*: Casparis Klockii [...] Tractatus Juridico-Politico-Polemico-Historicus De Ærario, Sive Censu, Per Honesta Media, Absque Divexatione Populi, Licite Conficiendo, Libri Duo [...] Nunc correctior [...] et [...] emendatior hac secunda editione redditus: Nec non Observationibus, Additionibus, Remißionibus´q[ue] variis locupletatus Operâ studio´que Christophori Pelleri [...]. Norimbergae 1671.

De Jure Territorij
Andreas Knichen *1560–1621*; Christian Kremberg *1585–1633*: Dn. Andreae Knichen JC. De Jure Territorii. Francofurti 1658.

Knipschild de Juribus et privilegijs civitat. Imp:
Philipp Knipschildt *1595–1657*: Tractatus politico-historico-juridicus de Juribus et Privilegiis Civitatum Imperialium, tam generalibus, quam specialibus et de earundem Magistratuum Officio: In sex libros divisus/Authore Philippo Knipschildt [...]. Ulmae Suevorum 1657.

Justi Lipsi monita et exempla politica
Justus Lipsius *1547–1606*: Iusti Lipsi[i] Monita Et Exempla Politica: Libri Duo; Qui Virtutes Et Vitia Principum spectant. Lvgdvni Batavorum 1605.

Mathiae Theatrum Historicum
Christian Matthiae *1584–1655*: Theatrum historicum theoretico-practicum in quo quatuor monarchiae [...] nova et artificiosa methodo describuntur [...]/Authore Christiano Matthiae. Amstelodami 1668.

Myler de principibus et Stati [...] Imp. Rom. Germ.
Johann Nikolaus Myler ab Ehrenbach *1610–1677*: Nicolai Myleri ab Ehrenbach, De principibus et statibus Imperii Rom. German.: Succincta tractatio; duplo, quam olim, auctior, gemino etiam indice, [...]. Tubingae 1671, zuerst als Diss 1641.

Considérations fortuites
Gabriel Naudé *1600–1653*: Science des princes ou considérations politiques sur les coups d'état, Par G. N., Parisien. Avecque les réflexions historiques, morales, chrétiennes, & politiques De L. D. M. C. S. D. S. E. D. M. [Strasbourg] 1673.

Reinking: De Reimine [...] et secularij: Biblische Policey
Theodor von Reinkingk *1590–1664*: Biblische Policey: Das ist Gewisse, auß Heiliger göttlicher Schrifft zusammen gebrachte, auff die drey Haupt-Stände: als Geistlichen, Weltlichen, und Häußlichen, gerichtete Axiomata, oder Schlußreden. [...]/Dieterich Reinkingk. Franckfurt am Main 1656, schon 1653 und 1717, 7. Aufl.

---

1 Die fett-kursiven Titel entsprechen den transkribierten Einträgen Beat Fischers in den Bücherlisten, allein stehende Titel sind nicht identifizierbar.

Reusnerj Hortulus Historico politicus
Elias Reusner: Eliae Reusneri florum hortuli historico-politici coronae VI.: Opus incremento posthumum/Recensente Cyriaco Lentulo. Herbornae Nassoviorum 1651.

Speidelij Notabilia
Johann Jakob Speidel *?–1666*: Speculum juridico-politico-philologico-historicarum observationum et notabilium; verborum, rerum et antiquitatum, Germanicarum, clausularum […] Johan. Jacob. Speidelii […] in quo insuper non solum ipsius additiones, quae ad Thesaurum practicum D. Christophori Besoldi congestae […]. Norimbergae 1657.

Wendelins Inst. Politica
Marcus Friedrich Wendelin *1584–1652*: M. Frid. Wendelini Institutionum Politicarvm Lib. III. Amstelodami 1645.

Literatur zur Staatsräson und Fürstenspiegel

Ragnaglio di parnasso
Traiano Boccalini *1556–1613*: De Ragguagli di Parnasso. Milano 1615.

Pretra del paragone politico
Traiano Boccalini *1556–1613*: Pietra del paragone politico/ […] Cosmopoli [i.e. Amsterdam 1671]. Beide Werke in: Scrittori d'Italia, Erstausg. 1612/13, dt. 1617.

L'Estat de l'Empire en 2 vol.
Gehört zu Boccalini mit Tacitus-Kommentar, zus. mit Leti 1678 in Genf, 1677.
Louis DuMay *–1681*: L'estat de l'empire: divisé en deux Parties, et en douze discours. Montbéliard 1665.

La Sagesse de Charron
Pierre Charron *1541–1603*: De la Sagesse: 3 livres; Suiv. la vraye copie de Bourdeaux […]. Amsterdam 1662.

Recreationi di Guicciardini
Ludovico Guicciardini *1523–1589*: L'Hore Di Recreatione Di M. Lodovico Gvicciardini Patritio Florentino = Les Heures De Recreation De Lovys Gvicciardin, Citoyen Et Gentilhomme Florentin = Erquickstunden H. Ludwigs Guicciardini, Bürgers vnd Edelmanns von Florentz/[et]c […]/Durch Caspar Ens verteutscht. Cölln 1624.

Le Opere di Machiavelli
Niccolò Machiavelli *1469–1527*: Tvtte Le Opere di Nicolo Machiavelli Cittadino & Secretario Fiorentino: Divise già in V Parti, mà adesso per maggior commodità del Lettore, in IV. Volumi ristrette Et di nuovo con somma accuratezza ristampate. [S.l.]. [Genf?] 1550 [i.e. zwischen 1649 u. 1670?].

L'éducation d'un prince
Pierre Nicole *1625–1695*: De L'Education D'Un Prince: Divisée En Trois Parties, dont la dernière contient divers Traittez utiles à tout le monde/[…]. Mons 1671.

Reflexions morales de La Rochefoucaux
François de La Rochefoucauld (Schriftsteller) *1613–1680*; Christoph Kormart *1644–1720*; Charles de Marguetel de Saint-Denis de Saint-Évremond *1610–1703*; […] de Vineuil; […] Cerisay: Memoires De M. D. L. R. [i.e. François de La Rochefoucauld]: Qvi sont les veritables & bien differens de ceux, qvi on esté imprimés en Hollande, soit pour la beauté du style, soit pour l'ordre des choses, & pour la verite de l'histoire/Les imprimés ont esté compilés par Cerisay, pendant qu'il estoit son domestique, & partie de ces pieces, qui sont assez mal cousues ensemble, sont de Mr. de Vineuil, partie de Mr. de St. Evremont, le reste a esté tires des manuscrits de Mr. de L. R. Mais ceux çy sont entierement de luy & les plus parfaits revéus & donnés au public par Christoph Kormart […]. Dresden 1678.

Pädagogische Literatur

L'Escole du Sage
Urbain Chevreau *1613–1701*: L' Escole du sage: Ou Le caractère des vertus, et des vices/[…]. Paris 1659.

La Civilité françoise
Antoine de Courtin *1622–1685*: Novveau Traité De La Civilité Qvi Se Pratiqve En France, Parmi Les Honnestes Gens = Ein Neu Tractätlein von der Höfflichkeit, So in Franckreich Under Verständigen Leuthen im Gebrauch ist = Tractaus Novvs de Civilitate usitata In Gallia, Inter Homines Politos/[…]. Basel 1671.

Le point à l'honneur
Antoine de Courtin *1622–1685*: Suite de la civilité françoise ou Traité du point-d'honneur et des règles pour converser & se conduire sagement avec les incivils & les facheux/[…]. Paris 1676.

Instruction morale d'un père à son fils
Philippe Sylvestre Dufour *1622–1687*: Instruction morale d'un père a son fils, qui part pour un long voyage: ou Maniere aisée de fomer un jeune homme à toutes sortes de Vertus/[…]. Amsterdam 1679.

L'homme Content
Etienne F. de Vernage *1652–1723*: La Vie heureuse ou L'Homme content […] avec les réflexions sur divers sujets de morale/[…]. Paris 1711.

Jurisprudenz

Corpus Juris 2. vol.
Corpus juris civilis in IV. partes distinctum. Eruditissimis DIONYSII GOTHOFREDI notis illustratum. In hac Postrema LUGDUNENSI Editioni Pandectae purissimae sunt: Textus cum optimis Codicibus collatus & infinitis prope mendis purgatus […]. Lugduni 1662.

Justiniani Institutione
Justinian, Kaiser, I. *482–565*; Ulrich Obrecht *1646–1701*; Georg David Locamer *1588–1637*; Johann Rebhan *1604–1689*: Imp. Cœs. Justiniani Institutionum Libri IV./Cum Notis Perpetuis Georgii-Davidis Locameri JC. Et Additionibus Johannis Rebhanii JC. Et Antecessoris Argentinensis. Argentorati 1671.

Instit: Justiniani in läder

Kommentare zu Justinian

Paulij observationes practicae

Justinian, Kaiser, I. *482–565*; Simon van Leeuwen *1625–1682*; Denis Godefroy (Jurist) *1549–1621*; Iulius Paulus; Jacques Cujas; Antonio Anselmo *1589–1668*: Corpus Juris Civilis, Pandectis Ad Florentinum archetypum expressis, Institutionibus, Codice Et Novellis, Addito textu Græco, ut & in Digestis & Codice, Legibus & Constitutionibus Græcis: Cum optimis quibusque Editionibus collatis. Cum notis integris, repetitæ quintum prælectionis Dionysii Gothofredi, Præter Justiniani Edicta, Leonis & Aliorum Imperatorum Novellas Ac Canones Apostolorum, Græcè & Latinè, Feudorum Libros, Leges XII Tabul. & alios ad Jus pertinentes Tractatus, Fastos Consulares, Inicesque Titulorum ac Legum. & quæcunque in ultimis Parisiensi vel Lugdunensi editionibus continentur, Huic editione nov`e accesserunt: Pauli receptæ Sententiæ cum selectis notis J. Cujacii. Et sparsim [...] Antonii Anselmo [...] Observationes singulares, Remissiones, & Notæ, Juris Civilis, Canonici, & Novissimi ac in Praxi recepti differentiam continentes; Denique Lectiones variæ & Notæ selectæ Augustini, Bellonii, Goveani, Cujacii, Duareni, Russardi, Hottomanni, Contii, Roberti, Rævardi, Charondæ, Grotii, Salmasii, & aliorum/Opera & Studio Simonis Van Leeuwen [...]. Amstelodami 1663.

Corpus Juris 2. vol.

Terminologie

Almers Manuale Juris

Sebastian Almers *1599–1659*: Manuale Juris: in qvo Rerum, Verborum, Terminorumqve Juridicorum significationes, differentiæ & ambiguitates, usui cupidæ L. L. Juventutis ex Jure Civili, Canonico, Feudali ac Saxonico, Nec non Ex exqvisitis auctorum Neotericorum Interpretum Commentariis compendiosè & summatim secundùm ordinem Alphabeticum sunt/ concinnatæ & collectæ à Sebastiano Almers [...]. Francofurti; Lipsiæ; Berlinae 1692 (neuere Ausgabe).

Lexicon Juridicum Calvini

Johann Kahl; Denis Godefroy (Jurist) *1549–1621*; Hermann Vultejus *1565–1634*: Lexicon iuridicum iuris caeserei simul, et canonici, feudalis item, civilis, criminalis, theoretici ac practici, et in schola et in foro vsitatarum [...] vocum penus [...]/studio et opera Iohannis Calvini, aliàs Kahl. Genevae 1670.

Sammlungen lokaler Rechtsmittel

Carpzov, Benedict, Criminalia

Johann Jacob von Weingarten *1629–1701*: Der Röm. Kayserl. auch zu Hungarn und Böheim Königl. Majestät Appelations-Raths und Secretarii [...] Johann Jacob von- und zu Weingarten Rittern [...] Buch, Fasciculi Diversorum Jurium: [...] 1: In dessen vier Theilen das im Hertzogthum Ober- und Nieder-Schlesien verschiedener Orten übliche Sachsen-Recht, Benedicti Carpzovii Definitiones Forenses, & Criminalia, Matthiæ Berlichii Conclusiones practicæ compendiosè; wie auch die dißfalls allgemeine Kayserliche, der Cron Boheimb, Marggraffthums Mähren, Ertz-Hertzogthums Nieder- und Ober-Oesterreichs; dann einig andere Rechte, nebst in obbemeldetem Hertzogthum Schlesien befindlichen Landes-Ordnungen, Statuta, Privilegia, Kayserliche und Königliche vor Dero Erb-Länder allergnädigste, tam quod statum publicum Politicum als in Justiz-Wesen ergangene Rescripta, Sanctiones, Pragmaticæ, Præjudicata, Kayserliche Kriegs-Articul, Oesterreichische Land- und Kayser Carls V. Peinliche Halss-Gerichts-Ordnung, wie auch die vor die Soldaten in Rechten ausgesetzte Straffen u. vollständig enthalten und abgehandelt werden; Von allen hohen und niederen Stands-Personen wie auch denen Richtern, Advokaten, Procuratoren, Secretarien, Gerichtschreibern [...] nutzlich zu gebrauchen; Deme zu Ende ein vollständiges doppeltes Register beygefüget [...]. Nürnberg 1690.

Carpzov: Definitiones forenses

Benedict Carpzov *1595–1666*: Jurisprudentia Forensis Romano-Saxonica Secundum Ordinem Constitutionum D. Augusti Electoris Saxon. in Part. IV. divisa [...] Auctore Et Collectore Benedicto Carpzovio, JC. & Consiliario [...]. Lipsiæ 1668.

Carpzov: Ecclesiastica

Jurisprudentia ecclesiastica seu consistorialis rerum et quaestionum in [...]/Benedictus Carpzov. Lipsiae 1673, zuerst 1665 ebda.

Coutumiers

Thesaurus Juris feudalis, civils et Criminalis

Johann Melonius: Thesaurus juris feudalis, civilis, et criminalis, novus: Das ist, Eine neue Gerichtliche und Grundveste Schatz-Cammer, deß Gemeinen Lehen-, Käiserlichen, und Malefitz-Rechtens [...]. Nürnberg 1665.

Oettinger de limitibus

Johannes Oettinger *1577–1633*: Joannis Oetingeri [...] Tractatus De Jure Et Controversiis Limitum, ac Finibus Regundis: Oder Gründlicher Bericht von den Gräntzen und Marcksteinen [...]; In zweyen Büchern beschrieben, Darinnen auch vom Obrigkeitlichen Gewalt [...]. Augspurg 1670.

Praxis Criminalis

Praxis criminalis: oder summarische in Rechten und der Observantz gegründete Anweisung, wie in peinlichen-absonderlich aber Entleibungs-Sachen [...] sich zu verhalten. Altenburg 1672.

Stattsatzungen

Werndle vom Zehnd Rechten

Johann Werndle *1617–1660*: ZehendRecht: Dessen Gründtliche Erklär- und Außführung/auch der Newreüt- vnd Newprüch halber/vollkom[m]enlich hierin zubefinden/ Hiermit wiederumb in Truck gegeben/und an vilen Orten gemehrt. Durch Johann Werndle Tyrolensem, beeder Rechten Doctor/Caesareum Palatinum Comitem [...]. Ynßprugg 1646.

Manuale zum Kirchenrecht

Chorgerichtssatzungen

Reformation und Ordnung de a. 1613 et 1628
Martin Gosky. Apotheca Gardelebiana fundata amplissimi senatus decreto et inspectione; Hiebey die Keyserliche und fürstliche Apotecken Reformation und Ordnung [...]/Martinus Goskius. Helmaestadii 1623. In: Agenda, Das ist: Kirchen Ordnung, Wie es im Fürstenthumb Hessen mit Verkündigung Göttlichen Worts, Reichung der heiligen Sacramenten und andern Christlichen handlungen und Ceremonien gehalten werden soll. Cassel 1657, [erschienen] 1658.

Der Gesandte in Theorie und Praxis

De Bassompierre Ambassade
François de Bassompierre *1579–1646*: Ambassade Du Maréchal De Bassompierre en Suisse l'an 1625 [...]. Cologne 1668.

Mémoires touchants les Ambass. 2 vol.
Abraham van Wicquefort *1598–1682*: Memoires touchant les ambassadeurs et les ministres publics/par Mr. de Wicquefort. Cologne 1679.

Ethik

La Filosofia Morale de Thesauro
Emmanuele Tesauro *1591–1675*: La filosofia morale derivata dall'alto fonte del grande Aristotele Stagirita/da Emanvele Tesavro. Torino 1670.

Praktische Theologie und Streitschriften

Les inspirations d'Angleterre *(franz. Ausgabe?)*
Thomas Ellwood *1639–1713*: Christianity no enthusiasm, or The several Kinds of inspirations and revelations pretended to by the quakers, tried and found destructive to holy scripture and true religion [...]. London 1678.

Religion des Hollandois
Giovanni Battista Stoppa *1623–1701*: La Religion des Hollandois, representée en plusieurs lettres écrites par un officier de l'armée du Roy [d.i. Giovanni Battista Stoppa], à un pasteur & professeur en theologie de Berne. Cologne 1673.

Summa Theologia Elenctica

Wendelini Theologica Christianae
Marcus Friedrich Wendelin *1584–1652*: Compendium Theologiae Christianae: In Usum & Gratiam Tironum [...] Praeceptis Methodicis comprehensum, Commentariis brevibus explicatum [...]/Hanoviae 1646.

Wolleb Compend. Theologiae
Johannes Wolleb *1586–1629*: Compendium theologiae christianae/[...]. Amstelodami 1642.

Bibel und Psalmen

Biblia teütsch mit figuren
Ein grose Teutsche Bibel
Teutsch Bibel in 8° verzieret mit Silb. Schlößlin
Le nouveau testament
Biblia Latina
Psalmen [...]
Noch eins durchaus mit Noten
Ein 4 stimmig Psalembuch in Chagrin Einbund und mit Silber
L[...] pericalius oder Liederbuch

Protestantische Martyriologie

Das grosse Marterbuch
Jean Crespin *1520–1572*: Das Grosse Martyr-Buch und Kirchen-Historien: Worinnen herrliche und in Gottes Wort gegründete Glaubens-Bekäntnissen [...] sampt andern denckwürdigen Reden und Thaten vieler heiligen Märtyrer beschrieben werden [...]; Welche nach den Zeiten der Aposteln, biß auff das Jahr 1572 [...] gemartert, [...] worden/[Jean Crespin]. Anfänglich in Frantzösischer Sprache beschrieben, hernacher [...] treulich übergesetzet und in Teutsche Spraache gebracht/Durch Paulum Crocium [...] Anitzo aber biß auf das 1656ste Jahr continuiret [...] Samt zweyen Registern [...] Auf vielfältiges Begehren und Nachfragen/aufs neue übersehen und an einigen Orthen verbessert. Bremen 1682.

Exempelbücher

Uebung des Christenthums
Thomas Taylor *1576–1632*: Ubung deß Christenthums oder gantze Pflicht eines Menschen gegen Gott, gegen sich selbst, und gegen seinen Nächsten: Anfengl. in engl. Spr. beschr., nun aber in die Teutsche übers. Bern 1664.

Theologisches Exempelbuch
Caspar Titius *1570–1648*: Loci theologici historici, oder theologisches Exempel-Buch: darinnen aus alten und neuen Scribenten sonderlichen reinen u. christl. Kirchenlehrern unter den gewöhnlichen locis theologicis zu finden [...] in solche richtige Ordnung gebracht/durch Casparum Titium. Wittenberg 1633.

Rhetorik

Beckeri Orator extemporaneus
Georg Beckher *1650*: Orator extemporaneus, sive artis oratoriae breviarium bipartitum/Olim à Georgio Beckhero, Elbingensi editum nuper verò Michaeli Radau, S. J. Vindicatum. Nunc denuò singulari studio auctius et emendatius, cum indice locupletissimo editum. Accessunt M. Z. Boxhorni Ideae orationum [...]. Lipsiae 1664.

Boxhornij Idea orationum et Arndi Artificium oratorium
Marcus Zuerius Boxhorn *1612–1653*: M. Z. Boxhorni Orationum Ideae Selectori materia moderni status Politici desumptae. Lipsiae 1665.

Clossij partitiones Oratoria

Genialia Apophthegmatum
Genialia apophthegmatum rerumque memorabilium: Das ist: Scharffsinnige Reden und denckwürdige Sachen zur Gemüths Ergetzung; In 400 Sätzen, nach ordnung deß Alphabets, aus unterschiedenen beygefügten Autoribus zusammen getragen […]. Lübeck; Ratzeburg auffm Dohm 1666.

Kirchmajerij Synopsis Oratoria
Georg Caspar Kirchmaier *1635–1700*: Georg. Casp. Kirchmajeri, Eloqv. Prof. Publ[…]. Medulla & Synopsis Oratoria: Fundamenta Eloquendi Perspicuâ, elegantiq[ue] ac succincta methodo exhibens. Ego verò omnem eloqventiam, omnesq[ue] ejus partes sacras & venerabiles puco […] ceteris aliarum artium studiis credo. Wittebergae 1666.

Florilegium Magiri
Tobias Magirus *1586–1652*: Polymnemon: Sev Florilegivm Locorvm Commvnivm; Ordine nouo, exactiori, & ad vsum accommodatiori animatum […]/Ex Scriptorvm Probatissimorvm […] monumentis confertum […] Cura & opera Tobiæ Magiri. Francofvrti 1629.

Palaestra oratoria
Jacob Masen *1606–1681*: Palaestra oratoria: Praeceptis et exemplis veterum lectissimis instructa, et nova methodo in progymnasmata eloquentiae atque exercitationes rhetorum proprias, at lectionem simul & [et] imitationem distributa; cum resolutione, et artificio Tullianarum Trationum adjuncto/ autore Jacobo Masenio. Coloniae Agrippinae 1659, illustrata. Halae Saxoniae 1666.

Radau, Orator Extempora
Michael Radau *1617–1687*: Orator Extemporaneus, Sive Artis Oratoriae Breviarium Bipartitum: Nunc denuò […] auctius & emendatius, cum indice locupletissimo editum/ Olim à Georgio Beckhero […] editum, nuper verò M. R., […] Vindicatum. Lipsiae 1661.

Idea Rhetorica et Exercitia Oratoria Thilonij
Valentin Thilo *1607–1662*: Valentini Thilonis eloq. profess. publici, Exercitia oratoria: tribus sectionibus comprehensa. Regiomonti 1645.

Thilonis Topologia Oratoria et Curtius orator
Valentin Thilo *1607–1662*: Val. Thilonis Topologia Oratoria: Seu Praxis Locorum Dialecticorum, In Oratoriis, Brevibus Praeceptis exposita, Classicis Exemplis confirmata, Distinctis Ideis seu Thematum Dispositionibus. Halae Saxoniae 1666.

Timpii Dormi secure
Matthäus Tympe: Dormi Secure: Vel Cynosura Professorum Ac Studiosorum Eloquentiae in qua Centum Et Viginti Themata Oratoria […] explicantur. Coloniae Agrippinae 1650.

Sentenzen-Auswahl

De Laudemijs frantz […] Tractat
Georg Frantzke *1594–1659*: Tractatvs Novus Et Plenus De Lavdemiis, Materia Vtili Et Qvottidiana Antehac Nullibi Ordinate Tradita […]/Avctore B. Georgio Frantzkio […]. Jenae; Helmstadii 1664.

Eutrapelia philolo. Histor: D […]
Samuel Gerlach: Eutrapeliarum Philologico-Historico-Ethico-Politico-Theologicarum Libri III. Das ist: Drey Tausend schöner […] Historien Oder Geschicht und Reden/ Männlichen […] sowol in der reinen Deutschen/als auch mit Vbersetzen in der Lateinischen Sprach auß unterschiedenen Büchern und eigener Anmerckung mit Fleiß zusammen gelesen und heraußgegeben […]. Durch M. S. G. Leipzig 1662.

Polyanthea
Domenico Nani Mirabelli; Bartholomaeus Amantius; Franciscus Tortius; Joseph Lang *1570–1615*: Polyanthea Nova, Hoc Est, Opus Suavissimis Floribus Celebriorum Sententiarum Tam Græcarum Quam Latinarum refertum: Quod ex innumeris fere cum factis tum profanis autoribus […] summa fide olim collegere […]/Dominicus Nanus Mirabellius, Bartholomæus Amantius, & Franciscus Tortius […] studio & opera Josephi Langii […]. Francofurti 1607.

Schielens Bibliotheca Enucleata
Johann Georg Schiele: Bibliotheca enucleata, Seu Artifodina artium ac scientiarum omnium: Exhibens apographa, elenchos, et pericopas in jurisprudentia, physica […] nec non in sacris ac prophanis historiis passim occurentes, et in alphabeti seriem, lexici instar, digestas […]/à Johanne Georgio Schielen. Viennae Austriae 1679.

Apophtegmata Zincgref
Julius Wilhelm Zincgref *1591–1635*; Johann Leonhard Weidner *1588–1655*: Teutsche Apophtegmata, das ist Der Teutschen scharffsinnige kluge Sprüche: […] auß allerhand Schrifften […]/Zusammen getragen durch Iulium Wilhelm Zinkgräfen der Rechten Doktoren […] vermehret Durch Iohan. Leonhard Weidnern. Amsterdam 1653–1655.

Antike Literatur

Fables d'Esope en françois et latin
Aesopus: Les Fables et la vie d'Esope Phrygien, Latin et François, chacune version correspondante l'un à l'autre; Enrich. de leurs portraits et fig. […]/Ésope Phrygien. Paris 1579.

Ciceronis Opera
Marcus Tullius Cicero *106 v. Chr.–43 v. Chr.*: M. Tullii Ciceronis Opera omnia, in sectiones, apparatui Latinae locutionis respondentes, distincta. Praeter hactenus vulgatam Dion. Lambini editionem, acc. D. Gothofredi notae: […] Index generalis brevitate […]. Genevae 1660.

Ciceronis Epistola
  Epistolarum ad familiares Libri XVI./[…]. Amstelodami 1649.
De Officis
  De officis libri 3. Brunsvigae 1849 (neuere Ausgabe).
Horace en 2 vol.
  Quintus Horatius Flaccus *65 v. Chr.–8 v. Chr.*: Les Oeuvres. T. 1–2. Michel de Marolles *1600–1681* [Übers.]. Paris 1678.

Neuere Literatur

Fables héroiques
  Audin Fables héroiques, comprenantes les véritables maximes de la politique et de la morale. Représentées par plusieurs fig. Ensemble les moralitez, discours et histoires sur chaque fable, adjoustées en la 2. éd., corr. et augm./Audin. Paris. O. J.
Il pastor fido in rotem Saphian mit Schlösslein in 16°
  Battista Guarini *1538–1612*; Christian Hofmann von Hofmannswaldau *1619–1679*; Nicolaus Adam Strungk *1640–1700*: Il Pastor Fido Oder Der getreue Schäfer Aus dem Italiänischen deß Ritters B. Guarini durch einen berühmten Schlesischen Poeten verteutscht/Zu sonderbahren hohen Ehren Denen Durchleuchtigsten Fürstinnen und Frauen/Frauen Louisen, Verwittibter Hertzogin in Schlesien/[…] Wie auch Frauen Charlotten, Hertzoginnen zu Schleßwig/Holstein/[…] Bey Dero Hochfürstl. Durchl. jetzigem Anwesen zu Wolffenbüttel Auf gnädigsten Befehl Der Hochfürstlichen Herrschaft öffentlich vorgestellet/[erm. Übers.: Christian Hofmann von Hofmannswaldau. Mutmaßl. Komp.: Nikolaus Adam Strunck]. Wolfenbüttel [1678].
Fables en vers par Lafontaine
  Jean de La Fontaine *1621–1695*: Fables choisies, mises en vers/[…]. Paris 1668.
Il Goffredo del Torquato Tasso
  Torquato Tasso *1544–1595*: Il Goffredo, overo La Gierusalemme liberata: Poema heroico/T. T. Horatio Ariosti *1555–1593* [Hrsg.]. Parigi 1678.
Philipp von Zesens Hohelied Salomonis
  Philipp von Zesen *1619–1689*; Johann Ulrich Sultzberger *1638–1701*: Salomons dess ebreischen Königs geistliche Wohl-Lust, oder, Hohes Lied/in Palmen- oder Dattel-Reimen, mit bey-gefügten newen, von fürtriffliche Johann Schoppen gesetzten Sang-Weisen, auch kurtzen Erklärungen […] durch Filip von Zesen; jetzunder […] noch mit einer Stimme vervolkommet und mit vielen Melodeyen vermehret von Johann Ulrich Sultzbergern. Bern 1674.

Emblematik

Mollerj Allegoria
  Johann Möller *1611–1651*: Continuatio allegoriarum profano-sacrarum: das ist, Andere, den vorigen noch mehr zugesetzte geistliche Deutungen allerhand weltlicher auserlesener Historien, welche auff geistliche Theologische Materien in geistlichem Verstande […] gedeutet werden: Nicht allein in Predigten wol zu gebrauchen, sondern auch von allen frommen Christgläubigen Leuten nützlich zu lesen/Verfertiget […] durch Johannem Mollerum […]. Leipzig 1671.
Mondo Simbolico
  Filippo Picinelli *1604–1667*: Mondo simbolico formato d'imprese scelte, spiegate, ed'illustrate […]/Filippo Picinelli. Venetia 1678.

Universal-Lexikon

Lexicon Hofmannj. 2 vol.
  Johann Jakob Hofmann *1635–1706*: Lexicon Universale Historico-Geographico-Chronologico-Poetico-Philologicum […]/Opera Et Studio Ioh. Iacobi Hofmanni, Gr. Ling. in Acad. Basil. Profess. Publ. Basileæ 1677.

Geographie

La Géographie des 4 parties du monde de Saryon(?) en 4 vol.
Geographia Cluverij
  Philipp Clüver *1580–1622*: Philippi Cluverii Introductio In Universam Geographiam tam Veterem, quam Novam, Multis locis emendata, […] Et XLII. Tabulis Geographicis aucta/Studio et operâ Johannis Bunonis, […]. Brunsvigae 1672.

Geschichte

Officina Historica del Astiolfi
  Giovanni Felice Astolfi: Della officina historica Di Gio: Felice Astolfi. Libri quattro. Nella quale si spiegano Essempi notabilissimi, Antichi, [et] Moderni, à Virtu [et] à Diffetto pertinenti […] Aggiuntevi nel fine le Notitie del Mondo di Lucio Ampelio […]. Venetia 1659.
Cluverij Epitome Histor.
  Johannes Clüver *1593–1633*: Johannis Cluveri Historiarum Totius Mundi Epitome: A prima rerum Origine usque ad annum Christi MDCXXX, […]; Accessit per ipsum Authorem continuatio Historiae ad annum MDCXXXIII; nunc aucta usque ad conclusionem pacis inter Anglos & Batavos initæ, anno MDCLXVII. Amstelodami 1668.
Etat des pays bas
  1679 Respublica Hollandiae et urbes. Lugd. Bat. 1630, Erstausgabe, enthält Hugo Grotius: De antiquitate Reipublicae Batavicae und Paul Merula: De statu Reipublicae Batavicae diatriba, wie Boxhorn etc. Pieter Schrijver *1576–1660*: Histoire des contes d'Hollande et estat et gouvernement des Provinces Unies du Pays Bas/[…]. La Haye 1664.
Histoire des Juifs, en 5 tomes
  Flavius Josephus *37/38–100*: Histoire de la guerre des Juifs contre les Romains. Response A Appion. Martyre Des Machabées/Par Flavius Joseph, Et sa Vie écrite par luy-mesme. Avec ce que Philon Juif A Escrit de son Ambassade vers l'Empereur Caïus Caligula. Traduit Du Grec Par Monsieur Arnauld D'Andilly. Bruxelles 1676.

Compendi Historici del Conte Loschi
 Alfonso Loschi: Compendi historici sino […]/P. 1 et 2/Comentari di Roma e serie degl'imperatori sino a Leopoldo Ignatio. Vicenza 1668.
Mezeray: Abrégé Chronologique de France, 6 vol.
 François Eudes de Mézeray *1610–1683*: Abrégé chronologique ou extraict de l'histoire de France/par le Sr de M. Paris 1676.
Remarques sur l'Estat des provinces Unies des pays bas
 William Temple (Politiker) *1628–1699*: Remarques sur l'Estat des Provinces Unies des Païs-bas: Faites en l'an 1672/par […] le chevalier Temple […]. La Haye 1674, zuerst engl. 1672.

Etat présent d'Allemagne
Le politique du tems

Biographien

L'Histoire du Cardinal de Richelieu 2 vol.
 Antoine Aubery *1616–1695*: L'Histoire Du Cardinal-Duc De Richelieu/Par le Sieur A. Cologne 1666.
Via di Sixto quinto 2 vol.
 Gregorio Leti *1630–1701*: Vita di Sisto V. Pontefice Romano/ Scritta dal Geltio Rogeri, all' instanza di Gregorio Leti. Losanna 1669.
Vita di Philippo 2°
 Gregorio Leti: Vita del Catolico rè Filippo II. Monarca delle Spagne. Scritta da Gregorio Leti. Coligni 1679.
Les Roys de France en figures:
 Michel de Marolles *1600–1681*: Histoire des roys de France […] depuis l'origine de cette monarchie jusques à présent/ par Michel de Marolles. Paris 1678, verschiedentlich aufgelegt.
Histoire de Henry le Grand
 Hardouin de Beaumont de Péréfixe *1605–1670*: Histoire Du Roy Henry Le Grand/Composée Par Messire H. De P. Amsterdam 1678.

Vita del d[…]a Valentino 2 vol.

Memoiren

Memoire pour L'Histoire du Card. de Rich. 5 vol.
 Antoine Aubery *1616–1695*: Mémoires Pour L'Histoire Du Cardinal Duc De Richelieu/Recueillis par le sieur A. Cologne 1667.
Journal du Card. de Richelieu
 Armand Jean DuPlessis de Richelieu *1585–1642*: Journal de monsieur le cardinal duc de Richelieu, qu'il a fait durant le grand orage de la Cour: tiré des mémoires écrits de sa main; avec diverses autres pieces remarquables, concernant les affaires arrivées de son temps […] Partie 1+2. Lyon 1666.

Wörterbücher und Grammatiken

Calepini Dictionarium
 Ambrogio Calepino *1435–1511*: Dictionarium (octolingue), quanta maxima fide ac diligentia accurate emendatum […]/Ambrosius Calepinus; Joannes Ludovicus de LaCerda *1560–1643*; [Hrsg.]; Joannes Passeratius *1534–1602* [Mitarb.]. Lugduni 1656.
Grammaire françois de Chiflet
 Laurent Chiflet *1598–1658*: Nouvelle et parfaite Grammaire françoise […]. Paris 1677.
Dictionnaire Allemand, françois et Latin, Dictionnaire françois et italien
 Nathanaël Duëz *1640–1675*: Dictionnaire italien & françois. Leide 1660.

Orvenus Latein teutsch

Dictionnaire françois de Richelet
 Pierre Richelet *1631–1698*: Dictionnaire françois: contenant les mots et les choses: plusieurs nouvelles remarques sur la langue françois; ses expreßions propres, figurées [et] burlesques, la prononciation des mots les plus difficiles, le genre des noms, le regime des verbes; avec les termes les plus connus des arts [et] de sciences; le tout tiré de l'usage et des bons auteurs de la langue françoise/par P. Richelet. Genève 1679–1680.

Deutsche Sprache

Harsdörffers Secretarius in 2 vol.
 Georg Philipp Harsdörffer *1607–1658*: Der Teutsche Secretarius: Das ist: Allen Cantzleyen, Studir- und Schreibstuben nützliches, fast nohtwendiges […] Titular- u. Formularbuch: […]/Von etlichen Liebhabern der teutschen Sprache. Nuernberg 1674.
Schottelii Ethica oder Sittenkunst
 Justus Georg Schottel *1612–1672*: Ethica: Die Sittenkunst oder Wollebenskunst/; In Teutscher Sprache vernemlich beschrieben in dreyen Büchern; Worin zugleich auf alle Capittel lateinische Summaria, auch sonst durch und durch die Definitiones lateinisch beygefügt werden/[…]. Wolfenbüttel 1669.
Stieler: Teutsche Sekretariatskunst in 3 Theilen
 Kaspar von Stieler *1632–1707*: Teutsche Sekretariat-Kunst: Was sie sey/worvon sie handele/was darzu gehöre/welcher Gestalt zu derselben glück- und gründlich zugelangen/was Maßen ein Sekretarius beschaffen seyn solle […]/Alles mit grundrichtigen Sätzen zuverläßigen Anweisungen und reinen teutschen Mustern/nach heutigem durchgehendem Gebrauch/ Entworffen/und […] heraus gegeben von dem Spahten […]. Nürnberg; Weimar; Jehna 1673–1674.

Ökonomische, medizinische und pharmazeutische Ratgeber

Coleri Haus Buch
Johannes Colerus *1566–1639*: Oeconomia ruralis et domestica: Darin[n] das gantz Ampt aller trewer Hausz-Vätter und Hausz-Mütter beständiges und allgemeines Hauß-Buch, vom Haußhalten, Wein-Acker-Gärten-Blumen- und Feld-Bau, begriffen, auch Wild- und Vögelfang, Weidwerck, Fischereyen, Viehezucht, Holtzfällung, und sonsten [...]; Sam[m]t beygefügter einer experimentalischer Hauß-Apotheken und kurtzer Wundartzney-Kunst, wie dann auch eines Calendarii perpetui [...]/Hiebevor von M. Joanne Colero beschrieben, Jetzo aber, auff ein Neues [...] corrigirt, vermehret und verbessert, in zwey Theil abgetheilet und mit [...] Kupfferstücken gezieret [...]. Franckfurt am Mayn 1680.

Le Medecin charitable

Le Medecin des pauvres
Paul Dubé: Le Médecin des pauvres, qui enseigne le moyen de guérir les maladies par les remèdes faciles [...]. Lyon 1693.

Arzney büechlein der Reisenden
Eberhard Rudolph Roth *1646–1715*: Der Räisende Samariter. Oder Kurtzes Artzney-Büchlein/Von Guten und offtbewehrten Artzney-Mitteln/deren die Räisende im Nothfall und Mangel eines Medici sich sicher bedienen können. Ulm 1680.

Verzascha Kräuterbuch
Haus Apotheke
La Pharmacie de Charnas

Aktuelle Politik in Frankreich

De Bassompierre Memoires
Mémoires du Maréchal de Bassompierre: contenant l'histoire de sa vie et de ce qui s'est fait de plus remarquable à la cour de France pendant quelques années/[...]. Cologne 1666.

La France politique
La France politique ou ses desseins executez et à executer sur le plan des passez; projettez en pleine paix contre l'Espagne au Pays-bas et ailleurs. Charle-Ville 1671.

Tractées de paix entre l'Espagne et la France
Traicte De Paix Entre Les Covronnes D'Espagne Et De France: Conclu, arresté & signé dans la Ville Imperiale d'Aix la Chapelle le 2. jour du mois de May de la presente année 1668. [...] = Friedens-Tractaten/So zwischen den Cronen Spanien und Franckreich [...] in [...] Aachen den 2. Monatstag May dieses 1668. Jahrs [...] besiegelt worden. Frankfurt a. M. 1668.

Traitté de la politique de France
Paul Hay DuChastelet *1620–?*: Traitté de la politique de France/par Monsieur P. H. Marquis de Chastelet. Utrecht 1670.

Verwirrt Europa 2. Theil
Des Königs In Franckreich Louis XIV. Parole, Worinnen Die vornehmsten Staats Intriguen und Affairen, welche Franckreich etliche Jahr hero, sonderlich nach dem Niemägischen Frieden und XX. Jährigen Armistitio, in Europa gespielet, Krieg und Frieden unter einander verwirret, [...] hingegen das Röm. Reich in einen neuen Krieg verwickelt und verwüstet hat [...]: Mit verschiedenen Anmerckungen [...]. Cölln 1689.

Italien/Gesandtschaftsberichte

L'Ambasciata di Romolo à Romanj
L'Ambasciata di Romolo a Romani: Nella quale vi sono annessi tutti trattati, negotiati, satire [...], et altre scritture sopra gli interessi di Roma, durante la sede-vacante; cominciando da giorno della morte di Clemente Nono, sino al giorno della creatione di Clemente Decimo; con la vita, processo, e sentenza di Francesco Borri, Milanese/[...]. Colonia [i.e. Ginevra 1676].

La Historia di Guicciardini
Francesco Guicciardini *1483–1540*: La Historia d'Italia [...], div. in 20 libri/[...]. Venetia 1640.

Li Tesori della Corte di Roma
Gregorio Leti *1630–1701*: Li Tesori Della Corte Romana In Varie Relationi fatte in Pregadi d'alcuni Ambasciatori Veneti [...]. Bruselles 1672.

Itinerario della Corte di Roma 3 vol.
Gregorio Leti: Itinerario della Corte di Roma: o vero Teatro historico, cronologico, e politico della Sede Apostolica, Dataria e Cancellaria Romana/[...]. Bisanzone 1674–1675.

Il vaticano languento 3 vol.
Gregorio Leti: Il Vaticano languente: Dopo la morte di Clemente X.; con i Remedii preparati da Pasquino e Marsorio per guarirlo/[...]. [Geneva?] 1677.

Livello politici en 4 vol.
Gregorio Leti: Il Livello politico ò sia la giusta bilancia, nella quale si pesano tutte le maßime di Roma, et attioni de'cardinali viventi./[...]. Cartellana [i.e. Genf] 1678.

L'Italia Regnante en 4 vol.
Gregorio Leti: L'Italia regnante ò vero nova descritione dello Stato presente di tutti Prencipali, e Republiche d'Italia [...]. Geneva 1675.

Li Segretti dell Corte Romana 3 vol.

Reiseberichte

Tavernier, Relations
Jean Baptiste Tavernier *1605–1689*: Recueil de plusieurs relations et traitez singuliers et curieux; Qui n'ont point esté mis dans ses six premiers voyages. [...]/Chevalier T. o. O. 1679.

Unterhaltungsliteratur

Du mercure galant depuis le commencement 50 vol.
Le mercure galant. Paris 1672–1714.

Oeuvres diverses avec le Traitté du Sublimes
Il passatempo politico Historico

Annelies Hüssy

Beat Fischer – Ökonomie, Politik und barocke Lebensart

Persönlichkeit

Nur aus wenigen Selbstzeugnissen schöpfend, umso mehr fussend auf belegter Tätigkeit, kann das Wesen Beat Fischers weiter umrissen und das Bild seiner Persönlichkeit ausgemalt werden. Sein Tatendrang umfasste vieles. Die Stichworte lauten: Politik, Soziales, Unternehmen, Verwaltung, Kultur, Kunst, Herrschaft und Lebensgenuss. Wo er anpackt, findet er mit scharfem Verstand sowohl die Schwächen wie oft auch die notwendige Abhilfe. Er hält sich in der Regel nie lange mit Analysen auf, er schreitet zur Tat, die Reform und Innovation heissen wird.

Die äusseren Stationen seines rastlosen Lebens und Wirkens sind bekannt, sie mögen hier deshalb nur kurz gestreift werden: 1673, im Alter von bereits 32 Jahren, erfolgte die Wahl in den Grossen Rat. Ein Jahr später erlangte er, nachdem er sich bereits 1671 die Sporen als stellvertretender Seckelschreibers verdient hatte, die einträgliche Stelle des Deutschseckelschreibers, ein vorerst reines Verwaltungsamt. Im Jahre 1680 übernahm er für die gültige Amtsdauer von sechs Jahren die blühende und in der ersten Klasse eingereihte Landvogtei Wangen. Doch danach scheint die politische Laufbahn ins Stocken geraten zu sein, denn erst 15 Jahre später, kurz vor seinem Tod, wurde er 1695 in den Kleinen oder Täglichen Rat gewählt. Für viele seiner Standes- und Zeitgenossen bedeutete die Ämterlaufbahn die Erfüllung des aktiven Lebens. Für Fischer mag die Wahl in den Kleinen Rat eine späte Krönung gewesen sein, wie sehr er sie tatsächlich angestrebt hat, bleibt indessen dunkel. Sein Wirken im Grossen Rat verrät wenig. Die Ziele lagen möglicherweise anderswo. Die verschiedenen Unternehmungen ausserhalb weisen eher die Spur:

Bereits 1666 erwarb er seine erste Konzession. Gemeinsam mit Mitstreitern erlangte er die Bewilligung zur Errichtung eines Ballenhauses, eines *Jeu de Paume*, ganz nach französischem Vorbild geplant.[1] Da zeigte sich zum ersten Mal im Keim das tatkräftige Talent des jungen Berners.

Knappe zehn Jahre später, 1675 – ein Jahr, das für ihn besonders bedeutsam werden sollte, begründete er doch in diesem Jahr mit seiner Initiative die erfolgreiche Geschichte des Berner Postunternehmens –, übernahm er für zehn Jahre das Waisenhaus in Pacht. Ein Projekt, das ihm die Möglichkeit eröffnen sollte, unternehmerischen Geist und soziale Verantwortung im Sinne obrigkeitlicher Staatsmaxime zu verbinden.[2] Desgleichen zeigte er Einsicht in die Notwendigkeit der Errichtung obrigkeitlicher Kornhäuser. Fischer propagierte diese Einrichtung zur Führung einer staatlich gelenkten Getreidepreis-

---

[1] BBB FA von Wattenwyl A 54 (6): Abschriften der Konzessionen; StAB A I 414: Spruchbuch des Unteren Gewölbs, Bd. WW, S. 345 ff. Vgl. dazu: Ein bernisches Sportreglement aus dem Jahre 1679, in: Berner Zeitschrift für Geschichte und Heimatkunde, 1942, S. 109 f.

[2] Feller 1974 III, S. 138.

politik im Dienste landesväterlicher Vorsorge und damit einer Befriedung der Untertanen im Lande draussen in einer Zeit grosser sozialer Unrast. Seine vertiefte Einsicht in die Mechanismen gewann er als Landvogt zu Wangen. Die Dinge liess er nicht laufen, wie sie eben liefen, er fragte kritisch nach, um anschliessend neue, innovative Vorschläge nicht nur zu präsentieren, sondern, wo immer er die Möglichkeit erhielt, sie auch in die Tat umzusetzen. Mitunter musste es beim Versuch bleiben. Nicht alle seine Projekte sollten gelingen. Scheitern musste er zu seiner Zeit zwangsläufig am Zaudern der Obrigkeit, wenn es um nachhaltige Eingriffe ins Herkommen ging. Die sozial verträgliche Kornpolitik Berns im Sinne kluger Vorsorge und vorsichtiger, der Spekulation entzogener Preisgestaltung sollte jedoch im kommenden 18. Jahrhundert ihre physische Krönung im Bau des grossen Kornhauses der Hauptstadt erhalten.

Schlag auf Schlag sollte es in diesen Jahren um 1675 gehen, so schien es wenigstens. Am 4. Dezember 1678 übernahm Fischer ein weiteres Projekt, schloss er doch an jenem Tag den Pachtvertrag für die Münzstätte und damit die Münzprägung für Bern. Allein, der Erfolg blieb aus, und der Vertrag mit der Obrigkeit wurde bereits drei Jahre später unter Verabfolgung einer Entschädigung an Beat Fischer in der Höhe von 8000 Pfund für die vorgenommenen Verbesserungen an der Einrichtung wieder gekündigt.[3] Gesandtschaften im Auftrage Berns, das Einziehen der venezianischen Pensionsgelder aus der gemeinsam mit dem Stand Zürich geschlossenen Militärkapitulation mit der Serenissima, der Erwerb des Adelstitels und der Twingherrschaft und einiges mehr gesellen sich dazu.

Auch der unternehmerischen Wirkungskreise waren viele: Tuchherstellung und Seidenfabrikation, die Seidenstoffe waren attraktiv geworden bei der prachtliebenden Gesellschaft; Pintenschenken fürs Landvolk und für sein Postunternehmen; eine Bierbrauerei und eine Ziegelei; nicht zuletzt Spiel und Sport. Und daneben und vor allem anderen war er der erfolgreiche Postunternehmer, aber ebenso der fürsorgliche Hausvater, der auch selber gerne dem Luxus frönte: Dies bezeugt der Einkauf von Seidentuchen für die elegante Garderobe; von kostbaren Uhren, deren er zahlreiche besessen haben muss; von Parfümeriewaren und so vielem anderen mehr, importiert für den ganz privaten Gebrauch. Er wusste gleichermassen Kunst und Literatur zu geniessen – die Büchersendungen von seinen «Hoflieferanten» in Genf und Lyon wurden, ebenso wie alles andere, akkurat in einem persönlichen

3 Vgl. von Fischer 1884, S. 365 ff.

Haushaltsbuch verzeichnet –, und seinen Kindern liess er sorgfältigen Unterricht durch gut bezahlte Hauslehrer angedeihen. Und noch einmal Richard Feller: «Sein fruchtbarer Fleiss wurde Bern unentbehrlich. Er hätte am liebsten die verquollenen Fenster aufgerissen und die Republik ausgelüftet. Seinem Weitblick entgingen nicht die Blüte der französischen Literatur, die verheissungsvollen naturwissenschaftlichen Entdeckungen in Holland und England und der erstraffende Einfluss der Staatsraison auf die Nachbarstaaten.»[4]

---

[4] Feller 1974 III, S. 138.

Ökonomische Tätigkeitsfelder

Das Ballenhaus

Die Idee mag dem jungen Beat Fischer irgendwann ums Jahr 1665 gekommen sein. Die ersten Spuren verlieren sich. Ins Licht der Quellen tritt das Projekt im Februar 1666. Am 3. dieses Monats erteilten Schultheiss und Räte der Stadt Bern ihrem lieben getreuen Burger Beat Fischer, dem Jüngeren, mit Zustimmung von dessen Vater, die Konzession zur Errichtung eines Ballenhauses. Das neu zu errichtende Gebäude sollte im väterlichen Garten an der Neuengasse in Bern zu stehen kommen. Als Muster hatte der junge Beat Fischer, weltläufig und nicht ganz unbescheiden, dem Rat von Bern das Modell des *Jeu de Paume* in Paris vorgestellt.[5] Dieser verschloss sich dem Ansinnen keineswegs und bewilligte nach gehabtem Augenschein vor Ort den Bau eines solchen Ballenhauses. Er hielt zur Begründung fest, dass dies «eine ehrliche Leibsübung ist, welche beinebens auch zur Agilität des Leibs und derselben Gesunderhaltung nit undienstlich» wäre, Kosten dürften der Stadt jedoch keine daraus erwachsen, vielmehr sollte «selbiges auch in seinen Costen und Verlegung ohne unsere entgeltnuss und Zuthun beschehen und diss Exercitium hernacher anders nit, als denen nach beschriebenen Regule und Ordnungen nach gestattet und zugelassen werden»[6]. Gleichentags erliess der Rat auch die gehörige Ordnung zum Betrieb des Ballenhauses: «Ordnung und Regull nach welcher das Exercitium im Ballenhaus angestellt werden soll.»[7] Das mehrere Seiten starke Reglement verbot nicht nur das Spielen an Sonn- und Feiertagen und während der Predigt, es untersagte der studierenden Jugend gar gänzlich den Besuch. Ein Ballenmeister hatte über den ordnungsgemässen Betrieb zu wachen, Speis und Trank durften nicht gereicht werden. Noch weniger durfte der Ballenmeister Essen und Trinken oder die zum Spiel nötigen Ballen gegen Kredit an die Spieler ausgeben. Er war ferner gehalten, «bey ablegender Glübd» für Ruhe und Ordnung besorgt zu sein, die Benutzung des Platzes für die Spieler zu regeln, wobei höchstens zwei Parteien zu einem Spiel zugelassen waren, Gezänk und Unwesen zu ahnden und die unbotmässigen Spieler nach Kräften vom Platz zu weisen. Der Ballenmeister sollte auch mit einem «Marqueur, Raqueten und Ballen, wie auch weissem und sauberem geräht wohl versehen sein».[8] Ballenmeister und Marqueur waren für ihre Dienste zu entschädigen, der Erstere musste die Ballen den Spielern zu einer festgesetzten Gebühr verkaufen («nicht höher [...] als ein dotzend Ballotier ballen umb drey batzen»), der Marqueur hatte Anrecht

[5] Zum Jeu de Paume allgemein s. die Zeitschrift Homo ludens. Vgl. auch den Aufsatz von Georges Herzog in diesem Band.

[6] StAB A I 414: Spruchbuch des Unteren Gewölbs, Bd. WW S. 293 ff.; BBB FA von Wattenwyl A 54 (6).

[7] StAB A I 414: Spruchbuch des Unteren Gewölbs, Bd. WW, S. 293 ff.; BBB FA von Wattenwyl A 54 (6). Vgl. dazu: Ein bernisches Sportreglement aus dem Jahre 1679, in: Berner Zeitschrift für Geschichte und Heimatkunde, 1942, S. 109 f.

[8] StAB A I 414: Spruchbuch des Unteren Gewölbs, Bd. WW, S. 293 ff. und 345 ff.; BBB FA von Wattenwyl A 54 (6).

auf die Entschädigung seiner Arbeit: Von jeder Partei durfte er einen halben Batzen für vier Spiele nehmen, bei sechs Spielen erhielt er von jeder Seite drei Kreuzer. Den Spielenden war es freigestellt, für das Frottieren und Abtrocknen, nach «Liberalitet und Discretion», einen Obolus zu entrichten.

Das Spiel, wohl eine frühe Form des Tennis, als Einzel und im Doppel zu spielen, mag im Garten der Neuengasse gar nie aufgenommen worden sein. Genaueres erfährt man erst gute zwölf Jahre später, als Beat Fischer erneut um die Konzession nachsuchte, nun als Deutschseckelschreiber und mit erweitertem Ansinnen. Nicht nur wollte er eine allfällige Konkurrenz ausschalten – es sollte nicht gestattet werden, ein zweites Ballenhaus zu errichten –, er beabsichtigte auch, das Angebot zu vergrössern, denn neben dem Ballenspiel wünschte er ein Billard einzurichten. Am 29. Januar 1678 stimmte der Rat zu und erlaubte auch die Aufstellung eines Billardtisches, «weilen solches nicht von dem glück oder unglück wie die Karten und Würffelspiehl dependieret», die Konzession wurde gleichzeitig auf fünfzig Jahre ausgestellt.[9] Beat Fischer, so lesen wir es in seinem Haushaltungsbuch, betrieb das Ballenhaus, welches wohl Ende der 1670er Jahre am Platz des späteren alten Casinos errichtet werden konnte («auf dem Platz so ihme verzeiget werden soll»), nicht allein, vielmehr hatte er Compagnons. Deren Beteiligungen löste der «Entrepreneur» Fischer indessen später teilweise aus und gelangte dadurch schliesslich in den Besitz von drei Fünfteln aller Anteile.[10]

Erfolgreich mag das Ballenhaus tatsächlich gewesen sein, über Einrichtung und Besuch wissen wir wenig. Erst gute sechzig Jahre später berichtete der am 1. Februar 1739 sein neues Amt antretende Maître Paume, David Pillet, Näheres. In einem «Inventaire de tous les meubles qui apartiennent au Seigneurs-Proprietaires du Jeû de Paume» wurde der gesamte Hausrat für die Übergabe an den neuen Ballenmeister geschätzt und verzeichnet.[11] Das vorhandene Material veranlagte man dannzumal auf 393 Pfund und 24 Kreuzer. Wir lesen von Tischen und Stühlen, Liegebetten, gut gepolstert mit Kissen und Leinentüchern, Geschirr für Tee und Kaffee, Spielgerät, auch eine kleine Werkstatteinrichtung für den Unterhalt der «Raquettes» ist verzeichnet, dann Billardtische, sechs «tables de jeu» für Brettspiele und vieles andere mehr. Teilhaber waren gemäss Unkostenrechnung im Ballenhaus von 1738 niemand geringeres als Schultheiss Hieronymus von Erlach (1667–1748) mit einem Fünftel Anteil (dafür wurden ihm 168 Kronen, 4 Batzen und ½ Kreuzer Unkostenbeteiligung verrechnet), Deutschseckelmeister Johann Rudolf Sinner (1658–1742), auch er zu einem Fünftel beteiligt, und Beat Rudolf Fischer (1706–1759), der Enkel des Postgründers, mit seinen von Vater und Grossvater ererbten drei Fünfteln (entsprechend 504 Kronen, 12 Batzen und 3 Kreuzer Unkostenbeitrag).[12]

Bau und Betrieb, Herkunft und Geschichte dieses frühen Sport- und Gesellschaftshauses – und diese verzahnten Funktionen mag es gewiss besessen haben – beschreibt Georges Herzog einlässlich und mit all seinen Facetten.

---

9 StAB A I 414: Spruchbuch des Unteren Gewölbs, Bd. WW, S. 293 ff. und 345 ff.
10 StAB FA von Fischer II 1 (1): Laufender Schulden- und Contibuch, S. 4 ff.
11 BBB FA von Wattenwyl A 54 (6).
12 BBB FA von Wattenwyl A 54 (6).

Das Waisenhaus

Das Jahr 1675 brachte Beat Fischer ein reiches Füllhorn an Betätigungen. Nebst vielem anderen nahm er auch für zehn Jahre das Waisenhaus in Bern in Pacht, eine damals offenkundig reformbedürftige Anstalt, was ihn umso mehr gereizt haben mochte, als er doch sein Talent an der Herausforderung am besten beweisen konnte. Nicht allein den eigentlich bedürftigen Waisen kam die Einrichtung damals zugute, vielmehr sollten auch Erwachsene, sozial abgestürzt und nicht integrierbar, im Waisenhaus Verwahrung und noch viel mehr Beschäftigung finden. Die Armennot war ein auf der Obrigkeit schwer lastendes Problem. In den unruhigen Zeiten des Ersten Villmergerkrieges und der Bauernaufstände kam der Sache besondere Bedeutung zu. Bettelordnungen mochten seit dem 16. Jahrhundert notdürftig der verbreiteten Landplage von Bettelei, Landstreicherei und Almosenheischen Abhilfe schaffen. Religiöser Eifer überlagerte das Elend und machte der Obrigkeit doppelt schwer zu schaffen, verweigerten doch die sozial ebenso ausgegrenzten Täufer aus tiefinnerer Überzeugung den Gehorsam auch jeglicher weltlichen Macht.

Gesucht war, was dem Übel Abhilfe schaffte. Was vor der Reformation durch Kirche und Klöster und persönliche Mildtätigkeit führender Schichten ins gute Werk gesetzt worden war, fiel nun als Aufgabe an den Staat. Die Obrigkeit musste sich um ihre Landeskinder kümmern, der Armut wehren und die Gestrandeten im Sinne des Wortes in ihre Obhut nehmen. Eine eigentliche Armenversorgung, welche diesen Namen auch verdient hätte, gab es noch nicht, doch trieb die Sorge in dieser Sache die Behörden um. Seit dem Ausgang des 16. Jahrhunderts verpflichteten die neu erlassenen Bettelordnungen fortan die Gemeinden, ihre Armen selber zu versorgen. Die Heimatgemeinden entstanden so zur Unterstützung ihrer bedürftigen Angehörigen. Der Landstreicherei und dem Bettelvolk war indes schwer beizukommen. Die Zeitläufte waren schlecht, ringsum tobte bis Mitte des 17. Jahrhunderts der grosse europäische Krieg, im Innern wuchsen Unruhe und Unzufriedenheit unter der Landbevölkerung, der Bauernkrieg erschütterte das Land, überlagert von religiöser Unverträglichkeit und Kampflust. Handel und Wandel litten arg, und die Armut mit all ihren Folgen zeigte ihr hässliches Gesicht. Die Einsicht in wirksame Massnahmen erwuchs erst allmählich, vorab dem aufgeklärten Jahrhundert, und fand auch dort noch keine nachhaltige Lösung.

Das Waisenhaus in Bern – gegründet im schlimmen Jahr des Bauernkriegs 1653 – zeigte erstmals das ernsthafte Bemühen der Obrigkeit um Abhilfe. Der Gedanke, gefährlicheren Auswüchsen, welche das Staatsgefüge bedrohen könnten, zu wehren, verbunden mit landesväterlicher Sorge liess die Regierung handeln. Der Stand Zürich ging mit gutem Beispiel voran und richtete in bewusster Tradierung bereits 1639 im aufgehobenen Frauenkloster Oetenbach ein Waisen- und Zuchthaus ein.[13] «Die höchste Nothdurft verursachet Uns nach Mittlen zu gedenken, wie dem bald unerträglichen Überlast des Müssiggehenden Bättlervolks zu Statt und Land abzuhelfen seyn werde, darzu dann wir das bequemste Mittel erachtet, die Aufricht- und anstellung eines Zucht- und Waysenhauses, und dieweilen wir uns hierinnen Eürem Öttenbach-Haus so weit möglich zu conformieren bedacht.» So lautet der ge-

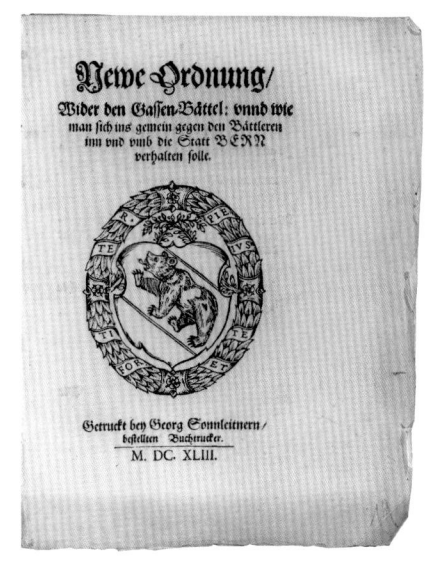

Abb. 39: *Newe Ordnung wider den Gassen-Bättel: unnd wie man sich ins gemein gegen den Bättleren inn und umb die Statt Bern verhalten solle. Bettelmandat von 1643. StAB Mandatensammlung.*

13 Morgenthaler 1938, S. 9; BBB VA BJW 705 (2): Cahier Enthaltend verschiedene Extracten, aus den Rahts-Manualen, Pollicey-, Missiven- und Testamentenbücheren von Jahren 1652 biss 1692, alles das ehmalige Waysenhaus betreffend.

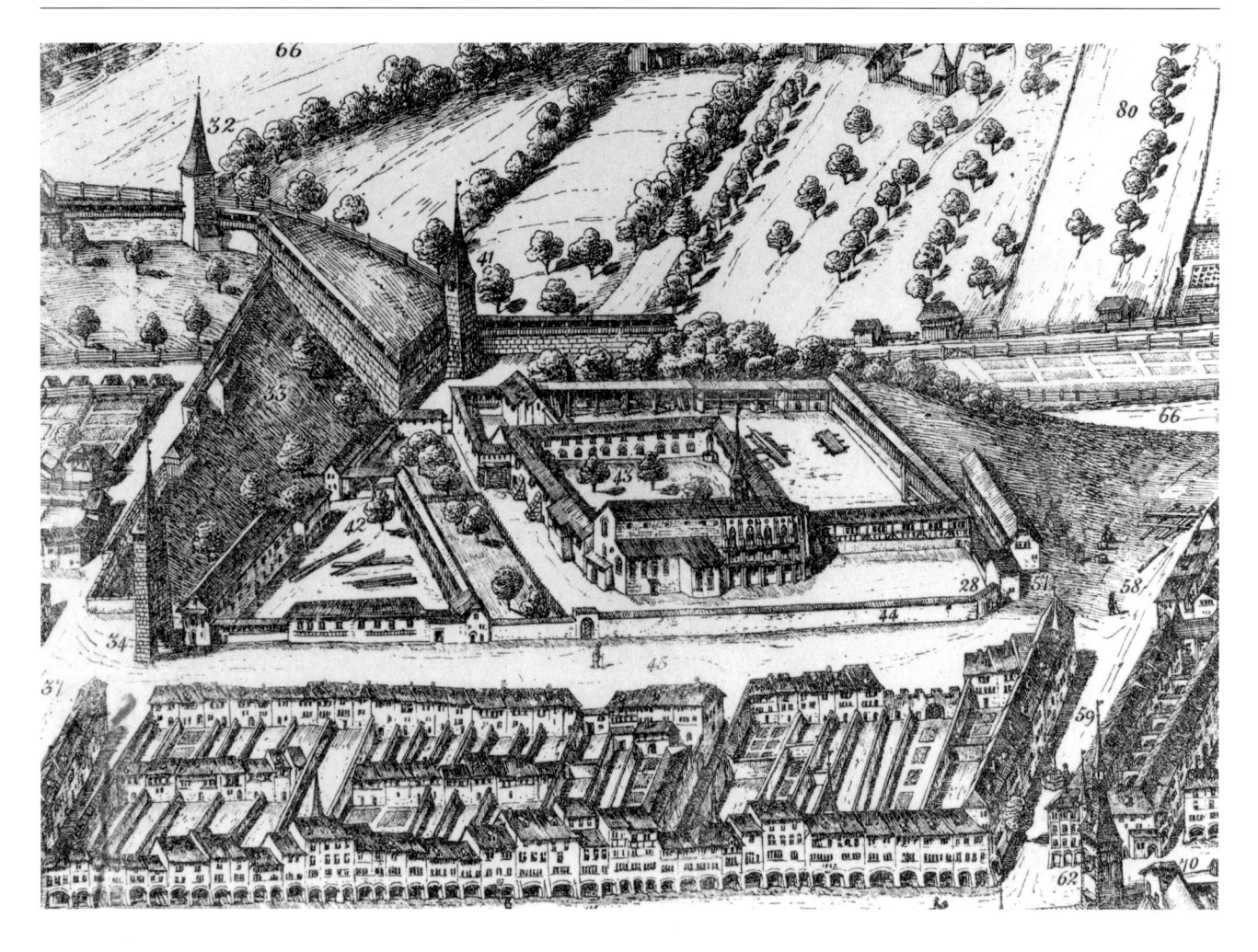

Abb. 40: *Das obere Spital in Bern im ehemaligen Predigerkloster. Ausschnitt aus dem Stadtplan von Gregor Sickinger, 1603–1607. Umzeichnung von K. F. Eduard von Rodt (1849–1926). Im Druck erschienen 1915. BBB B 12.2.*

hörige Eintrag zu diesem Geschäft in dürrer Beamtensprache im Deutsch-Missivenbuch.[14] Die zwangsläufig unselige Verquickung von Armut und Kriminalität fand in den Hilfsanstalten ihre komplementäre Erscheinung. 1652 reifte also auch in Bern der Entschluss zur Errichtung einer solchen Institution. Zürich war Vorbild und leistete Hilfe, nicht allein in der Person des Verwalters von Oetenbach, welcher in Bern Auskunft erteilte, vielmehr auch in der Überlassung der Zürcher Waisenordnung. Im Januar 1653 hiess der Grosse Rat zu Bern das Projekt der Anstalt gut.[15] Auch in Bern springt die räumliche Tradition ins Auge, denn auf dem Areal des ehemaligen Dominikanerklosters (dieser Bettelorden hatte im Mittelalter die Armenfürsorge in den Städten als seine vornehmste Aufgabe wahrgenommen), nordwestlich der französischen Kirche gelegen, sollte Platz geschaffen werden für die Aufnahme von rund 200 Personen, Waisenkindern wie müssig gehenden Erwachsenen. Bauernaufstand (1653) und Erster Villmergerkrieg (1656–1657) hinderten die Obrigkeit an der zügigen Ausführung der Pläne. Der Bau von Befestigungsanlagen und die Befriedung des aufgewühlten Bauernstandes in ungewisser Zeit gingen vor. Dennoch, im Sommer 1657 konnte die neue Anstalt eröffnet werden.[16]

Abb. 40

Diese «Zucht- und Waisenanstalt» beherbergte unter demselben Dach Erwachsene und Kinder – Kinder, welche bislang in privaten Haushalten versorgt und als billige Arbeitskräfte ohne alle Fürsorge und Bildungsmöglichkeit beschäftigt worden waren. Nun sollten sie alle in der staatlichen Ein-

---

14 BBB VA BJW 705 (2): Cahier, S. 1; StAB A III 67: Deutsch-Missivenbuch Nr. 16, S. 584.
  15 BBB VA BJW 705 (2): Cahier, S. 9.
  16 BBB VA BJW 705 (2): Cahier, S. 9 ff.

richtung untergebracht und zu einem tauglichen Handwerk angeleitet und unterwiesen werden. Diese umfasste neben Pflegern und Vorstehern, Waisenmüttern und Meistern eine Direktion, deren Zusammensetzung aus einem Venner, zwei Mitgliedern des Kleinen und zwei Angehörigen des Grossen Rates sowie zwei Geistlichen bestand, welche indes ihr Amt nur jeweils für ein Jahr ausüben durften, dann musste abgelöst werden.[17]

Dem Waisenhaus wurde eine Tuchmanufaktur angegliedert, das Spinnen, als spezifisch weibliche Tätigkeit verstanden, lud dazu ein. In der affiliierten Zuchtanstalt hingegen war die Gemengelage problematischer, zusammen mit schwierigen Jugendlichen wurden allerhand kleine Rechtsbrecher ebenso wie um ihres Glaubens willen verfolgte und gefasste Täufer dahin verbracht. Diese bildeten offenbar im Waisenhaus eine geschlossene Gruppe für sich. 1671 wies ihnen die Obrigkeit, da sie für grobe Arbeit ungeeignet seien, «etwas geringere Arbeit» zu.[18] Dennoch, eine eigentliche Strafanstalt war diese Einrichtung keineswegs, diese Funktion kam nach wie vor dem Schallenwerk zu.

Seide und Wolle sollten im Waisenhaus durch die Kinderhände gesponnen, gezwirnt und zu Faden verarbeitet werden. Eine Walke an der Matte und eine solche am Sulgenbach standen mehr oder minder zur Verfügung des Betriebes, der zudem nach halbwegs unternehmerischen Kriterien organisiert werden sollte. Die Obrigkeit hielt die Seckelmeister seit 1660 an, die für das Stift nötigen Tuche im Waisenhaus zu beziehen. An der Marktgasse unter dem Gesellschaftshaus zu Schützen wurde ausserdem ein eigener Tuchladen eröffnet.[19] Die innere Organisation sah eine straffe Tagesordnung sowie eine sparsame Versorgung der Insassen mit Speis und Trank, Kleidung und Pflege vor. Die Kinder erhielten täglich morgens und abends während zweier Stunden notdürftigen Schulunterricht in Schreiben, Lesen, Beten und Psalmensingen. Die verbleibende Zeit waren Kinder und Erwachsene zu fleissigem Handwerk angehalten. Ausgeübt wurden all die Nebentätigkeiten der Tuch- und Wollproduktion wie Wollweberei, Hosenstrickerei, Hutmacherei, Leinenweberei, für die kleinen Mädchen waren spinnen, zwirnen und nähen Pflicht. Über allem wachte der Verwalter. Die Halb- und Ganzfabrikate gingen auf den lokalen Markt. Die Sache rentierte schlecht, das handwerksmässige Gewerbe in der Stadt lehnte sich gegen die Konkurrenz aus dem Waisenhaus auf, so dass sich die Obrigkeit schliesslich veranlasst sah, die Einrichtung auf andere Grundlagen zu stellen. Eine Gewerbegemeinschaft wurde mit der Führung der Produktion betraut, auf eigene Kosten und Rechnung, allein die Aufsicht über die Schützlinge verblieb dem Verwalter. Das ursprünglich auf zehn Jahre angelegte Experiment scheiterte bereits nach weniger als drei Jahren. Ein Verleger namens Güntlisperger, welcher als Vertragsnehmer aufgetreten war, erlitt Schiffbruch und wurde zahlungsunfähig, so dass die Kinder und Insassen kaum mehr notdürftig gekleidet werden konnten. Die Obrigkeit musste sich Klagen über den unrentablen Zuschussbetrieb anhören und suchte Heil und Abhilfe in neuen Strukturen, deren Zauberwort Reform hiess, getätigt als pachtweise Übernahme der Zucht- und Waisenanstalt durch einige Burger. An vorderster Front der Reformwilligen finden wir Seckelschreiber Beat Fischer mit einem bestechenden Projekt. Probeweise, vorerst für drei Jahre, gingen Manufaktur und Haushalt an die neuen Pächter – unter ihnen Beat Fischer – über. Mit dabei waren, so steht es indes nur zu vermuten,

17 Schärer 1829, S. 149.
18 StAB A II 475: RM 164, S. 26.
19 StAB A II 475: RM 164, S. 10 ff.; BBB VA BJW 705 (2): Cahier, S. 22 ff.

ein Jakob Lienhard und Johannes Matthey (1639–1706), Obervogt zu Schenkenberg 1687 und 1701 Kastlan zu Zweisimmen.[20] Die Obrigkeit schloss einen Pacht- oder Admodiationsvertrag mit der neuen Direktion und gab ihr auch gleich die nötigen Instruktionen – die Regel für die Waisenkinder, eine Schul- und eine Predigtordnung – mit. Die Aufnahme von Waisen – es sollten vornehmlich Burgerkinder sein – begleitete die allmächtige Vennerkammer. Am 4. Januar 1672 übernahmen die Pächter das Waisenhaus, ein neuer Verwalter wurde in sein Amt eingesetzt – Samuel Matthey, vermutlich ein Verwandter des Johannes Matthey –, und es scheint, dass Seckelschreiber Fischer dabei tonangebend gewirkt hat. Kurz darauf führte er die Anstalt wohl gänzlich auf eigene Rechnung und eigenes Risiko. «Es wird ersichtlich, dass bald eine straffere Leitung Platz griff, die einerseits auf bauliche Verbesserungen am Haus und an den technischen Einrichtungen, andererseits auf die Ausmusterung arbeitsuntauglicher und arbeitsscheuer Erwachsener abzielte. Im Februar 1674 wurde mit Beat Fischer ein Vertrag geschlossen zur Belieferung des Stifts mit Tuchwaren durch das Waisenhaus.»[21]

Fischer nahm das Waisenhaus also bald einmal selbst in Pacht, mit der offenkundigen Absicht einer Verbesserung sowohl der Zustände als auch – modern gesprochen – der Wirtschaftlichkeit. Zur Ausstattung erhielt er ein festgelegtes Kostgeld in bar und Naturalien für die Bewohner sowie als Darlehen genügend Betriebskapital samt Liegenschaften.[22] Er ging ans Werk. Ihm schwebte eine Anstalt vor, welche nicht allein ihre soziale Aufgabe wahrnehmen, sondern vielmehr auch im wirtschaftlichen Produktionsprozess ihre Funktion bekommen sollte. Aus dem Hinleihungsvertrag sind die Einzelheiten zu erfahren: Er erhielt das Haus mit den dazugehörigen Gärten, das Allmendrecht für zwei Kühe, den Gewerbeladen beim Gesellschaftshaus zu Schützen, die Walke im Sulgenbach, sodann an Kapital 20 000 Kronen, für die Verpflegung der Leute – 80 Personen, 46 Knaben, 20 Mädchen, 8 Dienstboten, etc. – jährlich 640 Kronen, 380 Mütt Korn, 18 Saum Wein, 55 Fuder Holz und 8 Kronen für jedes Kind.[23] Der Ertrag aus der Arbeit und der Verkaufserlös sollten dem Unternehmer gehören: Indes, da es sich doch immer nur um einen Zuschussbetrieb handeln konnte, musste, wie der Hinleihungsvertrag deutlich macht, von allem Anfang an eine ergänzende Unterstützung eingeschossen werden.

Was lockte Seckelschreiber Beat Fischer an dieser Aufgabe? Sein unbedingter Reformwille, sein sich offenbarendes Geschäftstalent, soziale Verantwortung? Wir wissen es kaum, aus Selbstzeugnissen Beat Fischers erfahren wir gar nichts, seine Motive und Überlegungen bleiben hinter tätiger Tüchtigkeit verschleiert. In der Gefühlslage dieses Mannes lag wohl eher der Reiz des Geschäftlichen, einen Betrieb, der doch von seiner ganzen Anlage und Aufgabe her niemals wirklich florieren konnte, dennoch auf ein wirtschaftliches Fundament zu stellen, das dem Staat die Aufwendungen zum Wenigsten im Kleinen erstattete. Wie lange Fischer den Betrieb im Waisenhaus in den eigenen Händen hielt, ist fraglich. Bereits 1676 trat Michael Wagner (1650–1716), Landvogt zu St. Johannsen 1685 und 1701 zu Erlach, an seiner Stelle in den Waisenhausvertrag ein. Er wird für längere Zeit der letzte Waisenhausverwalter, denn mit Ablauf der Pachtperiode, Ende 1683, hob der Rat die Einrichtung wieder auf, die Kinder – ihre Zahl hatte in den letzten Jahren stetig abgenom-

---

20 BBB VA BJW 705 (2): Cahier, S. 17; HBLS V, S. 51.
21 BBB VA BJW 705 (2): Cahier, S. 18.
22 Tillier 1838 IV, S. 479; Feller 1974 III, S. 569 ff.; von Fischer 1884, S. 366.
23 Tillier 1838 IV, S. 479; BBB VA BJW 705 (2): Cahier, S. 27 f.

men und in ebendiesem Jahr 1683 waren es noch 31, von denen 20 aus der Stadt, die anderen aus dem weiteren Umland stammten – wurden den Zünften und Gesellschaften übergeben oder in ihre Gemeinden zurückgeschickt. Im Rat erwog man kurzzeitig, ob aus dem Waisenhaus womöglich ein «rechtes Zucht- oder gar ehrliches Schallenwerkhaus zemachen» sei.[24] Beat Fischer, inzwischen Landvogt zu Wangen, und Michael Wagner waren noch gehalten, ihre Schlussrechnung zu präsentieren, und alsbald wurde das Waisenhaus, nachdem sich auch ein kurzfristig auftauchendes Projekt französischer Unternehmer-Verleger zur Einrichtung der Seidenfabrikation zerschlagen hatte, für mehr als ein halbes Jahrhundert geschlossen. Bereits unter dem 30. November 1678 findet sich in den Seckelschreiberprotokollen der Eintrag eines interessanten Projektes: Philippe Bailly, französischer Fabrikant und kundig in der Herstellung und Verarbeitung von Tuchen, hatte der Obrigkeit den Vorschlag eingereicht, die Seidentuchherstellung – «des fabriques de draps et toileries» – in Bern einzuführen. Nebst den technischen und organisatorischen Einzelheiten erläuterte der Antrag auch, wo diese Fabrikation unter anderem untergebracht werden könnte: «Le tout se fera à la maison des orphelins (:hors le blanchissage, pour le quel il lui faudra q/q coin dans une blancherie auprès de la ville:) où les outils et Instruments pour l'une et l'autre sont assez propres et serviront pour les essays.»[25] Man darf daraus schliessen, dass die technischen Grundlagen, welche Beat Fischer für das Tuchgewerbe im Waisenhaus gelegt hatte, durchaus brauchbar gewesen wären. Indes, wie aus verschiedenen anderen wurde auch aus diesem Projekt nichts. Das Gebäude des Waisenhauses im ehemaligen Kloster wurde 1684 durch die Obrigkeit gegen Zins in Bern ansässigen Fabrikanten als Kommerzienhaus zur Verfügung gestellt. Bereits fünf Jahre später war die Liegenschaft besetzt, 22 Gewerbetreibende, darunter 18 Refugianten, gingen dort ihrem Handwerk und Gewerbe nach. Nicht geringen Einfluss kam in dieser Umwandlung Beat Fischer als Mitglied des leitenden Kommerzienrates zu.[26]

Kommerzienkammer und Kommerzienrat

Die wirtschaftliche Lage im 17. Jahrhundert gab mehr und mehr Anlass zu Sorge. Der Dreissigjährige Krieg mit seinen auch für die Eidgenossenschaft verheerenden Auswirkungen, die Unruhen im Innern – Glaubenskrieg und Bauernaufstand – und ein zunehmendes Misstrauen in der Bevölkerung gegen die Obrigkeit, Missbräuche in der Zuteilung einträglicher Ämter – erst 1710 entschloss sich die Regierung, die Besetzung der Landvogteien durch das Los vorzunehmen, um dem schlimmen Ämterhandel oder ‹Praktizieren› Einhalt zu gebieten – und traurige Verhältnisse in der Landschaft draussen erweckten endlich auch die Aufmerksamkeit der zunehmend mit sich selbst beschäftigten Regierung. Richard Feller: «Von alter Zeit hing der Glaube nach, das Gewerbe fördre den Luxus, der Handel sei Betrug. Er stimmte mit dem Grundsatz überein, das Land solle sich selbst genügen und möglichst wenig einführen. Diese Vorstellungen stammten aus der abgeschnürten Ortswirtschaft des Mittelalters. Die Neuzeit sprengte diese Geschlossenheit auf. Die Obrigkeit kam zu der Einsicht, dass die Anstrengungen des ganzen Lan-

---

24 Morgenthaler 1938, S. 24.
25 StAB B VII 351: Seckelschreiberprotokolle 1674 ff., S. 529 ff.
26 Lerch 1908, S. 53.

des zusammengreifen müssten, und begann die Ortswirtschaft in die Ordnung überzuführen, die nachmals Volkswirtschaft hiess.»[27]

Als taugliches Mittel erkannte man allmählich auf die Förderung von Handel und Gewerbe, auf die «Introduction der Commercien», womit man «unwidersprechlich demonstrieren [wollte], dass durch einführung der Manufacturen innert zehn Jahren, beides, zu Statt und zu Landt, allem bätel abzuhelfen wäre»[28]. Es war die Handelspolitik des Merkantilismus, welche die Handlungsmaximen der Wirtschaft neu definierte und vorgab. Handel und Gewerbe wurden als die Quellen des Wohlstandes erkannt, Macht und Reichtum eines Landes definierten sich über den Besitz an barem Geld. Einfuhr von Rohstoffen und verstärkte Ausfuhr von Fertigprodukten sollten diesem Ziele dienen. «Der Merkantilismus war dem alten bernischen Selbstgenügen verwandt; aber er ordnete die Züge im Gestränge der Wirtschaft anders. Bern hatte die Einfuhr bisher zu beschränken versucht und die Ausfuhr oft gehemmt, weil sie vornehmlich in Lebensmitteln bestand. Nun wurde die Ausfuhr plötzlich massgebend, weil sie das bare Geld einbrachte und den Wohlstand begründete. Mit dieser neuen Erkenntnis meinte die bernische Obrigkeit eine Wunde am Volkskörper zu entdecken.»[29] Um diesem Übelstand abzuhelfen, führte man einen Ausschuss ein, die so genannte Kommerzienkammer, welche eigentlich als verlängerter Arm der mächtigen Vennerkammer die nötige Vorarbeit zu leisten hatte.[30] Als Erstes reichte diese am 8. September 1687 dem Grossen Rat ein Gutachten oder «Memoriale» ein, das die wesentlichen Fragen auf den Punkt brachte. Es ging darin letztlich um die Erkenntnis, dass die jährlich ins Gewölbe eingelagerten Summen damit dem Produktionsprozess entzogen wurden, steriles Kapital bildeten, das keinerlei wirtschaftlichen Nutzen trug. Vielmehr sollte reinvestiert werden, um Gewerbe und Kaufmannschaft zu stimulieren und dem darbenden Handel zur Blüte zu verhelfen. Hier wollte die Kommerzienkammer einsetzen. Sie wies darauf hin, dass die bislang passive Handelsbilanz dringend in eine aktive zu verwandeln sei. Verschiedene Rezepte wurden dem Grossen Rat vorgelegt: Hebung der Produktion im Lande selbst, um so den massiven Geldabfluss für Ganz- und Halbfabrikate ins Ausland zu verringern; Einfuhrbeschränkungen für Luxuswaren; hingegen Förderung der Einfuhr von Rohstoffen; Förderung des einheimischen Handwerks; parallel dazu verstärkte Ausfuhr von Landesprodukten; Verbot des Reislaufens, welches der Produktion die jungen Arbeitskräfte entzog; schliesslich – und nicht zuletzt – eine dringende Verbesserung des Schulwesens. Es kommt nicht von ungefähr, dass die Obrigkeit im 17. Jahrhundert erste Schulordnungen erliess, welche die Anfänge eines geregelten Unterrichts- und Schulbetriebes zum Ziel hatten. Die ‹geopolitische› Lage ihrerseits trug Wesentliches bei, schwemmte sie doch seit der Aufhebung des Ediktes von Nantes durch Ludwig XIV. im Jahre 1685 zunehmend Glaubensflüchtlinge ins Land. Tüchtige Leute, welche in Bern nun plötzlich willkommene Aufnahme fanden, nachdem sich die Obrigkeit anfänglich gegen die Einwanderung reformierter Flüchtlinge aus Frankreich gewehrt hatte. Aus dem bereits angesprochenen Memorial der Kommerzienkammer vom 8. September 1687 geht hervor, dass sich nun Männer ans Werk machten, «die lebhaft für die Aufnahme der Flüchtlinge eintraten, indem sie daran die Hoffnung knüpften, dass Berns Gewerbe und Handel dadurch einen

---

27 Feller 1974 III, S. 130.
28 StAB B V 1: Memorialbuch des Kommerzienrats von 1687–1690, S. 47 ff. Vgl. Lerch 1908, S. 7.
29 Feller 1974 III., S. 130.
30 StAB B V 2: Instruktionenbuch des Kommerzienrates Bd. 2, S. 59.

kräftigen Antrieb erhielten»[31]. Und: «Die Obrigkeit rang sich zur Erkenntnis durch, dass ihre Wirtschaftsführung zur Wirtschaftsförderung fortschreiten müsse.»[32]

Zu diesen Befürwortern gehörte auch Beat Fischer. Sein Engagement für die Refugierten aus Frankreich zeigte sich indes vornehmlich im Rahmen des Postunternehmens, gewährte er ihnen doch beispielsweise grosszügige Portofreiheit. Fischer spielte in der Kommerzienkammer und später im Kommerzienrat eine aktive Rolle. Als tätiger Unternehmer brachte er neben wirtschaftlichen Interessen auch den nötigen praktischen Sachverstand mit. Am 14. September 1687 wählten Rät und Burger definitiv folgende Persönlichkeiten in die Kommerzienkammer: Venner von Büren, Ratsherr von Muralt, Daniel Im Hooff, Jacob Hackbrett, Emanuel Steiger, Landvogt Fischer von Wangen, Thormann, Appellationsschreiber Tribolet.[33]

Die Einrichtung des Kommerzienrates war wohl neu für Bern, nicht jedoch für andere Städte der Eidgenossenschaft. Vorbilder für die bernische Kommerzienkammer beziehungsweise den Kommerzienrat gab es schon anderenorts, vorab in den zünftigen Handel treibenden Orten, so wirkten in Basel, St. Gallen und Zürich so genannte Kaufmännische Direktorien, welche Beat Fischer im Zuge der Einrichtung seines Postunternehmens genauer kennen gelernt hatte. Der Einfluss Fischers auf die in Bern zu gründende Kommerzienkammer lässt sich nicht genau festmachen, aktenkundig ist bloss, dass er 1687 zu den ersten acht Mitgliedern der neu geschaffenen Kammer gehörte.

Mitte September des Jahres war das Gremium komplett, die Befugnisse und Kompetenzen waren geklärt, und zu guter Letzt wurde noch der Name folgerichtig – zweifellos aufgrund des einlässlichen Memorials vom 8. September – in Kommerzienrat umgewandelt.[34] Seckelmeister Sinner sollte ebenfalls von Amtes wegen Einsitz nehmen, dies natürlich nur so oft es ihm die täglichen Ratsgeschäfte erlaubten. Zu diskutieren gab – bezeichnenderweise für Bern – die Frage nach der Beteiligung von Personen, welche selbst Handel trieben. Man fürchtete Interessenkonflikte und war daher anfänglich der Meinung, die Betroffenen hätten sich entweder aus ihrer wirtschaftlichen Tätigkeit zurückzuziehen oder andernfalls auf das Amt zu verzichten. Alle, die es anging, erklärten daraufhin, dass sie eher das Amt denn die gewerblichen Betätigungen aufgeben würden. Das genügte, um den Grossen Rat zu einer Anpassung des einschlägigen Paragraphen zu bewegen, wobei er allerdings gewisse Regulative einbaute, um einem schrankenlosen Ausnutzen der Amtsvorteile Einhalt zu gebieten. Die Mitglieder durften sich fortan «principaliter und associationsweise» an Unternehmen und Manufakturen beteiligen, was bekanntlich bei Beat Fischer bereits der Fall war.[35] Für ihn ging es dabei um nicht weniger als um sein im Aufbau begriffenes Postunternehmen. Indes war er auch anderweitig beteiligt oder zumindest interessiert. In den Sitzungen des Kommerzienrats musste fortan, wer durch Beteiligungen befangen war, beim betreffenden Traktandenpunkt in den Ausstand treten.

Der Kommerzienrat als «neu geschaffene Handelsbehörde» hatte bedeutende Befugnisse: «Sie hatte das Recht, Konzessionen zu erteilen, Ordnungen und Reglemente für Handel und Industrie zu erlassen; sie durfte Zollfreiheit für industrielle Produkte und Rohmaterial gewähren; sie konnte unter gewissen Bedingungen und unter Zustimmung von Rät und Burgern Fabrikanten

---

31 StAB B V 1: Memorialbuch des Kommerzienrats von 1687–1690, S. 47. Vgl. Lerch 1908, S. 9.
32 Feller 1974 III, S. 131.
33 Lerch 1908, S. 12.
34 Lerch 1908, S. 11.
35 StAB B V 1: Memorialbuch des Kommerzienrats von 1687–1690, S. 29 ff. Vgl. Lerch 1908, S. 13.

Abb. 41: *Albrecht Kauw (1616–1681): Abrechnung in der Direktionsstube des Kaufhauses. Schlussbild eines Handelszyklus mit fünf erhaltenen Szenen. Das 1671 gemalte Bild gewährt einen Einblick in die Renaissancestube der Direktion des obrigkeitlichen Kaufhauses. Öl/Leinwand, 102 x 232 cm. Standort: Bernisches Historisches Museum, Inv.-Nr. 816.*

zu ewigen Einwohnern annehmen; sie hatte die Aufgabe, die einheimische Bevölkerung zur Industrie heranzuziehen; ihr wurde die Aufsicht über die obrigkeitlichen Gebäude übertragen, die der Industrie dienen sollten. Endlich hatte sie auch richterliche Gewalt; sie war ein Handels- und Gewerbegericht, das bis auf den Wert von fünfhundert Franken ohne Appellation urteilen konnte, das ferner den Auftrag erhielt, ein eigenes Verfahren für die Eintreibung von Schulden, eine Art Betreibungsrecht, vorzuschlagen; die richterliche Gewalt konnte der Kommerzienrat auf eine eigene, vom ihm zu schaffende Kammer übertragen, wenn er die Arbeit nicht mehr zu bewältigen vermochte.»[36] Es sollten zur Bewältigung all dieser Aufgaben wöchentlich zwei Versammlungen abgehalten werden. Ob dem tatsächlich Folge geleistet wurde, lässt sich höchstens aus den mehr oder weniger regelmässigen Protokolleinträgen ableiten. In der ersten Zeit fand offenkundig ein recht geregelter Sitzungsbetrieb statt. Aber dann, zwischen 1690 und 1695, ist die Tätigkeit des Kommerzienrats beinahe gar nicht mehr dokumentiert. Anlaufschwierigkeiten scheinen doch die Aufnahme einer kontinuierlichen Arbeit erschwert zu haben. Der Kommerzienrat in Bern besass zudem keine politische Unabhängigkeit, sondern war vielmehr als eine obrigkeitliche Behörde konzipiert, mit hoheitlichen Funktionen (Erteilen von Konzessionen und richterlichen Befugnissen) sehr weitgehend ausgestattet. Dennoch, «die Obrigkeit wollte keine staatliche Industrie schaffen, wohl aber den privaten Unternehmungsgeist mit Vorschüssen ermutigen [...]. Doch ein Wesentliches fehlte. Das Patriziat ging nicht voran, es setzte sich nicht selbst, sondern den Staat ein, um den Geschäftssinn im Grossen zu wecken. Verschiedene Erwägungen und Anlagen trennten das bernische Patriziat vom Grossgeschäft. Es gab in Bern keine Überlieferung, die dem heranwachsenden Geschlecht den Weg in das Gewerbe öffnete. Der Patrizier diente dem Staat, baute sein Gut oder stand als Offizier unter fremder Fahne. Handel und Gewerbe wurden nun geachtet; aber sie genossen nicht volle gesellschaftliche Anerkennung. Die Zurückhaltung wurde noch durch die warnende Einsicht versteift, dass Staatsleitung und Gütererzeugung nicht in den gleichen Händen vereinigt werden dürften.»[37]

---

36 Lerch 1908, S. 14.
37 Feller 1974 III, S. 132.

Vergleichbar mit den kaufmännischen Direktorien in Zürich und St. Gallen war der Kommerzienrat daher nur am Rande. Erst 1695 wurde er offenbar wieder zu aktivem Leben erweckt, zumindest setzen mit diesem Jahr die schriftlichen Zeugnisse wieder ein. Beat Fischer nahm – nun selber Ratsherr und als jüngstes Mitglied des Täglichen Rats zugleich Heimlicher – wiederum im Kommerzienrat Einsitz. Er erwies sich in den wenigen Geschäften, in denen er als Akteur fassbar wird, als ein waches und aktives Mitglied mit einem scharfen Auge für das Geschäft.

Als Hauptgeschäft verstand der Kommerzienrat also die Förderung von Industrie und Handwerk. Insbesondere der Tuchherstellung kam in bernischen Landen grösste Bedeutung zu. Um qualitätvolle Produkte, welche der Konkurrenz auf den Märkten standhalten konnten, herstellen zu können, bedurfte man in erster Linie guter Rohstoffe. Ergänzend hatten eine taugliche Handwerksordnung und eine Reglementierung der Meisterschaft für das gewünschte Resultat zu sorgen. Allem voran bekundeten die Meister jedoch Schwierigkeiten mit dem Einkauf der Rohmaterialien. Hier sah die Obrigkeit nun eine ihrer Aufgaben. Ähnlich dem Salzhandel beschloss sie daher im Jahre 1697, den Wollhandel zu übernehmen und den Ein- und Verkauf der Wolle in Regie selber zu tätigen. Hierbei kam dem Kommerzienrat die besondere Aufgabe der Rohstoffbeschaffung zu. 1697, im Frühling, wurde deshalb Landvogt Wagner auf die grosse Tuchmesse nach Leipzig gesandt, mit dem Auftrag in der Tasche, 200 Zentner gute Schafwolle für die bernischen Meister einzukaufen. Ausserdem sollte er Geschäftsbeziehungen für die Zukunft aufbauen. Ein Mitarbeiter von Heimlicher Fischer von Reichenbach, ein gewisser Dick, wurde Wagner mitgegeben. David Dick hatte für Beat Fischer bereits als Stempelschneider in der Münzstätte gearbeitet und muss wohl recht brauchbar gewesen sein. Es scheint, dass Beat Fischer überhaupt der Initiator dieses Projektes gewesen ist. Im Protokoll des Kommerzienrats über seine Sitzung vom 27. März 1697 wird festgehalten: «[...] Rahtsherren Fischers Proposition wegen annemmung der 200 Centneren Leipziger Wullen ist durch die mehrere meinung aussert dem Termin der Bezahlung angenommen worden [...].»[38] Das Beschlussprotokoll hält fest, dass der Rat in diesem Geschäft grundsätzlich uneins war und die Abstimmung schliesslich geteilt wurde: Der Grundsatzentscheid, auf das Geschäft in der vorgeschlagenen Weise einzutreten, kam mit Mehrheit, aber keineswegs einstimmig zustande, über die Bezahlung sollte jedoch in einer zweiten Ausmehrung selbständig beraten und entschieden werden. Den Modus für die Bezahlung schlug Beat Fischer daraufhin wie folgt vor: Dreiviertel der insgesamt geschuldeten Summe seien im März 1698 zu erlegen, der Rest solle ein Jahr nach Empfang der Wolle bezahlt werden. Der Kommerzienrat stimmte diesmal einhellig zu. Dem Geschäft erwuchsen allerdings unerwartete Schwierigkeiten, als der Antrag an den Kleinen Rat nicht fristgerecht eingereicht und so die Ratifikation nicht vorgenommen werden konnte. Nun waren der Kommerzienrat und insbesondere Ratsherr und Mitglied Fischer gefordert. Um das Geschäft zu retten, beantragte Fischer daher am 14. September 1697 im Kommerzienrat, die Frage nach Fälligkeit der Bezahlung oder gar Ungültigkeit seiner Proposition für diesmal beiseite zu lassen und vielmehr zu trachten, die eingekaufte Wolle im eigenen Lande bestmöglich zu verkaufen und erst im Falle eines eintreten-

38 StAB B V 13: Manual des Kommerzienrats, S. 76 f.

den Verlustes über die obige Frage weiter zu diskutieren. Der Kommerzienrat stimmte diesem Vorschlag wohl mit einiger Erleichterung zu und stellte zudem fest, auch die Mitglieder der Behörde könnten für ihre eigenen Fabriken Wolle zu guten Konditionen auswählen.[39]

Beat Fischer hatte mittlerweile in Thun eine Tuchmanufaktur gegründet und war an qualitätvollem Rohmaterial mehr als interessiert. Er nutzte daher die Gelegenheit und bezog gleich die Hälfte, nämlich 100 Zentner, dieser guten böhmischen Schafwolle[40] zuhanden seiner eigenen Fabrik.

Fischer war ein mehr oder weniger regelmässiger Teilnehmer an den Sitzungen. Sein aktives Wirken lässt sich jedoch nur bei wenigen der traktandierten Geschäfte ausmachen. Am 29. Januar 1698 ist Beat Fischer ein letztes Mal als Mitglied auf der Präsenzliste einer Sitzung des Kommerzienrates vermerkt.

Die Tuch- und Seidenfabrikation

Beat Fischer hat also seinerseits eine Tuchfabrik errichtet. Bereits 1679 wird sie in einem Schreiben von Jacques Vilain aus Aubonne erstmals erwähnt.[41] Darin wird mitgeteilt, dass der Absatz der Tuche aus der Fischer'schen Manufaktur in Marseille wegen Qualitätsmängel sehr stockend sei, «on me marque de n'en plus envoyer», schloss der Schreiber seinen Bericht. Belegt ist die Tuchmanufaktur erst wieder für die Jahre 1697 und 1698, das Todesjahr Beat Fischers. Damals betrieb er im Erdgeschoss des Thuner Rathauses eine Tuchmanufaktur, welcher – wie es scheint – indes nur eine kurze Blütezeit beschieden war. Als Meister überwachte ein Jakob Engelmann die Herstellung von *Burath* und *Cadis*.[42] Burath, ein Tuch aus Wolle und Florettseide, und Cadis, ein eher billiger Wollstoff, fanden wohl kaum reissenden Absatz. Dies, obwohl die Stadt Thun im 17. Jahrhundert vermehrt Anstrengungen unternahm, dem Textilgewerbe zu Aufschwung zu verhelfen, so legte der Rat etwa fest, dass jeder junge Burger, der heiraten wollte, einen Maulbeerbaum, die Wirtspflanze der Seidenraupe, pflanzen sollte. Von Beat Fischers Tuchfabrik erfahren wir nicht viel mehr, und es scheint, dass mit dem Ableben des Gründers das Interesse seiner Nachkommen an diesem Industriezweig erloschen war. Die Zukunft gehörte dem Postunternehmen. Dafür bündelte man die Kräfte und band die tätigen Mitglieder der Familie ein.

Die Münze

Als Beat Fischer im Herbst 1679 die Münze in Pacht nahm, ahnte er kaum, dass dieses Engagement nur von äusserst kurzer Dauer sein würde. Merkantile Überlegungen mochten ihn veranlasst haben, die darbende Münzprägeanstalt auf ein besseres Fundament zu stellen und somit zu neuer Blüte zu bringen.

Die Geschichte der bernischen Münzanstalt reicht weit ins Hochmittelalter zurück. Bereits 1288 findet die «moneta Bernensis» erste urkundliche Erwähnung.[43] Es war dies wohl eine königliche Münze, welche noch 1348 durch

---

39 StAB B V 13: Manual des Kommerzienrats, S. 98 f.
40 StAB B V 13: Manual des Kommerzienrats, S. 98 f.
41 BBB FA von Fischer 11: (Karl Ludwig) Friedrich von Fischer von Bellerive (1823–1908): Beatus Fischer (1641–1698) 1885, S. 59.
42 Vgl. dazu: Das Amt Thun 1943, S. 274.
43 Fontes Rerum Bernensium VIII, S. 321.

Abb. 42: *Blick in eine mittelalterliche Münzwerkstätte. Der Münzmeister zeigt dem Berner Schultheissen eine Schale mit frisch geschlagenen Münzen, während zwei Gesellen an ihren gut ausgestatteten Werkbänken eifrig bei der Arbeit sitzen. Im Hintergrund Esse und Blasebalg. Aus: Diebold Schilling: Spiezer Chronik, 1484/85, p. 222. BBB Mss.h.h.I.16.*

König Karl IV. bestätigt wurde, jedoch sollte gemäss königlichem Privileg die Verleihung nicht ohne die Zustimmung der Burger von Bern geschehen.[44] Für die aufstrebende Stadt erwuchs das fiskalische Interesse am Münzenschlagen, denn eine geringhaltige Prägung verbunden mit einer möglichst einträglichen Verpachtung sollten Gewinn und Lohn für die Stadt sein.[45]

Als ersten bernischen Münzmeister bezeugt das Jahrzeitenbuch des St. Vinzenzenstifts für das ausgehende 13. Jahrhundert Rudolf von Lauffenburg.[46] In den Fontes Rerum Bernensium ist sodann eine stattliche Reihe von Münzmeistern belegt, welche sich bis in die 1470er Jahre fortführen lässt. Danach muss die Münze für rund zehn Jahre geschlossen worden sein. Überhaupt scheint die Berner Münzstätte keinen kontinuierlich geführten Betrieb gekannt zu haben. Immer wieder wurde sie auf kürzere oder längere Zeit stillgelegt. Erst nach der Reformation kam erneut Bewegung in die Sache, als die säkularisierten Kirchenschätze – wo immer greifbar – in schnöde Batzen verwandelt wurden. War Not am Mann, besorgte sich die Obrigkeit die Münzmeister aus anderen Städten, so im 16. Jahrhundert aus Freiburg oder aus Lausanne. Die Münze wurde zusehends zu einem organisierten Betrieb unter der mehr oder weniger strengen Aufsicht durch die Stadt: Als städtische Aufseher der Münze wurden so genannte Münzguardine oder -wardine bestellt, welche im 15. Jahrhundert auch die Bezeichnung Münzbeschauer führten; ursprünglich amtete zusätzlich der Münzversucher oder -probierer. Im Jahr 1544 sind bereits zwei Guardine bezeichnet, benannt nach der Bezeichnung, die die Münzaufseher damals auch anderswo, so in Freiburg im Breisgau, führten.

44 SRQ BE Stadt, Bd. II/2, S. XXVII.
45 Türler NBT 1905, S. 96 ff.
46 BBB Mss.h.h. I. 37: Jahrzeitenbuch des St. Vinzenzenstifts und Cronica de Berno, S. 76: «Rud[olf] v[o]n Lo[u]ffenb[ur]g münzmeist[er]».

Von 1600 an sind uns die Namen der Münzguardine in den Besatzungenbüchern überliefert. Im 17. Jahrhundert walteten ordentlicherweise vier Aufseher gleichzeitig ihres Amtes, nämlich je zwei Männer aus dem Kleinen und zwei aus dem Grossen Rat oder anderweitig aus der Burgerschaft.[47] 1614 wurde die maschinelle Ausstattung verbessert und ein neues Prägewerk mit Prägestempeln und Ambossen eingerichtet. Die Ratsherren berieten in der Folge, wie diese Münzstätte nun mit ihren Erfolg versprechenden technischen Einrichtungen künftig möglichst gewinnbringend betrieben werden könnte. Kaspar Willading (1583–1658), der Sohn des Venners Christian Willading († 1611), völlig unbeleckt von jeglicher Kenntnis im Münzwesen, pachtete 1614 recht hochgemut die bernische Münze. Dazu erhielt er ein obrigkeitliches Darlehen in der Höhe von 6000 Kronen. Eine beeindruckende Liste von Bürgen konnte er stellen: Mitglieder der Familien von Erlach, von Mülinen, Wagner und Wyss. Willading hatte der Stadt jährlich 1000 Kronen an Prägegebühr zu entrichten. Seinem Unternehmen war jedoch das Glück nicht günstig, und bereits 1618 finden wir neue Pächter auf der Münze.[48] Die Geschichte der bernischen Münze im 17. Jahrhundert war eine wechselvolle, die steigenden Silberpreise beeinträchtigten die Gewinnaussichten, was die Pächter immer wieder veranlasste, schlechtere Münzen mit geringerem Feingehalt auszugeben, dies allerdings sehr zum Missfallen der aufsehenden Behörde. Auf und Ab kennzeichneten den Betrieb, und bis Mitte des Jahrhunderts beschäftigte die Stadt nicht einmal einen ordentlichen Münzmeister. Die Münze war sogar während rund dreissig Jahren, von 1626 bis 1653, ganz geschlossen. «Der Grund dafür waren gewiss die inflationistischen Auswirkungen des Dreissigjährigen Krieges, welche die Herausgabe von guthaltigen Münzen verunmöglichten. Man beschloss offensichtlich in Bern, eher die Münze ganz zu schliessen, als sie mit der Herstellung von schlechtem Geld zu beauftragen.»[49] In dringenden Fällen jedoch musste dannzumal der Guardin das Amt übernehmen. «Am 26. Februar 1667 fand es der Rat für notwendig, die Münze wieder zu öffnen, um halbe Gulden, Fünfbätzler und Zehnkreuzler mit den zuletzt gebrauchten Stempeln zu prägen, doch nahm er davon Umgang, einen fremden Münzmeister anzustellen, weil nur wenig Silber zu vermünzen war.»[50]

Abb. 43
S. 101

Nach der Wiedereröffnung begann man nun, grosse Mengen von 30-, 20- und 10-Kreuzlern herzustellen. Auch die Prägung von repräsentativen Goldmünzen, Dukaten und Doppeldukaten, nahm man wieder auf. «Trotz ihrem leicht medaillösen Aussehen gehören diese Goldstücke zu den schönsten Produkten der Berner Münzstätte im ausgehenden 17. Jahrhundert», so die Münzkenner Divio und Tobler.[51]

Im Jahr 1678 bewarb sich Johann Rudolf Willading (1641–1709) um die Pacht: Willading aber, 1673 in den Grossen Rat gewählt und vier Jahre später Zollherr, Offizier in Frankreich und 1687 Landvogt in Romainmôtier, verspürte eine fatale Neigung zur Alchimie, mit welchen Versuchen er sein beträchtliches Vermögen durchbrachte.[52] Er offerierte der Obrigkeit einen jährlichen Pachtzins von 800 Kronen für die Münze und garantierte die Prägung von ganzen und halben Talern, Halbguldenstücken, Fünfbätzlern und Zehnkreuzlern. Die Dauer der Pacht wurde auf sechs Jahre festgesetzt, und ausserdem sollten in der Münze nur Burger beschäftigt werden, allenfalls

---

47 Türler NBT 1905, S. 105 f.
48 Türler NBT 1905, S. 106 f.
49 Divio, Tobler 1987, S. 57.
50 Divio, Tobler 1987, S. 112. Zu den Sorten und umlaufenden Währungen vgl. Furrer 1995; Martin 1978; Körner 2001; Geiger 1968.
51 Divio, Tobler 1987, S. 57.
52 HBLS VII, S. 542.

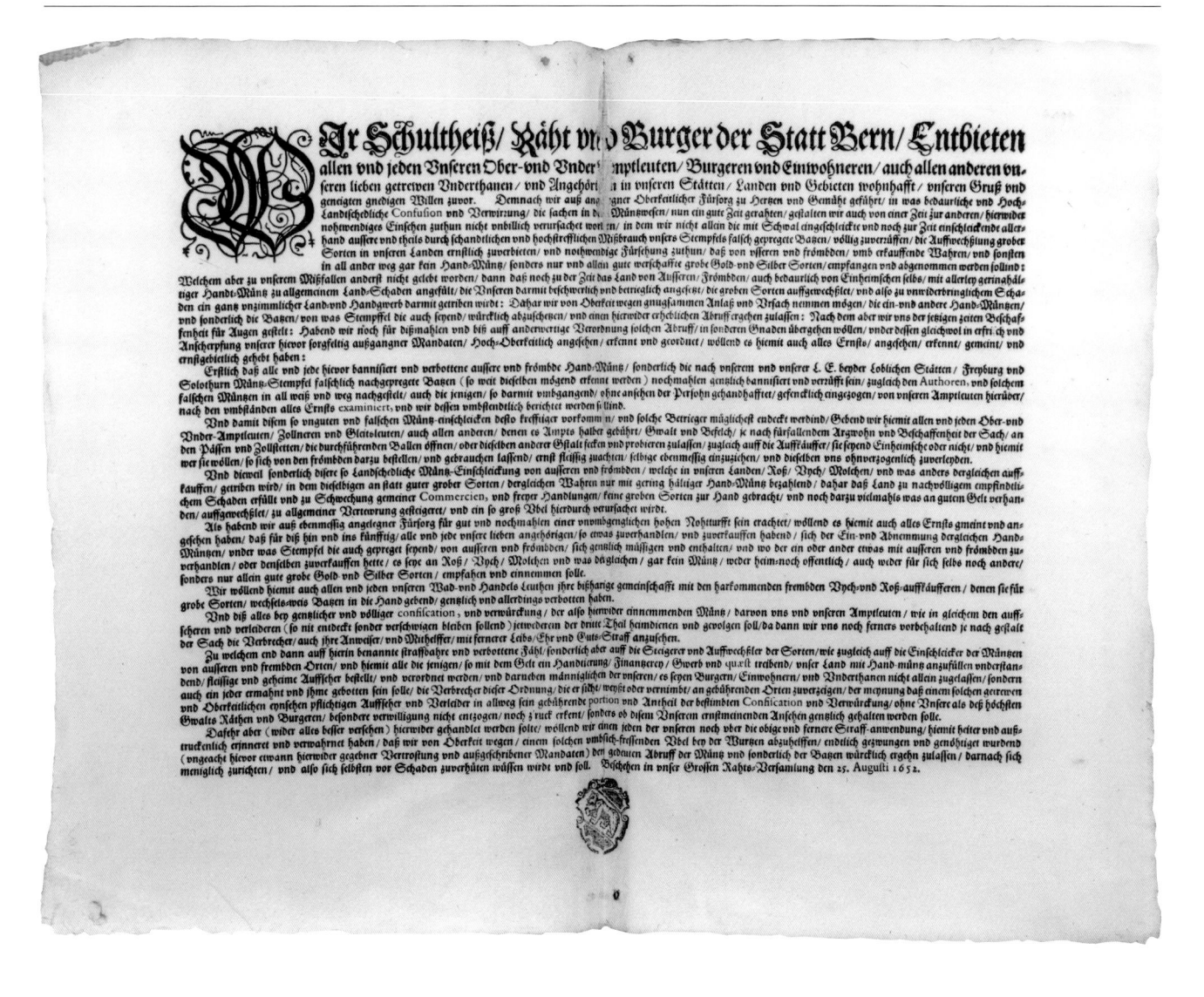

auch «ledige fremde reformierte Arbeiter».⁵³ Das Glück war indes dem neuen Pächter ebenso wenig hold, und bereits im September 1679 übernahm Samuel Fischer der Jüngere (1653–1716), Kaufhausverwalter, 1699 Stiftsschaffner in Zofingen und 1706, in seinem Todesjahr, Kastlan zu Zweisimmen und der Bruder des nachmaligen Postgründers, den Pachtvertrag für die Münzanstalt, den Willading am 4. Dezember 1678 mit der Obrigkeit geschlossen hatte.⁵⁴ Samuel Fischers Engagement war jedoch von ähnlich kurzer Dauer, und bereits im folgenden Jahr trat Beat Fischer in den Pachtvertrag ein. Auch er behielt das Geschäft nicht lange in seiner Hand, mangelnde Rendite, hohe Investitionen in den Betrieb und gleichzeitig das aussichtsreiche Amt eines Landvogtes in Wangen liessen Beat Fischers Interesse rasch erlahmen.

Im Herbst 1679 übernahm Beat Fischer den Pachtvertrag für die Münzstätte. Gleichzeitig bestellte der Rat eine neue Inspektion zur Einhaltung dieses Münztraktats und setzte den alt Schultheissen und den Deutschseckelmeister als Guardine vom Rat ein, Heimlicher Sinner sollte «die Sorten probieren».⁵⁵ Bereits vorher hatte Beat Fischer offenbar dem Rat eine Supplik betreffend die nötigen Verbesserungen im Münzwesen eingereicht. Schultheiss und Rat waren nach Einholen eines Gutachtens bei den Vennern und dem Deutsch-

Abb. 43: *In zahlreichen Mandaten regelte die Obrigkeit die in Bern zugelassenen, zirkulierenden Münzen und ihren gültigen Umrechnungswert. Münzmandat von 1652. StAB Mandatensammlung.*

---

53 Türler NBT 1905, S. 114.
54 von Fischer 1884, S. 369.
55 StAB A I 415: Spruchbuch des Unteren Gewölbs, Bd. XX, S. 17.

seckelmeister gesonnen, diese Verbesserungen anzunehmen. Sie hielten am 8. September 1679 in einem längeren Exposé fest, auf welche Weise die Münze künftig zu arbeiten hätte: Was das Schlagen der Vierer anging, so sollten diese, damit die Burgerschaft ob dem geringen Gehalt nichts zu klagen habe, nicht nach dem «allerletzten geringen halt sondern in der feine und gewicht wie vor diesen geschlagen werden». Um die fortdauernde Nachfrage in der Burgerschaft und anderswo nach Dukaten zu befriedigen, sollten diese auch geprägt werden, «jedoch dass sy von gutem Dukatengold, und an korn und schrot also beschaffen seyn, dass si die prob halten thüend. Vierer aber wollen wir keine andere zu schlagen gestatten, als die welche durch einen Jewesenden herren Teütsch Seckelmeistern, wie auch unsern diener den Grossweibel und Gerichtsschreibern zumüntzen anbevolchen worden.» Die Prägestempel hingegen sollten gemäss Ratsbeschluss währschaft, aber schlicht geschnitten werden, nämlich, so der Rat: «[...] haben wir uns das Jenige für das anständigste belieben und gefallen lassen, welches das einfaltigste, und den grössten Bären ohne Kron, und mit dem wenigsten Zierath repräsentiert [...]». Da andernorts kein Unterschied zwischen den einzelnen Münzsorten gemacht werde, fuhr der Rat fort, wolle man das auch in Bern ähnlich halten und zwischen den Talern, den 30-, 20- und 10-Kreuzerstücken keine Unterscheidung beim Prägen machen. Schliesslich setzte man auch noch die Inspektion ein, welche darüber zu wachen habe, dass der Münztraktat durch den Pächter Fischer jederzeit eingehalten werde.

Zu Anfang des Jahres 1681 wurde dieser Vertrag indes bereits wieder aufgehoben. Die Schwierigkeiten waren vielfältige: Die Münze benötigte bei Beat Fischers Übernahme bereits wieder neue Einrichtungen, zudem prägte er vornehmlich Vierteltaler. Und als ihm das Schlagen der unrentablen 20- und 10-Kreuzler obrigkeitlich verboten wurde, kündigte er kurzerhand im Januar 1681 den Vertrag.[56] In der «Widerabnemmung Herrn Fischers Müntz Tractats» werden diese Gründe alle benannt. Die Investitionen, die Beat Fischer in der Anstalt getätigt hatte, vermerkte man mit Wohlwollen, kam aber nicht umhin, vor allem auf die Schwierigkeiten hinzuweisen. Pächter Fischer habe «unsers Müntzhaus samt eint und anderen dingen, instrumenten, machinen, geprägen und dergleichen in ein brauchbares Wesen gebracht, darauf mit prägen der eint und anderen bewilligten Gold- und Silbersorten dem Contract gemäss ein Anfang gemacht und aber von eingefallenen hindernussen und sonderbahren betrachtungen wegen dem bestehere mit weiterem zehen und zwänzig kreüzler prägen innzuhalten befolchen worden, inmassen derselbe seinem Vorgeben nach desswegen zu schaden kommen» sei. Aus diesen Gründen habe man einen Ausschuss ins Leben gerufen, der schliesslich zur Ansicht gelangt sei, es wäre «unserem stand in allerweg rahtsamer, besser und nuzlicher, [...] gedeüten Traktat widerum zu unseren Handen zenemmen, und den bestehern dargegen auch allerhand adstrictionen zu denen derselbe Ihnen verbunden, ledig zu lassen under der abfertigung, wie hernach volget [...]»[57]. Anschliessend hielt der Rat die Bedingungen für die Rückgabe der Pacht fest. Das Münzhaus mit allen darin gemachten Verbesserungen musste zurückgegeben werden, desgleichen die Prägestempel, die der Besteher habe schneiden lassen und die ihm nun zu nichts mehr dienlich sein könnten. Insgesamt waren dies:

---

56 StAB A II 502: RM 190, S. 218, 339 und 340; StAB A I 415: Spruchbuch des Unteren Gewölbs, Bd. XX, S. 376–383. Vgl. auch Martin 1978 I, S. 214.

57 StAB A I 415: Spruchbuch des Unteren Gewölbs, Bd. XX, S. 376 ff.

«fünf pahr Thaler Carré oder Präg
vierzehen pahr halb gulden
siben pahr fünff bätzler
sechs bahr zehen kreüzler
ein pahr vierfach ducaten
zwey pahr dreyfach ducaten
ein pahr einfach ducaten
underschiedliche Vierer Carré
sechs und zwänzig pahr geschmiedete Carré»

Die angestellten Verbesserungen technischer und maschineller Art stellte Pächter Fischer der Obrigkeit daraufhin in Rechnung. Diese liess die Posten jedoch einzeln examinieren und beschloss, dass, nach Abzug jener Rechnungsbeträge, welche die Regierung nicht zu akzeptieren gewillt war (leider fehlt hierzu die genaue Aufstellung), dem ehemaligen Pächter eine Entschädigung in der Höhe von 3000 Kronen zu verabfolgen sei. Davon zog man ausserdem noch 600 Kronen für Emolumente oder Gebühren aus dem zwei Jahre zuvor abgeschlossenen Münztraktat ab, und somit erhielt Fischer in Berner Währung summa summarum aller Ansprüche 8000 Pfund.[58] Mit Datum vom 16. Februar 1681 wurde der Erlass rechtskräftig. Bis Ostern desselben Jahres durfte Beat Fischer das bereits vorhandene Silber noch verarbeiten und also so lange mit Prägen fortfahren.

Das Gebäude der Münze mietete Samuel Fischer, die Maschinen wurden eingelagert, und drei Jahre später wurde, da die Republik auf eine funktionierende Münzstätte angewiesen war, ein St. Galler als neuer Münzmeister in die ledige Pacht eingesetzt. Es war Daniel Schlumpf, der bereits unter Beat Fischer in der Berner Münze, damals noch als Buchhalter, tätig gewesen war und somit die Einrichtung kannte. Ihm stand weiterhin Samuel Fischer als Guardin zur Seite. Fischer versah sein Amt noch bis 1694. Die Berner Münze gelangte zu Ansehen und relativer Blüte wohl allein ob der qualitativ hoch stehenden Erzeugnisse, doch rechnete es sich offensichtlich für die Pächter nicht. Beat Fischer schweigt sich letztlich über die Einzelheiten aus. Auch geld- und währungspolitische Überlegungen können nirgends festgemacht werden. Es lag wohl auch im Geist der Zeit, die Fakten nicht restlos offen zu legen. Merkantilistisches Gedankengut als wirtschaftspolitische Staatsmaxime griff – wie bereits angedeutet – auch im Bern des zu Ende gehenden 17. Jahrhunderts Raum: Das Vermögen des Staates jedoch wurde niemals wirklich beziffert. Berns Finanzpolitik war Arkanpolitik, die Republik machte letztlich ihre Staatsrechnung niemals transparent. Wie viele Personen und welcher Kreis in der Machtzentrale des Berner Rathauses wirklich über den Staatsschatz in voller Kenntnis waren, entzieht sich bis heute dem Wissen der Historiker.

Persönliche Zeugnisse Beat Fischers aus seiner Zeit als Münzpächter sind unverfänglich und bloss der Spur nach erhalten: Beide Münzmeister, Johann Rudolf Willading als auch Beat Fischer, aber ebenso ihre Stempelschneider David Dick, Gabriel Le Clerc und Guillaume Pommarede, versahen die von ihnen geprägten Geldstücke jeweils mit ihren Initialen.

Abb. 44: *Stadt Bern, Vier-Dukatenstück 1680, Gold, mit dem Münzzeichen BF als Monogramm des Münzpächters Beat Fischer. Prägung 1680. Standort: Bernisches Historisches Museum, Inv.-Nr. 53.9.*

58 StAB A I 415: Spruchbuch des Unteren Gewölbs, Bd. XX, S. 383.

In seinem persönlichen Rechnungsbuch, dem «Lauffender Schulden- und Contibuch», führte Beat Fischer allerdings eine genaue Rechnung über die Aufwendungen für die Münzmeister. Der Blick auf das Jahr 1679 weist im Soll aus: Einen Übertrag aus dem vorigen Buch (das leider nicht erhalten geblieben ist) in der Höhe von 505 Kronen, 21 Kreuzern und 2 Batzen.[59] Am 24. Mai bezahlte Fischer seinem Stempelschneider David Dick für seinen Lohn 37 Kronen und 5 Kreuzer. «Per saldo des Pommaredes Comte» hingegen «à C[onto] 3 gr. gehört sich allhero zu tragen zumahlen nicht zu erhalten ist». Münzpächter Fischer hatte Pommarede bereits am 8. Januar 1679 zusammen mit Willading entschädigt «für etweiche recompens wegen er lang ohne Arbeit auf den Schluss mit M[einen] g[nädigen] h[erren] gewartet nid minder verehret als er aber an gelt erhebt», nämlich mit 211 Pfund oder 84 Kronen und 10 Kreuzer. Buchhalter Schlumpf sowie dessen Bruder Jakob standen ebenfalls auf der Lohnliste: «[...] zu Verlegung der Werkhen darinn er Rechnung halten soll» erhielten sie 163 Kronen und 24 Kreuzer, am 7. August folgten dann noch «vom Weingelt 27 Kronen, vom Holzgelt 152.6.4».

Und mit dem Bruder Samuel Fischer rechnete Beat Fischer 1679 ab über dessen «salarium für 7 wochen lang die er vom 27. Februar bis Ostern 1679 in der Müntz abgewartet [...] bracht die Wochen 9 Kronen, 5 Bz., 3 X [macht total] 46 Kronen, 15 Batzen, 1 Kreuzer». Samuel Fischer wiederum investierte beim Bruder ein Jahr später, im Sommer 1680, die beträchtliche Summe von 2000 Pfund oder 600 Kronen in «baar oder in 2 werschafften Gültbriefen nach seiner option abzulösen besag darinne ihme zugestelter Handschrift»[60]. Die Geschäftsbeziehungen gingen also weiter, und Beat Fischer verzinste gemäss der zwischen den beiden Brüdern getroffenen Abmachung die investierte Summe während dreier Jahre. Erstmals war der Zins am 8. Juli 1681 in der Höhe von 30 Kronen, was einer Verzinsung mit 5 Prozent entsprach, zur Zahlung fällig. Ob indessen das Kapital damals in die Münze gesteckt worden ist, bleibt offen.

Am 5. Dezember schliesslich verzeichnete Beat Fischer in seiner Buchhaltung auch die Verehrungen, welche ausgeteilt worden waren:

       25 Dukaten an Schultheiss Frisching

       28 Dukaten an Seckelmeister Engel

       6 Dukaten an Heimlicher Sinner

Alle drei waren Inspektoren der Münze.

Weiter empfingen die Venner Wurstemberger, Kirchberger und Fischer sowie Seckelmeister Tillier je 10 Dukaten.

Auf der Habenseite konnte Beat Fischer am 5. September 1679 den Eingang von 50 neuen Doppeldukaten aus der Münze verzeichnen.[61]

---

59 StAB FA von Fischer II 1 (1): Lauffender Schulden- und Conti-Buch, S. 8 f.

60 StAB FA von Fischer II 1 (1): Lauffender Schulden- und Contibuch, S. 11 f.

61 StAB FA von Fischer II 1 (1): Lauffender Schulden- und Contibuch, S. 8 f.

Politik und Ämterlaufbahn

Im Frühjahr 1671 übernahm Beat Fischer mit der Wahl zum substituierten Deutschseckelschreiber sein erstes öffentliches Amt. Es war dies noch ein reines Verwaltungsamt, doch sollte damit die eigentliche politische Ämterlaufbahn vorbereitet werden. Bereits zwei Jahre später erfolgte denn auch die Wahl in den Grossen Rat. Indes, bevor er überhaupt in ein politisches Amt eingetreten war, machte er schon von sich reden. Seit den Zeiten der Reformation plagte die Sorge um die Glaubensrichtung der Täufer die Obrigkeit. Verbreitet war die Täuferbewegung vorab auf den einsamen Höhen des Emmentals. Ihre ganz besonderen Vorstellungen von christlicher Lebensweise verwoben sich in den Augen der Regierung in Bern sehr schnell mit Ungehorsam gegenüber der Obrigkeit. «Nicht so sehr die Ablehnung der Kindestaufe oder, mit anderen Worten, die Forderung nach der Erwachsenentaufe (daher der Name) veranlasste die Behörden zu ihrem harten Vorgehen; die Obrigkeit sah die staatliche und gesellschaftliche Ordnung gefährdet, wenn die Täufer Eid und Wehrdienst, weltliches Gericht, Zins und Zehnten verwarfen, ja die Ratsherren fühlten sich in ihrer eigenen Rechtsstellung bedroht, wenn die Täufer aus Matthäus 20, 24–28, schlossen, ein Christ könne nicht in der Regierung sitzen.»[62] In unerschütterlicher Konsequenz verweigerten die Täufer der Obrigkeit auch die Huldigung, was für diese mit zum Schlimmsten und Bedrohlichsten zählte. Die Stimmung im Lande draussen war durch Kriege, Teuerung und Misswirtschaft ohnehin schon schlecht genug.

Die Jahrzehnte seit der Mitte des 16. Jahrhunderts waren in den bernischen Landen geprägt durch unmenschliche Täuferjagden, welche schliesslich dazu führten, dass sich die Täufer den exzessiven Verfolgungen durch Auswanderung zu entziehen versuchten. Sie übersiedelten nach Böhmen und Mähren, in die Pfalz, aber auch auf abgelegene Jurahöhen. Besonders schlimm wurde die Lage um die Mitte des 17. Jahrhunderts. Seit den 1660er Jahren wurden die Täuferjagden verstärkt, wobei jene, derer man habhaft werden konnte, hart abgeurteilt wurden. Viele richtete man hin, noch mehr steckte man in Zuchtanstalten. Zahlreiche Täufer aus den Landgerichten im Emmental verbrachte man ins Waisenhaus nach Bern, und 1671 verschickte die Berner Regierung ganze Täuferfamilien auf die unmenschlichen Galeeren.[63] Die Regierung bestand nach wie vor hart auf dem ihr verweigerten Huldigungseid, und sollte der Amtmann im Landgericht draussen die Täuferjagd nicht mit der nötigen Strenge ausüben, so nahm die Obrigkeit kurzerhand unbescholtene Untertanen aus den einschlägig bekannten Gegenden als Geiseln. Diese

Abb. 45: *New Mandat unnd Ordnung von Schultheissen klein und gross Rhat der Statt Bernn der Widertöufferen wegen. Täufermandat von 1597.* StAB Mandatensammlung.

---

62 Wälchli 1981, S. 122.
63 StAB A II 475: RM 164, S. 428.

wurden so lange in Bern festgehalten, bis die Täufer dingfest gemacht waren. Die Ratsmanuale sind voll geschrieben mit Einträgen solcher Beschlüsse. In diese Stimmung hinein mischte sich der junge Beat Fischer, selber noch ohne politisches Amt und somit in den Augen der Obrigkeit ein geeigneter, weil unbelasteter Mann. Als nämlich im Herbst 1671 eine ganze Gruppe Täufer im Waisenhaus zu Bern eingesperrt worden war, verwendete er sich in einem persönlich eingereichten Memoriale dafür, dass diese sicher ins nahe Ausland verbracht werden konnten, und rang der Regierung erfolgreich die Zusicherung ab, die Täufer persönlich nach Basel begleiten zu dürfen, von wo sie der im elsässischen Rappersweyer sitzende Täuferführer Adolph Schmid übernehmen und weiter in die Pfalz in relative Freiheit bringen sollte. Beat Fischer war bereits vorher mit obrigkeitlicher Zustimmung zu Adolph Schmid gereist, um die nötigen Anstalten zu treffen. Im Oktober 1671 beschloss schliesslich der Rat, «Herr Beat Fischer dem älteren zu Abführung der biss hieher allhier in der Statt gewarsammlich enthaltenen Wider Täüfferen ein Passeport» zu erteilen. Beat Fischer erhielt das Reisepatent zusammen mit Vollmacht für die endgültige Überführung der Täufer. Ans Obere Spital erging gleichzeitig die Anweisung, es seien «die Widertäüffer auss ihrer Gewahrsamme ins Waisenhaus gelassen sich darin zu säubern damit sie am Freitag weggeführt werden könnind»[64]. Dieses gute Ende für eine ganze Gruppe von Täufern war in der Tat Beat Fischer und seiner im Herbst 1671 eingereichten Relation zu danken. Denn vermutlich erst auf seinen Vorstoss hin beschloss der Rat, die Täufer auszuschaffen, wobei jeder so viel seiner Habe mitnehmen durfte, als er «mit den seinen zeüchen mag». Anrührend ist die Dankbarkeit, die Beat Fischer in den Täuferbriefen zuteil wurde. In einem solchen Brief vom 13. Oktober 1671 wird berichtet, welch grausamen Beschluss die Berner Obrigkeit getroffen habe, da sie junge und gesunde Männer auf die Galeeren schicken wollte: «Als diesen Beschluss ein gewisser Herr in Bern vernahm, wurde er zum Mitleiden bewegt; deshalb ging er zur Obrigkeit und ersuchte dieselbe, man wolle doch so lange mit dem Transportieren der Gefangenen warten, bis er zu ihren Glaubensgenossen, die im Elsass wohnen, gereist wäre und gesehen hätte, ob sie für die Gefangenen Bürgschaft leisten wollten, mit dem Versprechen, dass die Gefangenen, wenn sie aus dem Land gezogen wären, ohne Bewilligung nicht wieder dahin kommen sollten. Diese erlangte er, darum hat er es unsern Freunden, als er zu ihnen in den Elsass kam, vorgestellt; als dieselben die Nachricht erhielten, haben sie sogleich die Bedingung angenommen und dies dem Herrn (er hiess Beatus) nicht allein mündlich zugesagt, sondern auch schriftlich mitgegeben. Darauf hat er ihnen versprochen, bei der Obrigkeit zu Bern sein Bestes zu thun, in der Hoffnung, er wolle so viel bei ihnen ausrichten, dass sie die Gefangenen nach Basel liefern sollten, wo sie nachher die Freunde abholen könnten. So sind wir denn nun ihrer mit Verlangen gewärtig und erwarten alle Tage die Nachricht, dass sie im Elsass angekommen seien oder zu uns hieher kommen werden. Eben jetzt kommen hier bei mir vier Brüder aus der Schweiz mit Weibern und Kindern an und bringen die Nachricht mit, dass noch viele unterwegs seien, weil das Verfolgen und Aufsuchen täglich zunimmt [...].»[65]

Mit der Wahl im Frühling 1673 in den Grossen Rat kam der folgerichtig nächste Schritt in einer für viele Angehörige seines Standes vorgegebenen

---

64 StAB A II 476: RM 165, S. 65 und 75.
65 Zit. nach Müller 1895, S. 197.

Ämterlaufbahn. Sein persönliches Wirken im Grossen Rat trat indes hinter das Wirken des Kollegiums zurück. Nicht die Person stand im Vordergrund, vielmehr der gemeinsame Dienst am Gemeinwohl. Dabei waren die Jahre um 1670 bis 1680 eine aufwühlende Zeit für die Republik. Politische Umwälzungen grundlegender Art im Machtgefüge Berns kennzeichneten die letzten drei Jahrzehnte des 17. Jahrhunderts.

Die Entmachtung der Vennerkammer und die Stärkung des Grossen Rates

Die seit den Unruhen der 1650er Jahre in Bewegung geratenen Verhältnisse in der Republik und vor allem in der Hauptstadt Bern setzten nachgerade Kräfte frei, welche auf eine Umwälzung der politischen Strukturen drängten.[66] Die Regierung Berns ruhte seit dem Mittelalter auf den beiden Körperschaften Grosser Rat oder Rat der Zweihundert und Kleiner oder Täglicher Rat. Der Kleine Rat nahm für sich in Anspruch, auf der Goldenen Handfeste von 1218 zu gründen, während der Grosse Rat erstmal 1294 im Batstuberbrief Erwähnung fand.[67] Der Kleine Rat, ein kleines und sehr viel homogeneres Gremium, beweglicher und durch die täglich mehrstündigen Ratssitzungen direkter mit den politischen Entscheidungen vertraut, beanspruchte demgemäss nicht allein Anciennität, sondern vielmehr auch institutionelle Überlegenheit. Der Grosse Rat hingegen, der allein auf Begehren des Kleinen Rats zu seinen unregelmässigen Sitzungen zusammentrat, bot ein wesentlich disparateres Bild. Wohl war der Tägliche Rat verpflichtet, in den wichtigen Fragen die Entscheidung der Zweihundert einzuholen, doch verstärkte sich insbesondere im 17. Jahrhundert eine Tendenz zur Umgehung des Grossen Rates. Da eine klare Kompetenzausscheidung fehlte, war Spielraum gegeben.[68] Zwischen den beiden Räten gärte es, und oft entzündeten sich die Streitigkeiten an solchen Kompetenzfragen. «Gewaltigen Lärm erhob die Burgerschaft im Sommer 1673, als der Kleine Rat eine mit Blankovollmacht ausgestattete Gratulationsgesandtschaft an Ludwig XIV. schickte; man sah die Republik in Gefahr, schrie Mord und Brand und benützte die Gelegenheit, um wieder einmal nachdrücklich auf die Burgerspunkte [die Satzung des Grossen Rats] zu pochen.»[69] Was sich da an einer Grussbotschaft entzündete, reichte tief: Zwei Parteien lagen sich in den Haaren, die eine um den späteren Schultheissen von Erlach, dessen Regiment in Diensten der französischen Krone stand, die andere um Niklaus Daxelhofer, der einen betont antifranzösischen Kurs verfocht. Die Krise sollte sich in den 1680er Jahren im Zuge der aggressiven Eroberungspolitik des französischen Königs noch verschärfen und schliesslich einem Kulminationspunkt in der Affäre um Katharina Perregaux-von Wattenwyl zutreiben. Auch Beat Fischer geriet mit seinem Vorgehen zur Erlangung der Postpacht in diesen Konflikt zwischen Rät und Burgern. Nachdem ihm der Kleine Rat ohne Konsultation der Zweihundert den ersten Postpachtvertrag gewährt hatte, erhoben diese vehement Klage und beharrten darauf, dass die Verleihung von obrigkeitlichen Regalien nur Rät und Burgern zustehe, letztere sich keinesfalls nur mit einer nachträglichen Kenntnisnahme abspeisen liessen.[70] Zur vielfach monierten Überlegenheit des Kleinen Rats trug die Vennerkammer als vorberatende Behörde wesentlich bei. Diese ursprünglich aus den Vennern als Bannerträgern und militärischen Beamten gebildete Kammer usurpierte schon früh neben den militärischen auch wirtschaftliche Befugnisse und wurde im Zuge der weiteren Entwicklung bald zum eigentlichen Machtzentrum: «Den wichtigsten Beitrag zur ratsherrlichen Machtstellung aber lieferte die Vennerkammer.

---

66 von Steiger 1954, S. 42 ff.; Feller 1974 III, S. 106 ff.; Braun-Bucher 1991, bes. S. 238 ff.
67 Feller 1974 I, S. 65 ff.
68 von Steiger 1954, S. 43.
69 von Steiger 1954, S. 44.
70 StAB A II 486: RM 175, S. 202.

Als bestorganisierte Behörde des Staatswesens war sie recht eigentlich der Kern des Kleinen Rates.»[71] Das Wichtigste indes war, dass die Vennerkammer durch das Wahlverfahren weitgehenden Einfluss auf alle Staatsgeschäfte nehmen konnte. Gemeinsam mit den Sechzehnern, welche sie aus den burgerlichen Gesellschaften erkor, wählte sie den Kleinen Rat, während Sechzehner und Täglicher Rat gemeinsam die Nominationen bei den Burgerbesatzungen vornahmen. Der Beschränkung der Macht dieser Kammer galt denn auch seit 1682 das Augenmerk des Grossen Rates. In einem mehrere Seiten umfassenden Memorial machte dieser im Dezember 1686 seinem Ärger Luft. Er befürwortete engagiert eine generelle Standesreform. In den Jahren 1681–1683 hatte eine eigens dazu berufene Grosse Standeskommission bereits einen ersten Anlauf dazu genommen. In ihrem Gutachten hielt die Kommission 1682 dazu fest, «dass der Grosse Rat genannt die Zweihundert der Stadt Bern allein supremam potestatem oder den höchsten Gewalt und Souverainität zu allen Zeiten in geist- und weltlichen Sachen zu üben habe [...]»[72]. Doch wurden diese Bemühungen durch etwelche Machenschaften der um ihre Machtstellung fürchtenden Führungsschicht beinahe zunichte gemacht. Man hatte den Ausweg in einer politisch weniger belasteten Kommission zur Verbesserung der Ökonomie gesucht und auch diese bald wieder einschlafen lassen. Erst der 1687 gegründete Kommerzienrat wurde zur tauglichen Wirtschaftsbehörde mit zentralen Befugnissen. 1687, nach eingehender Examination der im Grossen Rat erhobenen Vorwürfe gegen die übermächtige Vennerkammer, kam es mit dem Erlass einer über 28 Seiten umfassenden Verordnung über die Einschränkung der Macht des Deutschen und des Welschen Seckelmeisters und der Vennerkammer zum Eklat. Aus dieser Auseinandersetzung ging der Grosse Rat zweifellos gestärkt hervor: Seine Kompetenzen, aber auch seine Verantwortung erfuhren eine markante Aufwertung. Bezeichnend das Beispiel des neuen Kommerzienrates, dessen Zusammensetzung nun nicht mehr, wie bei der Kommerzienkammer, durch die Venner bestimmt wurde, sondern der ordentlich durch Rät und Burger gewählt wurde. Auch sassen in ihm nur mehr zwei Ratsherren neben sechs Burgern. Den Vennern verblieb in der Oberaufsicht über die Landvogteien ihre ganz wesentliche Hauptaufgabe.

Beat Fischer, der mit seinem anonym eingereichten Memoriale bereits 1675 den Grundstein für ein Unternehmen ganz anderer Art gelegt hatte, indem er sich erfolgreich um die Verpachtung des Postwesens bemühte, scheint damit selbst etwas aus der politischen Mitte getreten zu sein. Fortan lagen seine Interessen, so mag man daraus schliessen, vermehrt auf kaufmännischem Gebiet. Dennoch bemühte er sich zu gegebener Zeit auch um das Amt eines Landvogtes und erhielt 1680 für die sechsjährige Amtsdauer die einträgliche Landvogtei Wangen.

Beat Fischer als Landvogt in Wangen

Der Landvogt als wichtigstes Bindeglied zwischen der Stadt und den Untertanen in dem immer grösser werdenden Staatsgebiet war mit umfassenden Vollmachten ausgestattet. Im Wesentlichen oblagen ihm folgende hoheitlichen Aufgaben und Befugnisse:

---

71 von Steiger 1954, S. 60.
72 Zit. nach von Steiger 1954, S. 49.

- Sicherung seines Schlosses und Amtssitzes
- Wahrnehmung der Rechte als Landesherr
- Verwaltung der hohen und niederen Gerichtsbarkeit
- Verwaltung des obrigkeitlichen Grundeigentums
- Kontrolle der Gemarchungen
- Unterhalt der öffentlichen Gebäude und Bauwesen
- Aufsicht über das Chorgericht
- Aufsicht über die Gemeinden
- Militärwesen

In den reich dotierten und blühenden Vogteien des Aargaus und der Waadt konnte ein erfolgreich wirtschaftender Landvogt den soliden Grundstock seines Vermögens bilden, waren die Einkünfte doch sein Entgelt. Nach erfolgter Wahl musste er sich im Rahmen des so genannten Amtsauskaufs in die Landvogtei einkaufen, von seinem Vorgänger die Einrichtungen und Vorräte übernehmen und ihm bei Antritt der Landvogtei den Amtseid leisten. In seinem «Journal und Memorialia wegen erlangten Ambtes Wangen» hat Beat Fischer alle diese Vorgänge genau und ausführlich dokumentiert und eingeschrieben. Das Journal gehört nebst einigen anderen vergleichbaren Dokumenten – sein persönliches Haushaltbuch ist hier an erster Stelle zu nennen – zu den wenigen Selbstzeugnissen, die Beat Fischer hinterlassen hat. Gemäss Aufzeichnung hatte er am 2. August 1680 «coram senatu» die «Formula Juramenti» gesprochen und beschworen: «Wie die Schrifft die mir vorgelesen worden, dero will ich nachgahn und die vollbringen in guten treüen, ohne alle gefehrd, so wahr mir Gott hellfft.»[73] Anschliessend fand der Amtsauskauf statt. Von seinem Vorgänger, Landvogt Mathei, übernahm er Stroh, Gewächs, Heu, Pferde, Zugtiere, Milchkühe, Pferdegeschirr, Wagen, Leitern, Stierjoche (8 Stück), eisernes und hölzernes Werkzeug (dazu gehörte auch ein Floss-Schiff auf dem Mühlibach) und zu guter Letzt auch noch «fünf Impen im garten».[74] Die Kaufsumme wurde auf 5000 Pfund ausgehandelt, zu erlegen in drei Jahresraten und jeweils auf Ostern zu bezahlen. Schon am 23. Juni hatte Beat Fischer sein Patent vom Rat erhalten, und so konnte der Umzug nach Wangen in Angriff genommen werden.

Am 1. November 1680 war es dann so weit, und der Aufritt erfolgte. Nach eingeholtem Bericht des alten Amtmannes von Wangen, wonach es schicklich sei, auf Allerheiligen oder Allerseelentag den Aufritt zu machen, entschloss sich Beat Fischer, «den 2. Novembris als aller Seelentag, vor Mittag in Wangen anzulangen, zu welchem end ich Montags den 1. Dito mein Weib und Kinder samt übrige familie, umb 7 Uhren morgens in einer chese und einer Gutschen samt 2 Reitpferden (deren eines Basen Madlen und das andere Hr. Meyer ritte) verreisen liesse in Gottes namen, mit ordre in Subigen zu übernachten: Ich aber war entschlossen den dinstags morgen früh erst zu verreisen: Nach dem ich aber, bald nach der Abreis der meinigen, von etwelchen ausgeschossenen von Langenthal etwelche ihres H[er]rn Predikanten wegen sich zu Bärn befunden, vernommen hatte, dass ordre und anstalt gemacht und verfügt worden seye, dass etliche meiner Amtsvertrauten, sich gewehr stellen, und mir entgegen zeüchen sollten. Solches aber wider den inhalt meines patents und mir nur beschwerlich wurde gewesen sein, enderte ich meine resolu-

Abb. 46

Abb. 46: Journal und Memorialia wegen erlangten Ambts Wangen, von der Erwählung an, als vom 23. Juli 1680 bis […]. Titelbild mit dem Monogramm BF. Das Journal enthält unter anderem ein Verzeichnis der nach Wangen mitgenommenen Effekten und Bücher. StAB FA von Fischer I 21 (3).

73 StAB FA von Fischer I 21 (3): Journal und Memorialia wegen erlangten Ambts Wangen, S. 43.
74 StAB FA von Fischer I 21 (3): Journal und Memorialia wegen erlangten Ambts Wangen, S. 89–97.

tion, und verreiste noch selbigen tags gegen 3 Uhren abends und kam gegen 7 Uhren abends zu meiner famille nach Subigen.»⁷⁵ Am nächsten Tag verliess der neue Landvogt deshalb Subigen in aller Frühe und langte bereits um 7 Uhr morgens in Wangen an, «allwo der mehrere Theil der Burgerschaft noch in der ruh, wenige aber beschäftiget waren ihr gewehr hervorzusuchen». Zwei Stunden später erreichte auch seine Familie samt Hausgesinde wohlbehalten ihr neues Heim im Schloss Wangen. Am 12. November nahm er die Huldigung der Herren Predikanten, Weibel, Freiweibel und Amtmänner sowie der Ausgeschossenen der sechs nach Wangen gehörenden Gerichte in der Kirche entgegen. Beat Fischers Auftritt wirft ein charakteristisches Licht auf seine Persönlichkeit. Den Buchstaben des Patents genau befolgend, liess er sich nicht durch Ablenkung und Eitelkeit beirren, der Sache sollte sein künftiges Augenmerk gelten, nicht den Umständen. Solches verhiess der neue Landvogt seinen Amtsangehörigen bereits mit dem Amtsantritt.

Die Amtsjahre in Wangen wurden ihm denn auch nicht leicht gemacht: «In das Winkelwesen geriet um 1680 Beat Fischer, der Postgründer, als Landvogt von Wangen. Ihm schlug das Blut rascher in den Adern, als es sich mit der gemächlichen Landesväterlichkeit vertrug.»⁷⁶ Rasch holte ihn der Alltag mit seinen Streitigkeiten und Kleinlichkeiten ein. Als er sich einen Überblick über Amt und Leute verschafft hatte und sich anschliessend daran machen wollte, Ordnung in die komplexen Zustände zu bringen, da geriet er nicht nur mit der Stadt Burgdorf, welche ihre einmal angemassten Rechte nicht mehr preisgeben wollte, in Unfrieden, auch die Amtleute von Aarwangen und Thorberg rebellierten. Im Amt Wangen, wie andernorts auch, bestanden neben den Herrschaftsrechten der Obrigkeit auch noch zahlreiche lokale Rechte, teils übten die Twingherren ihre angestammten Rechte, vornehmlich die niedere Gerichtsbarkeit, aus. Dies war nicht nur in Koppigen der Fall, wo der Vogt von Thorberg als stellvertretender Rechtsnachfolger des aufgehobenen Klosters und damit des ehemaligen Grundherrn die Rechte eifersüchtig hütete. Denselben Sachverhalt traf er in der Stadt Burgdorf an. Sie übte angemasste vögtliche Rechte in verschiedenen Orten der Umgebung, so auch in Thörigen und Lotzwil, aus, welche sie zudem auf Kosten der Hohen Gerichtsbarkeit Berns noch auszudehnen versuchte.⁷⁷

Abb. 47 S. 111

In dieser heiklen Zone zwischen obrigkeitlicher Zuständigkeit und Bewahrung sowie Respektierung althergebrachten lokalen Rechts tendierte Beat Fischer eindeutig zu einer obrigkeitlich verfassten Rechtsvereinheitlichung. Er unterstützte die zweifellos moderne Richtung, lokale Rechte allmählich in den obrigkeitlichen Rechtsnormen aufgehen zu lassen. Sprechend für seine Haltung und seine Absichten ist nicht zuletzt die persönliche Bibliothek, welche Fischer als Arbeitsinstrument nach Wangen mitgenommen hat. Die Rechtsliteratur, durch das umfangreiche Reichsschrifttum prominent vertreten, erweist deutlich, wohin der Landvogt steuern wollte. Auf rechtstheoretischer Grundlage fussend, wollte er seinen Überzeugungen auch in der Praxis des Alltags zum Durchbruch verhelfen. Damit seiner Zeit voraus, musste er vorerst scheitern. Gerade im Falle Burgdorfs versuchte Landvogt Fischer der Regierung in Bern klar zu machen, wie stark die Stadt in die hohe Gerichtsbarkeit einzugreifen trachtete, indem sie sich landesherrliches Recht anmasste, wie Witwen und Waisen zu bevogten, Gewalt über die Allmenden

---

75 StAB FA von Fischer I 21 (3): Journal und Memorialia wegen erlangten Ambts Wangen, 2 eingelegte Blätter.
76 Feller 1974 III, S. 122.
77 StAB FA von Fischer I 21 (2): Copier-Buch 1680–1684, nicht paginiert; BBB FA Fischer 11: (Karl Ludwig) Friedrich von Fischer von Bellerive (1823–1908): Beatus Fischer (1641–1698) 1885, S. 29 ff.

Abb. 47: Albrecht Kauw (1616–1681): Wangen an der Aare. Ansicht von Schloss und Stadt von der Aarebrücke aus. Aquarell, 13,7 x 30 cm. Standort: Bernisches Historisches Museum, Inv.-Nr. 26087.

und die Hochwälder auszuüben, neue Einschläge zu bewilligen und sogleich den Zins darauf zu erheben, aber auch die Schankbewilligungen zu erteilen. Damit wurde der Wirkungsbereich der obrigkeitlichen Mandate beschnitten. Noch exemplarischer der Fall mit den Landvögten von Burgdorf und Thorberg im Streitfall um das militärische Aufgebot. In diesen unsicheren Zeiten des ausgehenden 17. Jahrhunderts kam dem Mannschaftsaufgebot hohe Bedeutung zu. Das Dorf Koppigen gehörte unter das hohe Gericht und unter das Mannschaftsaufgebot von Wangen, während das niedere Gericht als althergebrachtes twingherrliches Recht bei Thorberg lag. Fischer nahm folgerichtig die Huldigung vor und erboste dadurch den Vogt von Thorberg. Dieser, Karl von Bonstetten (1641–1688), wurde daraufhin in Bern vorstellig, und die Vennerkammer musste sich der Sache annehmen. Schwerfällig kam ein Entscheid zustande: Eigentlich gebe es keine klare Sachlage für Koppigen, so die Antwort aus Bern, doch müsse festgehalten werden, dass die Souveränitätsrechte wie Hohes Gericht, Huldigung, Mannschaft und Kriegssachen sowie die Verkündigung und vor allem die Durchsetzung der obrigkeitlichen Mandate dem Landvogt gehörten.[78] Fischer erhielt wohl Recht, doch ging damit faktisch keine Vereinheitlichung der Rechtslage einher. «Kaum die Hoheit, nicht die Verwaltung des Landes wurde einheitlich.»[79]

So wurde es für den Landvogt zu einem Problem besonderer Art, feststellen zu müssen, dass Mandate aus Bern in der Rechtsanwendung der Ungleichbehandlung zum Opfer fielen. Sie galten wohl im gesamten Hoheitsgebiet, allein ihre Durchsetzung war begrenzt durch lokales, meist gewachsenes älteres Recht. Was zum einen die Stärke und im Grossen gesehen die Stabilität der bernischen Landesverwaltung ausmachte, nämlich die sorgsame Rücksichtnahme auf die örtlichen Verhältnisse und Rechtsame, konnte dem Amtmann im Alltag oft nur lästig und schwer werden. Dem in juristischer Literatur weit bewanderten Beat Fischer aber ging diese an Willkür gemahnende Vorgehensweise letztlich gegen das Rechtsempfinden. Auf sein aus-

78 StAB FA von Fischer I 21 (2): Copier-Buch 1680–1684, nicht paginiert.
79 Feller 1974 III, S. 123.

führliches Memoriale hin beschloss der Kleine Rat, einem Antrag der Vennerkammer folgend, 1682 zögerlich, dass die Mandate wohl ihre Gültigkeit haben sollten, doch sei in der Anwendung so zu verfahren, dass bestehendes Recht nicht eingeschränkt werde: «Damit war das ungewisse Ungefähr erneut von oben anerkannt. Das alte landesväterliche Rechtsbewusstsein siegte über das schöpferische. Aus Fischer sprach der kommende Tag.»[80]

Über Jahre hin zog sich auch eine Auseinandersetzung mit dem mächtigen Kloster St. Urban. Auch dort musste der Landvogt dieselbe Feststellung machen wie im Falle der Stadt Burgdorf. Das Kloster masste sich immer wieder neue Rechte an, und die auf seinem Gut lehenpflichtigen Bauern wurden zunehmend mit wachsenden Abgaben beschwert, so dass sich Langenthal schliesslich zur Wehr setzte. Der Landvogt von Wangen nahm sich der Sache an und verlangte, alle einschlägigen Rechtsschriften zu sehen. Nach einlässlicher Konsultation der vorhandenen Urbare wurde der Grundbesitz festgestellt, wobei es sich erwies, dass das Kloster inzwischen zwei neue Urbare geschaffen hatte, in welche der streitbare Sachverhalt – die erhöhten Abgaben sowie der umfangreichere, annektierte Lehenbesitz – bereits als rechtmässiges Eigentum eingeschrieben worden war. Landvogt Fischer suchte nun mit St. Urban eine Regelung gemäss den älteren Urbaren auszuhandeln. Allein, das Kloster beharrte auf seinen angemassten Rechten. Schliesslich sandte Fischer 1685 einen ausführlichen Bericht nach Bern, worin er die Sachlage auf sechs Seiten genau schilderte. Zusammenfassend, so meinte der Landvogt in seinem «underthänigsten fürtrag» nach Bern, könne man festhalten, «die vielfaltige beschwerden welche langenthal zu füehren hat, lassen sich in 3 Puncten zusamen zeüchen.

1. Dass St. Urban sich gar vielmehr Erdtrich und gebäuw lächenpflichtig gemacht hat als ihre alte lächen rechte zugaben.

2. Dass sie das Ehrschatz [fiskalisch ergiebige Handänderungsgebühr, die vom Lehensherrn für seine Einwilligung zu einer Besitzübertragung von Grund und Boden von seinem pflichtigen Pächter erhoben wurde] recht viel höcher gesteigeret als sie recht haben.

3. Dass St. Urban bey angefangener bereinigung die Erkantnussen nicht wie bey den 2. Letzten urbaren geschehen, sonderen auf ein andere Weiss eingerichtet haben will»[81]. Dem sei mit einer korrekt und auf den althergebrachten Urbarien fussenden «Erkantnus» Abhilfe zu schaffen, auf keinen Fall dürften die zwei jüngsten – und offenbar manipulierten – Güterverzeichnisse weiterhin Kraft und Geltung haben. «In gnädiger Behertzigung nun dessen, was oben angeführet worden, wolle Ew[er] Gn[a]d[en] Gnädig geruehen, die Supplicanten von oberzelter Ihnen höchst beschwerlichen dingen billiche liechterung gnädig zu procurieren und zu verschaffen, sonderlich aber auch nicht zuzulassen, dass Ew[er] Gn[a]d[en] Leüth und Land an Papistischer orth und zu abgöttischen gebrauch und mutwillen, wider Recht beschwert sein, oder noch beschwert werden [...].»[82] Die starke und deutliche Antwort des Landvogtes beschleunigte den Fall in keiner Weise. Abwägendes Verhalten und die Furcht vor den Eingriffen ins Herkommen beliessen das Geschäft in Bern vorläufig in der Schwebe. Es sollte sich noch über die ganze Dauer von Beat Fischers Amtszeit hinziehen, selbst nach 1685 war keine befriedigende Einigung gefunden.[83]

---

80 Feller 1974 III, S. 123, und StAB FA von Fischer I 21 (2): Copier-Buch 1680–1684, nicht paginiert.

81 StAB FA von Fischer I 23 (5): Korrespondenz betr. Bereinigung der Rechte und Einkünfte mit dem Kloster St. Urban, Nr. 5.

82 StAB FA von Fischer I 23 (5): Korrespondenz betr. Bereinigung der Rechte und Einkünfte mit dem Kloster St. Urban, Nr. 5.

83 StAB FA von Fischer I 23 (5): Korrespondenz betr. Bereinigung der Rechte und Einkünfte mit dem Kloster St. Urban, Nr. 5.

Ärger mit Predikanten, unrechtmässiges Salpetergraben in Ursenbach, Flüchtlinge, die in Massen über die Grenze kamen, immer wieder Korrespondenzen mit der Stadt Solothurn sowie etwa die obrigkeitliche Regelung des Salzverkaufs gehörten zu den täglichen Geschäften eines Landvogtes in Wangen. Korrespondenzen gingen hin und her, und Beat Fischer trug sie alle in sein persönliches Kopierbuch ein. Dem Salzhandel und der mit dem für Mensch und Tier so wichtigen Stoff verbundenen garantierten Grundversorgung galt das besondere Augenmerk der Obrigkeit. Bern war bemüht, die Salzlieferungen aus der Freigrafschaft Burgund zu gewährleisten, dementsprechend musste aber auch die Abnahme reguliert werden. Am 23. April 1684 erreichte deshalb den Landvogt ein Schreiben aus Bern, das ihm beziehungsweise seinen Untertanen verbot, Salz «aussert m[einer] g[nädigen] h[erren] Botmässigkeit» zu kaufen.[84] Um Schaden zu wenden und den Nutzen des Vaterlandes zu fördern, so Bern, sei es verboten, Salz ausserhalb des Hoheitsgebietes für den Hausgebrauch, aber auch für den Handel zu erwerben. Nur bei den obrigkeitlichen Salzausmessern dürfe es inskünftig gekauft werden. Wer dem Gebot zuwiderhandle und Salz ausserhalb kaufe, müsse abgemahnt werden. Diejenigen jedoch, die mit fremdem Salz Handel trieben, denen sei das Salz unverzüglich abzunehmen und sie selbst mit Gefangenschaft zu bestrafen.[85] Dies kam Beat Fischer, der eine Regulierung im Sinne landesväterlicher Versorgung befürwortete, entgegen. In gleicher Weise beförderte Landvogt Fischer in seinem Amt den Bau obrigkeitlicher Kornhäuser. Mehr denn je war es geboten, durch eine kluge Vorsorgepolitik und eine geschickte Getreidepreisregulierung den Frieden im Lande zu erhalten. In Zeiten guter Ernten kaufte die Obrigkeit günstiges Getreide ein, um es dann in der Obhut des Amtmannes auf Vorrat zu halten; kamen Missernten und Kriegsläufte, war es möglich, zu massvollem Preis Getreide auf den ausgetrockneten Markt zu werfen und damit die Landesversorgung wenigstens einigermassen sicherzustellen. Beat Fischer stützte diese staatliche Vorsorgepolitik auch in seinem Amt Wangen durch den Bau zusätzlicher Kornhäuser. Eine Plage im Kornhaus war das Ungeziefer. Auch darüber machte sich Landvogt Fischer seine Gedanken. Schlechte Raumverhältnisse erschwerten die Lagerung von Korn, das, um lange haltbar zu bleiben, trocken und luftig aufbewahrt werden musste. Eine gute Durchlüftung jedoch bedingte entsprechende bauliche Massnahmen. Die Gugen (Ungeziefer, kleine Käfer und Würmer) würden nämlich, meinte Fischer, so ihnen das Klima günstig sei, nicht etwa von aussen in die Getreidekörner eindringen, sondern vielmehr, ähnlich wie beim Obst, durch Selbstzeugung entstehen.[86] Naturwissenschaftlich mochte des Landvogts Schlussfolgerung nicht zutreffen, die Konsequenz hingegen, die er daraus zog, kam dem Wohl des Landes durchaus zugute.

Die Amtstätigkeit in Wangen scheint ihn mitunter auch erschöpft zu haben, denn im Frühsommer 1681 begehrte er in Bern Urlaub «zur Verpflegung seiner Gesundheit». Der Arzt hatte ihm zu einer Kur geraten. Die Obrigkeit bewilligte dies mit dem Wunsch, dass selbige Kur «zu seiner völligen Gesundheit anschlagen möge, gleichwol aber, dz er inzwüschen solche Anstalt hinderlasse, dass das Ambt in seiner abwesenheit wol verwaltet werde».[87]

84 StAB FA von Fischer I 23 (6)b: Verschiedene Korrespondenzen vornehmlich von Schultheiss und Rat von Bern, 1676–1684, Nr. 16.
85 StAB FA von Fischer I 23 (6)b: Verschiedene Korrespondenzen vornehmlich von Schultheiss und Rat von Bern, 1676–1684, Nr. 16.
86 StAB FA von Fischer I 21 (2): Copier-Buch 1680–1684, nicht paginiert.
87 StAB A II 503: RM 191, S. 286.

Die Pintenschenke in Lotzwil

Den Blick stetsfort auch auf das Geschäftliche gerichtet, bot sich die Gelegenheit zum Erwerb der Zapfenwirtschaft in Lotzwil. Landvogt Fischer griff zu und kaufte die Pinte am 9. Dezember 1684 von Ulli Hofer daselbst um 700 Gulden, 2 Dublonen und 2 Reichstaler oder umgerechnet 431 Kronen und 5 Kreuzer. Die stolze Kaufsumme erlegte er wie folgt: Am 15. Dezember leistete er Hofer – gewissermassen als Anzahlung – durch Herrn Tschiffeli den Teilbetrag von 71 Kronen und 5 Kreuzer. Am 1. März 1686 assignierte er 120 Kronen an Weibel Geiser von Langenthal im Namen der alten Amtmännin von Thörigen auf gedachten Herrn Tschiffeli. Einen weiteren Betrag entrichtete er am 27. Januar 1685 in der Höhe von 60 Kronen. Die letzte Rate wurde schliesslich fällig und bezahlt am 16. März 1686 in der Höhe von 180 Kronen, machte alles zusammen: 431 Kronen und 5 Kreuzer.[88] Die Erwerbung dieser Wirtschaft stand – so ist zu vermuten – hauptsächlich im Zusammenhang mit dem Aufbau des Postunternehmens. Poststationen mit Verpflegung und Unterkunft sowie einer Fuhrhalterei zum Pferdewechsel waren eines der Haupterfordernisse für den reibungslosen Betrieb seines Post- und Botenwesens.

Unternehmertum und Ämterlaufbahn

Nach seiner Rückkehr aus Wangen widmete sich Beat Fischer vornehmlich dem weiteren Aufbau seiner verschiedenen Unternehmungen, vorab dem Postunternehmen. Die 1683 neu erworbene Twingherrschaft in Reichenbach, seine Bauvorhaben daselbst sowie die Tätigkeit in Kommerzienkammer und später Kommerzienrat füllten nach dem Ablauf seiner Amtszeit als Landvogt das Tagwerk restlos aus.

Schon in jungen Jahren war Beat Fischer mit obrigkeitlichen Aufträgen, Gesandtschaften und Verhandlungsreisen betraut worden, recht bald erwies sich auch das besondere Talent des aufstrebenden Patriziers in monetären und geschäftlichen Dingen. Nach Reformversuchen im Waisenhaus und der Münze und anderen Proben seines Könnens mussten Aufgaben von grösserem Zuschnitt schliesslich folgen. Verschiedentlich Gesandtschaftsreisen, etwa an den savoyischen Hof oder später als Ratsherr ins Fürstentum Neuenburg sowie Verhandlungen wegen der venezianischen Pensionen gemeinsam mit dem in gleicher Militärkapitulation stehenden Stand Zürich beschäftigten Fischer teils bereits in den 1670er Jahren. So erging an «Fischer den Älteren» (im Unterschied zu seinem um wenige Jahre jüngeren, gleichnamigen Vetter), dannzumal Deutschseckelschreiber, der Befehl zu einer Gesandtschaftsreise nach Savoyen «wegen geheimer Kriegsanstalten».[89] Die Unberechenbarkeit und territorialen Gelüste Ludwigs XIV. von Frankreich liessen es geraten sein, dass Bern sich seiner lebenswichtigen Verbindungen in die Freigrafschaft – einem für Bern so wichtigen Puffer nach Frankreich und zugleich Hauptsalzexportgebiet – und seiner Erwerbung in der Waadt versicherte. Nachdem sich der französische König 1670 Lothringen entgegen dem Friedensgebot einfach genommen hatte, war man sich im umgebenden Ausland im Klaren, dass weitere Vorstösse folgen mussten. In dieser Situation stellte

---

88 StAB FA von Fischer II 1 (1): Laufender Schulden- und Contibuch, S. 134.
89 StAB B VII 350: Seckelschreiberprotokolle, S. 112 ff.

für Bern die Gewährleistung der Waadt das vordringlichste Anliegen dar. Wie sehr bald deutlich wurde, war auf den Kaiser in Wien kein Verlass. Bern erwuchsen zudem neue Schwierigkeiten, als 1669 Herzog Karl Emanuel II. von Savoyen erklärte, den 66 Jahre zuvor geschlossenen Frieden von St-Julien nicht mehr zu respektieren. Es war dieser ein Friedensschluss, der Savoyen damals vorschrieb, näher als vier Stunden von Genf keine Befestigungsanlagen zu errichten.[90] Um seiner unter dem Druck der veränderten militärisch-politischen Lage inzwischen gewandelten Absicht Nachachtung zu verschaffen, baute der Herzog seinen Hafen bei Bellerive am Genfersee zur Seefestung aus. So liessen sich die Wasserverbindungen zwischen Genf und der Waadt natürlich leicht kappen. Diese Bedrohung alarmierte Bern, konnte es doch keineswegs verlässlich auf das Wort von Ludwig XIV., die Waadt zu schirmen, setzen. Es schickte zweimal hintereinander Gesandtschaften nach Turin, deren zweite Beat Fischer leitete. Über Erfolg oder Misserfolg der Verhandlungen bleiben wir im Ungewissen.

Ebenfalls noch vor seinem Eintritt in den Grossen Rat erhielt Beat Fischer den Auftrag, die dem Stand Bern zustehenden venezianischen Pensionsgelder einzuholen. Im Januar 1615 hatten Bern und Zürich mit der Seerepublik Venedig eine Militärkapitulation abgeschlossen. Im Kern erhielt die Serenissima gegen gutes Geld das Recht, im Falle von Krieg oder drohender Kriegsgefahr in Bern und Zürich Truppen zu werben.[91] Die eidgenössischen Solddiensttruppen, seit den Tagen der Burgunderkriege gerühmt und von den fremden Mächten gleich regimentsweise angeworben, hatten einen geradezu legendären Ruf. Für die eidgenössischen Stände hingegen kam reichlich Geld ins Land. Militärkapitulationen sollten dem entstandenen Wildwuchs steuern und ein geregeltes Gewerbe daraus machen. Zahlreiche bernische Regimenter taten so ihren fremden Dienst. Ende des Jahres 1671 schien der Geldfluss aus Venedig ins Stocken geraten zu sein, denn die Gelder blieben offenbar in Zürich liegen. Daraufhin fasste der Kleine Rat den Beschluss, einen Abgesandten nach Zürich zu delegieren, um «In Löbl[icher] Statt Zürich die uns gehörigen, daselbst ligenden venetianischen pension gelter zu unseren handen zu erheben, darumb wo von nöthen zu quittieren, und darmit weiteres der gebühr nach zu verfahren, die Jenigen befelchs und gewalts haben, us deren hend solche gelter zu erheben sein werdend, solchem nach fründlich ersuchens, dieser offenen gewalts- und commission schrifft nach gedachtem unserem abgeordneten hierin glauben zuzusezen und solche uns gehörige gelter demselben verabfolgen zu lassen»[92]. Beat Fischer verhandelte anschliessend als Deutschseckelschreiber mit den Zürchern. In der Folge musste Fischer während mehrerer Jahre diese Pensionsgelder eintreiben. 1674, 1676 und letztmals im Dezember 1680 holte er für die Obrigkeit die Pensionsgelder in Zürich ab. Schultheiss und Rat stellten Beat Fischer jeweils ein «Gewaltspatent» aus, welches ihn im Namen des Standes Bern zum Bezug der Gelder ermächtigte. Seit Fischer auch als Postherr tätig war, erwiesen sich seine geschäftlichen Verbindungen als doppelt wertvoll, war doch in Zürich ausdrücklich mit einem Herrn von Orelli zu korrespondieren. Ob es sich dabei um Daniel von Orelli (1653–1723), Kaufmann, Stadt- und Landrichter und Direktor der Posten, handelte, bleibt unklar. Fischer musste ebenfalls dafür besorgt sein, einen günstigen Wechselkurs für die «Ducati di buona

90 Feller 1974 III, S. 63; Handbuch der Schweizer Geschichte 1977 I, S. 611; zur Vorgeschichte vgl. Braun-Bucher 1991, S. 308 ff.
91 StAB A I 613: Bundbuch der Stadt Bern, 4. Teil, S. 401; vgl. Handbuch der Schweizer Geschichte 1977 I, S. 620.
92 StAB A I 413: Spruchbuch des Unteren Gewölbs Bd. UU, S. 722.

Politik und Provokation: Katharina Perregaux-von Wattenwyl und Beat Fischer – Der Bilderzyklus

Beat Fischer liess für sein Schloss Reichenbach Schmuck und Zierde in grosser Pracht herstellen. Er liebte Kunst und Luxus und umgab sich mit all den schönen Dingen, die in seinem weiten Aktionsradius greifbar waren. Dabei fällt der Bilderzyklus des bekannten Berner Malers Joseph Werner des Jüngeren (1637–1710) zur aufregenden Geschichte um Katharina Perregaux-von Wattenwyl ganz besonders ins aufmerkende Auge.[94] Das Interesse Fischers an dieser widersprüchlichen und widersprechenden Persönlichkeit macht hellhörig. Katharina Franziska von Wattenwyl, 1645 als Tochter des damaligen Landvogts zu Bonmont, Gabriel von Wattenwyl, im Waadtland geboren und in zweiter Ehe mit dem Neuenburger Gerichtsschreiber Samuel Perregaux – Abkömmling eines seit dem 13. Jahrhundert bekannten Geschlechts und Bürger zu Valangin – verheiratet, sorgte im ausgehenden 17. Jahrhundert mit ihren Extravaganzen und den vielleicht aus unbefriedigter Geltungssucht betriebenen Kontakten zum Botschafter Ludwigs XIV. in Solothurn, Michel Amelot, und seinen Agenten für einen Aufsehen erregenden Hochverratsprozess. Mit ihren Dichtung und Wahrheit geschickt vermischenden Memoiren erreichte sie, dass die von ihr ausgehende Faszination nie ganz zum Erliegen kam.[95] Je nach Stimmungslage war sie bald das ‹unschuldige› Opfer der grossen Politik, das allein seiner – natürlich missfallenden – frankreichfreundlichen Überzeugung folgte, bald eine romantisch verklärte Abenteurerin und Spionin, endlich die freiheitsliebende, sich in tapferer, indes erfolgloser Weise von gesellschaftlichen Zwängen emanzipierende Frauengestalt, welche schliesslich durch die Unerbittlichkeit der herrschenden patriarchalischen Machtverhältnisse gebrochen wurde, physisch und psychisch.[96]

Die ungewöhnliche Persönlichkeit dieser Frau und ihre Verstrickungen in die hohe Politik scheinen auch Beat Fischers Aufmerksamkeit erregt zu haben. 1690 erlebte er den Hochverratsprozess gegen die angebliche Spionin. Befragungen und Urteil sind im Turmbuch 1684–1690 niedergeschrieben.[97] Nach mehrmaliger peinlicher Befragung hatte Katharina Perregaux-von Wattenwyl – welche als Gefangene im Käfigturm sass – zugegeben, mit dem französischen Botschafter in Solothurn und dessen Sekretär, Herrn de la Boulaye, eine einschlägige Korrespondenz geführt zu haben. Verschlüsselte Namen und Botschaften waren dabei ausgetauscht worden, und die Obrigkeit, auf das Treiben aufmerksam geworden, stellte dem unseligen Briefboten der Frau Perregaux eine Falle, welche schliesslich zu ihrer Verhaftung führte. Unter der Folter gestand sie dann, sie habe tatsächlich falsche Informationen nach Solothurn geliefert. Als Gegenleistung wären ihr dafür 30 doppelte Dublonen, Geld, Ringe, Pferde, «Zeug zu Kleideren» und anderes mehr geschenkt worden. Das Pikante an der Sache war, dass die 30 Dublonen zur Bestechung von Berner Ratsherren hätten dienen sollen, um diese auf die französische Seite zu ziehen, indes, so die Aussage von Katharina Perregaux-vonWattenwyl,

valuta» und die «Ducati di Banco» zu erhalten. Dafür bezog er selber eine einträgliche Provision, über die er in seinem Haushaltungsbuch nebst anderen öffentlichen und privaten Geschäften akkurat Buch führte.[93]

Abb. 48
S. 117

93 StAB FA von Fischer II 1 (1): Lauffender Schulden- und Contibuch, S. 47 ff.

94 Zu Geschichte und kunsthistorischer Wertung vgl. den Artikel von Georges Herzog in diesem Band.

95 BBB Mss.h.h. X. 111: Mémoires de Mad[ame] Perregaux née de Watteville à Mr. le comte du Luc, ambassadeur de France, 1714; Mss.h.h. X. 222 (16): Wegen des Berner Geschäfts. Aktenstücke und Briefcopien betreffend die Angelegenheit der Frau von Wattenwyl (Perregaux), 1689–1690; Mss. Mül. 27: Mémoires de Madame C.F. Perregaux née de Watteville, écrites par elle même en 1714.

96 Mandach 1944; Frey 1912; Bichsel 2004.

97 StAB B IX 485: Turmbuch 1684–1690, S. 255–263; vgl. die romanhafte Darstellung in Bichsel 2004.

sei das ganze Geld noch in ihrem Besitz, da sie nicht gewusst habe, wie die Sache anzufangen wäre. Die Namen einiger hoher Herren habe sie allerdings missbraucht, um den Botschaften mehr Glaubwürdigkeit zu verleihen. Alle mündlichen Konferenzen, auf die der Botschafter so gedrungen habe, hätte sie indes stets abgelehnt. Nach Abschluss der Befragungen kam das Gericht zum ernüchternden Schluss, eigentlich sei in erster Linie der französische Botschafter betrogen worden, die Obrigkeit in Bern jedoch nicht zu wirklichem Schaden gekommen. Aus diesen Gründen und weil eine zahlreiche Verwandtschaft um Begnadigung bei der hohen Obrigkeit nachgesucht hatte (Bittgesuche vom 24. März 1690), wurde von der Vollstreckung eines Todesurteils Abstand genommen und die Perregaux des Landes verwiesen. Die Verwandten jedoch sollten der Behörde melden, «wo sy mit diser creatur hinkommen seyend».[98]

Der Perregaux-Handel

Was stand hinter all dieser Aufregung? Ludwigs XIV. Expansionspolitik in der zweiten Hälfte des Jahrhunderts schürte Befürchtungen, dass des Sonnenkönigs Gier auch vor der Eidgenossenschaft nicht Halt machen würde. Elsass und Lothringen waren besetzt, die direkte Grenze mit dem mächtigen Nachbarn im Westen lang und zunehmend gefährlich. In Bern trafen widerstrebende Kräfte aufeinander. Nach der Aufhebung des Edikts von Nantes strömten zunehmend Glaubensflüchtlinge ins protestantische Bern, wo sie entsprechende Aufnahme fanden. Viele von ihnen waren vornehmlich im Textilgewerbe tätig.[99] Niklaus Daxelhofer, der bereits 1687 erfolglos gemeinsam mit dem Zürcher Bürgermeister Escher als Abgesandter der eidgenössischen Tagsatzung in Paris vorstellig geworden, vom König aber gar nicht empfangen worden war, wurde prominenter Führer einer starken, im Grossen Rat Berns verankerten antifranzösischen Opposition. Sein gewichtiger Gegenspieler sass auf dem Schultheissenthron und konnte sich auf die Honoratioren im Kleinen Rat verlassen: Sigmund von Erlach. Die führenden Berner Familien mussten im Falle einer Abkehr von Frankreich vorab um ihre reich fliessenden Pensionen und Geldgeschenke fürchten, die sie für Solddienste bei der Krone bezogen. Die Ereignisse begannen sich zu überstürzen, als das Kriegsglück den französischen König verliess. Bern erwog im Geheimen ein Abkommen mit dessen Erzfeind England, erste Kontaktnahmen und Verhandlungen wurden geführt. Diskretion war geboten, und mitten in diese heikle politische Lage hinein geriet Katharina Perregaux-von Wattenwyl, als sie sich – aus welchen Motiven auch immer – anerbot, dem französischen Botschafter Amelot Mitteilungen über die geheimen Ratsbeschlüsse zu machen. Sie wurde im Dezember des Jahres 1689 verhaftet. Vorsitzender des beauftragten Untersuchungsausschusses wurde niemand anders als Niklaus Daxelhofer. Katharina verweigerte jede Aussage, man griff zur Folter. Was Katharina wirklich aussagte, bleibt im Dunkeln, da die Protokolle sämtliche vernichtet wurden. Nur das beschwichtigende Urteil im Turmbuch ist erhalten. Es verrät deutlich, dass man letztlich in Bern gar kein Interesse an Aufsehen erregenden Enthüllungen hatte, ja man fürchtete die verheerende Desavouierung der führenden Familien Berns. Gewiss scheint, dass Katharina als Werkzeug der französischen Partei tatsächlich Staatsgeheimnisse an den französischen Botschafter weitergegeben hatte. Deren Stellenwert bleibt indes bis heute unklar.

Abb. 48: *Katharina (Franziska) Perregaux-von Wattenwyl (1645–1714). Porträt von Theodor Roos (1638–1698), datiert 1674, Öl/Leinwand, 119,5 x 100,5 cm. Standort: Château de La Sarraz.*

---

98 StAB B IX 485: Turmbuch 1684–1690, S. 263.
99 Küng 1993, S. 28.

Die heute noch vorhandenen zehn von vermutlich einst zwölf Gemälden des Wattenwyl-Zyklus von Joseph Werner zeichnen sich vorab durch karikierende Darstellung der in diesem Fall agierenden Magistraten aus.[100] Ein gewagtes Spiel, das Maler und Auftraggeber – und als dies müssen wir uns Beat Fischer, auch wenn wir beklagenswerter Weise den Künstlervertrag nicht mehr besitzen, schon vorstellen; als Auftraggeber, der in herkommender Weise seine Vorstellung über das auszuführende Werk dem Maler mehr oder minder deutlich vermittelte – hier trieben.[101] Das Schicksal der Bilder bleibt undeutlich. Als sich nach ‹glücklichem› Ausgang des Prozesses schliesslich die Befehdeten in gegenseitiger Versöhnung fanden, geschah dies angeblich nicht zuletzt unter der sprechenden Bedingung, dass die anstössigen Gemälde entfernt werden müssten.[102] Sie sollen in der Folge von Beat Fischer – ein politisches Zugeständnis? – dem in die Sache verwickelten General François Louis de Pesmes (1668–1737) überlassen worden sein, der sie dann zur Zierde nach seinem Schloss St-Saphorin in Morges (VD) verbrachte.[103] De Pesmes, Abkömmling eines ursprünglich aus der Freigrafschaft stammenden, seit dem 15. Jahrhundert jedoch in der Waadt begüterten Geschlechts, durchmass eine glänzende militärische Laufbahn zuerst in holländischen, dann in kaiserlichen und schliesslich in englischen Diensten. Er wurde Gesandter des Kaisers bei den Eidgenössischen Orten und erwarb sich den Ruf eines der fähigsten Diplomaten, den die Schweiz im 17. Jahrhundert besessen hat. Ein gewisses Ressentiment scheint ihm in Bern indes stets begegnet zu sein: Als er 1716 durch den englischen König zum Gesandten nach Bern ernannt wurde, lehnte die Stadt ihn mit der durchsichtigen Begründung ab, keinen ihrer Vasallen als Botschafter einer fremden Macht empfangen zu können.[104] Wie nahe liegend also, die umstrittenen Bilder zu eigenem Ergötzen an sich und ins notabene bernische Waadtland zu nehmen, und wie glücklich dieser Umstand, der sie der Nachwelt überliefert hat. Seine ausführliche kunsthistorische Würdigung erfährt der Bilderzyklus in der Arbeit von Georges Herzog.

Man mag spekulieren: Das aussergewöhnliche Interesse Beat Fischers an der Geschichte der Perregaux zeigt eine Facette seines mitunter widersprechenden Geistes. Es zeigt auch seine vorsichtig kalkulierende, dennoch das Spektrum der Möglichkeiten nicht bis zum Äussersten nutzende Persönlichkeit. Man ist versucht, sich das verhohlene Schmunzeln des Bestellers beim Anblick der Bilder – mehr noch: der darauf in boshafter Entlarvung Abgebildeten – vors innere Auge zu rufen. Eine hochbrisante und doch so subtile Stellungnahme! Am Ende wurde wohl auf die Provokation verzichtet zugunsten eines Einlenkens in die realpolitischen Gegebenheiten. Ob Beat Fischer, wie es in der Lebensbeschreibung von Karl Ludwig Friedrich von Fischer 1885 nachzulesen ist, keinesfalls zur französischen Partei gehört habe, allerdings mit der Frau Perregaux befreundet gewesen war, «ja, wie man behaupten will, mehr als nur befreundet war», gehört wohl ins Reich der Legende.[105] Viel eher ist mit den Worten Richard Fellers festzustellen: «Der Freimut gehörte zu seinem Wesen; aber um seine internationalen Beziehungen zu schonen, hielt er mit Bekenntnissen in der Aussenpolitik zurück, so dass seine Stellung in dem Ringen zwischen Venner Dachselhofer und Schultheiss von Erlach nicht sicher auszufinden ist.»[106] Für Beat Fischer stand schliesslich, 1695, endlich der Eintritt in den Täglichen oder Kleinen Rat bevor.

---

100 Bis heute ist unklar geblieben, wie umfangreich der Zyklus tatsächlich war. Es sind keine schriftlichen Belege über die Entstehung der Bilder auf uns gelangt. Vgl. dazu den Aufsatz von Georges Herzog in diesem Band.

101 Glaesemer 1974, S. 71 ff.

102 Vgl. dazu die Lebensbeschreibung Beat Fischers in: BBB FA von Fischer 11: (Karl Ludwig) Friedrich von Fischer von Bellerive (1823–1908): Beatus Fischer (1641–1698) 1885, S. 56. Letztlich belegt ist diese Version jedoch nicht.

103 Mandach 1944, nicht paginiert.

104 HBLS V, S. 401, und Tillier 1838 V, S. 400.

105 BBB FA von Fischer 11: (Karl Ludwig) Friedrich von Fischer von Bellerive (1823–1908): Beatus Fischer (1641–1698) 1885, S. 56.

106 Feller 1974 III, S. 141.

Heimlicher und Ratsherr

Abb. 49
S. 120

«Und jetzt kam Fischer 1695 in den Kleinen Rat, den andere mit geringerem Verdienst und grösserer Anpassung rascher erreichten. Er hatte nicht ganz die Klippen seiner Überlegenheit gemieden», so Richard Feller.[107]

Am Karfreitag, dem 22. März 1695, wurde Beat Fischer in den Kleinen oder Täglichen Rat gewählt und am Osterdienstag, dem 26. März 1695, zum Heimlicher des Rats (jeweils das neu gewählte Mitglied des Kleinen Rats bekleidete gleichzeitig das Amt des Heimlichers) bestellt. Bereits wenige Tage später ordnete ihn der Rat auch zum «beysässen vom Raht inn die Appellationcammer» und ebenso zum «beysässen vom Raht in die Recrües Cammer» ab.[108] Im April kam die Verordnung zum Hauptmann im ersten Stadtquartier hinzu. Ein Jahr später, im April 1696, wurde er als Beisitzer in die Standeskommission und in die Zollkommission gewählt. Mit diesen Wahlen ist die Position Fischers im Kleinen Rat im Groben umrissen.

Auffallend bleibt die Feststellung, dass Ratsherr Fischer nur wenig in grossen politischen Fragen wirkte. Vermutlich gingen seine Geschäftsinteressen vor. Nur vereinzelt tritt Fischer als Akteur in Erscheinung. Eine Abordnung Fischers an die evangelische Konferenz in Aarau im Sommer 1695 zerschlug sich, als der ursprünglich dafür vorgesehene, kurzfristig aber verhinderte Ratsherr Willading schliesslich doch als Gesandter Berns in den Aargau gehen konnte. Aus der Masse der Ratsherren trat er mit eigenen Vorstössen gerade zweimal hervor, und jedes Mal bezeichnenderweise in eigenen Geschäften: Im Oktober 1695 monierte er im Rat, dass Schlosser Lauwer in Worblaufen unrechtmässig eine Säge und eine Stampfe betreibe. Auf diese Klage hin wurde im Rat eine Anhörung festgesetzt, welche die Herren von Wattenwyl und von Erlach durchzuführen hatten. Ein Vierteljahr später kam das Geschäft wiederum in den Rat, wobei die Anhörung ergab, dass Schlosser Lauwer tatsächlich über keine Konzession zum Betreiben der beiden Einrichtungen verfügte und diese also widerrechtlich betrieb. Der Rat beschloss daraufhin: «Die Einrichtungen müssen wieder abgethan werden.»[109] Kein grosses Geschäft, aber in Tat und Wahrheit wurde Beat Fischer auf diese Weise einen unliebsamen Konkurrenten los, der seine eigene, in der Herrschaft Reichenbach betriebene Sägerei und Stampfe arg geschmälert hätte.

Im Herbst 1696 forderte der Rat ihn auf, im Oberen Spital die Situation bezüglich der Armenversorgung («die armseligen droben im oberen Spithal enthaltenen Möntschen») zu untersuchen und nach «stattgehabter Prüfung die Personen an gutfindendes Ohrt verwahrt einlogieren». Ein nach wie vor drängendes Problem, das Ratsherr Fischer aus seiner Tätigkeit im Waisenhaus bestens kannte. Welche Lösung er für die Armen im Oberen Spital fand, ist indessen nicht mehr bezeugt.

Das letzte Geschäft, das Fischer in den Rat trug und das im Herbst und Winter 1696 daselbst behandelt wurde, beschlug Bausachen. Baustoffmangel, vorab ein eklatanter Mangel an Ziegeln, bereitete der Burgerschaft Sorgen. Um diesem Übelstand abzuhelfen, machte Beat Fischer – selber Eigentümer einer Ziegelei in Zollikofen – dem Rat eine günstige Offerte, auf welche dieser eintrat und sie auch genehmigte.[110]

---

107 Feller 1974 III, S. 143.
108 StAB A II 557: RM 245, S. 62 und 115.
109 StAB A II 560: RM 248, S. 99 und 483.
110 StAB A II 566: RM 254, S. 214.

Abb. 49: *Beat Fischer (1641–1698) als Ratsherr. Porträt von Johann Rudolf Huber (1668–1748), datiert 1697, Inschrift später hinzugefügt, Öl/Leinwand, 116,5 x 90,5 cm. Privatbesitz.*

Abb. 50: *Rückseite des von Johann Rudolf Huber (1668–1748) gemalten Porträts von Beat Fischer, datiert 1697.*

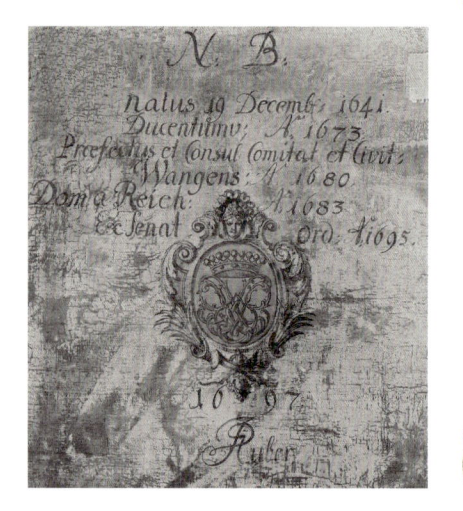

Eintrag: N: B:
    Natus: 19 Decemb 1641
    Ducentum: A° 1673
    Praefectus et Consul Comitat[us] et Civit[atis]:
    Wangens: A° 1680
    Dom[inus] a Reich[enbach]: A° 1683
    Ex Senat[orum] Ord[inatus]: A° 1695
    [Schildkartusche mit bekröntem Rankenwerk (Initiale?), überhöht von kleinem Köpfchen mit Helmzier]
    1697
    JRHuber (ligiert)

Zweimal, im Frühling 1695 und im Sommer 1696, begehrte Fischer – wie bereits 1681 – Urlaub von den Ratsgeschäften, um in die Kur zu fahren. Von Ratsherrn Fischer hören wir dann in politischen Geschäften nichts mehr.

Wie tief Beat Fischers Einsichten in politisch-soziale Zusammenhänge tatsächlich reichten, lässt sich nur indirekt erschliessen. Kein persönliches Zeugnis weist den Weg. Seine Bibliothek deutet auf einen wachen, wissbegierigen und fortschrittlich gebildeten Geist hin. Auf intellektuellem Fundament stehend, griff er wohl mit seiner gewohnten Tatkraft ein, verbesserte und reformierte, zeigte neue Perspektiven auf, und dies längst nicht nur im grossen und zukunftsträchtigen Unternehmen der Post, das seinen Nachfahren bis 1831 Blüte und Reichtum, Ansehen und Macht verleihen und welches erst nach über hundertfünfzig Jahren durch den liberalen Volksstaat beendet werden sollte, und auch danach werden die Fischer dank gefestigter Position den Anschluss in gewandelter Weise wieder finden. Beat Fischer scheint durch seine Werke aufgeklärtem Gedankengut, Einsichten in Zusammenhänge von obrigkeitlicher Verantwortung, Wohlfahrt und sozialer Befriedung vor der

Zeit verpflichtet gewesen zu sein. Seine grossen Reformvorhaben deuten es an: Da ist das Bestreben, das Waisenhaus und damit die Versorgung der Waisen und müssig gehenden Erwachsenen zu einem halbwegs rentablen Unternehmen zu machen; sodann propagierte er im Sinne einer klugen staatlichen Vorsorgepolitik den Bau staatlicher Kornhäuser und einer obrigkeitlich regulierten Salzverwaltung, als Kommerzienrat verschrieb er sich einer für seine Zeit modernen Wirtschaftsförderung und regte die staatlich kontrollierte Versorgung des Gewerbes mit Rohstoffen an; als Landvogt offenbarte er den unbedingten Willen, überholte Strukturen zu erneuern und durch tauglichere zu ersetzen, in Wangen bemühte er sich auch, obrigkeitlichen Massnahmen und Gesetzen durch eine Vereinheitlichung der Rechtssetzung zum Durchbruch zu verhelfen. Ein Plan, der ihm leider ob der zögerlichen Haltung der Regierung in der Hauptstadt und deren Angst, schmälernd in herkömmliches Landrecht einzugreifen, zunichte gemacht wurde, ein Plan aber auch, dem die Zukunft gehören sollte. Fischer war in vielen seiner Vorhaben seiner Zeit und ihren Einsichten weit voraus. Liegt hier der Grund für eine letztlich vielleicht fehlgeschlagene politische Karriere? Die erst 1695 – wenige Jahre vor seinem Tod – erfolgte Wahl in den Kleinen Rat, war sie bloss eine Unumgänglichkeit gewesen, nachdem Fischer als Postherr den grössten Erfolg, die Gotthardpost und die Verknüpfung mit den wichtigen Anschlussrouten im umgebenden Ausland erreicht hatte? Eine späte Anerkennung seiner «einzigartigen Brauchbarkeit, der man die Eigenwilligkeit verzieh, die den Ruhestand der Vaterstadt anficht», wie Feller es so ungemein treffend formuliert hat?[111]

Fischer passte nicht ins gängige Schema seiner Zeit, er dachte und handelte in Strukturen, für die sein in Gegenreformation, sozialer Unrast, verbreitetem Unbehagen verharrendes Jahrhundert noch nicht reif war.

Politik und Militär, die beiden klassischen Arten altbernischer Karrieren, sie beide finden in der Person von Beat Fischer keineswegs ihren typischen Exponenten. Ganz andere Wege schlug der initiative Geist des Postgründers, Unternehmers und in Verwaltungsreformen erprobten Mannes ein. Es fällt nach wie vor der Spekulation anheim, ob gerade darin der Grund zu suchen sei, dass Fischer den seinem Stand und Herkommen gemässen Weg der Ämterlaufbahn, nämlich Verwaltungsfunktion (Seckelschreiber) in jungen Jahren, gefolgt von der Wahl in den Grossen Rat, Heimlicher, dann in selbstverständlicher Folge Eintritt in die wirklichen Zentren bernischer Macht, nur in Ansätzen gegangen ist. Denn nach der Wahl in den Kleinen Rat hätte noch, und das ist durchaus denkbar, betrachtet man das zielgerichtete Aufstreben und endlich die Positionierung seiner Familie in der Burgerschaft, das Amt eines Schultheissen folgen können. Aufklärend ist in vielerlei Hinsicht die Genealogie und kollektive Biographie seiner Familie, deren Vernetzung im sozialen Geflecht der Hauptstadt, deren Heiratspolitik und Patenschaften: Ein Geschlecht, das dem Staat und dem Eigeninteresse gleichermassen zu dienen wusste und zu dienen bereit war. Dieses Ziel war Mitte des 17. Jahrhunderts mit Beat Fischer erreicht, das Erreichte konnte nun gefestigt werden, so gefestigt, dass es inskünftig alle Abschliessungstendenzen und oligarchischen Strömungen der patrizischen regierenden Familien, die unter anderem das 18. Jahrhundert kennzeichnen sollten, unbeschadet überstehen konnte.[112]

---

111 Feller 1974 III, S. 137 f.
112 von Steiger 1954, besonders S. 71 ff.

Wie passte eine Persönlichkeit vom Zuschnitt Beat Fischers hier hinein mit einer wohl eher kaufmännisch als herkömmlich politisch motivierten und orientierten Karriere? «Das regierende Patriziat selbst hielt sich von wirtschaftlicher Betätigung weitgehend zurück; es galt geradezu als Staatsmaxime, dass der Regent nicht durch Privatinteressen gebunden sein dürfe. Der rastlose Unternehmungsgeist eines Beat Fischer hebt sich in auffallendem Gegensatz von der seigneuralen Ruhe seiner Standesgenossen ab. Ihnen lag vor allem die Landwirtschaft am Herzen, mit der sie durch den Besitz zahlreicher Güter persönlich verbunden waren.»[113]

Viel erfahren wir in der Tat nicht, nichts über seine Position in der Phase der Entmachtung der Vennerkammer als de facto politischem Zentrum, nichts über seine Einschätzung der Haltung Berns zu Frankreich – auch wenn wir mit Richard Feller vermuten müssen, «dass er Ludwig XIV. abgeneigt war» – und wenig über den politischen Alltag seit seinem Eintritt in den Kleinen Rat. Indes, auch die hohe Politik erging sich bekanntlich oft im Banalen. Es waren offenkundig keine grossen Geschäfte, welche Heimlicher Fischer zu bearbeiten hatte oder zumindest aktiv mitgestalten wollte. Aus den Manualen dieser Zeit ist ohnehin nur mehr vermutungsweise auszuziehen, wer Initiant und Beförderer eines Geschäftes war. Das Gemeinwohl stand, jedenfalls vordergründig, über der Einzelperson. Dennoch sollte Vieles, insbesondere was er als Landvogt ins Werk zu setzen versucht hatte, viel versprechend in die Zukunft führen.

---

113 von Steiger 1954, S. 21 f.

Herrschaft und barocke Lebensart

Beat Fischer – Ritter. Der Adelsbrief von 1680

Am 8. Mai 1680 erhob der römische Kaiser Leopold Beat Fischer, derzeit der Stadt Bern «erwählter Cammersekretär», in den uralten, erblichen Reichsritterstand mit Prädikat und Bestätigung sowie Besserung des Wappens. Fortan durfte sich dieser «Fischer von Wyler» und «Ritter» nennen. Sein ererbtes Wappen wurde vermehrt auf einen «quartierten Schildt dessen hinder unter und vorder Obertheil von unden mit einem weissen oder silberfarbenen Wasserstrohm abgezeichnet, von oben aber roth oder rubinfarb darin gleich über dem wasserstrohm ein weisser fisch genandt Berschling fürwerts liegend, über demselben ein gelb oder goldtfarben fünff spitziger Stern, hinder Ober und vorder undertheil aber blaw oder lasurfarb, worinnen ein mit dem mundstük übersich gekehrtes gelb oder goltfarbes Posthorn, mitte auf dem Schild grad fürwerts ein offener adelicher Turniershelm mit einer gelb oder goltfarben königliche Cron und seine Cleinodt zur Linken roth und weiss, zur rechten aber gelb und blawer helm decken geziehret, auf der Cron das im Schild bemalte Posthorn zu ersehen, als dan solch confirmirt [...]»[114].

Abb. 51
S. 124

Beat Fischer hatte vorerst, wie dies üblich war, in einer wohl formulierten Supplik an seine Kaiserliche Majestät um die Standeserhöhung und Verbesserung seines Wappens «untertänigst» nachgesucht. Mehr noch als der Adelsbrief selber verrät diese Bittschrift so manches über ihren Verfasser, über seine Selbsteinschätzung und seine Absichten: Grundlage der künftigen Erhöhung sollte – nebst den ins Zentrum des Interesses gerückten Verdiensten um die Post, welche ja vorab dem Reich beträchtlichen Nutzen brachten – die Feststellung sein, gemäss welcher seine Ahnen angeblich seit dreihundert Jahren zu den «Patriciis» in der Heimatstadt Bern zählten. Die in der sorgfältigen Wortwahl angedeutete Anlehnung an ein vermeintlich altes Herkommen war, so steht es zu vermuten, gewollt, dem belesenen Beat Fischer musste das antike Anleihen sicherlich eingängig gewesen sein. Eine solchermassen erreichte Mystifizierung der Abkunft, als Formel in jener Zeit gang und gäbe, fand rasch Eingang in die Tradierung der Familiengeschichte und verwob sich dabei bald und recht geschickt mit dem, was an historischer Wirklichkeit vorhanden war. Der weit blickende Beat Fischer erbat dabei die Erhöhung nicht allein für sich selbst, sondern für sein ganzes Geschlecht. Das damit sichtbar gewordene Streben ‹nach oben› war kein Phänomen seiner Zeit, sondern auch in Bern lang geübte Praxis. Seit den Zeiten des Twingherrenstreits in den 1470er Jahren aufs Eindrücklichste dokumentiert, gehörte es zu den Konstanten gesellschaftlichen Strebens in der sich mächtig entfaltenden

114 BBB FA von Fischer 30 und 51 (1) und 85: Adelsbrief Beat Fischer. Original und Abschriften.

Abb. 51: *Wappen der Postpächter Fischer. Adelsdiplom der Familie Fischer in Bern vom 8. Mai 1680. Abschrift für Rudolf Friedrich von Fischer (1826–1911), 1837. BBB FA von Fischer 85.*

Stadtrepublik Bern: «Personen, die ins Regiment aufsteigen, orientieren sich nach ‹oben› und versuchen – durch den Kauf eines ländlichen Sitzes mit Herrschaftsrechten, durch Kauf eines Wappenbriefes, durch Ritterschlag und Pilgerreise usw. – sich die Anerkennung als ‹adlig› zu verschaffen und diese durch verschiedene Strategien auch für die nachfolgenden Generationen zu sichern.»[115] Beat Fischers Strategie war im doppelten Sinne erfolgreich, nicht allein die Nachkommen, sondern auch die Voreltern wurden in die Erhöhung eingebunden, gewissermassen um auf diese Weise den geburtsständischen Mangel rückwirkend auszugleichen. Argumentativ wie materiell war damit die Grundlage vor allem, nicht allein mit Wirkung nach innen, sondern ebenso sehr nach aussen, auf Kaiser und Reich gelegt.

Selbst wenn der Bittsteller – wie Beat Fischer 1680 – noch über keine Grundherrschaft verfügte, so liess sich dieser kleine Schönheitsfehler wohl rasch beheben. Vorerst aber, so scheint es, musste der Zusatz «Fischer von Weyler» genügen. Beat Fischer hatte am 21. September 1675 in einem Tausch-

---

115 Schmid 1995, S. 91.

brief mit dem «frommen, ehrsamen und wohlbescheiden Meisteren Peter Cuntz, dem Seiller, Burger bemelter Statt [Bern, d.V.]» eine «Matte usserthalb besagter Statt Bern in dem Wyler gelegen, samt Gebäuden» um die Summe von 8900 Pfund samt 15 Spanischen Dublonen Trinkgeld erworben. Dieses Gut auf dem Wyler wurde dann bei Anlass des Erwerbs der Herrschaft

Abb. 52: *Adelsdiplom vom 8. Mai 1680 für Beat Fischer (1641–1698) und seine Deszendenz, verliehen von Kaiser Leopold I. (1640–1705).* BBB FA von Fischer 30.

Reichenbach durch Beat Fischer ganz oder zumindest teilweise wieder veräussert. Über die Anlage – Umfang, Herrschaftshaus, Grundbesitz – fehlen die Nachrichten weitgehend. Am Gut selber war Beat Fischer offenbar nicht allein beteiligt. Erst im 19. Jahrhundert erhellt sich die Besitzergeschichte des Wyler-Gutes.

Indes, für den Kaiser, fern in Wien oder Prag, war dies unerheblich. Die Standeserhöhungen wurden in der kaiserlichen Kanzlei ‹en masse› und stets gegen gutes Geld bereitwillig ausgefertigt, bildeten sie doch in erster Linie eine willkommene Einnahmequelle für den oft in seinem Etat strapazierten Hof. Suppliken und Titelverleihungen füllen entsprechend zahlreiche Bände. Eine veritable Twingherrschaft zu erwerben, dafür liess sich später noch sorgen. Für den Berner Postherrn und Unternehmer ging die Rechnung in jedem Falle auf. Der Kaiser war geneigt, dem Ansinnen ohne weiteres zu willfahren, und die Fischer in Bern erhielten den prachtvoll mit grossem kaiserlichem Siegel versehenen und schön in roten Samt gekleideten Adelsbrief.

Abb. 53: *Familienwappen Fischer mit dem gebogenen Fisch. Steinrelief aus Schloss Reichenbach.*

Abb. 54: *Familienwappen Fischer mit Stern, geradem Fisch und Bach. Steinrelief aus Schloss Reichenbach.*

Beat Fischers Standeserhöhung fiel in eine Zeit massiver gesellschaftlicher Dynamik. Im 17. Jahrhundert setzte in Berns Führungsschicht ein Prozess sozialer Abkapselung und Oligarchisierung ein. Grundlage der sozialen Distinktion in der Stadt war das Burgerrecht. Dieses wiederum, an Vermögen und Grundbesitz gebunden, beinhaltete sowohl das passive als auch das aktive Wahlrecht und war längst nicht für jedermann erreichbar. Im Gegenteil, die grosse Masse machten die Hintersässen, die Ewigen Einwohner und Habitanten als zwar rechtlich mindergestellte Bewohner, aber willkommene Arbeitskräfte aus. Lediglich die regimentsfähige Burgerschaft repräsentierte eine mehr oder weniger homogene Gesellschaft von rechtlich gleich Gestellten. Dies sollte sich indessen im Zuge des 17. Jahrhunderts grundlegend ändern. Um das Jahr 1650 setzte allmählich ein Prozess der Abschliessung und Monopolisierung der Macht in der Hand einer kleineren Führungsschicht ein. «Im Verlauf dieses Prozesses war es einer immer kleiner werdenden Zahl burgerlicher Familien gelungen, die Ratssitze und hohen Verwaltungsämter der Stadtrepublik durch spezielle Wahlmodi und -praktiken für sich zu monopolisieren. So schrumpfte die Zahl der regierenden Familien von 120 im Jahr 1651 kontinuierlich auf 81 um 1710. Zu Beginn des 18. Jahrhunderts hatte sich das Patriziat als quasi geburtsständische Gruppe etabliert, die sich de facto das Regieren und Verwalten als ihr exklusives Recht angeeignet hatte und sich zudem durch die eigene Aristokratisierung scharf von der übrigen Burgerschaft abgrenzte.»[116] Wirtschaftlich bildeten Grundbesitz, Verwaltungsämter sowie einträgliche Offiziersstellen in fremden Diensten die Erwerbsgrundlage. Handel und Kaufmannschaft hingegen wurden letztlich als unstandesgemäss gewertet. Wer sich mit seinem Gewerbe die materielle Basis geschaffen hatte, strebte indes bald nachdrücklich sozialem Aufstieg und damit der Teilnahme an Regiment und Macht zu. Auswärtige Standeserhöhungen waren in dieser Situation eines der wenigen Mittel, um dennoch im Zuge eines an sich gegenläufigen Trends in die obersten Führungsschichten aufsteigen zu können. Beat Fischer verkörperte geradezu den Modellfall. Als Unternehmer tätig, sicherte er sich nach erlangter Standeserhöhung auch die nötige Twingherrschaft mit dem zugehörigen Grundbesitz. Vor solchem Hintergrund erhält der Hinweis in seiner Supplik auf die dreihundertjährige Zughörigkeit zu den Patricii in der Stadtrepublik Bern ihren legitimierenden Wert.

Bern bekundete im 18. Jahrhundert zunehmend Probleme mit der Anerkennung fremder Standeserhöhungen, zumal diese seit 1700 aus den oben geschilderten Gründen geradezu inflationär zunahmen. Schliesslich wurde 1731 eine Standeskommission einberufen, um all diese neuen Diplome einer kritischen Überprüfung zu unterziehen. Dabei wurden sämtliche in Frage kommenden Familien aufgefordert, vor der Kommission auszusagen, des Weiteren mussten sie ihre Dokumente vorlegen und so den Beweis erbringen, dass sie ihre Titel zu Recht trugen. Die Kommission monierte bald einmal, dass – sehr zu ihrem Ärgernis – besonders die jüngeren Adelsbriefe nicht allein verdienten Männern und ihren Nachkommen, sondern vielmehr ganzen Geschlechtern verliehen worden seien, sich diese Supplikanten somit nicht der Eitelkeit hätten entschlagen können, auch gleich noch ihre Herkunft zu verbessern und «weiters dass darinnen [in den Adelsbriefen] der

---

116 Tögel 2004, S. 13. Vgl. von Steiger 1954.

Geschlechteren Namen und Waapen geenderet, dass ferners solche Harstammungen ermelten Fürsten vorgegeben worden, dardurch sie, wann man solches mit Stillschweigen übergehen thäte, sich über ihre Mitburger unbegründt überheben köntend»[117]. Beat Fischers Adelsbrief und Wappenvermehrung wurden indes nicht beanstandet und die Herren Fischer von der Kommission ohne vertiefte Anhörung wieder entlassen. Dies allein deshalb, weil man beschlossen hatte, die vor 1684 erteilten Diplome unbeanstandet zu lassen. Damals, im Jahre 1684 nämlich, wurde das Wappenbuch der Berner Geschlechter neu und verbindlich gemacht und als offizielle Registratur der bernischen Geschlechter im «Wappenbuch der bernischen burgerlichen Geschlechter» festgehalten.[118] Die Wappen dazu malte der begabte und zu seiner Zeit in der Berner Gesellschaft hochgeschätzte Berner Maler, Zeichner und Kupferstecher Wilhelm Stettler (1643–1708), seinerseits ein Schüler von Joseph Werner (1637–1710), bei dem Beat Fischer später, 1690, die grosse Bestellung für den Bilderzyklus über die hochgemute ‹Spionin› Katharina Perregaux-von Wattenwyl in Auftrag geben sollte.

Beat Fischer und seine Nachfahren hatten Glück und durften Prädikat und Titel zu Recht und mit Stolz weiterhin tragen. Erst 1783 regelte die Obrigkeit das Titelwesen endgültig: Damals fasste der Grosse Rat den mit 81 zu 80 Stimmen sehr knappen Beschluss, dass alle regimentsfähigen Familien fortan das Adelsprädikat «von» tragen dürften, was den Preussenkönig Friedrich II. zur hämischen Bemerkung veranlasst haben soll: «Messieurs de Berne se sont déifiés.»[119]

Das Kreuz des Ordens «Pour la Générosité»

Spät im Leben, nämlich 1695, wurde Beat Fischer, diesmal nun allein dem Postunternehmer, eine andere Auszeichnung zuteil: Er erhielt vom Kurfürsten Friedrich III. von Brandenburg das Kreuz des Ordens «Pour la Générosité», ein prachtvolles Stück als Anerkennung für seine die Landesgrenzen weit überschreitenden Verdienste um das Postwesen.[120] Hierin, in seinen Postverbindungen nämlich, waren Fischers Ausrichtung und Schwerpunkt wesentlich auf das Reich gerichtet. Dieses Kreuz in der Form eines achtzackigen azurblauen Sterns, in den Zwickeln hinterfangen von vier goldenen Adlern und geschmückt mit einem grossen, schwungvollen, bekrönten «F» für Fridericus und dem Schriftzug «Géné - rosi - té», gehört zu den ältesten des Ordens. Im Jahre 1687 hatte Kurprinz Friedrich, als Friedrich I. der nachmalige erste König in Preussen, den Orden gestiftet. Friedrich der Grosse wandelte ihn dann anlässlich seines Regierungsantritts 1740 in den Verdienstorden «Pour le Mérite» um. Die Auszeichnung sollte für militärische sowie – gemäss einer offensichtlich nicht realisierten Absicht Friedrichs II. – auch für zivile Verdienste verliehen werden. Bereits 1810 beschränkte Friedrich Wilhelm III. den Kreis allein auf militärische Verdienste. Doch anlässlich der 102. Rückkehr des Regierungsantritts Friedrichs des Grossen am 31. Mai 1842 führte Friedrich Wilhelm IV. erneut eine Ordensklasse für Wissenschaft und Künste ein. Der militärische «Pour le Mérite» wurde bis zum Ende des Ersten Weltkrieges verliehen, der zivile hatte bis 1935 Bestand. Schliesslich erneuerte

Abb. 55: *Ordre de la Générosité, verliehen an Beat Fischer (1641–1698). BBB FA von Fischer 157 (1).*

Abb. 55

117 von Mülinen 1896, S. 70.
118 BBB Mss.h.h. XII. 358: Wappenbuch der bernischen burgerlichen Geschlechter. Offizielle Registratur der bernischen Geschlechter 1684. Die Wappen gemalt von Wilhelm Stettler; vgl. auch von Steiger 1954, S. 42 ff.
119 von Steiger 1954, S. 70, und Wälchli 1981, S. 141.
120 BBB FA von Fischer 157 (1): Ordre de la Générosité, verliehen an Beat Fischer (1641–1698). Original.

der damalige Bundespräsident Theodor Heuss im Jahre 1958 den Orden, wobei nun auch Frauen in den Kreis der Geehrten aufgenommen werden konnten.[121] Es scheint, dass das in Bern aufbewahrte Stück Beat Fischers nach den Zerstörungen des Zweiten Weltkrieges das letzte noch existierende Exemplar des ursprünglichen Ordens «Pour la Générosité» darstellt.[122]

Die Herrschaft Reichenbach

Drei Jahre nach der Erhebung in den Reichsritterstand erwarb sich Beat Fischer die gewünschte Twingherrschaft: Die Herrschaft Reichenbach, idyllisch an der Aare bei Zollikofen gelegen. Zu dieser Herrschaft gehörten neben Schlossgebäuden, zwei Mühlen und dem Wirtshaus auch die Dörfer und Besitzungen in der näheren Umgebung, als da sind: Das Niedergericht zu Zollikofen (das hohe Gericht gehörte als landgräfliches Recht der Stadt Bern), die Höfe und Weiler Ober- und Niederbühlikofen, Landgarben, Moos und Aegelsee zu Zollikofen, die Schmiede zu Zollikofen, Wasserrechte, Boden- und Zehntrechte auf verschiedenen Gütern, eine Säge, eine Stampfe und eine Reibe.[123] Alles in allem eine respektable Herrschaft, welche Beat Fischer nun auch zum Twingherren aufsteigen liess.

Mit dem Erwerb der Herrschaft Reichenbach änderte Beat Fischer 1683 denn auch seinen Adelstitel folgerichtig in «Fischer von Reichenbach». Bereits im Prädikat von 1680 war ja die Erweiterung oder Änderung des Titels als Option auf die Zukunft vorgesehen worden. Nun war Fischer Twingherr und hatte damit den wichtigen Schritt im Hinblick auf die weitere soziale Distinktion getan. Die Fischer gehörten im Konzert des Berner Patriziats fortan zur Klasse der «vesten» Familien mit all den Begleiterscheinungen, wie diese Hans Braun in seinem Aufsatz deutlich macht. Es war dies beileibe kein *nomen vacuum*, sondern jetzt auch legitimiert durch und fest gegründet auf Herrschaftsbesitz.

Reichenbach, wohl ursprünglich Teil der Herrschaft Bremgarten, gelangte um 1299 in den Besitz der Familie von Erlach.[124] Die Familie des Siegers von Laupen, Rudolf von Erlach, der die Herrschaft Reichenbach 1343 formell errichtete und dort 1360 starb, veräusserte diese um 1530 an Lucius Tscharner von Chur. Dieser Lucius Tscharner (1481–1562), Ratsherr, Seckelmeister und Rechenherr in Chur und Stammvater der Berner Linie dieses ursprünglich in Graubünden begüterten Geschlechts, hatte enge Beziehungen zu Bern, nicht zuletzt dank seiner Neigung zur Reformation und seiner zweiten Ehefrau, der aus altem Geschlecht stammenden Bernerin und ehemaligen Königsfelder Klosterfrau Margaretha von Wattenwyl. Nach dem Erwerb der Herrschaft Reichenbach übersiedelte Lucius Tscharner vollends nach Bern.

Im 16. Jahrhundert erlebte Reichenbach dann eine auffallend wechselhafte Besitzergeschichte. 1587 erwarb die Familie Ougspurger Reichenbach, um es gute hundert Jahre im Besitz zu behalten. Die Ougspurger, ein 1907 ausgestorbenes patrizisches Geschlecht, waren schon seit dem 15. Jahrhundert im Grossen Rat vertreten. Michael Ougspurger (1562–1625) wurde der erste Herr zu Reichenbach. Die Ougspurger mussten schliesslich Ende des 17. Jahrhunderts Schloss und Herrschaft veräussern. Beat Fischer, Postherr und derzeit

Abb. 56
S. 129

---

121 Internetauskunft Preussische Orden, Mai 2004.
122 Clottu 1976, S. 23.
123 StAB FA von Fischer I 24: Urkundenbuch Reichenbach; FA von Fischer I 27 (1) Nr. 6: Güterverzeichnisse der Herrschaft Reichenbach, 18. Jahrhundert.
124 Fallet 1991, S. 124 ff.

Abb. 56: Das Schloss Reichenbach, bey Bern, von der Mittagsseite her aufgenommen. Ansicht von Schloss Reichenbach vor der barocken Umgestaltung durch Beat Fischer. Wahrscheinlich eine Kopie nach Albrecht Kauw. Vorlage um 1660. Kopie undatiert und unsigniert, Sigmund Wagner zugeschrieben. Feder, Bister-laviert, 10,8 x 16,6 cm. BBB Gr. B. 481.

Landvogt in Wangen, erwarb den Besitz, wobei er eine andere Liegenschaft zusätzlich als Tausch geben konnte. Er hatte bereits am 23. Dezember 1679 von Ratsherr Samuel Bondeli dessen Haus an der Metzgergasse erworben «samt demme was Nagel und Nuth darinne begrifft um 6000 Pfund»[125]. Als Beat Fischer dann vier Jahre später seine Reichenbach'sche Erwerbung machte, tauschte er unter anderem – neben dem Wyler-Gut – auch dieses Haus an der Metzgergasse ein: «Als ich anno 1683 dises Hauss gegen die Herrschaft Reichenbach vertauscht, hab ich darauf auch verzigt, als was ich auf selbigem noch schuldig war.»[126] Und so verkaufte am 30. Januar 1683 David Ougspurger, derzeit Herrschaftsherr, an Beat Fischer die Herrschaft Reichenbach gegen das Bondeli-Haus an der Metzergasse und ein Nachgeld von 5600 Pfund.[127]

Ein genaues «Inventarium: Verzeichnus der Dokumente, der Fahrhabe, des Geschirrs etc., welche zum Schloss Reichenbach gehören», wurde dem neuen Eigentümer auf den 30. Januar 1683 übergeben, und Beat Fischer führte – wie es seine Gewohnheit war – auch fortan genau Buch über seine neue Erwerbung. Die «Reichenbachischen Einkünfte» wurden in einem eigenen Verzeichnis festgehalten.[128] Er hat seine neu erworbene Twingherrschaft auch, das zeigen die Quellen im Familienarchiv deutlich, wahrscheinlich im Interesse einer Arrondierung des Besitzes aktiv verwaltet. Die Einkünfte wurden bereits ab Februar 1683 verzeichnet, Landstücke in der Folge getauscht, gekauft und verkauft.

---

125 StAB FA von Fischer II 1 (1): Laufender Schulden- und Contibuch., S. 44.
126 StAB FA von Fischer II 1 (1): Laufender Schulden- und Contibuch., S. 44.
127 BBB FA von Fischer 14 und 15: Inventare 1 und 2, teilweise nicht paginiert.
128 StAB FA von Fischer I 25 (1): Dokumentenbuch III (1593–1744).

Abb. 57: *Plan géométrique du pré de la Seigneurie de Riquebac y compris les pièces acquises depuis 1690.* Geometrischer Plan der Herrschaft Reichenbach, undatiert, 18. Jahrhundert. StAB FA von Fischer I 50 (1).

Twingherrschaft – Recht und Begriff

Twing und Bann als polizeiliches Aufsichtsrecht über die Angehörigen einer Grundherrschaft bildeten seit dem Hochmittelalter einen Bestandteil des öffentlichen landesherrlichen Rechts. Der Twingherr übte in seiner Twingherrschaft begrenzt landesherrliches Recht aus. Die Aufsichtsfunktion umfasste sämtliche Bereiche der Landwirtschaft wie Flurzwang, Holznutzung, Weg- und Weiderechte, Fischenzen etc. Ausserdem gehörten affiliierte Aufsichtsrechte etwa über Müller und Bäcker dazu.

Der Twingherr hatte neben seinen grundherrlichen Rechten auch die richterliche Gewalt inne.

Als Grundherr standen ihm die Abgaben aus der Landwirtschaft zu: Unablösige, das sind ewige und in der Höhe festgesetzte Bodenzinsen, dann Zehnten, das sind variable Ernteabgaben, sowie Frondienste in der Form von Tagwan oder Tagleistungen und Fuhrungen oder Transportpflichten für Baumaterialien und landwirtschaftliche Produkte.

Als Gerichtsherr hatte er in der Regel bloss die so genannte niedere Gerichtsbarkeit inne, welche sich auf alle Angehörigen seiner Herrschaft erstreckte.

Zum niederen Gericht gehörten ausschliesslich die Sachen des bäuerlichen Alltags, Immobilienstreitigkeiten, Diebstahl und kleinere Delikte, Blut und Frevel hingegen fielen in die Zuständigkeit des Hoch- oder Blutgerichts, welches seit dem Hochmittelalter bei den Landesherren selber und den landesherrliche Rechte ausübenden Städten lag. Der Twingherr hielt über seine Angehörigen in der Regel auf seinem Gut Gericht.

Zur Herrschaft Reichenbach gehörten die Erträge aus den Zehnten zu Zollikofen und Landgarben (heute ein Teil der Gemeinde Zollikofen), unablösige Grund- und Bodenzinsen auf verschiedenen Gütern in Ober- und Niederbühlikofen, das Fahr an der Aare, zwei Mühlen, darunter die Mühle zu Ortschwaben, welche durch den Müller in der Matte zu Bern betrieben wurde, eine Stampfe (Vorrichtung bestehend aus einem mit einer Aushöhlung versehenen Holzblock und einem unten mit eisernen Nägeln beschlagenen Stämpfel, der an einer langen elastischen, horizontal angebrachten Latte hängt. Gersten- und Hirsestampfe, Ölstampfe oder Ölmühle, Rindenstampfe oder Stampfwerk des Lohgerbers, Pulverstampfe für Schiesspulver etc., Idiotikon, Bd. XI, Sp. 482) und eine Reibe (Einrichtung zum Zerreiben von Obst, Hülsenfrüchten, Strohhalmen etc. bestehend aus einem langen, schmalen kreisbogenförmigen Trog, in dem ein schwerer, einem grossen Schleifstein ähnlicher Stein an einer in dessen Mitte beweglich befestigten, um einen Mittelpunkt sich drehenden Stange hin und her bewegt wird, Idiotikon, Bd. VI, Sp. 67) sowie Fuhrungen und Tagwan oder Tagleistungen als Frondienste ab zahlreichen Gütern. Auch Fuhrpflichtige ausserhalb der Herrschaft sind verzeichnet, so in Kirchlindach, in Ätzigkofen und Oberlindach. Das Urbar oder Einkünfteverzeichnis von Reichenbach, welches die drei Söhne Fischers nach dem Ableben des Vaters anlegten, vermittelt denn auch den Eindruck einer arrondierten Herrschaft.[129]

Abb. 58 S. 132

Urbar der Herrschaft Reichenbach 1702

- Zehntpflichtig sind die Höfe in Zollikofen und Landgarben. Insgesamt sind es 48 Güter mit Pfennigzinsen, Hühnern, Sommer- und Wintertagwan (Fuhrungen)
- Die Mühle zu Ortschwaben ist zinspflichtig: Hans Stempfli, der Müller in der Matte zu Bern, ist für seine Mühle in Ortschwaben der Herrschaft Reichenbach ewigen, unablösigen Grund- und Bodenzins schuldig in gutem und währschaftem Getreide, welches er in das Schloss Reichenbach führen muss
- Fuhrungen oder Ehrtagwan mit dem Zug sind 11 ganze, einmal ¼ und einmal ½ pflichtig ab den Gütern in Zollikofen, Landgarben, Ober- und Niederbühlikofen
- Unablösige Grund- und Bodenzinsen in Getreide sind 3 verzeichnet
- Fuhrpflichtige ausserhalb der Herrschaft gibt es ebenfalls 3, nämlich einen Hof in der Breitmaad zu Kirchlindach, je ein Gut in Ätzigkofen und Oberlindach

Reichenbach wurde vermutlich unter Beat Fischer zum Zentrum, nicht allein der Grundherrschaft und als herrschaftlicher Wohnsitz, sondern – modern gesprochen – neben dem Posthaus in der Stadt auch zur eigentlichen Unternehmenszentrale für den Postbetrieb.[130] Es kommt wohl nicht von ungefähr, dass er daselbst auch eine Bierbrauerei – wohl nicht nur – für seine Postknechte einrichtete. In Zollikofen errichtete er ausserdem eine Ziegelhütte.

---

129 StAB FA von Fischer I 25 (2): Dokumentenbuch IV (1737–1745).
130 Vgl. den Aufsatz von Thomas Klöti in diesem Band.

Abb. 58: *Grundlager [sic!] der Herrschaft Reichenbach samt denen dazu gehörigen zehntpflichtig und eigenthumlichen Güther so wie solche Anno 1719 sich befunden haben und damahls in Grund gelegt worden sind, von J: A: Riidiger, Ingenieur. Herrschaftsplan von Reichenbach von Johann Adam Riediger, datiert 1719.* StAB Pläne AA IV Zollikofen Nr. 102.

Eine genauere Beschreibung von Schloss und Dependenzen in Reichenbach erhalten wir erst nach dem Tod von Beat Fischer, dann nämlich, als einer der Enkel, der gleichnamige Beat Fischer (1703–1764), damals in materielle Not geratener und vom Geltstag bedrohter Mitherr zu Reichenbach, seine Anteile an die Vettern Emanuel Fischer (1708–1773) und Johann Emanuel Fischer (1711–1764) – beide ihrerseits Mitherren zu Reichenbach – verkaufen musste. Unter mehreren Malen entäusserte er sich in den Jahren nach 1737 nach und nach all seiner Anteile an Reichenbach. Aus den verschiedenen Kaufverträgen erfährt man Näheres über die Herrschaft und zu Haus und Hof. Wir finden:

– Das Schloss und den Schlosshof mit einem darin befindlichen Kornhaus
– Die Gartenanlagen vorn und hinten am Schloss
– Die Bierbrauerei, das Bierhaus mit Turm und Turmuhr
– Die Holzschöpfe, gegen die Untere Mühle gelegen
– Den Schweinestall
– Das Fahr an der Aare mit dem zugehörigen Wirtshaus
– Die Ziegelhütte zu Zollikofen samt dem Ziegelacker und dem Moos
– Eine Alp im Gericht Röthenbach im Emmental mit Kührechten

Die Bewertung dieser ganzen Herrschaft beläuft sich nun, gute 50 Jahre nach dem Tod Beat Fischers, auf runde 309 632 Pfund und 15 Solidi.[131]

Abb. 59
S. 133

131 StAB FA von Fischer I 27 (1) Nr. 6: Güterverzeichnisse der Herrschaft Reichenbach, 18. Jahrhundert.

Abb. 59: *Geometrischer Grundriss des Schlosses Reichenbach samt dazu gehörigen liegenden Gütern mit prächtiger Cartouche, undatiert, 18. Jahrhundert. StAB FA von Fischer I 50 (2).*

Gute zwei Generationen nach dem Postgründer hatten sich Schloss und Herrschaft Reichenbach zu einem umfassenden Ganzen entwickelt. Im Kern blieb nach wie vor die alte Grundherrschaft sichtbar mit ihren auf die zugehörige Landwirtschaft ausgerichteten Anlagen: Kornhaus und Schweinestall, Ställe und Scheunen, die Mühle und eine Ziegelei. Selbst eine Alpsömmerung mit Viehrechten im Emmental war dem Besitz angefügt worden. Das Schloss als Kern der Twingherrschaft wurde ebenfalls mit den nötigen Ausstattungen versehen, materialisiert etwa im eingebauten Gerichtssaal. Ob Fischer dort je zu Gericht über seine Herrschaftsangehörigen gesessen ist, bleibt indessen im Dunkel fehlender quellenmässiger Belege. Zumindest eine prachtvolle Justitia krönt den bedeutenden Freskenzyklus dieses Raumes.

Hinzugekommen waren nun aber vor allem die Annexbetriebe, wie sie der Postherr für sein Geschäft einzurichten wusste: Die Bierbrauerei, das Wirtshaus, während das Fahr als wichtiger Aareübergang, welcher schon seit alters

Abb. 60: Reichenbach von Nordwesten. Ansicht von Schloss und Annexbauten. Anonym, undatiert, 1. Hälfte 19. Jahrhundert. Gouache, 20,7 x 28,4 cm. BBB Gr. B. 402.

bestanden haben mochte, wahrscheinlich im Zusammenhang mit dem Wirtshaus lediglich besser ausgerüstet wurde. Die baulichen Anlagen erlauben den Schluss, dass für Beat Fischer Reichenbach das Zentrum seiner Tätigkeit und seines Lebens wurde. Grösste Veränderungen erfuhr ja auch das Schloss selbst, welches unter dem Postgründer seine heutige grosszügige barocke Gestalt erhalten hat. Ausführlich würdigt Georges Herzog die Schlossbauten und insbesondere die prachtvolle Innenausstattung.

Die Bierbrauerei und das Wirtshaus beim Fahr in Reichenbach

Die topographischen Gegebenheiten zur Einrichtung einer Bierbrauerei waren in Reichenbach denkbar glückliche, Landwirtschaftsland reichlich und das so wichtige frische Wasser waren in Hülle und Fülle vorhanden, die Rechte in einer Hand vereinigt und die Transportwege günstig. Das Brauhaus, westlich vom Schloss gegen die Aare gelegen, war vermutlich mit der Schankwirtschaft und dem Fährbetrieb verbunden. Zu welcher Zeit der Braubetrieb tatsächlich aufgenommen worden ist, entzieht sich der Kenntnis. Irgendwann nach 1683 erscheint die Bierbrauerei in Reichenbach erstmals. Wohl bald, nachdem Beat Fischer aus seiner Landvogtei zurückgekehrt und endgültig in Reichenbach eingezogen war, mag er an die Einrichtung und Verbesserung des ganzen umfassenden Komplexes gegangen sein. Das Biersieden scheint jedenfalls rasch zu einem guten wirtschaftlichen Erfolg gelangt zu sein. Die ersten Einrichtungen sind nicht beschrieben, auch fehlen Rechnungsbücher und weitere Quellen, die uns diesen Erwerbszweig näher bringen könnten. Das Brauhaus muss zu Anfang recht einfach ausgestattet gewesen sein, und das Malz wurde vorerst offenbar im Obergeschoss des Kornhauses beim Schlosshof gelagert. Erst im 18. Jahrhundert erhielt das Brauhaus dann im ersten Geschoss seinen eigenen Malzboden.

Abb. 61
S. 136

Bierbrauerei und Bierhandel waren im Zuge des 17. Jahrhunderts rasch in Mode gekommen, in Bern vorab, nachdem die Schön- und Schwarzfärber in der Matte an der Aare die Anfänge dazu gemacht hatten.[132] Der Weinhandel und -ausschank war ausschliesslich der Obrigkeit und der regimentsfähigen Burgerschaft und somit den Besitzern von Weingütern vorbehalten, worauf diese eine Steuer, das Ohmgeld, zu entrichten hatten. Bern lagerte zudem in seinen Kellern auch den Domanial- oder Zehntwein ein, und Getreide und Wein bildeten einen festen Bestandteil der Beamtengehälter. «Venedig liegt auf Wasser, Bern aber auf Wein», so wollte es hundert Jahre später ein geflügeltes Wort. Noch zu Anfang des 17. Jahrhunderts wurde wohl vornehmlich Wein getrunken. Die Schön- und Schwarzfärber waren in der ersten Hälfte des Jahrhunderts dann die Ersten, welche begannen, in ihren Gewerbeboutiquen in der Berner Matte Bier zu sieden. Der Obrigkeit war das Geschehen schon bald ein Dorn im Auge, insbesondere, weil das neue Getränk der Steuer nicht unterlag. Schon 1641 änderte der Rat dies, und fortan musste auch vom Bier das Ohmgeld entrichtet werden. Das Bier scheint seinen Siegeszug ungehemmt angetreten zu haben, die Ermahnung, dass die Steuer ebenfalls zu bezahlen sei, musste jedenfalls 1693 wiederholt werden.[133]

Im 18. Jahrhundert war die Brauerei in Reichenbach gut eingerichtet, und im Verkaufsvertrag von Beat Fischer mit Emanuel Fischer vom 30. Dezember 1745 wurde sie wie folgt beschrieben: «Die dem Herrn Verkäuffer zustehende Wirtschafft und Bierbrauerey samt dem darzu gehörenden Garten und allem übrigen Erdtrich, zu Reichenbach gelegen, in weis und form wie Ich solches alles biss anjetz besessen und genutzet habe: Mit Begriff denen zu der Bierbrauwerey dienenden Kessenen, fässere, und samtlichen Schiff und Schirren [...].»[134] In dem ebenfalls aus dem 18. Jahrhundert stammenden «Etat der

132 Markwalder NBT 1930, S. 186 ff.
133 Zit. nach Markwalder NBT 1930, S. 191.
134 StAB FA von Fischer I 25 (2): Dokumentenbuch IV (1737–1745). Kaufvertrag vom 30. Dezember 1745 zwischen Beat Fischer, Verkäufer, und Emanuel Fischer, Käufer, unpaginiert.

Abb. 61: *Glocke aus der Brauerei in Reichenbach.*

Herrschaft Reichenbach» war die Bierbrauerei mit Inbegriff der Mühlematte, der drei Raine und einem Mütt Hafer Bodenzins auf der Mühle in Ortschwaben mit 29 000 Pfund angeschlagen. Sie brachte zudem 120 Kronen Zins, das Wirtshaus dagegen wurde mit 1600 Pfund veranschlagt, der Zinsertrag daraus mit 40 Kronen jährlich.[135] Als Grössenvergleich sei die Bewertung von Schloss und Herrschaft Reichenbach mit den gesamten Einkünften der Jurisdiktion herangezogen: Sie wurde kapitalisiert und im Etat mit 102 000 Pfund beziffert! Wie bereits bemerkt, lassen sich die Zahlen zu Ausstoss und Produktion der Bierbrauerei nicht benennen. Ein gewiss hoher Absatz war durch die Wirtschaft und die Postbediensteten in jedem Fall garantiert. Das Reichenbacher Bier hat – wenngleich nicht unter seinem ursprünglichen Na-men – bis auf den heutigen Tag die Stürme und Fährnisse der Zeit und mehrere Besitzerwechsel überdauert.[136]

---

135 StAB FA von Fischer I 27 (1) Nr. 6: Güterverzeichnisse der Herrschaft Reichenbach, 18. Jahrhundert.

136 Heute produziert die Firma Hofweber Bier unter der Marke Rugenbräu.

Die Güter in St-Blaise und die Rebgüter in Lutry

St-Blaise

Nur wenige Jahre später fügte Beat Fischer seinem Besitz in Reichenbach weitere Güter hinzu. Dabei konzentrierte er sich keineswegs auf die Stadt und das Umland von Bern. Vielmehr bot sich ihm die Gelegenheit, kostbares Rebland am Neuenburgersee zu erwerben, als die Frau Obristin von Mülinen, Madeleine Tscharner, Witwe des Obersten Beat Ludwig von Mülinen (1612–1674), ihre Güter in St-Blaise verkaufen wollte. Beat Fischer, durch sein Postunternehmen mit der Grafschaft Neuenburg verbunden (diese postmässigen Verbindungen ins Neuenburgische finden bei Thomas Klöti ihre Würdigung), griff 1689 interessiert zu und tauschte eine schon länger in seinem Besitz befindliche Thormanns-Matte bei Seftigen mit allen daraufliegenden Einkünften gegen den Besitz im Neuenburgischen.[137] Er erwarb damit nebst Haus und Hof in St-Blaise insgesamt 15 Weingüter in der näheren Umgebung, als da sind die Rebberge Pidance, Forière, Dazelet, Plantée, Maigroge (das wirklich den dames religieuses de la Maigroge de Fribourg gehört hatte), Poirier, Prise Bugnot, Chairdanne, L'Isérable, Prise Rouge, Bourguillard, Grand Bois, sodann Weideland, Grund- und Bodenzinse und einen Garten beim Haus.[138] Nachdem der Käufer sich erst einmal persönlich vom Zustand des Hauses in St-Blaise überzeugt hatte, ging der Kauf rasch vonstatten: «Demnach von Herren Landvogt Fischer vorgedachte vorbehaltene Besichtigung beschehen, und er den Tausch zu halten sich erklärt hat, hat er gleich so fort den 24. Augusti mit annemmung des Rebguts, und dessen, was ihm damit übergeben worden, auch die Schlüssel zu dem Haus, und auff heut zu endgemeltem Dato die zum gantzen gehörige Documenta von der Frau Oberstin, so viel si deren in handen hat, empfangen, Jedoch der Documenten halber mit dem Reservat, dass fahls gedachte Frau Oberstin gemelten Rebguts halber etwan angefochten werden solte, Er Herr Landvogt Fischer schuldig sein solle, die jenigen Documenta, so ihre zu ihrer defension dienstlich sein möchten, zu produciren. Weilen dann Herr Landvogt Fischer zugleich den Kauffbrief, den er wegen der eingetauschten Thormannsmatte in Handen hatte, übergeben, und dabey das versprochene Trinkgelt baar erlegt hat, als wird er auch darumb quittiert. Actum den 30. Augusti 1689. Sig. A. Lombach, Albrecht von Mülenen, Beat Fischer.»[139] Beat Fischer bezahlte zusätzlich zur eingetauschten Wiese in Seftigen noch dreimal 3200 Pfund, zahlbar jeweils an Martini 1690, 1691 und 1692. In den nachfolgenden Jahren fanden zahlreiche weitere Tauschgeschäfte um diese Rebgüter in St-Blaise statt, auch das Haus selbst wurde Gegenstand eines Tauschgeschäfts. Georges Herzog hat die Baugeschichte des Gutes in St-Blaise eingehend erforscht.

Lutry

Bereits in seinem Haushaltungsbuch rechnete er in den Jahren um 1680 wiederholt über Ausgaben für die Rebleute in Lutry am Genfersee ab. Es steht da zu lesen, wie hoch jeweils die Herbstkosten, also die Weinlese, waren, aber

---

137 StAB FA von Fischer II 1 (2): Dokumentenbuch, angefangen vom 17. August 1689, 2^e livre, S. 8 ff.

138 StAB FA von Fischer II 1 (2): Dokumentenbuch, angefangen vom 17. August 1689, 2^e livre, S. 8 ff.

139 StAB FA von Fischer II 1 (2): Dokumentenbuch, angefangen vom 17. August 1689, 2^e livre, S. 10 ff.

ebenso, was die Pflege des Weinbergs durch das Jahr verlangte. Jean Jacques und David Guay waren seine Rebleute, von ihnen bezog er gemäss seinem Rechnungsbuch auch den Wein. Auf dem Gut wurde offenbar Weisswein angebaut.[140] Die privaten Aufzeichnungen Fischers im «Lauffender Schulden- und Contibuch» erhellen für die Jahre um 1680 den Weinkonsum: 1679 empfing Beat Fischer 151 Sester (oder Sétier) Weisswein à 18 Sester das Fass, somit waren dies gute 8 Fässer.[141] Auf einen Sester kamen rund 40 bis 55 Liter, die ganze Lieferung umfasste also 6000 Liter. Ein Jahr später, 1680, wurde über eine Lieferung von 12 Fass abgerechnet. Ausserdem mussten Reparaturen am Pressoir (Traubenpresse) vorgenommen werden. Die Kosten für diese Arbeit beliefen sich auf 4 Kronen. Den Weisswein bezog er von Fall zu Fall, nicht allein für sich und seine Familie, auch weitere Kreise kamen in den Genuss. Zweifellos hat die Haus- und Amtsverwaltung in Wangen hierin ebenfalls ihren Niederschlag gefunden, musste der Amtsmann doch ein gastliches Haus führen. Zudem konnte Beat Fischer aus seinen Rebgütern auch die erworbene Pintenschenke beliefern. Den roten Wein hingegen, welcher damals sehr viel seltener getrunken wurde und entsprechend teurer war, denn Anbau und Vinifikation waren aufwändiger und in unseren Gegenden auch weniger bekannt, bezog er aus anderer Quelle. Der Chirurgus Niclaus Wernier schien dafür – nebst seinen eigentlichen Aufgaben – der Lieferant gewesen zu sein: 1679 ist der Ankauf lediglich eines halben Fasses roten Weins verzeichnet, für das Fischer dem Chirurgus den stolzen Preis von 19 Pfund und 11 Schilling bezahlte.[142]

Der Lebensstil des Patriziers Beat Fischer

Nicht oft ergibt sich die Gelegenheit, gewissermassen den Blick durchs Schlüsselloch ins Private zu wagen. Nur spärlich fliessen die Quellen der Selbstzeugnisse im ereignisreichen 17. Jahrhundert, welche uns den «privaten» Menschen, seine Neigungen, seine Wünsche, seinen mitunter auch ganz banalen Alltag vor Augen führen. Beat Fischer gewährt uns diesen Blick.[143] Sein methodischer und gewissenhafter Geist, der ihn immer und über alles peinlich genau Buch führen liess, hielt alles fest, was gutes Geld kostete. Wir treffen ihn an, wie er seinen Wein besorgt, die Abrechnung über die venezianischen Pensionen führt, Darlehen entgegennimmt und genau den zu entrichtenden Zins berechnet und diesen auch pünktlich erlegt, alles festgehalten mit Betrag und Datum. Vermögensverwaltung für die Base Magdalena Fischer wurde betrieben, die Ausbildung der Kinder genau verfolgt, und taugte der engagierte Hauslehrer nichts, so wurde er mit einer Abstandszahlung entlassen und ein neuer eingestellt. Bei Krankheiten der Kinder kam der Arzt ins Haus, die Apotheke lieferte den Kräutertee. Aus dem Ausland bestellte der Hausherr feine Sachen, Leckereien und Spezereien, aber auch Parfum und feinen Puder für die Perücken. Kostbare Handschuhe, teure Kleidung mit goldenen Knöpfen wurden geordert, er liess Uhren und auch einmal einen kostbaren Diamanten für die Gattin kommen und immer wieder Bücher, aus Genf, Basel und Lyon. Jeder einzelne Posten einer Lieferung wurde genauestens festgehalten, und wir erfahren auf Heller und Pfennig, wie teuer Trans-

Abb. 62 S. 139

140 StAB FA von Fischer II 1 (1): Lauffender Schulden- und Contibuch, S. 22 ff.

141 Der Sester als altes Hohlmass wurde ursprünglich vornehmlich für Getreide benutzt. Im welschen Gebiet war der Sétier das gängige Wein- und Wassermass. 1 Sétier fasste im Waadtland 30 Pots oder zwischen 40 und 55 Liter. Vgl. Dubler 1975, S. 40 ff.

142 Dubler 1975, S. 90.

143 Vgl. dazu und für alle folgenden Zitate: StAB FA von Fischer II 1 (1): Lauffender Schulden- und Contibuch.

Abb. 62: *Beat Fischer (1641–1698) als Herrschaftsherr und Ratsherr. Im Hintergrund öffnet sich rechts der Blick auf Schloss Reichenbach. Porträt um 1690, Johann Rudolf Huber (1668–1748) zugeschrieben. Öl/Leinwand, 134,5 x 101 cm. Privatbesitz.*

port und Verpackung zu stehen kamen, Soll und Haben stets peinlich genau gegeneinander aufgerechnet. Eine wunderbare Quelle zu Kulturgeschichte und Kultur eines gehobenen Haushalts des Ancien Régime. Und der Hausherr hielt auf sich, er bestellte gern und Gutes, für sich selbst und die Seinen. Die vielfältigen und «internationalen» Geschäftsverbindungen durch das Postunternehmen kamen ihm da sehr zustatten.

Sein Haushaltungsbuch, diese unschätzbare kulturhistorische Quelle, lässt uns teilhaben an seinem Alltag, der Geschäftliches und Privates ungerührt vermischt, allein der Postbetrieb ist ausgeklammert, hierüber musste separate Rechnung geführt werden. Aufwendungen für das Haus, die Familie, für die persönlichen Vorlieben, denn Beat Fischer erweist sich als belesener und vielfältig interessierter Mann, stehen neben den Abrechnungen für die Bediensteten in der Münzstätte und über das Engagement im Ballenhaus. Seine Verbindungen kamen aber auch Freunden und Verwandten zustatten. Für Friedrich von Graffenried etwa bestellte er 1679 in Paris zwölf zweibogige Landkarten von Sanson, wofür er 20 Pfund auslegte, und – immer noch für

Abb. 63: *Lauffender Schulden- und Contibuch. Mein Beati Fischers dess grossen Rahts der Statt Bärn. Fangt an Anno 1679. Titelbild mit Monogramm BF. StAB FA von Fischer II 1 (1).*

den Herrn von Graffenried – für den «4. Teil der Welt» mitsamt Globen, «gar gross», bezahlte er 30 Pfund und 20 Schilling. Der Jungfer Madlena Fischer – es ist seine 1644 geborene Cousine Magdalena Fischer – kaufte er im September 1682 ein «Solothurner Cappeli» (handelt es sich wohl um eine Frauenkappe?) und «10 Ellen Indienne» und ein knappes Jahr später überreichte er ihr eine «recompens nuptias fratris» in der Höhe von 18 Pfund. Madlena hatte ihm bereits im Oktober und dann noch einmal im November 1680 die Summe von insgesamt 100 Pfund übergeben, mit der Bitte «ihra solches zu verzinsen, biss sie es etwan mit gueter gelegenheit an zins legen oder sonsten vonnöthen haben möchte». Madlena Fischer scheint der gute Geist im Hause des Beat Fischer gewesen zu sein. Sie war seine Base und seine Haushälterin zugleich. Seine Wertschätzung drückte er aus, als er im Januar 1688 mit Base Madlena Fischer folgende Vereinbarung traf: «Den 29. January 1688 hab ich mit der B[ase] Mad[lena] Fischer obgedacht gerechnet und befunden, dass ich ihra so wohl für ihre jährliche recompens und belohnung ihrer getreuen diensten die sie mir seit bald 13 Jahren dahero sonderlich aber allhier in verführung der grossen Haushaltung in werendem gebäüw [nota bene das Schloss Reichenbach] geleistet: Als für mir ihra zu verzinsen gegeben gelter nach abzug aldessen so ich hingegen für sie ausgegeben, schuldig bin 600 Kronen wozu mir heut noch baar gegeben 60 Kronen also dass sie nun in allem zweytausend und zweyhundert pfund zu fordern hat: Welche ihra nach ihrem belieben, entweders von dato diss an verzinset werden sollen: Oder aber es solle ihra nach proportion diese summe der verhoffende Gewinn aus meiner Leinwaadthandlung allhier, als damit sie auch viel bemüehet wirt erschiessen und zerfolgen. So hab ich dann auch ihra fürs könfftige als eine recompens wegen verfüehrung meiner haushaltungs geschäften versprochen jährlich auszurichten dreyssig Kronen: Und sie dann mit nöthiger Kleidung und Schuhen versehen: Und darüber noch wegen ihrer Mueh mit der Leinwaadthandlung järlich zwantzig Kronen, als eine discretion, ihra abfolgen zu lassen.» Madlena Fischer besorgte also nicht allein den Haushalt, sie hat sich auch noch tatkräftig um die Tuchhandlung in der Stadt, die Beat Fischer als Pächter des Waisenhauses beim Schützenhaus in Betrieb nehmen liess, gekümmert. Was die Mühewaltung alles umfasste, wird nicht ersichtlich, war es die Rechnungsführung und Überwachung des Betriebes, war es handfeste Mitwirkung im Laden selbst?

Ein anderer bedeutender Ausgabeposten sind die Zahlungen für die Ausbildung der Kinder. Nach Wangen, wo er zu jener Zeit als Landvogt sass, liess er 1681 Johann Martin Dautel, «Paedagog», kommen. Für das Engagement während eines Jahres bezahlte Beat Fischer dem Hauslehrer Dautel 100 Reichsthaler samt einem Kleid und «seiner ehrlichen Nahrung». Am 15. Juni 1682 entliess er ihn wieder und gab ihm per Saldo aller Ansprüche zusätzliche 72 Pfund, machte alles in allem 140 Pfund und 22 Schilling. Am selben 15. Juni trat auch bereits der Nachfolger seine Stelle an, es war «Monsieur Samuel Le Joux de Neufchatel», und dieser erhielt gar 110 Reichstaler für ein Jahr zugesagt. Er blieb indessen nicht so lange und verliess Wangen und seine Schützlinge bereits nach neun Monaten wieder, wobei ihm 99 Pfund ausbezahlt wurden. 1682 treffen wir Lehrer d'Autun in den Diensten Beat Fischers. «Le 16 Novembre il entra chez moy sous les offres que ie luy fis et qu'il aggrea volontiers de luy payer outre sa nourriture par année pour le fils ayné 120 Pfund, pour chacun des deux petits 90 Pfund, fait 180 Pfund.» Das Pensum dieses Hauslehrers war anspruchsvoll: «Pendant que l'ayné sera sous sa conduite il n'aura occupations avec les deux autres, qu'a leur enseigner la langue française autant qu'il se pourra faire sans préjudice des estudes de l'ayné: Il s'entend que quand l'ayné sortira de son instruction je ne luy payeray que ce que j'ay offert pour les deux petits.» Ausserdem wurde ihm zugesagt, «de franchir dans mes Bureaux les lettres qu'il recevra: celle qu'il ecrivra seront taxés comme celles des autres». Herr d'Autun wiederum verpflichtete sich, so lange zu bleiben und zu unterrichten, wie es Landvogt Fischer für geraten hielt, und sollte er nichts mehr zu unterrichten haben, so mochte er sich empfehlen. Interessant wurde das Engagement des Lehrers erst recht, als er 800 Pfund als Investition bei seinem Brotherrn platzierte. Beat Fischer gewährte auf dem Darlehen einen Zins von 5 Prozent. Dafür konnte er die Summe so lange behalten, «qu'il me sera commode et luy par contre pourra la retirer quand il voudra pour vue qu'il me le declare deux mois auparavant». Die Anstellung endete dann allerdings in Unfrieden, und Lehrer d'Autun kehrte Wangen am 16. Mai 1683 den Rücken «ayant demandé son congé sans sujet et de très mauvais grace». Der älteste Sohn jedoch, Beat Rudolf Fischer, hatte dannzumal bereits seine Ausbildungszeit im Waadtland hinter sich, er war 1679 für zwei Jahre bei Monsieur Daniel Crespin in Lausanne gewesen.

Auch eine seiner Töchter schickte der Postherr am 28. Mai 1682 für Ausbildungszwecke ins Waadtland, sie kam zu Madame Binet nach Vevey. Und folgerichtig wurden die Einträge ins Haushaltungsbuch durch den sprachgewandten Beat Fischer nun in französischer Sprache fortgeführt: «1682 le 28 may que ma fille partit de Berne j'envoyay à Madame de l'argent que ma fille avoit scavoir 1 Louis d'or, 2 Ducats, 1 petite bague à rubis, 1 autre sans pierre, 10 pistolles d'Espagne [oder] 110 Pfund.» Es war seine 1671 geborene Tochter Euphrosine, die mit elf Jahren die Reise ins Waadtland angetreten hatte. Sie blieb dort für zwei Jahre und erhielt neben dem zu erlegenden Kostgeld auch immer wieder Geschenke. Das Kostgeld bei Madame Binet belief sich für ein Jahr auf «18 Louis d'or und 2 Louis d'or pour le vin». Zudem kosteten die Unterrichtsstunden extra. Euphrosine erhielt Tanz- und Musikunterricht, Schreiben und Rechnen. Auch Kleider mussten für die Tochter am fernen Genfersee besorgt werden, und der Vater griff dafür tief in die Tasche: 79 Pfund wurden für «zeug zu kleidern» ausgelegt. Dann, im Februar 1684, erkrankte Euphrosine, und Madame Binet musste den Arzt kommen lassen. Monsieur Debolas, Médecin, und Monsieur Daples, autre Médecin, betreuten die Kranke. Es scheint eine schwerwiegende Erkrankung der jungen Tochter gewesen zu sein, denn es musste noch ein Chirurg hinzugezogen werden, und dieser verordnete dann drei Mal einen heilenden Aderlass. Der Apotheker stand ebenfalls «suivant sa partie» auf der Abrechnung. Die Krankheitstage kosteten über alles schliesslich 80 Pfund und 10 Schilling.

Neben den ausführlichen Einträgen zur Ausbildung seiner Kinder, an der er offenbar sehr regen Anteil genommen hat, finden sich auch die persönlichen Ausgaben. Am 24. Dezember 1679 erhielt er von Juwelier Hoffmann aus Basel den bestellten «Diamantstein» für die stolze Summe von 570 Pfund. Grosses Interesse bekundete er auch für Uhren. Immer wieder gab er solche bei Uhrmachern in Genf – «Henry Arlaud, Horologeur» – oder in Baden – Beat Jakob Bodmer, Uhrenmacher – in Auftrag: «une montre à pendule» 1680, ein Jahr später legte er 33 Pfund aus für die «rhabillage d'un horologe de table», schliesslich liess er sich zwei «pendules de poche entre lesquelles il y a une à quantième de mois» kommen. Bodmer aus dem aargauischen Baden lieferte dagegen eine «Pendule so 3 Wochen lang gehen und schlagen soll». Für eine weitere Uhr musste bei Paul Hubert in Genf ein neues Uhrwerk hergestellt werden, «un autre mouvement à reveil dans ma boite d'or».

Gutes Geld wurde auch reichlich für Parfümeriewaren, Leckereien und Spezereien ausgegeben: Gerolamo Alberti aus Turin schickte die begehrte «Ciccolata fina», gleich 25 Unzen zum Preis von 118 Pfund und 15 Schilling. Und Guillaume Bergeret lieferte für den gepflegten Herrn ebenfalls aus Turin 2 Pfund «poudre frangipane» (Frangipani oder Tempelstrauch, Plumenia alba, ein aus Westindien stammendes und in den Tropen weit verbreitetes und stark duftendes Immergrün), 2 Pfund «poudre musqué» (Moschus), 2 Pfund «poudre fleur d'orange» und «poudre à la violette» sowie «poudre Jassemin». Mit gleicher Sendung kamen «Tabac pongibon» (Tabak aus Pongibon), «pastilles royales», «une boite dorée guarnie d'essence et pommades», «2 guarneaux à la Reine de senteur» und 2 ½ Unzen «huile de Jassemin pour les perruques», machte alles zusammen in «livres français» 82 Pfund und 10 Schilling. Vom Parfumeur Couder erhielt der Haushalt Fischer «2 onces beaume blanc, 1 ½ onces Essence à la Neroli (Neroliöl, ein besonders kostbares ätherisches Oel, gewonnen aus den Blüten des Bitterorangenbaumes), dans une petite figuette essence de Cedre», sodann «6 phioles Syrop capillaire» und «une toilette avec son assortiment à dentelle d'or et d'argent». Diese Lieferung kostete 146 Pfund 5 Schilling. Dagegen verlangte der Chirurgus Niclaus Wernier 1680 bescheidene 6 Pfund 15 Schilling «für seine müehwaltung mit meiner Ehfrau und ein Kind». Die Geburt – und darum muss es sich bei diesem Ausgabenposten wohl handeln – war sogar noch billiger als das, was Beat Fischer über ein Jahr für das Rasieren bezahlte, nämlich ganze 8 Pfund und 20 Schilling. Für den Haushalt in Wangen waren wohl die Anschaffungen an Geschirr – aus Zinn – und Tapisserien («5 pièces Tappisserie à point d'Hongrie nouvelle façon») gedacht. Und immer wieder Kleider, etwa «2 Robes de chambre de Tapy de perse doublée de Satgettas» oder «velours de Gennes pour un jusde à corps», «satin» oder eine «cravatte à dentelle» wurden abgerechnet. Monsieur Sylvestre Dufour à Lyon und Monsieur Pierre Duhamel à Genève waren die Lieferanten. Für die feinen Kleider brauchte es dann natürlich noch «boutons d'or», «doubleuse violette façon et soye du surtout» und «aggréements d'or des points d'Espagne». Auch für seine Gattin bestellte er in Genf «une robe de Chambre», doch führt er hiezu leider – oder bezeichnenderweise? – keine Details aus. Die Herren des 17. Jahrhunderts waren wohl ebenso eitel und auf ihre persönliche Erscheinung bedacht wie die Damen.

Das Haushaltungsbuch von Beat Fischer weist indessen nur Ausgabenposten aus, welche ganz offensichtlich in seine geschäftsmässige Verwaltung gehörten. Das ganze innere Hauswesen spiegelt sich darin letztlich nicht. Keinerlei derartige Dokumente sind auf uns gelangt. Was die Hausfrau in Wangen oder gar auf Schloss Reichenbach für Essen und Trinken, für die Mägde und Knechte und das Nötige jeden Tag ausgegeben hat, kann deshalb

Abb. 64
S. 143

hier nicht zum Vergleich herangezogen werden. Oder höchstens dies: In seinem Hausbuch verzeichnet Johann Rudolf Fellenberg um 1695 für seine sehr bescheidene Lebensweise folgende Posten:[144] Als Lohn für die Mägde während eines halben Jahres 3 Kronen oder 2 Taler; zwei Klaffter Tannenholz kosteten vors Haus an der Kesslergasse geführt 2 Taler und 1 Mass Wein; 1 Pfund Butter kam auf 2 Batzen und 1 Kreuzer, ein Paar Damenschuhe auf 1 Krone und 1 ½ Batzen zu stehen; das Mass Wein von der St. Petersinsel kostete dagegen 3 ½ Batzen und die Frauenkappe gar 13 Kronen, 12 Batzen und 2 Kreuzer. Welch ein Unterschied!

Das Leben des Patriziers und Privatmannes Beat Fischer bewegte sich im Spannungsfeld von gehobener Lebensart, von gesellschaftlich motivierter Mitwirkung, gepaart mit persönlichen Vorlieben und bestimmt durch die Aufgaben als Herrschaftsherr. Gleich Kette und Schuss war das Ganze verwoben mit dem Unternehmertum als Postherr und Kaufmann. Auch seine Familie und die weitere Verwandtschaft hat er da mit einbezogen, so wachte etwa der Bruder Samuel Fischer über die Münze oder die Base Magdalena Fischer wurde mit der Tuchhandlung betraut. Mit den Worten Richard Fellers: «Sein wagemutiger Fleiss trug ihm ein Vermögen ein. Ihm gehörte Grundbesitz in verschiedenen Gegenden, eine Tuchmanufaktur in Thun und eine Ziegelei. Rastlos gab er sich aus. Er war zu seiner Zeit die stärkste Arbeitskraft Berns. Bei guten Jahren starb er 1698 hinweg.»[145]

Abb. 64: *Siegelstempel von Beat Fischer (1641–1698). Wappen Fischer mit geradem Fisch, Stern und Bach, undatiert. Privatbesitz.*

---

144 Zit. nach Rodt 1903, S. 68.
145 Feller 1974 III, S. 143.

Das Ableben Beat Fischers – Der Erbvertrag seiner Söhne

Am 23. März 1698 starb Beat Fischer. Für die Seinen musste es ein unerwarteter Tod gewesen sein. Im Gedenken hielten seine drei Söhne fest, dass «es der allmächtigen fürsehung Gottes gefallen, unseren herzgeliebten Herren Vatter, den 23. Martii diss Jahres, aus dieser Eitelkeit zu seinen Ewigen Gnaden, also schleunig und unverhoft zu beruffen, dass er über seine zeitliche Güter anderster oder weiters nicht disponieren können [...]»[146]. Es war also ein allzu früh eingetretenes und so nicht erwartetes Ereignis, dieser Tod im 57. Lebensjahr.

Seit seiner Wahl in den Täglichen oder Kleinen Rat zu Ostern 1695 hatte er, jeweils um in die Kur zu fahren, in schöner Regelmässigkeit jedes Jahr um Urlaub von den Ratsgeschäften nachgesucht. Bereits 1681 musste er erstmals auf Anraten der Ärzte zur «Verpflegung seiner Gesundheit» eine Kur machen. Die Obrigkeit bewilligte damals den Urlaub mit dem Wunsch, «dass selbige [Kur] zu seiner völligen Gesundheit anschlagen möge, gleichwol aber, dz er inzwüschen solche anstalt hinderlasse, dass das Ambt [zu der Zeit war Fischer Landvogt in Wangen] in seiner abwesenheit wol verwaltet werde»[147]. Später wiederholen sich diese Kuren in regelmässigen Abständen. Die Miträte wünschten jeweils Gottes Segen über seine Absenz, mehr ist indes über sein Leiden nicht zu erfahren. Rastlos hat er sich in seinem intensiven Leben gewiss verausgabt, seine Kraft auf verschiedene Unternehmungen verwandt, als grosse und bleibende Hauptaufgabe jedoch war ihm der Aufbau der Postpacht das Wichtigste. Als er starb, war noch längst nicht alles unter Dach und Fach. Also regelten seine drei Söhne die Hinterlassenschaft des in so vielen Geschäften tätigen Vaters: Wohl habe der Vater seine Vorstellungen eröffnet, wie er sich die Teilung seiner Verlassenschaft vorstelle, doch habe ihm gewissermassen der Tod die Feder aus der Hand genommen. Und weil kein schriftliches Testament vorhanden, so wollten die drei Brüder des «seligen Herren Vatters obligation und Willen [...] entsprechen, und der Unss so oft anbefohlnen brüderlichen Liebe, treuw und Einigkeit einen beständigen und festen Grund [...] legen» und also sollte «diese Verschreibung und Verbindung zwischen Unss dreyen Gebrüderen, wie hernach folgt, mit gutem vorbedacht, und wahrem Vorsatz derselben in allen Stuken heiliglich nachzukommen, auf diesen gegenwertigen Tag geschlossen und getroffen werden». In sechs Punkten regelten die Drei den Erbvertrag. Als Erstes trafen sie die Entscheidung, die gesamte Erbmasse nicht zu verteilen: «Weilen wie in den eingang vermeldet eine theilung unsers Herren Vatters selig Mittlen, oder vielmehr die dabey ohnfehlbarlich zu erwarten stehende Streitig- und Uneinigkeit, gleichsam der einzig gefährliche Klippen, den Wir zu erhaltung dess Wohlstandes unserer Geschäften, mit sorgfalt und ernst abzumeiden haben: Alss verpflichten wir drey Gebrüdern Unss zu den End, mit freyem Willen und in wahren treuwen; die gantze Verlassenschaft unseres seligen H[er]rn Vatters, was nahmen sie haben mag, über uns zu nehmen und unzertheilet, mit gleichen Rechten, ohne dass einer oder der andere einiche praeferenz oder Vortheil zu praetendieren habe [...] also zu besitzen.» Sie verzichteten

---

146 BBB FA von Fischer 51 (4): Erbvertrag zwischen den Söhnen des Beat Fischer (1641–1698), Beat Rudolf (1668–1714), Samuel (1673–1720) und Heinrich Friedrich (1676–1725), 1698, 2 Abschriften.

147 StAB A II 503: RM 191, S. 286.

auf den Erbauskauf, lediglich die Schwestern wurden ausbezahlt. Die Söhne jedoch wollten das gesamte Erbe gemeinsam verwalten. Jedes Vierteljahr sollte einer den anderen in den Geschäften ablösen und jeder über seine Verwaltung genaue und aufrichtige Rechnung abstatten, und damit wurde auch die Kehrordnung, wie sie später im Postgeschäft befolgt werden sollte, in ersten Ansätzen bereits begründet.[148] Für seine Amtsdauer führte der jeweils mit den Geschäften Betraute die Kasse allein, da man anders nicht «respondieren könnte. Damit aber durch einessen Unvorsichtigkeit, der gantzen Massa in währender seiner Verwaltung nicht allzu namhafter schaden zu wachsen, oder eine grosse Verwierung in denen Geschäften erfolgen könne: Alss soll keiner befügt oder mächtig sein, ohne Zuthun der anderen in Haupt Geschäften als Tractaten, namhafften Aussgabe in Gebäuden, abänderung der Diensten, oder anderem dergleichen nach seinem Willen und gutdunken handlen [...].» Schliesslich kamen sie zum Hauptgeschäft, der Postunternehmung. Weil aber gerade das Post- und Bierwesen am meisten Arbeit und Mühe erforderte «und deren Erhaltung am meisten unss obliegen soll, als Versprechen Wir je einer gegen den anderen, dass Wir zu äuffnung und Conservation dieser beiden Stuken, allen fleiss mühe und arbeit unserseits anwenden wollen, in keine manier und Weiss eine theilung oder sönderung in selbigen zwüschen Unss suchen, sondern immer gemein haben wollen [...]». Es ist dieser Kernsatz, der für die Zukunft der Postpacht bedeutend werden sollte, denn ohne das gemeinsame Engagement und die gemeinsame Verwaltung wäre eine weitere Verpachtung der Post durch die Obrigkeit wohl mehr als nur gefährdet gewesen. Es lag auch keineswegs im Interesse der Pächter, fremde Mitpächter in ihren Kreis aufzunehmen. Diesem konnte allein durch das gemeinsame Eigentum vorgebeugt werden. Zudem war die ganze Hinterlassenschaft nicht liquide. Die Mittel lagen im Unternehmen, in der Grundherrschaft und im weitreichenden Landbesitz in Bern und Umgebung, in der Waadt und im Neuenburgischen. Das alles liess sich nicht so leicht und schnell verflüssigen, ein solches Vorgehen wäre auch den Interessen der Erben letztlich zuwidergelaufen. Und so bestimmten sie sechstens, «in deme Wir schon gemeldet die Erbschaft mit zimlichen Schulden behaftet, und zu erwerbung der zur abzahlung nöthigen Mittlen, nichts als Gottes segen und eine sonderbahre Oeconomia unss behülflich sein kann: Alss haben Wir für nöthig erachtet, unsere Ausgaben, so viel müglich einzuschranken [...]». Alle diese Punkte getreu zu halten gelobten die drei Brüder Beat Rudolf Fischer, Samuel Fischer und Heinrich Friedrich Fischer am 1. September 1698.

Es sollte ihnen weitgehend gelingen, indes nicht jeder der Nachkommen wurde ein gleichermassen erfolgreicher Geschäftsmann, über einzelne von ihnen musste später gar der Geltstag verhängt werden, da die Mittel für die elegante Lebensführung oder einen ehrgeizigen Schlossbau dennoch nicht ausreichten. Andere wiederum, dank sorgfältiger Ökonomie, brachten es zu grossem Wohlstand. Insgesamt aber florierte das Postunternehmen, das Beat Fischer 1675 ins Leben gerufen hatte, unter seinen Nachkommen bis zum Jahre 1831.

---

148 Vgl. den Aufsatz von Thomas Klöti in diesem Band; Hüssy 1996, S. 146 ff.

Amtsantritt des Landvogts Beat Fischer in Wangen 1680

Patent

Wir Schultheiss, Räht und Burger thun khund hiermit: demnach wir aus erheblichen unss darzu bewegenden ursachen gut und nothwendig, auch unseren ambtleüthen und unseren lieben getrewen angehörigen underthanen erspriesslich befunden, die hievor in aufbegleitung unserer Ambtleüten angewendete verköstigungen und gewohnte aufritten, gänzlich und allerdings abzustellen und zu verordnen, dass da fürhin und inskünfftig unsere erwehlte abordnende Ambtleüth einfaltig und ohne einiche begleitung auss der Statt und von anderen unseren Ambtleuten auch ohne entgegen-zeüchung, Mahlzeit, Banquet-Anstellung und andere gepreng mit ihren Weib und Kinden, die besizung dess Ihnen anvertraweten Ambts nach erstattung der gwohnten Eydtspflich nemmen und eintretten sollind.

Dass wir hierauf den Ehrenfesten unseren lieben und getrewen Burger und Teütsch Sekellschreibern Beat Fischer Newer erwehlten Ambtsman gahn Wangen mit dieser offenen Patent abgefertiget, den pohsehs ermelts seines Ihme anvertrauten Ehren-Ambts einzunemmen, dasselbige nach bestem seinem Verstand zu beförderung der heiligen Ehren Gottes, seiner Ihme undergebenen Ambts-Angehörigen in allweg zu gutem, – und Ihme selbs zu Lob, ehr und frommen nach inhallt seiner gethanen Eidtspflicht getreülich zu verwalten, wie wir unss auch dessen versehen, und Ihme hiemit den gewalt, Macht und Ansehen ertheillt und übergeben haben wellen, selbigen Ohrts unsere Oberkeitliche Stell und Ambt zu vertretten, unseren lieben Underthanen und angehörigen, mit Raht, Schuz und Schirm, sonderlich aber mit Halt- und Verführung guten geist- und weltlichen Gerichts und Rechts, getreü, wol und ehrlich vorzustehen, die Armen, auch Witwen und Weysen zeschirmen, und darinnen, wie sonst ins gemein in ganzer seiner Verwaltung, sich also zu verhalten, wie es einem Gott- ehr- und Gerechtigkeit liebenden Ambtsman von solchen tragenden Ambts wegen geziemt und wol ansteht, in massen Er umb solches alles, und was Ihme zu unseren Handen ze bezeüchen und zu verwalten vertrawet, und dem Ambt anhengig ist, Gott dem Allerhöchsten, und uns seiner Oberkeit gute rechenschafft zugeben wüsse.

Welcher dan hin widerumb auch von Menigklichen für einen solchen unseren ordenlichen gesezten Ambtsman gehalten und erkent, und aller disem Ambt anhangenden nuzung und geordneten besoldung gebührend genos und theilhaftig werden soll:

An alle und Jede Unsere liebe und getreüe Underthanen selbigen Ambts, es seyen fürgesezte, Under Ambtleüt und gemeine Underthanen, wie die nammen haben mögen, niemand ausgeschlossen, disem nach ernst meinend und hochoberkeitlichen gesinnende, – Ihme als unserem Ambtsman in unserem nammen und von unseret wegen allen gebührenden respect, ehr und schuldige gehorsam zu erzeigen und zu beweisen, wie wir Unss dessen zu Menigklichen und einem jeden besonders versehen haben wollen: Es ist hierbei auch unser verstand, will, meinung und befelch, dass nach bissharigem gewohnten Brauch ermelte unsere liebe und getrewe angehörige Ihme unserem Ambtsman bei dieserem seinem eintritt den gewohnten eyd schweren: hingegen er auch nach bissherigem gewohnten Brauch den unserigen seinen künftigen Ambtsangehörigen bei ihren habenden Freiheiten, guten bräüchen und gewohnheiten zeschüzen, zeschirmen und zehandhaben, und dem inhalt diser Patent sich gemäs zuverhalten, massen ein soliches zethun und zu erstatten, wir Ihme hiemit vorgeoffnet, und hochoberkeitlich aufferlegt und anbefolchen haben wollen. Auch soll hiemit angesehen und zu steiffer Observation aufferlegt sein, dass unsere Ambtleut umb den in unseren Ihnen anvertraweten heüseren vorhandenen Haussraht, munition, Armatur und Gewahrsamen, bescheid und rechnung geben bei Jederweiliger enderung dess Amtsmans an iedem ohrt der abzeüchende solches dem Newen übergeben der selbiges in seiner abrechnung ins ausgeben, diser aber in der ersten Rechnung ins einnemmen specificierlich bringen und solcher übergebenen sachen ein verzeichnus vor Unseren fürgeliebten Mitt Rähten Teütsch Sekellmeister und Venneren mit der Rechnung ablegen (: was den hauss-Raht betrifft, in Unser Canzlei, und so viel die Armatur und Munition berührt, unserem iewesenden Zeügherrn übergeben :) und der befindende mangel, dem ienigen Ambtsman, von welchem er harkomt, zu gelt reduciert zu seiner restanz geschlagen werden solle: alle gefehrd vermitten. In Crafft diss briefs, geben und mit unserer Statt Secret-einsigill verwahrt den drei und zwanzigsten Heümonats dess eintausendsechshundert und achtzigsten Jahrs. 1680:

StAB FA von Fischer I 21 (3): Journal und Memorialia wegen erlangten Ambts Wangen, ab 23. Juli 1680, p. 33–37.

Allerdurchleüchtigst: Grossmächtigst: und Unüberwindlichster Römischer Kayser, auch zu Hungarn und Böheimb König

Allergnädigster Herr Herr Ew[e]r Kay[ser]l[iche] May[estät] verbleibt der unsterbliche Ruhm, dass Sy aus angebohrner clemenz, milde und güete, alle die jenige, welche nicht allein von Ehrlichen Eltren gebohren, sondern auch nach Tugendt oder Geschicklichkeit in der Welt sich herfür zu thun, und dem gemeinen wesen nutz- und erspriessliche dienste zuerweisen begierig, besonders aber die jenige welche umb Ew[e]r Kay[ser]l[iche] May[estät] und dero hochlöbl[iches] Ertzhaus von Österreich als wenig nicht umb das heil[ige] Röm[ische] Reich sich getrew eryfferigt meritirt gemacht, und noch als künfftig des allerunderthänigsten erbietens sein, mit Kay[ser]l[ichen] gnaden augen anzusehen, und dero wegen auss höchst Kay[ser]l[icher] macht und vollkommenheit mit verschiedenen Kay[ser]l[ichen] privilegien, freyheiten und gnaden reichlich und allermildest versehen und begaben lassen. Solches gibt mir unwürdigem Trost und anlass vor dero allerhöchsten gnaden Tron mich zu stellen, dabey allerunderthänigst zuerkennen zu geben, wie dass meine Voreltern seit mehr den dreyhundert Jahr als Patricy gehalten und ob deren gehabten gueten qualitäten und geschicklichkeit zu hohen dignitäten und Ehren Ämbtern dieser Orthen befürdert worden.

Wan nun auch in die fussstapfen meiner Voreltern zu tretten mich von jugent auf der Tugenden beflissen dass nun ohne ruhmsichtigkeit bey dem grossen Rath der Statt Bärn in der Schweitz das Cammer Secretariat versehe, auch durch grosse bemüh- und vorsehung Zeit etlicher jahren in der Schweitz die Posten also nutzlich eingeführt, dass dardurch Ew[e]r Kay[ser]l[iche] May[estät] und des gantzen Römischen Reichs habende correspondenz, brieffe und geschäfften in die Schweitz, wie auch gegen Spanien und andern Orthen, merklich beschleunigt und befürdert worden; zu welchem dem führohin, dergleichen auch und anderer mehr getrew gehorsambster dinstleistung Ew[e]r Kay[ser]l[iche] May[estät] mich zeitlebens in allerunderthänigster devotion zu füssen werffe, mit allergehorsambster bitt, ob Ew[e]r Kay[ser]l[iche] May[estät] allergnädigst geruheten, meiner obangezogner Voreltern als

Supplik an Kaiser Leopold I. zur Verleihung des Adelstitels 1680

schon vor dreyhundert jahren her geführten ehrbahren Wandel und Patricystand, nicht minder meiner wenige aber biss dato gantz eryffrig praestirt, auch künfftigen noch allerunderthänigst und getrew leistende dienste, zu deme ohne dem verpflichtet, in allergnädigste consideration zu ziehen und darüber auss Kay[ser]l[icher] macht, vollkommnenheit, auch angebohrner höchster clemenz und milde, mich sambt meiner posterität man und weiblichen geschlechts in die Zahl, Ehr und Würde des heyligen Römischen Reichs freyen Ritterstand, sambt dem Ehrenwortt von Weyler mich zu schreiben, allergnädigst zu erheben und zusetzen, auch anbey mein vorhero geführtes alt anererbtes Wappen in Kay[ser]l[icher] milde zu confirmiren, und wie solches hiebeykombt gnädigst zu verbessern.

Diese allerhöchste mir hierdurch erweisende Kay[ser]l[iche] gnad, gereicht mir nicht allein zu grosser consolation einer zeitlichen ergötzlichkeit, meiner zu dem höchstlöbl[ichen] Ertzhaus von Osterreich undth[änigste]r Devotion, sondern auch zu ewi-ger verpflichtung und anfrischung, warzu ohne dem verbunden, die übrige Täg und Kräfften meines lebens, zu dero allerunderthänigsten diensten zu verzehren, dabey dan leben und erstreben werde.
Ew[e]r Kay[ser]l[iche] May[estät]

Allerunderthänigster gehorsambster
Beatus Fischer der Statt Bärn in der Schweitz bestelter Cammer Secretarius

Ohne Datum; Wien: Adelsarchiv 733/A-1903 Misc. F.

Erwerb der Herrschaft Reichenbach 1683

Tausch-Beyll-Brieff
Zwüschen Herren David Ougspurger, eins, Sodenne Herren Beath Fischer, Herr zu Reichenbach und Landvogt zu Wangen anders Theils
Auffgerichtet 30. January 1683

Khunt, Offenbar und Zuwüssen seye Menigklichem mit gegenwürtigem Tauschbeyel Brieff, dass zwüschen dem Ehrenvesten, frommen und weisen Herren, H[e]rr David Ougspurger, Burger der Statt Bärn, Herr zu Reichenbach an Einem: So denne dem wohlgeachten, Ehrenvesten, frommen, fürnemmen, fürsichtigen und weisen Herren, H[e]rr Beath Fischer, des Grossen Rahts anzogener Statt Bärn und der Zeit Landvogt der Graffschaft Wangen, am anderen Theil; Mit beiderseits guter vorbetrachtung gar keinen Gefehrden beredt noch hindergangen, sondern umb Ihr beiderseits erachteten besseren Nutzens, frommen und mehrer gelegenheit willen für sy und alle Ihre Erben ein fründtlicher, uffrechter, ewiger und unbetrogener Tausch und Härd-wechsel ergangen und beschlossen worden, Inmassen als hernach volget.

Und zwar Erstlichen hat wohlgemelter Herr Ougspurger Ehrengedachtem Herren Landvogt Fischer in einem freyen, bewährten und unwiderrüfflichen Tausch, wie sölicher nach der Statt Bärn Rechten am bestendigsten zugehen mag, zugestelt und überantwortet. Namlichen sein Herrschaft Reichenbach undenthalb Bärn gelegen, sambt dem Schloss, und allen demselbigen zustehenden Gerechtigkeiten, Es seyend die Nideren Gricht, Twing und Bahn, Eigenthumben, Lächen, Ehrschätz, Fräffel, bussen, Ynzüg und andere Gefellens, Ehrhaffte und Rechtsame, wie sölichs alles zu dem Schloss Reichenbach gehört, und Er Herr Ougspurger selbiges besässen und in seines Herren

Vatters sel[ig] Erbschafft an ihne komen ist, darvon nichts ussgenomen noch vorbehalten.

Denne und zum anderen, die Boden- und Feürstatt-zinsen, Feürstatt-hüener, Sommer- und Winter Tagwen, hindersässen-tagwen, wie auch die fuhrungen mit dem zug, wie soliche dem hauss Reichenbach pflichtig und schuldig sind.

Drittens, zwen Mütt jerlichen bodenzinses, darvon der eine Herr Haubtmann Engel wegen eines brunnens, so uff das Gut Steinenbach laufft, der andere aber Christen Schütz von Jetzigkhofen oder der Besitzer der Mühli Ortschwaben wegen dess bachs, Reichenbach genant, entrichten und bezahlen soll.

Viertens, allen Gewächs, Höüw, Ämbd, Wärch, Flachs und Jungen Zehnden in der Herrschafft Reichenbach, welicher durch den Oberherren hingelichen oder yngesamlet werden kan, auch mit dem Rechten, wie soliches biss dato von angeregtem Herren Ougspurger Inngehabt und ererbt worden.

Verners und zum fünfften, beide Mühlenen zu gesagtem Reichenbach sambt stehenden und umblauffenden Geschirren und übrig darzu gehörigem Werckzeüg, so luht lächenbrieffs dissmahligem Müller ubergeben, wie sölichs alles besag uffgerichteten Invenatrij sub dato End gemelt verzeichnet sich befindt, sonderlichen auch mit denen dem Müller im Lächen nach Innhalt anzogenen brieffs gegebenen stuken Ärdtrichs.

Zum sechsten; Zwo Rybenen und ein Stampfi zu Reichenbach mit zugehörigem Wärchzeüg, so auch luht angeregten Lächenbrieffs dem Müller zugestelt worden, wie sölicher in obgedeütem Inventario specificirt.

Zum Sibenden, die Scheüren, Speicher und andere zum Schloss gehörige Gebäüw zu Reichenbach sambt bywesendem Schiff und Gschirr, Pfennwerthen, Höüw, Ämbd, Strouw und bauw, wie solichs alles auch in gedachtem Inventario stukswys vernamset stehet.

Zum Achten, das Neüw erbauwene Hauss mit bünden und Garten im Graben in der Herrschaft Reichenbach sambt der Sagi daselbsten und darzu dienendem Wärchzeüg luht Lächenbrieffs und gesagten Inventarij wie auch darzu gebruchtem Pintenschenk-Rechten, wie Er H[er] Ougspurger solches Recht besässen und genutzet.

Weiters und zum Neünten, den Mühli-bach sonst Reichenbach geheissen, sambt dem Weyer by dem Schloss Reichenbach, und der fischetzen in denselbigen luht darumb vorhandener Brieff und Siglen.

Zum Zechenden dan, die Gärten, Baumgarten, bünden, Schloss Reihnen sambt dem Buchhöltzli aneinandern am Schloss Reichenbach gelegen.

Mehr und zum Eilfften, Alles Mattland aneinandern rechst [sic!] am Schloss ligend, wie Er Herr Ougspurger sölichs besässen und von seinem Herren Vatter sel[ig] ererbt, nichts darvon vorbehalten, haltet ungefahrlich by fünffzig Mederen.

Zum Zwölfften, das Acherland uff der Allment genant, by zwölff Jucharten sambt der Saat uff den Güeteren, by zwölff Jucherten angesäyt.

Zum Dryzechenden, Ein Eychwald genant das Moos.

Zum Vierzechenden, Ein dannenwald das Ober Holtz genant.

Endtlichen und in Summa dan, alles was zu diser Herrschafft Reichenbach gehört, obschon es hier nicht vernamset oder specificiert wehre, und Er Herr Ougspurger solches besässen, auch Ihme in seines Herren Vatters sel[ig] Erbschafft darzu kommen, darvon im wenigsten nichts vorbehalten, sambt allem vorhandenen und zu der Herrschafft und dero Gerechtigkeit dienenden Rechten, Gewahrsamen, Brieff und Siglen, Urbarien und anderen Documenten, Keine ussbedingt, wie solche in mehr gesagtem Inventario auch yngeschriben. Sonderlichen auch die Gebäüw mit Tach und gemachen, wytter länge, höche und breitte, sambt allem dem was in denselbigen von unden an biss oben auss Nagel und Nuht ergriffen und fassen thut. Das Ärdtrich aber mit stäg, wäg, yn-uss-zu und abfahrt, Zühnen, Hegen, zahmen, wilden frucht- unfruchtbaren böümen, Saat und Waadt, Wuhn und Weid, Wasser und Wasser Rünfen, brünnen, quellen, greben, studen, Stöcken, Zweygen sambt aller anderer Ehrhaffte, Rechtsame und Zugehörd, wie söllichs alles an Ihne Herren Ougspurger in seines Herren Vatters sel[ig] Theillung Erblich gefallen, und kommen ist; Und ist disere Herrschafft Reichenbach sambt allem wie hirvor stehet umb Sechs- und dryssig Thaussent Pfund pf[enni]g underschidenlichen persohnen gehörig, ablösiges Zinss bahres Haubtgutt verschriben, Sonsten Zinss und Zehnd frey, ledig und eigen, Niemanden ferners beschwärt und beladen.

Hingegen hat Ehrengedachter Herr Landvogt Fischer für sich und seine Erben gesagtem Herren Ougspurger und seinen erben in einem rechten und unbetrogenen Tausch zugestelt und eigenthumblich ubergeben; Namlichen Seine Behausung ist ein Egghaus in der Statt Bärn zu underst an der Metzger Gassen Schattenhalb gelegen gegen dem Rahthaus, stosst oben an Herren alt Schultheissen Jacob Tilliers dissmahls Herr zu Bümplitz, unden an M[eiste]r Jacob Zieglers dess Byersieders heüsere. Auch mit Tach und Gemachen sambt allem dem was in derselbigen Nagel und Nuht begreiffen und fassen thut, sonderlichen aber mit den in derselbigen sich befindenen Buffeten, Buchkesten und rohten Tüecheren in der underen Stuben. Und ist solche Behausung umb Ein Thausent Pfund pf[ennig] ablösiges Capital verhafft, welche hinfüro Er Herr Ougspurger jerlichen verzinsen und bezahlen soll, sonsten ledig und eigen.

Nachdeme nun offt gesagter Herr Ougspurger Ehrengemeldtem Herren Landvogt Fischer in diserem Tausch vil das besser und mehrer Währt übergibt und zustellet; Alls hat erstgedeuter Herr Landvogt Fischer für sich und seine erben angeregtem Herrn Ougspurger und seinen erben zu einem freyen Nachgelt herauss zugeben und zubezahlen versprochen, Namlichen Sechs- und Fünffzig Thaussent Pfund pfe[nnig] Bärn währung, sambt zechen doblonen zu einer Verehrung und Trinkgelt, Söliche Summ nach volgender massen über sich zunemmen und abzustatten.

Alss Erstlichen solle Ehrengemelter Herr Landvogt Fischer hievorgemelte uff der Herrschafft Reichenbach verschriben stehende Capitalia sambt ihren Zinsen und Marchzahlen biss uff heüt dato gerechnet, so zusamen luht offt gesagten Inventarij uff Acht und Dryssig Thaussent Siben Hundert und Achtzig Pfund pfe[nnig] sich belauffend, von nun an über sich nemmen und selbige ohne dess Herren Ougspurgers noch seiner Erben einichen schaden und entgeltnuss jerlichen verzinsen, soliche auch im fahl Sy zu fahl kämind, ablösen und bezahlen.

Denne hat wohl Ehrengesagter Herr Landvogt Fischer dem Herren Ougspurger allso bald in parem Gelt dargeschossen und erlegt Vier Thaussent Pfund pfe[nnig] sambt dem Trinkgelt der zechen doblonen, darumb Er auch in bester form quittiert wird.

Item hat Erstgedeüter Herr Landvogt Fischer auch zugesagt und versprochen Ihme Herren Ougspurger uff Jacobj nechstkönfftig widerumb In parem Gelt zuentrichten Vier Thaussent Pfund pfe.

Die Übrig Restierende Summa dan, der Neün Thaussent Zwey Hundert und Zwenzig Pfunden pfe[nnig] hat offtangezogener Herr Landvogt Fischer Jerlichen allwegen uff den dryssigsten Januarij mit Zwey Thaussent Pfund pfe[nnig] entweders mit parem gelt oder wärschafften Gültbrieffen, deren keiner minder als fünffhundert pfund pfe. sein soll, abzulösen und zubezahlen, auch die Erste Zahlung darvon uff den 30. Januarij 1684 zuerlegen versprochen. Mit dieser Erlühterung Jedoch, dass im fahl der Herr Landvogt Fischer Jerlichen mehr als 2000 l[ibra] den[ariorum] erlegen wolte, Jhme söliches mit Gelt oder brieffen, wie andeütet, zugelassen sein. Ein Jede Bezahlung allwegen mit gebührendem Interehse von der Jederwyligen usssthenden Hauptsumm. Biss zu ussbezahlung nun hievor verzeigter Summa und der versprochenen Jerlichen Zahlungen solle die Herrschafft Reichenbach sambt allem wie vorstaht, dem Herren Ougspurger und seinen erben, neben übrigem Herren Landvogt Fischers und seiner Erben Haab und Gut, zum Underpfandt verhafft sein und bleiben.

Auff sölich end hin nun thund sich beide Ehrende Herren Contrahenten für sich und Ihre Erben Ein jeder dessen So dem anderen in diserem Tausch vertauschet und zugeeignet, gentzlichen entzeüchen, und bewährt Je Einer dem andern solichs nun hiefüro rüwigklichen Innzehaben, zenutzen, zeniessen, zu verkauffen, widrumb zuvertauschen und sonst in all ander wäg damit zethun und zehandlen nach seinem freyen willen und wohlgefallen als mit anderm seinem eignen und wohlbezalten Haab und Gut, vor dem anderen seinen Erben und sonsten menigklichen ungehinderet, dan Sy ihnen noch Ihren erben hierin kein wyter Recht, Vorderung, Losung noch widerzug vorbehalten, sondern Einandern gentzlichen übergeben und dessenthalb in gute sichere Leibliche besitzung und vollkomne Nutzung gesetzt haben wollind. Geloben und Versprechen auch beiderseits für sich und Ihre Erben Je Ein Theil dem anderen umb das Hingegebene und Vertauschte nach der Statt Bärn Satzung gute sichere und umbetrogene wärschafft zetragen. Alle Gefehrd vermitten, In Krafft diss Brieffs deren zu wahrem Urkundt und mehrer bekrefftigung sind zwen gleicher worten verfertiget, und beide Exemplaria mit beiderseits Herren Contrahenten Ehren Ynsiglen, neben Eigenhendiger Underschrifft verwahrt, und Jedem Eins zu seiner Nachricht zugestelt und überlassen worden. So beschechen den dryssigsten Januarij dises Sechzechen Hundert, drey und Achtzigsten Jahrs 1683.

David Ougspurger
Beat Fischer
                              Joh. Conrad Langhans, Noth.

BBB FA von Fischer 55 (1).

Verzeichnis der Einkünfte der Herrschaft Reichenbach 18. Jahrhundert

Etat der Herrschafft Reichenbach und zugehörigen Stucken und Gütern

Erstlich, das Schloss zu Reichenbach samt, den gebaüwen, und Gärten etc.

Demnach, die Jurisdiction, mit allen Dependenzien, von Einzügen, Hüneren, Feürstatt Zinsen, Ehrschätzen, Ehrtauwen, Fuhrungen, Fischetzen, etc. Item die grosse Matten, von Ein hundert Jucharten, zusammen angeschlagen, umb 102 000 lb.

Die Ertragenheit der Jurisdiction, kann nicht so Eygentlich allhero gesetzet werden, zumahlen, die dahero fallenden, Emoluments, Einzüg, oder Habitanten Gelter Casual

Die Fischetzen dann, ist niemahlen verliehen, sonder allezeit, zu der Herrschaft Gebrauch zu Gelten gemacht worden

An Feüwerstatt Zinsen aber, hat Sie jährlichen zu bezüchen
    an Pfenningen   62 lb. 4 sol. 8 den.
    An Hüneren   37
    Haanen   1
    Sommertagwen   88
    Wintertagwen   25

Die Schlossmatten dann, ist ein solch bekant, und überauss schön Stuck, deren gleichen wenig anzutreffen, zumahlen alles gut Land, in gutem Stand, und Wesen, so Sich auch meistens mit dem Reichenbach, als einer fetten wässerung, übergiessen, und wässeren kann, Ertraget jährlichen, an
    Heüw und Embd
    in circa   200 Clafter
    Wie auch noch etwas Gewächs

2. Zum anderen, der grosse Zehnden, der Herrschaft Reichenbach, angeschlagen umb   24 000 lb.

Die Ertragenheit dieses Zehndens, kan ein jahr durch das andere gesetzet werden
    An Dinkel   95 Mütt à 60 Kreuzer
    Roggen   20 Mütt à 100 Kreuzer
    Haber   25 Mütt à 50 Kreuzer
    Gersten   5 Mütt à 100 Kreuzer
    Pagi   2 Mütt à 100 Kreuzer

Welcher, alss ein nach bey der Statt gelegenes kleynod, solchen Preises wohl wärth, hiemit sonsten an Capital ausstragen wurde, namblichen   32 166 lb. 13 sol. 4 den.

3. Der kleine Zehnden, von Heüw, Ämbd, Werch, Flachss, junge und Ägerten Zehnden, angeschlagen, umb   8 000 lb.
diese Ertraget jährlich, nach gemachter Eintheilungi
     118 Kreuzer

4. Zwey zu Reichenbach gelegene, Neüwe, und wohlgebauwene Müllenen, jede von Zewyen mahlhaüssen, und Einer Rönlj, denne der Maltzmühli, für das Bierhauss, so auch ein Mahlhaussen hat; denn Eine Reibi Stampfe

Die Bierbrauwerey, das Mühli Mattelj, die drey Reine, Ein Mütt haber, bodenzinss, auff der mühli zu Ortschwaben,
zusamen angeschlagen, umb   29 000 lb.
Die obere Mühlj Ertraget Wuchentlich
    Kernen   3 Mäss à 12 ½ bz.
    Mühly korn   5 mäss à   9 bz.
    Staub   3 mäss à   1 bz.

Die Undere dann
    Kernen   4 mass à 12 ½ bz.
    Mühli korn   4 mäss à   9 bz.
    Staub   3 mäss à   1 bz.

Thut allso die Ertragenheit dieser Mühlenen, auff dem Fuss solchen anschlags, als einem mittelpreis zwüschen theüwr, und Wohlfeil gerechnet,
benandtlichen   362 Kreuzer 24 bz.

Die Reibi Ertraget Jährlichen
    Ryssen   1 ½ Centner 15 Kreuzer

Die Bierbrauwerey Ertraget jetzund zinss   120 Kreuzer
Der besteher bezeühet mehr, als das dopplete darvon

5. Das Wirtshauss, zu Reichenbach,
angeschlagen, umb   1600 lb.
Ertraget jährlichen zinss   40 Kreuzer

6. Die Saagi umb   3 333. 6. 8.
Gibt zinss   55 Kreuzer

7. Die Ziegelhütten, umb   6 666. 13. 4.
ergibt zinss   120 Kreuzer

8. Der Ziegelacker, haltet ohngefehrd
10 Jucharten, umb   3 000.
Ertraget jährlichen, ussert dem Gewächs, Etwann 5 Clafter Heüw und Embd

9. Der Steinenbach hooff, und das tannenguth, sammt, denen, darauff stehenden Gebaüwen, wie auch der darzugehörigen Wässerung von Reichenbach Haltet an gutem Mattland, so meistens gewässeret wird
    Mattland   105 Jucharten
    Ackerland   74 Jucharten
    Holtz   26 Jucharten
Zusammen angeschlagen, umb   55 000.

Diese zwey güter, sind mit guten brünnen, und schönen bäumen versehen,
und ertraget Ein jahr durchs andere an
    Heüw und Ämbd   110 Clafter
An allerhand Gewächs, wir jährlichen Gebauwen, ohngefehrd
    Garben   6000

Hingegen, ist das tannen Guth lehen pflichtig, und gibt jährlich, auff Ihr Gnd.
Stifft allhier, bodenzinss, Dinkel   5 Mütt
    An Pfe.   13 sol. 4 Kreuzer
    4 alte Hüner
    8 junge Hüner
    Eyer   60

10. Die so genandte Innere Landgarben, samt zweyen darauff stehenden
Scheüwren, darvon die Einte ganzt neüw, und extra gross, haltet ohngefehrd
30 jucharten, und ist alles Mattland angeschlagen,
umb   17450.–

Diss Erdrich, ist mit guten baümen, und schönem jungen obswachs versehen,
und Ertragt jährlich in Heüw, und Embd in circa 28 Clafter
Das Gewächs dann, wird hernachen mit dem von der Schäfferey vermischt,
vernambset werden

11. Ein gut, die Schäfferey, genandt, samt dem Eingeschlagenen Wäldlin
darbey, haltet das Erdrich, so
    Ackerland, ohngefehrd   60 jucharten
    das Wäldlin   12 jucharten
    angeschlagen, umb   12180 lb.
Hat auch schöne brünnen, und junge baumgarten, und obwohlen alles
Ackerland, wird dennoch jährlich 12 biss 15 Clafter, Heüw, und Embd
gemacht an allerhand Gewächs dann, wird so wohl hierauff, als auf
der Inneren Landgarben Nr. 10 biss in circa 3000 garben geschnitten

12. Die aussere Landgarben, darauff Ein gut Dauwren Hauss gesetzet worden,
haltet ohngefehrd
    Ackerland 76 jucharten angeschlagen, umb   10000 lb.
Ist, mit einem schönen brunnen und jungen baumgarten versehen

13. Ein Mütt Dinkel, bodenzinss, umb   233 lb. 6 sol. 8 den.

14. Der Herrschafft Wald, von hübsch tannigem holtz,
50 jucharten haltend, angeschlagen, umb   9000 lb.

15. Der Buchwald, und Weyd, haltet ohngefahrlich,
24 jucharten, umb   3600 lb.

16. Der Eychwald, oder Eych-holtzli, von mittelmässigen jungen Eychen,
haltet ohngefehrd 10 jucharten, umb   2000 lb.

17. Das Moos, haltet 8 o[der] 9 jucharten umb   [keine Angabe]

18. Der graben Matteli, umb   3 000 lb.
Hat diesere Summ gekostet

19. Endlichen, die Sömmerung, oder bergguth, der hinder Stauffen genandt,
im gericht Röthenbach gelegen, haltet
   Sömmerung   24 Kühe
   Winterung   15 Kühe
Sambt zugehörigen, schönen Waldung angeschlagen,
umb   14 000 lb.
Bey gegenwertigen Schlechten Zeitlaüffen gibt, der Küher, jährlich zinss
   Nambl[ich]   550 lb.
Sonsten, ist allezeit Ein meheres daraus bezogen worden.

20. Ein Bodenzins, hinder gedeuter Herrschaft, so jährlichen Ertragt
und Ehrschätzig
   an Dinkel   9 Mütt 8 mäss à 70 Kreuzer
   Haber   3 mütt 1 mäss à 50 Kreuzer
Mit begriff der kleynodien, so da sindt
   An Pfe.   5 sol.
   Hüner   1
   Haanen   7
   Eyer   55
Thut 830 Kreuzer 20 bz. 1 bl.   2 769 lb. 7.

21. Noch ein anderer Bodenzinss, hinder gedeüter Herrschafft,
auch Ehrschätzig, so jährlichen Ertraget
   Dinkel   7 Mütt per 70 Kreuzer
   Haber   7 mütt per 50 Kreuzer
Mit begriff der kleynodien, so da sindt
   An Pfe.   1 lb. 10 sol.
   Hüner   5 alte
     Junge   10
   Eyer   11 Stuck
Thut   2 800 lb.

Der ganzte Belauff hiervor vernambseter Puncten, kombt auf lb. 309 632:
15 sol. Alles auff gleichem Fuess gesetzt, wie Es die Verkäuffer Erbs oder
Kauffs Weiss anligt; Mit Mit erpiethen nach Verlangen über eint und anders
eine anderwertige billiche Schatzung, durch Verständige ergehen;
Wie auch jenige Puncten, so Etwann nicht gefallen möchten, so weit möglich
zu behalten, und beyseits setzen zu lassen.

StAB: FA von Fischer I 27 (1) Nr. 6.

**Erbvertrag der drei Söhne
Beat Fischers 1698**

In Gottes Namen Amen!
Nachdem es der allmächtigen fürsehung Gottes gefallen, unseren herzgeliebten Herren Vatter, den 23. Martii diss Jahres, aus dieser Eitelkeit zu seinen Ewigen Gnaden, also schleünig und unverhoft zu beruffen, dass er über seine zeitliche Güter anderster oder weiters nicht disponieren können, alss was in unsers Schwagers H[e]r[rn] Caspar Weissen, und in unsers Eltesten Bruders Ehe Tractaten enthalten, lauth welchen und der sonst uns öfters bey seinen Lebzeiten gethanen eröffnungen sein Willen und begehren gewesen, dass Wir drey Gebrüder alle seine unsers Herren Vatters sel[ig] Verlassenschaft; es seye Güter, Gebäude, Mobilien, Schulden, und übriges, was nahmen es immer haben mag, über uns nehmen, und mit unseren Geschwösterten einen gleichen Ausskauff, alss mit der Eltesten geschehen, treffen sollten, alles umb zwüschen seinen Erben Streit und Uneinigkeiten abzumeiden, welche unaussbleiblich wären, wann eine theilung gesucht werden solte; indeme die beschaffenheit der hinderlassnen Mittlen eine solche nicht leidet; und über das dardurch der Erbschaft ein grosser nachtheil, ja gar der Ruin dürfte zugezogen werden; Alss haben Wir so wohl auss vorgemelten Considerationen bewogen, alss auss begird, den widrigen fahls bedrohenden Üblen vorzukommen, und hingegen unsers sel[igen] Herren Vatters obligation und Willen zu entsprechen, und der Unss so oft anbefohlnen brüderlichen Liebe, treuw und Einigkeit einen beständigen und festen Grund zu legen diese Verschreibung und Verbindung zwischen Unss dreyen Gebrüderen, wie hiernach folget, mit gutem vorbedacht, und wahrem Vorsatz derselben in allen Stuken heiliglich nachzukommen, auf diesen gegenwertigen Tag geschlossen und getroffen.

Erstlichen: Weilen wie in dem eingang vermeldet eine theilung unsers Herren Vatters sel[ig] Mittlen, oder vielmehr die dabey ohnfehlbarlich zu erwarten stehende Streitig- und Uneinigkeit, gleichsam der einzig gefährliche Klippen, den Wir zu erhaltung dess Wohlstands unserer Geschäften, mit sorgfalt und ernst abzumeiden haben: Alss verpflichten Wir drey Gebrüdern Unss zu dem End, mit freyem Willen und in wahren treüwen; die gantze Verlassenschaft unsers sel[igen] H[e]r[rn] Vatters, was nahmen sie haben mag, über uns zu nehmen und unzertheilet, mit gleichen Rechten, ohne dass einer oder der andere einiche praeferenz oder Vortheil zu praetendieren habe (: aussert was dem eint oder anderen noch ausstehet, under gleich den anderen von der gemeinen Massa zu praelevieren oder herauss zu nehmen hat :) also zu besitzen; dass über dieselbe gar nichts alss mit gemeinem Consens diponiert werden könne, und keiner macht haben solle, von der Verlassenschaft noch derselben Einkünften, was anderst wohin oder in particular zu verwenden, biss alle obligende beschwerden und Schulden richtig und abgemacht werden sein: Weiters soll keiner befügt sein, under was Vorwand es immer sein mag eine Vertheilung oder Separation dieser unser also uns gemein besitzenden Mittlen (: alss welche anderstn nicht alss mit unser aller dreyen Bebrüderen [sic!] freyem Willen und Consens geschehen solle :) einiche Weiss zu suchen noch zu praetendieren; bey poen der Verlierung seiner völligen Erbsportion; Welche kraft dieser Verschreibung denen übrigen zweyen Gebrüderen in solchem fahl, ohne Widerred, noch einichen regress heimfallen soll.

Weilen aber von dem eint und anderen indirecte mit der Zeit eine theilung könnte tentiert und erhalten werden; alss soll eben obgemelte Straff dess Verlursts seiner Erbsportion underworffen sein, welcher hierinn schuldig erfunden wurde, oder der so auss Vorsatz mit entdeckung Unserer sachen, mit vorsetzlicher beleidigung dess eint oder anderen, oder sonsten auf was weiss es geschehe, unserem gemein habenden Interesse schaden und nachtheil verursachen wurde. In ansehen aber unsere Geschäfte underschiedlich, und zu unserem Verhalt in solcher gemein habenden besitzung, über eint und anders erläuterungen vonnöthen, so haben Wir sie, dennoch diesem ersten hauptpunkt ohne eintrag, in den folgenden beysetzen wollen: Und zwar diesem ersten Punkten leichter nachzukommen, und ob selbigem zu halten; versprechen wir einanderen; dass

Zweytens Wir drey Brüder unserer pflicht, schuldigkeit und Vermögen nach, einanderen, lieben, treulich meinen und mit einanderen, wie es wahren Brüderen geziemet, freündlich und einig (: darzu der höchste auch seinen Segen gebe :) leben wollen; derowegen dann nicht nur alles Vergangene so zwüschen Uns einiche Alteration erweckt haben möchte, todt ab und vergessen sein solle, sondern auch für das künftige alle Stachel Reden, Vexationes, correctiones vor fremden Leüthen oder Domesticis meiden wollen, bey poen fünfzig Reichsthaler so der übertretter denen anderen erlegen solle, wann er solcheren der brüderlichen freündschaft und einigkeit so nachtheiligen reden sich gegen eint oder anderen gebrauchen wurde: dann wann je einer dem anderen etwas zu remonstrieren oder zu sagen hätte, so soll solches under uns und nicht vor fremden oder haussgenossen geschehen.

Drittens: Weilen wir dess Herren Vatters sel[ig] Verlassenschaft nicht umb Vortheils wegen, als welche mit zimlichen Schulden beladen, vielen Casualiteten underworffen, und nicht als durch grosse mühe und arbeit conservieret und geäufnet werden kann, sondern wie bey dem eingang dieser Verschreibung gemeldet, mehrer umb seinem Willen und den getroffnen Ehe Tractaten zu entsprechen sonderlich auch allen Streitigkeiten, so zwüschen den Erben unmeidlich, und dem darauf ohnfehlen erfolgenden gäntzlichen ruin dess hauses zu nicht geringem abbruch unsers Herren Vatters sel[ig] guten namens und reputation, vorzubiegen, unss beladen; Alss geloben und versprechen Wir einer dem anderen, dass Wir allen fleiss, treüw, Sorgfalt, Mühe und Arbeit in unseren Beschäften anwenden und selbige zu äufnen trachten wollen, damit wir unsere Geschwösterte gleich der Eltesten in erforderendem fahl aus zu kauffen vermögens seyind: Zu dem end auch umb unsere Geschäfte zu facilitieren, und solchen recht abzuwarten; Wie auch die nöthige Erkanntnuss derselbigen zu erwerben, damit auf erfolgenden todsfahl dess einten oder anderen (: welches Gott gnädiglich noch lange Jahre nach seinem heiligen Willen abwenden wolle :) die Beschäfte die einer allein verführt hätte, denen anderen nicht neüw und unbekant wären, haben Wir derselben abtheilung also gutgefunden.

Viertens: dass Namlichen Wir alle viertel Jahr einer den anderen in seinen Geschäften ablöse, und jeder seiner Verwaltung treüwe und aufrichtige Rechnung gebe, und die Saldierung derselbigen ihm, so weit möglich obliege, ja im fahl durch des eint oder anderen Negligenz in solcher alternativ und under Handen habenden Geschäften der gemeinen Massa einicher schaden zuwachsen solte, so soll er schuldig und pflichtig sein, solches von dem seinigen oder seinem Erbtheil zu ersetzen; hierbey ist aber auch billich, dass der so die Rechnungen führen und ablegen soll, währender seiner Verwaltung auch die Cassa allein habe, anderster er nicht respondieren könte. Damit aber durch einessen Unvorsichtigkeit, der gantzen Massa in währender seiner Verwaltung nicht allzu namhafter schaden zu wachsen, oder eine grosse Verwierung in denen Geschäften erfolgen könne: Alss soll keiner befügt noch mächtig sein, ohne Zuthun der anderen in Haupt Geschäften als Tractaten, nahmhaften

Ausgaben in Gebäuwen, abänderung der Diensten, oder anderem dergleichen nach seinem Willen und gutdunken zu handlen, Was aber dann geringere sachen antrift, als Domestica, und sachen die keinen aufschub nicht leiden, da soll der Verwalter namlichen jeder seines Orths befügt sein nach seinem gutdunken die sachen zu befehlen und anzuordnen, ohne dass währender seiner Verwaltung von den anderen ihme einicher eingriff noch einred, hinderrucks noch vor jemanden geschehen, sonder soll wie in dem 2. Articul erleüteret, im fahl etwas darwider zu sagen wäre, under unss allein vorgehen, alles umb meidung Verdrusses, uneinigkeit, und zu conservation mehrer authoritet und besser bedienung wegen. Insgemein aber und sonderlich in den Haubt-Geschäften, soll die meynung wo zwey under unss hinstimmen werden, für angenehm gehalten und derselben nachgelebt werden, ohne dass der dritte darüber sich zu beschweren habe.

Fünftens: Weilen das Post- und Bier Wesen, am meisten arbeit und mühe erfordern und deren erhaltung am meisten unss obliegen soll, als Versprechen Wir je einer gegen den anderen, dass Wir zu äuffnung und Conservation dieser beiden Stucken, allen fleiss mühe und arbeit unserseits anwenden wollen, in keine manier und Weiss eine theilung oder sönderung in selbigen zwüschen Unss suchen, sondern immer gemein haben wollen; In Consideration aber dass eine neue admodiation der Post bald vor sich gehen muss, und villeichter selbige schwer zu erhalten sein dörfte, alss Wir es anjetzo vorsehen können, und derowegen Wir in solchem fahl je einer für den anderen stehen müssen; Alss geloben Wir Uns heiliglich und bey Verlurst unsers Erbtheils, Unss in diesem Beschäft nicht zu trennen, weniger bey einer künftigen Admodiation unss zu übervortheilen, oder vollends davon auszustossen, sondern soll selbiges jeder Zeit, es seye dass Wir es auss Consideration auf dess eint oder anderen, oder gar eines frembden nahmen admodiationsweise bringen, könten oder dass einer oder der andere, wie es immer geschehen köne particular Conditionen für sich machen wolte, ohngeachtet dessen, sagen Wir, dass selbiges immerdar unter unss gemein sein soll: Es soll auch desswegen und bey obiger poen keiner unter unss, unwissend der anderen sich zu solchem end hin mit jemanden associeren, sondern wann je ein associerter endlichen nöthig wäre, soll solches mit unser allseithigem Willen und Wissen geschehen, und sollen hiemit Wir in diesem Beschäft gleich in den übrigen für einen Mann stehen.

Sechstens: In deme Wir schon gemeldet die Erbschaft mit zimlichen Schulden behaftet, und zu erwerbung der zur abzahlung nöthigen Mittlen, nichts als Gottes segen und eine sonderbahre Oeconomia unss behülflich sein kann: Alss haben Wir für nöthig erachtet, unsere Ausgaben, so viel müglich einzuschranken, und das wie folgt:

1. Soll ein jeder unter unss für seine Mühe und tägliche Umbkösten aussert der Kost, jährlichen auss der Cassa oder gemeinen Einkünften zu erheben haben Zweyhundert Reichsthaler.

2. Auss dieser Summ soll er auch seine bediente, im fahl er sich mit denen so würklich in Diensten, nicht behelffen könte, Salarieren und ernehren: Verlanget aber einer unter unss, dass seine Bediente an der gemeinen taffel gespeist werden, so soll er für eines solchen bedienten, es seye Knecht oder Magd, Kost jährlichen bezahlen, fünf und zwanzig Reichsthaler. Weilen aber diese unsere Gemeinhabung einer Societet gleich, alss soll keiner über seine eigene Kost und vorbeschriebene Summ der 200 R[eichs]th[aler] mehrere Kosten und was nahmen es seye, dess Reisens oder anders, anzumuthen haben:

denne in ansehen der Summ von 25 R[eichs]th[aler] Kost Gelt, weilen sie sehr gering, und desswegen der eint oder andere viel Leüth anstellen wolte oder sonst haben müsste, dass die übrigen sich billich zu beschweren hätten, alss soll denn zu mahlen mann sich hierumb umb ein billiches vergleichen.

3. Sollte aber einer unter unss grossere aussgaben haben, alss diese 200 R[eichs]th[aler] hinlangen mögen, so soll er jedoch, es seye dass er die Cassa in Verwaltung habe oder nicht, nicht fähig sein ein mehreres darauss zu erheben, ohne begrüssung und Consens der anderen, und soll solcher überschuss seines Salarii ihme in künftigen Jahren, oder aber bey jemahliger Theilung an seinem Erbtheil angerechnet werden. Alle übrige Einkünften aber sollen under unss in Wahren trewen zusammen getragen werden, damit wann durch Gottes segen und unseren fleiss solche etwas austragen möchten, die Zinsen und Schulden nach müglichkeit bezalt und abgelöst, ja so es Gott schiken wolte, ein fonds zum ausskauf unserer übrigen Schwösteren gemacht werden könne.

Auf solche Conditiones nun hin, verpflichten Wir Unss in Wahren brüderlichen trewen, und so lieb unss unsers herren Vatters sel[ig] Willen und angedenken sein soll; Ja geloben einandern an Eydes Statt dieser Verschreibung in allen stüken nach zu leben selbige ehrbarlich und aufrichtig zu observieren und denen darinn enthaltenen Conditionen, ohne einiche exception Unss zu underwerffen: dessen zu wahrem Urkund haben Wir von unseren eigen händen drey gleichlautende doppel verfertiget, deren jedes zu mehrer bekräftigung, von Unss Gebrüderen eigenhändig underschrieben, und ausgetauschet.

Actum Bärn den ersten Septembris 1698.

Sig. Beat Rodolff Fischer
Sig. Samuel Fischer
Sig. Heinrich Friedrich Fischer

Also von dem mir vorgelegten Original wörtlich abgeschrieben und collationando gleichlautend erfunden; Bezeügt in Bern den 29. Christmonat 1819
Friedrich Simon, noth[arius]

NB: das Original befindet sich in der Erbschaft dess Hrrn. Fischer
v. Saint Blaise, der Vogt der Frau u. Kinder Hr. Lüthard Dr. Juris hatt selbige zur Abschrifften erhebung anvertraut
B. Fischer v. Rychenbach
[2. Hand]

BBB FA von Fischer 51(4).

Thomas Klöti

Die Gründung der Fischerpost –
Eine Erfolgsgeschichte

Die Pioniertat

Als Beat Fischer um die Jahreswende 1674/75 der bernischen Obrigkeit anonym ein Memorial über die Errichtung des Postregals einreichte, mag er wohl kaum geahnt haben, welcher Erfolg seinem ehrgeizigen Projekt dereinst beschieden sein würde. Er beschritt dabei einen ungewöhnlichen Weg, indem er sich gegen aussen bedeckt hielt und sich erst spät, als alle politischen Hürden genommen waren, gegenüber der Öffentlichkeit zu erkennen gab. Keineswegs Zurückhaltung leitete ihn, vielmehr politisches Kalkül. Seine Trumpfkarte, dass inskünftig der gesamte Posttransit durch die Hauptstadt der Republik Bern geführt werden sollte, stach. Taktieren, abwarten und zugleich die Ereignisse dynamisch zu beeinflussen suchen, diese Eigenschaften machten seine künftigen Erfolge, machten aber auch seine Schwierigkeiten aus.[1] Bei all seinen vielfältigen anderen Interessen blieb die Sorge um sein Postunternehmen stets sein grösstes Anliegen. So kämpfte er zum Beispiel rund zwanzig Jahre um die Postverbindung über den St. Gotthard, die dann erst zwei Jahre vor seinem Tode realisiert werden konnte und nur vorübergehend Bestand hatte.

Zur vorliegenden Arbeit

Die meisten Veröffentlichungen, die sich mit dem Leben Beat Fischers von Reichenbach (1641–1698) beschäftigen, befassen sich in erster Linie mit seiner Rolle als Gründer der bernischen Fischerpost. Beat Fischer gehört mit seiner Pioniertat sicher zu den bedeutenden Gestalten der bernischen Geschichte des 17. Jahrhunderts. Er war eine Persönlichkeit, deren Ausstrahlung auch heute noch weiterwirkt. Da die Geschichte der Fischerpost bereits gut ausgeleuchtet worden ist,[2] wird hier keine umfassende Darstellung angestrebt.[3] Anstelle einer Aneinanderreihung von Fakten wird in einem ersten Teil gezeigt, dass Beat Fischer bei der Durchsetzung des Postregals nicht nur auf äussere Widerstände bei Konkurrenten und benachbarten Postämtern stiess, die er jeweils erfolgreich überwand. Beat Fischer hatte auch Teil an einem politischen Machtgefüge, das sich zu guter Letzt gegen ihn wandte und dem er, wegen seines frühen Todes, schliesslich nichts mehr entgegensetzen konnte. Der zweite Teil befasst sich mit dem eigentlichen Postunternehmen und dem Postverkehr, von der Gründung bis zum Ende des ersten Postpachtvertrages. Zum Schluss erfolgt noch eine kurze Würdigung der verkehrspolitischen Bedeutung des Wirkens Beat Fischers von Reichenbach. Der vorliegende Beitrag fusst im Wesentlichen auf eigenen, bereits publizierten Forschungen, wofür zahlreiche Publikationen und Quellen ausgewertet worden sind,[4] sowie auf einer Arbeit von Karl Kronig, die auch zu einer gemeinsamen Publikation geführt hat[5] und die hier besonders zu verdanken sei.[6] Hingegen wurden die zur Verfügung stehenden Quellen und Publikationen erneut durchgearbeitet sowie die seither erschienene Literatur[7] berücksichtigt.

---

1 Vgl. dazu Hüssy 1996, S. 113–116.

2 Zum Beispiel von Fischer 1884; Müller 1917; Strahm 1932; Hofer 1964; Liniger 1965; Haldi 1975; Skowronski 1975; Clottu 1976; Heiniger 1978; Klöti 1990; Kellerhals 1991; Klöti 1991; Kronig 1991; Hüssy 1996; Klöti 1999 sowie weitere Artikel in Handbüchern, Zeitungen usw.

3 Die Schaffung und Durchsetzung eines bernischen Postregals wurde bereits in der Dissertation von Hans Müller «Die Fischersche Post in Bern in den Jahren 1675–1698» auf 188 Seiten ausführlich beschrieben. Es kann daher, nur schon aus Platzgründen, nicht das Ziel der vorliegenden Arbeit sein, auf sämtliche Einzelheiten dieser Entwicklung einzutreten. Die nachfolgenden Ausführungen dienen vielmehr der Schaffung einer etwas veränderten Betrachtungsweise zur Gründergeschichte der Fischerpost. Dazu wurden weitere Quellentexte beigezogen und bereits bekannte teilweise anders gedeutet.

4 Vgl. dazu Klöti 1990, S. 14 f. und S. 694–698.

5 Kronig/Klöti 1991.

6 Dem vorliegenden Beitrag wurden im Wesentlichen folgende Arbeiten zugrunde gelegt: Klöti 1990; Klöti 1991; Kronig/Klöti 1991; Kronig 1991; Klöti 1994; Klöti 1999.

7 Insbesondere Hüssy 1996 sowie Schaffroth 1991; Hauri 1994 usw.

Der erste bernische Postpachtvertrag (1675–1702)

Das Postwesen in der Alten Eidgenossenschaft

Das Post- und Verkehrswesen war in der Alten Eidgenossenschaft Sache der einzelnen Stände. Die Haupthandelsroute und damit auch der Posttransitverkehr verliefen entlang der alten römischen Strasse von Genf über Murten, Solothurn nach Basel. Die Hauptstadt Bern lag damit abseits vom Hauptverkehrsstrom.[8] Die bernische Verkehrspolitik zielte deshalb darauf ab, den Transit durch die Stadt Bern zu leiten. Was die Regierung im Güterverkehr vergeblich zu verwirklichen suchte, gelang ihr in der Folge für den Post- und Reiseverkehr.[9]

Postalische Einrichtungen bestanden damals bereits in verschiedenen Staaten, zum Beispiel in Frankreich, im Deutschen Reich und in der Eidgenossenschaft. Die Errichtung eines Postregals sowie die Gründung von Postunternehmen waren in Europa, aber auch in der Schweiz keine grundlegenden Neuerungen mehr. Auf dem Gebiet des Alten Bern, das sich damals auch über die Waadt und den Aargau und damit von Genf bis Brugg erstreckte, existierten einfache Vorläuferorganisationen, insbesondere das von den St. Galler und Zürcher Kaufleuten gemeinsam betriebene Lyoner Ordinari.[10] Der bernische Staat verfügte aber auch über eigene Boten, so genannte Standesläufer und -reiter. Zudem gab es auf einigen Hauptstrecken feste, gewerbsmässig betriebene Botenlinien, die von Boten mit obrigkeitlicher Bewilligung bedient wurden. Ein eigentliches zusammenhängendes Postnetz existierte aber noch nicht. In dieser Situation anerbot sich der Berner Patrizier Beat Fischer, ein Postunternehmen aufzubauen, das den Staat Bern besser in das europäische Kommunikationsnetz integrieren und der Obrigkeit künftig keine oder zumindest wesentlich kleinere Unkosten verursachen sollte.[11]

Die bernische Herabwürdigung

Die Errichtung eines bernischen Postregals im Jahre 1675 kann mit der initiativen, weitsichtigen Unternehmerpersönlichkeit Beat Fischers begründet werden, der die Strukturschwäche des bestehenden bernischen Postwesens erkannte und die mit dem Westfälischen Frieden (1648) einhergehende Stärkung der landesherrlichen Gewalt nun im Bereich des bernischen Postwesens zu verwirklichen suchte.[12] Was für den heutigen Leser so klar und eindeutig

---

8 Vgl. dazu Härry 1911, S. 148.
9 Klöti 1999, S. 18.
10 Vgl. auch Dallmeier 1977, S. 123 f. Die St. Galler unterhielten bereits im 16. Jahrhundert einen regelmässigen, wöchentlichen Reitkurs über Lindau, Ulm und Nördlingen nach Nürnberg. Das 1575 geschaffene Lyoner Ordinari stellte dann die westliche Fortsetzung über Genf nach Lyon ins Rhonetal dar. Die beiden Botenkurse wurden mit der Einführung des Pferdewechsels in Postunternehmen umgewandelt und bildeten die für die Wirtschaft überaus wichtige Verbindung von Nürnberg ins Rhonetal.
11 Kronig/Klöti 1991, S. 1, und Kronig 1991, S. 8.
12 Mit dem Westfälischen Frieden (1648) erfolgte auch die rechtliche Unabhängigkeit Berns sowie der Eidgenossenschaft vom Deutschen Reich.

Abb. 65: *Aarberg in der Topographia Helvetiae, Rhaetiae et Valesiae von Matthäus Merian, 1642. Die Zürcher Kaufmannschaft leitete ihr Lyoner Ordinari, welches den internationalen Posttransit von Lyon nach Zürich und St. Gallen bis nach Nürnberg durchführte, ab 1649 nicht mehr durch Bern. Die Berner mussten nun vorübergehend ihre Post in Aarberg abholen. UB Basel EJ I 39, Arberg.*

13 Botschafter Frankreichs mit Residenz in Solothurn.

14 Aarberg und Domdidier waren die an der alten Transitroute gelegenen Übergabeorte für die bernischen beziehungsweise freiburgischen Boten.

15 StadtASG Archiv des Kaufmännischen Direktoriums 19, 3: «Accord mit den Herren von Zürich wegen Spedition eines Botten, den 4. Januar 1650 per ein Jahr lang», Art. 10. Am Schluss des Briefes: «Lyon, den 4. Juny 1649». Vgl. Klöti 1990, S. 442 f.

hervortritt, blieb den Zeitgenossen vorerst verborgen. Diese wurden durch die unmittelbaren Ereignisse herausgefordert. 1649 erlitt der damals mächtige Stand Bern eine empfindliche Zurücksetzung. Hauptärgernis bildete das Lyoner Ordinari, das den internationalen Posttransit von Lyon nach Zürich und St. Gallen bis nach Nürnberg durchführte. In diesem Jahr wurde auf Veranlassung des Zürcher Handelshauses Hess eine durch die St. Galler Kaufleute betriebene, durch die Städte Bern und Freiburg führende Postverbindung wiederum aufgehoben. Der Posttransit von Südostfrankreich nach Süddeutschland führte zwar weiterhin über weite Strecken durch das Territorium des damals grössten Stadtstaates der Eidgenossenschaft. Die Berner mussten nun aber ihre Briefe in Aarberg abholen. Dies kann einem 1649 geschlossenen Vertrag zwischen den Zürcher und St. Galler Kaufleuten entnommen werden: «Undt weillen die Herren von Zürich Ordinary bey unss von dem St. Galler Botten, sag Ordinary, angehalten, unsere Botten nit mehr über Bern undt Freyburg zue gehen lassen, sondern die alte Strass über Aarberg undt Morten, der Herr Ambassador von Sollathurn[13] es auch gern sehen würde, also haben wir, ob solch guett und rühmlich Werkh zergehen lassen wollen, Ihnen willfahrt, und werden ermelte Herren von Bern ihre Brief wider nacher Arberg, die von Friburg aber nacher Dondidier unsern Botten alle 8 Tag zuelüffern müessen,[14] da ihnen beyderseits mit allem möglichstem Fleiss solle gedienet werden.»[15]

Die Folgen für Bern können einem 1793 verfassten obrigkeitlichen Gutachten entnommen werden: «Um ihren Botten einige wenige Stunden Wegs zu ersparen und dadurch etwas an ihrem vorher bezahlten Bottenlohn zu gewinnen, haben sie [die Kaufleute von Zürich und St. Gallen] ihre Posten neben der Hauptstadt [Bern] vorbei gewiesen. Dies verursachte in Bern ein allgemeines Geschrei, die handelnde Bürgerschaft verlor alle Kommunikation mit den benachbarten Städten, die Obrigkeit musste alle ehevorigen Bottenlöhne aufs neue übernehmen, und aller Vorstellungen ungeachtet, verblieben die Kaufmannschaften von Zürich und St. Gallen auf ihrem Eigensinn.»[16] Die Zürcher und St. Galler Kaufmannschaften hätten es in der Hand gehabt, nicht nur die Ostschweiz mit einem Botennetz zu überziehen, sondern auch Bern und die Westschweiz in einem gesamtschweizerischen Postnetz zu vereinigen. Die aus kaufmännischen Überlegungen erfolgte Zurücksetzung Berns währte mehr als ein Vierteljahrhundert, bis sich der bernische Staat schliesslich zur Ausgestaltung eines eigenen Postwesens veranlasst sah.[17]

Die schmerzliche Lehre des Bauernkriegs

In die Ereignisse des schweizerischen Bauernkrieges im Jahre 1653 wurde auch der Vater von Beat Fischer einbezogen. Im Zuge der Konflikte, die sein zwölfjähriger Sohn wahrscheinlich auf dem Amtssitz des Vaters im Schloss Bipp miterlebte, waren im benachbarten Wiedlisbach von den aufständischen Bauern auch «Boten abgefangen und ihre Schreiben, die für die Herren Ehrengesandten von Baden bestimmt waren, geöffnet und verbrannt» worden.[18] Dabei spitzte sich die Situation offenbar derart zu, dass eine Vermittlung des Bauernführers Niklaus Leuenberger notwendig wurde. Im Zusammenhang mit dem Bauernaufstand rückte ausserdem bei der Behandlung der Klagen auch die Amtsführung von Beat Fischer näher ins Blickfeld der Obrigkeit.[19]

Diese Ereignisse dürften der bernischen Obrigkeit, vor allem aber dem jungen Beat Fischer direkt vor Augen geführt haben, welcher Stellenwert sicheren und direkten Verkehrs- und Postrouten zukam.[20] Es ist der Sohn von alt Landvogt Fischer aus Bipp, der in der Folge Verantwortung für Grosses übernehmen und eine grundlegende Erneuerung und Verbesserung der Postverbindungen bewirken sollte.

Abb. 66

Abb. 66: *Wiedlisbach in der Chronik von Stumpf, 1548. Die Ereignisse in Wiedlisbach anlässlich des schweizerischen Bauernkriegs 1653 dürften dem jungen Beat Fischer, dessen Vater im benachbarten Bipp als Amtmann wirkte, direkt vor Augen geführt haben, welchen Stellenwert sichere Verkehrs- und Postrouten haben. StUB Zesa 6, S. 235.*

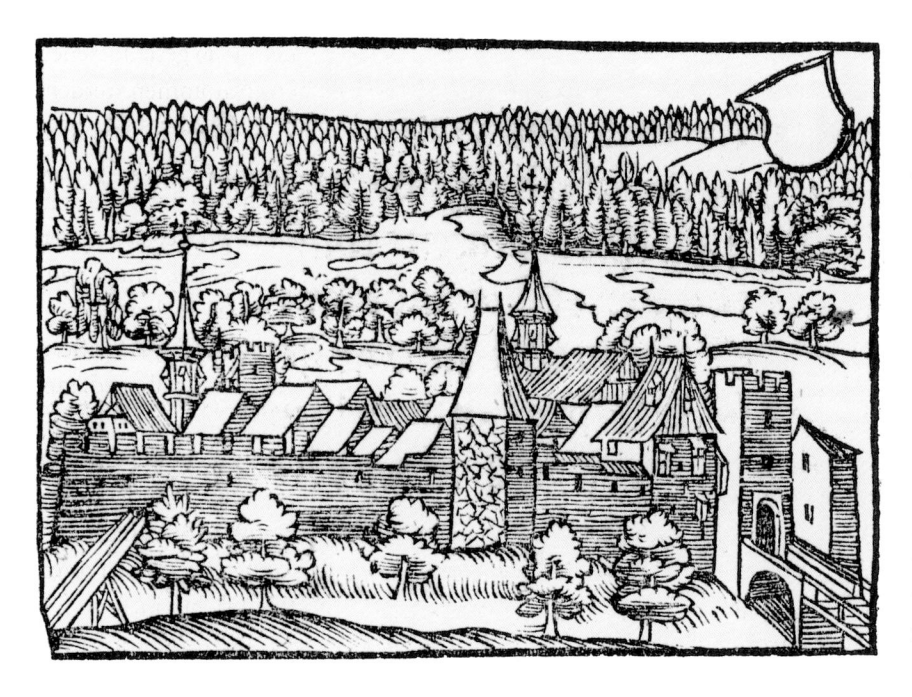

16 StAB FA von Fischer I 11 (6): Cahier über die Erneüerung der Post-Ferme, 1791–1793, Gutachten, Beilage 1, S. 3 f.
17 Klöti 1990, S. 443 f.
18 Stüssi-Lauterburg et al. 2003, S. 193 f.; Hediger 1995, S. 224.
19 Vgl. dazu den Aufsatz von Barbara Braun-Bucher in diesem Band.
20 Bereits hundert Jahre früher, im Mai 1553, hatte es auf der Verkehrsroute im benachbarten Städtchen Wiedlisbach einen Zwischenfall gegeben, welcher in der Folge den französischen Botschafter sowie die bernische Obrigkeit beschäftigt, jedoch kaum Spuren hinterlassen hatte. Vgl. dazu Meylan 1960.

Abb. 67: *Der freud- und friedenbringende Postreiter, 1648. Mit dem Westfälischen Frieden von 1648 entstanden im Deutschen Reich neue Landeshoheiten, die die Regalien als Hoheitsrechte beanspruchten. Diese Entwicklung wirkte sich in der Schweiz auch auf die Ausgestaltung des Postwesens aus. Stadtarchiv Münster.*

Die Entwicklung des Postregals seit 1597

Eine Möglichkeit, aus dem Post- und Botenwesen eines Staates einen finanziellen Nutzen zu ziehen, bestand darin, dass die Obrigkeit das Postwesen – wie etwa auch das Münz- und Zollwesen oder den Salzhandel – zum Staatsregal erhob, das heisst zum alleinigen Recht der Obrigkeit. Damit wurde das Postwesen auf dem eigenen Hoheitsgebiet zum Monopol erklärt, um so einen dem Postbetrieb abträglichen Wettbewerb zu verhindern. Da die Staaten im 17. Jahrhundert oft noch kaum über den Verwaltungsapparat verfügten, ein solches Regal selbst zu verwalten, war die Verleihung als Mannlehen[21] oder die Verpachtung eine geeignete Nutzungsform. Der Staat blieb Eigentümer des Monopols, übertrug aber die Ausführung unter bestimmten Bedingungen, zum Beispiel gegen einen Lehens- oder einen Pachtzins, einem Lehensträger oder privaten Unternehmer. Zumeist wurde auch ein unentgeltliches Befördern der amtlichen Post vorgesehen. An Beispielen für diese Praxis fehlte es um 1675 nicht. 1597 hatte Kaiser Rudolf II. das Postregal zum kaiserlichen Regal erklärt und dessen Verwaltung der Familie Thurn und Taxis übertragen. Mit dem Westfälischen Frieden von 1648 entstanden im Deutschen Reich neue Landeshoheiten, die ihrerseits die Regalien als Hoheitsrechte beanspruchten, so dass neben der Reichspost der Thurn und Taxis verschiedene Landesposten entstanden. Diese Entwicklung beeinflusste auch die Eidgenossenschaft. Regalähnliche Regelungen finden wir etwa 1610 in Zürich, wo die Kaufleute Hess gegen die unentgeltliche Beförderung der Regierungskorrespondenz ein Postamt einrichteten, das 1662 schliesslich dem Kaufmännischen Direktorium Zürich übertragen wurde. Auch Schaffhausen, das 1652 seinem Bürger Niklaus Klingenfuss eine Postkonzession erteilte, nahm mit der Verleihung eines Patents sein Regalrecht wahr. Es besteht denn auch die Vermutung, der Schaffhauser Postmeister Klingenfuss, der rege Beziehungen zur Familie Fischer unterhielt, habe Beat Fischer auf die Idee gebracht, das Berner Postregal in Pacht zu nehmen. Zudem verfügte auch der Postkurs von Diego Maderni im Tessin über ein Privileg der Ennetbirgischen Landvogteien.[22]

Gerade Bern, als grösster eidgenössischer Ort, bot gute Voraussetzungen für ein einträgliches Postmonopol, waren die zu erzielenden Gewinne doch

---

21 Klöti 1990, S. 703, sowie Müller 1917, S. 51.
22 Klöti 1990, S. 159, Anm. 82.

in erster Linie von der Länge der Transportwege auf eigenem Hoheitsgebiet abhängig. Wohlwissend um diese Verhältnisse, reichte der Berner Patrizier Beat Fischer Anfang 1675 eine anonyme Denkschrift an die Berner Obrigkeit ein, in der die Errichtung eines Berner Postregals angeregt wurde.[23]

Das bernische Post- und Botenwesen vor 1675

Bis anhin besorgten mehrere Boten die nötigen Postdienste. Die Postroute bis nach Genf wurde durch Hans Mosimann, der sich als Unternehmer Knechte hielt, besorgt. Nach dessen Geltstag[24] (1672) und infolge Veruntreuung von Geldsendungen wurde das Postwesen einem treueren Mann namens Hans Trachsel anvertraut.[25] Hans Trachsel war auch, auf sein eigenes Erbieten hin, durch die Berner Obrigkeit zur Beförderung der Briefe von Bern nach Aarberg angenommen worden[26] (Aarberg war Übergabeort Berns für das Lyoner Ordinari). Zudem nahm die Berner Obrigkeit anstelle des Hans Mosimann Conrad Habold zu einem Baselboten an.[27] Weitere Postkurse gab es von Bern nach Neuenburg, Vevey und Zürich. Die Verbindung mit Neuenburg wurde durch einen Boten namens Matthys[28] unterhalten. Der Briefverkehr mit Frankreich erfolgte über Basel beziehungsweise über Genf.

Auch über das Ausmass der obrigkeitlichen Aufwendungen gibt es Anhaltspunkte. Wie aus einem 1675 zusammengestellten Auszug aus den Rechnungen hervorgeht, musste diese für ihr eigenes Post- und Botenwesen jährlich rund 3450 Pfund[29] aufbringen, die bei einer Verpachtung des Postregals zu einem grossen Teil eingespart werden konnten.[30] Eine Aufgliederung der Kosten ergibt folgendes Bild: «Wegen der Fussposten und sonsten anderen Bottenlöhnen wirt Ihr Gn[a]d[en] ein Jahr durchs andere verrechnet: Lenzburg 800 Pfund, Aarburg 500 Pfund [i.e. 200 Pfund][31], Wangen 400 Pfund, Burgdorff 350 Pfund, Frauwbrunnen, Landshut und Bipp 150 Pfund, Wiblispurg [Avenches], Peterlingen [Payerne], Milden [Moudon], Lausanna, Morsee [Morges] und Nyon 500 Pfund. Die Bestallungen so etliche Postläuffer im Teütsch- und wältschen Land an getreid und gelt haben, belauffen sich ungefahrlich auff 850 Pfund [i.e. 200 Pfund]. (So entrichtet ein [...] Teütscher seckelmeister oder her stattschreiber in seinem namen für post- und bottenlohn jährlich [...] 850 Pfund). Summa 3450 Pfund.»

Unter dem Eindruck der Höhe dieser Ausgaben dürften die Errichtung und Verpachtung eines Postregals – als willkommenes fiskalisches Mittel zur Entlastung des Staatshaushaltes – geradezu im Raume gestanden haben. Aber auch aus staatspolitischen Gründen waren dringende Massnahmen fällig.

Der französische Herrschaftsanspruch

1674 besetzte Frankreich unter dem absolutistischen König Ludwig XIV. erneut die bisher habsburgisch-spanische Freigrafschaft Burgund (Franche-Comté). Diese hatte im Wehrdenken der Schweiz als Vorwall gegolten.[32] Das mächtige Königreich Frankreich verlängerte nun, nachdem es bereits 1601 mit der Annexion des Pays de Gex an schweizerisches Gebiet vorgestossen war,

23 Kronig/Klöti 1991, S. I–II; Kronig 1991, S. 16–18. Vgl. auch Klöti 1990, S. 68, Anm. 37.
24 Konkurs.
25 BBB Mss.h.h. I. 45. S. 1065: Schellhammers Topographie. Im Geltstagrodel von 1672 (StAB B IX 1410/22) wird «Hans Moossman» als ehemaliger Basel- und Aarberger Bote bezeichnet. Ein Hinweis auf die Genfer Postroute fehlt. In demselben Rodel werden fünf durch «Moossman» Geschädigte aufgeführt. Die Summe der gestohlenen Gelder betrug 99 Kronen, 20 Batzen und 2 Kreuzer. Emanuel Ryhiner, ein Vorfahre von Johann Friedrich Ryhiner (1732–1803), wurde um 20 Thaler geschädigt. Bei einer bereits vor dem Konkurs versuchten Eintreibung der Summe war ihm Bartlome Berner behilflich, der für vier Taglöhne eine Krone erhielt. Der von Schellhammer erwähnte, durch den Postknecht geschädigte Landvogt Wyss von Lausanne ist in diesem Geltstagrodel nicht aufgeführt.
26 StAB A II 473: RM 162, S. 215.
27 StAB A II 473: RM 162, S. 215: «Hansen Mosmans».
28 Acta und Schriften, Lit. A, S. 42.
29 Bernische Rechnungwährung.
30 Acta und Schriften, Lit. A, S. 7, und Müller 1917, S. 50.
31 In einer weiteren Abschrift von einer anderen Quelle (SRQ BE Stadt, Bd. IX/2, S. 568 [StAB A V 187: Zürichbuch G, S. 785]) werden teilweise andere, hier in eckigen Klammern ergänzte Zahlen genannt. Addiert man die Zahlen, kommt man in den Acta und Schriften, Lit A., S. 7, sowie bei Müller 1917, S. 50, anstelle der Summe von 3450 mit 3550 Pfund auf ein falsches Resultat. In den SRQ ergibt sich bei der Addition das richtige Endresultat.
32 Vgl. dazu auch Bolzern, «Spanien» (www.dhs.ch): 1634 wurde die Allianz der katholischen Orte mit Spanien erneuert. Der wichtigste neue Vertragsartikel war die Ausweitung des Schutz- und Schirmbündnisses auf die Freigrafschaft Burgund. Diese neue Schutzgarantie erwies sich jedoch, nicht zuletzt aufgrund der konfessionellen Spannungen in der Schweiz, als wenig wirksam.

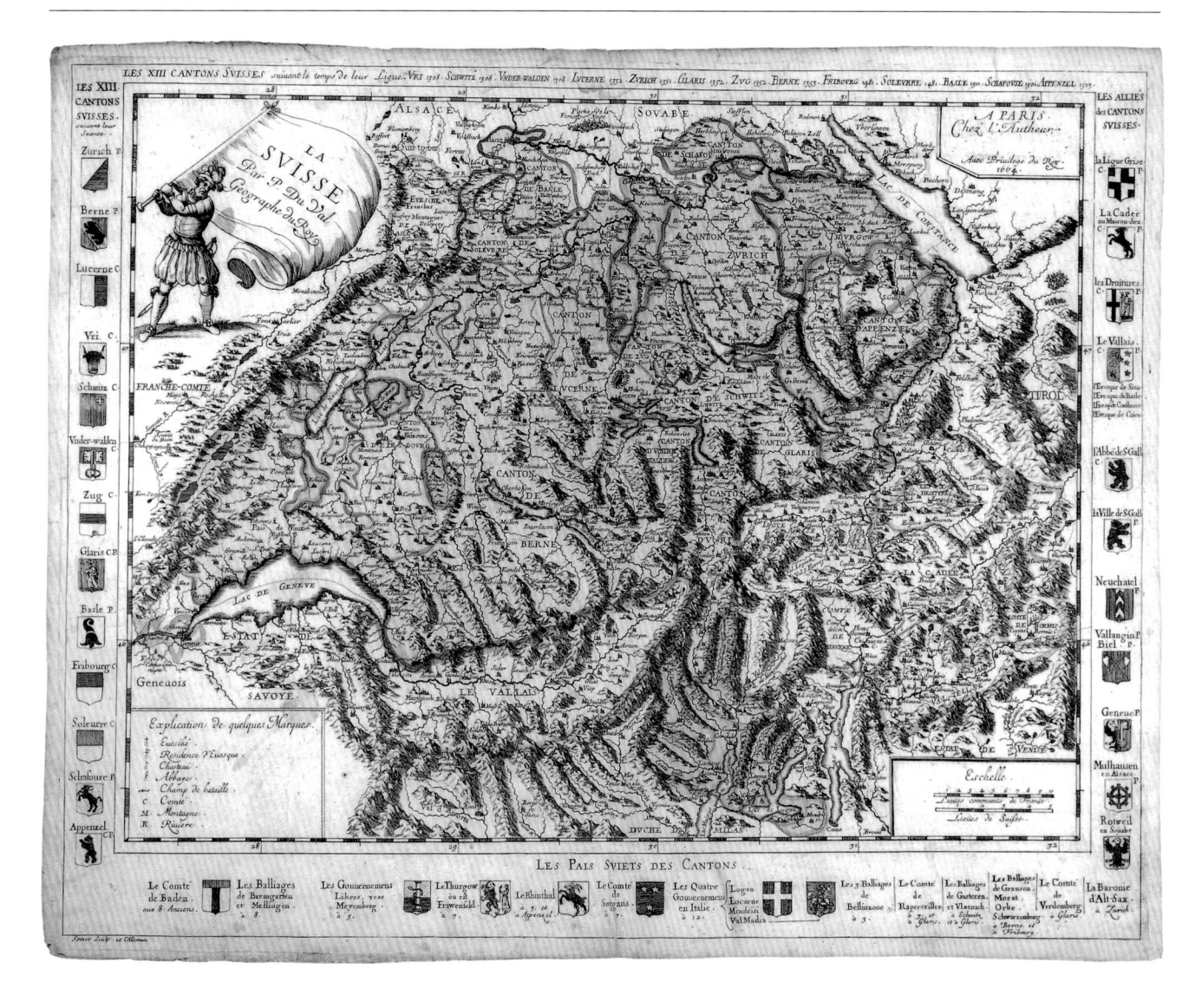

Abb. 68: *Karte der dreizehnörtigen Eidgenossenschaft von Pierre Duval, 1664. Der königliche Geograph Pierre Duval veröffentlichte seine Schweizerkarte nach der Erneuerung der französisch-eidgenössischen Allianz vom 18. November 1663 in Paris. Auf Betreiben Berns, das sich in einer ungemütlichen Lage fühlte, kam 1668 die zweite gesamteidgenössische Wehrordnung zustande. StUB Ryh 3203:23.*

1648 mit dem Oberelsass und 1674 mit der Freigrafschaft, die gemeinsame Grenze mit der Eidgenossenschaft. Bern, das sich in seiner Unabhängigkeit bedroht sah und eine Besetzung der 1536 eroberten Waadt befürchten musste,[33] wurde aus dem Dämmerschlaf geweckt. Das Lyoner Ordinari der Zürcher und St. Galler ermöglichte nur das wöchentliche Eintreffen von Nachrichten. Dieser Postkurs war in der Hand der Kaufmannschaften eines benachbarten eidgenössischen Standes (Zürich) beziehungsweise eines zugewandten Ortes der Eidgenossenschaft (St. Gallen). Die Postkurse berührten die Hauptstadt Bern seit einigen Jahren nicht mehr, da sie, wie schon erwähnt, entlang der alten Handelsroute von Solothurn über Aarberg und Murten nach Genf führten. Und auch auf die eigenen bernischen Postboten

---

33 Vgl. die Artikel «France» im DHS (www.dhs.ch) sowie «Bern und das europäische Staatensystem» im HLS 2, S. 265–266. Bei der Unterzeichnung der Allianz mit Frankreich um 1602 garantierte der französische König Henri IV die bernischen Besitzungen in der Waadt.

war nicht immer Verlass, wie dies zum Beispiel 1672 durch den bereits geschilderten Fall von Hans Mosimann deutlich wurde. Eine Änderung war fällig, und die dabei anstehenden Konflikte, insbesondere mit Zürich, wurden bewusst in Kauf genommen.[34]

Spätestens seit der französischen Annexion der Freigrafschaft Burgund 1668/74 kam es fast zwangsweise zu einer Entfremdung zwischen Zürich und Bern. Nach der Erneuerung der französisch-eidgenössischen Allianz vom 18. November 1663 in der Kathedrale Notre-Dame in Paris richtete sich der Stand Zürich nun vermehrt nach Frankreich aus. Die aufstrebenden Textilkaufleute Zürichs, die immer mehr die Politik bestimmten, konnten dem vormaligen konfessionellen Ringen wenig Sinn abgewinnen und sahen die wirtschaftlich auf Export ausgerichteten Interessen am besten in einer Annäherung an Frankreich gewährleistet. Der Stand Bern, der sich mit Grund in einer ungemütlichen Lage fühlte, näherte sich hingegen in den folgenden Jahren verstärkt den Gegnern Frankreichs an.[35] Auf Betreiben Berns kam 1668, mit dem «Defensionale» von Baden, die zweite gesamteidgenössische Wehrordnung zustande.[36] Im Jahr 1675 wurde dann auch das mit Zürich und Bern verbündete Strassburg bedroht, welches – von französischen Truppen umlagert – nebst seinen eigenen Kräften zusätzlich von 900 Mann bernischer und zürcherischer Truppen verteidigt wurde.[37] Bern intensivierte in der Folge seine Bemühungen um die Verbesserung des Heerwesens. In einer derart angespannten Situation stellt sich natürlich die Frage, ob der Berner Obrigkeit ein stellvertretender Konflikt mit der Zürcher Kaufmannschaft, die ja das Lyoner Ordinari betrieb, nicht ungelegen kam, um so den gemeinsamen Sicherheitsvereinbarungen Nachdruck verleihen zu können. Zudem bestand ein grosses Interesse der Alliierten auf sichere Nachrichtenverbindungen zwischen dem Deutschen Reich und dem damals habsburgischen Spanien, wozu von 1535 bis 1714 auch das Herzogtum Mailand gehörte.

Die Errichtung des bernischen Postregals 1675

Die Denkschrift eines «Anonymus» von 1675

Am 4. Januar 1675 verlas das Staatsoberhaupt des Standes Bern, Schultheiss Samuel Frisching, den Mitgliedern des Kleinen Rats eine um die Jahreswende 1674/75 anonym eingereichte und von einem Bartlome Berner überbrachte Denkschrift, in der die Errichtung eines Berner Postregals angeregt wurde.[38] Für die Zeitgenossen wie auch für spätere Generationen blieb das Fischer'sche Postunternehmen stets von einem Geheimnis umrankt. In allen Schriften zur Postgeschichte Berns wird betont, dass Beat Fischer anonym vorgegangen sei. Hans Müller sah zutreffenderweise darin den Versuch, das keimende Werk den Gegenwirkungen von kleinen und grossen Widersachern zu entziehen. Beat Fischer habe versucht, das ganze Geschäft der öffentlichen Kenntnis zu entziehen. Zu den grossen Widersachern gehörten damals die Betreiber des Lyoner Ordinari, das heisst die Zürcher und St. Galler Kaufmannsposten, die keine Kenntnis von der geplanten kommenden Konfrontation erhalten sollten. Die Anonymität habe ihm zudem die Möglichkeit ver-

34 Klöti 1990, S. 444.
35 Vgl. dazu Sigg 1996, S. 345–347.
36 Grosjean 1978, S. 130.
37 Grosjean 1978, S. 132.
38 Acta und Schriften, Lit. A, S. 4.

Abb. 69: *Eintrag im bernischen Ratsmanual, 1675. Der kleine tägliche Rat beschloss am 4. Januar 1675 das Eintreten auf «T[eutsch] Seckelschreiber Fischers» Eingabe und überwies das Geschäft zur Beratung an die Deutsche Vennerkammer. Damit wurden die Verhandlungen zur Errichtung des bernischen Postregals eingeleitet. StAB A II 483: RM 172, S. 505.*

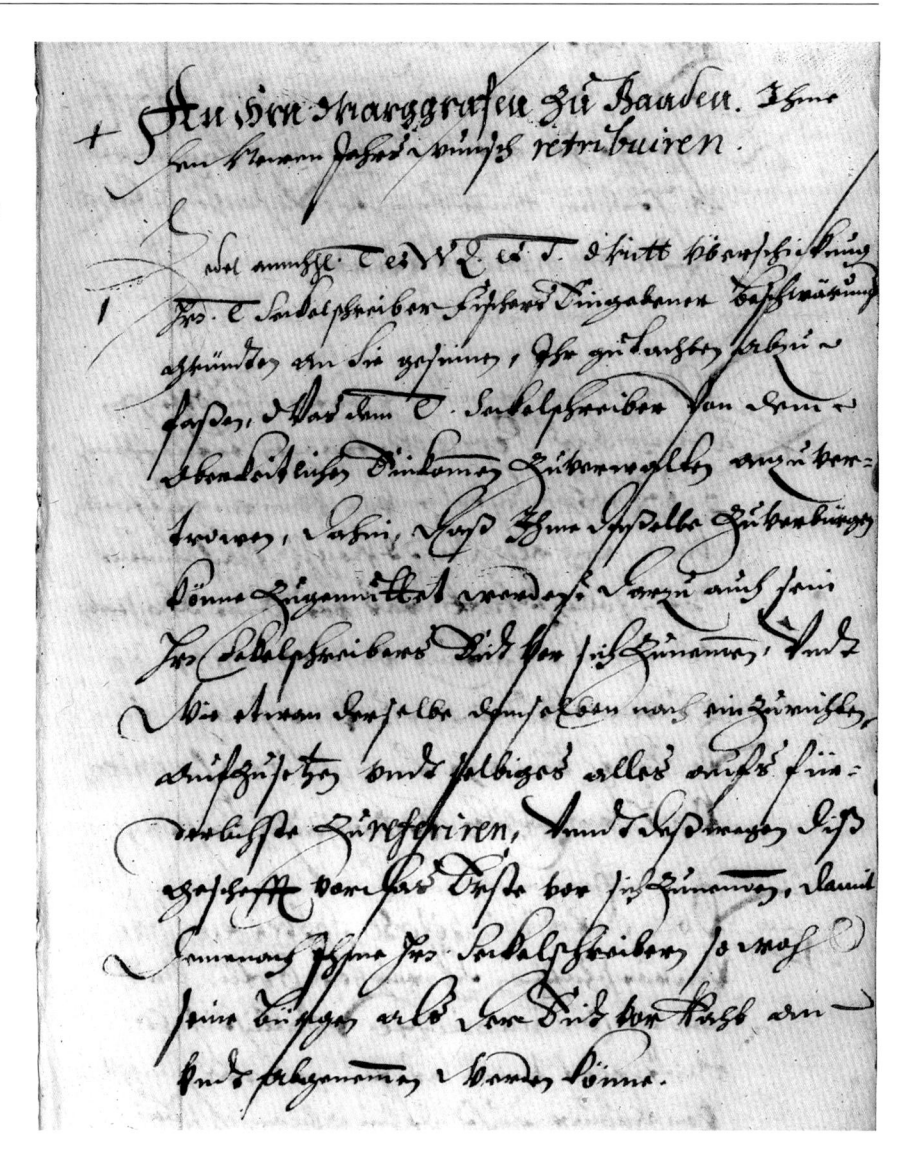

schafft, unauffällig zu seinen Gunsten zu wirken. Als Deutschseckelschreiber habe er ja persönlich den Beratungen der Vennerkammer beigewohnt und dabei Gutachten, die seine eigenen Angelegenheiten betrafen, niedergeschrieben.[39] Der Berner Historiker Hans Strahm baute dieses Bild in seinem 1932 erschienenen Aufsatz «Vom alten bernischen Postwesen bis 1798» weiter aus. «Die erstaunten Gesichter der Gnädigen Herren Schultheiss und Räte kann man sich vorstellen, als es auskam, dass eines ihrer jüngsten Glieder, der erst zwei Jahre im Rat sitzende Deutschseckelschreiber Beat Fischer, der überdies als solcher an den Beratungen der Begutachtungskommission teilnahm, gewiss auch für sein Memorial mitstimmte und jederzeit die Möglichkeit hatte, erklärend und beeinflussend auf die Beurteilung einzuwirken, – ganz allein den überaus klugen und umsichtigen Plan entworfen hatte!»[40]

Es ist jedoch eher undenkbar, dass sich die Berner Obrigkeit auf Verhandlungen mit einem völlig Unbekannten einliess. Der Stand Bern war wohlinformiert. Dem engsten Kreis des damals – neben Zürich – mächtigsten Standes der Eidgenossenschaft dürfte die Urheberschaft dieser Eingabe wohl kaum verborgen geblieben sein. Geheime Verhandlungsführung gab es da-

---

39 Müller 1917, S. 58.
40 Strahm 1932, S. 77.

mals vermutlich auch bei anderen Geschäften, die sich zum Beispiel mit der Staats- beziehungsweise Sicherheitspolitik befassten. So bat Beat Fischer in der offenbar anonym und durch einen Mittelsmann überreichten Denkschrift «dise Sach in höchster Geheim zu behalten […] und Jemanden den Gwalt zuertheilen, von diser sach zu tractiren»[41]. Aber auch in seinen «Acta und Schrifften, das Post- und Bottenwesen antreffend»[42] sprach Beat Fischer von einer ge-heimen Verhandlungsführung, die zur Schaffung des bernischen Postregals und zur Verleihung der Postpacht an ihn geführt habe.

Doch neben der Befürchtung vor grossen Gegenspielern gab es auch kleine Widersacher: Der bernische Deutschseckelschreiber war nicht der Einzige, der sich um die Jahreswende 1674/75 um das Postwesen bemühte.[43]

Das Messagerie-Patent für Hans Trachsel 1675

Im bernischen Postwesen war Unruhe entstanden. Fünf Tage nach dem Eintreten auf das Projekt eines bernischen Postregals erteilten Schultheiss und Rat am 9. Januar 1675 an Hans Trachsel folgendes Postprivileg: «Auf Bitte des Hans Trächsel, gebürtig von Wattenwil bei Blumenstein, der mit Mühe und Kosten die Post von hier nacher Genf auf- und zu wägen gebracht […], dessen gewesener Gemeiner, der sich von ihme gesöndert, [ihme] hierin Eintrag thun welle, wird vom Statthalter und Rat […] willfahret […] dass er gedeüte Post ferners wie bisshar einzig und allein zu verrichten haben solle und ihme niemand einichen Eintrag darin nicht thun möge, so lang er in solchem Fleiss verharret und wir dessthalb etwas zu enderen nicht Ursach haben werdend.»[44] Das an Hans Trachsel erteilte Postprivileg wird im Register des Unteren Spruchbuches auch als Messagerie-Patent bezeichnet.[45] Möglicherweise handelte es sich bei der Verbindung Bern–Lausanne–Genf um einen Postdienst, der zusätzlich zu den Briefen auch Reisende sowie Waren auf Packpferden und eventuell Maultieren mitführte. Damit erhielt der aus Wattenwil stammende Hans Trachsel obrigkeitlichen Schutz für eine Postverbindung nach Genf, die er seit dem Geltstag von Hans Mosimann 1672 betrieb. Er konnte so dem Zugriff eines ehemaligen Postknechts widerstehen. Doch gegenüber dem nun folgenden Anspruch eines Burgers auf das gesamte bernische Postwesen konnte er sich, trotz Postprivileg, schliesslich nicht mehr erwehren.[46]

Der Postgründer Beat Fischer

Zentrales Lebensziel eines jeden bernischen Patriziers war eine erfolgreiche Karriere im Staatsdienst.[47] Bereits mit zweiunddreissig Jahren wurde Beat Fischer 1673 in den bernischen Grossen Rat gewählt. Sein weiterer Aufstieg verlief weiterhin ungewöhnlich schnell. Durch die Ernennung zum Deutschseckelschreiber erhielt er ein Jahr später eine Vertrauensstellung, die ihm Einblick in den engsten Führungskreis der Berner Obrigkeit vermittelte.[48] Er diente im Mittelpunkt der damaligen bernischen Staatsmacht. Dieser Behörde, der Deutschen Vennerkammer, stand bei der Errichtung des bernischen Postregals ein naher Verwandter des Deutschseckelschreibers vor, der

---

41 Acta und Schriften, Lit. A, S. 3.
42 Acta und Schriften, Lit. A, S. 28.
43 Klöti 1990, S. 444 f.
44 SRQ BE Stadt, Bd. IX/2, S. 563 (StAB A I 414: Spruchbuch des Unteren Gewölbs, Bd. WW, fol. 65 b).
45 StAB A I 414: Spruchbuch des Unteren Gewölbs, Bd. WW. Dieses Postprivileg ist in den beiden Sammlungen von Abschriften zur Postgeschichte nicht enthalten (Acta und Schriften, Lit. A, 1675–1676, von Beat Fischer beziehungsweise Sammlung über den Ursprung und Fortgang des Loblichen Postwesens zu Bern, 1761–1763, von Johann Jakob Bigler).
46 Klöti 1990, S. 445 f.
47 Vgl. Kellerhals 1991, S. 75.
48 HBLS III, S. 162.

Deutschseckelmeister und Beats Onkel Samuel Fischer. Als Vierunddreissigjähriger schliesslich begann Beat Fischers Wirken als Postpächter. Die Berner Obrigkeit liess ihm freie Hand und beschränkte sich vorerst auf das Schaffen und danach auf das Durchsetzen neuen Rechts.[49]

Das brachliegende bernische Postregal

Beat Fischer schlug in seiner Denkschrift der Berner Obrigkeit vor, das brachliegende Postregal zu nutzen, wie das andere Staaten ebenfalls täten. Damit könne das Postwesen verbessert und verbilligt werden. Er appellierte gekonnt an das kaufmännische Gewissen der Obrigkeit, indem er auf den Gewinn verwies, der bisher regelmässig ausser Landes floss, und darauf hinwies, welche Unkosten das Boten- und Läuferwesen dem Staat bisher verursacht hatte. Die Einsparungen für den bernischen Staat bezifferte er auf ungefähr 1000 Kronen[50]. Er anerbot sich, einen bestimmten Lehenszins zu bezahlen und künftig alle Posttransporte über die Hauptstadt zu leiten sowie die Briefe von und nach Deutschland und Frankreich statt wie bisher einmal künftig zweimal wöchentlich abgehen und ankommen zu lassen. Er wies darauf hin, dass damit nicht nur zweimal wöchentlich nach Zürich, Basel, Schaffhausen, Genf usw. geschrieben werden könne, sondern dass auch wöchentlich zweimal Rückantworten von den an diesen Postrouten gelegenen Orten eintreffen können. Zudem versprach er der Berner Obrigkeit, zweimal wöchentlich Avisen und Zeitungen aus Deutschland, Frankreich und anderen Teilen Europas ohne Kosten zu verschaffen. Die obrigkeitlichen Briefe würden viel sicherer und schneller ihr Ziel erreichen. Und als zusätzliche Erwerbsquelle für die Geschäftstreibenden Berns erwähnte er zum Abschluss, dass künftighin alle Reisenden ihren Weg durch die Hauptstadt zu nehmen hätten.

Die vorgeschobenen Mitinteressierten

Zum verdeckten Vorgehen Beat Fischers gehörte, wie bereits oben angetönt wurde, auch die nach wie vor ungelöste Frage allenfalls vorgeschobener Mitinteressierter. Auf wen spielte Beat Fischer an, wenn er in der anonym eingereichten Denkschrift schrieb: «Alldieweilen aber under Ihr Gn[aden]: Burgeren Jetzmals sich auch solche befinden, die eine rechtmessige begird ermehren, etwas disem Stand erspriessliches und reputierliches ihnnen auch zugleich ruhmliches zu stifften, und zu underwinden.»[51] Oder etwa: «in welchem fahl [das heisst nach Beginn der Aufnahme von Verhandlungen] dann die Entrenneurs sich hirfür thun, und gebührend mit allerley nötigen erläuterungen und Expedienten beggenen werden.»[52] Und schliesslich: «dass es von dero Burgeren seyen, so dises Stands nutzliche und reputierliche Werk underfangen wollen.»[53]

Sprach Beat Fischer in seiner Denkschrift womöglich im Pluralis majestatis, das heisst, verwendete er jeweils eine auf die eigene Person angewandte Mehrzahlform? So sprach Beat Fischer auch in sämtlichen eingegebenen Projektschriften stets von Unternehmern (Entrepreneurs) in der Mehrzahl.

---

49 Klöti 1990, S. 446.
50 Bernische Rechnungswährung.
51 Acta und Schriften, Lit. A, S. 2.
52 Acta und Schriften, Lit. A, S. 3.
53 Acta und Schriften, Lit. A, S. 3.

Beat Fischer gab jedoch – wiederum aus der Erinnerung – dazu an, dass er sich «angestellet ob hette ich Interessierte, so das jenige was mir ermanglen möchte, ersetzen könten, und dahero wirt auch der volgenden Patenten der Mithafften gedacht, obwollen ich keine derselbigen habe, noch weiss, noch verlanget.»[54] Nimmt man Beat Fischer beim Wort, so erhält man den Eindruck, dass er mit dieser kleinen Notlüge den Eindruck erwecken wollte, er verfüge über genügend finanziellen Rückhalt, um eine allfällige Bürgschaft für das Pachten des Postregals hinterlegen zu können. Aus der Sicht der Berner Obrigkeit musste Beat Fischer, wenn er das bernische Postregal als (Mann-)Lehen zu erhalten anstrebte, für dieses obrigkeitliche Eigentum den «Ehrschatz»[55] und/oder einen Lehenszins entrichten sowie für den erforderlichen Betrag Garantien beziehungsweise Bürgen[56] stellen. Beat Fischer dürfte dies bei der Eingabe seiner Denkschrift bekannt gewesen sein.

Der Wert des obrigkeitlichen Einkommens

In den Quellen findet sich nirgends ein Wert, wie hoch die Berner Obrigkeit zu diesem Zeitpunkt das bisher fiskalisch noch ungenutzte Postregal bezifferte. Es gibt jedoch entsprechende Vergleichszahlen für das 18. und 19. Jahrhundert.[57] Für die Zeit der staatlichen Postregie ab 1702 wurde mit den Nachkommen Beat Fischers vereinbart, dass sie bis zu einem Ertrag von 12 000 Pfund mit jedem dritten und bei den Ertragsanteilen über 12 000 Pfund mit jedem vierten Pfennig am Gewinn des Postwesens beteiligt seien.[58] Im Postpachtvertrag von 1708 wurde dann der Postpachtzins auf jährlich 30 000 Pfund festgelegt. 1778 wurde er vorerst auf 60 000[59] Pfund erhöht, wobei mit einem Anteil von 50 Prozent am Reingewinn wiederum der «wahre Wert des Postregals» erreicht wurde. 1793 wurde der Postpachtzins auf 100 000 Pfund[60] festgelegt, wobei mit diesen beiden Erhöhungen neben dem Gewinnwachstum auch die seit 1708 einhergehende Wertverminderung des Geldes ausgeglichen werden konnte. Für die Erneuerung der Postpacht wurden den Postpächtern 1793 zudem 1125 Kronen als «Schreib- und Stipulationsemolumente» verrechnet, was die Ratsversammlung als sehr bescheiden betrachtete.[61] Es ist denkbar, dass die bernische Obrigkeit bereits im 17. Jahrhundert in ähnlichen Grössenordnungen rechnete, das heisst, dass sie einen Anteil von ca. 50 Prozent des Reingewinns sowie eine Schreibgebühr von rund 5 Prozent des Wertes geltend machen konnte, für die ein Pächter Garantien zu hinterlegen hatte.[62]

Die Verhandlungen, die Beat Fischer 1675 mit der bernischen Obrigkeit führte, drehten sich denn neben der Frage der Form (zum Beispiel Mannlehen oder Lehen) nicht zuletzt auch um die fiskalische Seite im Hinblick auf die Abgeltung des Postregals. Anhaltspunkte über die finanziellen Grössenordnungen finden wir bereits in der Denkschrift von Beat Fischer, der die Einsparungen für die Berner Obrigkeit auf zirka 1000 Kronen schätzte und sich – nebst der kostenlosen Lieferung von Zeitungen – darüber hinaus anerbot, einen billigen (das heisst angemessenen) Lehenszins, der noch auszuhandeln sei, zu bezahlen.[63] Die Deutsche Vennerkammer kam in ihrer Antwort vom 5. Februar 1675 an den Kleinen Rat zu folgenden Einschätzungen:[64] Das

54 Acta und Schriften, Lit. A, S. 28.
55 Zusammenfassung von Handlohn und Weglöse. Gebühren beim Besitzwechsel eines Lehens durch Vererbung, Kauf, Tausch.
56 Mit dem Wort «Bürge» beziehungsweise «Gewährsmann» wird jemand bezeichnet, der bei einem Verleihgeschäft für das Verliehene bürgt.
57 Vgl. dazu Klöti 1990.
58 Klöti 1990, S. 465.
59 Klöti 1990, S. 545 f.
60 Klöti 1990, S. 623.
61 Klöti 1990, S. 628 f.
62 Müller 1917, S. 51: Bei Handänderungen und Lehenserneuerungen war ein Ehrschatz zu entrichten, der dann im 18. Jahrhundert, als die Mannlehen als Finanzquelle ausgebeutet wurden, 5 % vom Wert betrug, wobei die Lehen alle 15 Jahre zu erneuern waren.
63 Acta und Schriften, Lit. A, S. 2 f.
64 Acta und Schriften, Lit. A, S. 4–8.

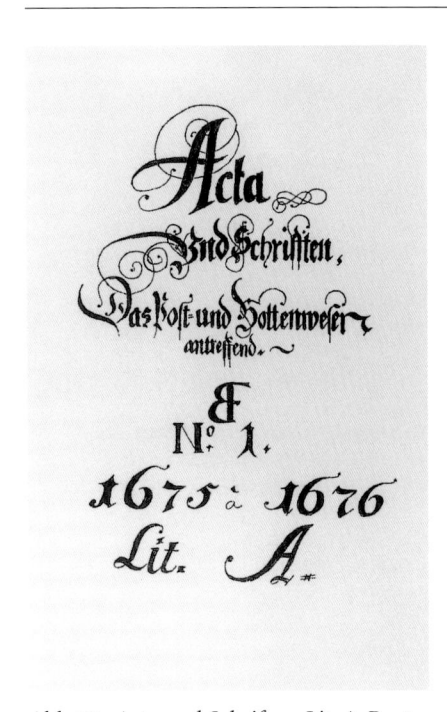

Abb. 70: *Acta und Schriften, Lit. A. Beat Fischer stellte umfangreiche Sammlungen mit Dokumenten zur Postgeschichte zusammen. 1935 liessen die PTT eine Abschrift der Quellen zur Gründungsgeschichte der Fischerpost aus den Jahren 1675 und 1676 erstellen. StAB FA von Fischer I 1 (1).*

Postregal werde von anderen Fürsten und Ständen nicht nur sehr geschätzt, sondern auch sehr eifrig genutzt. In den meisten Fällen beschränke sich der Nutzen allerdings auf die Portofreiheit bei den obrigkeitlichen Briefen. Es wird festgestellt, dass die Vergabe des Postregals nicht als Pacht («Admodiation»), sondern als Mannlehen gewünscht wird. Zudem wird zu bedenken gegeben, dass das Postregal nur langsam, mit grosser Mühe, mit nicht geringen Unkosten und vielen Widerwärtigkeiten einzurichten sei. Daher sei damit zu rechnen, dass lange kein oder nur ein geringer Nutzen auf Seiten der Postunternehmer anfallen werde. Das Postregal sei «ein Nichts» gewesen, die bernische Obrigkeit habe bisher keinen Nutzen daraus gezogen. Die Denkschrift biete nun aber (zum Beispiel mit der vorgeschlagenen Einsparung der Unkosten für die Verschickung der obrigkeitlichen Briefe) einen erheblichen Nutzen an. In einer beigelegten Zusammenstellung wurden diese Einsparungen mit 3 450 Pfund veranschlagt. Aufgrund dieses Berichtes gab der Kleine Rat am 11. Februar 1675 der Deutschen Vennerkammer den Auftrag, mit den «Entrepreneurs» zu «tractieren[65] und zu schliessen».[66]

Die Verhandlungen kamen offenbar nicht besonders rasch voran. Die nächsten Eintragungen in der «Sammlung über den Ursprung und Fortgang des Loblichen Postwesens zu Bern» beziehungsweise in den «Acta und Schrifften, das Post- und Bottenwesen antreffend» finden sich erst wieder im Juni beziehungsweise Juli 1675.

Bei der Grundsatzfrage, ob das Postregal auf ewig als Mannlehen zu vergeben sei, kam die Deutsche Vennerkammer zu einem negativen Entscheid, der auch vom Kleinen Rat am 21. Juni 1675 bestätigt wurde. Der Deutschen Vennerkammer wurde vom Kleinen Rat das weitere Vorgehen überlassen. Beat Fischer reichte in der Folge der Deutschen Vennerkammer weitere Vorschläge ein, wobei er, neben einigen allgemeinen Bedingungen, die hier nicht weiter aufgeführt werden, verschiedene Varianten aufzeigte.[67]

Bei einer staatlichen Postregie sei nur schwer ein Nutzen aus dem Postregal zu ziehen. Er sei zwar erbietig, sein Möglichstes dazu beizutragen, jedoch nur unter der Bedingung, dass die bernische Obrigkeit die erforderlichen Geldmittel bereitstelle sowie für alle Risiken einstehe, wobei den Unternehmern eine angemessene Belohnung für ihre Mühewaltung zu entrichten sei. Im Falle der Erzielung eines Gewinnes sei den Unternehmern die Hälfte desselben während 30 Jahren für die Verwaltung der Geschäfte zu überlassen.

Der zweite Vorschlag berücksichtigte den Umstand, dass infolge des abgelehnten Mannlehens die Anfangskosten innert kürzerer Zeit abzutragen seien. Bezüglich der Denkschrift erfolgten nun einige Präzisierungen. Insbesondere wurde der Einsatz von Extra-Ordinari Posten von der Portofreiheit ausgenommen. Es wurde ein Pachtzins von 150 Pfund, bei einer Laufdauer der Pacht von 30 Jahren, angeboten.

Der dritte Vorschlag enthielt wiederum die bereits in der Denkschrift aufgeführten Leistungen, mit denen die bernische Obrigkeit 1 000 Kronen einsparen könne. In diesem Fall könne man aber keinen Zins entrichten. Zur Bestreitung der Unkosten seien dem Postunternehmen jährlich 200 Mütt Haber bei einer Laufzeit der Pacht von mindestens 40 Jahren beizusteuern.

Aufgrund dieser Vorschläge sowie «underschiedliche gegebener erleüterungen» kam die Deutsche Vennerkammer zu einem Schluss, welcher dem

---

65 Im Sinne von be-, abhandeln, gestalten.
66 Bigler, Sammlung, Bd. 1, S. 1.
67 Acta und Schriften, Lit. A, S. 9–13.

Kleinen Rat am 8. Juli 1675 in einem Vortrag unterbreitet wurde:[68] Der dritte Vorschlag wurde als der Nützlichste bezeichnet, der weiter auszuarbeiten sei. Für die Laufzeit der Pacht wurden 20 Jahre vorgesehen, wobei ein Pachtzins von 150 Pfund zu erheben sei. Eine Abgabe von Haber wurde abgelehnt. Der Kleine Rat stimmte dem Vortrag zu, verlangte aber offenbar erneut einige Präzisierungen.[69]

Diesem schleppenden Fortgang der Verhandlungen verdanken wir es, dass Beat Fischer allmählich die Geduld abhanden kam, was ihn zu spontanen Äusserungen hinriss, um eine Beschleunigung oder einen Abbruch der Postpachtverhandlungen zu provozieren. Müller schreibt:[70] «Als nun Monate vergingen, ohne dass das Geschäft vom Fleck rückte, suchte eine neue Eingabe, und mit Erfolg, durch vorsichtige Drohung zu wirken. Zeit und Gelegenheit schleiche dahin. Mit den französischen und den Reichsposten sei ein Vergleich geschlossen, zur Verbesserung und Vermehrung der Verbindung zwischen den beiden Staaten, und zu diesem Zweck eine Post von Genf bis nach Nürnberg und Basel geplant. Da es nützlich geschienen, das Unternehmen wenigstens durch einen Stand beschützen und dafür diesem Stand merklichen Nutzen zufliessen zu lassen, und Ihr Gnaden den mächtigsten Stand und das grösste Gebiet haben, hielten sich ihre Burger für verpflichtet, vor allem ihnen den grossen Vorteil anzutragen. Werde es verschmäht, so möge man es nicht ungnädig ansehen, wenn man den Antrag andern Orts stelle, wobei dann vielleicht diese Posten nicht durch die Stadt gehen, sondern einen andern Weg nehmen möchten.»[71]

Beat Fischer stand vermutlich bereits während der Planungsphase zumindest mit Niklaus Klingenfuss, dem langjährigen und initiativen Postmeister von Schaffhausen, in Kontakt, der 1668 ein Reichspostamt in Schaffhausen eröffnet hatte.[72] Bedenkt man auch die strategische Bedeutung, die eine sichere Postroute zwischen den damals verfeindeten Staaten Europas spielen konnte, und den Titel «Postmeister von Vorder-Österreich», den Beat Fischer 1680 für seine Verdienste um die Förderung der Postverbindungen zwischen dem Deutschen Reich und Spanien (Lombardei, Flandern usw.) von Kaiser Leopold I. erlangte, könnte die Geheimhaltung bei den Verhandlungsführungen eine zusätzliche Dimension erhalten.

In den Acta und Schriften findet sich eine weitere Äusserung, die Beat Fischers Vorwärtsdrängen verdeutlicht: «[...] weilen nun es bereits zimlich lang hergangen und ungeachtet dess Gewalts so der Venner Cammer überlassen ware, iedoch so offt für Rath getragen wurde, hat mich die Ungedult in etwas ergriffen, dass ich zu endlicher Schliessung oder abrumpierung diser Sach, volgendes Memoriale von händen gabe.»[73]

In dieser Denkschrift, die am 9. Juli 1675 der Berner Obrigkeit vorlag, beklagte sich Beat Fischer, dass das Geschäft immer noch nicht zu einem Abschluss gebracht werden konnte.[74] Falls kein Interesse bei der Berner Obrigkeit bestehe, werde man das Werk «ohne Ihr Gn[aden]: Verbindlichkeit und kosten, gleich wie anderen frömbden bishero ungehinderet zugelassen worden, auff zu richten tentiren.» Falls die Berner Obrigkeit dennoch geneigt sei, zu einer Vereinbarung zu kommen, müsse darauf hingewiesen werden, dass es nicht gehe, sämtliche vorteilhaften Bedingungen, die angeboten werden, anzunehmen, während auf keine Gegenbedingungen eingegangen werde. Die

68 Acta und Schriften, Lit. A, S. 13 f.
69 Acta und Schritten, Lit. A, S. 14.
70 Müller 1917, S. 50.
71 Nach Müller 1917, S. 50 f.; StAB A V 187: Zürichbuch G, S. 767.
72 Hanselmann 1910, S. 14, und Moser 1949, S. 22 f. Laut Hanselmann und Moser kann nicht genau festgestellt werden, in welchem Jahr in Schaffhausen ein Reichspostamt eingerichtet wurde. Ein Aktenstück aus dem Jahr 1833 weist auf das Jahr 1668 hin.
73 Acta und Schriften, Lit. A, S. 14.
74 Acta und Schriften, Lit. A, S. 15 f.

am Vortag vom Kleinen Rat beschlossenen Diskrepanzen wurden nun noch einmal einzeln verdeutlicht, um zum Schluss «die endliche Meinung, von welcher auch gar nicht abgewichen werden kan», zu eröffnen: Mit dem Einbezug der Kriegskammer in die Portofreiheit sei man einverstanden. Anstelle der zuvor geforderten 200 Mütt Haber pro Jahr begnüge man sich mit insgesamt 600 Mütt, die jedoch in den ersten beiden Jahren zu entrichten seien. Ein Lehenszins sei nicht denkbar, ausser es würde auch auf die diesbezüglich gestellten Bedingungen eingegangen. Anstelle einer 40-jährigen Laufzeit begnüge man sich mit einer 30-jährigen Dauer.

Die Deutsche Vennerkammer schloss nun einen zwölf Punkte umfassenden «Admodiations-Vergleich», den sie dem Kleinen Rat am 10. Juli vortrug und der vom Umfang und Inhalt her bereits sehr stark dem schliesslich zustande gekommenen Postpachtvertrag entspricht.[75] Diesem ist unter anderem zu entnehmen:

1. dass die Postpachtdauer auf 25 Jahre festgelegt werde; die Postpächter erhalten das ausschliessliche Recht zur Briefbeförderung, wobei von einem Stand oder Privatpersonen abgeschickte Boten, die nur eigene Briefe mitführen, weiterhin zugelassen seien,

2. dass gegen diejenigen, die gegen dieses Recht verstossen, vorgegangen werde,

3. dass die Postangestellten das Recht erhielten, die «Gleit- und Ehrenfarbe» zu tragen, jedoch auf ihre eigenen Kosten,

4. dass ein Bauplatz für die Erbauung eines Posthauses zur Verfügung gestellt werde, welches jedoch auf eigene Rechnung zu erbauen und zu unterhalten sei,

5. dass bei einer Vertragserneuerung deren Inhaber vorgezogen würden,

6. dass Kriegs- und Pestereignisse angemessen mit erwogen werden müssten,

7. dass der Vertrag, falls es die Pächter wünschen, dem Grossen Rat zur Bekräftigung vorgelegt werde,

8. «dass der jetzmals sich gestelte Entrepreneurs, wie auch mitinteressierte in diesen Tractat von nun an andere nach belieben interessieren und associeren, jedoch das sie Burger und underthanen und nicht aussere seyen, der denselben gar cediren und remittieren mögen, dafehr gleichwol selbigen keinen Abbrauch, sondern in allweg genug geschehe»,

9. dass der Postpächter während der ersten drei Jahre je 100 Mütt Haber erhalte,

10. dass das Postwesen so eingerichtet werde, dass von denjenigen Orten, wo man bisher nur einmal wöchentlich Briefe erhielt, diese nun zweimal wöchentlich erhalte und beantworten könne und dass man auch von Zürich, Basel, Schaffhausen und Genf zweimal pro Woche eine Antwort bekommen könne,

11. dass die obrigkeitlichen Briefe aus der Kanzlei, den Kriegskammern, den beiden Seckelschreibereien und der Salzkammer ohne Kosten mit der Ordinari und der Extraordinari Post befördert würden, dies unter der Bedingung, dass die Briefe einzeln und nicht paketweise übergeben und dass keine Privatbriefe beigefügt würden,

---

75 Acta und Schriften, Lit. A, S. 17–21.

12. dass der Obrigkeit zweimal wöchentlich ohne Kosten aus Frankreich und Deutschland «sichere avisen und Zeitungen» verschafft und ein Exemplar in die Rat- und Vennerstube gegeben werde, welches anschliessend dem Pächter wieder zurückzugeben sei.

Soweit die Zusammenstellung der projektierten Vertragspunkte. Dem beigefügten Kommentar kann Folgendes entnommen werden: Anfänglich sei zwar ein Lehenszins offeriert worden, da jedoch ein Mannlehen ausgeschlagen worden sei und weil damit ein bisher nicht genutztes Regal in Wert gesetzt werde – wobei die bernische Obrigkeit ein Namhaftes einspare –, werde die vorgeschlagene Hinleihung als nützlich erachtet. Zudem wird ein Vorschlag unterbreitet, wie den zu erwartenden Beschwerden der Stände Zürich und St. Gallen zu begegnen sei.

Beat Fischer hatte gehofft, dass der Kleine Rat zustimmt. Bei den Beratungen tauchten jedoch weitere Punkte auf, die die Deutsche Vennerkammer abzuklären hatte.[76] Das aufgrund der erneuten Verhandlungen zustande gekommene «Gutfinden», das dem Kleinen Rat unterbreitet wurde, enthält eine Gegenüberstellung der zu klärenden Punkte mit den Erklärungen, die der «Entrepreneur» leistete. Bei drei kleineren Punkten stimmte Beat Fischer vorbehaltlos zu. Fünf weitere Punkte lehnte er teilweise oder ganz ab. Besonders befremdete ihn die Forderung, dass eine Kaution zu hinterlegen sei. Dies sei auch den bisherigen Boten nie zugemutet worden, und es sei zu hoffen, dass man nun nicht demjenigen, der der Obrigkeit einen Nutzen erschliesse, mehr aufbürde. Zudem stehe es jedem frei, zu vertrauen oder nicht. Eine Kaution für die 300 Mütt Haber leiste er gerne, es sei aber unmöglich, eine «General Caution» zu stellen, da der Wert von demjenigen, welches anvertraut werde, nicht bekannt sei. Und wenn dies auch bekannt wäre, würde es sich um eine so hohe Summe handeln, dass eine genügende Kaution nicht aufzubringen wäre. Im Übrigen sei dies nirgends gebräuchlich. Wenn schon müssten, wie in Zürich und St. Gallen, die Postverwalter eine kleine Kaution von ihren Postangestellten einfordern. Eine Festlegung der «Brief- und Postenlöhn von einem zum anderen Orth» lehnte er ab, da die Art der Briefe und die Distanzen zwischen den Orten ungleich seien. Bei den bisherigen Boten sei dies auch nicht geregelt gewesen. Er biete jedoch an, nicht mehr zu fordern, als bisher bezahlt wurde. Auf die Forderung, dass er aufzeige, wie er das Postwesen einrichten werde, ging er grundsätzlich nicht ein. Dies sei zum jetzigen Zeitpunkt unmöglich, da noch zu vieles im Fluss sei. Auch die Deutsche Vennerkammer hatte dafür Verständnis und meinte, «dass ihnen die Sorg überlassen bleibe, nach mittlen und wegen bedacht zu sein, den vorhabenden Zwek zu erreichen». Nach einer Frage zur ständigen Bereithaltung von Postpferden ging es zuletzt noch um das Thema, ob der Postpachtvertrag vom Grossen Rat und damit von der höchsten Gewalt in Kraft gesetzt werden solle. Beat Fischer lehnte dies ab, da er das Postwesen «noch so vil möglich in der stille anstellen» wollte. Es sei zu befürchten, dass Zürich und St. Gallen, sobald sie davon Nachricht erhielten, bei der bernischen Obrigkeit Klagen einreichen und auch anderweitig dem im Entstehen begriffenen Werk Hindernisse in den Weg legen würden. Die Deutsche Vennerkammer unterstützte diese Ansicht und empfahl, dass der Postpachtvertrag nicht vor den Grossen Rat getragen werden solle, bis das Postwesen völlig gefestigt sei.

76 Acta und Schriften, Lit. A, S. 21.

Damit der Postpachtvertrag, dem der Kleine Rat zugestimmt hatte, ausgefertigt werden konnte, gab sich Beat Fischer zu erkennen:[77] «Als nun endlichen [...] dieses von M[einen] g[nädigen] H[erren] angenommen wurde, habe ich zu Expedition der Patenten meinen Namen angeben, und also das entdeken müessen, was sonsten bis dahero heimlich verblieben (zumalen ich alles per Tertium und vermittelst Memorialien negocieren und verhandlen liesse) damit gleichwol es noch etwas geheim bleiben möchte, habe ich Ihr Gnd. Herren Schultheissen von Erlach als Besigler und H[errn] Underschreiber Gross umb die Geheimhaltung noch umb etwas Zeit ersucht.» Dem wurde stattgegeben. Der auf den 21. Juli 1675 datierte Postpachtvertrag wurde dem Grossen Rat erst im Jahre 1676 vorgelegt.[78] Die weitere Geheimhaltung kam damit eventuell auch dem Selbstverständnis eines inneren Kreises der damaligen Regierung entgegen, die ein immer ausgeprägteres oligarchisches Verhalten an den Tag legte.

Der Postpachtvertrag wurde nicht auf die Privatperson Beat Fischer ausgestellt, sondern auf Beat Fischer und Konsorten beziehungsweise auf Beat Fischer und Mithafte. Paragraph 8 des Postpachtvertrags lautete folgendermassen: «Darzu soll ihnen [Beat Fischer und dessen Mithaften] auch freystehen über kurz oder lang in disen Tractat andere nach belieben mit sich zu associren oder denselben ihnen gahr zu remittiren, wofern selbige unsere Burger oder eingesessene Underthanen sein, auch disem Tractat im übrigen ohne Abbruch und durchauss genug thun werden.»[79] Der Wortlaut des Postpachtvertrags hielt somit weiteren gewichtigen Interessenten sämtliche Möglichkeiten offen, sich an der Pacht des Postregals zu beteiligen oder diese gar gänzlich zu übernehmen. Gemäss dem Vertragstext musste der Eindruck entstehen, dass hinter dem Postprojekt nicht nur der Deutschseckelschreiber Fischer, sondern weitere Interessenten standen. Im Vollzug der Postregalverleihung durch Schultheiss und Rat des Standes Bern vom 17. September 1675 wurde Beat Fischer nicht einmal genannt.[80] Es wurde lediglich darauf aufmerksam gemacht, dass «wir [Schultheiss und Rat] selbiges [Postregal] etlichen unseren Burgeren hingelichen» haben. Bewusst sollte ein Geheimnis in die Welt gestellt werden. Mit Heimlichkeit bereitete Beat Fischer sein grosses Werk vor. Und auch nach dem Hervortreten liess man sich nicht in die Karten blicken. Die Kontrahenten, aber auch die Mitburger sollten im Ungewissen gelassen werden. Zielbewusst wurde nun das bernische Postregal gegen aussen und innen durchgesetzt.[81] Denn das Inwertsetzen eines bernischen Postregals hing nicht nur vom Entscheid der Berner Obrigkeit ab, sondern musste durch diese gegenüber den angrenzenden Ständen der Eidgenossenschaft sowie gegenüber den bisher tätigen bernischen Boten durchgesetzt werden.

Die Durchsetzung des bernischen Postregals

Sofort ging Beat Fischer daran, das Postunternehmen zu organisieren. Als Erstes verschaffte er sich die Transiterlaubnis durch Freiburg (Route nach Genf und Frankreich) und Solothurn (Route nach Schaffhausen, Zürich und Deutschland), ausserdem verständigte er sich mit dem Schaffhauser Post-

77 Acta und Schriften, Lit. A, S. 28.
78 StAB A II 486: RM 175, S. 202.
79 SRQ BE Stadt, Bd. IX/2, S. 566: Postpachtvertrag 1675, Art. 8.
80 SRQ BE Stadt, Bd. IX/2, S. 569.
81 Klöti 1990, S. 447–449.

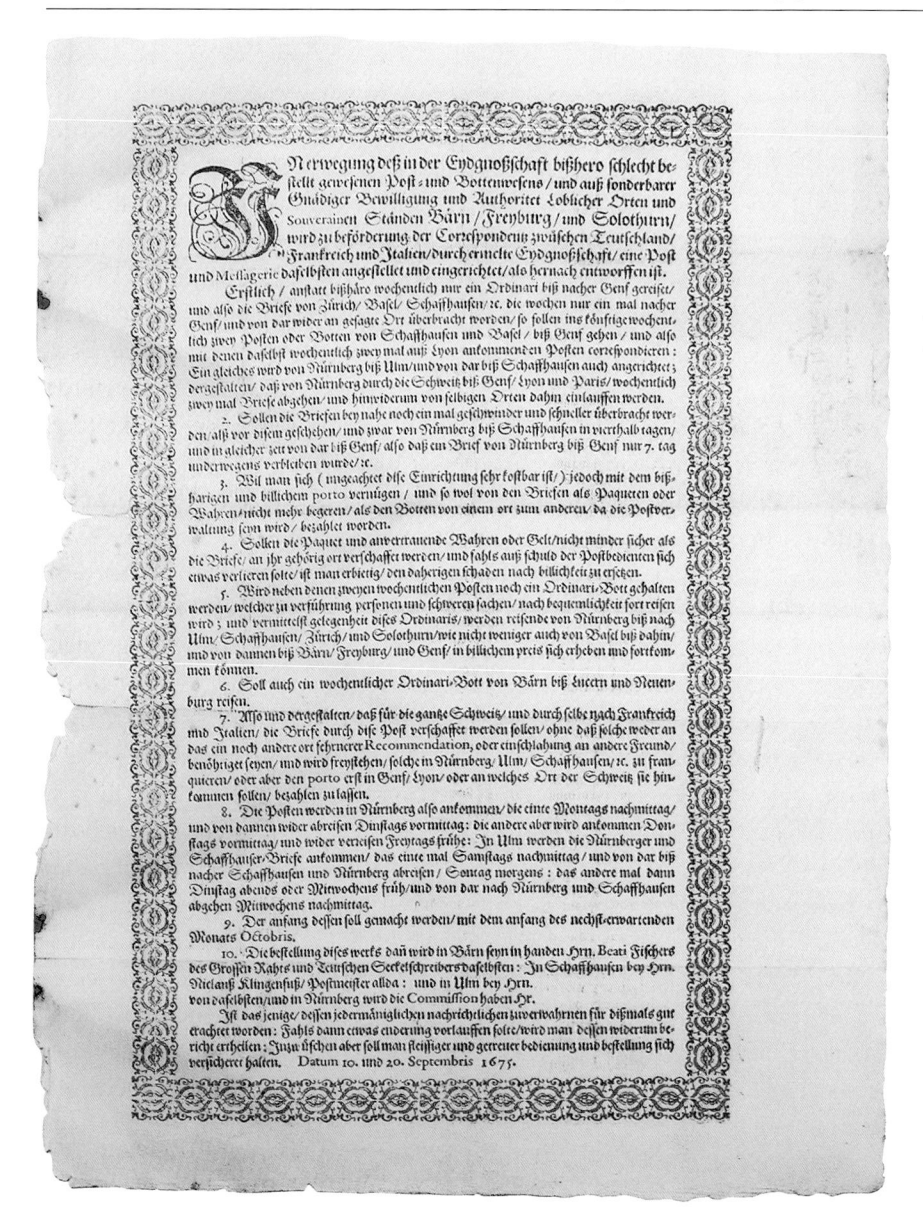

Abb. 71: *Bekanntgabe der Neuorganisation des Postwesens, 1675. Den Postkunden und benachbarten Ständen wurde am 10./20. September die Neuorganisation des Postwesens angekündigt: In Bern werde das Werk in den Händen von Beat Fischer, Grossrat und Deutschseckelschreiber, und in Schaffhausen beim Postmeister Niklaus Klingenfuss liegen. StadtASG Archiv des Kaufmännischen Direktoriums OB. K. Tr. VII. P. 2.*

meister Niklaus Klingenfuss, der umgehend einen zweimal wöchentlichen Postkurs nach Deutschland einführte. Die geheim gehaltenen geplanten Änderungen im bernischen Postwesen wurden von Schultheiss und Rat der Stadt Bern erstmals am 17. September in einem Mandat den bernischen Amtleuten mitgeteilt[82] und anschliessend im September 1675 zuerst der Berner Öffentlichkeit in einer Druckschrift[83] und wenig später den benachbarten Ständen angekündigt. Gleichzeitig wurden Postkurse nach Schaffhausen (mit Anschluss nach Zürich und St. Gallen), Basel, Genf, Neuenburg und Luzern bekannt gegeben. Im selben Monat erhielten alle Berner Amtleute den Befehl, auf Anfang Oktober die bisherigen Fussboten abzuschaffen und nur noch die Fischerpost zu benützen. Sowohl der Genfer Bote Hans Trachsel und der Basler Bote Conrad Habold wie auch die anderen Boten übten vorerst ihre Tätigkeit weiter aus, obwohl ihnen angeboten worden war, bei der Fischerpost in Dienst zu treten. Amtliche Vorladungen waren nötig, um dem Postregal Nachachtung zu verschaffen.[84]

Abb. 71

82 Bigler, Sammlung, Bd. 1, S. 11: Extract aus dem Mandaten Buch vom 17. September 1675.

83 «Bericht für eine ansehenliche Burgerschaft zu Bärn über die allda anstellende Post und Messagerie, Bärn, den 10. und 20. Septembris 1675.», abgedruckt in Rotach 1909, Beilage 11, S. 88–90.

84 Kronig/Klöti 1991, S. II; Kronig 1991, S. 19 f.

So wurde der Berner Burgerschaft ebenfalls im September des Jahres 1675 mitgeteilt, dass man beabsichtigt habe, sich mit dem Genfer Boten Hans Trachsel und dem Basler Boten Conrad Habold zu vergleichen und diese als Postbedienstete anzunehmen. Man habe dem Genfer Boten angeboten, seine Pferde abzukaufen, und ihm den doppelten Lohn eines Postknechts samt Kost offeriert. 60 Kronen jährlich und ein Kleid seien ein «gar ehrliches Salarium» für einen, der noch vor ungefähr acht Jahren als Fussbote gewirkt habe.[85]

Die bisherigen Boten und Briefträger übten vorerst, trotz eines Verbots, ihre Tätigkeit weiter aus und führten entsprechende Reden, auch unter der Burgerschaft der Hauptstadt. Der Genfer Bote Hans Trachsel, der Basel-Bote Conrad Habold, der Neuenburger und Vevey-Bote wurden daher vorgeladen. Insbesondere der Genfer Bote Hans Trachsel sei zu befragen, warum er dasjenige, was man ihm angeboten und in einem gedruckten Brief angeschlagen habe, leugne. Da die Berner Obrigkeit Hans Trachsel noch kurz zuvor ein Messagerie-Patent ausgestellt hatte, konnte Trachsel wohl mit einem gewissen Verhandlungsspielraum rechnen.

Auch die Posamentweberin Rägetzin, die ihre Zeitungen seit der neu errichteten Post durch andere Boten empfange, sei vorzuladen. Man solle mit ihr dahin reden, dass sie ihre Zeitungen inskünftig nur durch niemand anders als die neue Post beziehe und «verferggen» lasse.[86]

Hans Trachsel dürfte, nach anfänglichen Widerständen, in die Dienste Beat Fischers getreten sein. Der Chronist Schellhammer berichtete dazu in seiner 1717 verfassten Chronik,[87] dass Hans Trachsel die Post in einen so feinen Gang gebracht habe, dass endlich selbige durch Beat Fischer in den heutigen Zustand gebracht worden sei. Trachsel habe in der Folge mehr als dreissig Jahre lang eine ehrliche Besoldung durch den Postherrn Fischer erhalten.[88]

Nicht alle bernischen Nachbarn reagierten zustimmend auf die Verkündung des Postregals. Genf forderte als Gegenleistung für ein Fischer'sches Postbüro in der Stadt den freien Durchgang über bernisches Gebiet für Genfer Kaufleute und Boten, was mühsame Verhandlungen nach sich zog. Der wie zu erwarten heftigste Widerstand kam aber von Zürich und St. Gallen, deren traditionsreiches Lyoner Ordinari, das 1669, bereits von der Strecke Genf-Lyon verdrängt, nun gänzlich in Frage gestellt worden war. Man versuchte zu retten, was zu retten war, indem man nur noch das Transitrecht beanspruchte und auf Berner Gebiet Briefe weder aufgenommen noch abgegeben werden sollten. Damit zeigten sich nun aber Beat Fischer und mit ihm die Berner Obrigkeit gar nicht einverstanden, denn gerade die Transitbriefe von und nach Deutschland und Frankreich versprachen die grössten Einkünfte. Eine darauf einberufene Konferenz zwischen Zürcher und Berner Abgesandten brachte keine Annäherung der Positionen. Um dem Berner Postregal mehr Nachdruck zu verleihen, entschloss sich der Kleine Rat doch noch, den Vertrag mit Beat Fischer vor den Grossen Rat zu bringen. Dieser beschwerte sich zwar, erst jetzt beigezogen worden zu sein, bestätigte den Vertrag aber trotzdem. Die Situation spitzte sich zu.[89]

Die Durchsetzung des Postregals gegen aussen war zwar mit grösseren Schwierigkeiten verbunden. Dieses Durchsetzen neuen Rechts gegenüber den miteidgenössischen Ständen hatte indessen auch seine innenpolitische Seite.[90]

---

85 Rotach 1909, S. 88, Beilage 11.
86 StAB A II 485: RM 174, S. 496.
87 BBB Mss.h.h. I. 45, S. 1065: Schellhammers Topographie.
88 Klöti 1990, S. 449 f.
89 Kronig/Klöti 1991, S. III; Kronig 1991, S. 20.
90 Klöti 1990, S. 450.

Der Aufbau des Fischer'schen Postwesens

Einflussnahme des bernischen Staates auf das Postwesen

Die Art, wie der Postpachtvertrag mit Beat Fischer ausgehandelt wurde, musste von den Mitburgern als Affront empfunden werden. Dem Grossen Rat, Rät und Burger genannt, wurde der Vertrag ein halbes Jahr nach Inkrafttreten zur Bestätigung vorgelegt,[91] nachdem bereits zuvor der Vollzug der Postregalsverleihung vorgenommen[92] und ein Patent für die Postpächter Beat Fischer und Mithafte[93] ausgestellt worden war.

Damit schuf man vollendete Tatsachen. Rät und Burger wurden denn auch erst begrüsst, als bei der Durchsetzung des bernischen Postregals aussenpolitische Schwierigkeiten mit dem Stand Zürich entstanden. Unter diesem Druck wäre jedes Zurückweichen als ein Gesichtsverlust gegenüber Zürich empfunden worden. Dem Grossen Rat blieb nun nichts anderes übrig, als den Vertrag nachträglich zu bestätigen.

Dieses Vorgehen fand hingegen beim Grossen Rat keine Zustimmung. Die Gegenkräfte einer ratsherrlichen Oligarchie erhoben bittere Anklagen und beharrten darauf, dass die Verleihung hoher Regalien Rät und Burgern allein zustehe. Sie forderten, dass «inskünfftige nicht mehr wie dissmahlen vor Raht vorgeeylt und erst denzumahlen, wan die Sachen schon eingericht und ohne Dissreputation des täglichen Raths nicht mehr zu revocieren sind, vor den höchsten Gewalt gebracht werden söllind».[94]

Bern befand sich in der zweiten Hälfte des 17. Jahrhunderts auf dem Weg zur Oligarchie. Die gleichwertige Herrschaft der aristokratischen Patrizier sollte durch eine Oligarchie, durch die Herrschaft einer kleinen Gruppe, abgelöst werden. Die Rechte des Grossen Rats wurden immer mehr übergangen, und innerhalb des Kleinen, Täglichen Rats verlagerte sich die Macht zusehends zu den vier Vennern. Der Grosse Rat wurde bewusst zurückgesetzt und in eine Lage hineinmanövriert, in der ihm nichts anderes übrig blieb, als den Vorgaben der Vennerkammer und des Kleinen Rats nachzuleben. Der Gesichtsverlust für den Grossen Rat, welcher beanspruchte, die höchste Gewalt im Staate zu verkörpern, war einkalkuliert. Das geheime Zustandekommen des Postpachtvertrags von 1675 richtete sich somit schliesslich gegen den Grossen Rat. Diese gezielte Demütigung wirkte umso deutlicher, wenn man Paragraph 7 des Postpachtvertrags mitberücksichtigte: Auf Begehren der Postpächter sollte dieser Vertrag «zu dessen mehrer Besteifung vor unsern grossen Rath als den höchsten Gewalt getragen und daselbsten confirmirt werden». Er trete aber auch so in Kraft, «als wan solche Bestätigung würcklich erfolget were»[95].

Bernische Untertanen wie freundeidgenössische Nachbarn waren in ihren Rechten beschnitten worden. Der bernische Staat beanspruchte von nun an das Postwesen als ein Regal.

Die bernischen Patrizier waren in erster Linie dem bernischen Staat verpflichtet. Wenn nun Beat Fischer als Postpächter eingesetzt wurde und daranging, ein bernisches Postwesen auf- und auszubauen, darf man dessen Herkunft nicht ausser Acht lassen. Der bernische Staat vertraute ihm einen Teil der obrigkeitlichen Einkünfte an und verzichtete vorerst auf einen Post-

---

91 StAB A II 486: RM 175, S. 202.
92 SRQ BE Stadt, Bd. IX/2, S. 569 (17. September 1675).
93 SRQ BE Stadt, Bd. IX/2, S. 569 (11. Oktober 1675).
94 StAB A II 486: RM 175, S. 203.
95 SRQ BE Stadt, Bd. IX/2, S. 565: Postpachtvertrag 1675, Art. 7.

Abb. 72: *Erstes bernisches Postreglement, 1677. Mit dem Postreglement von 1677 regelte die Berner Obrigkeit das 1675 an Beat Fischer verpachtete Postregal. Neben der Höhe des Briefportos und der Warensendungen wurde darin auch die Rechtsprechung in Postangelegenheiten geregelt. StUB Laut LXXV. 2.*

pachtzins. Als Starthilfe gewährte man während dreier Jahre je 100 Mütt Haber (1 Mütt entspricht ungefähr 70 kg).[96] Die Laufzeit des Postpachtvertrags wurde auf 25 Jahre festgelegt. Die Leistungen, die Beat Fischer nun erbrachte, dienten dem Gemeinwohl; dem Gewinnstreben hingegen waren, laut Aussagen seiner Nachkommen, Grenzen gesetzt.[97]

Bei der Durchsetzung des neu geschaffenen Rechts gegenüber bereits bestehenden Gewohnheitsrechten bernischer und nichtbernischer Botendienste kam dem bernischen Staat eine Schlüsselstellung zu. Die Verpachtung des Postregals an einen Unternehmer ergab den Vorteil, dass der Staat als Richter auftreten konnte. Bei einer durch den Staat selbst verwalteten Post wären die unausbleiblichen Auseinandersetzungen mit den benachbarten Ständen zu staatsrechtlichen Fragen erhoben worden. Die weitere Entwicklung erfolgte in einem Zusammenwirken von Berner Obrigkeit und Postpächter.[98]

Ein von der Berner Obrigkeit veröffentlichter Erlass verbot bei Strafe, dem Lyoner Ordinari weiterhin Briefe zu übergeben, ausserdem wurden Boten aufgehalten und deren Briefe konfisziert. Es ging so weit, dass Ende 1676 sogar eine bedeutende Zürcher Gesandtschaft nach Bern geschickt wurde. Obwohl auch diese Mission vorerst scheiterte, bahnte sich Anfang 1677 endlich eine Verständigung zwischen Beat Fischer und der Zürcher Kaufmannschaft an. Am 12. Februar 1677 traf man sich neuerdings, diesmal in Aarau. Die dort ausgehandelte Lösung sah vor, dass Beat Fischer Zürich und St. Gallen die Strecke Bern–Solothurn–Aarburg–Aarau–Lenzburg–Zürich überliess, er stimmte also einer Einschränkung des Regalrechts zu. Dafür blieb ihm die Strecke Bern–Genf, womit wenigstens der Transit der Zürcher und St. Galler Boten unterbunden war. Das bernische Postregal machte sofort Schule, nun verboten nämlich die Zürcher ihrerseits den St. Gallern den Transit und zwangen diese, ihre Boten nur noch bis Zürich verkehren zu lassen.

Mit dem Vertrag von Aarau waren die dringendsten Probleme mit den äusseren Widersachern einstweilen gelöst. Inzwischen war die Berner Obrigkeit bemüht, das im Postpachtvertrag von 1675 begründete Postwesen auch betrieblich zu regeln.[99]

Mit dem Reglement vom 23. Juni 1677, in dem das Post- und Botenregal verpachtet wurde, legten Rät und Burger das Briefporto fest.[100] Neben der Höhe des Briefportos und des Tarifs für Warensendungen wurde darin die Rechtsprechung in Postangelegenheiten geregelt. Oberste Instanz bei einem Gerichtsverfahren bildete der Grosse Rat. Ansonsten hatte der Postpächter völlige Vertragsfreiheit. Eine obrigkeitliche Postkommission wurde nicht gebildet. Für Postangelegenheiten war nach wie vor die Vennerkammer zuständig.[101]

Dem Reglement hatte man auch einen Postkursplan beigefügt, der sich weitgehend mit den 1675 von Beat Fischer angekündigten Kursen deckte. Wohl auf Betreiben der Obrigkeit waren zusätzlich zwei wöchentlich verkehrende Botenverbindungen von Bern über Murten nach Avenches und über Burgdorf und Wynigen nach Langenthal aufgenommen worden. Damit waren fürs Erste die Grundlagen für ein geregeltes Postwesen gegeben.[102]

---

96 SRQ BE Stadt, Bd. IX/2, S. 566: Postpachtvertrag 1675, Art. 9; Strahm, 1932, S. 77.

97 StAB FA von Fischer I 11 (6): Cahier über die Erneüerung der Post-Ferme, 1791–1793, S. 18.

98 Klöti 1990, S. 450 f.

99 Kronig/Klöti 1991, S. III; Kronig 1991, S. 20–22.

100 SRQ BE Stadt, Bd. IX/2, S. 569 (StAB A I 414: Spruchbuch des Unteren Gewölbs, Bd. WW, S. 261 ff.).

101 Klöti 1990, S. 452.

102 Kronig/Klöti 1991, S. III; Kronig 1991, S. 22.

Weiterer Ausbau der internationalen Postrouten

Obwohl das Postnetz noch nicht das ganze bernische Territorium erschloss – es fehlte weiterhin eine regelmässige Verbindung nach Thun und ins Berner Oberland – kehrte gegen Ende der 1670er Jahre Ruhe in das Fischer'sche Postwesen ein. Beat Fischer hatte die lukrativen Postrouten auf bernischem Gebiet weitgehend unter Kontrolle; mit dem langfristigen Pachtvertrag waren sie auf Jahre hinaus gesichert. Andere Aufgaben rückten vorübergehend ins Zentrum seiner Aufmerksamkeit. 1680 war ein sehr erfolgreiches Jahr für Beat Fischer. Seine patrizische Laufbahn erreichte mit dem Amtsantritt als Landvogt von Wangen an der Aare einen weiteren Höhepunkt. Im gleichen Jahr, erst fünf Jahre nach Gründung der Fischerpost, erhob ihn Kaiser Leopold I. für seine Verdienste um die Förderung der Postverbindungen zwischen dem Deutschen Reich und Spanien in den erblichen Reichsritterstand. Dies offenbar in Anerkennung geleisteter Postdienste während der Kriegsläufe der Hohen Alliierten.[103] Dabei wurde ihm auch der Titel «Postmeister von Vorder-Österreich» verliehen und das Familienwappen um das goldene Posthorn auf blauem Felde vermehrt. In diesem Zusammenhang ist sicher von Interesse, welche Bedeutung Leopold I. dem Postwesen beimass und damit auch, vor welchem Hintergrund diese Verleihung erfolgte. Dallmeier berichtet,[104] dass der Kaiser damals stark in den inneren Postbetrieb der Reichspost eingegriffen habe, in der er eine tatkräftige Stütze der kaiserlichen Macht sah. Dies spiegelte sich auch darin wider, dass er Beamte der Reichspost mit wichtigen reichsrechtlichen Aufgaben betraute. Dem Reichspostpersonal übertrug er während der Kriege mit Frankreich zudem eine neue Aufgabe. Im Interesse des Reiches sollte dieses nun auch die Korrespondenzen zwischen den feindlichen Staaten überwachen. Zum Schutz davor, dass wichtige Schreiben unberechtigterweise den Feinden zugänglich wurden, befahl Leopold I. dem Generalpostmeister Thurn und Taxis zudem die Entfernung unzuverlässiger Beamter aus dem Postdienst. Die Anerkennung durch den Kaiser deutet darauf hin, dass das Fischer'sche Postnetz einerseits eine sichere Nachrichtenverbindung zwischen dem Deutschen Reich und insbesondere der zu Spanien gehörenden Lombardei ermöglichte und, andererseits, dass der Postverkehr auch während kriegerisch besonders angespannter Perioden zwischen dem Deutschen Reich und Frankreich weiter aufrechterhalten werden konnte.

Selbst während seiner Landvogtzeit beschäftigte sich Beat Fischer mit Ausbauplänen für sein Postunternehmen. Sein Interesse richtete sich vermehrt auf internationale Postrouten. 1682 trafen sich der Basler Postmeister Socin und der französische Postmeister von Strassburg auf dem Landvogteischloss in Wangen, um den Briefverkehr zwischen dem Elsass und Lyon zu regeln. Mit Basel einigte sich Fischer 1683 darauf, dass die Post zwischen den beiden Postverwaltungen in Balsthal übergeben und das Porto davon halbiert werden sollte. Kaum war die sechsjährige Landvogtzeit vorbei, stürzte sich Beat Fischer mit neuem Elan in die Postgeschäfte.[105]

Dabei kamen auch weiterhin die innerburgerlichen Konflikte zum Ausdruck. Dem Grossen Rat verblieb vorerst ein Instrument der Einflussnahme auf das Postwesen.

---

103 von Fischer 1909.
104 Dallmeier 1977, S. 86–88.
105 Kronig/Klöti 1991, S. III; Kronig 1991, S. 23.

Verhinderung einer Oligarchie

Die mächtige Vennerkammer hatte sich beim Postgeschäft in einem grossen Ermessensfreiraum bewegt. Nach dem Sturz der Deutschen Vennerkammer 1686/87 verlagerte sich die «höchste Gewalt» im bernischen Staatswesen in der Folge wieder zurück zu Rät und Burgern, zum Grossen Rat.[106]

Wurde Beat Fischer, der bei der Errichtung des bernischen Postregals im Jahre 1675 als Deutschseckelschreiber im Zentrum der keimenden Machtentfaltung gedient hatte, ebenfalls in einen Zusammenhang mit den nun abgewehrten Oligarchisierungstendenzen gebracht? Dies scheint offenbar nicht der Fall gewesen zu sein.[107]

Einfluss auf das Postwesen hatte nun aber die Verschlechterung der politischen «Grosswetterlage», die zur Wiedereinführung der obrigkeitlichen Fussboten führte.

Obrigkeitliche Sicherheitsinteressen

Ein im Postpachtvertrag vorgesehener Vertragsvorbehalt besagte, dass der vermehrte Einsatz von Extrakurieren dem Postpächter aus finanziellen Gründen nicht zugemutet werden könne.[108] Mit einem Blick nach Westen wird der äussere Anlass, der zu einer Vermehrung und Intensivierung des Nachrichtenverkehrs führte, verständlich. Durch die Aufhebung der Glaubensfreiheit für die reformierten Franzosen ergossen sich 1685 Flüchtlingsströme französischer Hugenotten in die benachbarten Länder. Das ebenfalls reformierte Bern fühlte sich durch Frankreich bedroht. Das durch den Postpächter Beat Fischer betriebene bernische Postwesen konnte im Falle einer befürchteten Auseinandersetzung mit dem Königreich Frankreich den staatlichen Sicherheitsinteressen nicht genügen. Den Bediensteten im Posthaus war die Bedeutung der Sendungen nicht bekannt. Dies konnte zu Missverständnissen und Versäumnissen führen, wodurch die Interessen des Vaterlandes gefährdet waren. Aufgrund dieser Erwägungen kam die Berner Obrigkeit zum Schluss, dass dem Postpächter Beat Fischer wie bisher die Ordinari- und Extraordinaripost anvertraut bleibe. Daneben aber wurden, aus Überlegungen der Standessicherheit und Wohlfahrt, die gewohnten Tages- und Nachtfussboten von Ort zu Ort im ganzen Herrschaftsbereich des Standes Bern, wie sie vor 1675 bestanden hatten, neu eingerichtet. Den Stadtschreibern beziehungsweise ihren Stellvertretern sollte es von nun an freigestellt sein, sich der Ordinari- und Extraordinaripost von Beat Fischer oder aber der obrigkeitlichen Fussposten zu bedienen. Diese neue Einrichtung des bernischen Postwesens erfolgte am 31. Oktober 1685.[109]

Vereidigung des Postpächters Beat Fischer

Am 31. Oktober 1685 schwor Beat Fischer, der Stadt Bern «Treu und Wahrheit zu leisten, ihren Nutzen zu fördern und Schaden zu wenden». Er verpflichtete sich, das Postwesen durch «versicherte Bediente»[110] besorgen zu lassen. Bei

---

106 von Steiger 1954, S. 60 ff.
107 Klöti 1990 S. 452 f. Siehe den Beitrag von Annelies Hüssy in diesem Band.
108 SRQ BE Stadt, Bd. IX/2, S. 564: Postpachtvertrag 1675, Art. 6.
109 StAB A I 461: Polizeibuch, Bd. 8, S. 445 ff.
110 Der Grosse Duden, Bd. 7, 1963, S. 642: Vermutlich verwendet im Sinne von «für etwas bürgen».

der Auswahl der Postknechte hatte er sich von nun an soweit möglich an Landeskinder zu halten. Und zudem wurde er angewiesen, aufs Geflissentlichste darauf zu achten, «ob in dem Pacquet sich verdächtige Briefen und Schriften befinden». War dies der Fall, musste er diese unverzüglich «einem regierenden Ehrenhaupt oder Herrn Statthalter, so das Siegel hat», überbringen.[111] Die Postzensur, die möglicherweise bereits zuvor gehandhabt worden war, wurde mit diesem Eid klar und deutlich eingeführt und das Postwesen den staatlichen Sicherheitsinteressen untergeordnet. Mit der Wiedereinführung von obrigkeitlichen Fussboten behielt sich die bernische Obrigkeit zudem die Möglichkeit vor, vertrauliche und allenfalls geheime Nachrichten wiederum unter eigener Kontrolle zu empfangen und zu versenden.

Zehn Jahre zuvor war dem Postpächter im Postpachtvertrag völlige Freiheit zugestanden worden. Von nun an kümmerte sich der Staat in zunehmendem Masse auch um innerbetriebliche Belange des Postwesens. Drei Jahre später wurde der dem Postpächter direkt unterstellte Postverwalter durch die Berner Obrigkeit ebenfalls der Eidleistung unterstellt.[112]

Vereidigung des Postverwalters Caspar Meyer

Nicht nur der Postpächter Beat Fischer, sondern auch sein Postverwalter Caspar Meyer hatte gegenüber der Berner Obrigkeit einen Eid abzulegen.[113] Am 28. Februar 1688 schwor derselbe, der Stadt Bern «Treue und Wahrheit zu leisten, ihren Nutzen zu fördern und Schaden zu wenden». Er habe sich gemäss dem mit dem Postpächter abgeschlossenen Postpachtvertrag zu verhalten. Er verpflichte sich, dass das Postwesen treu und beflissen durch «versicherte Bediente» besorgt werde. Als Postknechte seien, soweit möglich, Landeskinder heranzuziehen. Neben den gewohnten Postkursen seien, falls eine beschleunigte Zustellung dies erforderlich mache, auch Extrakurse durchzuführen. Und zudem habe er auf verdächtige Briefe und Schriften zu achten, die er unverzüglich der Berner Obrigkeit zu übergeben habe.

Der umfangreiche Eid zeugt davon, dass der Postverwalter eine verantwortliche Stellung innerhalb des bernischen Postwesens innehatte. Er dürfte für den Postpächter Beat Fischer die alltäglichen Postgeschäfte gelenkt haben. Dem Postgründer hingegen oblag die Leitung des Postunternehmens, das Aushandeln von Verträgen, die Einrichtung neuer Postkurse, der Bau eines neuen Posthauses und die Einrichtung seines 1683 erworbenen und auch der Postverwaltung dienenden Schlosses in Reichenbach.[114]

Besonderes Aufsehen erregte in diesem Zusammenhang der Fall von Katharina Perregaux-von Wattenwyl. Nachdem ein Bote mit privater Korrespondenz abgefangen worden war, wurde diese am 8. Dezember 1689 der Spionage zugunsten Frankreichs überführt und nach qualvollen Folterungen zunächst zum Tode verurteilt, dann aber am 18. Februar 1690 gegen Kaution freigelassen und aus der Stadt Bern verbannt. Noch im selben Jahr beauftragte der Berner Postherr Fischer den angesehenen Maler Joseph Werner mit der Ausschmückung eines Saales des Schlosses Reichenbach mit zehn Allegorien zum Schicksal dieser Frau.[115] Es wird überliefert, dass diese Gemälde seinem Besteller, der, mit seiner persönlichen Sicht der ganzen Affäre, die Protago-

111 StAB A I 461: Polizeibuch, Bd. 8, S. 445 ff.
112 Klöti 1990, S. 454.
113 StAB A I 636: Eidbuch Nr. 8, Eid des Postverwalters: «Caspar Meyer von Thun juravit», 28. Februar 1688.
114 Klöti 1990, S. 454.
115 Siehe dazu den Beitrag von Georges Herzog in diesem Band.

Abb. 73: *Postkursplan im bernischen Schreibkalender aus dem Jahr 1694. Die Ankunfts- und Abfahrtszeiten bezogen sich bis zur Mitte des 19. Jahrhunderts stets auf die Lokalzeit, die sich nach Sonnenauf- und Sonnenuntergang richtete. Nach der Gründung des Bundesstaates (1848) setzte sich die Berner Ortszeit im übrigen Lande durch. StUB Gal 1, Ausgabe 1694.*

116 Bhattacharya-Stettler 1995 I, S. 187–195.
117 SRQ BE Stadt, Bd. IX/2, S. 573 (StAB A I 417: Spruchbuch des Unteren Gewölbs, Bd. ZZ, S. 247).
118 So zum Beispiel bei Müller 1917.
119 Kronig 1991, S. 23 f.

nistin zu einer unschuldigen Märtyrerin emporstilisierte, «viele Feinde» gemacht hätten.[116]

Nach diesem Exkurs in die Kunst sowie in die Staats- und Sicherheitspolitik wollen wir nun den Blick noch einmal auf die Rolle des bernischen Staates bezüglich des Postwesens richten. Dieser befasste sich mit der Postgerichtsbarkeit, wozu insbesondere die Durchsetzung des neu geschaffenen Rechts des Postregals gehörte. So wurde das 1675 erstmals ausgestellte Exekutionspatent 1690 wiederum erneuert: Mit dem «Patent wider die Stümpelboten» konnte das mit dem Postpachtvertrag verwirklichte Postmonopol durchgesetzt werden.[117] Damit erhielt Beat Fischer den notwendigen staatlichen Rückhalt, um gegen Beeinträchtigungen des bernischen Postregals zum Beispiel durch zürcherische und genferische Postkurse vorzugehen. Ein Prozess, der sich über lange Jahre hinzog und der auch die Berner Obrigkeit immer wieder beschäftigte. Auf eine Darstellung im Einzelnen wird hier jedoch verzichtet, da diese Kämpfe bereits ausführlich in den bisherigen Darstellungen zur Postgeschichte Berns geschildert worden sind.[118]

Simplon und Gotthard

Vor allem der Gotthardtransit interessierte Beat Fischer. Er hoffte damit, die Korrespondenz zwischen dem gewerbereichen Rheingebiet, Frankreich und Italien über seine Postrouten leiten zu können. Ausserhalb des bernischen Hoheitsgebiet konnte er nicht mehr nur auf die Unterstützung der Obrigkeit bauen, eine Regelung mit dem alten Kontrahenten, der Zürcher Postverwaltung, musste gefunden werden. Zusammen mit dem Zürcher Postmeister Kaspar von Muralt wurden langwierige Verhandlungen mit den fünf katholischen Orten sowie holländischen und italienischen Postverwaltungen aufgenommen. Als sich lange keine Lösung abzeichnete, suchte Fischer eine Nord-Süd-Transitroute über die westlichen Alpenübergänge Grosser St. Bernhard und Simplon zu realisieren. In Verhandlungen mit holländischen Postmeistern und der Thurn-und-Taxis-Post beabsichtigte man, die Briefe von und nach Deutschland, Holland und England über Schaffhausen direkt nach Bern zu spedieren – unter Umgehung von Zürich. Dieser so genannte «Brugger Ritt» hatte in Balsthal Anschluss an die Verbindung Basel–Bern und beschleunigte den Postverkehr zwischen Norden und Süden bedeutend. Zur Sicherung dieses Kurses schloss Fischer 1691 einen Postpachtvertrag mit Solothurn. Zürich wehrte sich vehement gegen diese direkte Verbindung Schaffhausen–Bern, die seiner Ansicht nach den Aarauer Vertrag von 1677 verletzte, der den Postverkehr zwischen Zürich und Bern regelte. Diese Auseinandersetzung war dem gemeinsamen Vorgehen am Gotthard abträglich. Obwohl Fischer seine Gotthardpläne weiter verfolgte, beschränkte er sich in der Folge doch mehr und mehr auf den Nord-Süd-Transit über Savoyen–Piemont.[119]

Abb. 74 S. 187

Abb. 75 S. 188

1692 schloss Beat Fischer einen Vertrag mit dem Turiner Postamt und organisierte einen Post- und Messageriekurs über den Grossen St. Bernhard, den er aber nicht durch eigene Kuriere betrieb, sondern Anfang 1693 dem Genfer Bürger Jean Marc Pasteur übertrug. Pasteur hatte die Route Lausanne–Aosta auf eigene Kosten zu betreiben, wofür ihm Fischer vierteljährlich 1200 Kronen vergütete. Um seinen Transitkurs rentabler zu gestalten, baute Fischer sein Einzugsgebiet systematisch aus. In einem nächsten Schritt ging es ihm um die Sicherung der Briefe aus Paris und dem nördlichen Frankreich, die über Pontarlier und Neuenburg liefen und bisher durch die französische Post befördert worden waren.

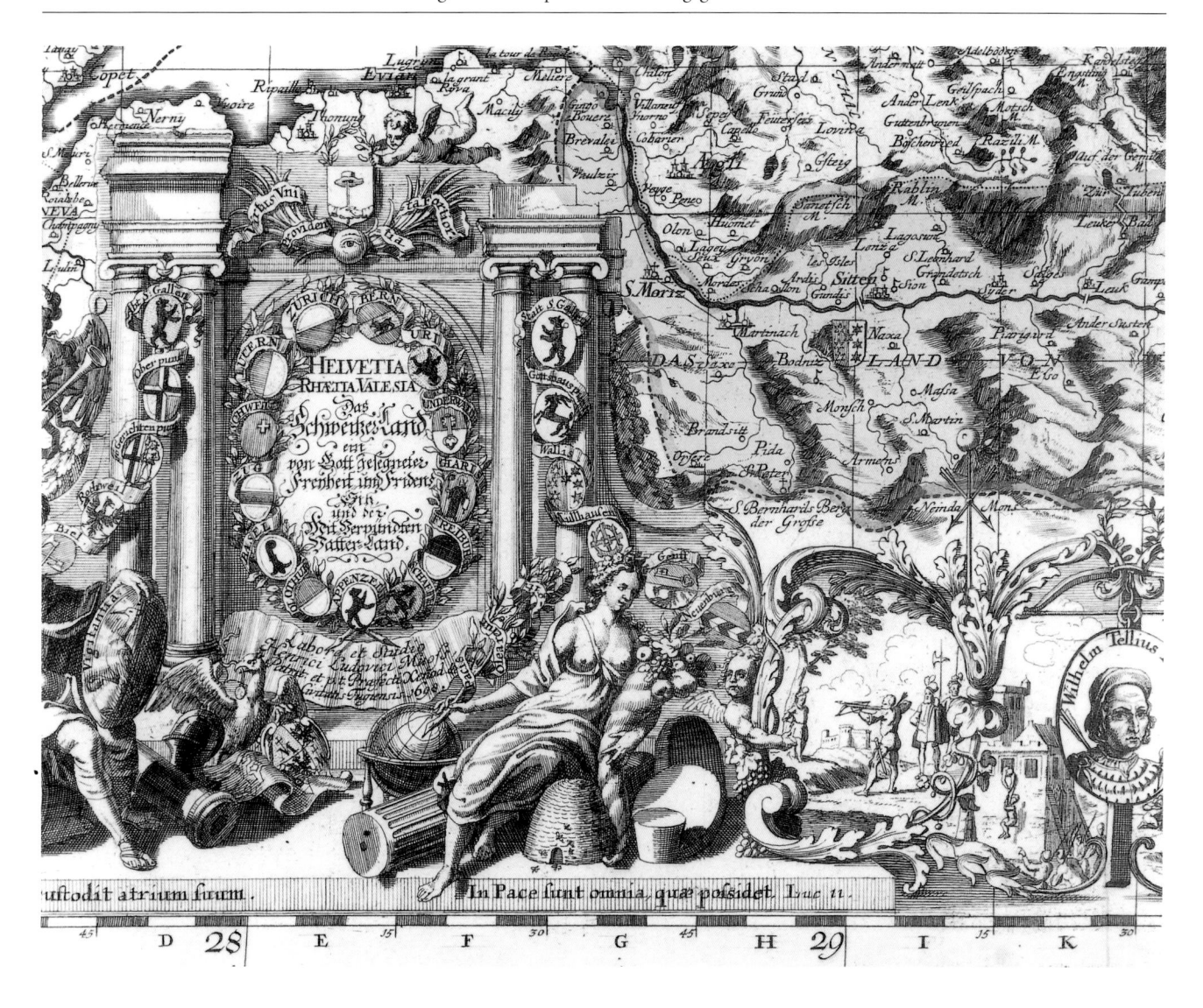

Abb. 73 S. 186

1695 gelang es ihm, auch das Postregal des Fürstentums Neuenburg und Valangin zu übernehmen. In diesem Jahr wurde ihm von Kurfürst Friedrich III. von Brandenburg, dem späteren König Friedrich I. von Preussen, der Orden «Pour la Générosité»[120] verliehen:[121] Am 6. Juli 1695 war ihm der Abschluss eines Postvertrags mit Kurbrandenburg gelungen.[122]

Diesen Erfolgen stand das noch ungelöste Problem Gotthard entgegen. Für kurze Zeit sah das Gotthardgeschäft für Beat Fischer hoffnungsvoll aus. Als

Abb. 74: *Titelkartusche auf der Schweizerkarte von Muoss, 1698 (Ausschnitt). Bei der Umsetzung des neu geschaffenen Postregals kam dem Staat eine Schlüsselstellung zu. Mit dem Ende 1698 erteilten Transitmonopol durch das Wallis sicherte sich die Fischerpost die wichtigen Pässe über den Grossen St. Bernhard und den Simplon. StUB Ryh 3206:12.*

---

120 Buch der Ritterorden und Ehrenzeichen 1856, S. 235: «Prinz Karl Emil stiftete im Jahre 1665 einen Orden de la Générosité und übertrug das Großmeisterthum seinem Bruder, dem Kurfürsten Friedrich III., doch kam dieser Orden erst im Jahre 1685 officiell zum Vorschein.» Gemäss Gritzner 1893, S. 354 f., wurde der Orden im Mai 1667 von Kurfürst Friedrich III., dem nachmaligen König Friedrich I. von Preussen, gestiftet. König Friedrich II. verwandelte ihn später in den Orden pour le Mérite.

121 Clottu 1976, S. 22 f.
122 Müller 1917, S. 166 f.

Abb. 75: *Kartusche mit Flussgöttin und -göttern des Rheins (Aare und Limmat), der Rhone, des Tessins sowie weiterer schweizerischer Flüsse (von rechts nach links) auf der Schweizerkarte von Muoss, 1698. Eine Beteiligung der Fischerpost an der Nord-Süd-Transitverbindung über Luzern, den St. Gotthard und durch das Tessin kam nur kurzfristig zustande. Die Posttransitroute über den Simplon wurde in der Folge für die weitere Transitpolitik ausschlaggebend. StUB Ryh 3206:12.*

im Sommer 1696 Frankreich die Sicherheit der Turiner Postroute bedrohte, kam es wenigstens vorübergehend doch noch zu einer zürcherisch-bernischen Gotthardpost. Als Beat Fischer am 23. März 1698 unerwartet starb, war die Fischerpost am Gotthard schon nicht mehr präsent. Im selben Jahr rundeten noch zwei weitere Verträge das Lebenswerk Beat Fischers ab: Einerseits der Postpachtvertrag mit Freiburg vom 26. April 1698, anderseits wurde der Fischerpost Ende 1698 das Transitmonopol durch das Wallis erteilt, das die wichtigsten Übergänge Grosser St. Bernhard und Simplon sicherte.[123]

Beat Fischer hinterliess seinen drei Söhnen, die er vor seinem Tod bereits in die Postgeschäfte eingeführt hatte, ein zukunftsträchtiges Postunternehmen. Als problematisch erwies sich nur der Ablauf des bernischen Postpachtvertrags im Jahre 1700, der dann noch bis 1702 verlängert werden konnte. Mit dem Rückfall des Postwesens an den bernischen Staat wurde die Postpacht jedoch vorübergehend aufgehoben und eine staatliche Postregie eingeführt, die von 1702 bis 1708 dauerte.[124] Neben diesen äusseren Kämpfen hatte Beat Fischer auch eine innere, bernische Auseinandersetzung zu bestehen.

123 Kronig/Klöti 1991, S. III–IV; Kronig 1991, S. 25.
124 Klöti 1990, S. 460 ff.

Verlängerung des Postpachtvertrags bis 1702

Infolge einer Kornteuerung betätigte sich Beat Fischer von 1690 bis 1692 im Namen der Berner Obrigkeit als erfolgreicher Einkäufer von Getreide. Das fremde Getreide wurde auf obrigkeitliche Kosten angeschafft.[125] 1694 wurde ihm dafür eine Belohnung angeordnet.[126] Die zugesprochene Entschädigung wurde verschleppt, und das Geschäft nahm beinahe eine unfreundliche Wendung, da Beat Fischer seinerseits mit der Rückbezahlung der ihm verbliebenen Restanz zuwartete. Der Grosse Rat befahl am 21. Januar 1698 die Bezahlung bis Ostern bei Androhung der Einstellung in allen Ämtern (Beat Fischer war seit 1695 auch Mitglied des Kleinen, Täglichen Rats). Beat Fischer bezahlte. Die immer noch hängige Entschädigungsfrage wurde aber erst nach seinem Tode geregelt. Am 23. März 1698 starb der Postgründer. Drei Tage nach seinem Tod findet sich folgender Eintrag im Unteren Spruchbuch:[127]

«Rät und Burger verlängern die Admodiation zu Gunsten der Hinterlassenen für zwei Jahre, in dankbarer Anerkennung der Dienste, welche Beat Fischer erwiesen hatte zum Trost unseres Landes und Untertanen, zu Steuerung erschienenen Mangels aus dem Römischen Reich und benachbarten Landen eine nahmhafte Anzahl Früchten einzukaufen und in unsere Lande zu bringen, also einige Jahre eine nahmhafte Getreidehandlung zu verwalten, und darüber uns aufrichtige und getreue Rechnung in Massen abgelegt, dass wir befunden, unser und der unseren Wohlfahrt und Nutzen getreulich beobachtet zu haben.» Jetzt, bei dieser Verlängerung des Postpachtvertrags, machten Rät und Burger vom Recht Gebrauch, über die Staatsregalien zu verfügen. Auf Beschluss des Grossen Rats wurde die Postpacht vorerst um zwei Jahre verlängert. Sie lief somit nicht im Jahre 1700, sondern erst im Jahre 1702 aus. Den Erben wurden diese zwei zusätzlichen Nutzungsjahre jedoch nicht geschenkt. Beat Fischers Erben hatten in ihrer Bittschrift die Verlängerung des Postregals «einzig und allein zu Vergeltung seiner bei der Kornteuerung geleisteten guten Dienste» beantragt.[128] Mit der dankbaren Anerkennung durch Rät und Burger war damit die immer noch hängige finanzielle Forderung Beat Fischers durch die Berner Obrigkeit abgegolten worden.

In diesem ersten Teil wurde gezeigt, dass das bernische Postunternehmen bei der Bewältigung von Widerständen erstarkte, wobei schliesslich für kurze Zeit auch eine Teilniederlage in Kauf genommen werden musste. Der zweite Teil befasst sich nun mit dem eigentlichen Postunternehmen und dem Postverkehr von der Gründung bis zum Ende des ersten Postpachtvertrages. Dabei werden auch einige Gesichtspunkte, die bereits im ersten Teil aufgegriffen worden sind, vertieft.

---

125 StAB FA von Fischer I 11 (6): Cahier über die Erneüerung der Post-Ferme, 1791–1793, Gutachten, Beilage 1, S. 7–8.
126 StAB A II 551: RM 239, S. 272.
127 SRQ BE Stadt, Bd. IX/2, S. 573 (StAB A I 419: Spruchbuch des Unteren Gewölbs, Bd. BBB, S. 217).
128 StAB FA von Fischer I 11 (6): Cahier über die Erneüerung der Post-Ferme, 1791–1793, Gutachten, Beilage 1, S. 7–8.

Das Postunternehmen und der Postverkehr (1675–1702)

Das Verkehrswesen war in der Alten Eidgenossenschaft vollständig Sache der einzelnen Stände.[129] Ein eigentlicher Postdienst bestand in der Schweiz vor dem 16. Jahrhundert überhaupt nicht. Bis ins 17. Jahrhundert waren für die Nachrichtenbeförderung der Kauf- und Privatleute sowie der Behörden gesonderte Einrichtungen vorhanden. Amtliche Läufer und Boten besorgten den Dienst für die Obrigkeit, während die Bürger auf private Vermittlung wie die Klosterboten und die Boten der Kaufleute angewiesen waren. Mit der Zeit erfolgte jedoch eine Verschmelzung der amtlichen und privaten Nachrichtenvermittlung. Die obrigkeitlichen Boten nahmen auch Privatbriefe mit, während die kaufmännischen Posteinrichtungen neben der privaten Korrespondenz auch den Briefwechsel von Behörden besorgten.[130]

Doch was heisst überhaupt Post in neuzeitlichem Sinne? Nicht jegliche Nachrichtenübermittlung kann als Post bezeichnet werden. Als wichtigste Erkennungsmerkmale der Post gelten die Regelmässigkeit der Übermittlung (Kurse mit festen Abgangs- und Ankunftszeiten) sowie die allgemeine Zugänglichkeit der Dienstleistungen gegen feste Gebühren.[131] Gegen Ende des Mittelalters und zu Beginn der Neuzeit führten eine steigende Nachfrage nach effizienten Posteinrichtungen durch grössere Staatsgebilde und eine rege Handelstätigkeit zur Entwicklung des Postwesens im eigentlichen Sinn. Meistens erfolgte der Übergang dadurch, dass sich bestehende staatliche oder kaufmännische Boteneinrichtungen der allgemeinen Benützung öffneten und Leistungen und Gegenleistungen in einem Posttarif festgelegt wurden. Diese Entwicklung lässt sich auch in der Eidgenossenschaft und in Bern beobachten. Anfang des 17. Jahrhunderts wurden die Berner Standesboten vermehrt zur Beförderung privater Briefe verwendet. Etwa gleichzeitig ging die sanktgallische Kaufmannspost 1638 dazu über, ihren Botenkurs über Genf nach Lyon, das so genannte Lyoner Ordinari, allgemein zugänglich zu machen, indem ein für alle verbindlicher Brieftarif eingeführt wurde. Somit bestanden bereits vor 1675, als Beat Fischer sein Postunternehmen gründete, in der Schweiz öffentliche Postorganisationen.

---

129 Klöti 1990, S. 130–134. Einen Überblick über die Entwicklung des Postrechts gibt Buser 1912.
130 Buser 1912, S. 3.
131 Kronig/Klöti 1991, S. 8.

Die Verkehrswege und Transportmittel

Verkehrsträger

Das Strassennetz des Alten Bern erscheint schon im 16. Jahrhundert bemerkenswert systematisch angelegt, indem sternförmig sechs Königstrassen (regiae viae) von der Hauptstadt wegführten. Um 1700 waren jedoch alle Strassen noch in schlechtem Zustand, ohne Steinbett und bei schlechtem Wetter kaum befahrbar, so dass sich der Verkehr vor allem auf den Seen und Flüssen abspielte.[132] Das 17. Jahrhundert brachte jedoch einen gewissen Aufschwung: Wenigstens begann man, die Strassen von grossen Steinen zu räumen und die Löcher mit Faschinen auszufüllen, schreibt Härry.[133] Der bedeutendste Handelsweg führte damals jedoch nicht durch die Stadt Bern, sondern von Zürich beziehungsweise Basel via Solothurn–Aarberg–Murten nach Genf. Die Haupthandelsroute – und damit auch der Posttransitverkehr – verlief damit entlang des Jurasüdfusses. Die bernische Verkehrspolitik zielte in der Folge darauf ab, den Transit durch die Stadt Bern zu leiten, was der bernischen Regierung schliesslich im Hinblick auf den Post- und Reiseverkehr, nicht aber auf den Güterverkehr, gelang.

Verkehrstechnik

Der Austausch von Nachrichten erfolgte in vielfältigen Formen. Die Entwicklung führte vom Fuss- und Reitboten zur festen Pferdewechselstation und schliesslich zur Organisierung des Botenwechsels. Die Beförderungsrouten wurden in zahlreiche Stationen – «Posten» – eingeteilt, an denen die Pferde und auch die Boten jeweils gewechselt wurden. Damit tauchte die Bezeichnung «Post» (Pferdewechselstation) auf. Die Streckenangaben erfolgten im Postverkehr oft in Postmeilen. Bern verwendete als Wegmass jedoch die Bernstunde zu 18 000 Bernfuss (ca. 5,278 Kilometer).

Die charakteristischen Merkmale der Post liegen damit im Betreiben von kursmässigen, nach festen Zeit- und Streckenplänen eingerichteten Linien, auf denen ein durch Reglemente und Tarife normiertes Postgut befördert wird. Das Postwesen war arbeitsteilig organisiert. Der Posttransport erfolgte zu Fuss, zu Pferd und in Fahrzeugen und erforderte das Zusammenwirken einer Vielzahl von Personen. Der Einsatz der verschiedenen Transportmittel war bedingt durch Transportgut, Verkehrsaufkommen, Strassenverhältnisse sowie veränderte Reisegewohnheiten. So konnte sich die Kutschenreise erst allmählich gegenüber dem Reiten zu Pferd durchsetzen. Fussboten wurden in Gegenden mit schlechten Strassen oder mit geringen Postsendungen eingesetzt. Reitende Kuriere wurden gebraucht, wo es die Strassen erlaubten und das Postvolumen ausreichend war, um die Kosten zu bestreiten. Die arbeitsteilige Postbeförderung erforderte insbesondere eine zeitliche Abstimmung der vorkommenden Arbeiten, was wiederum Pünktlichkeit bedingte. Bereits im ersten Postreglement (1677)[134] finden sich festgelegte Ankunfts- und Abgangszeiten. Diese wurden jeweils in Kursplänen zusammengestellt. Annahme und Verteilung von Postsendungen erfolgten in den Postbüros.

---

132 Burkhalter/Egli 1998, S. 40.
133 Härry 1911, S. 148.
134 Vgl. dazu Fluri 1910.

Wegbegleiter

Zu den Wegbegleitern an Poststrassen gehörten Gasthöfe, Stallungen und Signalisationen. Für die Etappen des Postverkehrs und der Pferdewechsel waren zuverlässige Wirtshäuser erforderlich. Beat Fischer war Besitzer des Gasthauses «Zur Tanne» und der Zapfenwirtschaft in Lotzwil. Ansonst besass der Postpächter keine eigenen Gaststätten.

Organisation und Betrieb

Postverkehrsnetz und -frequenzen

Vorläufer

Zusätzlich zu den Amtsboten (Stadtläufern und -reitern) finden sich für das 17. Jahrhundert erste Hinweise auf permanente amtliche Postverbindungen, und zwar vorerst mit dem Welschland (Bern, Gümmenen, Avenches, Payerne, Moudon, Lausanne, Morges, Nyon). Von regelmässigen Ankunfts- und Abgangszeiten war man jedoch noch weit entfernt. Neben den Posten ins Waadtland wurden allmählich zusätzliche Routen im deutschen Landesteil angelegt, wobei die Posten nur wenige Hauptlinien bedienten. Es ist anzunehmen, dass es sich dabei um eine Linie über Fraubrunnen nach Wangen sowie um eine weitere nach Burgdorf, Langenthal, Aarburg und Aarau handelte. Daneben gab es weitere Boten, welche die steigenden privaten Verkehrsbedürfnisse abdeckten. Vor 1675 hatte Bern feste Verbindungen mit Genf, Vevey, Aarberg, Neuenburg, Basel und Zürich.

Über die internationale Handelsroute, welche die Schweiz vom Bodensee bis zum Genfersee durchzog und Süddeutschland mit Südfrankreich verband, wurde der kaufmännische Briefverkehr (Lyoner Ordinari) abgewickelt. Der Anschluss der Stadt Bern an das einmal wöchentlich verkehrende Lyoner Ordinari erfolgte in Aarberg.

Projektiertes Postverkehrsnetz

Beat Fischer ging es in erster Linie darum, ein Gefäss für den internationalen Posttransit zwischen dem Deutschen Reich, Frankreich und Italien durch die Schweiz zu schaffen, wobei er diesbezüglich eng mit dem Postmeister von Schaffhausen, Niklaus Klingenfuss, zusammenspannte. Während Beat Fischer auf bernischem Gebiet gegen das Lyoner Ordinari der Zürcher und St. Galler Kaufleute vorgehen wollte, versuchte Niklaus Klingenfuss, das Nürnberger Ordinari der beiden Kaufmannschaften zu verdrängen.

1675 verpachtete der Stand Bern das neu geschaffene Postregal. Die Post sollte so eingerichtet werden, dass künftig alle Briefe durch die Hauptstadt geleitet und die Kurse häufiger und schneller besorgt werden konnten. Der Fischerpost beliess man vorerst völlige Freiheit in Wahl, Anordnung und Abänderung der Postrouten. Das von Beat Fischer geplante und öffentlich angekündigte Postnetz sah folgendermassen aus:[135] Anstelle bisher einmal wö-

---

135 Rotach 1909, Beilage 11.

chentlicher Postverbindungen von Zürich, Basel beziehungsweise Schaffhausen nach Genf sollten folgende Postverbindungen eingerichtet werden: Zweimal wöchentlich eine Verbindung über Solothurn, Wangen, Aarwangen, Aarburg, Aarau, Lenzburg, Mellingen, Baden usw. nach Schaffhausen. Mit diesem Postkurs sollten alle Briefe von und nach Orten wie Zürich, St. Gallen, Augsburg, Lindau, Konstanz, Ulm, Nürnberg sowie dem deutschen Reich befördert werden. Für die Übergabe der Briefe von und nach Zürich, St. Gallen usw. wurde Mellingen vorgesehen. Mellingen, ein Ort mit eigenem Stadtrecht, war Brückenort zwischen Zürich und Bern und lag damals in den Gemeinen Herrschaften bei Baden. Die Weiterführung der Postroute von Bern nach Genf war über Freiburg, Moudon, Lausanne und Morges geplant, wobei in Genf der Anschluss an die Post von und nach Lyon vorgesehen war. In Zusammenarbeit mit Niklaus Klingenfuss sollte erreicht werden, dass Briefe von Nürnberg bis Genf nur noch sieben Tage unterwegs sein würden. Zusätzlich kündigte Beat Fischer ebenfalls nach Schaffhausen und Genf einen wöchentlichen Ordinari-Kurs an, um auch Personen und schwere Waren zu befördern, wobei die Strecke in bequemen Tagesreisen zurückgelegt werden sollte. Nach Basel war zweimal wöchentlich und nach Neuenburg einmal wöchentlich ein Ordinari-Kurs geplant, während nach Luzern ebenfalls jede Woche ein Bote abgehen sollte. Beat Fischer legte auch die Wochentage fest, an denen diese Kurse ankommen und abgehen sollten, wobei die Ankunfts- und Abgangszeiten so gewählt waren, dass das unmittelbare Verschicken von Rückantworten möglich wurde.

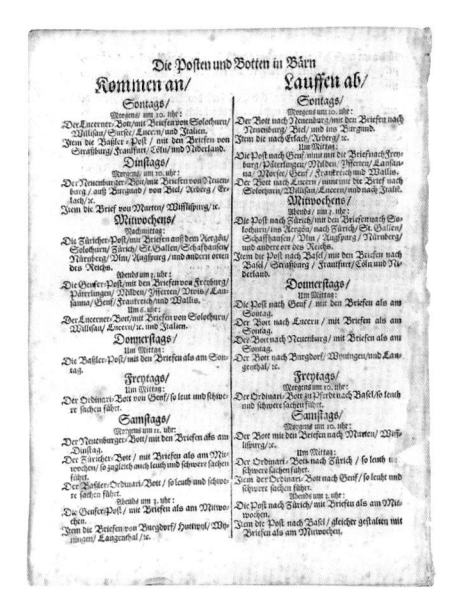

Abb. 76: *Postkurse in Bern, 1677. Dem bernischen Postreglement von 1677 war ein Postkursplan mit festgelegten Ankunfts- und Abgangszeiten beigefügt, der sich weitgehend mit den 1675 von Beat Fischer angekündigten Postkursen deckte. StUB Laut LXXV. 2.*

Realisiertes Postverkehrsnetz

Das Netz der Poststrassen blieb lange Zeit noch recht locker. Dem Postkursplan des Postreglements von 1677 können folgende wöchentliche Verbindungen entnommen werden: Zweimalige Postverbindung (reitende Post) mit Zürich, mit Genf (über Freiburg, Payerne, Moudon, Lausanne, Morges) und mit Basel. Für Reisende und kleinere Güter gab es zusätzlich noch je einen Ordinari-Boten nach Genf, Zürich und Basel. Zweimalige Botenverbindung (reitende Boten) mit Luzern (über Solothurn, Willisau, Sursee) und mit Neuenburg (über Aarberg, Erlach). Einmalige Botenverbindung mit Avenches (über Murten) und Langenthal (über Burgdorf). 1689 wurde – auf Wunsch der Berner Obrigkeit – zweimal pro Woche eine Verbindung ins Oberland aufgenommen.

Durch Pachtverträge gelang es der Fischerpost, einen Postbezirk zu schaffen, der sich über die gesamte Westschweiz erstreckte und die Stände Bern (seit 1675), Solothurn (1691), Neuenburg (1695) und Freiburg (1698) umfasste. Grenzbüros wurden in den Städten Biel, La Neuveville, Luzern und Genf errichtet; und das Wallis gewährte der Fischerpost das Posttransitmonopol (1698).

Beim Tode des Postgründers Beat Fischer (1698) bestanden schliesslich folgende wöchentliche Post- und Botenverbindungen: Dreimal nach Basel (über Solothurn, Balsthal), nach Genf (über Freiburg, Lausanne) und nach Pontarlier (über Neuenburg). Zweimal nach Zürich (über Solothurn, Aarburg, Lenzburg), nach Schaffhausen (über Balsthal, Brugg), nach Aosta (über Lau-

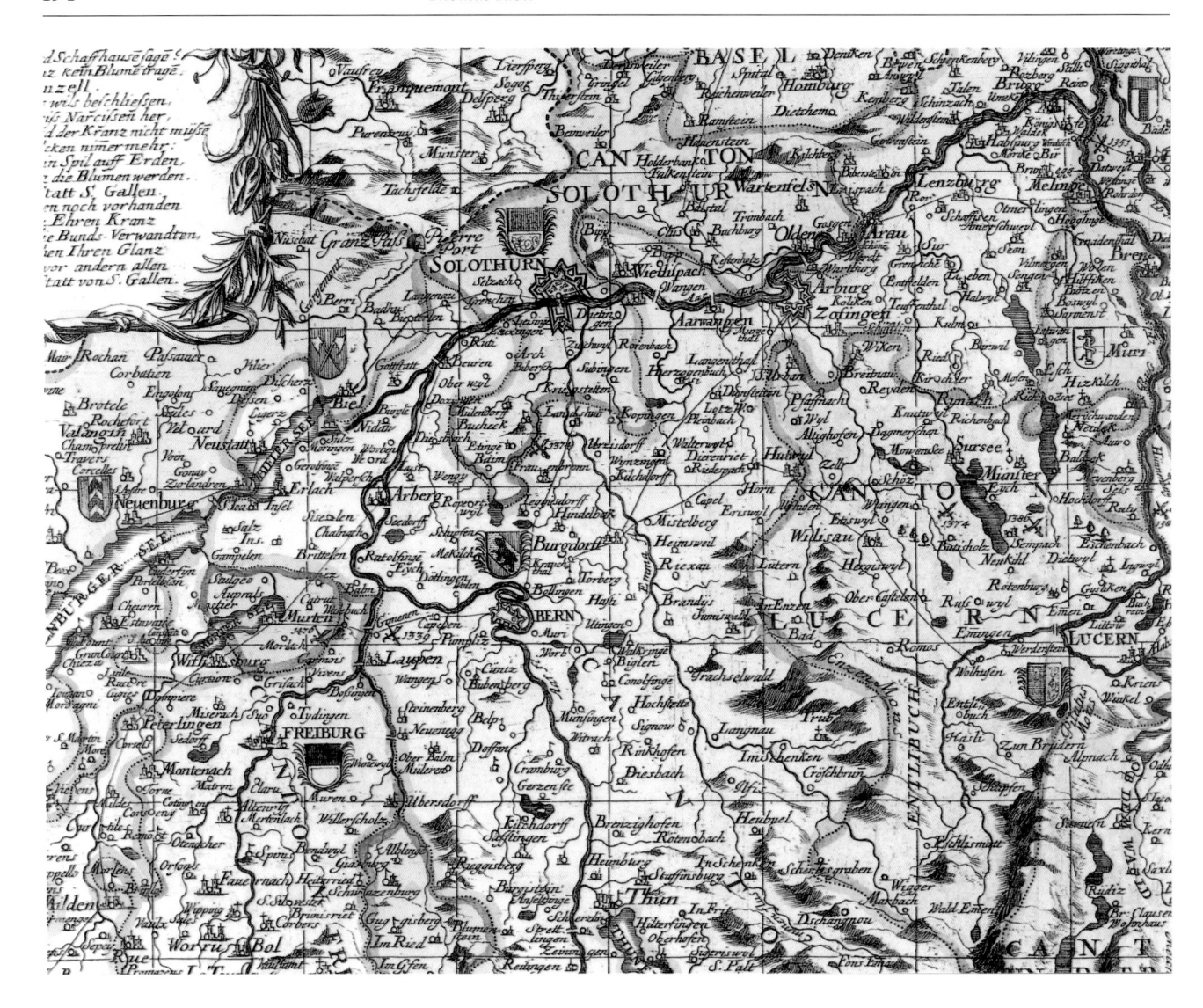

Abb. 77: *Schweizerkarte von Muoss, 1698 (Ausschnitt). Die bedeutendste Handelsroute führte von Genf über Murten, Aarberg und Solothurn nach Basel bzw. Zürich. Die bernische Verkehrspolitik zielte darauf ab, den Transit durch die Stadt Bern zu leiten, was ihr für den Post- und Reiseverkehr, nicht aber für den Güterverkehr gelang. StUB Ryh 3206:12.*

sanne, St-Maurice), nach Luzern (durch das Emmental) und ins Oberland. Einmal nach Avenches (über Murten) sowie nach Langenthal (über Burgdorf). Ab Luzern existierte eine Verbindung über den St. Gotthard nach Mailand beziehungsweise Bergamo. Dazu kamen zusätzliche Kurse für schwere Sachen und Reisende.

Verbindungen mit benachbarten und ausländischen Postämtern

Die Durchsetzung des 1675 eingeführten bernischen Postregals provozierte anhaltende Auseinandersetzungen mit benachbarten Postämtern, was sich auf die jeweilige Wahl der Postrouten auswirkte.

Der Konflikt mit Zürich begann bereits 1649, und zwar mit der Verlagerung einer Postroute. Auf Veranlassung Zürichs wurde die über Bern und Freiburg nach Lyon führende Postverbindung des Lyoner Ordinari wiederum auf die alte Handelsstrasse entlang des Jurasüdfusses verlegt. Die Berner mussten

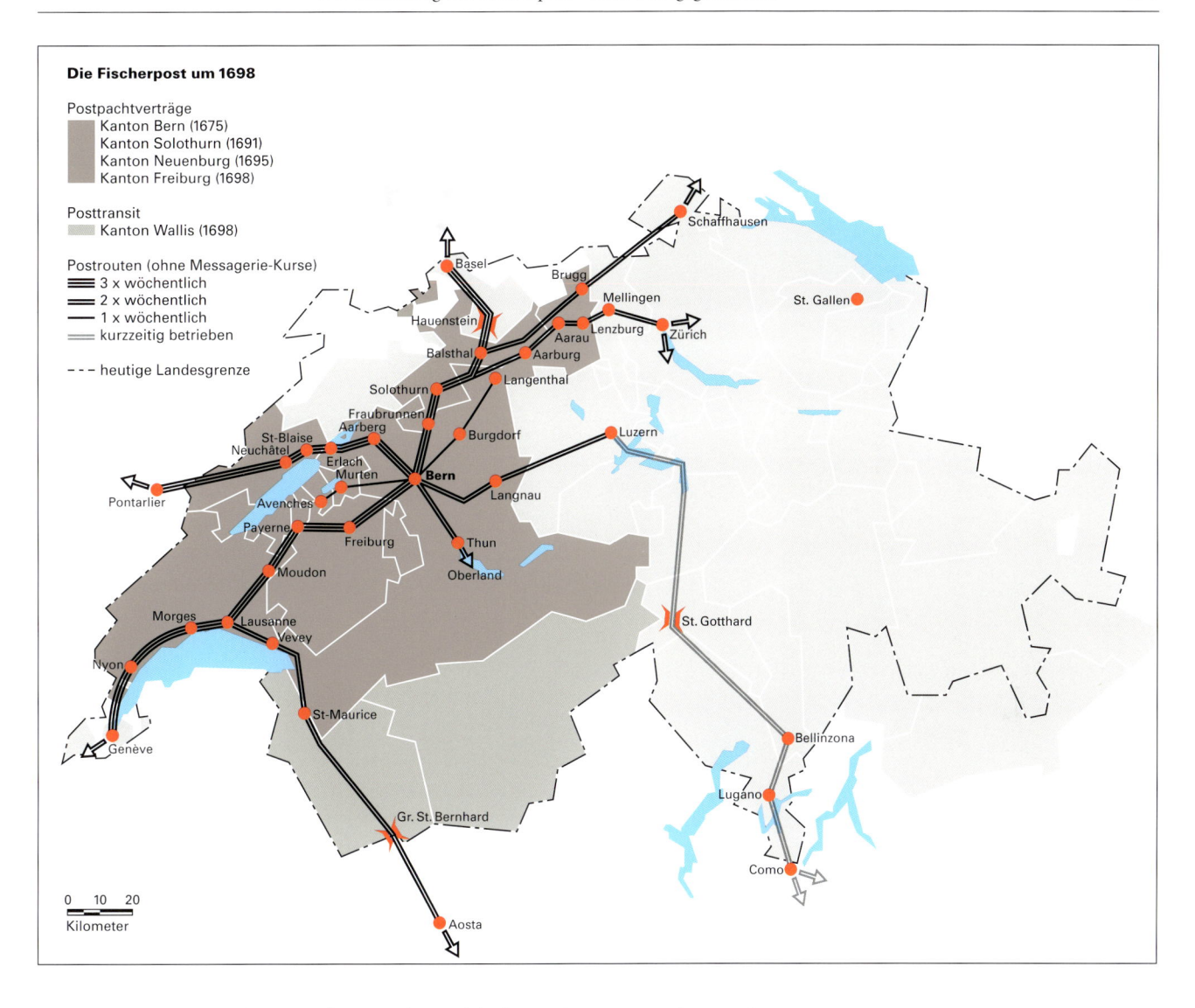

Die Fischerpost um 1698

Postpachtverträge
- Kanton Bern (1675)
- Kanton Solothurn (1691)
- Kanton Neuenburg (1695)
- Kanton Freiburg (1698)

Posttransit
- Kanton Wallis (1698)

Postrouten (ohne Messagerie-Kurse)
- 3 x wöchentlich
- 2 x wöchentlich
- 1 x wöchentlich
- kurzzeitig betrieben

--- heutige Landesgrenze

Abb. 78: *Die Fischerpost um 1698. (Entwurf: Thomas Klöti; Ausführung: Steven Götz).*

nun, trotz Protesten, ihre Briefe in Aarberg abholen. Die Hauptstadt Bern lag damit abseits der grossen Transitverkehrsströme.

Das grosse Verdienst des Postgründers Beat Fischer liegt darin, den Post- und Reiseverkehr durch die Hauptstadt umgelenkt zu haben. Er griff dabei auf ein bereits bestehendes Botennetz zurück und erhöhte die Kursdichte. Nach 1686 wandte sich Beat Fischer, der die bedeutende Lage Berns im Transitverkehr erkannt hatte, zunehmend dem Abschluss internationaler Verträge zu, die sich auf das Postunternehmen äusserst positiv auswirkten.

Die bernische Verkehrspolitik stiess seit der Errichtung des Postregals 1675 auf den Widerstand derjenigen, die ihre Gewohnheitsrechte zu wahren versuchten, und führte damit zu zahlreichen Auseinandersetzungen.

Vorerst musste Beat Fischer der Zürcher Kaufmannspost 1677 ein Teilstück des ehemaligen Lyoner Ordinari, die Postroute Bern–Solothurn–Aarburg–Aarau–Lenzburg–Zürich, weiterhin überlassen, obwohl die alte Republik Bern damals auch den bernischen Aargau umfasste. Durch die Einführung eines parallel laufenden bernischen Kurses über Brugg nach Schaffhausen flammte der Kampf zwischen der Fischerpost und der Zürcher Kaufmannspost in den 1690er Jahren jedoch erneut auf. Es gelang Bern, die weitere

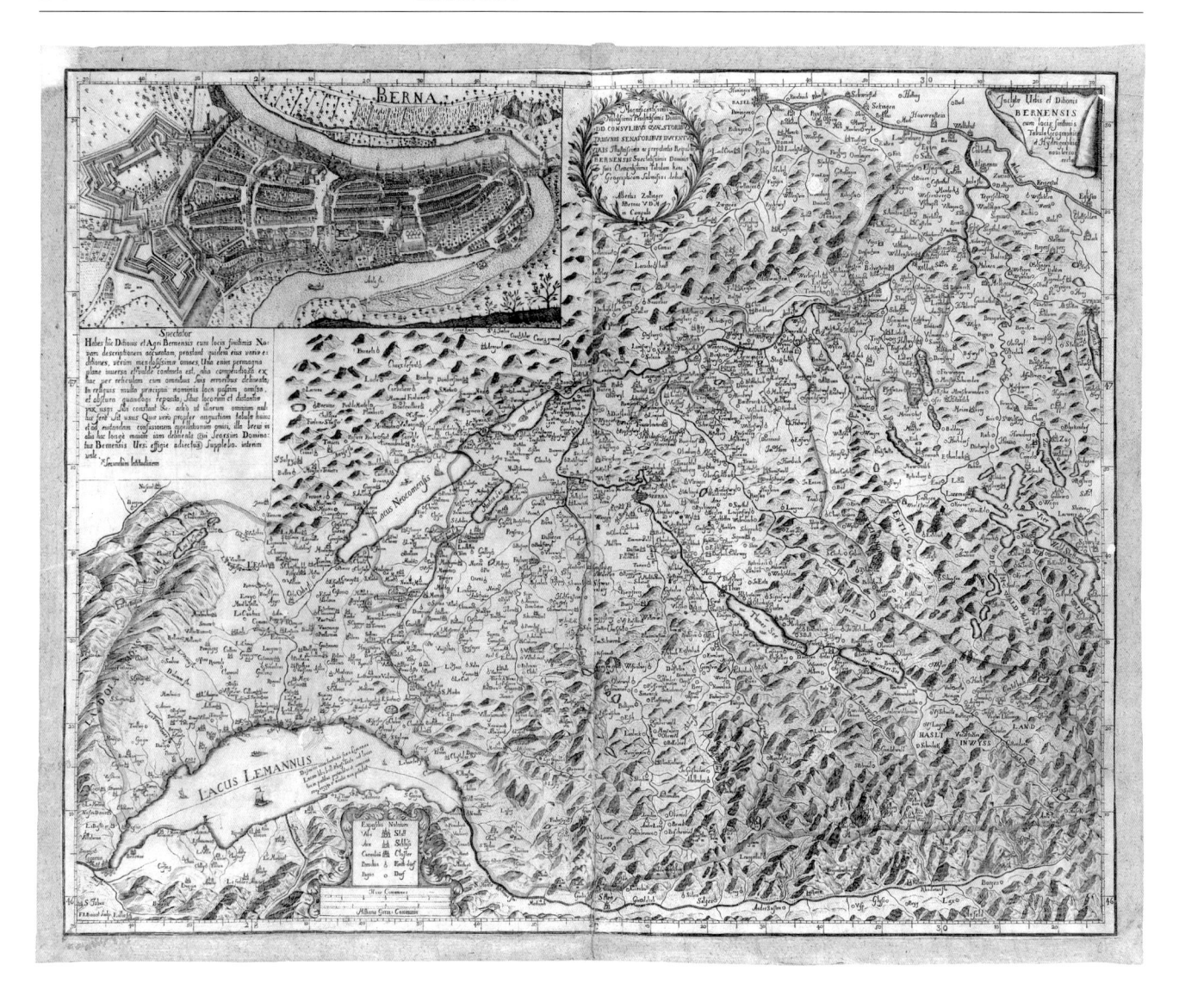

Abb. 79: *Bernerkarte von Albrecht Zollinger, 1684. Die Fischerpost ermöglichte eine sichere Postverbindung zwischen dem Deutschen Reich und der zu Spanien gehörenden Lombardei und erlaubte, dass der Postverkehr auch während kriegerisch angespannter Perioden zwischen dem Deutschen Reich und Frankreich aufrechterhalten werden konnte. StUB Ryh 3211:26.*

Verletzung des bernischen Postregals zu unterbinden. Doch Zürich wich aus und richtete vorübergehend einen neuen Postkurs zwischen Genf und Zürich ein, der durch den Jura führte und damit das bernische Territorium völlig umging. Die Zürcher Kaufmannspost, deren Postgebiet sich über die Ostschweiz erstreckte, wurde schliesslich aus dem West-Ost-Transitverkehr zwischen Schaffhausen (nach Süddeutschland) und Genf (nach Südfrankreich) herausgedrängt. Eine bernische Beteiligung an der von Zürich gehaltenen Nord-Süd-Transitverbindung über den St. Gotthard kam hingegen nur kurzfristig zustande. Die Fischerpost sicherte sich jedoch mit dem Simplonpass die Verbindung zwischen Mailand und Lyon und schaltete sich damit in den Transitverkehr nach dem Piemont (Mailand) und Savoyen (Turin) ein. Diese Posttransitroute über den Simplon wurde in der Folge für die weitere Transitpolitik ausschlaggebend. Im Gefolge der Herrschaft König Ludwigs XIV. in Frankreich verlagerte sich der gesamte Transit von Deutschland nach Südostfrankreich, Savoyen und dem Piemont über bernisches Gebiet (Route Schaffhausen–Genf sowie Genf–Mailand). Laut Martin Dallmeier hatten die Postanstalten der Schweiz aus dem wachsenden politischen Gegensatz zwischen dem Deutschen Reich und Frankreich unter Ludwig XIV. (1643–1715) den Hauptnutzen gezogen.[136] Allen voran der Berner Postmeister Beat Fischer, der durch Postabkommen mit der Reichspost und anderen Staaten den gesamten Transit nach Südostfrankreich, Savoyen, Piemont und dem westlichen Italien über die ihm unterstellten Postämter laufen liess. Diese anfangs so fruchtbare Zusammenarbeit Fischers mit der Reichspost wurde nach dem Tode Beat Fischers unter seinen Söhnen einer starken Belastung ausgesetzt, nachdem diese ihr Postgebiet vorübergehend auch auf Württemberg ausgeweitet hatten.[137]

In der Konzession von 1675 war dem Pächter die kostenlose Überlassung eines Bauplatzes zur Errichtung eines Posthauses in der Hauptstadt zugestanden worden. Die Erfüllung dieses Versprechens liess, wie es scheint, auf sich warten.

Posthaus

In diesem Zusammenhang stellt sich die Frage, wo die bernische Post bis zum 1683 erfolgten Kauf von Schloss Reichenbach, das auch der Postverwaltung diente, und dem 1686 in Angriff genommenen Bau des neuen Posthauses untergebracht war. Auf diese Frage wird in den bisherigen Veröffentlichungen zur bernischen Postgeschichte keine Antwort gegeben. Fündig wird man im «Bericht für eine ansehnliche Burgerschaft zu Bärn über die allda anstellende Post und Messagerie» vom «10. und 20. Septembris 1675»:[138] «Das Post-Comptoir wird seyn in der Schreibstuben hinder dem Laden zun Schützen: und daselbst hin wird ein jeder die Briefe in gehöriger zeit zu verschaffen und auch hinwiderum abzuholen wüssen.» Daraus geht hervor, dass das Postbüro in einer Schreibstube untergebracht war, die sich im Zunfthaus der Gesellschaft zu Schützen beziehungsweise in der Stube zu Schützen an der Marktgasse 28 in Bern befand.[139] Dieses Gebäude wurde 1931 abgebrochen, da es einem Neubau der Firma Christen & Cie. weichen musste, der 1932 eröffnet wurde[140] und an dessen Stelle sich anschliessend das Warenhaus EPA befand.

Möglicherweise stand die Wahl dieses Lokals auch in einem Zusammenhang mit dem Waisenhaus, das Beat Fischer 1675 pachtete. Neben dem Waisenhaus mit den zugehörigen Gärten und dem Allmendrecht obenaus für zwei Kühe wurden nämlich dem Pächter auch «der Gewerbsladen unter der Gesellschaft zu den Schützen, die Walke im Sulgenbach und das Recht an derselben Matte» zugewiesen.[141]

Im Jahr 1686 nahm Beat Fischer den Neubau des Posthauses in Angriff.[142] Ein Bauplatz war ihm bereits im Postpachtvertrag von 1675 zugesichert worden, wie aus Artikel 4 hervorgeht: «Zur Erbauung eines Posthauses bewilligen wir in der Hauptstadt einen bequemen Platz.» Dieser wurde ihm an der Hormannsgasse (der heutigen Postgasse) zur Verfügung gestellt. Gemäss Paul Hofer steht am Ostteil der Gassenfront über dem zweiten Stock die Vollendungsjahrzahl 1694.

Neben diesen Hinweisen zum Bau des Posthauses gibt es im Postreglement von 1677 auch einige Anhaltspunkte, die einen Einblick geben, wie das Postwesen damals organisiert war: Geld, Pakete und Briefe seien im Bureau oder

Abb. 80
S. 198

Abb. 81
Abb. 82
S. 199

---

136 Dallmeier 1977, S. 209 ff.
137 Dallmeier 1977, S. 209 ff.
138 Abgedruckt als Abschrift bei Rotach 1909 als Anhang 11.
139 Vgl. dazu auch Grosjean 1978, S. 145.
140 Christen & Cie. AG 1944.
141 Morgenthaler 1938, S. 20.
142 Siehe den Beitrag von Georges Herzog in diesem Band.

Abb. 80: *Bekanntmachung an die Burgerschaft zu Bern, 1675. Der Berner Öffentlichkeit wurde in dieser Druckschrift mit Datum 10./20. September die Neuorganisation des Berner Postwesens angekündigt und in Artikel 9 der Ort des zukünftigen bernischen Postbüros bekannt gegeben, ohne den Namen Beat Fischer zu nennen. StadtASG Archiv des Kaufmännischen Direktoriums OB. K. Tr. VII. P. 2.*

in den Schreibstuben, die an jedem Hauptort zu finden sein werden, ordentlich zu übergeben. Unterwegs, das heisst zwischen den Hauptorten, seien diese den Commissen oder Faktoren, die von Ort zu Ort bestellt seien, auszuhändigen. Wo es aber keine derselben gebe, möge man die Sendungen demjenigen Boten anvertrauen, der das Ordinari und die schweren Sachen führt. Der Post hingegen dürfe man nichts anderes als Briefe zustellen oder aufladen.

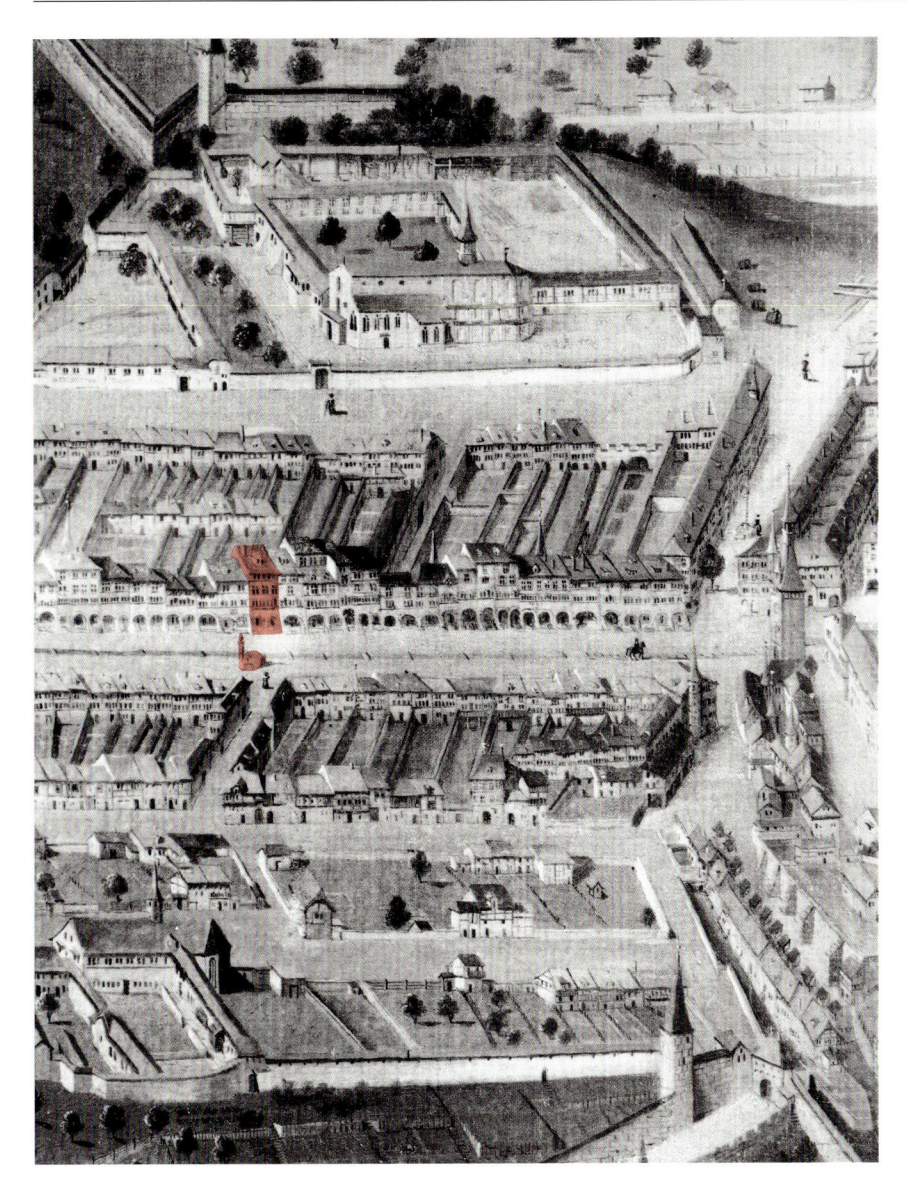

Abb. 81: *Planvedute der Stadt Bern von Süden von Gregor Sickinger, 1603–1607, in der Ölkopie von Johann Ludwig Aberli, 1753 (Ausschnitt). Beat Fischer pachtete 1675 nicht nur das Postwesen, sondern auch das Waisenhaus, wozu ein «Gewerbsladen unter der Gesellschaft zu den Schützen» gehörte. Höchstwahrscheinlich beeinflusste dies die Wahl des Standorts des ersten bernischen Postbüros. Original: Bernisches Historisches Museum. Inventar-Nr. 809.*

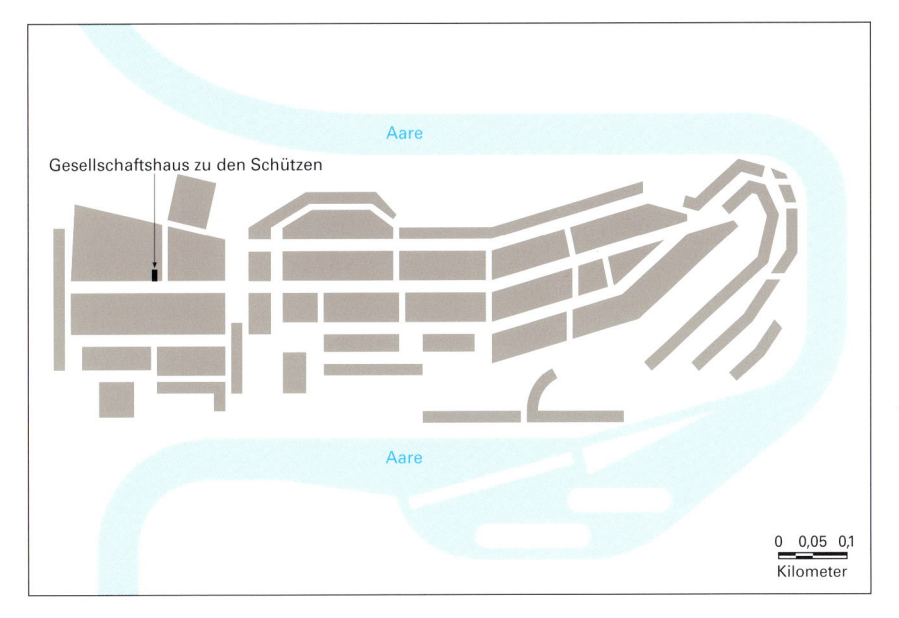

Abb. 82: *Schematische Planskizze der Stadt Bern mit der Lage des Gesellschaftshauses zu den Schützen. Das erste bernische Postbüro der Fischerpost war bis zum Bau des neuen Posthauses in einer Schreibstube untergebracht, die sich in der «Stube zu den Schützen» befand. Das Gesellschaftshaus zu den Schützen (Marktgasse 28) wurde 1931 zusammen mit dem Haus Nr. 30 abgebrochen. (Grafik: Steven Götz, nach Angaben von Thomas Klöti).*

Der Postverkehr und die Tarife

Die Festlegung des bernischen Posttarifs wurde nicht dem Postpächter überlassen. Bereits im Postpachtvertrag von 1675 legte die bernische Obrigkeit Richtlinien für die Bemessung der Höhe der Tarife fest. Die «Entrepreneurs» sollten diesbezüglich «leidenlich und moderatè verfahren».[143] Ansonsten behalte sich die Obrigkeit vor, «den befindtlichen Exceß durch erforderliches einsehen selbsten moderiren zu laßen». Bezüglich des Transports von Geldsendungen wurden jedoch bereits verbindliche Tarife aufgestellt, welche dann in das Postreglement von 1677, das zusätzlich Porti für Briefe und Warensendungen festlegte, übernommen wurden. Bei der Bestimmung von Posttarifen musste jeweils auf die Interessen des Staates (Abgaben, Portofreiheit), der Postpächter (Gewinn) und der Postkunden Rücksicht genommen werden. Zudem mussten handelspolitische Faktoren sowie die Konkurrenz der verschiedenen Postanstalten untereinander berücksichtigt werden. Die Taxen zwischen den einzelnen Postanstalten wurden durch Verträge geregelt. Eine Normierung des Postgutes erfolgte über die Festsetzung von Gewichtstarifen. Versiegelte Briefe wurden dem Postregal unterstellt, während Waren ausdrücklich vom Postregal ausgenommen blieben. Die Entfernung floss ebenfalls in die Taxberechnung ein, doch nahm man es dabei in der Alten Eidgenossenschaft nicht so genau. Nur die Berner Fischerpost hatte einen distanzabhängigen Zonentarif aufgestellt und verwirklichte damit ein einheitliches Taxsystem über den gesamten Postbezirk.

Als Grundlage für den gesamten Tarif diente der einfache Brief. Von diesem wurde der Tarif für Brief- (zum Beispiel doppelte Briefe) und Wertsendungen sowie für den Waren- und Personentransport abgeleitet.

Noch gab es keine Briefmarken. Der Brief wurde meistens nicht vom Absender, sondern vom Empfänger bezahlt. Dies vereinfachte die Rechnungsführung des Postamtes. Das Postamt beziehungsweise die rechnungsführenden Postbüros verkauften die Briefe den benachbarten Postämtern, aber auch den Boten, die ihrerseits die vorgängige Taxierung mit ihrem eigenen Anteil beim Empfänger einzuziehen hatten.

Briefe

Das bernische Postregal erstreckte sich auf die versiegelten Briefe. Erste Brieftaxen, die nach der Einführung des Postregals in das Postreglement von 1677 einflossen, wurden offenbar bereits vor 1675 ausgebildet: Der neue Postpächter hatte sich nämlich anerboten, das Porto nicht zu erhöhen, sondern auf dem bisherigen Stand zu belassen. Für einen einfachen Brief von Bern nach Zürich, Luzern, Basel, Genf oder Neuenburg bezahlte man einen Batzen (= 4 Kreuzer). Die Hälfte war zu entrichten, wenn der Bestimmungsort nicht mehr als «den vierten theil wegs von einem Haupt Orth» entfernt lag. Auch während des ganzen 18. und zu Beginn des 19. Jahrhunderts bestanden ungefähr die gleichen Tarife. Durch die stetige Geldentwertung trat faktisch eine Verbilligung der Taxen ein, die durch die mengenmässige Zunahme der Postsendungen kompensiert wurde.

Abb. 83
S. 201

---

143 SRQ BE Stadt, Bd. IX/2, S. 567, Art. 13 u. 14.

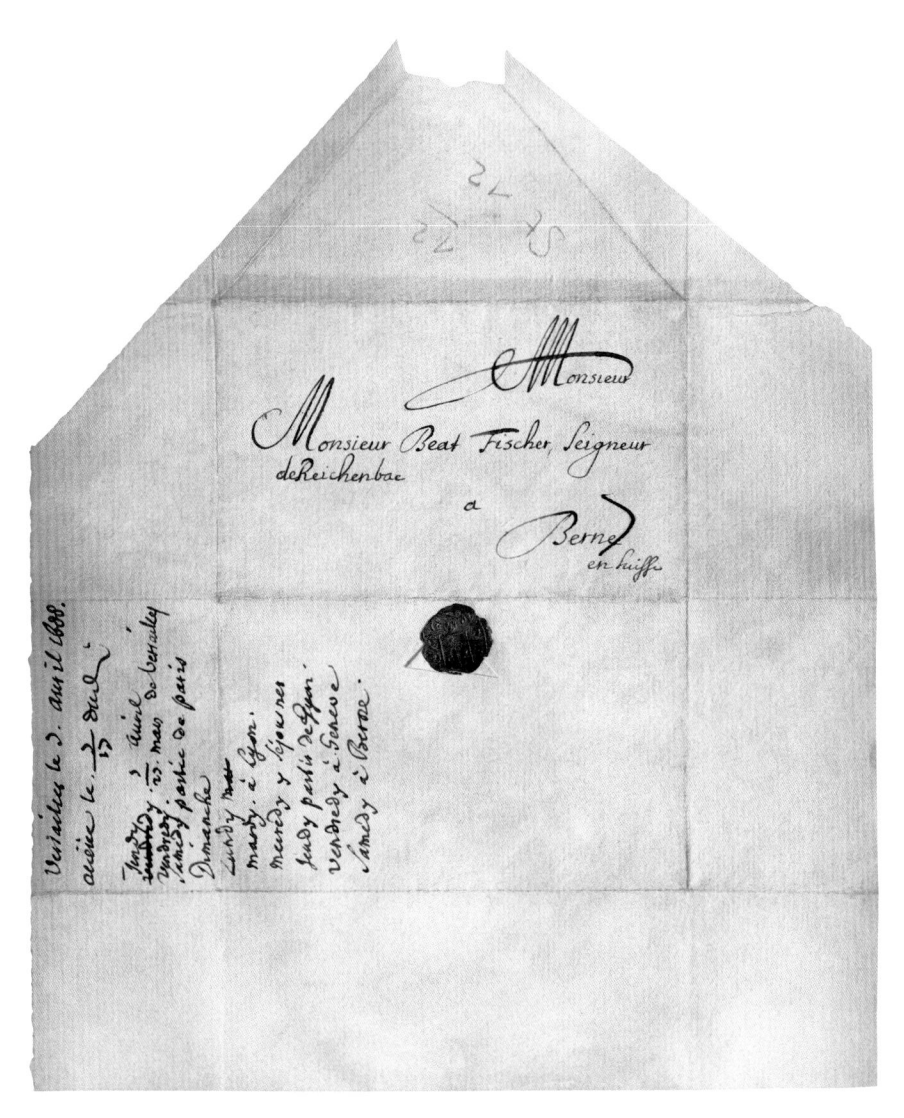

Abb. 83: *Brief von Versailles an Beat Fischer von Reichenbach, 1688. Der Brief an Beat Fischer wurde durch ein Siegel zusammengehalten. Er stammte aus Versailles und erreichte Bern über Paris, Lyon und Genf. Der Reiseweg und die Reisedauer wurden nachträglich auf dem Brief vermerkt: Von der Niederschrift in Versailles bis zur Ankunft in Bern vergingen zehn Tage. StAB FA von Fischer.*

Zeitungen

Die übrigen Formen des Nachrichtenaustauschs – neben den Briefen – unterstanden der Konkurrenz oder wurden, wie bei den Zeitungen, von der Berner Obrigkeit anderweitig geregelt. Dennoch besteht eine sehr enge Verbindung zwischen dem Postwesen und dem aufkeimenden Pressewesen. Paul Schaffroth verdeutlicht diese Wechselwirkungen für Bern in seinem Buch «Sturm und Drang – Aus der Vergangenheit der stadtbernischen Presse (1500– 1900)».[144]

Die erste erhaltene Ausgabe einer in Bern gedruckten Zeitung stammt aus dem Jahr 1655.[145] Der Postpachtvertrag von 1675 enthielt die Bestimmung, dass die «Entrepreneurs» «wochendtlich zweymahl sichere advisen und zeitungen auß Teütschland und Frankreich in unsere raht- und in die vennerstuben übergeben». Dies jedoch unter der Bedingung, «daß sie von darauß ihnen wider zugestellt werden sollen»[146]. Den Text kann man so verstehen, dass die

144 Schaffroth 1991.
145 Bogel 1971, S. 47–50.
146 SRQ BE Stadt, Bd. IX/2, S. 566 f., Art. 12.

Abb. 84: *Sonntagszeitung «La Gazette», 1677. Samuel Kneubühler gab in Bern im Auftrag von Deutschseckelschreiber Beat Fischer mehrere Zeitungen heraus. Auf die Entstehungsstätte der französischsprachigen «Gazette» weisen die Vignetten in der Zierleiste hin: Das von zwei Engeln gehaltene Schild enthält die Initialen SKB. Stadt- und Universitätsbibliothek Frankfurt am Main Zs 4747.*

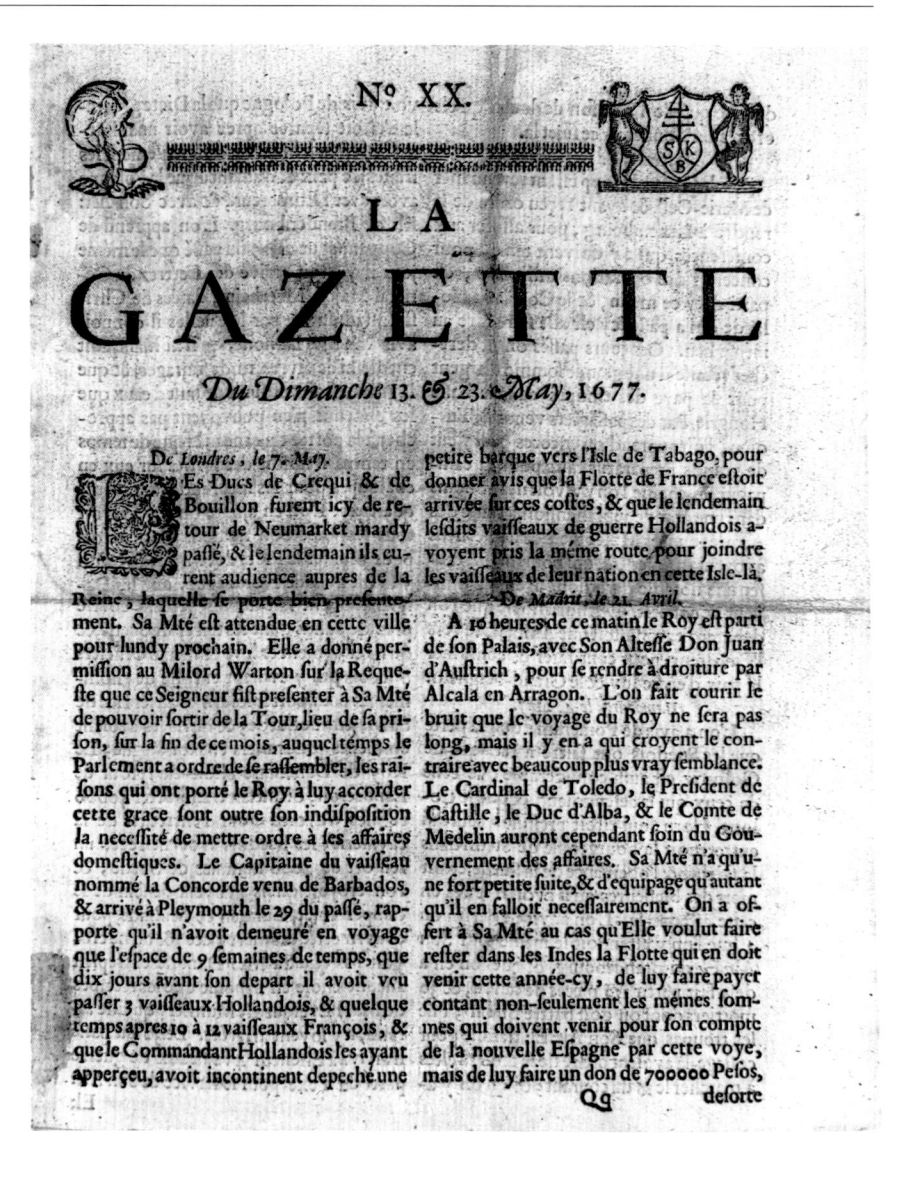

Postunternehmer ausländische Blätter bestellten, den Ratsherren vorlegten und anschliessend wieder zurückerhielten. Dies führte Beat Fischer offenbar auch dazu, seine eigene Zeitung zu gründen.[147] Vorerst sicherte sich der Postpächter den Zeitungsvertrieb, indem er bisherige Boten verdrängen liess: 1675 etwa wurde die Posamentweberin Rägetzin durch die Berner Obrigkeit vorgeladen. Man gab ihr deutlich zu verstehen, dass sie ihre Zeitungen inskünftig nicht mehr durch andere Boten zu empfangen, sondern durch die bernische Fischerpost zu beziehen und zu spedieren habe. Durch die Post wurde aber auch der Bezug von Nachrichten für die Zeitungen ermöglicht. Dem Postpächter war denn auch daran gelegen, das Berner Zeitungsmonopol für sich zu gewinnen. Beat Fischer veranlasste in Bern den Druck zweier neuer Wochenzeitungen, der «Donnerstäglichen Ordinari-Post-Zeitung» und der sonntäglichen, französischsprachigen «Gazette». Aus einem Ratsprotokoll aus dem Jahre 1677 geht hervor, dass Samuel Kneubühler im Auftrag des «Teutschseckelschreibers» Beat Fischer die «Sonn und Donstäglichen Zeitungen» herausbrachte. Zudem übernahm er 1677, nachdem dem Drucker Georg

---

147 Vgl. Müller 1917, S. 62, Anm. 160.

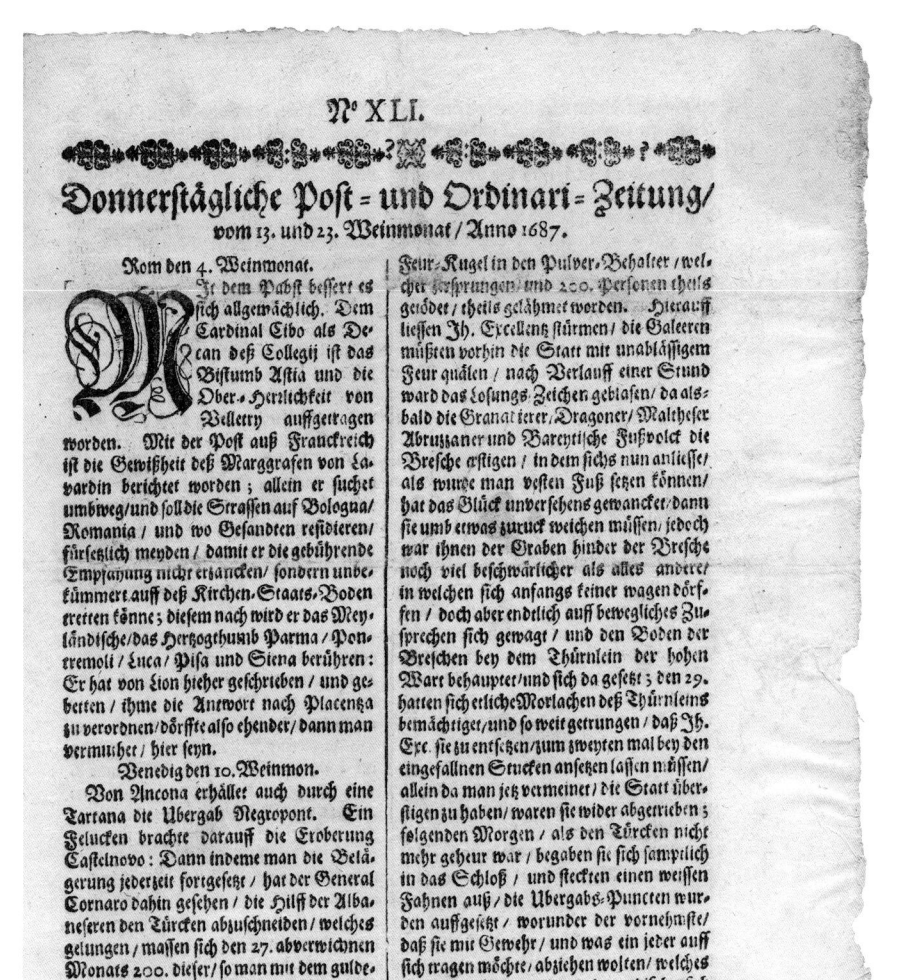

Abb. 85: *Donnerstägliche Post- und Ordinari-Zeitung, 1687. Nach dem Tode von Samuel Kneubühler führte seine Witwe die Druckerei ab 1684 weiter, um diese 1690 an Jacob Anthon Vulpi zu verkaufen. 1688 wurde die deutschsprachige Donnerstagszeitung zugunsten einer zweiten französischsprachigen Ausgabe eingestellt. ZB Zürich ms. B 198, Bl. 474.*

Sonnleitner der weitere Zeitungsdruck verboten worden war, die Herausgabe der Dienstagszeitung. Kneubühler, der nach dem Ausscheiden seines Konkurrenten Sonnleitner das Zeitungsmonopol in Bern innehatte, starb 1684. Seine Witwe setzte das Unternehmen einige Jahre fort, um es 1690 an Jacob Anthon Vulpi zu verkaufen. Vermutlich im Frühjahr 1688 wurde die deutschsprachige Donnerstagszeitung zugunsten einer zweiten französischsprachigen Ausgabe eingestellt, und im Laufe des Jahres 1689 erhielten die beiden französischsprachigen Blätter, die seit Ende Mai fortlaufend nummeriert wurden, den gemeinsamen Titel «Nouvelles de divers endroits».[148] Beat Fischer gewann 1689 den französischen Emigranten und Rechtsgelehrten Antoine Tessier aus Nîmes als Redaktor, der durch seine kritische Feder wiederholt das Missfallen der französischen Machthaber erregte und damit auch die bernische Zensur auf den Plan rief.[149] Den Hauptbestand der «Gazette» bildeten Korrespondenzen aus allen Gegenden der Welt. Der Redaktor der Zeitung verfügte nur zum Teil über eigene Korrespondenten. Er mag daher das Passende auch andern Zeitungen entnommen haben. Die Nachrichten

148 Bogel 1971.
149 Tobler 1910, S. 215–219.

Abb. 86: *Nouvelles de divers endroits, 1694.* Beat Fischer gewann 1689 den französischen Emigranten Antoine Tessier aus Nîmes als Redaktor für seine Zeitung «Nouvelles de divers endroits», der durch seine kritische Feder wiederholt das Missfallen der französischen Machthaber erregte und damit auch die bernische Zensur auf den Plan rief.
Aus: Fluri, Adolf: Chronologie der Berner Drucker 1537–1831, Bern 1914, Tafel VII.

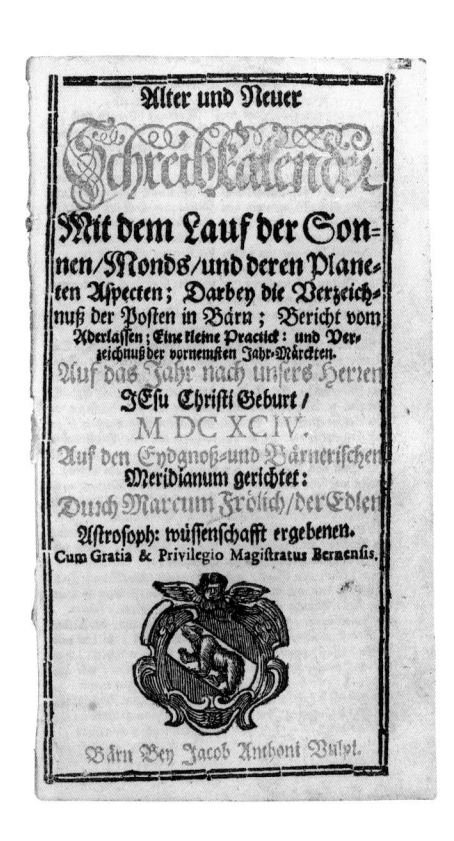

Abb. 87: *Alter und neuer bernischer Schreibkalender aus dem Jahr 1694.* 1694 rechnete man im reformierten Bern immer noch nach dem julianischen Kalender, der erst am 31. Dezember 1700 bzw. am 12. Januar 1701 durch den 1582 vom Papst dekretierten gregorianischen Kalender abgelöst wurde. StUB Gal 1, Ausgabe 1694.

waren bei ihrem Eintreffen beim Leser – nach heutigen Begriffen – längst überholt, da zwischen dem Ereignis, dem Schreiben des Artikels, dem Abschicken der Korrespondenz und dem Druck der Zeitung, je nach Entfernung, stets eine geraume Zeit verstrich.

Geld

Geldsendungen per Post wurden mit dem Begriff «Group» bezeichnet. Es handelte sich dabei um versiegelte Pakete oder Schachteln mit Gold- und Silbermünzen, die nicht dem Postregal unterstanden. Der Vorteil der Postbeförderung lag im günstigen Tarif und in der damit verbundenen Verantwortlichkeit. Der Tarif wurde analog demjenigen der Briefe angewendet. «Für eine Sendung nach Genf, Schaffhausen, Basel und Zürich von 100 Batzen in Gold, ist für das Porto nicht mehr als ein Kreuzer [1 Batzen = 4 Kreuzer], [von 100 Batzen] in Silber zwei Kreuzer, [und] unterwegs die Hälfte» zu verlangen, wurde im Posttraktat von 1675 festgelegt. Das Postreglement von 1677 bestätigte diesen Tarif, der bei Goldmünzen auf ¼ Prozent[150] und bei Silbermünzen auf ½ Prozent festgelegt worden war. Bei der Übergabe einer Wertsache zum Transport durch das Postamt musste gemäss dem Postreglement zudem Folgendes beachtet werden: Wertsachen müssten ordentlich übergeben werden, «mit vernambsung der Summ, valor oder qualitet dessen so man verschikt, zu consigniren[151], da sonsten so anderer gestalt etwas vertrauet oder übergeben wurde, der Posthalter keines wegs gehalten werden soll, darum weder bescheyd noch rechenschaft zu geben».

Waren

Das bernische Postregal von 1675 beschränkte sich – wie oben erwähnt – auf versiegelte Briefe. Im Postreglement von 1677 wurde gleichwohl ein Tarif für Waren erlassen, die auf Packpferden und Maultieren mitgeführt wurden. Die Ordinari-Boten der Fischerpost, die schwere Sachen und Reisende beförderten, verkehrten einmal wöchentlich nach Basel, Zürich und Genf. Das Postreglement enthält zum Beispiel für Pakete und Waren als Transitgewicht das Genferpfund, während für Postsendungen und Reisegepäck innerhalb des bernischen Postbereichs das davon abweichende bernische Gewichtsmass in Anwendung gebracht wurde. Um eine einheitliche Taxierung der Posttransitsäcke zu erreichen, wurde 1708 beschlossen, vier Einsatzgewichte herzustellen, die den Postbüros in Genf, Bern, Zürich und St. Gallen zugestellt wurden.

Reisende

Durch den Wegfall der bisherigen Boten bestand 1675 die Gefahr, dass der Burgerschaft die Möglichkeit genommen wurde, ihre Söhne begleitet in die Fremde zu schicken. Der erste Postpachtvertrag erhielt daher die Bestimmung, zusätzliche Botenkurse einzurichten, um Reisende mitzunehmen. Das Postreglement von 1677 enthält die diesbezüglichen Abreisezeiten: Nach Basel am Freitag um 10 Uhr sowie nach Zürich und Genf am Samstag «um Mittag». Ein Reisetarif ist im Postreglement von 1677 nicht enthalten. Der Ordinari-Bote mit Packpferden für Waren sowie mit Reisepferden wurde ab 1735 durch wöchentlich kursierende Landkutschen abgelöst.

Nach diesem Überblick über Verkehrswege und Transportmittel, Betrieb und Organisation des Postwesens soll zum Schluss noch die Bedeutung der bernischen Postgründung für die Verkehrspolitik hervorgehoben werden.

---

150 100 Batzen in Gold = 400 Kreuzer, davon 1 Kreuzer = ¼ Prozent.
151 Einschreiben von Postsendungen.

Verkehrspolitische Bedeutung

Der Postgründer Fischer zählt zu den grossen Gestalten der bernischen Geschichte. Bereits im Urteil seiner Zeitgenossen wurde Beat Fischer in einer Vorausschau ewiger Nachruhm vorhergesagt: So schrieb Franz Ludwig Lerber nach der Gründung des bernischen Postwesens: «Aus disem, wie auch dem Wäysenhaus und demjenigen proiect so diser H[e]r[r] Fischer der Buchhaltery halb in der Sekelschreiberey gemacht und nechstens wird abgehandlet werden, ist zu sehen, was für einen fertigen hohen, erfahrnen, klugen geist und verstand er habe, solche schöne, anstendige und sehr nuzliche sachen, ohnangesehen Seines wichtigen berufs, einzuführen: welches Ihme wegen solcher dexteritet[152] zu einem ewigen Nach Ruhm dienen wird.»[153]

Beat Fischers Wirken hielt auch im Rückblick der Einschätzung durch die Geschichtswissenschaft stand: Eine besonders prägnante und einfühlsame Würdigung erhielt Beat Fischer zum Beispiel durch den Berner Historiker Richard Feller, die im dritten Band seiner «Geschichte Berns» enthalten ist.[154] Treffend ist auch die Anerkennung der verkehrspolitischen Leistung durch Friedrich Volmar: «Fischer war ein ganz ungewöhnlicher Mann. Er besass eine ausgezeichnete sprachliche und juristische und – was für einen Berner von damals als aussergewöhnlich gelten kann – kaufmännische Bildung. Dieses solide Wissen, verbunden mit unermüdlicher Arbeitskraft, grosser, echt bernischer Zähigkeit, bedeutendem Organisationstalent, Klugheit und diplomatischem Geschick befähigten ihn, diese ganze Postorganisation, die bald auch im Ausland ein grosses Ansehen genoss, ins Leben zu rufen. Daneben leistete er auch dem Staat in verschiedenen Stellungen bedeutende Dienste. Fischer gehörte zu den grossen Bernern alten Stiles.»[155]

Das grosse Verdienst des Postgründers Beat Fischer lag darin, den Post- und Reiseverkehr von der Jurasüdfusslinie durch die Hauptstadt Bern umgelenkt zu haben.[156] Nach 1686 wandte sich Beat Fischer, der die bedeutende Lage Berns im Transitverkehr erkannte, zunehmend dem Abschluss internationaler Verträge zu, die sich auf das Postunternehmen äusserst positiv auswirken sollen. Der West-Ost-Transitverkehr erfolgte zwischen Schaffhausen (nach Deutschland) und Genf (nach Südfrankreich). Der Verkehr nach Nordfrankreich erfolgte schliesslich über Neuenburg und Pontarlier. Eine Beteiligung der Fischerpost an der von Zürich gehaltenen Nord-Süd-Transitverbindung kam hingegen nur kurzfristig zustande, und auch dem bernischen Staatswesen gelang die Errichtung einer Nord-Süd-Transitachse nicht. So konnte ein 1696/97 hoffnungsvoll durchgeführter neuer Strassenbau am Löt-

Abb. 88: *Originalentwurf zur Sondermarke 300 Jahre seit der Begründung der Fischer'schen Post, 1975. Die Gestaltung des Originalentwurfs der Sondermarke «Beat Fischer von Reichenbach 1641–1698, Begründer der Fischerschen Post, 1675» erfolgte durch die Imprimerie Courvoisier S. A. in La Chaux-de-Fonds.*
Copyright: Die Schweizerische Post, Briefmarken und Philatelie, Bern.

---

152 Geschicklichkeit.
153 Müller 1917, S. 187.
154 Feller 1974 III, S. 135.
155 Volmar 1931, S. 37.
156 Vgl. Volmar 1931, S. 35–38.

schenpass 1698 auf Walliser Seite nicht fortgesetzt werden, da die bernische Passpolitik auf Widerstand stiess. Die Fischerpost sicherte sich jedoch 1698 das Posttransitmonopol durch das Wallis und schaltete sich damit in den Transitverkehr zwischen Frankreich (Lyon) und Mailand (Lombardei) sowie Turin (Piemont) ein. Die Posttransitroute über den Simplonpass wurde in der Folge für die weitere Transitpolitik Berns ausschlaggebend.[157] Mit seinem unternehmerischen und staatsmännischen Weitblick leistete Beat Fischer auch einen bedeutenden Beitrag für das Gemeinwohl, der in der Folge durch die Weiterführung seines Erbes und die Weiterentwicklung des Kommunikationswesens stetig ausgebaut werden konnte.

Abb. 89: *Berner Fischerpost und ihre Verbindungen zum Ausland, 1675–1832. Beat Fischer und seine Nachkommen schlossen Verträge und Abkommen mit dem Ausland ab, welche Botschafter (Emanuel) Beat von Fischer (1901–1984) auf einer Reproduktion der Karte «Die Posten Welt» einzeichnete. Die gestrichelten Linien deuten die Anschlusskurse an. Privatbesitz.*

Abb. 90
S. 208

---

157 Klöti 1994, S. 347.

Abb. 90: *Stammtafel der Berner Postherren, 1675–1832.* Die Berner Obrigkeit führte das Postwesen zwischen 1702 und 1708 als Postregie. Danach wurde das Postwesen wiederum verpachtet. Insgesamt 42 Anteilhaber aus sechs Generationen der Familie Fischer teilten sich zwischen 1675 und 1832 in die Anteile der zehn bernischen Postpachtverträge. StAB FA von Fischer I 13 (1).

Quellen zur Gründung der Fischerpost

Postpachtvertrag 21.7.1675[158]

Post und pottentractat
1675 Juli 21. (mittwochens)

[Schultheiss und Rat] urkunden, daß von dem Teütschen seckelschreiber Beat Fischer, dem elteren, und deßelben mithaften in gebühr vorgetragen worden, in was schlechtem zůstand das post- und bottenwesen in unser botmeßigkeit sich befinden thůe, so weith, daß nicht alleine alle correspondentz, die sonsten zwüschen dem Römischen reich, Italien, Franckreich und andern landten durch die Eidtgnoßschaft gehalten werden könte, von deßwegen bald stillstehen müeßte, sondern auch das wenige, so gleichsam als ein schatten darvon noch übrig blieben, zu unser nicht geringer disreputation durch andere als die unserigen, über unsere landt und gepieth verwesen und unsere hauptstatt von ihnen beyseits gelaßen worden, inmaßen unsere und unser burgerschaft sachen und geschefte [...] mit höchster ungelegenheit durch andere nebentpotten versorget werden müeßen; da aber die sachen [...] also einzurichten weren, daß nicht allein dardurch die correspondentz zwüschen obigen landten mechtig facilitirt, sondern auch wir, neben anderen vortheilen mehr, wochendtlich von Genf, Zürich, Basel und Schaafhausen etc. zweymahl andtwort und alle vorfallen[de] geschefte mit beßerer beförderung haben könten; – uns darneben [...] ersůchendt, sittenmahln das post- und bottenwesen ein besonderes hohes regalrecht ist, wir wolten ihnen daßelbe in unsern landen eindtweders auf ewighin, oder aber sonsten eine bestimbte anzahl jahr lang under billichen gegenofferten und gedingen vergeben und hinleihen; daß darauf wir zu gůtem dem gemeinen wesen und umb desjenigen nutzens willen, so darauß uns und den unseren verhoffendlich zufließen wirt, [...] mit ihme, unserem seckelschreiber und seinen mithaften, volgenden tractat geschloßen:

I. Erstlichen leihen und geben wir ihme [...] und consorten für die nechstvolgende 25 jahr, von heütigem dato an zu rechnen, hiermithin unser regalrecht des post- und bottenwesens, [...] dergestalten, daß inzwüschen die daßelbe ohne jemandeßin eintraag noch hindernuß mit bestellung der posten, botten und pferdten an denen orthen unserer landen und gepieten, da die es gůt finden werden, zu versehen [...] und einzurichten alleine, und neben ihnen weder heimschen noch frömbden zugelaßen sein solle, soweith es die fertigung der briefen und deren dependences betrifft, sich deßen zu underwinden; doch sollen diejenigen expresse oder extraordinari botten, die von ständen oder particularen besonderer geschefften wegen mit eigenen briefen abgefertigt wurden, oder auch die, welche die wahren überbringen und schwähre sachen führen, hierunder nicht gemeint

[158] Quelle: SRQ BE Stadt, Bd. IX/2, S. 564 ff.

sein, dafern sie neben denselben und der fuhrbriefen sich anderer schreiben nichts annemen werden.

II. Und wollen wir zu kreftiger handthabung diser hinleihung ohne underscheidt und exception alle diejenige, so [...] in einiche weg denen entrepreneurs eintraag zu thůn sich underfangen welten, durch allerley nothwendige mittel dermaßen hinderhalten, daß auch jemandem weder acceß noch audientz deßwegen vor uns verstattet und darzu diß gescheft als das unsere gegen benachbarten Eidtgnoßischen oder anderen ständten, die deßen sich möchten beschwären wollen, mit gůter beständtiger resolution von uns patrocinirt und verthädiget werden soll.

III. So wollen wir auch zugelaßen haben, daß ihre bediente mit unserem geleidt und ehrenfarb, doch in ihren (der entrepreneurs) cösten versehen und im übrigen auf ihren reisen von civilischen anspruchen und iniuri-sachen wegen nicht angehalten, sonders die ansprechenden dahin gewiesen werden sollen, sie an denen orthen, da sie geseßen oder in diensten sind, darumb zu belangen; doch hierunder heiter vorbehalten, daß mit gefährden oder geschwindigkeiten niemand in seinem rechten von ihnen verhinderet werde.

IV. Zu erbouwung einer zu disem werk erforderlicher bestallung soll in hiesiger statt an einem bequemen orth ihnen ein platz bewilliget sein, sofern selbiger unsern gebüwen unschädlich, oder sonsten uns nicht ungelegen sein wirt, alles in dem verstandt, daß sowohl die erbouw- als erhaltung deßelben ohne unsern kosten und endtgeldt beschehen solle.

V. Wan nach außlauf und verfließung dises tractats wir dieses post- und bottenwesen verners zu admodiren, gahr zu lehen hinzugeben, oder sonsten anderer gestalt verwalten zu laßen gemeint weren, so sollen die jetzmahlige entrepreneurs und admodiatarii sofern anderen darzu praeferirt und vorgezogen werden, wofern sie biß dahin disem tractat ein völliges genüegen leisten werden.

VI. Der kriegs- und pestilentzleüfen, so disem werk und deßen vortsetzung hinderlich sein möchten, soll billichmeßige consideration gehalten werden, sonderlich, wan die entrepreneurs deßwegen extraordinari pferdt anstellen müeßten.

VII. Fahls die admodiatarii es begehren, soll dißer tractat zu deßen mehrer besteifung vor unsern großen raht, als den höchsten gewalt getraagen und daselbsten confirmirt werden, inzwüschen nicht minder kreftig sein, als wan solche bestätigung würcklich erfolget were.

VIII. Darzu soll ihnen auch freystehen, über kurtz oder lang in disen tractat andere nach belieben mit sich zu associren, oder denselben ihnen gahr zu remittiren, wofern selbige unsere burger oder eingeseßene underthanen sein, auch disem tractat im übrigen ohne abbruch und durchauß genug thun werden.

IX. Und damit die introduction und vortsetzung dises werks die entrepreneurs desto liechter ankomme, so wollen wir denenselben an ihre große unkösten, die sie werden aufwenden müeßen, die ersten drey jahr nach einandern jährlichen allwegen einhundert, und hiemit samenthaft [...] 300 mütt haber auß unsern kornheüsern als eine freye steůr und verehrung reichen laßen; in dem verstandt gleichwohlen, daß sie hernach nicht erwinden, sondern das werk die gantze zeit auß fleißig vortsetzen sollen.

X. Auf seithen der entrepreneurs wirt hingegen hiermit versprochen, diß post- und bottenwesen also einzurichten, daß von allen orthen her, da man bißhero wochendtlich einmahl brief empfangen oder ordinari botten gehabt, als von Zürich, Basel, Schaffhausen und Genf, hinfüro alle wochen zwey ordinaria von hier dahin abreisen und von dannen wider hie anlangen werden.

XI. Sie sind verpflichtet, alle brief und schreiben, so auß der cantzley, kriegscammer, beiden seckelschreibereyen, item der chorschreiberey, auch von der saltz- und pulverhandlungen wegen aufs landt in die ämbter und nacher Zürich, Lucern, Basel, Freyburg, Solothurn, Schaffhausen, Genf, Biel, Neüwenburg und alle orth, so auf disen routes zu verfertigen sein werden, oder von dannen widerumb uns einlangen sollen, [...] ohne einichen unsern unkosten auf den ordinari oder extraordinari posten an ihr gehörig orth zu verschaffen, als weith dieselbigen uns oder unsere sachen ansehen und darunder andere particularschreiben oder sonsten von particularpersohnen einiche gefährden nicht underlaufen werden. Und sollen zu der associrten mehrer sicherheit solche oberkeitliche schrieben nicht paquetsweise, sondern gesöndert übergeben, auch sonsten die extraordinari posten anderst nicht als in nothwendigen und unvermeidenlichen fählen gebraucht werden.

XII. So wollen auch die entrepreneurs wochendtlich zweymahl sichere advisen und zeitungen auß Teütschlandt und Frankreich in unsere raht- und in die vennerstuben übergeben, doch mit dem geding, daß sie von darauß ihnen wider zugestellt werden sollen.

XIII. Und wiewohlen von der orthen ungleichheit wegen des brief- und bottenlohns halb dißmahln nichts gewißs bestimmet wirt, so wollen wir doch die entrepreneurs hiemit so weit regulirt haben, daß sie hierin leidenlich und moderatè verfahren; wo nicht, uns vorbehalten sein solle, den befindtlichen exceß durch erforderliches einsehen selbsten moderiren zu laßen.

XIV. So weith [...] die entrepreneurs geldt neben den briefen werden vortbringen können, wollen sie es jeh nach müglichkeit zu verschaffen über sich nemen und von hier biß nacher Genf, Schafhausen, Basel und Zürich von 100 batzen in goldt für das port mehr nicht forderen als einen kreützer, und in silber zween kreützer, von denen orthen aber, so under halbem weg sein werden, auch nur halb so viel.

XV. Damit auch hiesige burgerschaft ihre söhne und angehörige, so man an außere und frömbde orth zu verschiken hette, durch gelegenheit eines ordinari wie bißhero zu pferdt vortschaffen könne, werden die entrepreneurs neben den posten noch ein besonderes ordinari nacher Zürich, Basel und Genf anstellen, welches von 14 zu 14 taagen, und wan es mit der zeit müglich, von 8 zu 8 taagen von hier abreisen und die reisende, vorauß aber unsere burger, in leidenlichem preise zu pferdt mitnemen wirt.

XVI. Durchauß aber hat es hiemit den verstandt, daß sie, die entrepreneurs, umb alles dasjenige, so ihnen vertrowt wirt, güt sein und so durch ihre schuldt oder negligentz etwas verlohren wurde, sie daßelbe als billich ersetzen sollen.

Zu wahrem urkhundte des alleßin ist gegenwertiger tractat mit unser statt anhangendem secreteinsigel verwahrt und geben [...] (Datum).

Ist etwas zeits hernach vor dem höchsten gewalt bestätiget und deßelben ratification hinden an den tractat gesetzt worden.

Mandat an die Amtsleute vom 17. 9. 1675[159]

An alle Teütsch und Wälsche Ambtleüth

Schultheiss und Rath der Statt Bärn. Unser bisshero in der Aschen gelegenes hoches Regale der Posten und Botten bestellung in unser Bottmässigkeit dermalen in Nutzen und Gültigkeit zu bringen, haben wir selbiges etlichen unseren Burgeren hingelichen, under anderen auch mit dem geding, dass sie alle unsere brief an Ihr

159 Quelle: Acta und Schriften, Lit. A, S. 36 f.

gehöriges Orth so weit unser gebiet sich erstrekt, und die solchen nach anstellende Posten und Botten gehen werden, es seye durch ordinarj- oder Extra ordinari Post, ohne einichen unseren Umkosten verschaffen sollen; Sintemalen dann auf solche weiss man der fussbotten sich hinfüro ferners nicht bedienen wirt, als wirstu von Anfang Octobris nechstkomend an, selbige so vil deren in deiner Ambts Verwaltung sein werden, abschaffen, Ihre Bestallung (so sie einiche gehabt) aufheben, und hinfüro zu bestellung deiner Schreiben an uns, Dich diser neüw anrichtenden Posten oder Botten zu bedienen wüssen: Umb alldieweilen benebens von uns versprochen und zugesagt worden, sie in allweg kräfftig zu handhaben, innsonderheit aber jedermänniglichen so disem Post- oder Bottenwesen zu Nachtheil etwas tentiren, oder selbigem Eintrag zu thun sich understehen möchte, zu hinderhalten, besag mehreren Innhalts beyligenden Extracts. Als wirstu dessen dahin berichtet, damit du solcher unserer Zusag zu folg gesagte Post und Botten in allerley begegnussen, sovil in deiner Ambts Verwaltung ihnnen nothwendig sein möchte, die befürderliche Handhabung widerfahren zu lassen wissest. Gott mit uns. Datum 17. Septembris 1675.

Bekanntmachung an die Burgerschaft zu Bern vom 10./20. 9. 1675[160]

Bericht für eine ansehenliche Burgerschaft zu Bärn über die allda anstellende Post und Messagerie.

Damit selbige des nutzens, so beydes dem Stand und der Burgerschaft dadurch zuwachsen wird, und der anstalt in etwas verstendiget werde und solchem nach auch diser einrichtung nach belieben sich zu bedienen wüsse, wird in gebühr hienechst-folgendes zu vernemmen gegeben:

1. Erstlich wird der Stand neben sicherer und geschwinderer verschaffung seiner brieffen, alß bißhero geschehen, fürnemlich disen nutzen geniessen, daß selbiger (in ansehen fürohin alle des Stands Briefen vergebens und ohne einiche unkösten nach nothdurft verschaffet werden sollen) in gewinnung solcher und dergleichen außgaben jährlich in 1500 Kronen ersparen kan.

2. Anstatt bißhero alle andere Botten (außert den hiesigen) dise Haubt-Statt so weit hindangesetzt, daß sie selbige nicht nur abgewichen, sondern auch alle Reisende davon abgezogen, werden inskönftig alle Posten und Botten zusamt den reisenden durch dise Statt gehen, welches dann den Wirthen, Sattleren, Schmiden und anderen Handwercksleuthen etwas zu verdienen die gelegenheit an die hand geben wird.

3. So wird Ehrengemeldte Burgerschaft durch dise Post und Messagerie sichere gelegenheit haben, ihre Correspondenzen nach Teutschland, Franckreich und Italien, insonderheit aber in die Eidgnoßschaft und hiesigen Stands gantze Gebiet vil geschwinder und öfter, alß biß anjetzo geschehen zu pflegen, zu underhalten.

Die anstalt diser Post und Messagerie belangend wird selbige, so vil hiesigen Ort ansicht, bestehen und angesehen werden, alß folget:

1. Werden alle wochen 2 Posten über Solothurn, Wangen, Arwangen, Arburg, Arau, Lentzburg, Mellingen, Baden etc. nacher Schaffhausen und von dar wider zuruckreisen und alle Briefen für gesagte Ort als auch Zürich, St. Gallen etc., fürnemlich aber in das Teutsche Reich, als Augspurg, Lindau, Costantz, Ulm, Nürn-

---

160 Quelle: StadtASG Archiv des Kaufmännischen Direktoriums Ob. K. Tr. VII, P.2.c.; zit. nach: Rotach, 1909, S. 88–90.

berg etc. mitnemmen und hingegen von selbigen orten allher gehende mitbringen. Die einte von disen 2 Posten wird ablauffen Sontags vormittag und wider einlangen Dinstags nachmittag. Die zweyte wird abreisen Donnerstags vormittag und wider ankommen Samstags nachmittag. Zu überbringung der Züricher, St. Galler und anderer Briefen der enden soll von Mellingen auß ein Expresser nach ankunft der Post daselbsten abgeschickt werden, der bey seiner widerkunft die Briefe für die Post von selbigen orten wider mitbringen wird.

2. Gleichergestalten werden wochentlich 2 Posten über Freyburg, Milden, Lausanna, Morsee etc. nacher Genf gehen und zwar die einte ablauffen Sontags vormittag und von dar wider anlangen Dinstags vormittag. Die andere dann wird abgehen Donnerstags vormittag und wider einlauffen Samstags nachmittag: Also und dergestalten, daß alle Sontag und Donnerstags morgens die Briefe nach Teutschland und Frankreich etc. ab; und von dannen alle Dinstag und Samstag nachmittag allhier eingehen und daß sowol von Schaffhausen, Zürich etc. als Genf und näheren orten innert 3 tagen frist antwort allhier erhalten werden solle. Uber obbedeute Posten nach Genf und Schaffhausen wird dahin auch noch angestellet ein Ordinari-Bott, so wochentlich einmal, und zwar in gewöhnlichen und bequemen tagreisen, dahin reisen, um Leuht und schwere wahren und sachen mit sich zu führen und fortzubringen.

3. Werden auch jede wochen 2 Ordinaria nacher Basel gehalten, davon das eine abreisen soll Montags vormittag und wider anlangen Donnerstags vormittag: das andere dann wird ablauffen Donnerstags nachmittag und wider einlangen Sontags vormittag.

4. So soll auch ein Ordinari-Bott nacher Neuenburg wochentlich, und zwar Freytags vormittag abreisen, und da dannen wider ankommen Samstags abends.

5. Wird ein Bott nacher Lucern auch alle wochen ein mal abgehen und verreisen [Auslassung im Text], hinwiderum auch von daselbst eingehen [Auslassung im Text.]

6. Den porto von Briefen sowol als von anderen schweren sachen und Paqueten wird man nach billichkeit und nicht mehr forderen oder nemmen, als bißhero bezahlt worden, als von Zürich, Basel, Genf etc. von einem einfachen Brief einen batzen, von Schaffhausen dann auch nicht mehr (obwolen bißhero 6 kreutzer bis 2 batzen von einem brief bezahlt werden müssen).

7. Um vertrauende Paquet, Wahren und Gelt, wil man gut seyn und den auß schuld der Postbedienten entstehenden verlurst und schaden nach billichkeit ersetzen.

8. Sollen alle die Briefe (wohin sie auch gehörend) an ihr ort, es seye in M[einer] G[nädigen] H[er]r[e]n Gebiet oder außert demselben, ohne daß sie fehrnerer recommendation nöhtig habend, um die gebühr fleissig bestellet werden, sofehr sie in dise Postverwaltung übergeben werden.

9. Das Post-Comptoir wird seyn in der Schreibstuben hinder dem Laden zun Schützen: und daselbst hin wird ein jeder die Briefe in gehöriger zeit zu verschaffen und auch hinwiderum abzuholen wüssen.

10. Der anfang diser Post wird, geliebts Gott, gemacht werden mit der Post nach Genf, so abgehen wird Mitwochens abends den 22. diß Monats, folgends und alsobald nach deren widerkunft die nach Teutschland auch ihren anfang gewinnen und solchem nach völlig fehrners fortgesetzet werden soll.

Schließlichen soll auch nicht verhalten werden, daß den durch dise Post absetzenden Genfer Botten, Hanß [Auslassung im Text], wie auch den Baßler Botten, Conrad Habold, in ansehen etwelcher für sie abgelegter Recommendationen zu accommodieren und sie zu Postbedienten anzunemmen, man bedacht gewesen. Es ware aber solches keinem erfreulich, ungeachtet dem gesagten bißherigen Genfer-Botten (neben abnemmung seiner Pferdten und Reitgezeugs in billichem preiß) zu einer belohnung noch einmal so vil als sonsten einem anderen Postknecht samt der Kost angebotten worden: welches dann wenigstens sich auf 60 Kronen und ein Kleid beloffen hätte, und für einen, der vor ohngefehrlich 8 Jahren den Fußbotten noch agiert hatte, ein gar ehrliches Salarium gewesen were. So vil zur Nachricht.

Fahls wegen vorfallenheiten, insonderheit zu winterszeiten wegen Schnees und Eyses, die zeiten so genau nicht beobachtet werden könten, bittet man, zu gut zu halten und im übrigen aller fleissiger und getreuer bedienung versicheret zu seyn.

Datum Bärn, den 10. und 20. Septembris 1675.

Bekanntmachung vom 10./20.9.1675[161]

In erwegung deß in der Eydgnoßschaft bißhero schlecht bestellt gewesenen Post- und Bottenwesens, und auß sonderbarer Gnädiger Bewilligung und Authoritet Loblicher Orten und Souverainen Ständen Bärn, Freyburg, und Solothurn, wird zu beförderung der Correspondentz zwüschen Teutschland, Frankreich und Italien, durch ermelte Eydgnoßschaft, eine Post und Messagerie daselbsten angestellet und eingerichtet, als hernach entworffen ist.

[1.] Erstlich, anstatt bißhäro wochentlich nur ein Ordinari biß nacher Genf gereiset, und also die Briefe von Zürich, Basel, Schaffhausen, etc. die wochen nur ein mal nacher Genf, und von dar wider an gesagte Ort überbracht worden, so sollen inskönftige wochentlich zwey Posten oder Botten von Schaffhausen und Basel, biß Genf gehen, und also mit den daselbst wochentlich zwey mal auß Lyon ankommenden Posten correspondieren: Ein gleiches wird von Nürnberg biß Ulm, und von dar biß Schaffhausen auch angerichtet; dergestalten, daß von Nürnberg durch die Schweitz biß Genf, Lyon und Paris, wochentlich zwey mal Briefe abgehen, und hinwiderum von selbigen Orten dahin einlauffen werden.

2. Sollen die Briefen beynahe noch ein mal geschwinder und schneller überbracht werden, alß vor disem geschehen, und zwar von Nürnberg biß Schaffhausen in vierthalb tagen, und in gleicher zeit von dar biß Genf, also daß ein Brief von Nürnberg biß Genf nur 7. tag underwegens verbleiben wurde, etc.

3. Wil man sich (ungeachtet dise Einrichtung sehr kostbar ist,) jedoch mit dem bißharigen und billichem porto vernügen, und so wol von den Briefen als Paqueten oder Wahren, nicht mehr begeren, als den Botten von einem ort zum anderen, da die Postverwaltung seyn wird, bezahlet worden.

4. Sollen die Paquet und anvertrauende Wahren oder Gelt, nicht minder sicher als die Briefe, an ihr gehörig ort verschaffet werden, und fahls auß schuld der Postbedienten sich etwas verlieren solte, ist man erbietig, den daherigen schaden nach billichkeit zu ersetzen.

5. Wird neben denen zweyen wochentlichen Posten noch ein Ordinari-Bott gehalten werden, welcher zu verführung personen und schweren sachen, nach bequemlichkeit fort reisen wird; und vermittelst gelegenheit dises Ordinaris, werden reisende von Nürnberg biß nach Ulm, Schaffhausen, Zürich, und Solothurn, wie nicht weniger auch von Basel biß dahin, und von dannen biß Bärn, Freyburg, und Genf, in billichem preis sich erheben und fortkommen können.

6. Soll auch ein wochentlicher Ordinari-Bott von Bärn biß Lucern und Neuenburg reisen.

---

161 Quelle: StadtASG Archiv des Kaufmännischen Direktoriums Ob. K. Tr. VII, P.2.c.

7. Also und dergestalten, daß für die gantze Schweitz, und durch selbe nach Frankreich und Italien, die Briefe durch dise Post verschaffet werden sollen, ohne daß solche weder an das ein noch andere ort fehrnerer Recommendation, oder einschlahung an andere Freund, benöhtiget seyen, und wird freystehen, solche in Nürnberg, Ulm, Schaffhausen, etc. zu franquieren, oder aber den porto erst in Genf, Lyon, oder an welches Ort der Schweitz sie hinkommen sollen, bezahlen zu lassen.

8. Die Posten werden in Nürnberg also ankommen, die einte Montags nachmittag, und von dannen wider abreisen Dinstags vormittag: die andere aber wird ankommen Donstags vormittag, und wider verreisen Freytags frühe: In Ulm werden die Nürnberger und Schaffhauser-Briefe ankommen, das einte mal Samstags nachmittag, und von dar biß nacher Schaffhausen und Nürnberg abreisen, Sontag morgens: das andere mal dann Dinstag abends oder Mitwochens früh, und von dar nach Nürnberg und Schaffhausen abgehen Mitwochens nachmittag.

9. Der anfang dessen soll gemacht werden, mit dem anfang des nechst-erwartenden Monats Octobris.

10. Die bestellung dises werks dann wird in Bärn seyn in handen H[er]rn Beati Fischers des Grossen Rahts und Teutschen Seckelschreibers daselbsten: In Schaffhausen bey Hrn. Niclauß Klingenfuß, Postmeister allda: und in Ulm bey H[er]rn [Auslassung im Text] von daselbsten, und in Nürnberg wird die Commission haben H[er]r [Auslassung im Text.]

Ist das jenige, dessen jedermäniglichen nachrichtlichen zuverwahrnen für dißmals gut erachtet worden: Fahls dann etwas enderung vorlauffen solte, wird man dessen widerum bericht ertheilen: Inzwüschen aber soll man fleissiger und getreuer bedienung und bestellung sich versicheret halten.

Datum 10. und 20. Septembris 1675.

Postreglement vom 23.6.1677[162]

Hoch – Obrigkeitliche Ordnung Und Reiglement Uber Die in Lobl: Statt und Landschafft Bärn angestellte Post und Messagerie.

Bärn, bey Samuel Kneubüler, 1677.

Wir Schultheiß, Räth und Burger der Statt Bärn, Urkunden hiemit. Demnach unser lieber getreuer Burger und Seckelschreiber Beat Fischer, als besteher unsers ihme hingelichnen Post- und Botten-Regals in unsern Landen und Gebiehten, uns in gebühr angekehrt, wir in Gnaden geruhen wolten, ein Reiglement zu jedermänniglichs verhalt und nachricht zumachen, und zu dem ende, nicht nur den porto von Brieffen und Paquetten oder Wahren reguliren und bestimmen zulassen, sondern auch einen Weg und kurtzen process zuverordnen, welchem nach, vertrauter sachen wegen entstehende difficulteten, ohne grosse weitläuffigkeit außfündig gemachet und erörtert werden mögen; daß darauf hin und in ansehen wir solches selbsten eine nohtwendigkeit zuseyn befunden, hernach folgendes Reiglement und Ordnung, so vil unsere Statt und Land betrift, aufgesetzt und bestimmet, und derowegen statuiret gesetzt und geordnet haben, als folget, der meinung dass es darbey verbleiben und die Brief-Tax darüber auß nicht gesteigert werden solle.

162 Quelle: Postreglement von 1677, in: Heiniger 1984.

Anlangend erstlich den porto der Brieffen.

Soll von Bärn auß biß nach Zürich, Lucern, Basel, Schaffhausen, Genf, und Neuenburg, und von denen orthen wider nach Bärn bezahlt werden, von einem einfachen Brieff[163] ein Batzen, und von Bärn bis nach St. Gallen, oder von dannen nach Bärn, ein Batzen und zween Kreutzer.

Von einem doppelten Brieff[164] aber, soll der Porto um den halbigen theil vermehret, und nach solcher proportion auch von einem drey oder mehrfaltigen Brieff[165] der porto bezogen werden.

Was aber Brieff-Paquet sind, so über zween Untzen[166] steigen, soll von dem Loth zween Batzen bezalt werden, jedoch soll keinem zugelassen seyn, andere als seine eigne Brieffe zusammen zuschlagen, und in paquet zumachen zumahlen sonsten das Post-Ambt des ihme gebührenden ports frustieret werden könnte.

Von den Briefen aber, so an die Ort gehören, so zwüschen obgedachten Haupt-Orthen, oder auf derselben Routes und Strassen ligend, soll von solchen orthen, so nicht mehr als den vierten theil wegs, von einem Haupt-Orth da sie abgehen, bis zu dem andern Haupt-Orth, da die Post hingehet und ablegt, abgelegen sind, der halbige, von übrigen aber, der völlige und gantz porto erstattet werden.

Betreffend dann den porto von Hardes[167], Wahren, und dergleichen.

Dergleichen sachen und Paquet, so von hiesiger Haupt-Statt, an obbedeute Haupt-Orth abgehen, und unsern Burgern oder Einwohnern zuständig sind, oder von vorbedeuten Orten in gedachte Haupt-Statt gehörig, und abzugeben seyn möchten, soll von einem Pfund hiesigen Gewichts[168] nicht mehr, als ein Batzen bezahlt werden, aussert was nach Neuenburg und von dannen alhero versand wirdt, da von einem Pfund nur zween Kreutzer porto bezalt werden soll.

Was aber Wahren oder Paquet sind, so hier nur durch gehen, und von Genf nach Zürich, Schaffhausen, Basel und St. Gallen, oder von dannen wieder nacher Genf gehen, mag von jedem Pfund Genfer-Gewicht[169], drey Batzen als bishero gewohnt, gefordert und bezogen werden.

Von denen dann, so underwegs auf den Routes abzulegen seyn oder aufgenommen werden, soll ein gleiche proportion, als mit den Brieffen underwegs gehalten werden.

Von Gelt aber soll von vorbenanten Orthen biß nach Bärn, oder von hier dahin, das in dem Hinleichungs-Tractat bestimbte, als nämlichen vom Gold ein vierteil per cento[170], von Silber aber ein halbes per cento[171], bezahlt werden.

Damit auch jedermänniglich wüsse, wie weit man um das vertraute bescheid und antwort zugeben schuldig seyn solle, solchem nach auch das jenige, so man vertrauet, gebührender massen zu übergeben und zu consigniren wüsse, als sölle auch hiermit jedermänniglich verwahrnet seyn, das jenige, es seye Gelt, Paquet, Brieff, oder anders, so er an ein und anders Orth zuversenden bedacht, in dem Bureau oder Schreibstuben, so an jedem Haupt-Orth angestellt zu finden seyn wird, ordentlich zu übergeben, und mit vernambsung der Summ, valor oder qualitet dessen so man verschikt, zu consigniren[172], da sonsten, so anderer gestalt etwas vertrauet oder übergeben wurde, der Posthalter keines wegs gehalten werden soll, darum weder bescheyd noch rechenschaft zugeben; Was aber belanget die Orth underwegs, so zwischen obernamseten Haupt-Orthen gelegen, sollen dergleichen sachen denen Commissen oder Factorn, so von Orth zu Orth bestelt sind, hievor bedeuter massen übergeben und vertrauet werden, wo aber keine derselben sind, mögend selbige deme, so das ordinari und schwere sachen führt,

---

163 Einfacher Brief = Brief mit bis zu vier Seiten.

164 Doppelter Brief = Brief mit mehr als vier Seiten.

165 Dreifacher Brief = Brief mit mehr als acht Seiten.

166 1 Unze «hiesiges Gewicht» = 30,59 Gramm, 1 Lot = 15,29 Gramm.

167 Reisegepäck.

168 Für Postsendungen und für Reisegepäck galt das «hiesige Gewicht» beziehungsweise das Pariser Markgewicht (16/17 des Bernpfundes oder 489,5 Gramm: 1 Pfund = 489,5 Gramm, 1 Unze = 30,59 Gramm, 1 Lot = 15,29 Gramm).

169 1 Genferpfund = 550,694 Gramm, 1 Unze = 34,41 Gramm, 1 Lot = 17,20 Gramm.

170 $1/4$ Prozent.

171 $1/2$ Prozent.

172 Einschreiben von Postsendungen.

wol übergeben: Der Post aber nichts anders als Brieffe zugestellet, oder aufgeladen werden, zumahlen sonsten und so man sich deme nicht gemeß verhielte, um dergleichen sachen kein bescheyd gegeben werden soll.

Folget nun auch ein besonderes und kurtzes Recht, so in sachen das Post- und Botten-Werk ansehend, von den klagenden Persohnen gebraucht werden mag: Welchem nach der Admodiatarius[173], so wol als dessen Bediente bescheid geben sollen.

Erstlichen so das Klagende, oder die Ansprach nicht über Einhundert Pfund Pfenning werths betreffen thut.

Wann jemands gegen dem Admodiatario des Post- und Bottenwesens Klaghafft oder Ansprechig were, um sachen, deren Valor oder Wärth nicht über Einhundert Pfund Pfennig[174] steigen thäte, soll eines jehwesenden Großweibels, Einungers und Gerichtschreibers Erkantnus darüber absolut und decisiv seyn, solche auch nit weiters gezogen werden können. Er der besteher oder die seinigen, sollen auch gehalten seyn, auf dem von diesen unseren Bedienten ansetzenden Tag zuerscheinen, widrigen fals sollen sie ihre erkantnus von sich geben, und selbige ungeachtet solchen außbleibens oder nicht erscheinung, kreftig und gültig seyn, jedoch Leibsnoth und Herren-Geschäffte vorbehalten; Fals aber von diesen dreyen Richtern, der einte, andere oder dritte verwandschaft, oder sonst habenden Interesses wegen nicht beywohnen könte, soll deren anzahl von den ersten Gerichtssässen ersez werden; Also wann einer von den obbestimten dreyen Richtern nicht beywohnen könte, das der elteste Grichtsäß seine stell erfüllen, wann zwey abtretten müßten, die zween eltesten derselben Sitz nemmen, wann aber die vorbenante drey Richter alle Verwandschaft oder Interesses wegen nicht beywohnen könten, soll obberührter Gewalt und erkantnus bey den dreyen eltesten Gerichtssässen stehen.

Um Ansprachen von Einhundert, biß auf Zwehundert Pfund Pfennigen.

So dann jemands um mehr als Einhundert Pfund Pfennig werths Klaghafft und ansprechig were, solche ansprach jedoch Zweyhundert Pfund Pfennig nicht übersteigen wurde, mögend zwar die vorbestimten drey Personen wol darüber erkennen, fals aber die eint oder ander Parthey dero erkantnus sich nicht undergeben wolte, alsdann soll der Kläger an das aussere Statt-Recht stehen, den Antworter Summarischer weiß alldorten belangen, und von vier und zwanzig zu vier und zwanzig Stunden fortzufahren haben, also und dergestalt, das darüber absolutè und endlichen abgesprochen, den Partheyen auch hernach die Urtheil weiters zu ziehen nicht gestattet weden soll.

Um Ansprachen von Zweyhundert biß auf Ein Tausent Pfund.

Wurde aber die Ansprach haubtsächlichen von Zweyhundert bis auf ein tausend Pfund, und nicht höher sich belauffen, mag dieselbe zwar, vor Summarischem Gericht, wie obstaht gefertigt, die ergehende urtheil aber, vor unsere Teutsche Appellation-Kammer geappelliert und daselbsten absolutè darüber erkennet werden.

---

173 Admodiator = Pächter.
174 Bernische Rechnungswährung.

Um Ansprachen über ein Tausend Pfund Pfennig.

Um Ansprachen und Forderungen dann, die den Wärth der ein Tausend Pfund Pfenningen übersteigen, sollen die gewohnten erst und andere Instanzen auch gebrauchet werde, der beschwärenden Parthey aber die ergehende Urtheil weiters und alhero vor den höchsten Gewalt zu ziehen zugelassen seyn.

Damit aber hingegen, der Besteher, des Post- und Bottenwerks auch seiner beweißthumben und anderer beneficien durch saumseliges anstehen nicht frustiert werden, sollen alle die Jenigen, so vertrauter sachen wegen Klaghafft seyn möchten, ihre Klag innert dreyen Monaten frists, von der zeit anzurechnen, da es dem Klaghafften bekant worden seyn mag, ihre Klag obgehöriger orthen formiren und anbringen, widrigen fals hernach darum kein bescheid gegeben noch recht gehalten werden: In krafft diß Brieffs, Urkundlich mit unser Statt Secret Insigel verwahrt, und geben Samstags den drey und zwantzigsten Tag Brachmonats, dieses SechzehnhundertSiben- und Sibentzigsten Jahrs 1677.

Die Posten und Botten in Bärn

Kommen an,

Sontags,
Morgens, um 10. uhr:
   Der Lucerner – Bott, mit Briefen von Solothurn, Willisau, Sursee, Lucern, und Italien.
   Item die Baßler – Post, mit den Briefen von Straßburg, Frankfurt, Cöln, und Niderland.

Dinstags,
Morgens, um 10. uhr:
   Der Neuenburger – Bott, mit Briefen von Neuenburg, auß Burgund, von Biel, Arberg, Erlach, etc.
   Item die Brief von Murten, Wifflispurg, etc.

Mittwochens,
Nachmittag:
   Die Züricher – Post, mit Briefen auß dem Aergöu, Solothurn, Zürich, St. Gallen, Schafhausen, Nürnberg, Ulm, Augspurg, und andern orten des Reichs.
Abends um 3. uhr:
   Die Genfer – Post, mit den Briefen von Freyburg, Päterlingen, Milden, Yfferten, Vivis, Lausanna, Genf, Frankreich, und Wallis.
Um 6. uhr:
   Der Lucerner – Bott, mit Briefen von Solothurn, Willisau, Lucern, etc. und Italien.

Donnerstags,
Um Mittag:
   Die Baßler – Post, mit den Briefen als am Sontag.

Freytags,
Um Mittag:
   Der Ordinari – Bott von Genf, so leut und schwere sachen führt.

Samstags,
Morgens um 11. uhr:
   Der Neuenburger – Bott, mit den Briefen als am Dinstag.
   Der Züricher – Bott, mit Briefen als am Mitwochen, so zugleich auch leuth und schwere sachen führt.
   Der Baßler – Ordinari – Bott, so leuth und schwere sachen führt.
Abends um 3. uhr:
   Die Genfer – Post, mit Briefen als am Mitwochen.
   Item die Briefen von Burgdorf, Huttwyl, Wyningen, Langenthal, etc.

Lauffen ab,
Sontags,
Morgens um 10. uhr:
   Der Bott nach Neuenburg, mit den Briefen nach Neuenburg, Biel, und ins Burgund.
   Item die nach Erlach, Arberg, etc.
Um Mittag:
   Die Post nach Genf, nimt mit die Brief nach Freyburg, Päterlingen, Milden, Yfferten, Lausanna, Morsee, Genf, Frankreich und Wallis.
   Der Bott nach Lucern, nimt mit die Brief nach Solothurn, Willisau, Lucern, und nach Italien.

Mitwochens,
Abends, um 3. uhr:
   Die Post nach Zürich, mit den Briefen nach Solothurn, ins Aergöu, nach Zürich, St. Gallen, Schaffhausen, Ulm, Augspurg, Nürnberg, und andere ort des Reichs.
   Item die Post nach Basel, mit den Briefen nach Basel, Straßburg, Frankfurt, Cöln und Niderland.

Donnerstags,
Um Mittag:
   Die Post nach Genf, mit den Briefen als am Sontag.
   Der Bott nach Lucern, mit Briefen als am Sontag.
   Der Bott nach Neuenburg, mit Briefen als am Sontag.
   Der Bott nach Burgdorf, Wyningen, und Langenthal, etc.

Freytags,
Morgens um 10. uhr:
   Der Ordinari – Bott zu Pferdt nach Basel, so leuth und schwere sachen führt.

Samstags,
Morgens um 10. uhr:
   Der Bott mit den Briefen nach Murten, Wifflispurg, etc.
Um Mittag:
   Der Ordinari – Bott nach Zürich, so leuth und schwere sachen führt.
   Item der Ordinari – Bott nach Genf, so leuth und schwere sachen führt.
Abends um 3. uhr:
   Die Post nach Zürich, mit Briefen als am Mitwochen.
   Item die Post nach Basel, gleicher gestalten mit Briefen als am Mitwochen.

Georges Herzog

Beat Fischer als Bauherr und Freund der Künste

Vorbemerkungen

Bei der Übernahme der Aufgabe, den Postherrn Beat Fischer als kulturellen Menschen und Liebhaber der Künste zu umreissen, war davon auszugehen, das Sichten des zahlreichen Quellenmaterials in den Familienarchiven in der Burgerbibliothek und im Staatsarchiv Bern werde mit grosser Wahrscheinlichkeit eine Anzahl einschlägiger Fakten oder zumindest neue Spuren zutage fördern. Doch leider hat sich diese zweckoptimistische Vorstellung als nur sehr bedingt zutreffend herausgestellt. Zu ganz entscheidenden Fragen blieben die erhaltenen Quellen stumm. So fanden sich praktisch keine direkten Angaben über den Umbau und die Ausstattung von Schloss Reichenbach. Brennende Fragen nach den näheren Umständen des Bauvorhabens, der genauen Bauzeit oder nach den Namen des Architekten und der Bauhandwerker blieben von den Quellen her unbeantwortet.

Auch in Bezug auf den monumentalen Zyklus über die Affäre der Katharina Perregaux-von Wattenwyl des international reputierten Berner Malers Joseph Werner (1637–1710) bleibt die ernüchternde Feststellung des Werner-Biografen Jürgen Glaesemer bestehen. Er bemerkte zu dem bedeutenden Zyklus: «Über Auftrag, Themenwahl, Bezahlung oder dergleichen fanden sich trotz gründlicher Nachsuche auch unter den Dokumenten des umfangreichen Nachlasses von Beat Fischer keinerlei Hinweise.»[1]

Neben den (grösstenteils fehlenden) Schriftquellen existieren aber als Sachquellen wichtige Zeugen von Beat Fischers Tätigkeit als Auftraggeber für Bauten und Ausstattungen. Zuallererst steht da Schloss Reichenbach selbst, das zwar ebenfalls nicht ohne Schrammen und Verluste durch die Geschichte gekommen ist. In ihm sind aber immerhin wichtige Elemente als Zeugen der Interventionen Beat Fischers zu finden: angefangen von der Gesamtform der äusseren Hülle über verschiedene Räume und Ausstattungen bis hin zur Ausmalung des Gerichtssaales, in welcher sich die wohl reinste künstlerische Aussage erhalten hat.

Ausser in Reichenbach betätigte sich Fischer auch bei der Einrichtung eines Ballenhauses am Südende des Bärenplatzes und beim Bau des älteren Posthauses an der heutigen Postgasse (Nr. 64) als Bauherr und Unternehmer. In St-Blaise/NE liess er ein Herbsthaus errichten, aber auch als Landvogt von Wangen hat er baulich und ausstattungsgeschichtlich seine Spuren hinterlassen. Bevor wir uns allerdings den einzelnen Objekten zuwenden, mit denen

---

1 Glaesemer 1974, S. 74, Anm. 339.

sich Beat Fischer als Bauherr und Kunstfreund manifestierte, soll auf eine Gruppe von Quellen hingewiesen werden, die Einblicke in die Lebensumstände Beat Fischers und seiner Familie ermöglichen.

Die wichtigsten Quellen zu Beat Fischers Lebensstil, Statuskonsum und zu seinen Ausstattungsbemühungen in den Schlössern Wangen und Reichenbach

Neben den fehlenden Primärquellen gibt es in den verschiedenen Familienarchiven im Berner Staatsarchiv und in der Burgerbibliothek Bern eine ganze Reihe von Akten, Journalen und Rechnungsbüchern, aus denen direkt und indirekt Schlüsse zu Lebensstil und Statuskonsum der Familie Fischer zu ziehen sind.

Da ist zum einen das «Journal und Memorialia wegen erlangten Ambts Wangen, von der erwöhlung an als vom 23. July 1680 [...]».[2] Darin kommen uns Beat Fischer und seine Welt erstaunlich nahe. Auf eine für damalige Verhältnisse sehr persönliche Schilderung seines Amtsaufzuges folgen die verschiedenen Ausgaben für die Gastmähler, die er aus Anlass seiner Neuwahl ganz oder zum Teil selber berappen musste. Neben der Bewirtung seiner Zunftgenossen zu Ober-Gerwern, welche die meisten Mittel, nämlich 137 Kronen, verschlang, musste er sich auch, wohl mit anderen Neugewählten zusammen, an Bewirtungen im «Falken» und in der «Krone» beteiligen.[3]

Anschliessend folgen Ausgabenzusammenstellungen für den Umzug von Bern nach Wangen und Abschriften der Ernennungsurkunde als Landvogt. Mit diesem Umzug hat auch der Teil des «Journals» zu tun, der für unsere Fragestellungen die wichtigsten Hinweise liefert. Auf den Seiten 107 bis 165 wird das ganze Zügelgut, das von Bern nach Wangen geschafft werden musste, bis ins Detail dokumentiert. Von den Büchern und Zeitschriften[4] über den Wein[5], die Wäsche und Kleider[6], das Geschirr aus Silber[7], Zinn[8], Kupfer[9], Eisen[10] und Blech[11] bis zu den Möbeln[12] wird alles fein säuberlich aufgelistet und wo möglich auf die nummerierten Transportkisten verteilt.[13]

Unter dem Gesichtspunkt von Statuskonsum und Prachtentfaltung besonders eindrücklich ist seine Zusammenstellung der Silberwaren, die er nach Wangen mitnahm. Da ist etwa die Rede von mindestens zwei grossen, silber-

2 StAB FA von Fischer I 21 (3): Journal und Memorialia wegen erlangten Ambts Wangen.

3 StAB FA von Fischer I 21 (3): Journal und Memorialia, S. 1 f.

4 StAB FA von Fischer I 21 (3): Journal und Memorialia, S. 107–113, 121 f. Vgl. dazu den Aufsatz von Barbara Braun-Bucher in diesem Band.

5 StAB FA von Fischer I 21 (3): Journal und Memorialia, S. 120.

6 StAB FA von Fischer I 21 (3): Journal und Memorialia, S. 114–119, 123.

7 StAB FA von Fischer I 21 (3): Journal und Memorialia, S. 118, 123–127.

8 StAB FA von Fischer I 21 (3): Journal und Memorialia, S. 137–139.

9 StAB FA von Fischer I 21 (3): Journal und Memorialia, S. 140–142.

10 StAB FA von Fischer I 21 (3): Journal und Memorialia, S. 142–145.

11 StAB FA von Fischer I 21 (3): Journal und Memorialia, S. 146.

12 StAB FA von Fischer I 21 (3): Journal und Memorialia, S. 146–152.

13 Tabellarischer Zusammenzug der wichtigsten Sparten siehe Beilage 2.

nen Weinflaschenkühlern, 44 Tiegelbechern, von denen immerhin deren 18 vergoldet waren. Besonders farbig wird die Darstellung, wenn von Silbergeschirr und -besteck die Rede ist, das Fischer während seiner Landvogtzeit in Wangen einschmelzen liess, weil es entweder schlecht gearbeitet oder schlicht aus der Mode gekommen war.[14] Wenn man von Trinkgefässen oder Tafelaufsätzen in der Form einer vergoldeten Galeere[15] hört oder in Gestalt einer Frau mit einem Züberli[16] oder einem Becher auf drei Rädchen, erstehen vor unserem Auge Vorstellungen von oftmals recht abenteuerlich anmutenden Schöpfungen barocker Goldschmiedekunst, wie sie sich gerade in Zunftsilber-Sammlungen – auch in Bern – noch in ansprechender Zahl erhalten haben.[17] Ein recht präzises Bild kann man sich auch von den drei unterschiedlich grossen Buckelbechern im Gesamtgewicht von 53 Lot machen, die Beat Fischer ebenfalls einschmelzen liess, um daraus ein Dutzend vergoldete Tiegelbecher machen zu lassen.[18] Hier spürt man förmlich den Wandel im Geschmack hin zu französischer Lebensart, der sich darin niederschlug, dass man einen Zwölfersatz schlichter, aber immerhin vergoldeter Tiegelbecher den etwas kruden Formen der stilistisch veralteten Buckelbecher vorzog, die geschmacklich dem eher deutsch orientierten Kulturkreis der Zünfte angehörten.

«A la mode» hatte auch das silberne Tischbesteck zu sein. Dabei steht die Zahl der Löffel (63) allerdings erwartungsgemäss noch weit über derjenigen der Gabeln (18) und Messer (12).

Bei den Platten, auf denen man die Speisen präsentierte, dominiert als Material das Zinn. Fischer liess die unglaubliche Zahl von über hundert Zinnplatten nach Wangen transportieren. Diese stammten – laut den Angaben im «Lauffender Schulden- und Contibuch»[19] – ausschliesslich vom bekannten Genfer Zinngiesser Leonard I Bourrelier (1639–1730).[20] Auch bei den Tellern steht Zinn (42) weit vor dem Silber (6). Die hölzernen Teller (44) und Fleischbrettchen (11) deuten darauf hin, dass es aber auch Gelegenheiten gab, bei denen einfacheres Geschirr hervorgeholt wurde. Wenn man allerdings von den Gesamtzahlen ausgeht, kommt man zum Schluss, dass die wertvollen Silber- und Zinnteile beileibe nicht nur zum Bestücken eines Repräsentiermöbels angeschafft worden waren, sondern durchaus zu den täglichen Gebrauchsgegenständen eines standesgemässen Haushalts gehörten.

Unter den Möbeln[21], die nach Wangen transportiert wurden, dominieren die Tische (17, davon 11 mit Schieferblättern) und die Sessel (45) während sich die Bettstellen mit zwei eichenen Bettstätten, einem Feld- und einem Rollbett sowie einem Kinderbett (Gutschli) eher bescheiden ausnehmen. Auch der einzige eichene Kleiderschaft und ein tanniges Schäftli mit zwei Türen dürften neben einigen wenigen Trögen kaum zur Unterbringung der zahllosen Kleider und der umfangreichen Tisch- und Bettwäsche gereicht haben. Man kann allerdings davon ausgehen, dass Lagermöbel dieser Art zur Grundausstattung des Landvogteischlosses gehörten.

Unter den Möbeln im weiteren Sinn sind sicher zu erwähnen die Viertelschlaguhr mit Gewicht und das Spinett, das offenbar später den Weg nach Reichenbach fand, denn in der Erbteilung nach dem Tod Beat Rudolfs im Jahre 1714 wird es neben der Hausorgel unter den anderen Gegenständen erwähnt, die Beats Sohn, Samuel Fischer (1673–1720), zugesprochen wurden.[22]

---

14 Siehe Beilage 3.
15 «Ein verguldte Galeere, 22 1/2 lot.» Siehe Beilage 3, S. 124.
16 «Ein Fräuwli samt einem Zuberlj, verguldt 12 lot.» Vgl. Beilage 3, S. 124.
17 Vgl. Wyss 1996.
18 Beispiele dieser Art von Bechern haben sich auch im Schweizerischen Landesmuseum in Zürich erhalten. Vgl. Gruber 1977, Katalog-Nummern 62, 63, 67–77.
19 StAB FA von Fischer II 1 (1): Lauffender Schulden- und Contibuch, Doppelseite 92.
20 Von ihm besitzt das Landesmuseum mehrere Platten und Teller, die einen Eindruck vermitteln, wie das von Beat Fischer bezogene Zinngeschirr ausgesehen haben mag. Vgl. Schneider 1970, Katalog-Nummern 683, 684, 730, 804, und Schneider/Kneuss 1983, S. 93.
21 Hermann von Fischer hat im Vorspann zu seinem Buch über die Kunsthandwerkerfamilie Funk einen Auszug der von Bern nach Wangen transportierten Möbel publiziert (von Fischer 2001, S. 12–14).
22 BBB FA von Fischer 51 (6): Inventarium der vorhandenen Mittlen 1714, S. 26: «Die Orgel, Posetif und Spineten».

Dem «Journal» ist schliesslich ein weiterer interessanter Hinweis zu entnehmen. Bei mehreren Silbergegenständen setzte Beat Fischer als Randnotiz dazu: «Nacher Reichenbach genommen» oder «Nacher Reichenbach geschickt 27. November 1685». Es handelt sich dabei um eine Ohrenschüssel mit Deckel, drei vergoldete Schälchen, einen Kerzenstock mit Lichtputzschere und einen Satz von drei Salzgefässen.[23]

Die nächste wichtige Quelle, der wir direkte Informationen über den Lebensstandard Beat Fischers und seiner Familie entnehmen können, ist das oben schon erwähnte «Lauffender Schulden und Contibuch, 1679 ff.», das sich ebenfalls im Familienarchiv im Staatsarchiv Bern erhalten hat.[24] Dieses Haushaltungsbuch, das Eintragungen aus dem Zeitraum von 1679 bis 1687 umfasst, also in etwa seine Zeit auf der Landvogtei Wangen, enthält wichtige Angaben zu Beats Beziehungen zu einheimischen und auswärtigen Geschäftsleuten und Kunsthandwerkern und wirft ein Schlaglicht auf sein Konsumverhalten.[25] In unserem Zusammenhang interessieren naturgemäss vor allem jene Fabrikanten und Lieferanten von Dingen, die im weitesten Sinn die kulturellen Bedürfnisse des Staatsmannes, erfolgreichen Unternehmers und in der Zwischenzeit frischgebackenen Schlossherrn zu Reichenbach befriedigen konnten. Direkte Angaben zum Umbau des 1683 erworbenen Schlosses Reichenbach suchen wir allerdings darin vergebens. Die Journale der Bau- und Ausstattungsabrechnungen, die Beat Fischer – so steht zu vermuten – in seiner bekannt klaren, strukturierten Art geführt haben muss, sind heute unauffindbar. So müssen wir uns bewusst sein, in dem vorliegenden Haushaltungsbuch lediglich einen zeitlich und materiell sehr beschränkten Ausschnitt aus seinen privaten Aufwendungen vor uns zu haben.

Die Rubriken, denen wir in diesem Kapitel etwas genauer auf den Grund gehen wollen, sind diejenigen, welche Gold- und Silberschmiede, Zinngiesser, Juweliere und Uhrmacher betreffen.[26]

GOLD- UND SILBERSCHMIEDE UND -HÄNDLER

Lyon:

Claude Du Crest & Susan[27]: Sie handelten neben kostbarem Tuch und Kleidern auch mit Silberwaren. Bei ihnen bezog Beat Fischer 1680 während des Ostermarktes zwei Silberflaschen mit einem Gesamtgewicht von rund 2,5 Kilogramm für 314 Livres, und für die Arbeit dazu bezahlte er 36 Livres. Dazu kam eine Silberschüssel mit Deckel im Gesamtgewicht von rund 500 Gramm zu 66 Livres und 7 Livres für die Arbeit.

Im November 1681 schickten die Lyoner Kaufleute zwei Silbersalieren von rund 1,5 Kilogramm Gesamtgewicht für 260 Livres nach Bern.

Genf:

Pierre Archimbaud[28]: Von ihm kaufte Fischer am 18. August 1682 einen Silberbecher im Gesamtgewicht von rund 750 Gramm für 120 Livres.

Laut «Journal und Memorialia» liess Beat Fischer 1686 in Genf bei einem ungenannten Goldschmied aus eingeschmolzenem Silber zwölf «starke» Löffel giessen.[29] Diese tauchen im «Lauffender Schulden- und Contibuch» aber

23 StAB FA von Fischer I 21 (3): Journal und Memorialia, S. 123–125.

24 StAB FA von Fischer II 1 (1): Lauffender Schulden- und Contibuch.

25 Zum allgemeinen Konsumverhalten vgl. den Aufsatz von Annelies Hüssy in diesem Band.

26 Einen Überblick über die Gesamtheit der im Haushaltungsbuch enthaltenen Sparten und Kontaktpersonen vermittelt das Register zum Lauffender Schulden- und Contibuch, Vgl. Beilage 1.

27 StAB FA von Fischer II 1 (1): Lauffender Schulden- und Contibuch, Doppelseiten 80, 81.

28 Pierre Archimbaud II (1644–1713). Vgl. de Vevey 1985, No. 188.

29 StAB FA von Fischer I 21 (3): Journal und Memorialia, S. 125.

ebenso wenig auf wie zwei Kerzenstöcke mit runden Füssen, die er durch seinen Schwager, Hauptmann Stürler, aus Genf kommen liess.

Basel:

Ein Juwelier Namens *Hoffmann*[30] in Basel lieferte Fischer am 24. Dezember 1679 einen Diamanten für nicht weniger als 190 Reichstaler (= 228 Kronen), was nach heutigem Geldwert weit über 10 000 Schweizerfranken ausmacht.[31]

In Basel liess Fischer 1686 laut «Journal und Memorialia» zudem bei einem namentlich nicht genannten Basler Goldschmied zwölf grosse Tiegelbecher aus Altsilber im Gesamtgewicht von 2,3 Kilogramm herstellen, die ebenfalls im «Lauffender Schulden- und Contibuch» nicht auftauchen.

Nidau:

Hans Georg Burkhart und Friedrich Brüggmann: In ein paar Glücksfällen lassen sich zwischen dem «Journal und Memorialia» und dem «Lauffender Schulden- und Contibuch» Querverbindungen herstellen. Einen solchen Fall haben wir bei den beiden Silber- und Goldarbeitern Hans Georg Burkhart und Friedrich Brüggmann aus Nidau, mit denen Beat Fischer in den Jahren 1682 bis 1684 Geschäfte tätigte.[32] So stellte Fischer Friedrich Brüggmann am 10. August 1682 in Bern 96 Lot Silber zur Verfügung, um daraus je zwölf Messergriffe, Löffel und Gabeln zu machen. Für die gleiche Aufgabe übergab er am 25. August Hans Georg Burkhart in Wangen 75 ½ Lot Silber in Form von je zwölf alten Löffeln und Gabeln sowie 11 Lot als geschmolzene Taler. Das Gesamtgewicht des Altsilbers, das Fischer den beiden Silberschmieden zur Verfügung stellte, betrug also 182 ½ Lot oder auf heutiges Gewicht umgerechnet rund 2,75 Kilogramm Silber.[33] Die drei Dutzend Besteckteile, welche die Silberschmiede am 3. November 1682 ihrem Besteller ablieferten, wogen schliesslich 150 ¾ Lot (≈ 2,26 kg). Als Macherlohn forderten die Handwerker 5 Batzen pro Lot, also insgesamt 30 Kronen, und als Stecherlohn für alle 36 Teile 2 Kronen und 22 Batzen (= 2 Batzen pro Teil). Die Klingen für die Messer wurden separat verrechnet und kosteten zusätzlich je 5 ½ Batzen pro Stück.

Am 7. Februar 1683 lieferte Burkhart in Bern ein Trinkgeschirr von weissem Silber mit dem respektablen Gewicht von 109 Lot (≈ 1,65 kg) zu einem Preis von 104 Kronen und 4 Batzen (= 24 Batzen pro Lot). Einen weiteren Auftrag für ein Trinkgeschirr erteilte Beat Fischer, als er am 29. August des gleichen Jahres Herrn Burkhart zu diesem Zweck in Wangen 78 Lot Silber im Wert von rund 50 Kronen übergab.

ZINNGIESSER

Genf:

Léonard I Bourrelier (1639–1730): Er belieferte Beat Fischer am 17. September 1680 mit 48 Zinnplatten und zehn tiefen Zinntellern aus Feinzinn.

Am 7. Oktober 1680 kamen 24 kleine Platten, zehn tiefe Teller, 24 grosse Platten aus Genf in Bern an.

Am 16. Oktober 1680 schickte er weitere 48 Teller aus gewöhnlichem und 72 aus Feinzinn.

Abb. 91
S. 227

---

30 Bei diesem handelt es sich möglicherweise um den Goldarbeiter und Petschierstecher Johann Lukas I Hoffmann (1639–1709). Barth 1989 III, S. 23.

31 Die Berechnung geht davon aus, dass der Reichstaler einem Wert von 30 Batzen entsprach. Das heisst, dass die 190 Reichstaler ins Guldensystem umgerechnet 285 Gulden entsprachen. Diese sind laut einem aktuellen Umrechnungsmodell rund 8550 Euro wert. Vgl. Günter, Pablo: Die Casanova Tour. www.giacomo-casanova.de/cato16.htm.

32 StAB FA von Fischer II 1 (1): Laufender Schulden- und Contibuch, Doppelseite 129, und StAB FA von Fischer I 21 (3): Journal und Memorialia, S. 126.

33 1 Lot = ca. 15 Gramm. Vgl. Wyss 1996, S. 315.

Abb. 91: *Beispiel einer Zinnplatte des Genfer Zinngiessers Léonard I Bourrelier (1639–1730), der Beat Fischer laut dem «Lauffender Schulden- und Contibuch» im Jahre 1680 mit über 200 Platten und Tellern aus diesem Material belieferte. Zürich, Schweizerisches Landesmuseum, Inv.-Nr. LM 21691.*

Bourrelier verarbeitete insgesamt rund 250 Pfund Feinzinn und 70 Pfund gewöhnliches Zinn zu total 236 Platten und Tellern. Dafür gab Fischer im Gesamten rund 700 Livres aus. Von diesem Zinngeschirr liess Fischer etwa die Hälfte nach Wangen transportieren.

UHRMACHER

Lyon:

Jean Nourry (1636–nach 1703): Dieser lieferte Fischer am 27. September 1679 für 36 Livres einen Universalquadranten, also ein Präzisionsinstrument für die Messung der Höhe von Gestirnen und damit auch der Uhrzeit.[34]

Genf:

Henri Arlaud (1631–1689): Von dem in Genf (und in Berlin) tätigen Uhrmacher haben sich Arbeiten erhalten. Eine Taschenuhr im Musée de l'horlogerie et de l'émaillerie in Genf kann einen Eindruck davon vermitteln, was man sich unter den insgesamt drei «pendules de poche» vorzustellen hat, die Fischer in seinem Haushaltungsbuch in den Jahren 1680 und 1681 à je 66 Livres erwähnt.[35] Es handelte sich ganz offensichtlich um Wunderwerke der Technik und des Kunsthandwerks mit reich bemalten Emailgehäusen.

Darüber hinaus liess Fischer eine Tischuhr bei Arlaud für 33 Livres revidieren.

34 StAB FA von Fischer II 1 (1): Lauffender Schulden- und Contibuch, Doppelseite 29.

35 StAB FA von Fischer II 1 (1): Lauffender Schulden- und Contibuch, Doppelseite 53.

Abb. 92: *Beispiel einer Taschenuhr des Genfer Uhrmachers Henri Arlaud (1631–1689). Die kostbare Emailmalerei des Gehäuses stammt von den Gebrüdern Huaud, die in Genf und Berlin tätig waren. So oder ähnlich dürften auch die drei Taschenuhren ausgesehen haben, die Beat Fischer laut dem «Lauffender Schulden- und Contibuch» in den Jahren 1680 und 1681 bei Arlaud kaufte. Genève, Musée de l'horlogerie et de l'émaillerie, Inv.-Nr. AD 336.*

Paul Hubert[36]: Er war der zweite Genfer Uhrmacher, der für Fischer arbeitete: «En 1684 il me fit un autre mouvement à reveil dans ma boite d'or, au lieu de celuy qu'il y avait, et demandé de retour. Livres 50.»[37] Es handelte sich also auch hier offensichtlich um eine Preziose von grosser technischer Raffinesse.

1687 bezahlte Fischer «pour un horloge» die stolze Summe von 165 Livres.

Baden:

Beat Jakob Bodmer[38]: Am 18. Februar 1680 zahlte Fischer dem Uhrmacher Bodmer in Bern für ein neues Zifferblatt und andere Reparaturen an der Uhr in der Poststube und für die Reparatur einer Augsburger Pendule 12 Kronen. Für weitere Reparaturen vor Ort, für die er zehn Tage in Bern war, erhielt dieser 9 Kronen und 15 Batzen. Für eine schlagende «Stotz Uhr», die Bodmer im Sommer 1680 lieferte, zahlte Fischer 72 Kronen und für eine Pendule, «so 3 Wochen lang gehen und schlagen soll, über das Silber so ich zum Zifferbläch dargeben», 72 Kronen. Im Gegenzug lieferte ihm Fischer für 9 Kronen und 15 Batzen Federn, die er per Post aus Augsburg hatte kommen lassen, und überliess ihm die alte «Augspurgische Pendule» für 36 Kronen.

Zürich:

Hans Conrad Bachofen: Im Dezember 1679 lieferte er Fischer eine «Viertel-Gewicht Uhr» für 24 Kronen.[39]

Sowohl das «Journal und Memorialia» als auch das «Lauffender Schulden- und Contibuch» enthalten zwar farbenreiche Tupfer zur Illustration des allgemeinen Lebensstils der Familie Fischer, vermögen aber keinen wirklichen Eindruck vom Ausstattungsluxus zu vermitteln, der im Schloss Reichenbach betrieben wurde. Diese Lücke vermag zwar das «Inventarium der vorhandenen Mittlen»[40] in Bezug auf die Mobilien zu schliessen, aber weil es nicht unmittelbar nach dem Tod Beat Fischers erstellt wurde, sondern erst nach dem Tod des ältesten Sohnes Beat Rudolf im Jahre 1714, ist im Einzelfall kaum zu entscheiden, welche Teile des Inventars noch auf Beat Fischer zurückgehen und welche erst von seinen Söhnen angeschafft wurden. Trotzdem ist das Verzeichnis ohne Zweifel eine herausragende Quelle zur bernischen Ausstattungsgeschichte der Jahrhundertwende um 1700.[41]

---

36 Glaubensflüchtling aus Rouen, Meister 1682. Vgl. www.dominique-charlet.com/publications/horlogers_de_la_ville_de_rouen.rtf.

37 StAB FA von Fischer II 1 (1): Lauffender Schulden- und Contibuch, Doppelseite 114.

38 StAB FA von Fischer II 1 (1): Lauffender Schulden- und Contibuch, Doppelseite 78.

39 StAB FA von Fischer II 1 (1): Lauffender Schulden- und Contibuch, Doppelseite 65.

40 BBB FA von Fischer 51 (6): Inventarium der vorhandenen Mittlen 1714.

41 Hermann von Fischer hat in seinem Buch über die Kunsthandwerkerfamilie Funk auch einen Auszug aus dem Inventar von 1714 publiziert und mit Abbildungen bereichert, welche einen Eindruck von dem darin beschriebenen Mobiliar vermitteln sollen. Vgl. von Fischer 2001, S. 14–17 u. Abb. 2–11.

Das Familienbildnis von 1671

Abb. 93
S. 230

Im Jahre 1671 wurde Beat Fischer substituierter Deutschseckelschreiber. Vielleicht war diese Berufung der äussere Anlass, das vorliegende Bildnis beim Basler Maler Johann Rudolf Werenfels (1629–1673) zu bestellen, und einer der Gründe, warum die Wahl gerade auf diesen Basler Maler fiel, ist möglicherweise in verwandtschaftlichen Beziehungen zu finden. Beats Grossmutter mütterlicherseits, Judith Tribolet, war eine geborene Werenfels und allem Anschein nach eine Schwester des Vaters von Johann Rudolf Werenfels.[42]

Das Gruppenporträt, für das die junge Familie – Beat war gerade 30, seine Gattin Euphrosine 20 und der Sohn Beat Rudolf knapp drei Jahre alt – posierte, zeigt ganz deutlich den Anspruch der Auftraggeberschaft, nicht irgendein Bildnis von der Stange zu erhalten. Weltläufigkeit in der Pose und Beschlagenheit in barocker Allegorik sollten von den intellektuellen und gesellschaftlichen Kompetenzen der Dargestellten künden. Darüber hinaus ist darin aber auch ein geradezu rührender Ausdruck ehelicher Zuneigung und Verbundenheit zu spüren. Das Band, das vom Knäuel in der Linken der Gattin ausgehend hinter der Brustbinde Beats verschwindet, locker über seine Brust geführt wird und hinter seinem und dem Rücken seines Sohnes durchgeht, findet sein Ende schliesslich in der Rechten der Frau. Ebenfalls ein Klammerelement, das die Gruppe zusammenhält, ist der altrosa schimmernde Seidenschal, der sich neben dem rechten Arm Beats auf dem Podest kunstvoll bauscht, um rechts hinter dem Rücken Euphrosines als Zipfel wieder zum Vorschein zu kommen.

Euphrosine Wurstemberger als Pallas Athene mit dem leuchtend roten Federhelm und ihr Söhnchen als geflügelter Eros mit Köcher verkörpern in diesem barocken Spiel ihre antiken Rollen und blicken dem Betrachter direkt in die Augen, während die «umgarnte» Hauptfigur scheinbar gedankenversunken ins Leere blickt.

Pallas oder in der römischen Mythologie Minerva als Göttin der Weisheit und Beschützerin der Künste und Wissenschaften ist eine beliebte Personifizierung in der barocken Malerei. Auch im Werk des Berner Malers Joseph Werner findet sich eine Minerva mit stark porträthaften Zügen.[43] In der barocken Emblematik kann Pallas Athene auch als Sinnbild für die kluge Vorsorge für die ihr Anvertrauten stehen.[44] Mit ihrem Fadenknäuel, auf dem mit etwas Mühe das Motto «om/nia»[45] zu entziffern ist, hält sie gleichsam den Ersatz für den Erisapfel, der ihr nach der Sage im Parisurteil versagt blieb, in Händen.[46] Rechts neben dem dunkelgrünen Samtvorhang, der die Personen effektvoll hinterlegt, öffnet sich die Landschaft ins Weite.

Vom Basler Maler Johann Rudolf Werenfels, der das Bild unten links signierte, ist nicht sehr viel bekannt. Er erscheint im Schweizerischen Künstlerlexikon von Carl Brun (SKL) erst im Supplementband, und im neuen «Biografischen Lexikon der Schweizer Kunst» ist er lediglich mit seinen Basisdaten vertreten. Der Künstler wurde am 24. Februar 1629 in Basel als Sohn des Pfarrers Jacob Werenfels und der Jaël Ryff geboren. Im Alter von 15 Jahren reiste er nach Holland, wo er sich in Amsterdam drei Jahre von einem Meister in der Malerei unterrichten liess. Nach seiner Rückkehr im Jahre 1647 soll ihn seine Wanderung über Genf nach Frankreich und Italien geführt haben. An-

---

42 Zu Judith Werenfels und Beats Beziehungen zu Basel vgl. den Aufsatz von Barbara Braun-Bucher in diesem Band.

43 Glaesemer 1974, Katalog-Nummer 120.

44 Henkel/Schöne 1967, Spalte 1735: «Pallas sorgte so gut für Ulisses, dass er jedem Übel entging. Dies zeigt, dass die Tugend der Klugheit uns vor jeder grausamen Bedrohung schützt.»

45 Vgl. Bhattacharya-Stettler, Ausstellungskatalog 1995, Nr. 25, S. 52. Als emblematisches Motto kommt das Wort «omnia» in Verbindungen wie «omnia vincit amor» oder «omnia sentit amor» vor.

46 Gerade in der zweiten Hälfte des 17. Jahrhunderts ist in der emblematischen Literatur das Motiv der Korrektur des Parisurteils ein Thema, und das Frontispiz des «Novum Tres Inter Deas Junonem, Venerem Et Palladem Paridis Judicium In Quo Denuo Expositum Pomum Posthabitis Cæteris, Soli Decernitur Optimæ, Emblematicè sub oculos datum/Per R.P. Paridem Gille [...]; Classis 1: Juno Prima in Judicio Dea. – Salisburgi: Mayr, 1684» zeigt deutlich, dass der Apfel diesmal eher der Pallas Athene zufallen sollte.

Abb. 93: *Johann Rudolf Werenfels (1629–1673), Familienporträt mit Beat Fischer, seiner Frau Euphrosine, geb. Wurstemberger, als Pallas Athene und dem Söhnchen Beat Rudolf als Eros, dat. 1671, Öl auf Leinwand, 137 x 165 cm. Privatbesitz.*

Abb. 94: *Gruppenporträt mit erstaunlichen Parallelen zum Fischer-Bild. Sein Autor, der deutsche Maler Jürgen Ovens (1623–1678), war (wie Werenfels ebenfalls) zeitweise in Amsterdam tätig. Familienporträt vor Landschaft, dat. 166[0?], Öl auf Leinwand, 152 x 191 cm. Schleswig-Holsteinisches Landesmuseum, Schloss Gottorf, Inv.-Nr. 1984/507.*

schliessend war er im Deutschen Reich, wo er angeblich an vielen Fürstenhöfen Arbeit fand. Ob er in dieser Zeit mit Werken von Jürgen Ovens (1623–1678), der am Hof der Gottorfer Herzöge in Schleswig-Holstein tätig war, in Berührung kam, ist vorderhand eine blosse Vermutung. Sie basiert auf der erstaunlichen Ähnlichkeit des Fischer-Porträts von Werenfels in Ausdruck und Bildaufbau mit einem Gruppenporträt von Ovens in der Sammlung von Schloss Gottorf.[47]

1664 kehrte Werenfels mit 35 Jahren nach Basel zurück, heiratete Katharina Ryhiner und wurde in den Grossen Rat gewählt. Höhepunkt seiner Ämterkarriere war die Wahl in den Kleinen Rat, die allerdings erst kurz vor seinem Tod im Jahre 1673 erfolgte. Sein eigentliches Spezialgebiet als Maler sollen Bildnisse mit historischer Staffage gewesen sein, und diese Aussage glaubt man gerne, wenn man das gelungene Gruppenporträt der Familie Fischer vor Augen hat.

Das Ballenhaus

Am 3. Februar 1666 erhielt Beat Fischer die Ratskonzession zur Einführung des «Ballenspiels». Um zu zeigen, was er sich darunter vorstellte, konfrontierte er die Mitglieder des Grossen Rates mit einem Modell für ein Ballenhaus, das er aus Paris herbeigeschafft hatte.[48] Nachdem der Bau zuerst auf einem Grundstück seines Vaters an der Neuengasse vorgesehen war,[49] wurde das Projekt offensichtlich erst 12 Jahre später und an einem anderen Ort realisiert. Grundsteinlegung war am 3. Juni 1678.[50] Fischer und seine Compagnons hatten als Bauplatz einen Teil der doppelten, gezinnten Stadtmauer, den Zwingelhof zwischen Judentor und Schindelturm, südwestlich des Inselklosters, gekauft und bauten unter Einbezug dieser beiden Mauerzüge und des Turmes

47 Gottorf 1997, Katalog-Nummer 121.
48 Hofer 1959, S. 3.
49 Tillier 1838 IV, S. 451. Dort wird auf das RM Nr. 152 (= StAB A II 463), S. 65, verwiesen.
50 StAB A II 491: RM Nr. 180, S. 324. Die neue Konzession datiert aus dem Jahre 1678.

Abb. 95: *Ansicht des Ballenhauses (rechts des Solitärbaumes) von Südwesten, das durch Überdachung eines doppelten, zum dritten Westabschluss der Stadt Bern (um 1256) gehörenden Ringmauerzuges gebildet wurde. Man blickt auf die fünfteilig gegliederte Westfassade und das Walmdach. Südabschluss des Komplexes ist der auskragend aufgestockte Schindelturm. Rechts davon die Bauten des alten Inselklosters noch vor dem Bau des Inselspitals. Links an die Nordwestecke des Schindelturmes schliesst der Stadtmauerzug der vierten Westerweiterung (um 1345) mit einem zinnenbekrönten Quadratturm an.*

Ausschnitt aus der Stadtansicht von Süden von Johannes Dünz aus dem Jahr 1694. Bern, Bernisches Historisches Museum, Inv.-Nr. 815a.

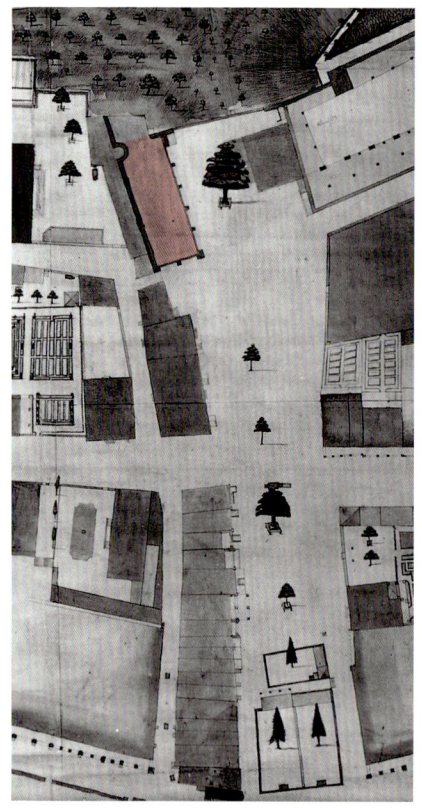

Abb. 96: *Das Ballenhaus (rot hervorgehoben) zwischen zwei Stadtmauerzügen mit dem halbrunden Schindelturm, wo heute das Parlamentsgebäude des Bundeshauses steht. Der Nord-Süd-orientierte Plan zeigt den typischen längsrechteckigen Grundriss einer* Jeu de Paume-Halle. *Die linke Flanke (Ost) wird durch den inneren Stadtmauerzug und den Schindelturm gebildet. Die rechte Seite (West) besteht aus der äusseren Ringmauer und wird durch fünf Lisenen in fünf mehr oder weniger gleichmässige Abschnitte unterteilt (diese sind auf der Dünz-Ansicht von 1694, Abb. 95, sehr schön zu sehen). Dazwischen liegt der Zwingelhof, der als Spielfläche diente, die laut Idealplan rund 30 x 10 Meter zu messen hatte.*

Ausschnitt aus dem Plan der Stadt Bern (3. Viertel) von 1763/65 von Johann Jakob Brenner. Bern, Bernisches Historisches Museum, Inv.-Nr. 10945.

Abb. 97: *Ansicht des Ballenhauses von Nordosten. Im Hintergrund der halbrunde Schindelturm, im Vordergrund als nördliche Begrenzung der Durchgang des Judentores, der durch den Lichteinfall von rechts gut spürbar ist. Die Belichtung der Halle wird auf der Ostseite durch zwei grosszügige Oberlichtöffnungen in den zwei nördlichen, durch Lisenen ausgeschiedenen Wandsegmenten gewährleistet. Glaubt man der Darstellung, scheinen auf der Westseite des Gebäudes sogar mehr Öffnungen vorhanden gewesen zu sein. Diesen Eindruck vermittelt auch die Südwestansicht von Johannes Dünz (Abb. 95). Die zahlreichen Pultdachanbauten der Ostflanke lassen vermuten, dass sich auf dieser Seite die* Grande Gallerie *mit den Zuschauerrängen befand. Das heisst, die* Gallerie du Dedans *(vgl. Abb. 95, 98) dürfte sich auf der nördlichen Schmalseite befunden haben.*

Ausschnitt einer Umzeichnung eines Aquarells durch K. F. Eduard von Rodt (um 1880). Bern, Bernisches Historisches Museum, Inv.-Nr. Slg. v. Rodt I.51.

Abb. 96
S. 232

Abb. 97
S. 232

eine im Stil einer Markthalle belichtete Sporthalle.⁵¹ Der Brenner-Plan von 1763 und vor allem die Umzeichnung eines Aquarells aus dem frühen 19. Jahrhundert von Eduard von Rodt zeigen einen Gebäudetyp, der durchaus mit dem berühmten «*Jeu de Paume*» von Versailles (1686 erbaut) typologische Verwandtschaften aufweist.

Die Mitteilung, dass das Ballenhaus schon 1697 auch als Schauplatz von Puppen- und Schattenspielen⁵² diente, überrascht nicht. Auch in Frankreich wurden zahlreiche solcher Sportanstalten bekanntermassen vom so genannten «Théâtre de la Foire» mitbenutzt oder gar vereinnahmt,⁵³ so dass man für solche Gebäude durchaus den modernen Begriff der Mehrzweckhalle anwenden darf.

Zu Beginn wurde aber offensichtlich das Ballenspiel sehr ernst genommen, denn die Obrigkeit gab am 27. Februar 1679 eine ausführliche «*Ordnung und Regul nach welcher das Exercitium in dem Ballenhaus angestellt werden soll*»⁵⁴ heraus. Darin wird erklärt, dass die Obrigkeit daran interessiert sei, dass gewisse Regeln eingehalten würden. Zuallererst werden die Zeiten definiert, an denen die Halle geschlossen sein soll. Darunter fielen natürlich die Predigtzeiten an Sonn- und Feiertagen sowie am Donnerstag. Die Entrepreneurs, oder in ihrem Namen der Ballenmeister, seien befugt, den einen oder anderen sich ungebührlich aufführenden Spieler vom Spiel auszuschliessen oder gar des Hauses zu verweisen. Fluchen und Schwören waren strengstens untersagt. Dem Ballenmeister sei es zudem verboten, andere als Mitspieler mit Speis und Trank zu bewirten. Minderjährigen Schülern solle das Spielen aus Ablenkungsgründen ganz verboten sein. Der Spieleinsatz wird pro Partie auf höchstens einen Taler (30 Batzen) angesetzt.

Der Ballenmeister habe die nötigen Geräte (erwähnt werden vor allem *Ballotir Bälle* und *Raqueton*) bereitzuhalten und einen Schiedsrichter *(Marqueur)* zu stellen. Dabei sei das Dutzend Bälle nicht teurer als zu 3 Batzen anzubieten.

Dann folgen Verhaltensregeln auf dem Platz. Um Unordnung zu vermeiden, sollen nicht mehr als vier Personen gleichzeitig spielen dürfen. Solche, die nur trainingshalber spielen, mögen denjenigen, die einen ernsthaften Match austragen wollen, den Platz ohne Murren freigeben. Ballenmeister und Schiedsrichter hatten pro Partie eine Entschädigung zugute. Für den Ballenmeister waren bei einer Partie von 4 Spielen (Sätzen?) 5 Batzen vorgesehen, bei 6 Spielen ein halber Gulden (7 ½ Batzen), und dem *Marqueur* standen im ersten Fall ein halber Batzen zu und im zweiten 3 Kreuzer (¾ Batzen). Die Höhe des Trinkgeldes an den Ballenmeister für das «Frottieren oder Abtröchnen» der verschwitzten Spieler war dem Ermessen der Einzelnen anheim gestellt.

Was hat man sich aber unter diesem Ballenspiel genau vorzustellen? Das Ballenspiel oder französisch Jeu de Paume, Vorform des heutigen Tennis und Squash,⁵⁵ wurde angeblich schon im Hochmittelalter von französischen Mönchen in ihren Kreuzgängen gespielt.⁵⁶ Der Name rührt daher, dass die Spieler für das Schlagen des Balles zuerst die blosse Handfläche (palma, paume) verwendeten. Die Entwicklung führte über handschuhartige Schläger schliesslich zu den mit Darmsaiten bespannten «*Raquetons*», wie man sie auf Bildquellen des 16. und 17. Jahrhunderts antrifft. Man unterscheidet zwischen der

---

51 Hofer 1959, S. 29. An der Stelle des Ballenhauses wurde 1820 das so genannte alte Casino als erstes Berner Musiktheater erbaut, und mit dem Bau des Parlamentsgebäudes 1895 verschwanden die letzten Spuren dieser «Lustbarkeit».

52 Hofer 1959, S. 4.

53 So wurden etwa zahlreiche Lully-Opern in so genannten Jeu de Paume-Hallen aufgeführt. (www.foires.net: Théatres, Jeu de Paume du Bel-Air) siehe auch Lesage, Alain-René: Théatre de la foire. Paris 2000).

54 StAB A I 414: Spruchbuch des unteren Gewölbs, Bd. WW, S. 345 ff. 27. Februar 1679, publiziert in BZ 1942, S. 109 f. Konzession und Regelwerk waren – bis auf kleine Varianten – schon für das Projekt von 1666 aufgestellt worden. 1678 wurde zusätzlich das Aufstellen eines Billardtisches erlaubt, da dieses Spiel «nicht von dem Glück oder Unglück, wie die Karten und Würffel Spiehl dependieret». Zudem wurde Fischer versichert, dass für den Zeitraum von fünfzig Jahren gegen seinen Willen kein zweites Ballenhaus bewilligt werde. Vgl. Abschriftensammlung in: BBB FA von Wattenwyl A 54 (6).

55 Viele Eigenheiten des modernen Tennis, wie die etwas skurril anmutende Art, die Punkte zu zählen *(quinze, trente, quarante, jeu)* gehen offenbar auf das *Jeu de Paume* zurück und hängen in diesem Fall mit der Zahl der Felder, in die der Fussboden und die Wände (auf jeder Seite des Netzes 15) geteilt waren, zusammen. Vgl. Bernoulli 1713, S. 322 f.

56 Vgl. dazu und zum Folgenden: Stemmler, Theo: Kleine Geschichte des Tennisspiels. Vom Jeu de Paume zum Tennis, Frankfurt am Main 1988, sowie die Website des Comité Français de Courte Paume (www.fft.fr/courte-paume/).

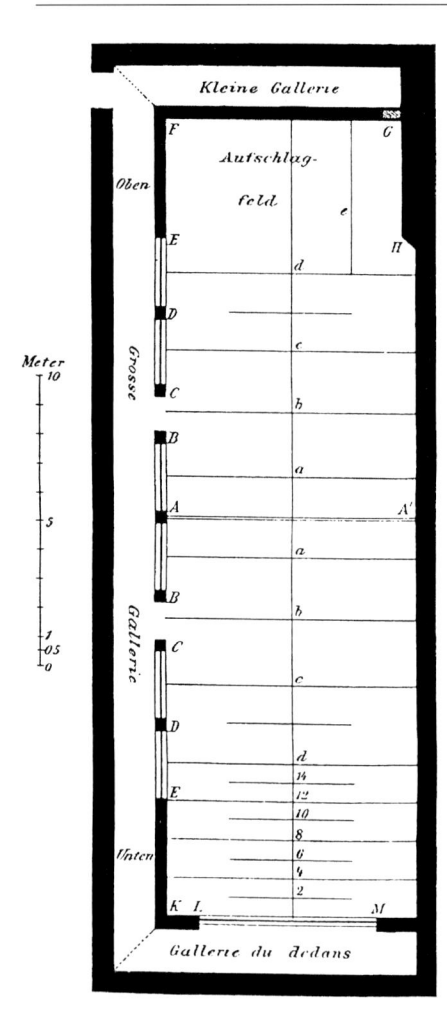

Abb. 98: *Der Plan zeigt den Idealtypus eines Ballenhauses, wie ihn Beat Fischer im Jahr 1666 dem Grossen Rat vorgelegt haben dürfte, als er diesen um die Bewilligung zur Errichtung eines Ballenhauses in der Stadt Bern ansuchte. Die Spielfeldgrösse beträgt rund 30 x 10 Meter, die Höhe des Gebäudes rund 7 Meter bis zum Dach. Auf drei Seiten sind Wandelgänge von ca. 1,5 Meter Breite eingebaut. Die Innenwände dieser Galerien waren ca. 2 Meter hoch und wurden mittels Pultdächern in einem Winkel von rund 45° an die Mauerschale geführt. Die so entstehenden Dachflächen spielten im* Jeu de Paume *eine wichtige Rolle, weil sowohl Wände als auch Dächer ins Spiel einbezogen wurden. So hatte etwa der Aufschlag, der immer von der* Coté Dedans *(unten) aus gespielt wurde, über das Dach der Grande Gallerie zu erfolgen, und der Ball musste anschliessend das Aufschlagfeld auf der* Coté Devers *(oben) treffen, bevor er vom Rückspieler retourniert werden durfte.*

Diese etwas seltsame Gestaltung des Spielfeldes geht angeblich auf die Ursprünge des Jeu de Paume *zurück, als im 13. Jahrhundert Mönche in nordfranzösischen Klöstern dieses Spiel in den Kreuzgängen zu ihrem Zeitvertreib entwickelten. Dort hatte man die gegebene Situation mit den drei Wandelgängen, deren Arkaden in den späteren* Jeu de Paume-Hallen *durch die fensterartigen Galerieöffnungen und Pforten nachgestellt wurden. Jede dieser Öffnungen hat im Regelwerk des* Jeu de Paume *ihre spezielle Bedeutung. Man spricht auf beiden Seiten vom* Premier *(A–B),* Second *(C–D) und* Dernier Ouvert *(D–E), Öffnungen, in welche je nach Spielsituation gespielt und gepunktet werden konnte. Eine solche, aber grössere Öffnung hatte auch die* Gallerie du Dedans *(L–M).*

Eine Besonderheit der Petite Gallerie, *die im Gegensatz zu den anderen keine derartigen Öffnungen hatte, war ein in der rechten oberen Ecke angebrachter Kasten von ca. 75 auf 75 cm Grösse, die so genannte* Grille *(G), die ebenfalls als Zielöffnung diente.*

Das Seil oder Netz (A–A') war in der Mitte des Spielfeldes auf rund einem Meter Höhe angebracht.

Der Fussboden, der laut Regelwerk mit 90 Reihen à 30 quadratischen Steinplatten von der ungefähren Grösse eines Quadratfusses belegt war, wurde mit schwarzen Linien in verschiedene Bereiche unterteilt. Eine spezielle Bedeutung hatten die Linien, die im Plan auf der Coté Dedans *mit den Zahlen 2, 4, 6, 8, 10, 12 und 14 bezeichnet sind. Sie kamen in der so genannten* Chasse *zum Tragen.*

Der Tambour *(H) ist ein Einzug der Wand auf der rechten Seite der* Coté Devers, *der das Spiel mit den Wänden variabler gestalten sollte.*

Idealplan eines Jeu de Paume-Feldes *aus dem Anhang zu Jakob Bernoullis «Ars conjectandi» von 1713 (Ausgabe 1899), S. 320.*

Abb. 99: *Ballspieler im frühen 17. Jahrhundert. Auf der rechten Seite die* Grande Gallerie *mit Pultdachabdeckung und ihren verschiedenen Öffnungen (Ouverts), in denen die zahlreichen Zuschauer ein wohl nicht immer ganz ungefährliches Leben führten. Besonders schön sieht man in dieser Darstellung die Feineinteilung der Spielfläche durch die rund einen Quadratfuss grossen Bodenplatten (90 x 30 = 2700).*

Radierung von Crispijn van de Passe aus dem niederländischen Emblembuch «Nieuwen Ieucht Spieghel», Arnhem 1617.

*Retia dum pilulam faciunt hinc inde volantem,   Nam pila restaurat malesano in corpore vires,
Exercet iuuenis corpus, et ingenium.   Torpet at assiduis obruta mens studijs*

Freiluftvariante «Longue Paume» und der Hallenvariante «Courte Paume». Im Ballenhaus zu Bern wurde also ganz offensichtlich das «Courte Paume» oder «Tripot» – wie man es auch nannte – gespielt. Die Verbreitung dieser Sportart muss vor allem im französischen Raum gewaltig gewesen sein. In Paris zählte man am Ende des 16. Jahrhunderts mehrere hundert Plätze. Aber auch in Deutschland, den Niederlanden und in England fasste das Spiel Fuss.

Das Jeu de Paume wurde in Frankreich im Laufe des 16. Jahrhunderts zum Spiel der Könige und des Adels. François Ier brachte es darin – wie nach ihm auch Henri II, Charles IX und Henri IV – zur Meisterschaft. Er liess 1533 gar auf dem Sonnendeck seines Schiffes «La Grande Françoise» einen Spielplatz bauen. Sonnensegel schützten den königlichen Spieler vor der Sonne. Das Jeu de Paume beeinflusste auch das übrige Leben. Katharina de Medici kreierte eine Haarmode, die als «coiffure en raquette» an die diagonale Saitenbespannung der damaligen Schläger erinnerte.

Im Park von Fontainebleau erkennt man auf alten Plänen eine offene und eine geschlossene Anlage, von denen die geschlossene 1990 wieder in Betrieb genommen wurde und besichtigt werden kann.[57]

Wie genau sich das Spiel in Bern durchsetzen konnte, lässt sich schwer feststellen. Wir haben keine Primäraussagen von Beat Fischer zu diesem Thema. Einzig im «Lauffender Schulden- und Contibuch» treffen wir auf ein paar Zahlen.[58] Nur zu gern wüssten wir natürlich, ob Fischer selbst sich sportlich auch betätigte, doch hier lassen uns die Quellen ein weiteres Mal im Stich.

Die Posthäuser

Im Pachtvertrag vom 21. Juli 1675 steht unter Punkt 4: «Zu Erbauung einer zu diesem Werk erforderlichen bestallung soll in hiesiger Statt an einem bequemen Ort Jhnen [den Entrepreneurs] ein Platz bewilliget seyn, sofern selbiger Unseren Gebäuen unschädlich, oder sonsten Uns nit ungelegen sein wirdt: Alles in dem Verstand, dass sowohl die Erbauung als erhaltung desselben ohne Unseren Kosten und entgelt beschehen sölle.»[59] Bis zur tatsächlichen Zuteilung des versprochenen Bauplatzes und zum Neubau eines Posthauses muss es aber noch einige Zeit gedauert haben. Auf jeden Fall wurde mit dem Bau des so genannten ersten Posthauses an der Hormansgasse (heute Postgasse 64) nicht sofort begonnen. Hingegen verdichten sich die Hinweise, dass sich die erste Poststelle in der Stadt im oder beim Gesellschaftshaus zu Schützen an der sonnseitigen Kramgasse (heute Nr. 28) befunden haben muss.[60] Der Bau jenes Gebäudes, das später der Hormansgasse den Namen Postgasse geben sollte, wurde jedenfalls erst in den späten 80er und frühen 90er Jahren unternommen. Als Baubeginn wird mehrfach das Jahr 1686 genannt. Quelle dafür ist der Eintrag in der sonst allerdings nicht immer über alle Zweifel erhabenen Chronik des Notars Abraham Schellhammer (1675–1755).[61] Er schreibt zum Jahr 1686: Auf dem angewiesenen Platz liess Fischer «das dermahlen stehende und in einem heroisch schönen und wohlgebauten Zustand und Wesen sich befindende Posthaus mit lustigen Lauben hinten und vornen aufbauen und als ein vortrefflicher Bauverständiger sehr kommode einrichten; allda sich dann auch gegen die Halden, wie in einem ge-

57 Site officiel de l'Office de Tourisme de Fontainebleau (www.fontainebleau-tourisme.com/Patrimoine).

58 Zum wirtschaftlichen Aspekt und zum Fortbestehen des Ballenhauses im 18. Jahrhundert vgl. den Aufsatz von Annelies Hüssy in diesem Band.

59 Hoch 1884, S. 95.

60 Vgl. dazu den Aufsatz von Thomas Klöti in diesem Band.

61 BBB Mss.h.h. I. 45: Schellhammers Topographie, darin Einträge bis 1716.

Abb. 100: *Die beiden Posthäuser (Postgasse 64 von 1694 und 66 von 1734) neben dem Antonierhaus, das am dreiseitigen Chorabschluss zu erkennen ist, sind nach den Umbauten von 1734 von Daniel Stürler durch einen gemeinsamen Innenhof verbunden. Ganz links das Rathaus.*
Ausschnitt aus dem Plan der Stadt Bern (1. u. 2. Viertel) von Johann Jakob Brenner von 1757; Bern, Stadtarchiv, Plan 50, 18.

Abb. 101: *Grundriss der beiden Posthäuser im Zustand nach dem 1832 erfolgten Umbau zu einem Schulhaus durch Karl Diwy. Von der Grundsubstanz des älteren Posthauses (Postgasse 64, rechts) haben sich die Gassenfassade, der Laubengang und die vorderen kreuzgratgewölbten Gang- und Büropartien erhalten.*
Planaufnahme 1955 für die Kunstdenkmäler des Kantons Bern.

Abb. 102: *Plan von 1815, als die beiden Gebäude noch als Posthäuser eingerichtet waren.*
Nr. 1 grosses Büro (Postamt)
Nr. 2 Versammlungszimmer
Nr. 3 Korridor
Nr. 4 Kasse
Nr. 5 kleiner Stall
Nr. 6 Briefträgerbüro
Nr. 7 kleines Büro (städtisches Postamt)
Nr. 8 Wartesaal für Reisende
Nr. 9 Küche
Nr. 10 Warenabfertigung
Nr. 11 Waage
Nr. 12 beschlagnahmte Sendungen
Nr. 13 Verbindungsgang Postamt-Postbüro
(fett die Räume Postgasse 64)
StAB: FA von Fischer I 13 (4).

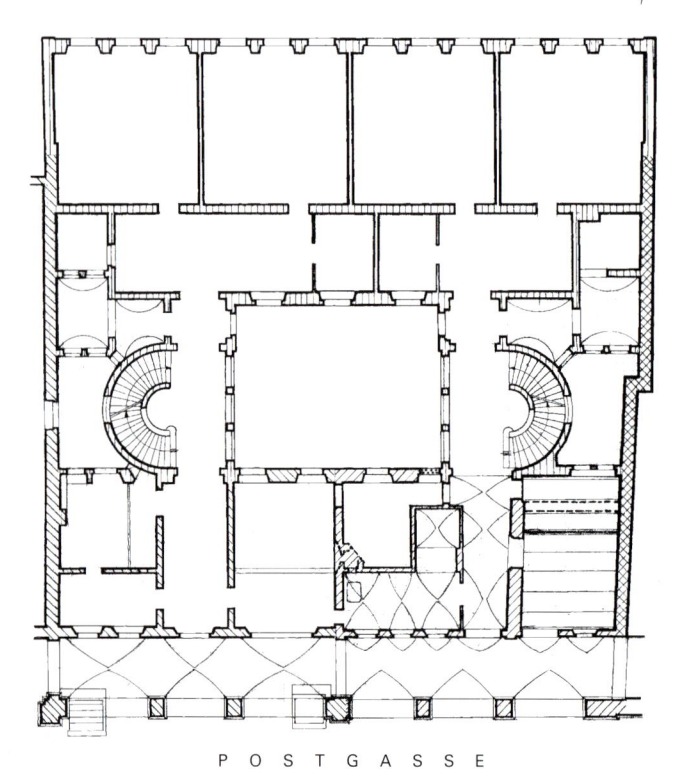

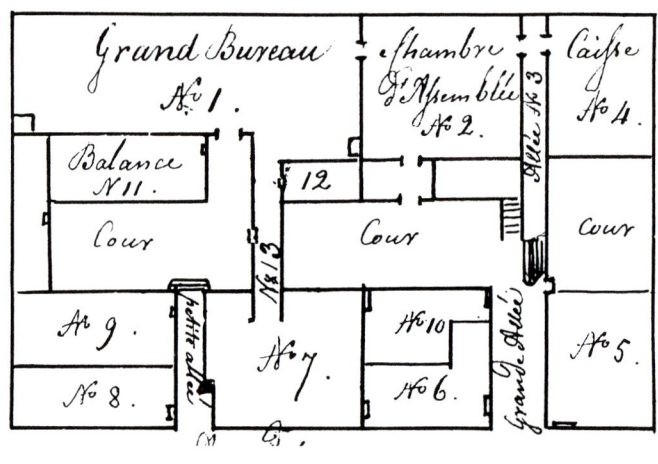

POSTGASSE

⊠ Brandmauer, mittelalterlich
▨ 1686–94
═══ verschwundene Bauteile
◇ um 1730–35
▦ 1867–69
▦ zugemauert

0 5 10

Abb. 103: *Die Gassenfassaden der beiden Posthäuser Postgasse 66 von 1734 (links) und Postgasse 64 von 1694 (rechts). Planaufnahme 1955 für die Kunstdenkmäler des Kantons Bern.*

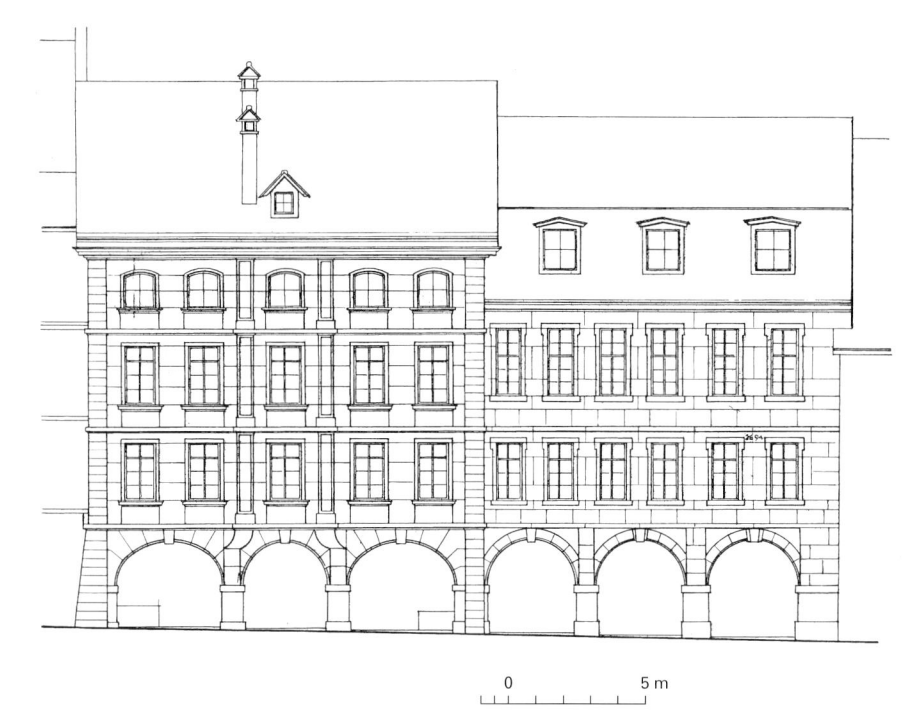

Abb. 104: *Ansicht der Laubenbögen von Postgasse 64 von Südosten, die wie die ganze Fassade ohne eigentliche Zierelemente auskommen, aber Kraft und Ausdruck aus ihrer gravitätischen Gliederung durch geometrische Grundformen und aus dem Spiel der Fassadenschichtungen schöpfen.*

Abb. 105: *Die alte Schaal, Kramgasse 36, erbaut 1666 von Steinwerkmeister Abraham Edelstein, abgebrochen 1938, spricht eine ganz ähnliche architektonische Formensprache wie das Posthaus von 1694.*

wölbten Keller, ein klarer Brunnen befindet»⁶². Auch wenn die Jahreszahl vielleicht mit dem nötigen Vorbehalt aufzunehmen ist, dürfte die Charakterisierung Beat Fischers durch den lediglich eine gute Generation jüngeren Schellhammer eine quasi zeitgenössische Einschätzung der Qualitäten des Postherrn Beat Fischer sein. Als «vortrefflicher Bauverständiger» hatte er sich ja schon während seiner Landvogteizeit in Wangen und beim Neubau von Schloss Reichenbach gezeigt.

Das Datum 1694 an der Fassade (Postgasse 64) dürfte auf das Ende der Bauarbeiten hindeuten. Die Wahl des Bauplatzes war sowohl aus der Sicht des Unternehmers wie auch der Obrigkeit äusserst vorteilhaft. Die Nähe zum Rathauskomplex, dem Machtzentrum des imposanten Stadtstaates, vorab die fast unmittelbare Nachbarschaft zur Staatskanzlei und -druckerei mit ihrem gewaltigen Ausstoss an Korrespondenz und Druckerzeugnissen waren sicher für beide Teile sehr bequem. Aber auch der Umstand, dass mit dem Gasthof Krone (Postgasse 57) das im 17. Jahrhundert erste Haus am Platz⁶³ gleich über die Strasse lag, dürfte dem Rennommee des Postunternehmens mit seinen internationalen Verbindungen durchaus gut angestanden haben.

Bei dem Bau, der in seiner äusseren Form weitgehend original erhalten ist, handelt es sich allerdings nicht um eine prunkprotzende, sondern eher um eine schlichte, klar gegliederte Hausteinfront von sechs nicht ganz regelmässig verteilten Fensterachsen über drei Laubenarkaden mit identischen Bogenspannweiten, aber leicht unterschiedlichen Pfeilerbreiten. Massige Vierkantpfeiler mit schmucklosen, stumpf vortretenden Kämpferplatten tragen die Front der zwei Obergeschosse, deren einziger «Schmuck» die profillosen, einfach geohrten Fensterumfassungen und das schön geschnittene Vollendungsdatum «1694» zwischen dem östlichsten Fensterpaar im ersten Obergeschoss sind. Das Gebäude strahlt die Ernsthaftigkeit und Gravität eines obrigkeitlichen Magazinbaues aus, was Paul Hofer zur Vermutung führte, als Architekt könnte entweder der obrigkeitliche Steinwerkmeister Abraham II Dünz (1664–1728) oder dessen späterer Nachfolger Hans Jakob II Dünz (1667–1742) in Frage kommen. Letzterer umso mehr, als dieser beim Bau des obrigkeitlichen Kornhauses (1711 ff.) einen ähnlichen Pfeilertyp und eine ähnliche Schichtung der Fassade verwendete.⁶⁴ Diese Vermutung bleibt allerdings bis zum allfälligen Auftauchen sicherer Belege Spekulation. Im Ganzen gesehen, spricht die Fassade aber tatsächlich klar die etwas spröde Sprache des bernischen Frühbarock, die auf Schmuckelemente weitestgehend verzichtet und nur mit Volumina, Werksteintreue und Oberflächenbeschaffenheit arbeitet. Die verwandtschaftlichen Bezüge der Posthausfassade zu der 1938 abgebrochenen alten Schaal von Steinwerkmeister Abraham Edelstein aus dem Jahre 1666 sind evident.

Im Innern haben nur ganz wenige Teile den Umbau der gesamten Postliegenschaft zum Schulhaus in den Jahren 1867–1869⁶⁵ überstanden. Namentlich sind dies im Haus Postgasse 64: der Stichkappengang im westlichen Erdgeschoss, eine Korridortüre mit ziseliertem Beschlag und vereinzelte einfache Türprofile, Wandtäfer und Unterzüge im ersten und zweiten Obergeschoss.⁶⁶

Zuletzt gilt es noch auf eine mögliche Fehlinterpretation hinzuweisen. Um eine solche dürfte es sich nämlich bei der vom Berner Historiker und Lithographen Arnold Streit in seinem Album von 1862 als erstes Posthaus gezeig-

---

62 Zit. nach Müller 1917, S. 60. Mit dem Brunnen an der Halde ist wohl der Lehnbrunnen gemeint.

63 Weber 1976, S. 140.

64 Hofer 1961, Anm. 10.

65 Die Postliegenschaft hatte sich mit dem Neubau von Postgasse 66 stadtaufwärts mehr als verdoppelt. Bauherr dieser Erweiterung war der gleichnamige Enkel (1703–1764) von Beat Fischer, der als baufreudiger Postherr geradezu ideal in die Fussstapfen seines Grossvaters trat und neben Umbauten in Schloss Reichenbach auch die Neubauten des Schlosses und Hofgutes in Gümligen veranlasste. Als Architekt kommt Daniel Stürler (1674–1746) in Frage, der 1733 das Haus Postgasse 68 (die so genannte hintere «Krone») zu seinem Wohnhaus ausgebaut hatte.

Umbau der ganzen Postliegenschaft (Postgasse 64 und 66) zum Primarschulhaus des Münsterquartiers 1867–1869 nach Plänen von Karl Diwy. Vgl. Hofer 1961, Anm. 17.

66 Hofer 1961, S. 2.

Abb. 10 S. 237

Abb. 10 S. 236

ten Fassade oberhalb des Antonierhauses handeln.⁶⁷ Auf einer ungenannten Quelle basierend (wohl dem Sickingerplan von 1603 ff.), zeigt Streit eine spätgotische Fassade mit Kuppelfenstern und einer Öffnung für einen Aufzugsgiebel im zweiten Obergeschoss. Wenn man aber davon ausgeht, dass die erste Poststelle sich beim Gesellschaftshaus zu Schützen in der Marktgasse befand, kann es sich bei Streits mit viel Phantasie staffiertem «ersten Posthaus» höchstens um den Vorgängerbau des 1694 fertig gestellten Postlokals im Zustand der Zeit um 1600, als Gregor Sickinger seine monumentale Vedute der Stadt Bern ausführte, gehandelt haben.⁶⁸

Beat Fischer und seine baulichen Unternehmungen als Landvogt von Wangen

Als Beat Fischer 1680 die Landvogtei Wangen übernahm, erwarteten ihn neben seinen übrigen Amtsgeschäften natürlich auch Unterhaltsarbeiten am Landvogteischloss und an den anderen obrigkeitlichen Bauten in seinem Einflussbereich. Auch wenn die gängige Literatur die Amtszeit Fischers eigentlich nicht als markante Bauphase ausweist, wird bei näherem Hinsehen sein klarer Gestaltungswille selbst hier ersichtlich. Beat Fischer wollte auch während seiner Landvogteizeit etwas bewirken.

Geht man die Amtsrechnungen als Quelle durch, stösst man in seiner ersten Abrechnung zunächst auf kleinere Summen für Unterhaltsarbeiten in der Landschreiberei, die offensichtlich noch von seinem Vorgänger Conrad Matthey veranlasst worden waren.⁶⁹ Schon die zweite Rechnung, die sich auf die Zeit von Ende April 1681 bis zum gleichen Datum des darauf folgenden Jahres bezieht, zeigt deutlich, wie jetzt – in Absprache mit den obrigkeitlichen Baubehörden – grössere Arbeiten in Angriff genommen wurden.

Die Bauarbeiten an Kornhaus, Schloss, Stall und Brücke

Quasi als Programm für die nähere Zukunft listete Fischer die ihm gestellten Aufgaben zu Beginn der Rechnung auf.⁷⁰ Seine ersten baulichen Herausforderungen bestanden darin, die Viehscheune im Westflügel der Anlage in ein Kornhaus umzuwandeln und den ganzen Gebäudekomplex bis zum ehemaligen Palas unter ein Dach zu bekommen. Wie man sich die Ausgangslage vorzustellen hat, zeigt ein im Familienarchiv Fischer erhaltener Plan von 1680, der den Zustand der Schlossgruppe vor den Fischer'schen Interventionen wiedergibt. Zwei andere Pläne von 1714 und 1751 zeigen deren Auswirkungen.

Eine weitere Aufgabe bestand in der Sanierung der gedeckten Aarebrücke aus der Mitte des 16. Jahrhunderts, deren Bauzustand offensichtlich sehr schlecht gewesen sein muss. In einem Brief an die Vennerkammer berichtete Fischer schon kurz nach Amtsantritt am 17. Dezember 1680 vom Besuch des Münsterwerkmeisters Abraham Dünz (1630–1688), der festgestellt habe, dass ein steinernes und zwei hölzerne Joche sich in einem desolaten Zustand befänden, und er schloss mit der Bemerkung: «Wie beschwerlich mir auch dise so nambhafte reparaturen auffallen werden, so habe ich iedoch so-

67 Abgebildet in Klöti 1990, S. 32.
68 Sickinger, dessen Plan sich nur in mehreren Kopien des 18. Jahrhunderts (u.a. im BHM) erhalten hat, arbeitete von 1603 bis 1607 an der Aufnahme der Stadt Bern.
69 StAB B VII 2120: Amtsrechnungen Wangen 1680/81: «Mein Beati Fischers Dißmahligen Vogts zu/wangen Erste Rechnung und Bescheid, umb alles daß so ich bemeltem/amts wegen, jnname Mr ghh vom 2 Nouembris/1680 biß end Aprilis 1681 Eingenommen, und/hingegen Außgeben, und verhandlet hab», unpaginiert.
70 StAB B VII 2120: Amtsrechnungen Wangen 1681/82, S. 29: «Demnach mir aufgetragen worden ein neüwes magazin und Kornhaus, und 2 hölzerne samt einem steinernen Joch an der Bruken, gantz neü zu machen, neben etwelchen eingebeüwen in dem Schloß; Als ist solcher nambhaften Gebewen wegen, da sonderlich das Kornhaus aus der vormaligen Viech Scheür gemacht, und deßwegen der Stok zwüschen derselben und dem Schloß, demselben gleich hochauffgeführt, und alles unter ein tachstuhl gebracht werden: Denne aus der alten Roß Scheür, neben versezung derselben, eine Küeh Scheür gemacht, vergrößeret, und folgends ein neüwes Roßscheürlein, erbauet werden müssen.»

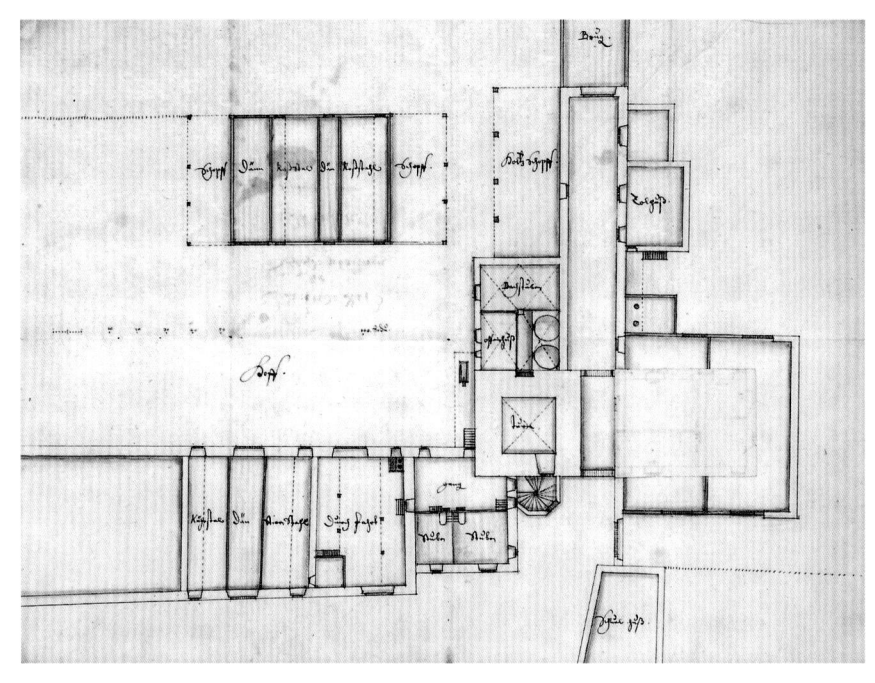

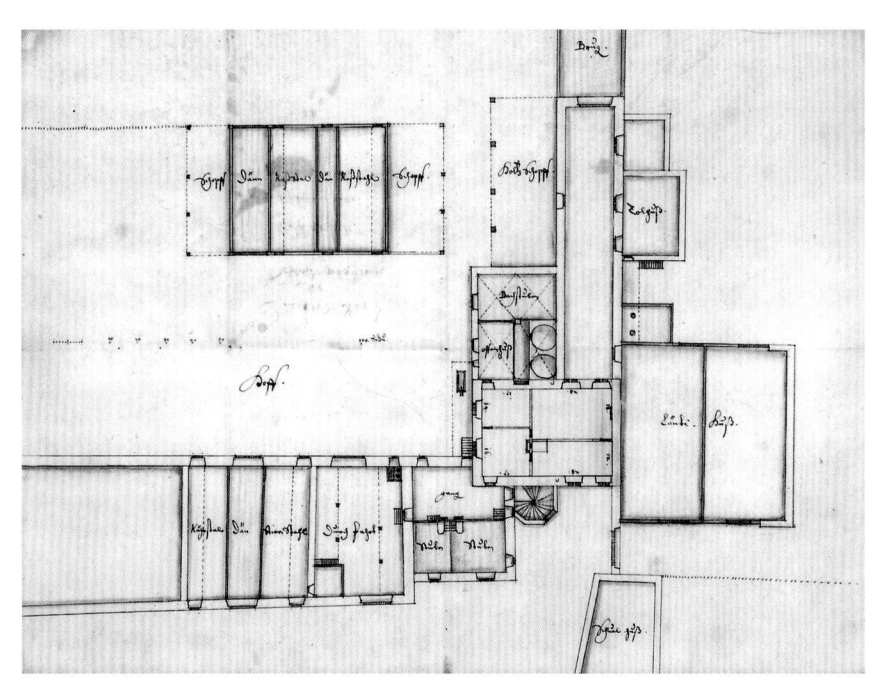

Abb. 106 und 107: *Der Plan von 1680 (hier in zwei Varianten gezeigt: 1. mit zurückgeklapptem Projekt über dem Erdgeschoss des Bergfrieds und des Durchganges zur Brücke; 2. mit projektiertem Ausbau des ersten Obergeschosses des zumindest teilweise abgebrochenen Bergfrieds) zeigt den Zustand der Schlossgebäude vor den Umgestaltungsarbeiten unter Beat Fischer: Der Westtrakt, der an den ehemaligen Palas mit den zwei Stuben und dem breiten Gang anschliesst, enthielt damals neben einem Stock mit einer Durchfahrt auch die Kuh- und Stierställe, die laut Absichtserklärung des Landvogts in ein Kornhaus umzuwandeln waren. Dabei sollten sämtliche Bauteile auf die Höhe des Schlosses geführt und unter ein gemeinsames Dach gelegt werden (vgl. Abb. 109). Das auf dem Plan als Rossstall mit beidseitigen Schopfanbauten bezeichnete Gebäude im Norden des Hofes sollte offensichtlich versetzt und zu einer Kuhscheuer umgewandelt werden. Zudem war anschliessend ein neues Rossscheuerlein zu errichten. Die Neuplatzierung dieser beiden Gebäude wird aus Plänen von 1714 und 1751 ersichtlich (Abb. 108, 109).*

Sehr schön sieht man auf dem Plan auch den Standort von Ofenhaus und Backstube im nördlich an den Bergfried anschliessenden Trakt. Sein schön geschnittenes, vierteiliges Kreuzgratgewölbe ist in der Mitte auf einen Vierkantpfeiler abgestützt.

Östlich der Strasse, die zur Brücke führt, liegen das Schul-, das Ländte- und das Zollhaus.

Auffallend sind die vielen kurzen Treppen innerhalb der Bauteile zur Überwindung der Niveauunterschiede in dem über Jahrhunderte gewachsenen Komplex.
StAB FA von Fischer I 23 (6)a: «Grundriss der Schlossgebäude zu Wangen fact. 7. Septembris 1680, Approb. 13. Septembris 80».

---

71 StAB FA von Fischer I 21 (2): Copier-Buch 1680–1684, nicht paginiert.

wohl bi minem anfang d'sachl[iche] beschaffenheit nicht verhalten und euch m[ei]n[e] g[nädigen] h[erren] debi dem Schutz des allerhöchsten wol empfehlen wollen.»[71] Schon am 4. Januar 1681 wurden im Beisein von Werkmeister Dünz die Verdinge mit den Bauhandwerkern geschlossen. Als Baumeister wurde der ortsansässige Werkmeister Zimmerwerks, Niklaus Hartmann, be-

Abb. 108: *Der Plan von 1714 vermittelt einen Eindruck der neuen Gebäudeumrisse der Wangener Schlossanlage nach den Umbauarbeiten des letzten Viertels des 17. Jahrhunderts.*

Aufnahmeplan für ein Befestigungsprojekt für die Stadt Wangen von Caesar Steiger, 1714; StAB Atlas 6, Plan 66.

Abb. 109: *Die Vogelschau zeigt noch anschaulicher als der Plan von 1714 den gestalterischen Willen, welcher der Verpflanzung der auf dem Plan von 1680 noch West-Ost-gerichteten ehemaligen Rossscheuer zugrunde lag. Indem man den First drehte und die beiden Gebäude (die Kuhscheuer und den kleineren, nördlich anschliessenden Rossstall) parallel zum Nordtrakt an den Westrand der Parzelle stellte, erhielt man einen rechteckigen Platz von schönen Proportionen, den man durch eine baumgesäumte Rasenfläche mit zwei originell in den Umgang ausgreifenden, West-Ost-gerichteten Stockbrunnen gliederte und gegen Norden durch eine Quadermauer gegen das anschliessende Gartenparterre abschloss. Die Rückfront dieses Platzes bilden die drei Gebäude (a), die nach 1680 auf gleiche Höhe gebracht wurden (von links nach rechts, anschliessend an den Bergfried: ehemaliger Palas, Stock mit Durchgang und Kornhaus).*

Im Rücken der Stallungen der grosse Baumgarten, dessen westliche Begrenzung mit der Stadtmauer fluchtet und der im Norden bis an die Aare stösst.

Zutaten der Aera nach Beat Fischer sind das Korn- und Salzhaus (m) und die verlängerte Form des Zollhauses (l).

Etwas Mühe bekundete der Zeichner mit der Darstellung von Bergfried und östlich anschliessender Überbauung des Durchgangs zur Brücke.

Zusätzliches Interesse erhält dieser Plan dadurch, dass er 1751 in der Amtszeit des gleichnamigen Enkels (1703–1764) von Beat Fischer entstand, der von 1750 bis 1756 Landvogt von Wangen war und der offensichtlich die Freude am Bauen von seinem Grossvater geerbt hatte. Er, der privat Schloss und Hofgut Gümligen erbauen liess, veranlasste die Neuverputzung des ganzen Schlosses und die dekorative Ausmalung der Fassaden des Nordtraktes. Interessanterweise vertraute er, wie schon sein Grossvater, ebenfalls auf das Können von Malern aus dem benachbarten Solothurn (Glutz und Byss). Beim Maler Byss aus Solothurn dürfte es sich um Johann Leonhard (1680–1757), den Bruder des bekannteren Johann Rudolph Byss, der als Hofmaler in Wien, Würzburg und Pommersfelden tätig war, handeln. Vogelschauplan der Stadt Wangen von S. Ougspurger, 1751. StAB AA IV Wangen Nr. 1.

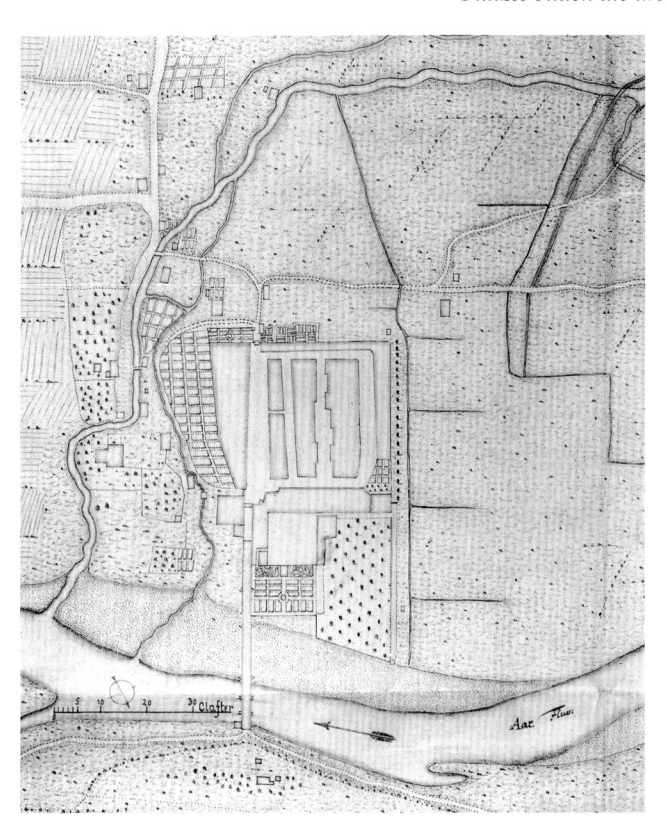

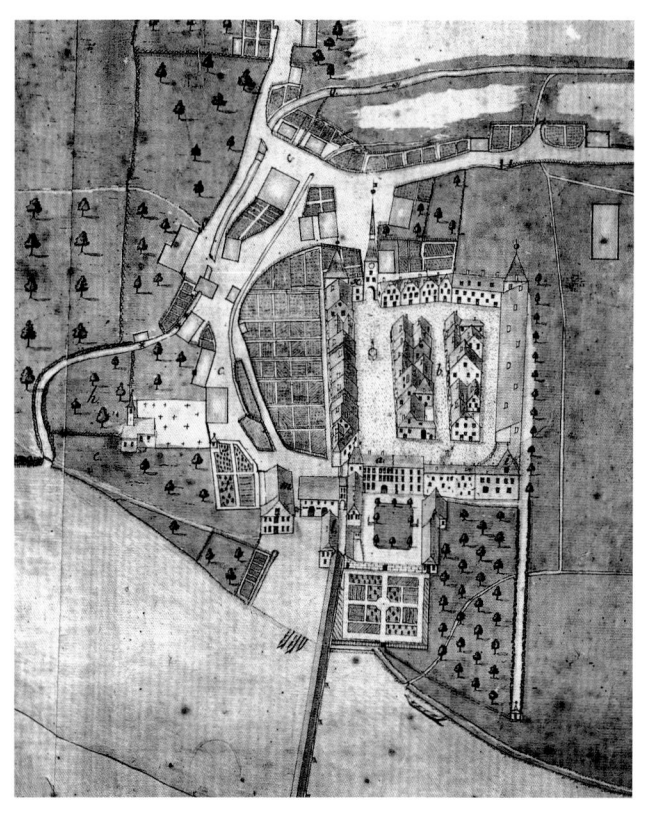

72 StAB FA von Fischer I 21 (2): Copier-Buch 1680–1684: «Mit zuthun Hrn Werkmr. Dünzen von Bärn mit M. Niclaus Hartmann dem Werkmr. allhier volgendes verding getroffen.

Er verspricht biß nechst: kommenden herbst, zu dem mangelnden steinernen Joch, zwey verlohrne joch, nöthige Pfähl zum Rost, und selbsten zuzurichten und zu verfertigen.

Sobald dann das waßer klein genug sein wirt, soliche ohngesumt zu schlagen und den rost volgends zulegen.

Alles werschafft und in guter treüen. darfür jhme versprochen neben Dargebung aller Materialien und der nöthige gemeinwerchteren von der landschafft 90 Kr.
an dinkel   8 Mütt
an roggen   2 mt
Jm übrigen soll er wegen der 2 hölz. Jochen, bey dem 1676 getroffenen Verding sein Verbleiben haben, und solches auch so viel die witterung zulaßen wirt volzogen werden. wie auch ds wegen dr schwellen.»

73 StAB FA von Fischer I 21 (2): Copier-Buch 1680–1684: «Mit Mr. Ulrich Bunder dem steinhauer verdingt:

Das steinerne Joch abzubrechen, und widerum aufzubauung mit 2 ausladungen. Zu mindest mit 2 geschichten von hartem gestein, das übrige von Tuff. Alles wol und fleißig gehauwen und gefüegt, mit Clamern in einander verbunden und verblyet düblet (verstehet sich die harten stein) alles werschafft.

Zum abbrechen und aufrichten soll jhme hilff gegeben werden. Und für alle solche arbeit soll jhme zahlt werden 90 Kr. und wann er alles suber fleißig und werschafft machen wirt ein ehrliches trinkgelt.»

74 StAB FA von Fischer I 21 (2): Copier-Buch 1680–1684: «Vorgedachten tags und mit zuthun vorgemelt dem Werk meister N. Hartmann verdingt ein neüe hölzene stegen, by der durchfahrt zumachen, alles gebäü darauf abzubrechen, 3 neue böden samb ihnen gewiesmen[?] Rigwerkhen zu machen, samb einem neuen tachstuhl darauf, alles werschafft und in guter treüe.
darfür jhme versprochen 90 Kr.
und   2 Mt. Dinkel.
darein begriffen die versezung des Sommerhäüßlins auf die Eyßgruben.»

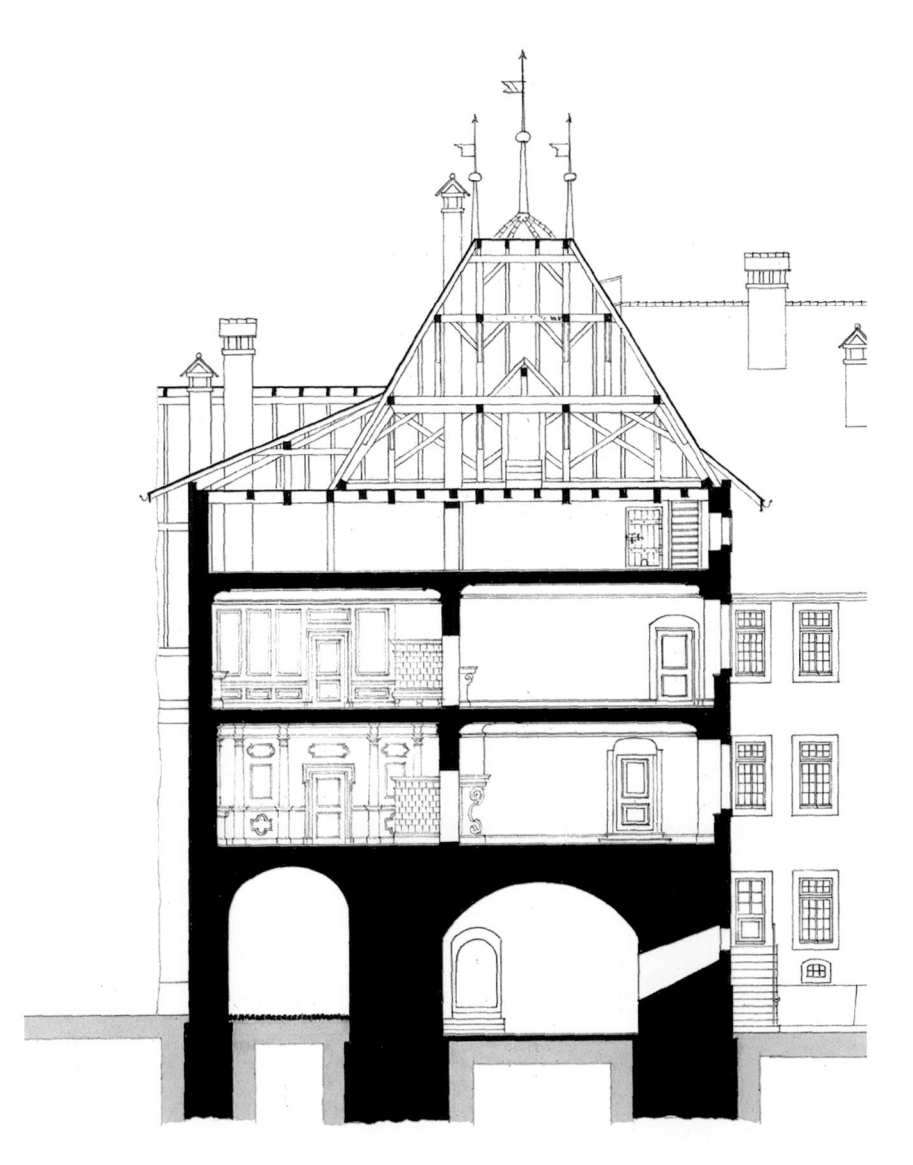

Abb. 110: Querschnitt (Ost-West) durch den Ostanbau des Schlosses Wangen, der in den Obergeschossen den Bergfried durchbricht und über dem Erdgeschossdurchgang zur Aarebrücke zu liegen kommt. Im ersten Obergeschoss ist die Lage der Nussbaum- und Eichenvertäferung von Tischmacher Ludwig Fisch aus Aarau eingezeichnet.
Planaufnahme 1927 durch Architekt E. Bürki; Planarchiv der Denkmalpflege des Kantons Bern.

stimmt.[72] Ihm zur Seite stand der Steinhauermeister Ulrich Bunder, der die Abbruch- und Wiederaufbauarbeiten am steinernen Joch durchzuführen hatte.[73] Am gleichen Tag wurde mit Werkmeister Hartmann aber auch ein Verding abgeschlossen, der vor allem für die Ausstattungsgeschichte von Schloss Wangen eine bedeutende Rolle spielen sollte. Wenn wir die Stelle in Fischers Copier-Buch[74] richtig interpretieren, wurde damals nämlich beschlossen, die Aufbauten über dem östlich an den ursprünglichen Bergfried anschliessenden Durchgang zur Brücke abzureissen und darauf ein Rieggebäude mit drei Böden und neuem Dachstuhl zu machen. Dieser Aufbau, der auch in die Obergeschosse des Bergfrieds eingriff, sollte in der Folge zur

Aufnahme des Täferzimmers von Tischmacher Ludwig Fisch aus Aarau im ersten und der illusionistisch bemalten Merkur- und Vier-Elemente-Decke des Malers aus Solothurn im zweiten Obergeschoss dienen. Doch dazu weiter unten.

Zunächst folgen wir noch ein wenig den Einträgen in den Amtsrechnungen. Es ist nicht immer einfach, die verschiedenen Nennungen von Ausgaben und Handwerkernamen mit einzelnen Bauarbeiten in Zusammenhang zu bringen, denn oft waren dieselben Handwerker gleichzeitig an mehreren Aufgaben tätig, die in der Rechnung oftmals zusammengezogen erscheinen. Um aber einen Eindruck vom Umfang und der Gewichtigkeit der Bauarbeiten zu vermitteln, seien im Folgenden die Aufwendungen der verschiedenen Bausparten zusammengestellt und um Zusatzinformationen aus anderen Quellen[75] ergänzt. Dies nicht zuletzt auch deswegen, weil durch die Art, wie Beat Fischer während seiner Amtszeit Rechnung geführt hat, auch gewisse Rückschlüsse auf seine Persönlichkeit möglich sind und auch weil uns für den gewichtigsten Privatauftrag Beat Fischers, den Neubau von Schloss Reichenbach, die Baurechnungen und Baumeisterverdinge vollkommen fehlen.

75 Es handelt sich vor allem um Informationen aus Beat Fischers Sammelband, in dem er Abschriften seines Schriftverkehrs mit den obrigkeitlichen Behörden in Bern während seiner Amtszeit in Wangen zusammengetragen hat. Vgl. StAB FA von Fischer I 21 (2): Copier-Buch 1680–1684, nicht paginiert.

Zusammenstellung der Arbeiten an Brücke, Schloss, Kornhaus und Viehscheune zu Wangen während der Amtszeit von Beat Fischer als Landvogt, nach Berufssparten gegliedert

Steinbrecherarbeit

Jahr	Handwerker	Auftrag	lb	sch	d
1681/82	**Hans Pfister** und seine Gesellen: Christen Kaufmann Ulli Weibel Ruedi Tanner Felix Haas Ruedi Wehrli	Sie liefern vom 26. Februar bis 3. August 1681 insgesamt **260 Fuder Tuff** aus der Tuffgrube Galgenrain in Walliswil zum neuen **Kornhaus**	265	8	
1681/82	Steinbrecher aus Solothurn	Lieferung von **123 Stück Solothurner Kalksteinen** zu **Fensterwerk in Schloss und Kornhaus.** Das Stück zu 8 Bz. ab Grube und Transport von dort bis an die Aare 5 ½ Bz. ergibt einen Stückpreis von 13 ½ Bz. **34 grosse Steine** zur Fundierung des **Brückenjoches.** Das Stück à 10 Bz. Rechnet man die Fuhrung von der Fluh an die Aare von 8 Bz. pro Stück dazu, ergibt dies einen Stückpreis von 18 Bz. Den Restbetrag von 880 lb bezahlte man offenbar wegen Ungereimtheiten in der Rechnungsstellung erst nach deren Bereinigung in der Rechnungsperiode 1685/86	In zwei Tranchen 303 880		
1682 8. März	**Jakob Meyer,** Maurer von Attiswil	Vier Stück Steine «so er zugehauen zu den Säulen oder Stüd» im neuen Kornhaus	8		
1682/83	**Hans Pfister** und **Niklaus Glur**	Ohne genaue Angaben	50		
	Gesamtbetrag		**1506**	**8**	

Maurer- und Verputzarbeit

Jahr	Handwerker	Auftrag	lb	sch	d
1681/82	**Ulrich Bunder,** Steinhauermeister und Maurer	Für Mauerwerk am neuen Kornhaus, am Schlossgebäude[76] und am Steinjoch der Brücke	2742		
1682/83	**Ulrich Bunder,** Steinhauermeister und Mr. Peter?	Dito	872	6	4
1683/84	**Ludi Hänni,** *«Beschiesser»* von Solothurn	Für das Verputzen der Böden im neuen Kornhaus und Reparaturen im Hof	70	1	4
1683/84	**Ulrich Bunder,** Steinhauermeister	Obwohl die Bauarbeiten abgeschlossen sind, kann der Restbetrag wegen mangelnder Gelegenheit nicht ausbezahlt werden			
1684 4. Juni	**Ulrich Bunder,** Steinhauermeister	Restbetrag für die oben erwähnten Arbeiten	897	9	4
	Gesamtbetrag		**4581**	**17**	

Zieglerarbeit

Jahr	Handwerker	Auftrag	lb	sch	d
1680 10. Nov.	**Hans Ryff,** Ziegler zu Attiswil	21 Fässchen Kalk à 15 Bz. 2000 Kaminsteine à 4 Kronen 10 Bz. (1000)	71	6	8
1681 26. März	Ziegler aus Solothurn	Wegen Versorgungsengpass («*aus tringender noth*») für 10 Fässchen Kalk 12 Kr. 8 Bz. und Fuhre an die Aare 3 Bz.	41	9	4
1681 13. April	**Hans Ryff,** Ziegler zu Attiswil	63 Fässchen Kalk à 18 Bz. Küfferlohn für 21 Fässchen à 1 Bz.	154		
1681 21. Mai	**Hans Ryff,** Ziegler zu Attiswil	18 Fässchen Kalk à 15 Bz. 1650 Dachziegel à 12 ½ Bz. (100) 3500 Kaminsteine à 11 Bz. (100) 230 Bsetzplatten à 11 Bz. (100)	118	2	
1681 6. Juni	**Hans Ryff,** Ziegler zu Attiswil	21 Fässchen Kalk à 15 Bz. 8135 Kaminsteine und Bsetzplatten à 11 Bz. (100) 5523 Dachziegel à 12 ½ Bz. (100) 103 Hohlziegel	289	15	4
1681 15. Aug.	**Niklaus Hartmann,** Ziegler zu Wangen	34 Fässchen Kalk à 15 Bz. 1400 Kaminsteine à 11 Bz. (100) 2700 Dachziegel à 11 Bz. (100)	132	10	8

---

76 StAB FA von Fischer I 21 (2): Copier-Buch 1680–1684. Im Mai 1681 übergab Fischer ihm den Auftrag: «Er solle die tritten vor der kleinen thüren gegen den hoof abbrechen und anderstlegen, die Mauren gegen die Speißkammer auffthuen und einen bogen darauf gegen die gefangenschaft sprengen», und am 23. Juni des gleichen Jahers verdingte er ihm, «die Mauren zu beschließung des Hoffs mit samt dem Pfulment und einem Portal in dieselbe zu mauren und zu machen.»

Zieglerarbeit (Fortsetzung)

Jahr	Handwerker	Auftrag	lb	sch	d
1681 17. Aug.	**Niklaus Hartmann,** Ziegler zu Wangen	39 Fässchen Kalk à 15 Bz. 3000 Kaminsteine à 11 Bz. (100) 2700 Dachziegel à 11 Bz. (100)	161	12	
1681 17. Aug.	**Hans Ryff,** Ziegler zu Attiswil	8 Fässchen Kalk à 15 Bz.	16		
1681 18. Aug.	Ziegler zu Langenthal	6 2/3 Fässchen Kalk zum Schloss à 15 Bz.	13	6	8
1681 24. Aug.	**Bendicht Weber** und **Urs Haas** von Rumisberg	24 Fässchen Kalk zum Schloss à 15 Bz.	48		
1681 10. Sept.	**Hans Ryff,** Ziegler zu Attiswil	3500 Kaminsteine à 11 Bz. (100)	51	6	8
1681 11. Okt.	**Niklaus Hartmann,** Ziegler zu Wangen	36 Fässchen Kalk à 15 Bz. 4000 Dachziegel à 11 Bz. (100) 1200 Kaminsteine à 11 Bz. (100)	148	5	4
1681 E. Sept.– M. Nov.	**Hans Ryff,** Ziegler zu Attiswil	56 Fässchen Kalk à 15 Bz. 9484 Dachziegel à 12 1/2 Bz. (100) 2833 Kaminsteine à 11 Bz. (100) 103 Hohlziegel à 1 Bz. pro Stück 770 grosse Bsetzplatten à 1/2 Bz. pro Stück	370	5	4
1682/83	Ungenannt	Ziegelwaren für das Schloss und die Landschreiberei	780	14	8
	Gesamtbetrag		**2 396**	**14**	**8**

Holzlieferungen und Sagerlohn

Jahr	Handwerker	Auftrag	lb	sch	d
1681 24. März	**Ulli** und **Michel Engimann** von Langnau	Flossladen, 24 Stück à 7 1/2 Bz.	24		
1681 29. April	**Ulli Häfliger**	Für 8 «*Bäum*» Tannenholzladen	64		
1681 30. April	Profos **Hellmüller**	3000 Schindeln	8	2	
1681 27. Juni	Ungenannt	80 Stück Eichen- und Nussbaumladen aus Attisholz	100		
1681 27. Juni	Färber von Langenthal	Für einen schönen Baum eichene Läden	18	4	8
1681 2. Juli	Bannwart von Langenthal	Sagerlohn für 2 «*Sagträmel*»	37	13	4
1681 5. Juli	Sager zu Bipp	Sagerlohn für einen Baum eichene Läden		6	8

Holzlieferungen und Sagerlohn (Fortsetzung)

Jahr	Handwerker	Auftrag	lb	sch	d
1681 21. Juli	Ungenannt	Für Eichen- und Nussbaumläden zu Bipp	33	14	8
1681 29. Juli	Sager zu Bipp	Für eschige Laden	8		
1681 2. Aug.	**Urs Ingold** von Röthenbach	Für 11 dürre Eichenladen à 12 ½ Bz.	18	6	8
1681 7. Aug.	Ungenannt	Für Eichenladen	4		
1681 20. Aug	**Urs Freudiger** von Niederbipp	11 Eichenladen	19		
1681 21. Aug.– 7. Jan. 1682	**Christen Freudiger,** Niderbipp Freiweibel von Lotzwil (Sagerlohn) **Ulli Häfliger,** dem Flösser **Ulli Engimann** von Langnau **Peter Siegenthaler** von Langnau **Peter Röthlisberger** von Lauperswil **Jakob Engimann** **Michel Engimann,** Flösser **Hans Ellenberg** von Signau **Klaus Häuselmann,** Dachdecker von Lotzwil	Zahlungen für weitere Holzlieferungen	1087		
1682/83	Tischmacher von Attiswil **Michel Wagner** von Walliswil **Ulli Sager** von Lotzwil u. a.		348	8	
	Gesamtbetrag		1776	17	4

Zimmerarbeit

Jahr	Handwerker	Auftrag	lb	sch	d
1681 9. April– 13. Aug.	**Niklaus Hartmann**[77], Werkmeister Zimmerwerks zu Wangen	Für Arbeit am Kornhaus, an der Brücke und am Schloss, laut Rechnung[78]	755	10	

---

77 Er war 1675 am Bau der Schlossscheuer Oberbipp beteiligt. Vgl. Künstler- und Handwerkerkartei der Denkmalpflege des Kantons Bern.

78 StAB FA von Fischer I 21 (2): Copier-Buch 1680–1684. Am 28. Juni wird dem Werkmeister Hartmann zudem die Vergrösserung der versetzten Scheuer um ein Tenn und einen Stall verdingt.

Zimmerarbeit (Fortsetzung)

Jahr	Handwerker	Auftrag	lb	sch	d
1681 23. Mai	Mr. **Wilhelm Haas**, Zimmermann von Oberauswil	Für die Versetzung der Rossscheuer und Umwandlung der Rossställe in Kuhställe	116	13	4
1681 4. Sept.	ZM **Gugger** (der Alte)[79]	Für Versetzung des Häusleins auf der Eisgrube und Verbesserung eines Tenns beim Versetzen des Rossstalls	19	4	
1681 4. Sept.	Tischmacher **Schmitz**[80] und Werkmeister?	Für Arbeit «wegen der Trüellen»	16	3	4
1681 Aug./Sept.	Knechte des Werkmeisters	Für Arbeiten nach dem Abgang von Werkmeister Hartmann. «*Behauung und Legung etlicher Trämen*» durch Gugger und zwei andere (je 5 Tage à 6 resp. 5 Bz.)	10	13	4
1681 18. Sept.	ZM **Gugger** (der Alte) mit Sohn und 3 Knechten	Für insgesamt 152 Tagwerke à 7 resp. 6 Bz.	48	5	4
1681 24. Sept.– 30. März 1682	**Heinrich Müller**, Zimmermeister **Simon Egger**, Werkmeister Zimmerwerks aus Aarwangen	Für die Weiterführung der Bauarbeiten an Brücke, Kornhaus und Schloss nach der Entlassung des Werkmeisters Niklaus Hartmann «*wegen unfleissigen Arbeitens*»	1203	17	4
1682/83	**Simon Egger**, Werkmeister Zimmerwerks Aarwangen	Weiterführung der Arbeiten	550		
1683/84	**Simon Egger**, Werkmeister Zimmerwerks Aarwangen	Obwohl die Arbeiten beendet sind, kann die noch an Egger zu bezahlende Restsumme wegen mangelnder Gelegenheit nicht ausgerichtet werden			
1684 30. Juni	**Simon Egger**, Werkmeister Zimmerwerks Aarwangen	Schlussabrechnung und Auszahlung der Restschuld	856	17	4
	Gesamtausgaben		**3577**	**4**	

Tischmacherarbeit

Jahr	Handwerker	Auftrag	lb	sch	d
1681 19. Mai– 12. Febr. 1682	Meister **Ludwig Fisch**, Tischmacher von Aarau	Für verschiedene Tischmacherarbeiten, insbesondere Fenster, Türen, Böden und Täfer in den Schlossgebäuden, und die Türen, Gatter und Felläden ins neue Kornhaus	1206	16	8
1682/83	**Schmitz**, Tischmacher zu Wangen	Für Fensterrahmen zum Schlossumbau	84	13	4

---

79 Vielleicht identisch mit Durs Gugger, der in den Amtsrechnungen von Wangen schon 1657/58 auftaucht. Vgl. Künstler- und Handwerkerkartei der Denkmalpflege des Kantons Bern.

80 1671/72 ist ein Tischmacher Niklaus Schmitz in Wangen nachweisbar beteiligt. Vgl. Künstler- und Handwerkerkartei der Denkmalpflege des Kantons Bern.

Tischmacherarbeit (Fortsetzung)

Jahr	Handwerker	Auftrag	lb	sch	d
1682 6. April– 24. Febr. 1683	Meister **Ludwig Fisch**, Tischmacher von Aarau	Für verschiedene Tischmacherarbeit	1335		
1683/84	Meister **Ludwig Fisch**, Tischmacher von Aarau	Obwohl Fisch seine Arbeiten offenbar schon früh in dieser Rechnungsphase abgeschlossen hatte, fehlte es an Gelegenheit, ihm die Restsumme für seine Arbeiten auszuzahlen			
1684 30. Juni	Meister **Ludwig Fisch**, Tischmacher von Aarau	Auszahlung der Restsumme	306	9	4
	Gesamtausgaben		**2932**	**19**	**4**

Glaserarbeit

Jahr	Handwerker	Auftrag	lb	sch	d
1681/82	**Hans Mumenthaler**, Glasermeister	Glaserarbeit samt Material ohne nähere Spezifizierung	219	6	8
1682/83	**Hans Mumenthaler**, Glasermeister	Für Fensterreparaturen im Schloss	265	13	4
	Gesamtausgaben		**485**		

Schlosserarbeit

Jahr	Handwerker	Auftrag	lb	sch	d
1681/82	**Andreas Gränicher**, Schlosser von Röthenbach b. Herzogenbuchsee	Für unterschiedliche Verbesserungen, insbesondere aber Beschläge für neue Fenster und Türen im Schloss und Kornhaus	371	6	8
1681/82	**Christof Schwertzig**, Schlosser von Solothurn	Der Solothurner Schlosser wird beigezogen, weil Gränicher offenbar allein arbeitete und dem Bautempo Fischers nicht genügte. Für Türbeschläge und anderes	385		
1682/83		Schlosserarbeit, nicht näher spezifiziert	566	13	4
	Gesamtausgaben		**1323**		

Schmiedearbeit

Jahr	Handwerker	Auftrag	lb	sch	d
1681/82	**Heinrich Weibel**, Schmied	Für Eisenwerk und Arbeit an der Brücke und am Kornhaus	400	13	4
1681/82	Weibel **Brügger**	Für Nägel für die verschiedenen Gebäude	234		
1682/83		1289 Pfund Eisenwerk für die Brückenreparatur	343	6	8
	Gesamtausgaben		**978**		

Hafnerarbeit

Jahr	Handwerker	Auftrag	lb	sch	d
1681 21. Okt.	**Adam Hess,** Hafnermeister Solothurn	Auf Rechnung seiner Arbeit	20		
1681 24. Okt.		Transport der Öfen von Solothurn nach Wangen	2		
1682 1. April	**Adam Hess,** Hafnermeister Solothurn	Auf Rechnung für die 3 gelieferten Öfen (*«Umb 3 neue Öfen, darunder ein doppelter von glatten grünen Kacheln, ein anderer einfacher auch von grünen, glatten Kacheln, aber ohne Gupfen, wie auch drei steinerne Ofenfüess zu denselbigen, so Herr Werchmeister Dünz verfertigen lassen»*)	172		
1682 20. April	**Abraham Dünz,** Münsterwerkmeister	Für 3 steinerne Ofenfüsse samt Material	73	6	8
1682 22. Dez.	Hafner von Heimenhausen	Für einen Ofen in das Vennerstübli inklusive 580 «*Bsetsblättlenen*»	93	6	8
	Gesamtausgaben		**360**	**13**	**4**

Malerarbeit

Jahr	Handwerker	Auftrag	lb	sch	d
1686 2. Mai – 2. Nov.	Maler von Solothurn	*«Jn meinen vorigen Rechnungen ist einzubringen vergeßen worden das, was dem Mahler von Solothurn wegen anstreichung von Waßerfarben und mahlung etlicher schlechten und von dannigem Holtz gemachten Dilinen; denne wegen Jhr Gn[aden] Ehren Wappens, so an etlichen orthen am Schloß und newen Kornhauß, sambt denen darzu gebrauchten farben bezalt worden, Thut an Pf[ennigen]»*	233	6	8
	Gesamtausgaben		**233**	**6**	**8**

Dachdeckerarbeit

Jahr	Handwerker	Auftrag	lb	sch	d
1681/82	**Klaus Häuselmann,** Dachdeckermeister von Lotzwil	Für Ab- und wieder Eindeckung des halben Teils der Brücke sowie Decken des neuen Kornhauses und des Ostanbaus am Schloss	54	16	
1682/83	**Klaus Häuselmann,** Dachdeckermeister von Lotzwil	Dachdeckerarbeit	72	14	8
	Gesamtausgaben		**127**	**10**	**8**

Diverse (Brunnenleger, Seiler, Glockengiesser)

Jahr	Handwerker	Auftrag	lb	sch	d
1681/82	**Niklaus Ryff** und **Hans Dinkelmann** von Flumenthal	Für das Verlegen einer Brunnenleitung, weil wegen des Neubaus des Kornhauses an der Stelle der Viehscheuer, die Rossscheuer in die Schlossmatte versetzt, vergrössert und zu einer Viehscheune umfunktioniert wurde	260		
1681/82	**Samuel Brüderli,** Seiler in Herzogenbuchsee	Seilerarbeit	161	3	
1682/83	**Samuel Brüderli,** Seiler in Herzogenbuchsee	Seilerarbeit	75		
1683/84		«*Umb ein **Glöggli auf die Brugg.** Damit die Fuss Post und andere Leüth sich bei Nacht anmelden können*»	19	13	4
	Gesamtausgaben		515	16	4

Zusammenzug

	lb	sch	d
Steinhauerarbeit	1506	8	
Maurer- und Verputzarbeit	4581	17	
Zieglerarbeit	2396	14	8
Holzlieferungen und Sagerlohn	1776	17	4
Zimmerarbeit	3577	4	
Tischmacherarbeit	2932	19	4
Glaserarbeit	485		
Schlosserarbeit	1323		
Schmiedearbeit	978		
Hafnerarbeit	360	13	4
Malerarbeit	233	6	8
Dachdeckerarbeit	127	10	8
Diverses	515	16	4
Gesamtausgaben für die Bauarbeiten im Schlossareal Wangen während der Amtszeit Beat Fischers (November 1680–November 1686)	20795	7	4

Als wichtigste Figuren, die an all diesen Bauarbeiten beteiligt waren, kristallisieren sich für die Maurerarbeiten der Steinhauermeister Ulrich Bunder und für die Holzarbeiten der Wangener Werkmeister Zimmerwerks Niklaus Hartmann heraus. Mit Letzterem gab es aber offensichtlich schon bald Probleme, weil er seine Termine nicht einhalten konnte, so dass er im August 1681 sein Mandat niederlegen musste und durch die beiden Zimmermeister Heinrich Müller und Simon Egger ersetzt wurde. Vor allem der Aarwangener Simon Egger erscheint in der Folge bis zum Abschluss der Bauarbeiten in der Rolle des verantwortlichen Werkmeisters Zimmerwerks.

Ein zweites Mal sah sich Fischer genötigt, einen Handwerker wegen mangelnder Effizienz durch einen anderen zu ersetzen. Als der Röthenbacher Schlosser Andreas Gränicher offenbar mit der Lieferung der Fenster- und Türbeschläge auf sich warten liess, entschloss sich Beat Fischer kurzerhand, den Solothurner Schlosser Christof Schwertzig zur Beschleunigung der Arbeit hinzuzuziehen.[81] Ein Solothurner Ziegler wurde aber auch berücksichtigt, als es bei den Kalklieferungen einen Versorgungsengpass gab. Vielleicht ist der Eindruck nicht ganz falsch, Fischer habe sich zwar redlich bemüht, mit einheimischen Handwerkern zu arbeiten,[82] dass er aber – seinem Naturell als Unternehmer entsprechend – mehrmals die Geduld verlor und seinen Personalbedarf über die Standes- und Konfessionsgrenzen hinweg zu decken suchte.

Ein Wort ist generell über die Rolle der Solothurner Handwerker zu sagen, und zwar nicht zuletzt, weil man heute davon ausgehen kann, dass einige von ihnen auch beim Umbau von Schloss Reichenbach zum Zuge kamen. Neben den oben schon aufgeführten sind auch ein Steinhauer aus Flumenthal zu erwähnen sowie der Hafner Adam Hess, der drei Öfen mit glatten grünen Kacheln in die neuen Räume des Ostanbaus lieferte, und der Maler, den Fischer in seinen Rechnungen fast zu erwähnen vergass. Natürlich waren die unmittelbare Nachbarschaft und die verkehrstechnisch exzellente Erschliessung durch die Aare stechende Trümpfe, wenn es dem auf Effizienz bedachten Landvogt darum ging, bei einer unbefriedigenden Situation rasch Abhilfe zu schaffen. Die Ambassadorenstadt mit entsprechender Auftragslage hatte damals sicher eine beträchtliche Anzahl guter Handwerker anzubieten.

Das Täferzimmer des Tischmachers Ludwig Fisch aus Aarau

Während des Sommers 1681 findet man in den Amtsrechnungen immer wieder Einträge, welche den Kauf von Nussbaum- und Eichenholz belegen.[83] So bezog man am 27. Juni aus Attisholz 80 Eichen- und Nussbaumläden, und gleichentags erhandelte man sich von einem Färber in Langenthal einen schönen Baum Eichenläden. Weitere Holzlieferungen kamen aus Röthenbach und Niederbipp. Grund für diese Anschaffungen war die Absicht Beat Fischers, den Ostanbau, der gerade in Ausführung war, durch neue Täfer kostbar auszustatten. Als Tischmacher engagierte er Meister Ludwig Fisch aus Aarau. Dieser erhielt zwischen dem 19. Mai 1681 und dem 24. Februar 1683

81 StAB B VII, 2120, Amtsrechnungen Wangen 1681/82, S. 33: «Weilen dan gesagter Gränicher mit der arbeit lang auffgehalten aus mangel gesinds, bin ich genötiget worden eines Solothurnischen Schloßers mich aus zubedienen namens Christoff Schwertzig.»

82 Neben den nicht näher bezeichneten Handwerkern, bei denen man in der Regel davon ausgehen darf, dass sie aus Wangen selbst oder aus der nächsten Umgebung stammten, beschäftigte er auch viele Leute aus dem Amt Wangen (Attiswil, Bipp, Heimenhausen, Herzogenbuchsee, Röthenbach b. Herzogenbuchsee, Rumisberg, Walliswil b. Wangen) oder aus dem Nachbaramt Aarwangen (Aarwangen, Langenthal, Lotzwil, Oberauswil); aus dem Amt Signau (Langnau, Signau) kamen die Holzflösser.

83 Siehe Zusammenstellung Holzlieferungen und Sagerlöhne auf S. 245 f.

Abb. 111: *Wangen/BE, Schloss, erstes Obergeschoss, Täferzimmer im Ostanbau, der in der Amtszeit Beat Fischers (1680– 1686) realisiert wurde. Das Eichen- und Nussbaumtäfer stammt vom Aargauer Tischmacher Ludwig Fisch und gehört zu den prunkvollsten Ausstattungsteilen des Landvogteischlosses. Über Cheminée und Spiegel ist seit den Umbauarbeiten von 1976/77 das Wappen des auftraggebenden Landvogts Beat Fischer zu sehen, das ehemals über dem Eingang zur Alkovennische angebracht war (Abb. 116).*

regelmässig Zahlungen für Fenster, Türen, Täfer und Böden in den Schlossgebäuden, aber auch für Türen, Gatter und Felläden zum neuen Kornhaus.

Sein Hauptstück ist aber eindeutig das prächtige Eichen- und Nussbaumtäferzimmer im ersten Stock des Ostanbaus. Elegante ionische Pilaster gliedern die Wände in grosse blendenbesetzte Felder. Die Türen sind durch geohrte Einfassungen mit Wulstprofilen ausgezeichnet. Die Kassettendecke mit dem geschnitzten Hochachteckspiegel zeigt anspruchsvolle Blatt- und Fruchtfriese mit Vogelmotiven. Diese vier Tierdarstellungen sind nun nicht einfach dekorative Accessoires, wie man dies auf den ersten Blick meinen könnte, sondern sie sind als Elemente barocker Emblematik mit einer übergeordneten Botschaft befrachtet. Das Programm beinhaltet in diesem Fall Verweise auf Qualitäten, die einen guten Landvogt auszeichnen. So wird etwa

Abb. 112: *Wangen/BE, Schloss, erstes Obergeschoss, Ostzimmer: Prächtige Täferdecke vom Aarauer Tischmacher Ludwig Fisch mit einem oktogonalen Wulstprofil aus opulentem Blattwerk mit Früchten (Granatäpfel, Trauben, Birnen, Äpfel) und vier Vogeldarstellungen in den Eckschrägen. Im Zentrum ovaler Lorbeerwulst mit vier Rosetten. Die vier Vogeldarstellungen symbolisieren vier Qualitäten, die einen guten Regenten – im Fall von Wangen einen guten Landvogt – auszeichnen: Fürsorge (Pelikan), Standhaftigkeit (Strauss mit Hufeisen), Fähigkeit zur Erneuerung (Phönix), Treue (Taube).*

die Fürsorge des Landesvaters für seine Schutzbefohlenen durch die Gestalt des Pelikans, der sich für seine Jungen aufopfert, symbolisiert. Der Vogel Strauss mit dem Hufeisen im Schnabel[84] steht für Standhaftigkeit, der Phönix im brennenden Nest für die Fähigkeit zur Erneuerung und die Taube schliesslich für Treue und Tugend. Die Welt dieser Sinnbilder wurde im 16. und 17. Jahrhundert durch eine Flut an emblematischer Literatur verbreitet, die Beat Fischer als belesenem Auftraggeber sicher wenigstens zum Teil geläufig war. Auf jeden Fall findet sich unter seinen zahlreichen Büchern, die er nach Wangen mitnahm, auch der «Mondo simbolico» des Italieners Filippo Picinelli[85], ein Schlüsselwerk der barocken Emblematik, in dem auch die vier Vogeldarstellungen der Wangener Decke zu finden sind.[86]

---

84 Nach Plinius (Nat. hist. 10,1) vermag der Vogel Strauss alles zu fressen und zu verdauen, auch Eisen. Dadurch wurde er in der Emblematik zum Sinnbild von Standhaftigkeit und Duldsamkeit. Vgl. Henkel/Schöne 1967, Sp. 806 f.

85 Picinelli, Filippo: Mondo simbolico o sia Università d'imprese scelte, spiegate, ed illustrate con sentenze, ed eruditioni sacre, e profane. Studiosi diporti dell'Abbate D. Filippo Picinelli Milanese ne i canonici regolari Lateranensi Teologo, Lettore di Sacra Scrittura e Predicatore privilegiato. Che somministrano à gli Oratori, Predicatori, Accademici, Poeti, etc. infinito numero di concetti. Con indici copiosissimi. Milano Per lo Stampatore Archiepiscopale 1653. Dieses berühmte Emblem- und Impresenbuch erlebte im weiteren Verlauf des 17. Jahrhunderts fünf Neuauflagen.

86 Vgl. den Index Rerum Notabilium zum Mundus Symbolicus des Picinellus in: Henkel/Schöne 1967, Sp. 2115–2196.

> Abb. 116: *Aufnahmeplan aus dem Jahr 1927 von Architekt E. Bürki, der die westliche Alkovenwand mit der Wappenkartusche Fischer über dem Durchgang vor der Umgestaltung des Täferzimmers von 1976/77 zeigt. Planarchiv der Denkmalpflege des Kantons Bern.*

Abb. 113: *Pelikan: Symbol der Fürsorge.*

Abb. 114: *Strauss mit Hufeisen im Schnabel: Symbol der Standhaftigkeit.*

Abb. 115: *Phönix im brennenden Nest: Symbol der Erneuerung.*

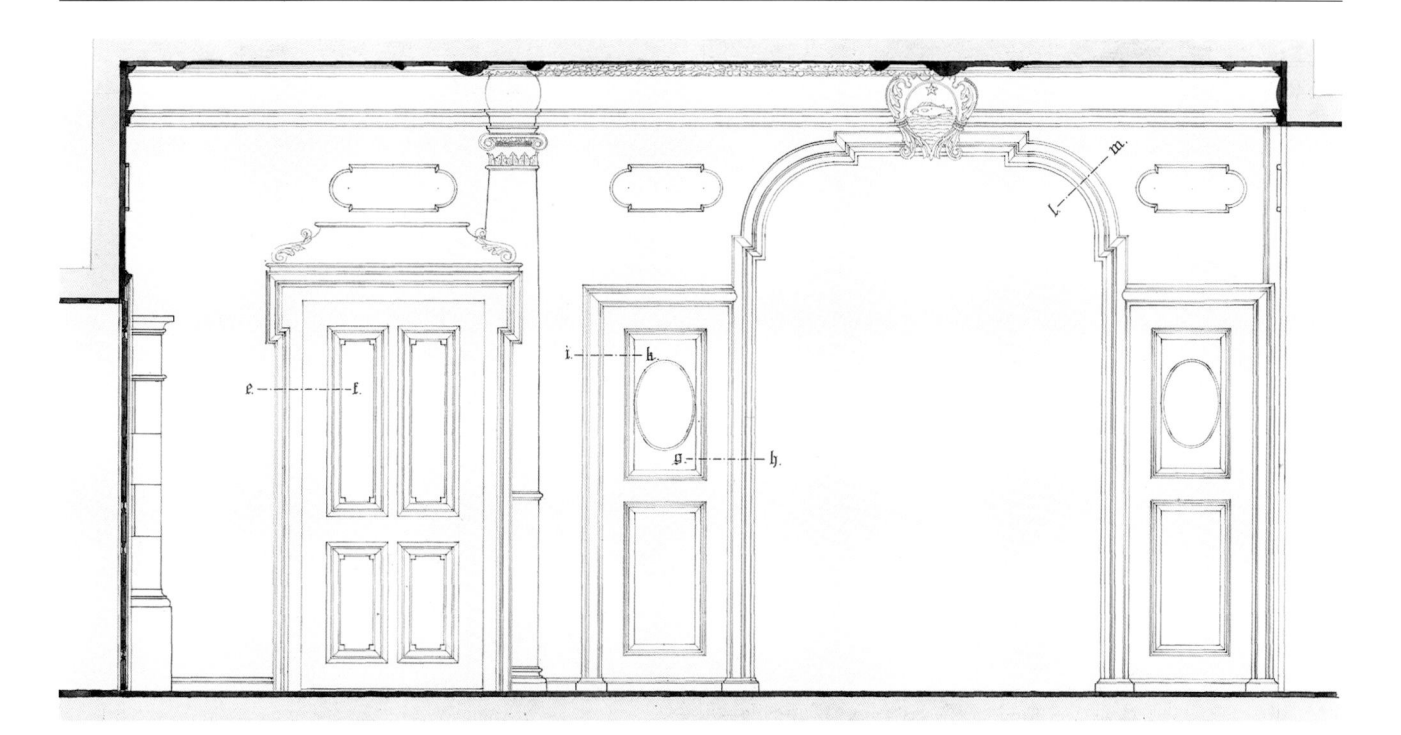

Abb. 117: *Das ambitionierte Vorbild zur ungleich schlichteren Alkovenform in Wangen findet sich beim französischen Stecher Jean Lepautre in seiner sechsteiligen Serie* Alcôves à l'italienne, *die 1656/57 erstmals von Pierre II Mariette in Paris herausgegeben wurde. Préaud 1999, Kat.-Nr. 1288.*

Über dem Régence-Louis XV-Cheminée, einer Zutat des mittleren 18. Jahrhunderts, prangt am Übergang zur Decke selbstbewusst das geschnitzte Wappen von Beat Fischer.[87]

Wer der in den Quellen mehrfach belegte Aarauer Tischmacher Ludwig Fisch war und was er sonst an Arbeiten ausführte, ist bis heute nicht bekannt.[88] Klar ist aber, dass es Beat Fischer gelang, für die Täferung der neuen Osträume[89] einen überaus fähigen Handwerker zu engagieren, der eine Arbeit ablieferte, die weit über dem Schnitt gängiger Tischmacherarbeit lag.

[87] Das Täferzimmer ist nicht in seiner originalen Disposition auf uns gekommen. Bei der Sanierung 1967/68 wurde das Täfer den neuen Raumbedürfnissen angepasst. Dabei wurde der Alkoven, der durch die Aufnahmepläne von Architekt E. Bürki aus dem Jahre 1927 überliefert ist, geschlossen und die Wandgliederung angepasst. Dabei verschwand die elegante Einfassung des Alkovens, in deren Scheitel der Wappenschild Fischer damals angebracht war. Vgl. Abb. 116.

[88] In keinem der Aargauer Kunstdenkmälerbände taucht Fisch im Register auf, und auch im Familienstammbaum der bekannten Aarauer Glasmalerfamilie Fisch lässt er sich nicht ausmachen. Vgl. Merz 1894.

[89] Weitere Täfer und Täferteile finden sich zum Teil in andere Räume versetzt im Schloss. Darunter gehört das Eichentäfer mit kräftigen Wulststäben im Südzimmer des Ostanbaus im zweiten Stock zu den in situ verbliebenen Arbeiten.

Abb. 118: *Wangen/BE, Schloss, zweiter Stock, Kanzlei des Betreibungsamtes: Polychrome Ausmalung der Kaminwand von 1683, die stark an die Malereien im Gerichtssaal in Schloss Reichenbach erinnert und wie jene der Solothurner Werkstatt des Michael Vogelsang zugeschrieben werden kann.*

Die malerische Ausgestaltung der Kaminwand in der Kanzlei des Betreibungsamtes

Unter den Räumen, die es im 1681 teilabgebrochenen, wieder aufgebauten und nach Osten erweiterten Bergfried auszustatten galt, war auch das heute als Kanzlei des Betreibungsamtes benannte Nordwestzimmer des zweiten Stocks. Von der einst durchgehenden, illusionistisch-polychromen Architekturmalerei, welche den Raum mit einem System von kannelierten Pilastern mit korinthisierenden Akanthuskapitellen, gerahmten Rechteckfeldern mit Landschaftsdarstellungen, einer Frieszone mit dem Motiv des laufenden Hundes und träge lastenden, üppigen Blattfestons überzog, hat sich die nördliche Kaminwand grösstenteils erhalten. Im Zentrum steht das vorkragende Cheminée mit zwei aufgemalten, gegengleichen Standeswappen in Rollwerkkartuschen mit Herzogskrone. Darunter in der Mitte das kleine Wappen des Landvogts Beat Fischer und die Jahrzahl 1683 in rundem Blattwulstrahmen. Auf den Seitenwangen des Kaminaufsatzes stehen auf Sockeln zwei antikisierende Imperatorenbüsten. Über dem Stichbogenfenster in der nordöstlichen Wand findet sich ein Rest der bemalten Decke mit einem illusionistisch gemalten Blattstab. Vorbilder für diese Art der Raumausstattung sind in der Vorlagengrafik des Jean Lepautre (1618–1682) zu suchen, der im Laufe seiner

Abb. 119: *In dieser dekorativen Architekturgliederung (um 1685) hat die Malerei der Wangener Kanzlei des Betreibungsamtes eine unmittelbare Verwandte.* Freiburg i.Üe., ehemaliges Augustinerkloster, Eingangshalle.

Abb. 120: *Der Wandaufbau mit den kannelierten Pilastern, den Bildfeldern, aber auch das Wulstpodest, auf dem der Kaminaufsatz mit den einen Blütenkranz tragenden Putten und einer antiken Büste auf einer Muschelkartusche platziert ist, sind sicher mehr oder weniger direkt in die Wangener Ausstattung eingeflossen.*

Blatt aus der Serie Nouveaux desseins de cheminées à l'italienne. *Folge von 6 Blättern, erstmals herausgegeben von Nicolas I Langlois um 1665/70; Préaud 1999, Kat.-Nr. 1493.*

Karriere einen unerschöpflichen Fundus von Entwürfen für Raumdekorationen zusammengetragen und mit diesen die barocke Innendekoration europaweit nachhaltig beeinflusst hatte.⁹⁰ Dabei schöpfte der französische Stecher häufig aus dem Formenschatz der Antike, wie er durch die italienische Renaissance tradiert worden war.

Sehr nahe stilistische und formale Verwandte zur Wangener Kaminwandmalerei sind einerseits im Gerichtssaal von Schloss Reichenbach zu finden, andererseits aber auch in Freiburg in der Eingangshalle des Augustinerpriorats und im solothurnischen Feldbrunnen im Schloss Waldegg. Die Urheberfrage soll im Kapitel über die Malereien im Gerichtssaal von Schloss Reichenbach aufgerollt werden.⁹¹

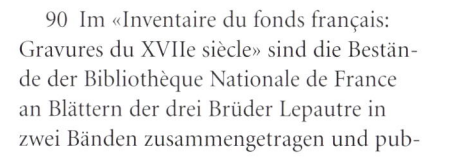

bb. 148
S. 275
bb. 119
bb. 121

Abb. 121: *Ebenfalls in die gleiche Familie gehört die Ausmalung des so genannten Salon Louis XV im Schloss Waldegg in Feldbrunnen/SO, um 1685/1700, welche von Georg Carlen der Werkstatt Vogelsang zugeschrieben wird.*

90 Im «Inventaire du fonds français: Gravures du XVIIe siècle» sind die Bestände der Bibliothèque Nationale de France an Blättern der drei Brüder Lepautre in zwei Bänden zusammengetragen und publiziert. Allein das Werk von Jean umfasst 2183 Katalognummern. Vgl. Préaud 1993 und Préaud 1999.

91 Vgl. S. 276–287.

Abb. 122: *Wangen/BE, Schloss, zweiter Stock, Kanzlei des Betreibungsamtes, Detail: Das illusionistische Wulstpodest, das aus Perlkyma und aufgestellten Akanthuspalmetten gebildet wird, ist eine klare Adaption aus der Lepautre-Vorlage.*

Die Wappenpyramide im Rosettenkranz zeigt zwei gegengleiche Bernerwappen in Rollwerkkartuschen, bekrönt von einer Herzogskrone. In der Mitte darunter das Wappen des Bauherrn Beat Fischer.

Abb. 123: *Die etwas spannungslos herunterfallenden Blattgirlanden, die ebenfalls zum schier unerschöpflichen Vorlagenschatz Jean Lepautres gehören, erinnern stark an die entsprechenden Beispiele in der Wangener Ausstattung. Préaud 1999, Kat.-Nr. 1493.*

Abb. 124: *Wangen/BE, Schloss, zweiter Stock, Kanzlei des Betreibungsamtes, Detail: Die Büste, die bei der Cheminéevorlage Lepautres den Aufsatz bekrönt (Abb. 123), ist in Wangen auf die rechte Seitenwand des Kamins gerückt und unterstützt zusammen mit den übrigen gemalten scheinarchitektonischen Elementen die barocke Illusion.*

>
Abb. 125: *Wangen/BE, Schloss, zweiter Stock, Kanzlei des Betreibungsamtes: Blick auf die Wand links des Kamins mit einem Rest einer bemalten Bretterdecke mit illusionistischem Eichblattakanthuswulst und Stoffdraperie in der Ecke. Ähnliches Blattwerk und eine ähnliche Ecklösung sind an einer für Vogelsang gesicherten Decke im Manoir in Autigny/FR zu finden.*

Abb. 126: *Wangen/BE, Schloss, zweiter Stock, bemalte Decke im Täferzimmer des Ostanbaus. Das Beispiel dieser Decke zeigt eindrücklich, wie der oder die Maler mit den Lepautre-Vorlagen umgingen. Das Bildprogramm wird den Auftraggeberwünschen und den räumlichen Gegebenheiten angepasst. So stammt der Merkur im zentralen Medaillon nicht aus der gleichen Vorlage wie die charakteristischen Sphingen, die das Eckmedaillon verklammern.*

Die Merkurdecke im Ostanbau, ein Schwanengesang des scheidenden Landvogts?

Wohl von der gleichen Solothurner Werkstatt wie die Architekturmalerei der Kanzlei des Betreibungsamtes stammt die polychrom bemalte, illusionistisch kassettierte Felderdecke des gegen Osten anschliessenden Raums, des so genannten Gläubigerzimmers. Im Zentrum steht ein Achteckfeld mit der Darstellung des Götterboten Merkur, in den vier Zwickeln findet man in Medaillons, die von je einem Sphingenpaar verklammert werden, die Personifizierungen der vier Elemente Erde (Südwest-Ecke), Wasser (Nordwest), Feuer (Südost) und Luft (Nordost). Die antikisierenden Frauengestalten, die sich darüber an die Volutenbänke anlehnen, präsentieren zusätzlich die Attribute des jeweiligen Elements. Als illusionistisches Gesims und Übergang zum später im 18. Jahrhundert in Régence-Formen bemalten Täfer fungiert ein gemalter Blattkranz, der auf der Ostseite durch eine von Putten getragene Wappenkartusche mit doppeltem, gegenständigem Standeswappen und darunter einem kleinen Wappen des Landvogts unterbrochen wird. Dieses kleine Wappen wurde bei der Sanierung der Decke 1976/77 durch den Restaurator Hans A. Fischer als Wappen von Abraham Hänni, dem Nachfolger Beat Fischers als Vogt von Wangen, identifiziert. Dies würde nun eigentlich nahe legen, in Hänni den Auftraggeber der Merkurdecke zu sehen. Hier sei aber

Abb. 127: *Blatt 2 aus der sechsteiligen Serie* Nouveaux Desseins de Plafons, *hg. von Nicolas I Langlois, um 1665/70; Préaud 1999, Kat.-Nr. 1875.*

Abb. 128: *Blatt 6 aus der sechsteiligen Serie* Nouveaux Desseins de Plafons; *Préaud 1999, Kat.-Nr. 1879.*

92 Zu diesen Decken gehört sicher auch eine bei den Restaurierungsarbeiten 1976/77 gefundene Rankendecke im Eichentäferzimmer im ersten Stock des Ostanbaus (südlich neben dem Täferzimmer mit der Vogeldecke des Ludwig Fisch), deren Freilegung sich jedoch als so schwierig herausstellte, dass man damals darauf verzichtete. Soviel man aus einem Freilegungsmuster (Abb. 174) lesen kann, sind die verwandtschaftlichen Bezüge zu einer Rankendecke im Schlösschen Vorder-Bleichenberg in Biberist/SO, die von Georg Carlen der Werkstatt Vogelsang zugeschrieben wird, frappierend. Vgl. Carlen 1987, S. 67, Abb. 3. Vgl. ebenso Dokumentation des Restaurators Hans A. Fischer, Abb. 37, bei der Denkmalpflege des Kantons Bern.

die gewiss etwas mutige Hypothese erlaubt, als geistigen Vater dieser Ausstattung Beat Fischer anzunehmen. Dies zum einen, weil in den Amtsrechnungen Fischers von «etlichen Dilinen»[92] gesprochen wird, die vom Maler aus Solothurn gemalt wurden, und zum anderen, weil man im Gegenzug in den Amtsrechnungen Hännis vergeblich einen Hinweis auf eine derartige Ausstattung sucht. Zudem ist es ja möglich, dass ursprünglich in einer weiteren, heute verlorenen Wappenkartusche auch das Wappen Fischers zu finden gewesen wäre. Man kann sich sogar zur Mutmassung versteigen, Hänni könnte sich am Ende gar mit fremden Federn geschmückt haben, indem er sein Wappen nachträglich in diesem Raum anbringen liess, da Fischer durch sein Wappen schon an der Kaminwand des Betreibungsamtes und im Täferzimmer des ersten Stocks prominent vertreten war. Im Bewusstsein, sich noch weiter in den Bereich der Spekulation zu begeben, wagen wir abschliessend die Feststellung, dass es gar niemand anders als der rührige «Entrepreneur» Beat Fischer gewesen sein kann, dem die Idee zuflog, dem Gott des Handels und der Unternehmung im Schloss Wangen eine so prachtvolle und spektakuläre Decke zu widmen. Sei es, wie es wolle! Auf jeden Fall bildet die Wangener Merkurdecke stilistisch und formal ein wichtiges Bindeglied zwischen den Malereien des Gerichtssaales in Schloss Reichenbach und den Rittersaalmalereien im von Roll'schen Stadthaus in Solothurn und dokumentiert einmal mehr den Einfluss, den die Vorlageblätter des Jean Lepautre auf die Dekorationsmalerei in unseren Breiten zu Ende des 17. Jahrhunderts hatten.

Abb. 15
S. 281

Beat Fischer und sein Schloss Reichenbach

Seitdem Beat Fischer es im Jahre 1680 erwirkt hatte, von Kaiser Leopold in den Ritterstand erhoben zu werden, nannte er sich nach einem ihm im Breitenrain gehörenden Gut *Fischer von Wyler*. Es fehlte ihm aber ganz klar eine standesgemässe Herrschaft mit klingendem Namen. Zu dieser gelangte er 1683, als er mit David Ougspurger die Herrschaft Reichenbach ertauschte, nach der sich er und seine Familie in der Folge Fischer von Reichenbach nannten.[93] Die 1669 datierte Ansicht von Albrecht Kauw zeigt, was man sich baulich unter dieser Besitzung vorzustellen hat. Beat Fischer übernahm von Ougspurger einen gewachsenen Herrschaftssitz, der in seinen Wurzeln ins Mittelalter zurückgeht und dessen Hauptelement, ein hoher rechteckiger Wohnturm, wohl im 15. Jahrhundert anzusiedeln ist.[94]

Abb. 129
S. 262

Zur Geschichte der Baugeschichte von Schloss Reichenbach

Im Kunstführer durch die Schweiz von 1982 wird die Baugeschichte des Schlosses mit folgenden Worten eingeführt: «Zwischen 1683–88 wohl von Samuel Jenner für den Begründer der bernischen Post, Beat Fischer, zwecks Anlage der Gartenterrassen landeinwärts der von Erlachschen Burg erbaut. Der urspr[ünglich] längsrechteckige, mit der Schmalseite zur Aare stehende Bau wurde um 1710 unter Beats Sohn gleichen Namens um einen W-Flügel erweitert, der dem Schloss die heutige 8achsige S-Fassade gibt. Um 1725–30 teilweiser Innenumbau und Neuausstattung.» Auf der Suche nach den Belegen für diese Aussagen stösst man auf etliche Schwierigkeiten, und ohne die ganze bisherige Geschichtsschreibung umzukrempeln, gilt es doch, einige Ondits zu relativieren und ihr Zustandekommen zu beleuchten. Da ist zum Ersten die klar umrissene Bauzeit von 1683 bis 1688, die so konkret nicht zu belegen ist. Es ist zwar bekannt, dass Beat Fischer im Januar 1683 die Herrschaft Reichenbach gegen ein Haus an der Metzgergasse und ein Aufgeld von David Ougspurger erwarb. Zur genauen Zeitspanne, in der die umfangreichen Bauarbeiten stattgefunden haben, lassen sich jedoch keine eindeutigen Belege beibringen. Immerhin hatte ihm Ougspurger ein funktionierendes Schloss mit ausgestatteten Stuben und einem Saal übergeben,[95] und zudem steckte Fischer zum Zeitpunkt der Übernahme mitten in seiner Landvogteizeit in Wangen, was einer geregelten Aufsicht über den Umbau sicher nicht entgegenkam. Der Biograf Karl Ludwig Friedrich von Fischer schrieb 1884 in seinem Beitrag in der Sammlung Berner Biographien: «Der Neubau und innere Ausbau des von Fischer 1683 angekauften Schlosses Reichenbach nahm eine Reihe von Jahren in Anspruch.»[96] Er lässt also sowohl den Anfang als auch das Ende der Bauarbeiten offen, und die Erfahrung zeigt, dass der Um- und vor allem der Ausbau eines Unternehmens von dieser Grösse durchaus eine längere Zeit in Anspruch nehmen konnte. Es gibt allerdings einen kleinen Hinweis darauf, dass zumindest ein Teil des Umbaus bereits im Spätherbst 1685 vollendet gewesen sein könnte, denn Beat vermerkt in seinem «Journal und Memorialia», dass er am 27. November jenes Jahres etliche Sil-

---

93 Zu den näheren Umständen des Kaufes vgl. den Aufsatz von Annelies Hüssy in diesem Band.

94 Beilage 4. 19, 20.

95 Vgl. StAB FA von Fischer I 29 (1) a: Wegen Reichenbach Jnventarium 30. Januarij 1683.

96 von Fischer 1884, S. 376.

Abb. 129: *Ausschnitt aus der Vedute von Albrecht Kauw aus dem Jahre 1669, der ältesten verlässlichen Ansicht der von Erlach'schen Burg. Kauw zeigt den Zustand vor den Interventionen Beat Fischers: Hauptelement ist der spätmittelalterliche, querrechteckige Wohnturm von zwei Geschossen auf hohem Kellersockel unter steilem, nur knapp vorspringendem Vollwalmdach und einem polygonalen Dacherker in der Mitte der Breitseite. Auf der Schmalseite ein Laubenwerk, an das ein gerundeter Treppen(?)turm und ein Anbau an die nördliche Ringmauer mit nach innen abfallendem Pultdach anschliessen. Links die grosse Riegscheune und rechts die Mühle; am Horizont die malerische Büelikofengruppe. Bern, Bernisches Historisches Museum, Inv.-Nr. 26085.*

Abb. 130: *Die Johannes Dünz zugeschriebene Ansicht zeigt im Wesentlichen den gleichen Stand wie die Kauw-Vedute. Bei Dünz hat man allerdings den Eindruck, die Umfassungsmauer beschreibe ein einigermassen regelmässiges Geviert, während man sich bei Kauw die räumliche Situierung des Ostabschnittes dieser Mauer nicht ganz vorstellen kann. Dieser Eindruck der ebenmässigen Umfriedung wird allerdings bereits von Wilhelm Stettlers Ansicht widerlegt. Offenbar führten Terrainunebenheiten zu dem etwas eigenwilligen Verlauf der Ringmauer. Noch nichts deutet darauf hin, dass hier schon bald eine gewaltige Baustelle eingerichtet werden sollte.*

   Ausschnitt aus einer Ölvedute von Johannes Dünz, um/vor 1683; Bern, Privatbesitz.

**Von der Burg zum Barockschloss –
eine Geschichte in Bildern**

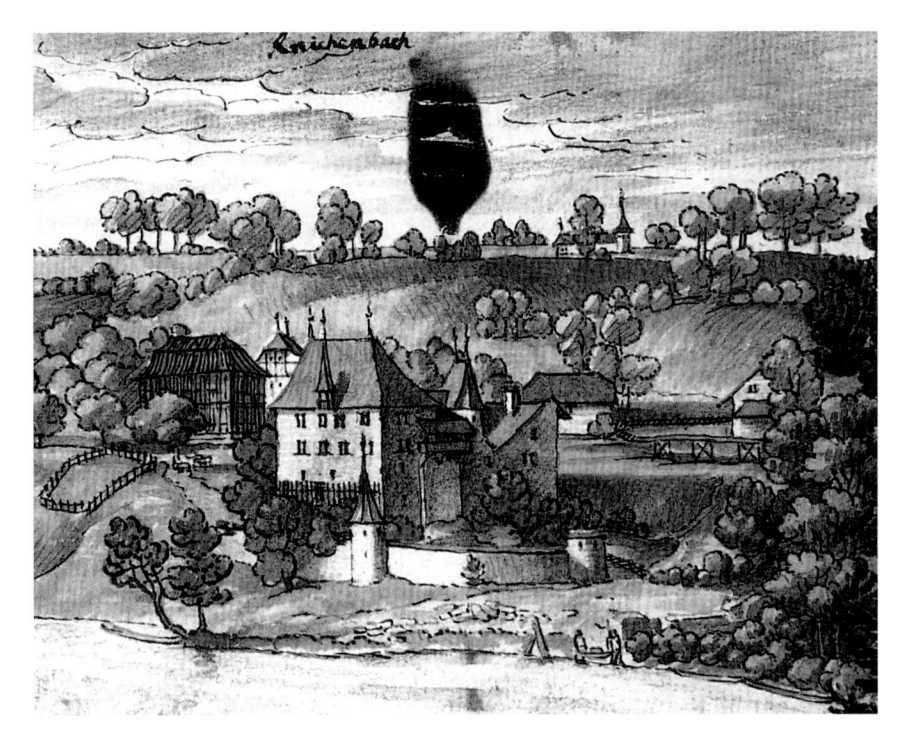

Beat Fischer als Bauherr und Freund der Künste 263

Abb. 131: *Der dritte bedeutende Berner Vedutist, der sich mit Reichenbach auseinander setzte, war Wilhelm Stettler. Auf den ersten Blick hat sich gegenüber Kauw und Dünz nicht sehr viel verändert. Doch es gibt einen entscheidenden Unterschied. Das etwas seltsam anmutende Gebäude links ist der Rohbau jenes Wirtschaftsgebäudes, dem wir als Riegbau unter Mansartdach in den Ansichten und Plänen des 18. Jahrhunderts immer wieder begegnen werden. Wenn wir Stettler wirklich glauben wollen, und es gibt eigentlich keinen guten Grund, dies nicht zu tun, hat Beat Fischer also zunächst das alte Schloss stehen lassen und als ersten Neubau den topaktuellen Mansartriegbau errichtet.*

Ausschnitt aus der lavierten Federzeichnung von Wilhelm Stettler, nach 1683. BBB FA Stettler 26.

Abb. 132: *Ausschnitt aus einem Gemälde aus dem Jahr 1706 mit der Gegend um Schloss Bremgarten, von dem man rechts noch einen zinnenbekrönten Eckturm sieht. Im Hintergrund das neue Schloss Reichenbach.*

Es ist nicht mit Sicherheit zu entscheiden, ob die Vedute schon in starker Verkürzung den Winkelbau zeigt oder erst den in der Literatur immer wieder zitierten Ostflügel.

Ausschnitt aus einem Ölgemälde von Johannes Dünz, 1706. Bern. Privatbesitz.

Von der Burg zum Barockschloss – eine Geschichte in Bildern

Abb. 133: *Hier haben wir nun erstmals definitiv den in den Hang gestellten, dreigeschossigen Winkelbau von acht auf acht Achsen auf hohem Kellersockel und unter Mansartdach in seiner vollen Grösse vor uns, und wenn man nun dessen Lage mit derjenigen der Burg auf den Ansichten von Kauw, Dünz und vor allem Stettler vergleicht, kann man durchaus den Eindruck gewinnen, Beat Fischer habe sein Schloss auf den Grundmauern der von Erlach'schen Burg errichten lassen, mit deren Abbruchmaterial er vielleicht sogar der Aare den Platz für seinen südseitigen herrschaftlichen Garten abrang. Im Norden der Neubau der Brauerei mit Uhrtürmchen.*
Vignettenvedute auf einem Marchenplan der Herrschaft Reichenbach, um 1700. StAB FA von Fischer I 51 (1).

Abb. 134: *Wie gut die eben besprochene Vignettenvedute die Situation des Fischer'schen Schlosses zu erfassen vermochte, zeigt ein Vergleich mit einer Fotografie aus dem späteren 19. Jahrhundert von Hermann Völlger.*

Von der Burg zum Barockschloss – eine Geschichte in Bildern

bergegenstände nach Reichenbach habe schicken lassen.⁹⁷ Man kann diesen Hinweis allerdings auch gegenteilig dahin gehend interpretieren, der Umbau sei damals noch gar nicht im Gange gewesen und die Gegenstände seien im «alten», sicher noch gut bewohnbaren Schloss gebraucht worden. Diese zweite Möglichkeit wird durch das dritte Bild der Reihe von alten Ansichten gestützt. Auf der Vedute von Wilhelm Stettler kommt klar zum Ausdruck, dass die erste Baumassnahme von Beat Fischer gar nicht dem Schloss galt. Als ersten Neubau zeigt Stettler den westlich des alten Schlosses vor die alte Scheune gestaffelten Ökonomiebau unter Mansartdach, dessen merkwürdige Gerippestruktur auf den Umstand hindeutet, er sei zum Zeitpunkt der Aufnahme durch Stettler noch gar nicht vollendet gewesen.

Abb. 131
S. 263

Die Ansicht von Wilhelm Stettler erweist sich aber auch in einer anderen Frage als Schlüsselbeleg. Seit Schellhammers Chronikeintrag von 1717⁹⁸, in dem er davon berichtet, Beat Fischer habe das alte Schloss abbrechen und etwas landeinwärts neu aufbauen lassen, so dass zwischen der Aare und dem Schloss ein trefflicher Ziergarten angelegt werden konnte, hat sich die These von der Versetzung landeinwärts bei zahlreichen Autoren bis und mit Ueli Bellwald im Kunstführer durch die Schweiz von 1982 – mehr oder weniger kategorisch in der Formulierung – festgesetzt.⁹⁹ Vergleicht man die Stettler-Ansicht, die ja den ersten Neubau, das Mansart-Ökonomiegebäude neben dem alten Schloss, zeigt, mit der Vignettenvedute um 1700(?), welche bereits das neue Schloss neben dem Mansartdachbau und der giebelständigen alten Scheune wiedergibt, wird deutlich, dass der «Neubau» eher ein tief greifender Umbau unter mehr oder weniger umfangreichem Einbezug alter Teile gewesen sein muss. Zumindest deutet alles darauf hin, dass er an derselben Stelle wie das alte Schloss errichtet wurde. Dies belegen eindrücklich auch die beiden Vogelschaupläne von Johann Adam Riediger aus den Jahren 1717 und 1719. Sie zeigen die Position der drei oben genannten Gebäude und die Distanz des neuen Schlosses zur Aare. Der südliche Barockgarten konnte allenfalls durch Aufschüttung der Aare (mit Abbruchmaterial vom alten Schloss?) etwas tiefer in den Fluss vorgelagert worden sein, aber eine Versetzung des Schlosses landeinwärts kann mit dem besten Willen nicht belegt werden. Es ist ja auch schwer vorstellbar, dass ein so ökonomisch denkender Mensch wie Beat Fischer die Möglichkeit ausgelassen hätte, in einem topografisch derart schwierigen Gelände zumindest auf die Fundationen des Vorgängerbaus zurückzugreifen. Dass er auf diese Gelegenheit wohl tatsächlich nicht verzichtete, zeigt sich auch in den aktuellen Planaufnahmen der Kellergeschosse.¹⁰⁰ Das Mauerbild mit seinen zum Teil immensen Mauerstärken entspricht nicht jenem einer kompletten Neuanlage um 1700, sondern deutet recht klar darauf hin, dass im Barockbau Teile eines Vorgängerbaus enthalten sind. Wo genau und wie umfangreich diese alten Teile einbezogen wurden, muss in Zukunft eine umfassende Bauuntersuchung anlässlich von grösseren Sanierungsarbeiten am Schloss aufzeigen.

135, 136
S. 266

137, 138
S. 267

Die Indizienreihe für den nächsten Zweifel an der Richtigkeit der gängig tradierten Baugeschichte ist nicht ganz so dicht wie jene bei der eben abgehandelten Standortfrage. Mehrere Autoren sehen für die Entstehung des Winkelbaus zwei klar auseinander zu haltende Bauphasen. Ausgehend von der Bemerkung Gruners (um 1730), Beats gleichnamiger Enkel habe das

97 StAB FA von Fischer I 21 (3): Journal und Memorialia wegen erlangten Ambts Wangen, S. 123–125.
98 Beilage 4. 1.
99 Beilage 4. 1 (Schellhammer), 9 (Kieser), 12 (Türler), 16 (von Fischer), 17 (Hauswirth), 18 (Bellwald).
100 Diese Planaufnahmen (fünf Grundrisse und drei Schnitte im Massstab 1:100; Planarchiv der Denkmalpflege des Kantons Bern) entstanden in zwei Phasen 1997 und 2000 durch ein Team um die beiden Zeichner Heinz Schuler und Albrecht Spieler, begleitet von Randi Sigg-Gilstad (Denkmalpflege des Kantons Bern), die schon früh die These von der Versetzung des Barockschlosses ins Landesinnere in Zweifel zog.

Abb. 135 und 136: *Ob die in den Registern des Familienarchivs von Fischer im Staatsarchiv geführte Datierung «um 1700» für diesen Marchenplan wirklich zutrifft oder ob er allenfalls etwas später entstand, ist aus der heutigen Kenntnis nicht zu entscheiden. Sowohl die Ansicht als auch der Plan zeigen aber deutlich den Winkelbau auf einem Terrassensockel und mit vorgelagertem Garten. Westlich sind der brückenartige Zugang zum Westeingang zu erahnen und dahinter die schon auf der Ansicht von Wilhelm Stettler zu sehenden Ökonomiebauten, der vordere unter Mansartdach. Rechts wird das Brauereigebäude, ein Riegbau auf massivem, hohem Sockel mit Mansartdach und Uhrtürmchen, sichtbar. Einen Hinweis auf eine eher frühe Datierung des Planes könnte die Beobachtung liefern, dass das in den Riedigerplänen westlich der Brauerei gezeigte Mansartdachgebäude mit den drei Arkadenbögen im Erdgeschoss auf diesem Plan noch zu fehlen scheint.*

Zwei Details eines Marchenplanes der Herrschaft Reichenbach, um 1700. StAB FA von Fischer I 51 (1).

Ein Marchenplan um 1700

Abb. 137: *Detail der Schlossgruppe aus dem Plan: «Geometrischer Grundriss des Schlosses Rychenbach, sambt darzu gehörigen ligenden güteren», 1717 von Johann Adam Riediger. StAB FA von Fischer I 50 (2).*

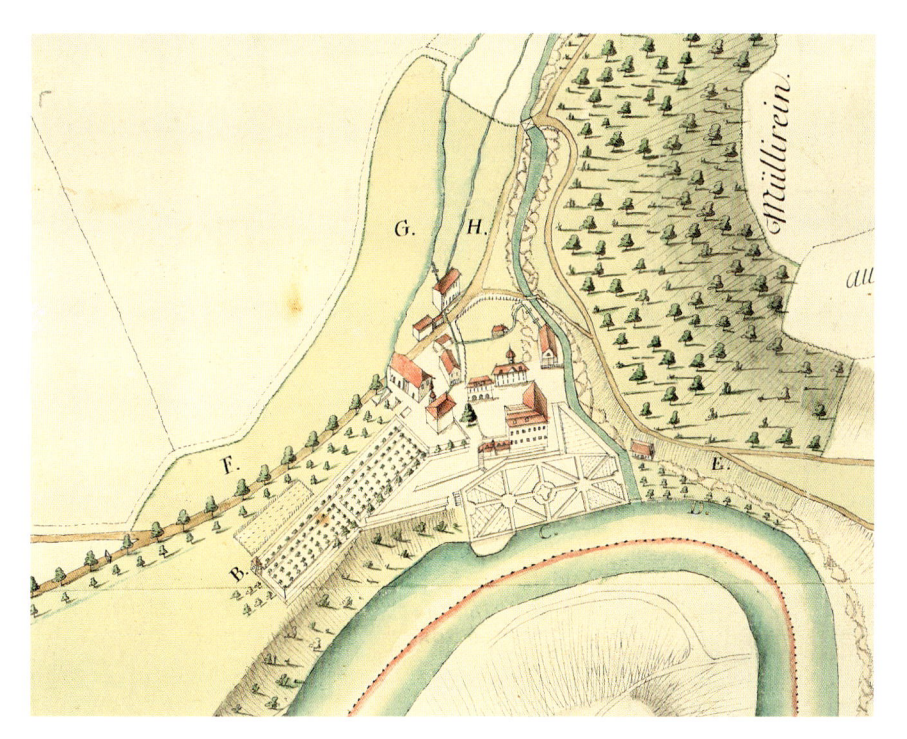

Abb. 138: *Detail der Schlossgruppe aus dem Reichenbacher Herrschaftsplan von Johann Adam Riediger, datiert 1719. StAB AA IV Zollikofen Nr. 102.*

Bei beiden Planveduten Riedigers kommt recht klar zum Ausdruck, dass der Platz für den aareseitigen Garten viel eher durch Aufschüttungen als durch das Landeinwärtsrücken des neuen Schlosses, wie es Schellhammer in seiner Chronik von 1717 suggeriert, zustande kam.

Die Gruppe hat gegenüber dem Marchenplan (Abb. 46) Zuwachs bekommen: Links von der Brauerei steht, leicht vorgezogen, ein Mansartdachbau mit drei Arkadenbögen im Erdgeschoss.

Die Riedigerpläne von 1717 und 1719

Abb. 139: *Detail aus einem Porträt des Beat Fischer mit dem deutlich sichtbaren Westflügel und dem brückenartigen Zugang, dahinter die Brauerei mit dem Glockentürmchen.*

Porträt Beat Fischer (1641–1698), Johann Rudolf Huber (1668–1748) zugeschrieben, um 1690. Öl/Leinwand, 134,5 x 101 cm. Privatbesitz.

Abb. 140: *Westzugang in der ersten Hälfte des 20. Jahrhunderts, wie er sich in etwa auch heute noch zeigt.*

Der ursprüngliche Zugang zur Westfassade des Südflügels

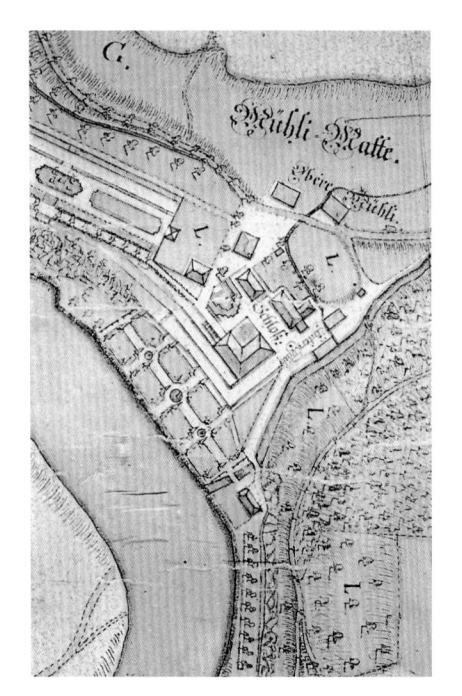

Abb. 141: *Detail aus «Geometrischer Plan der Herrschafft Reichenbach samt dermahlen darinnen ligenden Schloss Gütheren», 1775 von Albertini. StAB AA IV Zollikofen Nr. 103.*

Kombiniert man den Eindruck, den das Detail aus dem Porträt links oben zeigt, mit der Foto des frühen 20. Jahrhunderts und dem Plan von Albertini 1775, wird deutlich, dass die Zugangsrampe offenbar ursprünglich direkt auf das westliche Eingangsportal zuführte und erst in späterer Zeit (um 1800?) zusammen mit der Gartentreppe zurückversetzt wurde.

Der Plan zeigt deutlich, dass die westliche Zugangsrampe ursprünglich bis vor das Portal zum Saal im Südflügel vorgezogen war. Die in den Garten führende Treppe schloss sich südlich daran an. Der Garten zeigt die für Reichenbach im 18. Jahrhundert berühmten Wasserspiele.

Schloss «ungemein prächtig ausführen und meublieren lassen»[101], spricht Kieser 1918 die Vermutung aus, dass nur der Ostflügel als Bau Beats des Älteren anzusehen sei, während der Südflügel möglicherweise von Beat dem Jüngeren (Besitzer des Schlosses Reichenbach von 1725 bis 1738) angefügt wurde.[102] Aus dieser Vermutung ist vier Jahre später bei Türlers Bürgerhaustext bereits Gewissheit geworden.[103] Schmied/Moser übernehmen diese Version in ihrem Burgenbuch von 1942,[104] und auch in der Neuauflage des «Bürgerhauses» von 1964 taucht die These von der Baugeschichte des Winkelbaus in zwei Phasen auf. Hermann von Fischer argumentiert allerdings auf der Basis von neuen Erkenntnissen anders als seine Vorgänger und setzt die Bauphase für den Südflügel früher an (um 1710). Die These, dass die Ergänzung zum Winkel erst durch Beats Enkel in den Zwanzigerjahren des 18. Jahrhunderts erfolgt sei, war inzwischen durch die Konsultation der Riedigerpläne von 1717 und 1719 im Familienarchiv von Fischer klar widerlegt worden. Hermann von Fischer argumentiert allerdings für die Zweiphasentheorie aufgrund einer Darstellung des neuen Schlosses auf einer Vedute von Schloss Bremgarten von Johannes Dünz aus dem Jahre 1706. Vergleicht man jedoch dieses Hintergrunddetail mit der Ansicht des neuen Schlosses auf der Planvignette, auf der schon klar der zweiflügige Winkelbau abzulesen ist, beschleichen einen Zweifel, ob nicht auch schon Dünz vom fernen Bremgarten aus den Winkelbau gemeint haben könnte. Auch auf diese Frage wird wohl erst eine umfassende Bauuntersuchung eine klare Antwort geben können. Damit sind wir wieder beim Kunstführertext von 1982 angelangt, der in dieser Frage die Bürgerhausformulierung von 1964 übernimmt und bezüglich der Autorschaft des Schlossbaus mit der Bemerkung «wohl von Samuel Jenner» einen konkreten Namen vorschlägt. Dieser Name ist in den gängigen Zusammenstellungen zu Reichenbach bis zu diesem Zeitpunkt nicht aufgetaucht. Die Quelle für diese Bemerkung dürfte aber in einer Vermutung begründet sein, die Alfred Zesiger im Zusammenhang mit seiner Zusammenstellung der Münsterwerkmeister im Jahre 1921 äusserte. Dort bemerkte er zu den «ausseramtlichen» Leistungen des Münsterbaumeisters Samuel Jenner: «Auf dem Land der Erbauer des ihm gehörenden Bades Schinznach, vielleicht der Schlösser Reichenbach (1688) und Gerzensee (um 1690)»[105], ohne jedoch eine konkrete Quelle für seine Vermutung anzuführen. Greift man auf zeitgenössische Ansichten von Bad-Schinznach, dessen Südflügel in den Jahren 1696–1703 erbaut wurde, zurück, sind als Gemeinsamkeiten zwischen Reichenbach und Schinznach die weitgehend auf Bauschmuck verzichtende Fassadengestaltung und natürlich das mächtige Mansartdach nicht zu übersehen.[106] Diese Verwandtschaft reicht aber – bis zum Beibringen stichhaltiger Belege – kaum für die Annahme einer gemeinsamen Autorschaft Jenners für beide Bauten. Ein Blick in die nähere oder weitere Umgebung Berns bringt vor allem westwärts erstaunliche Verwandte und Vorläufer zutage, die mit Reichenbach mindestens so viel zu tun haben wie Schinznach. Da ist zum einen das Stadthaus des Kanzlers Montmollin in Neuenburg, das an seiner Fassade die Jahrzahl 1686 trägt. Sein charakteristisches Mansartdach bedeckt allerdings einen Baukörper mit reicher gestalteten und sowohl waagrecht wie senkrecht gegliederten und rhythmisierten Fassaden. Auch stärker gegliedert als Reichenbach, aber in seinem Gesamthabitus noch näher mit ihm verwandt, ist das Maison

---

101 Beilage 4.2.
102 Beilage 4.9.
103 Beilage 4.12.
104 Beilage 4.15.
105 Beilage 4.11.
106 Ein weiterer Beleg für die Auseinandersetzung Jenners mit dem Mansartdach ist im Vennerkammermanual von 1690 zu finden, wo für Sankt Johannsen von einem Dachstuhl «à la Mansarde» die Rede ist. Vgl. StAB B VII 71, S. 378.

Abb. 142: *Neuchâtel/NE, Place des Halles 8, Maison Montmollin, datiert 1686, erbaut für Kanzler Georges Montmollin unter der Leitung von Jonas Favre (?–1694) nach Plänen, die in Paris von mehreren Architekten begutachtet und angepasst wurden. Ansicht von Südwesten.*

Abb. 143: *Moudon/VD, Rue de Grenade 34, Maison Loys de Villardin, erbaut 1690/91 für Jean Loys de Villardin unter der Leitung von Architekt Jonas Favre (?–1694) aus Neuenburg. Ansicht von Norden.*

Gute Verwandte: Frühe Mansartdachbauten in Neuenburg, der Waadt und im Aargau

Abb. 144: *Saint-Blaise/NE, Hôtel communal, ehemals Herbsthaus des Beat Fischer («Klein Reichenbach»), erbaut 1694 unter der Leitung von Steinhauermeister Balthasar Jeanneret aus Le Locle.*

Abb. 145: *Schinznach-Bad/AG, neues Gasthaus, datiert 1696, erbaut unter der Leitung des bernischen Münsterwerkmeisters Samuel Jenner (1653–1720), der zugleich Besitzer und Betreiber des Bades war.*
  Ausschnitt aus einem Stich von Johann Melchior Füessli, 1702.

Gute Verwandte: Frühe Mansartdachbauten in Neuenburg, der Waadt und im Aargau

Loys de Villardin in Moudon, welches in den frühen 90er Jahren des 17. Jahrhunderts gebaut wurde und dessen Westfassade mit ihrem Eingang in der Mitte eines hohen Kellersockels mit je zwei Dreiergruppen liegender ovaler Kellerfenster stark an die Ostfassade in Reichenbach erinnert.[107] Sowohl in Neuenburg wie in Moudon erscheint der Neuenburger Baumeister Jonas Favre, der ja auch mit Schloss Oberdiessbach in Verbindung gebracht wird, in den vorhandenen Bauabrechnungen als ein in irgendeiner Form an den Bauten Beteiligter. Beim Maison Montmollin weiss man aber auch, dass der Bauherr die Pläne für sein Stadthaus in Paris begutachten und modifizieren liess.[108]

Als letzter Vergleich sei auf das Herbsthaus in St-Blaise/NE verwiesen, das Beat Fischer 1694, wohl in Anlehnung an die Architektur von Schloss Reichenbach, unter der Leitung von Steinhauermeister Balthasar Jeanneret aus Le Locle am Ufer des Neuenburgersees errichten liess.[109] Aus all diesen Beispielen allerdings definitive Schlüsse auf die Autorschaft von Schloss Reichenbach zu ziehen, wäre bestimmt vermessen und würde nur weitere Missverständnisse und Legendenbildungen begründen.

Diese kurze Quellen- und Literaturlese hatte zum Ziel, auf den (gar nicht so seltenen) Mechanismus hinzuweisen, der aus Vermutungen in der Folge schon bald Gewissheiten macht, auch wenn – wie beispielsweise im Fall von Schellhammers Chronikeintrag – die Glaubwürdigkeit der Ursprungsquelle mit gutem Grund angezweifelt werden kann.[110]

---

107 Vgl. Fontannaz 1995, S. 110–119.
108 Courvoisier 1955, S. 294 f.
109 Zur Geschichte des Herbsthauses vgl. unten S. 309.
110 Gustav Tobler wies in der Einleitung zur Teiledition der Schellhammer-Chronik im Neuen Berner Taschenbuch klar darauf hin, dass mit Schellhammer wohl der Tiefpunkt der einstmals berühmten Berner Chroniktradition erreicht worden sei, und fügt als Beleg einen üppigen Strauss haarsträubender Beispiele Schellhammer'scher Fehlleistungen an. Vgl. Tobler 1896, S. 172 ff.
111 Fontannaz 1998, fig. 88 b.
112 Grandjean 1979, S. 301–309.
113 Kunstführer III 1982, S. 486.
114 Courvoisier 1955, S. 294–304.
115 Courvoisier 1963, S. 136 und Abb. 107.
116 Fontannaz 1995, S. 124.
117 Kunstführer II 1976, S. 224.

Frühe Mansartdachbauten der Region

Jahr	Ort	Bauherrschaft
Um 1665	Coppet/VD, Château, westliche Stallung[111]	Frédéric de Dohna
1667	Lausanne/VD, Maison Vullyamoz[112]	Jean-Baptiste Vullyamoz
Nach 1671	Oberdiessbach/BE, Memorialkapelle für Albrecht von Wattenwyl bei der Kirche[113]	Niklaus von Wattenwyl
Nach 1683	**Zollikofen/BE, Reichenbach, erster Mansartdachbau**	**Beat Fischer**
1686	Neuenburg/NE, Maison Montmollin[114]	Georges de Montmollin
Nach 1685	Cressier/NE, Maison des Cyclamens[115]	Jacques Monnin
1689	Ropraz/VD, Château[116]	Familie Clavel
Um 1690	**Zollikofen/BE, Schloss Reichenbach**	**Beat Fischer**
Um 1690	Granges-Marnand/VD, Château	Jean-Rodolphe Loys
1690/91	Moudon/VD, Maison Loys de Villardin	Jean Loys de Villardin
1692–1694	Biel/BE, Seevorstadt 103, Landsitz Rockhall	Johann Franz Tellung
1694	**St-Blaise/NE, Maison Fischer**	**Beat Fischer**
1696	L'Isle/VD, Château[117]	Charles de Chandieu
1696 ff.	Schinznach-Bad/AG	Samuel Jenner

Die Dekorationsmalereien im Schloss Reichenbach, ihre Formensprache und ihre Verbindungen zu den Malereien im Landvogteischloss Wangen

Der Saal im ersten Untergeschoss des Osttraktes in der Nordostecke (siehe Grundriss und Schnitt) wird in der bisherigen Literatur etwas verwirrlich sowohl als Gerichtssaal[118] wie auch als Gartensaal[119] oder Sala Terrena[120] bezeichnet. Da in den beiden Deckenspiegeln mit den Allegorien der Justitia und der Prudentia durchaus Darstellungen anzutreffen sind, die einem Gerichtssaal wohl anstehen, bleiben wir bei dem am besten eingeführten Begriff. Für diesen Gerichtssaal nun liess Beat Fischer durch die von ihm beauftragte Malerwerkstatt ein für Berner Verhältnisse überraschend buntes und gross angelegtes Dekorationsprogramm ausführen. Neben den beiden schon erwähnten Deckenallegorien bewegt sich die Thematik in zahllosen Anspielungen an das Element Wasser, das für die Familie Fischer schon vom Namen her eine grosse Bedeutung hatte, das aber auch einem so stark von seiner Lage am Wasser geprägten Schloss sehr gut anstand. In dieser Wasser- und Grottenwelt bevölkern Flussgottheiten zusammen mit Putten, Delfinen, Hippokampen und anderen Meeresungeheuern die Fensterleibungen und Gewölbezwickel. Das Wappen Fischer durfte dabei natürlich nicht fehlen. Es erscheint prominent gleich in zweifacher Ausführung je im mittleren Gewölbezwickel der Ost- und der Westseite, integriert in je einen denkmalartigen Aufbau, an den sich zwei nackte, bärtige Flussgötter mit unterschiedlichen Attributen wie Dreizack und Ruderschaufel anlehnen. Das Wappen selbst wird von einer neunzackigen Krone überhöht und ist umgeben von einer ovalen Blattwulstrahmung, über der eine von Seeschlangen begleitete Vase mit einem Blattbüschel in der Form eines Pinienzapfens den oberen Abschluss bildet. Die Wände (Süd- und Westseite) werden durch zwei grossformatige arkadische Landschaften gegliedert, die leider durch jüngere Mauereinbrüche und Schrankeinbauten teilweise gestört sind.

Die warmen Gelb- und Rotockertöne ergeben zusammen mit dem vielen Blau eine freundliche, lichte Atmosphäre, welche auch in der Kanzlei des Betreibungsamtes in Schloss Wangen festzustellen ist, die während Beat Fischers Zeit als Landvogt und wohl von der gleichen Malerequipe ausgestattet worden war.

Der Restaurator Peter Subal hat in seiner Diplomarbeit über die Gerichtssaalmalereien in Reichenbach erstmals als Vorlagenlieferant für einige Dekorationen Jean Lepautre (1618–1682) ermittelt.[121] Inzwischen sind für fast sämtliche Details der Dekoration in Reichenbach und in Wangen Vorlagen dieses bedeutenden französischen Stechers gefunden worden. Einzig für die eine Landschaft mit dem Muschelbrunnen an der Südwand des Reichenbacher Gerichtssaales stammt die Vorlage von Gabriel Perelle (1603–1677), einem weiteren wichtigen Franzosen des 17. Jahrhunderts, dessen Stiche für Künstler und Kunsthandwerker in ganz Europa grosse Bedeutung hatten.[122]

Über Lepautres Vorlagengrafik fanden – gefiltert durch die «französische Brille» – auch zahlreiche Raumdekorationen des italienischen Barock Eingang in die Werkstätten der hiesigen Dekorationsmaler. Gerade Blätter aus

---

118 Beilage 4. 9 (Kieser), 12 (Türler), 16 (von Fischer), 18 (Bellwald; mit der Bemerkung: «wohl ehemals Gartensaal»).
119 Beilage 4.13 (Lüthi; dieser bezeichnet hinwiederum den Saal mit den vier Amouretten im Südflügel als Gerichtssaal).
120 Beilage 4.13 (Lüthi).
121 Subal 1991, S. 26.
122 Vgl. Bosch 1984, S. 38.

Abb. 146: *Schloss Reichenbach, Schnitt durch den Osttrakt (Blickrichtung Ost) mit Situierung des Gerichtssales. Planarchiv der Denkmalpflege des Kantons Bern.*

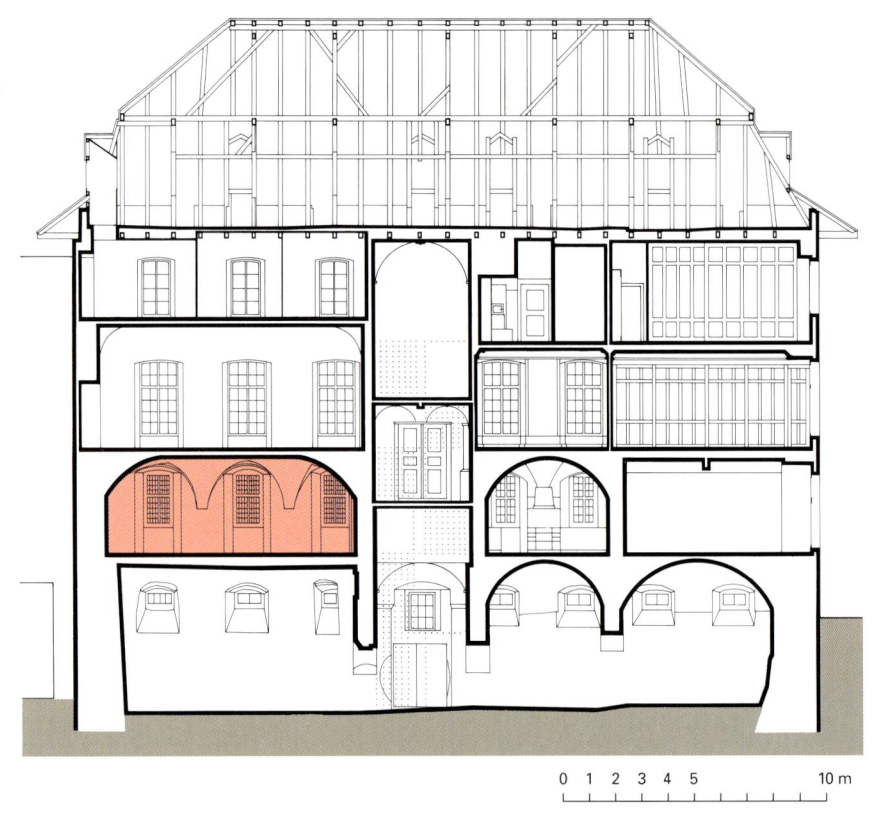

Abb. 147: *Schloss Reichenbach, Grundriss des ersten Untergeschosses mit Situierung des Gerichtssaales. Planarchiv der Denkmalpflege des Kantons Bern.*

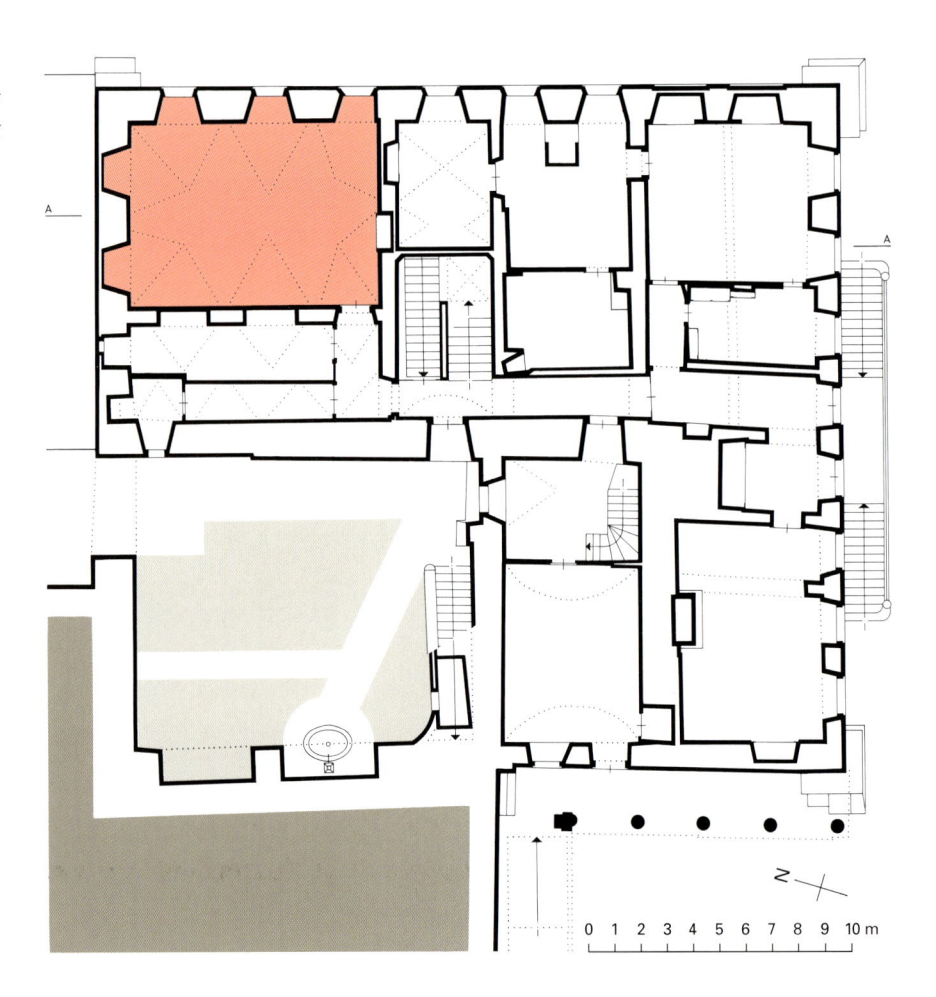

Der Gerichtssaal von Schloss Reichenbach

Abb. 148: *Schloss Reichenbach, Gerichtssaal gegen Süden mit der Landschaft nach einer Radierung von Gabriel Perelle. Diese wird durch den nachträglich eingebauten Wandschrank empfindlich gestört. Die helle Füllung mit den aufgehängten Werkzeugen markiert den ehemals offenen Durchgang ins Treppenhaus.*

Die Ikonographie des Saales lässt sich in zwei Hauptthemenbereiche aufteilen. Zum einen zeigen die Fensterleibungen und Bogenzwickel in mythologischen Anspielungen die vielfältige Welt des Wassers, die in den zwei von Flussgottheiten sekundierten Wappen des Bauherrn kulminiert. Die zweite Ebene ist der von kranztragenden Atlantenhermen gestützte Gewölbehimmel mit den allegorischen Darstellungen von zwei der vier Kardinaltugenden, welche für das gute Regiment des Herrschaftsherrn stehen sollen. Es sind dies im südlichen Gewölbefeld die Gruppe der Prudentia und im nördlichen die Allegorie der Justitia.

Abb. 149: *Schloss Reichenbach, Gerichtssaal gegen Nordosten. Die nördlichen Nischen mit den beiden neueren Wappenkartuschen waren vor der Erweiterung des Schlosses gegen Norden Fensteröffnungen mit Blick ins Freie, was natürlich für die Belichtung und Gesamtwirkung des Raumes eine enorme Rolle spielte.*

Der Gerichtssaal von Schloss Reichenbach

den Serien mit «Plafonds à l'italienne», die Jean Lepautre vor allem in den 70er Jahren des 17. Jahrhunderts auf den Markt brachte, wurden von den einheimischen Malern zu Ende des 17. Jahrhunderts teils 1:1 übernommen oder dann – gleichsam als Selbstbedienungsladen – für alle erdenklichen Details ausgeplündert. Wie ja auch das Beispiel der Wangener Merkurdecke zeigt, wurde wacker kombiniert und angepasst. Diese unbeschwerte Art der Verwendung von Vorlagengrafik, der nach heutigen Vorstellungen zumindest etwas leicht Anrüchiges anhaftet, wurde in der Barockzeit durchaus nicht als Plagiat angesehen. Die vielen Vorlagenstecher produzierten für diesen Markt, und selbst renommierte Malerpersönlichkeiten wie in Bern etwa Albrecht Kauw, aber auch Wilhelm Stettler und sogar Joseph Werner bedienten sich vielfach aus dem Vorlagenschatz, der durch die Verfeinerung der druckgrafischen Techniken im Laufe des 16. und 17. Jahrhunderts die neuesten Tendenzen der grossen Kunstmetropolen und damit einen Hauch der grossen weiten Welt auch in die künstlerische Provinz brachten.

Die Frage nach den Urhebern der Dekorationsmalereien in den Schlössern Wangen und Reichenbach

Wer kommt nun als Autor der Malereien in Wangen und Reichenbach in Frage? Von den Amtsrechnungen her wissen wir, dass in Wangen ein Solothurner Maler, der allerdings nicht namentlich genannt wird, am Werk war. Aus der heutigen Kenntnis kommen für die Wangener Arbeiten zwei in der zweiten Hälfte des 17. Jahrhunderts in Solothurn nachgewiesene Maler in Frage. Zum einen handelt es sich dabei um Wolfgang Aeby (1638–1694) und zum anderen um Michael Vogelsang und seine Werkstatt. Traditionell wird der Name Wolfgang Aeby mit Schloss Wangen in Verbindung gebracht. Diese Zuschreibung basiert allerdings auf Solothurner Zuschreibungen an Aeby, die laut neuesten Erkenntnissen nicht mehr unbestritten sind.[123] Vor allem die illusionistische Rittersaaldecke im von Roll'schen Stadthaus, Hauptgasse 69, in Solothurn, welche die ältere Literatur im Vergleich zur Wangener Merkurdecke immer wieder als Referenzwerk von Wolfgang Aeby anführte, wurde in der jüngeren Literatur eher mit der Werkstatt des Michael Vogelsang in Verbindung gebracht.[124] Neueste Quellenfunde im Archiv der Familie von Roll haben nun an den Tag gebracht, dass die Werkstatt Vogelsang (Vater und Sohn) im Zeitraum von 1673 bis 1718 für Johann Ludwig von Roll (1643–1718) insgesamt nicht weniger als elfmal für unterschiedlichste Arbeiten beigezogen wurde.[125] Über den, laut Rechnungssumme von 612 Pfund, grössten aller Aufträge wurde am 26. April 1701 abgerechnet «um alle Arbeith, Farben und anderes, was er bis heüth getan und geliferet»[126]. Das würde einerseits heissen, dass Michael Vogelsang und seine Werkstatt mit an Sicherheit grenzender Wahrscheinlichkeit als Autoren der Rittersaaldecke in Solothurn angenommen werden können, und zweitens, dass der Neudatierungsversuch der Decke durch Georg Carlen «wohl nach 1698»[127] durch die Einträge im Hausbuch entschieden gefestigt wird.[128] Die letzte Bemerkung löst im Fall der Gerichtssaalmalereien von Reichenbach auch die Frage nach der zeitlichen Abfolge, denn obwohl man die Ausstattung in Reichenbach zeitlich nicht genau fassen kann, muss man doch von der Annahme ausgehen, sie sei noch

Abb. 12
S. 259

Abb. 15
S. 281

123 Vgl. Banholzer 2002.
124 Carlen 1987, S. 63 f.
125 Freundliche Mitteilung von Stefan Blank, Kunstdenkmäler-Autor des Kantons Solothurn.
126 Bd. 33: «Hauss Buch des Johan Ludwig von Roll – den ersten Jenner angefangen – 1699 – Laus Deo».
127 Carlen 1987, S. 64.
128 Wie man den Eintrag von 1698 im von Roll'schen Rechnungsbuch (Bd. 32), gemäss dem einem «italiänischen Mahler für ein Entwurf des gemähls des grossen Sahls» eine Summe von 2 Pfund ausgezahlt wurde, zu interpretieren hat, ist nicht klar, denn der marginalen Summe nach kann es sich dabei allerhöchstens um eine flüchtige Ideenskizze gehandelt haben.

Abb. 150: *Schloss Reichenbach, Gerichtssaal. An der östlichen Fensterwand erhält man noch einen guten Eindruck vom Dekorationssystem mit den marmorierten Vierkantpfeilern, welche das Gewölbe scheinbar tragen, verklammert durch kapitellartige Akanthusvoluten, welche – ganz im Sinne Lepautres – mit trägen Lorbeergirlanden behängt sind. Sämtliche Kanten werden durch ein System von dekorativen Rahmungen betont. An den Wandflächen werden die Kanten durch Lorbeerstäbe mit diagonalen Bändern gebildet, die aus Akanthusvoluten, welche auf einer Grundplatte stehen, wachsen. Der gleiche einfache Lorbeerstab mit diagonalen Bändern findet sich auch in den Sockelfeldern unter den Fenstern mit den Delphinpaaren und als untere und äussere Rahmung der Bildfelder der Innenwände. Die inneren Gewölbekanten sind jeweils mit einem Stab aus Muscheln belegt, während die Gewölbezwickel von einem Wulststab aus Lorbeer mit Beeren und diagonalen Akanthusblättern begleitet werden. Die Bildfelder der seitlichen Fensterleibungen und die Bogenleibungen über den Fenstern mit den Greifen sind ebenso durch glatte, helle Wulststäbe mit diagonalen Akanthusblättern umrahmt wie die Bildfelder der Innenwände mit den Landschaften (Abb. 167).*

Abb. 151: *Schloss Reichenbach, Gerichtssaal. Südliches Gewölbefeld mit der Allegorie der Prudentia. Über einem vielfach gebrochenen Konsolgebälk, das mit Draperien kostbarer Tücher belegt ist, öffnet sich der Himmel, in der die Gruppe auf einer Wolkenbank schwebt. Diese Frühform eines unter dem Begriff «di-sotto-in-sù» bekannten barocken Himmels hat im Fall von Reichenbach ihre direkten Vorbilder in der Vorlagengrafik des Jean Lepautre, der sich seinerseits in seinen Plafonds à la romaine an römischen Palastdekorationen in der Art des Pietro da Cortona (1596–1669) orientierte.*

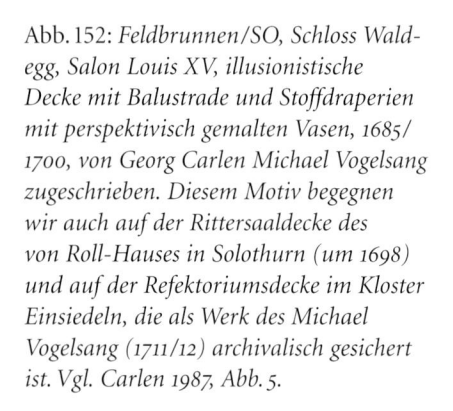

Abb. 152: *Feldbrunnen/SO, Schloss Waldegg, Salon Louis XV, illusionistische Decke mit Balustrade und Stoffdraperien mit perspektivisch gemalten Vasen, 1685/ 1700, von Georg Carlen Michael Vogelsang zugeschrieben. Diesem Motiv begegnen wir auch auf der Rittersaaldecke des von Roll-Hauses in Solothurn (um 1698) und auf der Refektoriumsdecke im Kloster Einsiedeln, die als Werk des Michael Vogelsang (1711/12) archivalisch gesichert ist. Vgl. Carlen 1987, Abb. 5.*

zu Lebzeiten Beats erfolgt. Das würde also heissen, der von Roll'sche Rittersaal sei klar in der Nachfolge der Malereien des Gerichtssaales von Reichenbach entstanden. Noch eindeutiger ist dies der Fall bei der Merkurdecke von Wangen, die ja ebenfalls sehr nahe mit der von Roll-Decke verwandt ist und deren Entstehung vor oder um 1686 anzusetzen ist.

Beide Malerpersönlichkeiten, sowohl Aeby wie Vogelsang, sind bis heute nur sehr fragmentarisch fassbar. Bei der Sichtung der neueren Literatur[129] stellt man zwar nach wie vor Ungereimtheiten, ja gar Widersprüche fest, aber die Argumente häufen sich, die es ermöglichen, viele der zweifelhaften, nicht eindeutig gesicherten Werke eher dem im grossen Stil in den Kantonen Freiburg, Neuenburg, Solothurn und im Kloster Einsiedeln tätigen Solothurner Dekorationsmaler Michael Vogelsang und seiner Werkstatt annähern zu können.[130] Einen wichtigen Schritt, die Werke dieser Vogelsang-Werkstatt besser in den Griff zu bekommen, bilden auch die Typenreihen, die Georg Carlen in seinem Aufsatz über die Dekorationsmalereien im solothurnischen Schloss

---

129 Carlen 1983, 1987, 1991; Jordan 1994; Villiger 1982, 1987; Courvoisier 1955.

130 (Benedikt) Michael Vogelsang wurde 1663 wie sein Bruder (?) Wolfgang in die Solothurner Lukasbruderschaft aufgenommen. Vgl. SKL III, S. 396. Spätestens ab 1684 besass er an der Schmiedengasse 8 in Solothurn ein Haus und wird als Flachmaler bezeichnet. Dieses Haus ging nach seinem Tod 1720 von seiner Witwe Helena, einer geborenen Stebler, an den jüngsten Sohn Johannes über, der ebenfalls als Flachmaler bezeichnet wird. Vgl. Archäologie und Denkmalpflege im Kanton Solothurn 1996, S. 135 f.

Waldegg zusammengestellt hat.¹³¹ Die beiden für Vogelsang belegten Ausstattungen in den Freiburger Schlössern Autigny und Givisiez bilden zusammen mit der von Roll-Decke in Solothurn und der ebenfalls archivalisch gesicherten Refektoriumsdecke im Kloster Einsiedeln¹³² die Eckpfeiler der Auseinandersetzung mit dem Werk des Michael Vogelsang. Nimmt man dazu die ebenfalls gesicherten Werke in Neuenburg im Maison Montmollin, erhält man ein durchaus tragfähiges Gerüst, um hinsichtlich stilistischer und formaler Kriterien sicheren Boden unter den Füssen zu erhalten und um allfällige Zuschreibungen dem Bereich der abenteuerlichen Hypothese weitgehend entziehen zu können.

Als Erstes lässt sich festhalten, dass praktisch alle bekannten Arbeiten der Vogelsang-Werkstatt in irgendeiner Form auf Vorlagengrafik von Jean Lepautre zurückgehen. Sowohl die Decken in Autigny als auch in Givisiez schöpfen aus diesem gewaltigen Fundus.¹³³ Das Gleiche gilt aber auch für Werke, welche Verena Villiger in ihrer Arbeit über die Freiburger Dekorationsmalereien in Wohn- und Festräumen des 16. und 17. Jahrhunderts der Werkstatt der Freiburger Gebrüder Pantly zuschreibt.¹³⁴ Wenn man diese ganze Gruppe nun aber noch um die Bestände von Neuenburg, Wangen und Reichenbach erweitert, muss man für mehrere Werkgruppen in Cressier/FR, Essert/FR und Düdingen-Balliswil/FR wenigstens in Erwägung ziehen, ob sie stilistisch und formal nicht auch mit einiger Berechtigung der Werkstatt des Michael Vogelsang anzunähern wären. Diese Überlegungen gehören allerdings vorderhand ins Reich der Spekulation, da wir weder über den Werkstattbetrieb der Gebrüder Pantly noch über jenen des Michael Vogelsang genauere Angaben besitzen. Es wäre ja durchaus möglich, dass die beiden Firmen sogar in irgendeiner Beziehung zueinander gestanden haben.

Ausgangspunkt für die ganze Argumentation um die Bestände in Wangen und Reichenbach bildet die Aussage, dass für die Malerarbeiten im Schloss Wangen ein nicht namentlich erwähnter Solothurner Maler beigezogen wurde. Für diese Arbeiten fällt also zumindest die Hypothese Pantly definitiv weg. Nun sind aber die Verwandschaften der Wangener Kaminwandmalerei zum Dekor der Eingangshalle des Freiburger Augustinerpriorats dermassen eklatant, dass man gerne die Freiburger Arbeit ebenfalls dem in Wangen tätigen Solothurner Maler zuschreiben möchte.¹³⁵

Die Indizienfülle und vor allem der neu gefundene Beleg für die Rittersaaldecke im von Roll-Haus dürften genügen, um sowohl die Wangener als auch die Reichenbacher Malereien Michael Vogelsang aus Solothurn und seiner Werkstatt zuzuweisen. Damit scheint sich Beat Fischer als weltoffener Auftraggeber einmal mehr über die engen, hier durch die Konfession gegebenen Grenzen hinweggesetzt zu haben.

131 Carlen 1991, Abb. 93–95.
132 Ebenfalls von einem Familienmitglied der Solothurner Familie, Abt Maurus von Roll, in Auftrag gegeben. Oechslin 2003, Register.
133 Dank der Publikation der Bestände der Bibliothèque Nationale de France im Inventaire du Fonds Français (zitiert als Préaud 1993 und Préaud 1999) überblicken wir heute einen Bestand von insgesamt 2183 radierten Blättern, die nicht nur auf die Entwicklung der barocken Dekorationsmalerei in der Schweiz einen gewaltigen Einfluss hatten.
134 Villiger 1982, Katalog-Nummern 107 (Cressier), 108 (Freiburg, Rue des Alpes 54), 113 (Essert/FR, Grosse Riedera), 115 Balliswil/FR); Villiger 1987, S. 27–33; Schöpfer 1989, S. 190 f. und Abb. 191–194.
135 Marc-Henri Jordan (Jordan 1994, S. 44) schlägt für die Arbeiten in der Eingangshalle des Augustinerpriorats als Autor Pierre Pantly vor, scheint sich seiner Sache allerdings nicht ganz sicher gewesen zu sein, denn er bemerkt: «Il faut admettre que c'est essentiellement la présence de Pierre Pantly au couvent en 1705, qui nous engage à lui attribuer le décor du vestibule.» Und er verweist in der Folge auf den Einfluss der Werkstatt des Michael Vogelsang auf die Freiburger Dekorationsmalerei des späten 17. Jahrhunderts.

Die Gerichtssaalmalereien von Schloss Reichenbach

Beat Fischer als Bauherr und Freund der Künste 281

Abb. 153: *Schloss Reichenbach, Gerichtssaal, Abwicklung der Gewölbemalerei im Stichkappengewölbe mit Darstellung von zwei der vier Kardinaltugenden in den Deckenfeldern. Oben: Justitiagruppe auf einer Wolkenbank, von einem Putto gekrönt, mit Szepter und Waage. Unten: Prudentiagruppe mit Schlange, vorgehaltenem Spiegel und Zeusadler. Diese beiden für Michael Vogelsang im Haus Montmollin in Neuenburg archivalisch gesicherten Kompositionen (Abb. 156) und die von Roll-Decke in Solothurn (Abb. 154) mit der nahezu identischen Prudentiagruppe legen eine Zuschreibung an die Werkstatt des Solothurner Malers Michael Vogelsang (er wurde 1663 in die Solothurner Lukasbruderschaft aufgenommen und starb 1719) nahe.*

Abb. 154: *Solothurn, Hauptgasse 69, von Roll'sches Stadthaus, Decke des so genannten Rittersaales, um 1700, neuerdings für Michael Vogelsang und seine Werkstatt gesichert; mit Elementen aus dem Vorlagenschatz von Jean Lepautre.*

Abb. 156: *Neuenburg, Place des Halles Nr. 8, Maison Montmollin. Für Michael Vogelsang gesicherte Decke von 1688 mit den vier Kardinaltugenden (hier: Prudentia).*

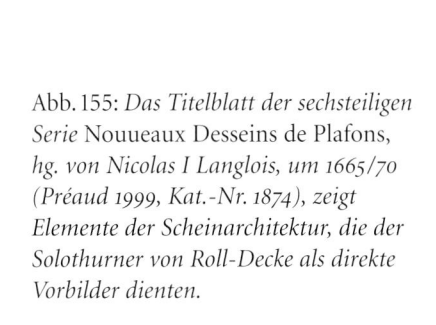

Abb. 155: *Das Titelblatt der sechsteiligen Serie* Nouueaux Desseins de Plafons, *hg. von Nicolas I Langlois, um 1665/70 (Préaud 1999, Kat.-Nr. 1874), zeigt Elemente der Scheinarchitektur, die der Solothurner von Roll-Decke als direkte Vorbilder dienten.*

Vorlagen und Vergleichsbeispiele

Abb. 157: *Flussgott in Felsgrotte.*
Jean Lepautre: Blatt 2 der Serie Montants à la romaine, publiée par Jean Ier Leblond, *vor 1666; Préaud 1999, Kat.-Nr. 1670b.*

Abb. 158: *Schloss Reichenbach, Gerichtssaal, Detail einer auf Putz gemalten Fensterleibung mit Flussgott, um 1685; wohl von Michael Vogelsang und seiner Werkstatt.*

Abb. 159: *Cressier/FR, Manoir de Reynold, kleiner Salon, Dekorationsmalerei spätes 17. Jahrhundert, Detail Flussgott, den Gebrüdern Pantly zugeschrieben, möglicherweise aber ebenfalls von Michael Vogelsang und seiner Werkstatt.*

Abb. 160: *Atlant mit Lorbeerkranz; Préaud 1999, Kat.-Nr. 1355b.*

Abb. 161: *Schloss Reichenbach, Gerichtssaal. Auch die Vorbilder für die Blattkränze tragenden Atlanten sind in der Formenwelt Lepautres zu suchen.*

Die Gerichtssaalmalereien von Schloss Reichenbach

Abb. 162: *Putto auf einer Muschel mit Hippokampen. Jean Lepautre: Blatt 2 der Serie* Montants à la romaine, *publiée par Jean Ier Leblond; Préaud 1999, Kat.-Nr. 1670a.*

Abb. 163: *Schloss Reichenbach, Gerichtssaal, Detail einer auf Putz gemalten Fensterleibung, um 1685, wohl von Michael Vogelsang.*

Abb. 164: *Cressier/FR, Manoir de Reynold, grosser Salon, Täfermalerei 1691, den Gebrüdern Pantly zugeschrieben, möglicherweise aber ebenfalls von Michael Vogelsang und seiner Werkstatt.*

Abb. 165 und 166: *Die Vorlage zu der Landschaft mit Muschelbrunnen an der Südwand des Gerichtssaales von Schloss Reichenbach (rechts) stammt aus einer Serie gestochener Landschaften von Gabriel Perelle (1603–1677), die wie viele Arbeiten Jean Lepautres bei Pierre II Mariette in Paris gedruckt wurde.*

Vorlagen und Vergleichsbeispiele

Abb. 167: *Schloss Reichenbach, Gerichtssaal, Bildfeld an der Südwand mit den oben beschriebenen zwei Rahmungsarten. Innen der glatte Wulstrahmen mit diagonalen Akanthusblättern, unten und aussen der Lorbeerstab mit diagonalen Bändern. Gerade Letzterer erinnert stark an vergleichbare Lorbeerstäbe im Alkoven der Grossen Riedera in Essert/FR.*

Abb. 168: *Essert/FR, Grosse Riedera, Detail aus einem bemalten Alkoven. Die Malerei wird von Verena Villiger der Werkstatt Pantly zugeschrieben, während wir versucht sind, diese – zusammen mit der Malerei im Manoir de Reynold in Cressier/FR – der Solothurner Werkstatt des Michael Vogelsang zuzuordnen. Vgl. Villiger 1982, Kat. 113, und Villiger 1987, S. 35, Abb. 4.*

Abb. 169: *Jean Lepautre: Blatt 5 der Serie* Montants de trophées d'armes à l'antique, *publiée par Pierre II Mariette, 1659; Préaud 1999, Kat.-Nr. 1666a.*

Abb. 170: *Autigny/FR, Schloss, Zimmer im ersten OG, Ausschnitt einer Decke mit Imperatorenbüste und Kriegstrophäe, um 1680, von Michael Vogelsang signiert.*

Abb. 171: *Jean Lepautre: Detail aus Blatt 6 der Serie* Montants à la romaine, *publiée par Jean Ier Leblond, vor 1666; Préaud 1999, Kat.-Nr. 1674a.*

Abb. 172: *Givisiez/FR, Manoir, Salle Vogelsang, Decke mit den Jahreszeiten, Herbst, um 1670, gesichert für Michael Vogelsang.*

Gesicherte Werke Michael Vogelsangs nach Vorlagengrafik von Jean Lepautre

Für Michael Vogelsang und seine Werkstatt gesicherte, ihm zugeschriebene und angenäherte Werke

- ▬ durch Signaturen oder archivalisch gesicherte Werke von Michael Vogelsang
- ▬ von Georg Carlen der Werkstatt Vogesang zugeordnete oder angenäherte Werke
- ▬ Werke, die von Verena Villiger den Gebrüdern Pantly zugeschrieben werden, die aber auch starke verwandtschaftliche Bezüge zu Arbeiten des Ateliers Vogelsang aufweisen
- ▬ der Vogelsangwerkstatt neu zuzuschreibende Arbeiten im Kanton Bern

Ort	Arbeit	Zeit	Auftraggeber
Givisiez/FR, Manoir	1. Stock N: Salle des Chevaliers Rankendecke	nach 1660	Jean Louis d'Affry
Autigny/FR, Manoir	Okulidecke	um 1660–1685	?
Solothurn, Türmlihaus	Groteskendecke, Okulidecke	um 1675/80	Stadtarzt Franz Reinhard (1634–1696)
Wangen/BE	Kaminwandmalerei	1683	Beat Fischer
Feldbrunnen/SO, Schloss Waldegg	Hauskapelle (Turmzimmer Ost)	1685 ff.	Johann Viktor I von Besenval (1638–1713)
Feldbrunnen/SO, Schloss Waldegg	Decke EG West: (Salon Louis XVI)	1685 ff.	Johann Viktor I von Besenval (1638–1713)
Feldbrunnen/SO, Schloss Waldegg	Gewölbemalerei (Turmzimmer West)	1685 ff.	Johann Viktor I von Besenval (1638–1713)
Wangen/BE	Merkurdecke	um 1686	Beat Fischer?
Zollikofen/BE, Schloss Reichenbach	Gerichtssaal	um 1685/90	Beat Fischer
Essert/FR, Kleine Riedera, Kapelle	Trophäendecke, signiert MVS	17. Jh.	De Gottrau-Lenzbourg
Solothurn, Gurzelengasse 5	Rankendecke	1686	?
Biberist/SO, Schlössli Vorder-Bleichenberg	Rankendecke	vor 1689	Familie von Roll
Neuchâtel, Place des Halles No 8	Decke mit den vier Kardinaltugenden	um 1688	Georges de Montmollin (1628–1703)
Neuchâtel, Place des Halles No 8	Decke mit Fama und Wanddekoration	um 1688	Georges de Montmollin (1628–1703)
Cressier/FR, Manoir	Grosser und kleiner Salon	1682/1691	Anne Elisabeth Python (seit 1661 mit Jean Ferdinand de Diesbach verheiratet)
Fribourg, Rue des Alpes 54	1. Stock N: Täfermalereien, ähnlich wie in Cressier	E. 17. Jh.	?
Essert/FR, Grosse Riedera	1. Stock N: Täfermalereien, ähnlich wie in Cressier	E. 17. Jh.	?

Für Michael Vogelsang und seine Werkstatt gesicherte, ihm zugeschriebene und angenäherte Werke (Fortsetzung)

Ort	Arbeit	Zeit	Auftraggeber
Düdingen/FR, Balliswil Schloss	1. Sock S: Grünes Zimmer mit Tapisserie-Imitation	E. 17./A. 18. Jh.	Jean Frédéric de Diesbach
Düdingen/FR, Balliswil Schloss	EG Süd: Balkendecke, Ranken mit Melusinen und Hippokampen	E. 17./A. 18. Jh.	Jean Frédéric de Diesbach
Solothurn, Baselstrasse 61, Bischofspalais	Decke EG-Saal: Illusionistische Balustraden und Famadarstellung	um 1700	Johann Balthasar Grimm (1674–1728)
Solothurn, Hauptgasse 69, von Roll'sches Stadthaus	So genannter Rittersaal	um 1700	Familie von Roll
Einsiedeln/SZ, Kloster	Dekorative Ausmalung des Refektoriums	1707	Abt Maurus von Roll

Für Wolfgang Aeby (1638–1694) gesicherte und ihm zugeschriebene Werke

- durch Signatur oder archivalisch gesichert
- ehemals von Gottlieb Lörtscher Aeby zugeschriebene Werke, die Georg Carlen eher der Werkstatt Vogelsang annähert
- traditionelle Zuschreibungen

Ort	Arbeit	Zeit	Auftraggeber
Rüttenen/SO, Einsiedelei St. Verena, Martinskapelle	Decke	nach 1663	?
Steinbrugg/SO, Schloss, Schultheissenzimmer	Ofenkachel mit Signatur Wolfgang Äby pinxit Adam Hess fecit	1667	Johann Josef von Sury
Solothurn, Communauté des Frauenklosters Visitation	Rankendecke mit Emblemen und Heiligendarstellungen	1679	Stiftspropst Johann Leonz Gugger
Solothurn, Jesuitenkirche	Drei Gemäldespiegel mit illusionistischer Gewölbemalerei	1686	Johann Victor Sury
Solothurn, Rathaus	Martyrium der Thebäerlegion	1686	?
Biberist/SO, Vorderbleichenberg, Schlössli	Decke mit Emblemen, Wappen und Ornamenten	vor 1689	Familie von Roll
Feldbrunnen/SO Schloss Waldegg, Hauskapelle	Gewölbemalerei	1685/1700	Johann Viktor I von Besenval (1638–1713)
Solothurn, Hauptgasse 69, von Roll'sches Stadthaus	Rittersaaldecke	um 1700	Familie von Roll
Solothurn, Schloss Steinbrugg, Schlosskapelle	Illusionsmalerei	E. 17./A. 18. Jh.	Johann Josef von Sury

Bemalte Holzdecken

Abb. 173: *Schloss Reichenbach, Ostflügel, oberstes Geschoss, ehemaliger Korridor mit bemalter Balkendecke, um 1690, mit qualitätvollen Kartuschen und Akanthusranken. An der Balkenuntersicht Lorbeerstäbe, die durch Rosetten unterbrochen werden.*

Abb. 174: *Freilegungsversuche während der Bauarbeiten in den Jahren 1976/77 ergaben, dass eine ähnliche Decke im Schloss Wangen/BE im Südostzimmer des Ostanbaus im zweiten Stock zu finden wäre. Beide Decken gehören in die Gruppe der Dekorationsmalereien, die der Solothurner Werkstatt des Michael Vogelsang (Stilstufe: Schlössli Vorder-Bleichenberg in Biberist) anzunähern sind. Vgl. Carlen 1987, S. 67, Abb. 3.*

**Schloss Reichenbach:
Die übrige Ausstattung der ersten Bauphase – eine Bilderfolge**

Stuck

Abb. 175: *Schloss Reichenbach, Westflügel, oberstes Geschoss, zweiter Raum der südlichen Enfilade (von Westen): Flaches Kreuzgratgewölbe mit qualitätvollem figürlichem Stuck und polychrom gemalten Medaillons, wohl um 1690.*

Abb. 176: *Schloss Reichenbach, Treppenhaus Ost, oberstes Geschoss: Kreuzgratgewölbe mit Stuckdekorationen aus der Bauzeit um 1690.*

Abb. 177: *Vergleichbare Stuckaturen im Maison Montmollin in Neuenburg, Places des Halles 8, um 1686.*

**Schloss Reichenbach:
Die übrige Ausstattung der ersten Bauphase – eine Bilderfolge**

Abb. 178 bis 181: *Schloss Reichenbach, Westflügel, oberstes Geschoss, zweiter Raum der südlichen Enfilade (von Westen): Vier Medaillons in Stuckrahmen mit emblematischen Szenen nach dem in der Barockzeit weit verbreiteten und mehrfach nachgestochenen Werk des Otto Vaenius* Amorum Emblemata *von 1608. Eine Folge von Nachstichen schuf auch Jean Lepautre für Alexandre Boudan, Paris, vor 1670. Vgl. Préaud 1993, Kat.-Nr. 617-664.*

Abb. 178: *Nach Vaenius Nr. 56.*
  Pictura: Amor mit geflügelter Hand.
  Motto: «Celerem oportet esse amoris manum.»
  Bedeutung: Schneller Zugriff der Liebe.

Abb. 179: *Nach Vaenius Nr. 47 (Lepautre 1994, Kat.-Nr. 635).*
  Pictura: Amor überquert auf seinem Köcher das Wasser.
  Motto: «Via nulla est invia amore.»
  Bedeutung: Kein Weg ist für die Liebe unmöglich.

Abb. 180: *Nach Vaenius Nr. 30 (Lepautre 1994, Kat.-Nr. 626).*
  Pictura: Amor erhält von einer Amme die Brust.
  Motto: «Spes amoris nutrix optima.»
  Bedeutung: Hoffnung ist die beste Nahrung der Liebe.

Abb. 181: *Nach Vaenius Nr. 36 (Lepautre 1994, Kat.-Nr. 656).*
  Pictura: Gans mit Stein im Schnabel, Amor verschliesst den Mund mit einem Finger.
  Motto: «Nocet esse locutum.»
  Bedeutung: Verschwiegenheit der Liebe.

Schloss Reichenbach:
Die übrige Ausstattung der ersten Bauphase – eine Bilderfolge

Täfer und Möbel

Abb. 182 und 183: *Schloss Reichenbach, Ostflügel, oberstes Geschoss, zweiter Raum (von Süden) der östlichen Raumflucht, östliche Fensterwand. Die zwei Karyatiden sind herausragende Zeugen barocker Schnitzkunst und stehen qualitativ auf der Höhe vergleichbarer Arbeiten der Solothurner Werkstatt des Johann Peter Fröhlicher (St. Urban: Chorgestühl und Bibliotheksausstattung), stammen wohl aber von einem eher der französischen Schnitztradition verpflichteten Künstler.*

Abb. 184: *Wandfeld mit kunstvoll geschnitzten Initialen des Bauherrn Beat Fischer im Täfer der Westwand.*

Abb. 185: *Türschloss der ursprünglichen Ausstattung, um 1690.*

**Schloss Reichenbach:
Die übrige Ausstattung der ersten Bauphase – eine Bilderfolge**

Abb. 186: *Dreigeschossiger Prunkschrank, im Fries datiert 1696, ehemals im doppelstöckigen Saal des Südflügels, heute Junkerngasse 51.*

Der Zyklus Joseph Werners zur Affäre um Katharina Perregaux-von Wattenwyl

Um den wohl eigenwilligsten Auftrag, den Beat Fischer je an einen Künstler vergab, dürfte es sich bei jener grossformatigen Folge von heute zehn Leinwandbildern handeln, die offenbar einst einen – allerdings nicht genau bestimmbaren – Raum in Schloss Reichenbach geschmückt hat und die heute unter dem Namen Werner-Zyklus im Erdgeschoss von Schloss Jegenstorf zu bewundern ist.

Der Zyklus, der lange Zeit im Schloss St-Saphorin/VD im Exil war, wurde der Berner Öffentlichkeit erstmals wieder 1941 im Rahmen der Ausstellung «450 Jahre bernische Kunst» im Kunstmuseum Bern gezeigt.[136] Das Verdienst, die Bilder aus der Versenkung geholt zu haben, kommt Professor Conrad von Mandach zu, der schliesslich auch die treibende Kraft war, als es darum ging, einen Weg zu finden, damit die Werke nach der Ausstellung nicht wieder in die Waadt zurückgeschafft wurden. Als Vorstandmitglied des Vereins zur Erhaltung von Schloss Jegenstorf schlug er an der Sitzung vom 13. Februar 1942 vor, der Staat Bern solle die sich gegenwärtig immer noch im Kunstmuseum Bern befindenden Bilder, die nach seiner Meinung «einen hohen kulturhistorischen Wert, speziell für Bern» hätten, erwerben und im Schloss Jegenstorf deponieren. Vorausgegangen waren offenbar Gespräche mit Herrn de Mestral, dem damaligen Besitzer von Schloss St-Saphorin, der willens war, die Bilder zu vernünftigen Konditionen zu veräussern. Der Vereinsvorstand war mit der Deponierung in Jegenstorf einverstanden und beauftragte Conrad von Mandach mit den Verhandlungen. Es gelang ihm schliesslich, die Bilder für Fr. 4000.– zu kaufen, wobei der Staat zwar Beiträge ausrichtete, den Zyklus aber in den Besitz des Vereins übergehen liess.[137]

Bei jenem Herrn de Mestral, mit dem von Mandach die Kaufkonditionen besprach, handelte es sich um Albert Georges Constantin de Mestral (1878–1966), einen direkten Nachfahren von Judith Louise de Mestral, einer geborenen de Pesmes, welche die Herrschaft St-Saphorin von ihrem Vater François

---

136 Ausstellungskatalog KMB 1941, Katalog-Nummer 291.

137 Die Erziehungsdirektion steuerte einen Beitrag von Fr. 1000.– bei, und aus dem Fonds der SEVA kamen Fr. 3000.–. Einen weiteren Beitrag leistete die Familienkiste von Wattenwyl, die Fr. 500.– spendete. Die Gesamtkosten für Ankauf und Restaurierung bei Restaurator Boissonas in Zürich beliefen sich auf rund Fr. 6000.–.

Akten im Besitz der Stiftung Schloss Jegenstorf: Protokolle der Ausschusssitzungen des Vereins zur Erhaltung des Schlosses Jegenstorf vom 13. Februar 1942 (Beschluss, auf den Antrag von C. von Mandach einzugehen); 11. Juli 1942 (Beschluss, Herrn von Mandach mit Herrn de Mestral verhandeln zu lassen); 27. Januar 1943 (Mitteilung, dass der Regierungsrat den Betrag von Fr. 3000.– gesprochen habe, dass C. von Mandach die Bilder für Fr. 4000.– erworben habe und dass diese nun bei Restaurator Henry Boissonas in Zürich seien, der festgestellt habe, dass fünf der neun Bilder für die Hängung in St-Saphorin vergrössert worden waren, was jetzt rückgängig gemacht werde); 18. März 1943 (Die Restaurierung der Bilder verzögerte sich wegen Krankheit von Herrn Boissonas. Ferner wird Herr von Mandach der Auftrag erteilt, zusammen mit Herrn Hahnloser eine Broschüre zum besseren Verständnis des Zyklus zu verfassen); 22. April 1944 (Die geplante Broschüre von Herrn Mandach liegt nun als Separatabdruck der Zeitschrift «DU», Nr. 2, von 1944 in der Auflage von 1000 Stück vor); 14.12.1946 (Beschluss der Hängung der Bilder im Sitzungszimmer). Ferner befindet sich in der Beilage zur Stiftungsurkunde der Stiftung Schloss Jegenstorf ein Verzeichnis des im Eigentum des Vereins befindlichen Mobiliars, das bei der Errichtung der Stiftung im Jahre 1954 in deren Eigentum überging. In dieser Inventarliste sind unter den Nummern 1–10 die zehn Bilder des Werner-Zyklus zu finden.

Abb. 187: *Diana mit einem Falken,
Öl auf Leinwand, 55 × 43 cm,
unten bezeichnet «J. Werner fecit Ao 1683,
Nr. 123». Privatbesitz.*

---

138 Vgl HBLS V, S. 401; www.swisscastles.ch/Vaud/chateau/stsaphorin.html. Zur Charakterisierung de Pemes' vgl. auch den Aufsatz von Annelies Hüssy in diesem Band.

139 Der genaue Zeitpunkt und die näheren Umstände dieses Transfers sind archivalisch nicht belegt. Auf jeden Fall müssen die Bilder, wenn sie wirklich – wie es in der Literatur allgemein vermittelt wird – kurz nach der Installation in Schloss Reichenbach nach St-Saphorin verlegt wurden, auch dort mindestens einmal einen Umzug erlebt haben, denn das heutige Schloss ist ein Bau aus den Jahren nach 1725. Vgl. KF 2, S. 198 f.

Die Beziehungen der Familie Fischer zu de Pesmes müssen über den Tod Beats hinaus Bestand gehabt haben, denn als der in Bern tätige Basler Maler Johann Rudolf Huber (1668–1748) 1703 mehrere Porträts von de Pesmes malte, ging eines davon an einen Herrn Fischer in Reichenbach: «Monsr. de St. Saphorin wie dito, sambt Rahmen und Kisten so von Hr. Füscher bekommen».

[Huber, Johann Rudolf] Register der Contrafeit so ich nach dem Leben Gemahldt habe von Anno 1683. Sambt der Arbeit. Handschrift, Kunstmuseum Winterthur, ohne Inv.-Nr., S. 53.

140 Zu den Aussagen und Meinungen zum Zyklus und zum Verhältnis zwischen Auftraggeber Beat Fischer und Maler Joseph Werner siehe Beilage 5.

141 Glaesemer 1974, Katalog-Nummer 121.

Louis de Pesmes (1668–1737)[138] geerbt hatte. Dieser wiederum war angeblich mit Beat Fischer befreundet und soll nach dem Skandal um die Bilder in Bern den brisanten Zyklus in sein Schloss am Genfersee aufgenommen haben.[139]

Vieles im Zusammenhang mit dieser Bilderfolge ist unklar und basiert auf Gerüchten.[140] Es sind bis heute keine Schriftquellen bekannt, welche über die näheren Umstände und Beweggründe der Auftragsvergabe von Beat Fischer an Joseph Werner berichten. Beat Fischer muss aber schon lange vor der Produktion des von Wattenwyl-Zyklus mit dem Maler bekannt gewesen sein. Ein im Besitz der Stiftung der Familie von Fischer (von Reichenbach) befindliches Gemälde mit einer Diana mit Falken trägt das Entstehungsdatum 1683 und wird traditionell mit Beat Fischer als Auftraggeber in Verbindung gebracht.[141] Das weist darauf hin, dass Fischer schon bald nach der Rückkehr Werners von Augsburg nach Bern im Jahre 1682 zu Werners Kundenkreis gehörte. Es ist zudem anzunehmen, Beat Fischer sei im Zusammenhang mit den Entwürfen zu den so genannten Hugenottenteppichen mit Werner in näheren Kontakt gekommen. Diese wurden ja nach Kartons von Joseph Werner in den Jahren 1685–1688 durch hugenottische Refugianten im Kommerzienhaus im ehemaligen Predigerkloster hergestellt, mit dem Fischer über einen längeren Zeitraum in verschiedenen Funktionen in enger Beziehung stand.[142]

Der nach wie vor in einigen Teilen rätselhafte Zyklus bezieht sich auf eine Begebenheit, die Ende 1689/Anfang 1690 Bern erschütterte. Es handelt sich um die so genannte Spionageaffäre um Katharina Perregaux-von Wattenwyl, die, in einem spektakulären Prozess der Spionage für Frankreich überführt, zum Tode verurteilt, schliesslich aber begnadigt und in die Verbannung geschickt wurde.[143] Diese Geschehnisse um die Verhaftung und Verurteilung der Angeklagten interpretierte Werner in seiner allegorisch-satyrisch aufgeladenen Bilderfolge für Beat Fischer, der angeblich ein guter Freund der Angeklagten gewesen sein soll,[144] selber aber offenbar nur insofern in die Geschehnisse involviert war, als er den gesellschaftskritischen Zyklus in seinem Schloss installieren liess.

Will man der Sekundärliteratur glauben, wurde das prominente Ausstellen einer solchen mit Satire und Spott gesalzenen, monumentalen Bildergeschichte in der Berner Gesellschaft als Provokation empfunden, was schliesslich dazu führte, dass die Bilder zu einem nicht genau auszumachenden Zeitpunkt nach St-Saphorin verfrachtet wurden.[145]

Die Entschlüsselungsversuche des Zyklus und der einzelnen Szenen durch die drei wichtigsten bisherigen Interpretierenden (von Mandach 1944, Glaesemer 1974, Bhattacharya-Stettler 1995) vermögen längst nicht alle Frage-

---

142 1675 übernahm der damalige Seckelschreiber Beat Fischer das Waisenhaus im ehemaligen Predigerkloster und intensivierte mit den Zöglingen die Wolltuchfabrikation. Vgl. Schneider 1937, S. 63. Ab 1684, als sich der endgültige Wandel vom Waisen- zum eigentlichen Kommerzienhaus vollzog, war Fischer als Mitglied der Kommerzienkammer und des 1687 eingesetzten Kommerzienrates quasi als Kontrollorgan eng mit dieser Institution verknüpft. Vgl. Lerch 1908, S. 11, und Schneider 1937, S. 43. Als nach der Aufhebung des Edikts von Nantes sich die hugenottischen Flüchtlingsströme aus Frankreich auch über das Bernbiet ergossen, bekam das Kommerzienhaus Zuzug durch qualifizierte Handwerker. Von 1685 bis 1688 wurde im Kommerzienhaus durch vier hugenottische Refugianten aus Aubusson nach Kartons von Joseph Werner der so genannte Hugenottenteppich, der als Decke für den Tisch des kleinen Rates im Rathaus bestimmt war, in Haut-lisse-Technik gewirkt. In diesem Zusammenhang taucht auch der Name Beat Fischer auf. Er war am 27. Dezember 1688 zusammen mit Gabriel von Büren und Jungfer Elisabeth von Wattenwyl Taufpate des Sohnes von Louis Mercier, der Beat Gabriel getauft wurde. Louis gehörte zusammen mit seinem Bruder Pierre und Pierre Dixier zu den drei namentlich bekannten Mitgliedern jener Gruppe von Teppichwirkern, die in mehrjähriger Arbeit den so genannten Hugenottenteppich fertigten. Vgl. Fluri 1928, S. 20.

143 Die abenteuerliche Biografie der Bernerin war mehrmals Stoff von mehr oder weniger romanhaften Abhandlungen. Das jüngste Glied in dieser Reihe ist der Roman «Catherine von Wattenwyl. Amazone, Pfarrfrau und Spionin» von Therese Bichsel, der Anfang 2004 im Zytglogge-Verlag Bern herauskam. Vgl. Fetscherin 1867; Mémoire 1867; Frey 1912; Grellet 1928; Bichsel 2004.

Zur Abfolge der Ereignisse vgl. den Aufsatz von Annelies Hüssy in diesem Band.

144 Glaesemer 1974, S. 200.

145 Vgl. von Mandach 1944. Die Geschichte von der Verschiebung der Bilder nach St-Saphorin schon bald nach ihrem Einbau in Schloss Reichenbach wird erstmals bei Walthard 1827, S. 234, erwähnt. Ein quellenmässiger Beleg zu den näheren Umständen dieses Transfers ist bis heute jedoch nicht auszumachen. Auch die Spurensuche in der Waadt verlief bislang ergebnislos. In den Archives cantonales vaudoises existiert zwar ein äusserst umfangreiches und recht gut aufgearbeitetes Familienarchiv der Familie de Mestral von St-Saphorin, aber ein Augenschein in den sehr differenzierten Inventaren hat keine zählbaren Resultate gezeigt. Die folgenden Informationen verdanke ich Paul Bissegger, Autor der Kunstdenkmäler des Kantons Waadt, der es freundlicherweise auf sich genommen hat, das angesprochene Inventar nach Erwähnungen von Bildern durchzusehen: «Le fonds P. de Mestral conservé aux Archives cantonales vaudoises est énorme. La seule section II, qui touche la famille de Pesmes, occupe 500 pages d'inventaire! Une rapide consultation de l'inventaire m'a rendu attentif aux documents suivants:

A 2/6, 1697–1709, journal du général F.-L. de Pesmes: affaires militaires uniquement,

A 2/9, inventaire après décès de F.-L. de Pesmes: pas de mention des peintures.

La section C comprend de nombreux comptes, notamment C 7/13, 1705–1711, ‹comptes de vin› et ‹compte courant› avec Fischer, seign[eur] de Reichenbach: pas mention de peintures.

Enfin, la section D (correspondance), comprend des milliers de lettres et brouillons de lettres.»

zeichen und Unsicherheiten aus der Welt zu schaffen. So kann etwa schon die Frage nach der ursprünglichen Reihenfolge der Bilder nicht endgültig beantwortet werden, denn einerseits bestehen Unklarheiten über die ursprüngliche Anzahl der Szenen[146], und andererseits hat sich keiner der in Frage kommenden Räume im Schloss Reichenbach, wo der Zyklus angeblich ins Täfer eingelassen war, in seiner ursprünglichen Form erhalten.

Eine der Hauptaussagen des Zyklus aus heutiger Sicht scheint zu sein, dass keiner der in diese Affäre Verstrickten völlig ohne Schuld war – weder die französischen Auftraggeber für die Informationsbeschaffung noch die bernischen Richter, die über das Vergehen der Spionin zu urteilen hatten. Auch wenn Werner und damit wohl indirekt auch Beat Fischer den Umstand, dass Katharina sich vor allem zum Besten ihres Söhnleins zu der Tat verleiten liess, zu ihrer Entlastung anführten, bleibt doch das Faktum, dass sie sich durch Geld und Ruhm korrumpieren liess, schon im ersten Bild abzulesen.

Beat Fischer mag sich – wie berichtet wird – aus Geschäfts- und anderen Gründen politisch in der Frage pro oder contra Frankreich mehr oder weniger neutral verhalten haben. Kulturell und gesellschaftlich richtete er sich jedoch – wie zahlreiche seiner bernischen Zeitgenossen und auch der mit dem französischen Hof zerstrittene Joseph Werner – stark nach Frankreich aus. Das zeigen einerseits die Geschäftsverbindungen mit Lyon und Genf, anderseits aber auch die Bibliothek, die Fischer 1680 nach Wangen auf die Landvogtei mitnahm.[147]

Bis zum Auftauchen neuer Fakten dürfte sich der Schleier des Rätselhaften um die Bilderfolge nicht vollends lüften lassen. Dass es sich beim «Werner-Zyklus» jedoch – sowohl vom Auftraggeber als auch vom ausführenden Künstler aus – um einen innerhalb der schweizerischen Kunstszene des ausgehenden 17. Jahrhunderts äusserst bemerkenswerten Auftrag handelt, ist auch so offenkundig.

---

146 Vgl. Walthard 1827, S. 234. Dort wird von einem Zyklus mit zwölf Szenen gesprochen, was die späteren Autoren angesichts der heute bekannten Zahl von zehn Bildern zu Spekulationen über allfällige verlorene Szenen herausgefordert hat. Zur gesamten Rezeptionsgeschichte des Werner-Zyklus im 19. und 20. Jahrhundert vgl. Beilage 5.

147 Vgl. dazu den Aufsatz von Barbara Braun Bucher in diesem Band.

Beat Fischer als Bauherr und Freund der Künste

Der Perregaux-von Wattenwyl-Zyklus
von Joseph Werner im Schloss Jegenstorf

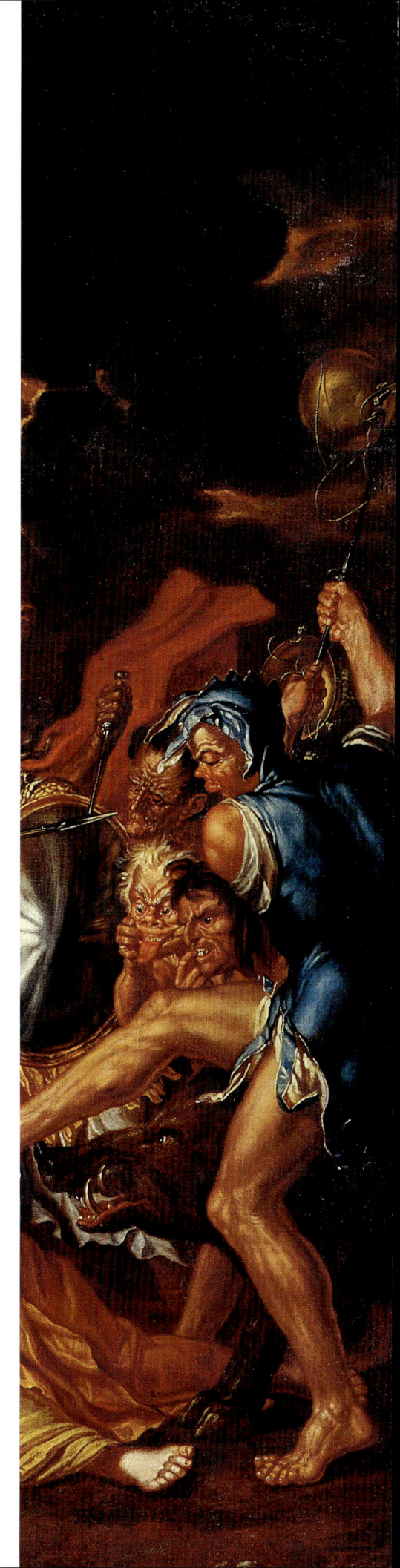

Abb. 188: Katharinas Verführung zur Spionage, 241 x 118 cm.

    Hauptfigur dieser von Jürgen Glaesemer als Auftaktszene zu dem Zyklus deklarierten Darstellung ist die als junge Frau in gelbem Gewand idealisierte Katharina (sie war ja zum Zeitpunkt der Ereignisse immerhin schon 45 Jahre alt). Ihr reicht der Gott Merkur (Botschafter Amelot?) den Caduceus als Zeichen der diplomatischen Mission, zu der sie angeheuert werden soll. In seiner linken Hand hält er einen gefüllten Geldbeutel, den er jedoch hinter ihrem Rücken zu verstecken scheint und den eine grimmige Figur mit einer Fischerrute zu erangeln trachtet. Katharina blickt wie paralysiert auf den Lorbeerkranz, den ihr die Personifizierung der Abundantia, des Überflusses, entgegenstreckt, und sie zeigt auf deren Füllhorn, das mit Schmuck und Geschmeide gefüllt ist. Ein bebrillter, kauernder Greis mit Eselsohren, der uns in Szene 3 und 6 wieder begegnen wird, scheint ihr zuzureden, sich auf den Handel einzulassen. Neben ihm fixiert eine Eule – eigentlich ein Symbol der Weisheit – mit stechendem Blick den Betrachter. Zu Füssen der Hauptfigur kauert der «französische Hahn», der im Folgenden auf dem Helm des «französischen» Kriegers wieder zu finden sein wird, und am Boden vor ihr liegen bereits die Masken der Verstellung, die in der unmittelbar nachfolgenden Szene ebenfalls wieder auftauchen. Die weisse Taube als Symbol der Treue öffnet die Flügel, um sich vom Schoss der Katharina zu erheben und wegzufliegen.

    Der Landschaftshintergrund, der mit der folgenden Szene unter einem Segmentbogen zu einer Einheit zusammengefasst ist, wirkt düster und unheilschwanger und wird in der linken Hälfte durch einen Rundtempel mit vorgebautem Säulenportikus beherrscht.

Der Perregaux-von Wattenwyl-Zyklus

Abb. 189: Die Maskierung des Verrats, *241 x 118 cm*.

Diese Szene lässt sich als Spaltung der Persönlichkeit der Katharina Perregaux-von Wattenwyl interpretieren. Derjenige Teil von ihr, der den Verlockungen erliegt, mutiert zu einem alten Weib mit (wie die nächsten Szenen zeigen werden) ausgemergelten gehässigen Gesichtszügen. Diesem hält ein dunkler Geselle mit einem Fischernetz in seiner Rechten mit der Linken eine Maske vors Gesicht. Diese den «bösen» Teil von Katharinas Persönlichkeit darstellende Figur legt dem gallischen Krieger mit dem aggressiven, scheinbar lebenden Hahn auf dem Helm die rechte Hand auf die Schulter, während sie mit der linken das Geldbeutelbündel an die Brust drückt und gleichzeitig das Haarband der ihren Schritt wegwendenden «guten» Katharina greift, deren Unschuld allegorisch durch ihre Nacktheit und Jugend gezeigt wird. Im Faltenwerk vor dem Schoss der «bösen» Katharina hält sich ein kleiner, hahnenköpfiger Basilisk fest, einerseits ein in der Emblematik bekanntes Zeichen für die Verursachung des eigenen Untergangs und anderseits ein Sinnbild für Frankreich als Verführer. Vorne links kniet eine Figur mit einem Kapuzenmantel, die sich mit einer beschwörenden Geste zu den beiden Katharinas emporwendet und die (als Zeichen der Verstellung?) zwei Masken umgehängt hat. Im Hintergrund eine wutentbrannt die Faust ballende Fratze vor der drohenden Landschaft mit Felskulisse.

Der Perregaux-von Wattenwyl-Zyklus

Abb. 190: Die Aufdeckung der Geheimkorrespondenz, *148 x 98 cm.*

Im Zentrum dieser Darstellung steht ein Schriftstück, bei dem es sich offenbar um jene geheime Korrespondenz zwischen Katharina und Botschafter Amelot handelt, die abgefangen wurde und den Skandal publik machte. In Anspielung an die La Fontaine'sche Fabelwelt werden die Mitglieder der (Berner) Untersuchungsbehörde mit Tierattributen gezeigt. Sie vertiefen sich in den Inhalt des Briefes, allen voran der geduckte Mann mit Wolfskappe, aber auch der Kurzbärtige mit Eselsohren und Fernglas und der in ein Mausefell Gehüllte scheinen sich sehr für das Schriftstück zu interessieren. Sie alle werden ebenso wenig schmeichelhaft dargestellt wie der zwar blumenbekränzte, aber fratzenhaft grinsende und schielende Narr mit der Laterne und dem Steckenpferd. Die nach oben gebogene Mondsichel auf seiner Stirn steht für die Launenhaftigkeit und den Wankelmut der gegen Katharina Ermittelnden.

Die gedrängte Handlung in der Mitte gleichsam rahmend, stehen sich der gallische Krieger und die maskierte «böse» Katharina gegenüber. Beide zeigen nach links auf die vorausgehende Szene, als sich gleichsam die «gute» von der «bösen» Katharina trennte. Der gallische Hahn auf dem Helm des Kriegers scheint Katharina recht aggressiv anzukrähen.

Mit dem Mann links aussen könnte jener Bote Girot gemeint sein, bei dem der fragliche Brief gefunden wurde und der sich nach seiner Ertappung verschämt und sich grämend in den Finger beisst.

Keine Interpetation des Zyklus hat sich bisher mit der mitten im Gewühl am Boden sitzender Figur befasst. Handelt es sich bei ihr nicht vielleicht um jene Figur aus Szene 2, die an ihrem grauen, fein gestriften Mantel zu erkennen ist und in Szene 6 die Flasche mit dem einzuflössenden Mittel hält?

Der Perregaux-von Wattenwyl-Zyklus

Abb. 191: Die Gefangennahme
der Spionin, *148 x 45 cm.*

Die Allegorie der Prudentia hält der «bösen» Katharina, deren wahres Gesicht unter der zurückgeschobenen Maske sichtbar wird, den Spiegel der Wahrheit entgegen. Von hinten wird die hässliche Alte mit gekreuzten Armen gefesselt. In ihrer ausgezehrten Physiognomie erinnert sie an die Hexe von Endor in einer Zeichnung Werners aus seiner Augsburger Zeit (Glaesemer 1974, Kat.-Nr. 40).

Abb. 192: Prudentia entlarvt
die «böse» Katharina, *148 x 65 cm.*

Die janusköpfige Prudentia nimmt der Alten nun die Maske der Verstellung vollends weg. Diese versucht sich aber – trotzig die Arme über der Brust verschränkend – abzuwenden. Eine zahnlose Greisenfigur drängt sich nahe an sie heran und schaut ihr in die Fratze. Hinten greift sich der entsetzte gallische Krieger – theatralisch die Augen verdrehend – mit beiden Händen an den Kopf.

Der Perregaux-von Wattenwyl-Zyklus

Abb. 193: Der Verräterin wird ein Mittel eingeflösst, *148 x 64 cm.*

Hier begegnen uns verschiedene Figuren aus Szene 3 wieder. Oben links ringt der Narr mit tränenüberströmtem Gesicht die Hände. An seiner Narrenkappe wird hinter dem Halbmond ein Hahnenkamm sichtbar, der die Figur – entgegen bisheriger Inter-pretation (Glaesemer, Bhattacharya-Stettler) – eher ins Lager der Franzosen oder Franzosenfreunde verweist. In der Mitte hält der gallische Krieger seinen Zeigfinger beschwörend an seine Lippen und fordert Katharina zum Schweigen auf. Der junge Mann mit dem Fuchs- oder Wolfspelz zeigt auf sein linkes Auge – ein Hinweis auf seine Zeugenschaft?

Der Kahlköpfige mit Eselsohren und kurzem Bart flösst der «bösen» Katharina, die gefesselt am Boden sitzt und ihre Hände schützend über den hahnenköpfigen Basilisken hält, ein Mittel ein. Bei diesem könnte es sich auch um einen Wahrheitstrunk und nicht – wie bisher angenommen – um ein eigentliches Gift handeln, denn die Aufschrift der Flasche, die von jener Alten mit Kapuzenmantel präsentiert wird, die möglicherweise mit jener, die schon in Szene 2 und 3 vorkam, identisch ist, lautet «Aqua confo», was von Glaesemer zu «Acqua confossum» ergänzt wurde, was keinen klaren Sinn zu ergeben scheint. Es kann aber auch als «Aqua conf[essionis]» gelesen werden und wäre dann etwa als ein Geständnis förderndes Wasser, als Wahrheitstrunk, zu übersetzen. Die Aufschrift kann schliesslich auch als «Aqua cons[olationis]» gelesen werden und hätte dann eher beschwichtigenden und heilenden Charakter. Die letzte Figur auf dem Bild ist ein in Wolfspelz gehüllter Priester, der ein Lammfell über seinen Kopf gezogen hat und die durch den Trunk betäubte Spionin beschwörend mit einem Kreuz und einer Bibel zu einer Aussage zu bewegen trachtet.

Abb. 194: Die Vertreibung der Verräterin, *148 x 51 cm.*

Das Mittel hat offenbar seine Wirkung getan, und die Allegorie der Justitia mit Waage und Liktorenbeil verjagt die «böse» Katharina, aus deren Kopf Flammen hochzüngeln.

Der Perregaux-von Wattenwyl-Zyklus

Abb. 195: Minerva schützt die «gute» Katharina vor ihren Widersachern, *240 x 110 cm.*

Die «gute» Katharina scheint nach der Flucht der «bösen» in den Kleidern, die sie schon in der Anfangsszene trug, in die Szene zurückgeworfen zu sein. Sie kauert am Boden neben einem Lamm und hebt abwehrend ihren linken Arm, um sich gegen den Angriff des mit aller Aggressivität auf einem Eber daherreitenden Narren zu erwehren. Dieser sucht sie mit einem Fusstritt und der erhobenen Waage der Justitia anzugreifen. Ihm und seinen fratzenhaften Kumpanen, die alle Katharina etwas Übles wollen, tritt von links dynamisch die Göttin Minerva mit Speer und Schild entgegen. Hinter ihrem Rücken jedoch versucht ein Fischer mit seiner Rute gegen die Unschuldige einzuschlagen (zu dieser Gestalt existiert eine Skizze im Kunstmuseum Bern: Glaesemer 1974, Kat.-Nr. 60). Davor versucht ein kleiner Schwarzer ein Netz über Katharina zu werfen. Im Hintergrund wird der gewittrige Nachthimmel von dramatischen Blitzen durchzuckt.

Der Perregaux-von Wattenwyl-Zyklus

Abb. 196: Demonstration der Unschuld der «guten» Katharina, *240 x 110 cm*.

 Eine weibliche Figur in antikischem Gewand, die möglicherweise die rehabilitierte Katharina symbolisiert, steht links vor dem antiken Tempelportikus aus Szene 1. Sie zieht mit der Linken den Schleier über der Allegorie ihrer eigenen Unschuld zurück und weist mit der Rechten auf den kleinen nackten Jungen, der sich unter deren Kleid versteckt und ein kleines Lamm umarmt. Will uns diese Szene nicht vielleicht nahe legen, dass Katharinas Verrat deshalb entschuldigt wurde, weil die Triebfeder ihres Handelns das Wohlergehen ihres Söhnleins Theophil war? Diese Interpretation suggeriert auch der Spiegel der Wahrheit, der zwischen den beiden Frauen von einer dunklen Gestalt emporgehalten wird.

 Auch wenn im Hintergrund die dunklen Mächte noch nicht vollends besiegt sind – links hebt ein Krieger sein Schwert, und rechts will der Neid, die Avaritia, ein schwarzes Tuch über die Unschuld werfen –, scheint die Situation bereinigt. Selbst der Narr wischt sich mit dem Tuch der Unschuld die Tränen trocken, und die ein Buch unter ihrem Arm tragende junge Frau erleuchtet mit einer Fackel deren ebenmässiges Gesicht zu voller Schönheit.

Der Perregaux-von Wattenwyl-Zyklus

Abb. 197: Glorifikation der Katharina, *148 x 77 cm.*

Das Gute hat gesiegt. Katharina steht mit dem Söhnlein Theophil an der rechten Hand und der zurückgekehrten Taube und dem Herzsymbol der Treue in der Linken da und blickt auf ihr Kind. Von links streckt ihr die geflügelte Allegorie der Viktoria die Siegespalme entgegen und hält über ihrem Haupt den Ruhmeskranz aus Lorbeer. Die bösen Mächte haben sich verzogen.

Der Perregaux-von Wattenwyl-Zyklus

Abb. 198: *Die ehemalige Reichenbacher Hausorgel nach ihrer Rückführung in den Zustand, den das Instrument nach dem Umbau durch den Rheinecker Orgelbauer Johann Jakob Messmer, nach 1694, hatte; seit 1992 Chororgel in der Kirche Wohlen/BE.*

Epilog: Die Spur zu der Reichenbacher Hausorgel

Im «Inventarium der vorhandenen Mittlen» wurden 1714 nach dem Tod Beat Rudolfs die Mobilien aufgezählt, die unter die Hinterbliebenen aufzuteilen waren. Unter den Sachen, die dem Bruder Samuel zugesprochen wurden, befand sich auch «die Orgel, Posetiv und Spineten»[148]. Bei dieser Orgel handelte es sich aller Wahrscheinlichkeit nach um jenes Werk, das nach einer langen Reise 1992 in der Pfarrkirche von Wohlen BE eine neue Heimat fand. Hans Gugger hat im Kunstführer über die Pfarrkirche Wohlen bei Bern das Schicksal dieser Orgel zusammengefasst.[149] Laut einer Inschrift auf der Windlade wurde die Hausorgel im Jahre 1768 in einen 1760 erbauten herrschaftlichen Wohnstock im Weiler Grafenried bei Thörishaus in der Gemeinde Köniz eingebaut. Sie lautet: «Anno 1768 ist diese Orgel zu Reichenbach gekauft und hier zu Grafenried wieder aufgerichtet worden. Christen Streit diesmaligen Besitzer von ihm selber aufgerichtet mit Hilf Joseph Hauert von Wengi.» Zusammen mit der Erwähnung im Erbschaftsverzeichnis von 1714, das die Existenz einer Hausorgel in Schloss Reichenbach belegt, ist diese Inschrift Indiz genug, in der jetzigen Wohlener Chororgel das Instrument zu sehen, das einst in Schloss Reichenbach stand. Auf ihrem bewegten Weg nach Wohlen erlebte diese als weitere Stationen um 1860 das Bauernhaus des Statthalters Samuel Rolli im oberen Nussbaum in Borisried in der Gemeinde

Abb. 199: *Der Unterbau des ursprünglich fünfteiligen Prospektes (um 1660) hat sich noch weitgehend im Zustand der Zeit vor dem Fischer'schen Umbau durch Johann Jakob Messmer erhalten.*

---

148 BBB FA von Fischer 51 (6): Inventarium der vorhandenen Mittlen 1714, S. 26.
149 Waber/Gugger 1995, S. 21–23. Ausführlicher hat sich Hans Gugger mit der Geschichte und Bedeutung der Orgel in einem in Polykopien (u.a. im Kirchgemeindearchiv Wohlen) greifbaren, handschriftlichen Aufsatz «Zur Geschichte und zur Restaurierung der ‹Reichenbachorgel›» auseinander gesetzt (= Gugger 1993).

Abb. 200: *Detail der Untertastenfronten mit geprägten Puttenköpfen, der Jahrzahl 1694 und den Initialen J. J. M.*

Oberbalm, 1944 die Werkstatt des Orgelbauers Willi Bütikofer, um schliesslich, nach dem misslungenen Versuch, sie in eine Kirche in Graubünden einzubauen, ins Dorfmuseum Münsingen zu gelangen, von wo sie wegen mangelnder Aufstellungsmöglichkeiten durch die Pfarrgemeinde Wohlen erworben werden konnte.

Die Orgel, die laut Gugger in ihrem Unterbau in die Zeit um 1660 zurückgeht, dürfte in den 90er Jahren des 17. Jahrhunderts durch den Orgelbauer Johann Jakob Messmer (1648–1707) aus Rheineck erneuert worden sein.[150] Dabei konzentrierte dieser die grössten Pfeifen in der Mitte und reduzierte die ehemals wohl fünfteilige Front mit hohen Seitentürmen auf drei Felder.[151]

Die wichtige Rolle, welche die Musik in der Familie Beat Fischers gespielt haben muss, belegen einerseits die Tatsache, dass unter den Dingen, die er 1680 in die Landvogtei Wangen transportieren liess, auch ein Spinett war,[152] und anderseits der Umstand, dass er für seine Tochter in ihrem Welschlandjahr eigens einen Tanz- und Musiklehrer engagierte.[153] Darüber hinaus existiert für die spezielle Liebe zur Orgel im Hause Fischer ein sehr sprechender Beleg. Als der damals zwanzigjährige Sohn Beat Rudolf im Mai 1689 seinen Vater auf einer Verhandlungsreise nach Altdorf in Sachen Gotthardpost begleiten durfte, zeichnete er seine wichtigsten Reiseeindrücke auf.[154] In Luzern konnten sie die Hofkirche besichtigen, über die der junge Fischer schreibt: «Inwendig ist sie mit Altären und darauf stehenden Bildern so alles mit Gold köstlich bezieret und bekleidet, sehr aufgebutzt; Die Orgeln ist scheutzlicher Grösse und solle eine von den grösten sein, die können gemacht werden: Stehet gerade ob der Porten bei dem eingang. Auf beeden Seiten an dem Chor stehen auch noch zwey kleine Orgelein, so lieblich anzusehen [...] Dies habe ich wegen Kürze der Zeit und vor dem Morgenbrod observieren können.»[155] Ein schöneres Zeugnis für die wachen Augen zumindest eines Orgelliebhabers auf Schloss Reichenbach dürfte kaum beizubringen sein.

---

150 Das Datum 1697 an der grössten Pedalpfeife und die Initialen JM an der Stirnseite der Tasten dürften die Rahmendaten für diese Erneuerung sein. Vgl. Waber/Gugger 1995, S. 21. Zum so genannten «Steinen-Typ», dem die Reichenbachorgel vor dem Umbau durch Messmer angehört haben dürfte, vgl. Gugger 1973, S. 1.

151 Wie diese ausgesehen haben könnte, zeigt der Rekonstruktionsversuch bei Gugger 1995, S. 21.

152 StAB FA von Fischer I 21 (3): Journal und Memorialia wegen erlangten Ambts Wangen, S. 148.

153 StAB FA von Fischer II, 1 (1): Lauffender Schulden- und Conti-Buch, Doppelseite 125.

154 Müller 1917, S. 102.

155 Nach Gugger 1993, S. 5 f.

Abb. 201: *Saint-Blaise/NE, Hôtel communal, das ehemalige Herbsthaus des Beat Fischer im Zustand um 1815. Ausschnitt aus einer Radierung von Abraham Louis Girardet.*

«Klein Reichenbach» – Das Herbsthaus in St-Blaise/NE

Im Jahre 1689 verkaufte Magdalena von Tscharner, die Witwe des Obersten Beat Ludwig von Mülinen, ihre Domäne zum Cheval Blanc in St-Blaise/NE an Beat Fischer. Dieser tauschte bereits drei Jahre später, am 24. Oktober, das Gut mit der Gemeinde gegen das Schulhaus und einen Bauplatz auf dem Hügel La Rochette.[156] Auf diesem Bauplatz, den er ausebnen liess, errichtete er 1694 ein zweigeschossiges Herbsthaus von sieben auf drei Fensterachsen unter Mansartdach. Steinhauermeister Balthasar Jeanneret aus Le Locle führte den Bau und engagierte während acht Monaten fünf seiner Landsleute, die namentlich bekannt sind. Es handelte sich um Joseph Humbert-Droz, Louis und Pierre Matthey, Moïse und Abraham Droz, alle aus Le Locle.[157]

Das Gut blieb bis 1788 im Besitz der Nachfahren von Beat Fischer, und nach mehreren privaten Besitzerwechseln kam das «Maison Fischer» 1838 in den Besitz der Gemeinde, die es zunächst als Gerichtssitz und Gemeindehaus nutzen wollte und 1866 darin eine Schule einrichtete. Diese wurde ab 1899 wieder ausgelagert, und die Nutzung als Gemeindehaus und Sitz des Friedensrichters trat erneut in den Vordergrund. Mehrere Umbauten und die Innen- und Aussensanierung von 1953 beziehungsweise 1959 liessen nicht mehr viel übrig von der ursprünglichen Ausstattung.[158]

Mit der Erwähnung des Neuenburger Herbsthauses, das er in Anlehnung an die Architektur von Schloss Reichenbach erbauen liess, endet der Versuch, Beat Fischer als kulturell interessierten und baufreudigen Menschen in den Quellen, vor allem aber aufgrund der von ihm veranlassten und auf uns gekommenen Werke zu fassen. Vieles muss mangels einschlägiger Quellen sicher weiterhin offen bleiben, aber in vielen seiner Bau- und Ausstattungsbemühungen tritt uns – facettenweise – ein offener, überraschend vielseitig gebildeter, unternehmender Geist entgegen, den eine gewisse Unruhe voranzutreiben schien, der aber durchaus Sinn für das viel zitierte «Schöne» und die genüsslichen Seiten des Lebens hatte.

156 Clottu 1995, S. 91 u. 96. Vgl. dazu auch den Aufsatz von Annelies Hüssy in diesem Band.
157 Courvoisier 1963, S. 56.
158 Courvoisier 1963, S. 57 f.

Beilage 1

Register zum Haushaltsbuch von Beat Fischer: Lauffender Schulden- und Contibuch, 1679 ff.
[StAB FA von Fischer II 1 (1)]

- Gold- und Silberschmied, Zinngiesser
- Uhrmacher
- Tuchhändler, Wollkämmer
- Buchhändler
- Spezereienhändler, Parfümeur, Chocolatier
- Pädagoge, Gouvernante, Pensionsgeber

Name	Vorname	Beruf	Ort	Doppelseite
Achard	Monsieur	Wirt «aux trois Couronnes»	Lyon	107
Aeschbacher	Ulli		Lützelflüh	98
Alberti	Gerolamo	Chocolatier	Turin	31
Amaulry	Thomas	Buchhändler	Lyon	32, 33
Archimbaud	Pierre	Goldschmied	Genf	127
Arlaud	Henry	Uhrmacher	Genf und Berlin	53
Aubert	Mademoiselle	Gouvernante der Töchter		122
Bächlein	Johann Jakob	angestellt bei Beat Fischer		120
Bachofen	Hans Conrad	Uhrmacher	Zürich	65
Ballenhaus			Bern	4, 5
Bannwart	Ulli			69
Beluse	?	Sattler	Lyon	39
Bergeret	Guillaume	Spezereienhändler, Parfümeur	Turin	58, 59
Berner	Bartlome	Procur.		63
Binet	Madame	Pension für Euphrosine	Vevey	125
Bodmer	Beat Jacob	Uhrmacher	Baden	78
Bourrelier	Léonard	Zinngiesser (Pottier d'estain)	Genf	92
Brandmüller siehe: König & Brandmüller				
Braunschwyler & Ortman		Tuchhändler	Basel	74
Brüggmann	Friedrich	Silber- und Goldarbeiter	Nidau	129
Bundeli	Samuel	des Rats		44
Burkhart	Hans Georg	Silber- und Goldarbeiter	Nidau	129
Chamier	Daniel	Pädagoge der drei Söhne	Montelimar	124
Couder	Monsieur	Parfümeur	Lyon	67
Crespin	Daniel	Pension für Beat Rudolf	Lausanne	19
Dautel	Johann Martin	Pädagoge der drei Söhne		121
D'Autun	Monsieur	Pädagoge der drei Söhne		127
Dick	Abraham	Wirt zur Krone	Bern	86
Dick	David	Büchsenschmied	Bern	6
Du Crest & Susan	Claude et Maurice	Gold-, Silber- und Tuchhändler	Lyon	80, 81
Dubois	Elisabeth Susanne	Gouvernante der Töchter		122
Dufour	Monsieur	Buchhändler	Genf	50
Dufour siehe: Sylvestre Dufour				

Name	Vorname	Beruf	Ort	Doppelseite
Duhamel	Pierre	Tuchhändler	Genf	100
Engel	Johann Leonhard	Deutschseckelmeister	Bern	47
Engel-Fischer	Euphrosine	Witwe des Deutschseckelmeisters		116, 130–132
Fatio	François	Bankier	Genf	16
Fischer	Franz Ludwig			25, 26
Fischer	Jacob			76
Fischer	Madlena	Base, Haushälterin	Reichenbach	115
Fischer	Samuel	Venner, Bruder		11, 18
Fischerin	Frau Hauptmann			88
Frikhart	Friedrich	Küffer		61
Frisching	Albrecht			7
Getreid im Weyler				99
Graffenried von	Friedrich			27
Guay	Jean Jacques et David	Rebleute	Lutry	22–24, 30
Gürtler	?			118
Heilmann	Paul Chrestien	Pädagoge der drei Söhne		122
Hoffmann	?	Juwelier	Basel	72
Hubert	Paul	Uhrmacher	Genf	114
Im Hooff	Samuel			35
König & Brandmüller	Ludwig und Johann	Buchhändler	Basel	45
Le Goux	Samuel	Pädagoge der drei Söhne	Neuenburg	121
Lerber	Franz Ludwig	Seckelschreiber		113
Lotzwil		Pintenwirtschaft		134
Lutz	Wolfgang			94
Münzwesen				8
Nourry	Jean	Uhrmacher	Lyon	29
Orell der Ältere	?		Zürich	117
Ortmann siehe: Braunschwyler & Ortman				
Paccotton	Monsieur le Juge		Yverdon	82
Pension	Venezianische			47
Pommarede	Guillaume			3
Puhler	Georg Philipp			28
Rappach	Carl Graf von			37

Name	Vorname	Beruf	Ort	Doppelseite
Richard	Monsieur	Tuchhändler	Genf	108
Schlumpf	Daniel	Buchhalter bei Beat Fischer		8
Schlumpf	Jakob	Postcassaverwalter bei Beat Fischer		11, 28
Steiger	Emanuel	Landvogt	Yverdon	1
Stettler	Samuel	Vogt	Baden	84
Streit	Christen		Muhleren	133
Stucki	Johannes	Wollkämmer		63
Susan siehe: Du Crest & Susan				
Sylvestre Dufour		Kaufmann	Lyon	96
Thormanns Matte				55
Trachsel	Hans	Bedienter bei Beat Fischer		9
Tscharner	Samuel			14
Vilain d'Aubonne	Jacques	Kaufmann	Lyon	105
Wabern Güettli				133
Wagner	Hans Jacob	Apotheker		21
Wagner	Vincenz			94, 95
Wagnerin	Frau Seckelmeister			94
Weitebach	Monsieur	Capitaine		109
Weitenbach	Burkhart	Hauptmann		40
Wernier	Niklaus			90
Widerhold	Hermann	Buchhändler, Verleger	Genf	34
Willading	Christian, Venner			102
Zapfen- oder Pintenwirtschaft			Lotzwil	134

Beilage 2

Die Haushaltungsgegenstände und Möbel, die Beat Fischer 1680 mit auf seinen Landvogteisitz Wangen nahm
[Auszug aus: Journal und Memorialia wegen erlangten Ambts Wangen, 1680 ff. StAB: FA von Fischer I 21 (3)]

Gegenstand	Silber (vg = vergoldet)	Zinn	Messing	Kupfer	Eisen	Blech	Holz
Kerzenstöcke und Lichtbesteck							
Kerzenstöcke	2 viereckige 1 vg 2 runde niedrig 2 runde	2 köstliche mit Figuren verziert 2 Kerzenstöcke	2 hohe 1 niederer		10	2 Weissblech mit Quadratfuss 2 Weissblech mit Rundfuss 2 runde 2 Silberblech	
Lichtputzscheren	3				8		
Trink- und Tafelgeschirr							
Weinflaschenkühler	2 «Bassins» (1 ovales)	breites Geschirr zum Weinkühlen mit Deckel und Ausgusshähnlein					
Kühlflaschen						3 sturzige Flaschen zum Kühlen	
Wein- und Wasserkrüge	2 Aiguieren mit und ohne Deckel	1 Wasserkrug mit Ausguss 3 Krüge, davon 1 mit Deckel					
Schenkflaschen	2	2					1 Flasche
Schenkkannen		2					
Stiezkannen		3 zweimässige					
Karaffen		2					
Kännlein	1 vg 1 geziertes hohes, vg						
Schoppenflasche	1 «Ammeli»						
Schokoladekännchen	1						
Öl- und Essigkännchen	Je 1	Je 1					3 Ölfässli 2 Essigfässli

Gegenstand	Silber (vg = vergoldet)	Zinn	Messing	Kupfer	Eisen	Blech	Holz
Senfkännlein		1					
Salzgefässe	2 1 viereckiges 3 ineinander legbare	5 Salzbüchslein, davon 2 mit je 3 Knöpfchen					4 Salzfässchen
Pfefferbecken			1	1			
Mörser					1 mit Messingstempel und Holzdeckel		
Tiegelbecher	18 vg 24 2 grosse						
Fussbecher	1 hoher vg						
Speiseglocken				2 Cloches			
Ohrenschüsseln	1 1 mit Deckel 1 Kindbetterschüssel mit Deckel	15					
Platten		4 grosse, weite (davon 1 mit Wappen) 3 Fisch[platten] 36 grosse neue (à la mode) 48 kleinere 6 tiefe mit Wappen 2 tiefe mit Wappen 2 Ringplatten 2 Suppenplatten		6 Platten 3 kleine		3 kleine 5 Blechplatten	
Teller	6	12 neue 12 alte, flache 12 grössere hohle 6 kleine					20 neue 8 Schindelteller 16 Teller
Bretter							11 Fleischbretter
Schalen	1 Handschale 2 Fussschale (1 davon vg) 3 längliche, vg						

Besteck

| Löffel | 12 mit Meerjungfrauengriffen
48 gemeine
3 Kinderlöffel | | | | | | |

Gegenstand	Silber (vg = vergoldet)	Zinn	Messing	Kupfer	Eisen	Blech	Holz
Gabeln	18						
Messer	12						

Küchengerät

Gegenstand	Silber (vg = vergoldet)	Zinn	Messing	Kupfer	Eisen	Blech	Holz
Pfannen			2 ohne Füsse	2 ohne Füsse 1 grosse mit Füssen 1 grosse 3 Datterenpfannen, davon 1 mit Deckel	2 Bratpfannen 4 Pfannen 1 Kastanienpfanne		
Kochtöpfe				1 Hafen mit Deckel 1 kleiner mit Deckel 2 grosse mit Deckel 2 Hafendeckel	2 grosse Häfen 5 ineinander 3 Tüpfi (2 neu, 1 alt) 2 Brathäfen 4 Hafendeckel	2 Deckel	8 Hafendeckel
Wasserkocher				2 Coquemars			
Kessel und Kübel				1 Schwenkkübel 3 Schaalkessi 1 Kesselein 2 Fischkessi davon 1 mit Platte 1 Wasserkessel mit Deckel 1 grosser Kesselhafen 1 grosses Kessi			
Brezeleisen					1		
Kücheleisen					1		
Roste					1 weiss Eisen 2		
Bratspiesse					1 1 Vogelspiess		
Trichter			1 Kücheltrachter	1 Kücheltrachter		2 Kücheltrachter 3 Trachter	
Schaber						Käse- Zucker-	
Kellen, Schöpfer				1 Gätzi	5 Schöpfkellen 1 Schaumkelle 2 Musskellen		2 Kellen 1 grosse Gelte 1 kleiner Gohn
Hackmesser					1		
Brotmesser					1		
Fleischgabeln					2		
Brennhafen				1			

Gegenstand	Silber (vg = vergoldet)	Zinn	Messing	Kupfer	Eisen	Blech	Holz
Waschgerät							
Zuber, Bütten, Böcke				1 kleines Züberli 1 Zuber			6 Büttinen 1 niederes Böcklein 17 Zuber und Böcklein 2 Standen 1 Wanne
Butterkübel							6 Butterkübel
Reibeisen					1		
Feuerbesteck, Gartengerät, Werkzeug							
Feuerbesteck				1 Feuerhut	2 Feuerhunde 2 Feuerschaufeln 1 Feuergabel 1 Feuerhaken 2 Feuerzangen		Blasbalg
Gartenwerkzeug					1 Jäthacke 1 Gartenschaufel		1 Gartenrechen 1 Samenkiste Beetschere 9 Gartenkistchen 12 Rückenkratten
Körbe und Krätten							3 Scheibenkisten 4 Packkörbe 2 Rundkörbe 7 Langkörbe 6 kleine Körbe 1 Korb für Erde etl. Kirschenkrätten 2 grosse Postkrätten 2 Glaskrätten
Korbflaschen							7
Werkzeug					1 Hammer		
Hauszeichen					1		
Toilettenartikel							
Schärbecken		1					
Pots de Chambre		3					
Bettgeschirr		2		3 Bettpfannen			1 Nachtstuhl 1 «Bettmünch» samt Kesseli

Gegenstand	Silber (vg = vergoldet)	Zinn	Messing	Kupfer	Eisen	Blech	Holz
Möbel, Uhren, Musikinstrumente							
Betten							1 eichene Bettstatt 1 Rahmen zum Feldbett 1 Rollbett 1 breite Eichenbettstatt mit Stollen 1 Kinderbett (Gutschli)
Schränke							1 Eichen-Kleiderschaft 1 tanniges Schäftli mit 2 Türen
Tische							1 Schiefer-Tischblatt samt Füssen von 4 Stollen 3 ovale tannige Tischblatt dito zusammengelegt 1 Eichen-Tischblatt samt Fuss 1 Schiefer-Tischblatt zerbrochen samt 4 Stollenfüssen und 1 Schublade 1 dito samt 2 kleinen und 1 grossen Schublade 2 längsachteckige Schiefer-Tischblatt samt 2 Kreuzfüssen 1 rundes Eichen-Tischblatt zusammengelegt samt 4 Stollenfüssen 6 Schiefer-Tischblatt 2 Kreuzfüsse 1 Knechtentisch

Gegenstand	Silber (vg = vergoldet)	Zinn	Messing	Kupfer	Eisen	Blech	Holz
Sessel							12 mit blauem Halbseidenüberzug
							6 mit grauem Überzug
							6 niedere mit roter Mocquette
							1 Lehnsessel mit Rädchen
							1 Lehnsessel mit rotem Überzug
							6 Klappsessel
							6 Sessel mit grünem Überzug
							6 unüberzogen
							1 Sessel
Schemel							1 Taburettli
Pulte							1 längliches Pultbrett mit roter Leinwand überzogen samt Fuss und Schubladen
Tröge und Kisten					1 Eisentrog		1 Nussbaumtrog
							Trog voll Eisenzeug
							Kiste mit Landkarten
							3 grosse Reisekisten
							1 Trog mit vielen Schubladen
Spiegel							1 schöner Spiegel
Spinnräder							2 Spinnrädchen
							1 Haspel
							1 Kunkel (Spindel)
Uhren							Viertelschlaguhr mit Gewicht
Musikinstrumente							1 Spinett

Beilage 3

Die Silbergegenstände, die Beat Fischer während seiner Landvogteizeit in Wangen einschmelzen liess
[Auszug aus: Journal und Memorialia wegen erlangen Ambts Wangen, 1680 ff.
StAB: FA von Fischer I 21 (3)]

Gegen ein dutzet verguldt grosslachte Tigelbächer schmelzen lassen A. 1686	Ein verguldte Buggelbächer Ein d[ito] kleiner Ein d[ito] noch kleiner 2 vergulte alt fränk: Bächerlj ein verguldte Galere	18 ¼ lot 20 ¼ 14 ½ 24 ½ lot 22 ½ lot	S. 124
Zusamt obigem verschmelzen lassen	Ein Fräuwli samt einem Zuberlj verguldt	12 lot	
Verschmelzen lassen	Ein dozet [Löffel] auf französische Manier, samt einem dozet Gablen		
Schmelzen lassen	Ein anderes [Handschäli] […]	9 ¼ lot	S. 125
	11 Löffel verschmelzen lassen gegen 1 dotzet ut infra		
1686	Für obige 11 aus gebrauchten Löffel in Genff machen lassen 12 starke Löffel à la mode, so in Genf gewogen 20 onc 3 d a Lb 11. 3: l'onc[e] auec la facon Lb 311: 11: wegen Bärngewicht etwas weniger minder als 28 Untzen oder 56 lot		
1686 verschmelzen lassen	Ein gestämpfter Tigelbächer, den der Zollner meiner Frau A. 1681 zum guten Jahr verehrt	9 ¼ lot	S. 126
	1682 hab ich verschmeltzen lassen hievor verzeichnetes dutzet Löffel und Gablen, wegen sie übel gearbeitet waren, daraus hab ich mit hinzusetzung andern Silbers machen lassen 1 dotzet Messerhefftj so wegen sollen 1 dotzet Löffel wegen 1 dotzet Gablen	 40 ½ lot 58 ½ lot 50 ¼ lot	Laut «Lauffender Schulden- und Contibuch» von Friedrich Brüggmann und Hans Georg Burkhart, Gold- und Silberarbeiter in Nidau, S. 124
Diesen wider verschmelzen lassen, hat gewogen 51 ½ lot Baselgewicht	Ein Becher auf 3 Rädlinen weiss wiegt	49 lot	

Beilage 4

Ausgewählte Bemerkungen zur Besitzer- und Baugeschichte von Schloss Reichenbach
in der Literatur des 18.–20. Jahrhunderts.

1. **Schellhammer 1716**, S. 177: «**1683** liess Herr Rathsherr Fischer das **alte Schloss Reichenbach abbrechen** und **das neue etwas mehr landeinwärts aufbauen,** so dass zwischen der Aare und dem Schlosse ein trefflicher **Ziergarten** angebracht werden konnte.»

2. **Gruner 1730** (BBB Mss. h. h. XIV. 56 [Thesaur. top.-hist. III]), S. 575: Nach der Auflistung der Herrschaftsgeschichte bis 1682 erwähnt Gruner Beat Fischer als Landvogt zu Wangen und **Erbauer des Schlosses und der Bierbrauerei.** Nach dessen Ableben 1697 [sic!] wird – nach Gruner – Beats Sohn Samuel (1673–1720) Erbe. «Herr **Beat Fischer [1703–1763],** Samuels Sohn, hat das Schloss **ungemein prächtig ausführen und fürstlich meublieren** lassen, auch die Orangerie an der Aar neben dem Garten schön gesetzt, wie eine Kirch anzusehen, gebauwet, und **unglaubliche Geldsumm auf diese Reparationen** verwendet. Nach ihme werden die meisten Mobilia und Kostbarkeiten verkaufft, auch verkauffte er das Schloss und Herrschafft seinem Germain Emanuel Fischer.»

3. **Merian 1734**, S. 234: «Den 14. Juny ritte [ich] mit einer Compagnie auf Reichenbach, einem schönen und prächtigen **Lustschloss** 1½ Stunden von Bern gelegen und H. Vischeren zuständig. [...] Bey diesem orth sind insonderheit die **gärten** und das viele **wasserwerkh** wol zu observieren, wie auch verschiedene **schöne Statuen;** die gärten liegen längst der Aaren, und ist das gantze guth, wann man es von weitem ansihet, wie in einer wildnus und einem sehr champetre orth, welches danahen, weil es durch die kunst so wol gepflantzet und destiniret, desto angenehmer und prächtiger herauskomt. Man sihet da auch eine kleine **Menagerie** von allerhand Vöglen. Die Zimmer des Schlosses sind trefflich aussgerüstet mit **Tapisserie, schönen Mahlereyen, glaces** und **leuchter,** und **arbeitete man noch daran an fernerer Aussziezung.**»

4. **Leu VII 1753**, S. 130: «Beat erstlich A[nno] 1674 Deutsch Seckel-Schreiber, hernach Anno 1680 Landvogt zu Wangen, und A[nno] 1695 des täglichen Raths worden, und den 23. Martij, A[nno] 1697 gestorben. Er hat Anno **1683 die Herrschaft Reichenbach erkauft,** und daselbst A[nno] **1688 ein prächtiges neues Schloss vom Grund auf aufgeführt,** und darbey ein **Bierbrauerey** angelegt, dessen Nachkommen sie annoch besitzen.»

5. **Leu XIV 1758**, S. 353: «Dessen [Hans Rudolf Ougspurgers] Sohn David **verkaufte A[nno] 1680** seine Herrschaft Reichenbach.»

6. **Leu XV 1759**, S. 142 f.: «Reichenbach [...] Ein **wohlgebautes Schloss mit schönen Gärten, vielen springenden und lauffenden Brünnen** an der Aren, ein Stund von der Stadt Bern [...] A[nno] **1686 an Beat Fischer verkaufft,** der **zwei Jahr darnach das alte Schloss abgebrochen,** und das dermahlige **neu und prächtig aufgebauet,** auch ein **Bier-Brauerey** darbey anlegen lassen; es gehört auch ein darbey gelegne **Mülle,** welche wie auch die viele in dem Schloss in den Gärten etc. befindliche springende und lauffende Brünnen genugsammes Wasser haben, und danahen vermuthlich auch der Namen Reichenbach kommen seyn mag.»

7. **von Mülinen 1883**, S. 18 f.: «Von zwei Söhnen erster Ehe, David und Hans Rudolf, Mitherren zu Reichenbach, der 1679 testierte, verblieb als Herr zu Reichenbach nach dem Tod des Vaters nur David Ougsburger, geb. 1658, erst in französischen Diensten, **verkaufte am 30. Januar 1683 die Herrschaft Reichenbach um 24 000 fl. [Gulden] an Beat Fischer,** begab sich hierauf in die Dienste der Republik Venedig [...] und ward 1684 in einem Gefecht gegen die Türken auf der Halbinsel Morea erschossen. Beat Fischer [...] **führte das 1683 erkaufte Schloss Reichenbach im Jahre 1688 von Grund auf neu auf und legte eine Bierbrauerei an.**»

8. **von Fischer 1884**, S. 376: «Der Neubau und innere Ausbau des von Fischer 1683 angekauften Schlosses Reichenbach nahm eine Reihe von Jahren in Anspruch.»

9. **Kieser 1918**, S. 11: «Doch nannten sich die Fischer künftig nach dem Schlosse Reichenbach, das Beat 1683 von

Rudolf Ougsburger erworben und zum Herrschaftssitz bestimmt hatte, indem er die Herrschaftsrechte vom benachbarten Bremgarten darauf übertrug. Das **näher am Bord der Aare gelegene alte Schloss liess er abbrechen** und **führte weiter hinten, um Platz für den Garten zu gewinnen,** sein **Haus 1688 von Grund** neu auf. Seine heutige Gestalt erhielt es indes erst durch eine abermalige Erneuerung im 18. Jahrhundert: 1720 kam Reichenbach in den Besitz von Beats Grossohn [Beat 1703–1763], der wie Gruner berichtet, das Schloss ‹noch viel prächtiger hat bauwen und meublieren lassen›. [...] **Reichenbach besteht aus zwei im Winkel aneinandergestellten Trakten, von denen wohl allein der seitliche,** bergwärts in der Richtung des Baches, der hier zur Aare fällt, **im wesentlichen aus Beats Gebäude** besteht, während **der andere bei dem oben erwähnten Umbau angefügt, bzw. als Hauptfront an der Aare gestaltet wurde.** Im hinteren Trakt sind die Räume Beats erhalten geblieben: ein **kreuzgewölbtes Gemach, der sog[enannte] ‹Gerichtssaal›,** das an den Wänden und Decken mit barocken Malereien, wie Flussgöttern, Medaillons mit Profilköpfen, italienisierenden Landschaften, dem Monogramm Beats und anderen Emblemen verziert ist. Eine **Nebenkammer zeigt ähnliche Bemalung aus Pflanzenornamentik.** Der wohl **ursprüngliche Haupteingang befindet sich auf der Hofseite,** vor den ältesten Teilen, und führt auf ein **neben dem Winkel gelegenes Treppenhaus.** Der Flügel gegen die Aare enthält eine Flucht von Räumen, die sich durch ein Eckzimmer in den hinteren Flügel fortsetzt, und dort in einem **Saal über dem Gerichtssaal mit Stuckdecke** und eigenartiger Frührokoornamentik endigt. Neben dieser Zimmerreihe befindet sich im vordern Flügel, den man an der Schmalseite von einer Terrasse aus ebenen Fusses im Mittelgeschoss betritt, eine durch **zwei Geschosse reichende Halle,** mit umlaufender Galerie.»

10. Müller 1918, S. 184 f.: «**1683 kaufte er die Herrschaft Reichenbach,** er nennt sich nun immer Fischer von Reichenbach, liess das Schloss umbauen, **mit ‹trefflichen Ziergärten›** umgeben, die **Innenräume mit künstlerischer Pracht** ausstatten, so **den grossen Saal mit neun allegorisch-satyrischen Gemälden Joseph Werners,** die den Perregaux-Handel zum Vorwurf hatten und ihm viele Feindschaften zuzogen, da sie Bildnisse der beteiligten Personen enthielten. Einer späteren Aussöhnung wurden sie geopfert und an Oberst de Pesme nach Schloss St. Saphorin bei Morges verkauft. [...] Im Jahre **1686 baute er das Posthaus** in Bern. [...] Er gründete die **Brauerei** Reichenbach, die **Ziegelei** in Riedern, das **Gasthaus ‹zur Tanne›** und die **Zapfenwirtschaft zu Lotzwil.** Er erscheint 1697 auch als Besitzer ‹der eingeführten **burath und Cadis fabrique** in Thun›.»

11. Zesiger 1921, S. 31 f.: Zu **Samuel Jenner** (1653–1720), der von 1688 bis 1703 Münsterbaumeister war und in dieser Eigenschaft das nördliche Treppentürmlein am Turmviereck, welches 1698 fertig war, erbaute: «In der Stadt Bern ist er ferner der Architekt des ‹Klosterneubaus› von 1682, der Fassade zum Distelzwang (1701) und verschiedener Häuser an der Spitalgasse, auf dem Land der Erbauer des ihm gehörenden Bades Schinznach, **vielleicht der Schlösser Reichenbach (1688) und Gerzensee (um 1690),** sowie der Worber Kirche (Umbau 1701).»

12. **Bürgerhaus 1922 (Türler),** S. LXII: «**In erhöhter Lage an der Aare, etwas weiter zurück als die frühere Burg,** die sich Ritter Rudolf von Erlach, der Sieger bei Laupen anlegte, erbaute 1688 Beat Fischer [...] ein **neues Schloss in italienischem Barock,** das schon **nach zirka 40–45 Jahren erweitert** wurde. Zum **Bau von 1688,** dessen Decke und Wände reich geschmückt sind, gehören der Eingang, **der ehemalige Gerichtssaal** und verschiedene Räume, namentlich im Untergeschoss des hinteren Traktes. [...] Der **Südtrakt (gegen die Aare)** mit den einfachen, aber imposanten Fassaden, das **gewaltige Mansartdach,** das die ursprüngliche Lukarnenanordnung beibehalten hat, und die äusserst fein dekorierten Räume **gehören dem Neubau an,** der im **Geist französischer Wohnkunst der Frühzeit Ludwigs XV.** gehalten ist. [...] [Beats gleichnamiger] **Enkel,** der 1725–[17]38 Herr von Reichenbach war, **liess den Erweiterungsbau ausführen.**»

13. Lüthi 1927, S. 24: «Ebenso wie die Stuckbehandlung steht die Deckenbemalung des endenden 17. Jahrhunderts im Widerstreit der beiden mächtigen Kunstlager Italien und Frankreich. Während wir in der ersten **Anlage des Schlosses Reichenbach [...]** noch die **italienische sala terrena** bewundern können, entsteht ungefähr gleichzeitig im Schlosse Diessbach die etwas steifere, dafür aber umso elegantere Deckenmalerei des Louis XIV. Hatte schon Charles Lebrun in Frankreich die dekorative Deckenmalerei des italienischen Hochbarock in strengere Form gebracht, so galt unter Robert Cotte auch der Stil des Lebrun schon als schwerfällig. Diese Entwicklung ist sehr schön dargelegt in **zwei gemalten Decken in Solothurn:** im **Festsaal des von Rollschen Hauses um 1690** noch der reiche dekorative Apparat des Louis XIV.-Stiles von Charles Lebrun; dagegen im **Erdgeschosssaal des Schlosses Waldegg um 1700** eine letzte Vereinfachung und Phantasielosigkeit der perspektivischen Malerei: der leere Wolkenhimmel gähnt uns entgegen.»

S. 36: «Im Jahre 1688 baute Beat Fischer den ältesten, rückwärts gelegenen Teil des heutigen Schlosses.

Der *ehemalige Gerichtssaal von 1688.* Ein kreuzgratgewölbter Raum. Derbe Stukkaturen in Italienischer Manier, Engel in Reliefplastik mit flatternden Bändern, Freskos mit Puttenszenen in runden Feldern, Akanthus und Lorbeerkränze füllen die Decke.

Saal im Untergeschoss (Gartensaal). **Identisch mit dem von Kieser als ‹Gerichtssaal› bezeichneten und beschriebenen Gemach.** [...] Der Raum besitzt ein **Muldengewölbe mit Stichkappen,** sowohl das Gewölbe als auch die Wände in saftigen hellen Farben mit Freskomalerei geziert. Eine echte italienische ‹sala terrena›. Durch ein in Untersicht gemaltes Konsolengesimse sieht man in den blauen Himmel hinein, wo Götter und Putten sich auf Wolken tummeln. Die struktiven Linien der Decke mit Blattkränzen, Muschelfriesen und Palmzweigbändern gefasst. Karyatiden auf Konsolen mögen kaum das schwere gemalte Gesimse tragen. An den Wänden gemalte Wandpilaster. Meeresgötter und wilde Kartuschen füllen die Zwickel der Fenstereinschnitte. An Wand und Decke landschaftliche Aspekte, Grotten, Tritone, Meeresungeheuer, der ganze Formentumult des Hochbarock.»

14. **Markwalder 1930,** S. 191: «Gegen Ende des 17. Jahrhunderts hat dann der unternehmungslustige und tatkräftige Begründer des bernischen Postwesens, Beat Fischer, in Reichenbach, in der nächsten Umgebung von Bern, eine **Bierbrauerei** gegründet, zweifellos in erster Linie, um seinen zahlreichen Postknechten ein bekömmliches Getränk abgeben zu können.»

15. **Burgen und Schlösser 1942,** S. 162: Die Herrschaft blieb im 17. Jahrhundert im Besitz der Familie Ougsburger, bis «**David Ougsburger die Herrschaft um 24 000 Gulden** an Beat Fischer verkaufte. [...] Da Beat Fischer tüchtige Postillone wohl nur aus der fürstlich Thurn- und Taxis'schen Schule erhalten konnte, musste er für diese Söhne Bayerns in Reichenbach eine **eigene Brauerei** errichten. Der erste Besitzer Reichenbachs aus der Familie Fischer, der Begründer der bernischen Posten, **Beat Ludwig** Fischer, **erweiterte im Jahre 1688 das alte ‹feste Haus› im Stile des damals herrschenden italienischen Barocks.** Sein gleichnamiger **Enkel,** der 1725–1738 Herr zu Reichenbach war, liess namentlich den **Südflügel, mit der heutigen Front gegen die Aare,** einen **eleganten und grosszügigen Wohnbau** errichten und mit vornehmer **Ausstattung im Geschmack der Frühzeit Ludwigs XV.** versehen.»

16. **Bürgerhaus 1964,** S. 63 f.: «In **erhöhter Lage an der Aare,** angeblich etwas weiter zurück als die frühere Burg, die sich Ritter Rudolf von Erlach, der Sieger von Laupen, anlegte, **erbaute 1688 Beat Fischer** [...] **ein neues Schloss.** Er hatte die Herrschaft Reichenbach, die bis 1530 über 200 Jahre im Besitze der Familie von Erlach war [...] 1683 von David Ougsburger gekauft. Während ein Aquarell von Albrecht Kauw von 1669 die Ansicht der alten Burg wiedergibt, stammt von Johannes Dünz ein kleines **Ölbild von 1706,** auf dem **erstmals das neue Schloss Reichenbach** zu sehen ist. Der Bau hatte einen einfachen Rechteckgrundriss mit Schmalseite gegen die Aare hin. Der **Haupteingang lag auf der Ostseite,** leicht nordwärts aus der Mitte verschoben. Das von einer mit Kreuzgewölbe versehenen Eingangshalle zugängliche Treppenhaus nimmt die ganze Tiefe des Grundrisses ein. Als **einer der ersten Landsitze Berns** hat Reichenbach ein **Mansardendach** erhalten (eine gleiche Dachform finden wir am Fischerschen Posthaus in St. Blaise).

An Ausstattung aus diesem ersten Zustand des Schlosses sind noch erhalten der **Gerichtssaal** mit seiner illusionistischen Ausmalung, ein **Speisezimmer mit Nussbaumtäfer** und geschnitzten, verschlungenen Initialen des Bauherrn, sowie ein **Gemach mit einem Alkoven,** ferner eine **barock bemalte Holzbalkendecke.** (Verwandte Malereien und Täfer befinden sich im Schloss Wangen a. A., die Beat Fischer während seiner Zeit als Landvogt 1680–[16]85 anbringen liess.) Für Reichenbach liess er durch **Joseph Werner** einen Gemäldezyklus mit der Geschichte der Katharina v. Wattenwyl (Madame Perregaux) malen, deren Prozess die Gemüter stark bewegte. Kurz nach ihrer Entstehung musste Beat Fischer die Bilder wieder aus Reichenbach entfernen. Nachdem sie im Schloss St-Saphorin bei Morges aufgehoben worden waren, kehrten sie vor einigen Jahren zurück und befinden sich heute im Schloss Jegenstorf.

Die **Erweiterung des Schlosses zum heutigen Winkelbau** mit der achtachsigen Fensterfront gegen die Aare ist **spätestens 1719** erfolgt, denn **Riediger** hält in seinem Plane aus diesem Jahr bereits den erwähnten Zustand fest. Unter welchem der drei Söhne Beats, die nacheinander alle Herren oder Mitherren zu Reichenbach waren, diese Vergrösserung des Schlosses ausgeführt wurde, ist unsicher. Der älteste Sohn Beat [Rudolf] verstarb 1714, der jüngste, Samuel 1720. Heinrich, der mittlere, war erst von 1720–25 Alleinherr zu Reichenbach. Zu dieser **zweiten Bauphase** gehört die **Ausstattung** eines Gemaches im obersten Stock mit Stukkaturen in Form von **vier Putten und mit vier Medaillons** an einem Kreuzgewölbe, ferner die ebenfalls kräftige **Stukkierung des Treppenhauses.** Damals entstanden auch die grossen **Terrassenanlagen** und Balustraden (verwandte Stukkaturen und imposante Terrassenanlagen finden wir um 1710 in Bern beim Frischinghaus an der Junkerngasse [59]).

Samuel Fischers Sohn, Beat, erwarb die Herrschaft Reichenbach 1725. Er **modernisierte die Ausstattung** des Schlosses erneut im damals aufkommenden **Geschmacke des Régence.** So schuf er im alten Teil über dem Gerichtssaal und unter Benützung eines Teiles des oberen Geschosses, den sogenannten **Rittersaal.** [...] Im neuen Teil des Schlosses gewann er durch den Ausbruch einer Balkenlage die **zweigeschossige Eingangshalle,** deren Galerie mit einem ausgezeichneten Schmiedeisengeländer versehen wurde.»

17. **Hauswirth 1974**, S. 96: «David Ougsburger schliesslich verkaufte das Eigentum 1683 um 54000 Pfund an Beat Fischer […]. Schon wenige Jahre nach der Erwerbung […] liess Beat Fischer 1688 die **alte Feste abreissen und an erhöhter Lage über der Aare, angeblich etwas weiter zurückversetzt** als der alte Bau, ein neues Schloss mit dem **Haupteingang auf der Nordseite** erstellen. Ein **Zugang** befand dich allerdings früher **auch auf der Südseite,** wie man heute noch feststellen kann. In Reichenbach entstand ein gefälliger, freundlicher Bau, ein Barockschloss, auf rechteckigem Grundriss mit reichen Stukkaturen an Wänden und Decken, die mit symbolischen Malereien aus der Mythologie geschmückt sind. Für den Saal malte **Joseph Werner,** der begabteste Maler Berns im 17. Jahrhundert eine Bilderfolge, die später aus politischen Gründen entfernt werden musste, dann im Schloss St-Saphorin bei Morges aufgehoben wurde und seit einigen Jahren im Schloss Jegenstorf ausgestellt ist […]. Beat **Fischer gründete 1686** auch aus bescheidenen Anfängen die bis 1971 existierende **Brauerei.** […] Das mit einem **Wehrtürmchen versehene Wirtshaus** lag im Schlosshof. […] Ein **zweiter Bauabschnitt** auf Reichenbach wird in die Jahre um 1719 datiert, als die Erweiterung des Schlosses zum Winkelbau mit der achtachsigen Fensterfront gegen die Aare erfolgte.»

18. **Kunstführer 3 1982**, S. 323: «**Schloss Reichenbach.** Einer der bedeutenden Profanbauten des bernischen Hochbarocks, dessen Wirkung durch die meisterhafte Einbettung in die eindrückliche Landschaftskulisse der Aareniederung unterstützt wird. Zwischen **1683–88 wohl von Samuel Jenner** für den Begründer der bernischen Post, Beat Fischer, zwecks Anlage der Gartenterrassen **landeinwärts der v[on] Erlachschen Burg erbaut.** Der urspr[ünglich] längsrechteckige, mit der Schmalseite zur Aare stehende Bau wurde **um 1710 unter Beats Sohn gleichen Namens um einen W-Flügel** erweitert, der dem Schloss die heutige 8achsige S-Fassade gibt. **Um 1725–[17]30 teilweiser Innenumbau und Neuausstattung.** […] Von der Aareseite her als mächtiger 3stöckiger Geviertbau zu je 8 Fensterachsen wirkender, nur von der Hofseite her als Winkelbau erkennbarer Palazzo. Das **Mansartdach** bedeutend als einer der ältesten Vertreter dieses Typs in der bernischen Architektur. Die **zurückhaltend elegante Fassadengliederung** beschränkt sich auf gefugte Ecklisenen und die gleichmässige Folge der Stichbogenfenster. Die Lisenensockel betont durch kräftig plastische Wappenkartuschen. Hauptelement der W-Fassade ist das nachträglich eingefügte Portal mit rustizierten Pilastern und markanter Verdachung. Die Supraporte über dem 3teiligen Régenceportal mit virtuos geschnitztem Wappen Fischer zwischen Delphinen vom urspr[ünglichen] Portal in der O-Fassade hierher versetzt. Vor dem Portal Terrasse und lange Treppe zur Gartenanlage mit zentralsymmetrisch aufgebauten Régencegeländern. Inneres. Die urspr[üngliche] Grundrissdisposition mit leicht aus der Mittelachse des O-Baus verschobenem, U-förmigem Treppenhaus, geräumigen Korridoren entlang der W-Fassade und grossen Sälen in der NO-Ecke bereits durch die Umbauten des 18. J[ahrhunderts] und vor allem durch die Entfernung der Ausstattung 1891 verändert. Von der ausserordentlichen Qualität der ersten Ausstattung legt der sog[enannte] **Gerichtssaal (ehem[als] wohl Gartensaal)** in der NO-Ecke des Erdgeschosses mit illusionistischer und mythologischer Ausmalung Zeugnis ab. Die Gewölbeanfänger scheinbar von Marmorpilastern getragen, darüber stützen Atlanten ein ausladendes Gebälk, das den Blick auf Götterdarstellungen freigibt. In den Stichbogenkappen des Gewölbes und den Fensternischen heraldische Malereien, Medaillons und mythologische Darstellungen in Zusammenhang mit dem Fischer-Wappen. An den Wänden arkadische Landschaften. Die des Familiennamens wegen vollständig dem Themenkreis Neptuns verpflichteten Malereien **wohl von Wolfgang Aeby aus Solothurn.** Nach Solothurn weisen auch die grossartigen **Deckenstukkaturen** in der urspr[ünglich] 2stöckigen O-Eingangshalle, die wohl von den **Gebrüdern Neurone** stammen. Weitere Ausstattungen des 17. J[ahrhunderts] sind die Nussbaumvertäferung im Esszimmer des 1. Stocks und eine bemalte Holzbalkendecke des ehem[aligen] Korridors ebenda. **Die Umbauphase von 1710 belegen die kräftigen Stukkaturen im Treppenhaus und im SO-Zimmer des 2. Stocks des W-Flügels, dessen Decke daneben noch mit Amors Taten bemalte Medaillons aufweist.** Die **Régence-Ausstattung von 1725–[17]30** mit wenigen Ausnahmen entfernt, erhalten die in den W-Flügel eingebaute 2stöckige Eingangshalle mit umlaufender Galerie. Bedauerlichster Verlust ist der wohl von **Josef Anton Feichtmayr stuckierte Rittersaal** und der daneben liegende Salon mit der nach Vorlagen Watteaus gemalten **Göttertapete.**

Brauerei. Geht als eine der ältesten der Schweiz auf Postherr Beat Fischer zurück, der zur Versorgung seiner bayrischen Pferdeknechte den Lehenswirt zum Betrieb einer Biersiederei verpflichtete. Blüte nach dem Bau der Eisenbahn 2. H[älfte] 19. J[ahrhundert], Einstellung des Betriebs 1971. **Ältester Teil ist das durch sein Mansartdach auffallende, ins 17. J[ahrhundert] zurückreichende ehem[alige] Wirtshaus,** das einst den Schlosshof gegen N abschloss. Unmittelbar ans Schloss angebaut das Brauereigebäude M[itte] 19. J[ahrhundert]. Dazwischen das Kesselhaus von 1891 mit Treppengiebel. – Die Zehntscheuer mit mächtigem Mansartdach, E[nde] 18. J[ahrhundert], schliesst den Schlosshof gegen W ab. – Vor dem Haus Schlossmattweg Nr. 12 grossartiger **Barockbrunnen** mit 2 Becken in Form röm[ischer] Sarkophage. – **Wirtshaus.**

Seit E[nde] 18. J[ahrhundert] in der ehem[aligen] Orangerie untergebracht. Durch moderne Vorbauten entstellter 8eckiger Putzbau mit Walmdach. – **Untere, ältere Mühle, neugeb[aut] 1782** für Bendicht Häberli. Riegstock mit Rûnde auf gemauertem Erdgeschoss. Oberhalb der Mühle schmale, **gestelzte Bogenbrücke** aus Sandstein E[nde] 18. J[ahrhundert]. – **Obere Mühle.** Der hintere Teil anstelle älterer Bauten errichtet 1802, der vordere erb[aut] 1849. Repräsentativer klassiz[istischer] Wohnstock. Die beiden Hauptgeschosse gemauert, mit Sandsteingliederungen, die 2 Giebelgeschosse aus Rieg unter hoher Rûnde, abgestützt auf seitliche Lauben mit toskanischen Säulen. Beidseits der Mühle je ein Riegstock mit Rûnde in einfachen Biedermeierformen.»

19. **Schweizer 1987,** S. 93: «Die Baugestalt des Herrschaftssitzes. Wohl in der zweiten Hälfte des 15. Jahrhunderts wurden dem älteren steinernen Rittersitz von Reichenbach, Zentrum einer neu gebildeten Herrschaft der Familie v[on] Erlach, ein **breitrechteckiger Wohnturm unter Walmdach** recht unsanft eingefügt (im 17. Jahrhundert abgebrochen). Ähnliche Wohnbauten entstanden im 15. und frühen 16. Jahrhundert auf Schloss Worb, in Holligen, Spiez und Burgistein sowie auf Schloss Brandis, in Toffen, Belp, Bümpliz, Jegenstorf und Münsingen.

Vorläufer und nahe Verwandte finden sich, vielleicht sogar unter italienischem Einfluss, in der savoyisch-burgundischen Nachbarschaft. Wir erwähnen etwa das bischöfliche Schloss in Lausanne, das Schloss Châtelard bei Montreux oder die Maison du Prieur in Romainmôtier, alles Bauten der ersten Hälfte des 15. Jahrhunderts.»

20. **Schweizer 1999,** S. 183 f.: «Holligen vertritt mustergültig den **Typus des rechteckigen bis quadratnahen donjonartigen Wohnturms,** dessen kubisch-exakte Grundform mit dem mächtigen, am Fuss leicht aufgeschobenen, aber vorsprungslos auf dem markanten Kranzgesims ruhenden Walmdach stark betont ist. **Derartige repräsentative Wohntürme entstanden im 15. und frühen 16. Jahrhundert auch in Reichenbach bei Bern** […], in Spiez, Burgistein, Toffen, Belp, Bümpliz, Jegenstorf, Münsingen und wohl auch auf Brandis und Signau und anderswo. Ihre Vorläufer sind spätromanische Donjons, doch ist die Wiederaufnahme des Bautypus, wie er in monumentaler Form in unserer Gegend in Thun und Burgdorf zu finden ist, kaum auf direktem Weg geschehen. Vielmehr ist diese kubisch einprägsame Schlossform aus dem savoyisch-burgundischen Westen übernommen worden, wo sie im späten 14. Jahrhundert und in der ersten Hälfte des 15. Jahrhunderts beidseits der Alpen auftritt.»

Beilage 5

Die wichtigsten Erwähnungen des Bilderzyklus um Katharina Perregaux-von Wattenwyl in der Literatur des 19. und 20. Jahrhunderts

Für viele Aussagen, die in der einschlägigen Literatur zum Thema «Beat Fischer und Joseph Werner» zu finden sind, fehlen eindeutige quellenmässige Belege. Um der Leserin und dem Leser ein eigenes Urteil über das Zustandekommen und die Zuverlässigkeit dieser Aussagen zu ermöglichen, seien im Folgenden die wichtigsten Bemerkungen zum Thema chronologisch und im Wortlaut wiedergegeben:

   1. **Walthard 1827,** S. 234: «Revenu dans sa patrie, Werner peignit, depuis l'an 1682 jusqu'en 1695, une multitude de miniature et de tableaux. Parmi ceux-ci se distingue une *collection de douze pièces,* représentant une suite des principaux traits historiques d'une dame, dont les aventures singulières ont fait grand bruit à Berne, vers le fin du XVIIᵉ siècle; cette collection décorait autrefois une salle du château de Reichenbach et se trouve actuellement dans celui de St. Saphorin, au canton de Vaud.»

   2. **von Fischer 1884,** S. 376: «Der Neubau und innere Ausbau des von Fischer 1683 angekauften Schlosses Reichenbach nahm eine Reihe von Jahren in Anspruch. Es knüpft sich daran eine sowohl politisch als auch kunstgeschichtlich erwähnenswerthe Episode. Im Jahre 1689 wurde Frau von Perregaux, geborne von Wattenwyl, wegen Praktiken mit dem französischen Botschafter des Landesverrathes angeklagt und 1690 zuerst zum Tode verurtheilt, schliesslich aber nach mehrmaliger Milderung des Urtheiles nur verbannt. Dieser Prozess bewirkte grosse Aufregung und Verfeindung unter den regierenden Kreisen, indem es sich nicht allein um die angeklagte Frau handelte, sondern um einen Kampf zwischen drei Parteien, der französischen, österreichischen und nationalen. Beat Fischer, der nicht zur französischen Partei gehört haben kann, aber mit Frau Perregaux persönlich befreundet war, liess den Saal zu Reichenbach durch den berühmten Joseph Werner *mit neun allegorisch-satyrischen Gemälden* schmücken, welche den Perregaux-Handel zum Vorwurf hatten und Bildnisse vieler der betheiligten Personen enthielten, unter denen man auch Fischer selbst erkennen wollte, die Ankläger der Frau Perregaux aber am schlimmsten wegkamen. Diese Gemälde machten ihrem Besteller viele Feinde. Später erfolgte eine Aussöhnung der Parteien, deren Bedingungen eine war, dass die Bilder weggeschafft würden. Diese kaufte nun der General (oder damals Oberst) de Pesme und brachte sie nach seinem Schloss St. Saphorin bei Morges, wo sie sich noch befinden.»

   3. **Müller 1918,** S. 184: «[Beat liess] die **Innenräume mit künstlerischer Pracht** ausstatten, so **den grossen Saal mit neun allegorisch-satyrischen Gemälden Joseph Werners,** die den Perregaux-Handel zum Vorwurf hatten und ihm viele Feindschaften zuzogen, da sie Bildnisse der beteiligten Personen enthielten. Einer späteren Aussöhnung wurden sie geopfert und an Oberst de Pesme nach Schloss St. Saphorin bei Morges verkauft.»

   4. **Grellet 1928,** S. 196: «Un des riches Bernois de ce temps, Fischer de Riquebacque, auquel la ferme des postes fournissait de quoi satisfaire son goût de peinture, eut fantaisie de posséder une suite d'allégories représentant le drame judiciaire de la Tour. Werner s'exécuta en une série de *dix tableaux* d'un symbolisme assez obscur, peints à la manière expressive et outrancière de Breughel le Vieux. Catherine – figure toute conventionelle – y apparaît sous les traits de l'Innocence persécutée, accompagnée soit d'une colombe soit d'un agneau. Ses juges sont l'incorporation des passions humaines; certains détails permettent d'identifier sinon leur personne, du moins leur famille. L'artiste a rendu hommage à son Mécène en mettant dans deux de ses tableaux des filets et autres instruments de pêche, allusion au nom de la famille Fischer. L'ambassadeur de France est reconnaissable à la crête de coq qui orne sa coiffure. Le doigt sur la bouche en signe de silence, il contemple sa victime affaissée, tenant dans sa main défaillante le coq gaulois étranglé et déplumé. Une autre de ses toiles montre l'héroïne à terre, protégée par Minerve des

coups de ses oppresseurs. Ailleurs Werner a mis son chaud coloris sur la scène nocturne du transfert de la prisonnière de l'Isle à la Tour; il a fait passer une note pathétique sur la dernière de ses fictions qui est la mise à mort de la condamnée. De Berne ces toiles sont venues au XVIIIe siècle déjà, semble-t-il, au château de Saint-Saphorin-sur-Morges, dont le propriétaire, M[onsieur] de Mestral, les a fixées dans les panneaux d'un de ses salons.»

5. **von Mandach 1941**, S. 5 f.: «Von ihm [Werner] ist die Folge zum erstenmal ausgestellt, in welcher er die dramatische Verwicklung einer Bernerin in die damalige auswärtige Politik dargestellt hat. Das Kapitel gehört zu den aufregendsten der damaligen Zeit und gewährt einen Einblick in die verzwickten Fäden, welche unser Staatswesen mit den benachbarten Grossmächten verbanden. Durch die drastische Wiedergabe der Versuchung, welcher die Frau ausgesetzt war, und der Marter, die sie während ihres Prozesses ausgestanden hat, wird unser Auge gefesselt. Es fehlen bis jetzt historische und kulturhistorische Unterlagen zur Deutung der Motive. Eine nähere Betrachtung der Bilder lässt aber die Vermutung aufsteigen, dass hier eine wahre, unschuldige Katharina einem vermummten, hässlichen Geschöpf entgegengestellt wird. Im Hinblick auf ein anderes hier ausgestelltes Werk («Pan und Syrinx») sind wir zur Annahme geneigt, die Metamorphosen Ovids hätten den Künstler und seine geistige Umgebung beschäftigt, und aus diesem Gedankenkreis sei die Idee entstanden, die sich in der Katharina bekämpfenden Tugenden und Verfehlungen in zwei einander entgegengesetzten Geschöpfen zu formen. Wie dem auch sei, so erläutert diese Folge den Hang der damaligen Zeit zur Allegorie und zur Mythologie, was auch einige Miniaturen Werners bestätigen.»

S. 46, Kat.-Nr. 291: «Der Postherr Beat Fischer, der nicht zur französischen Partei gehört haben kann, aber mit Katharina persönlich befreundet war, liess den Fall durch Werner im Schloss Reichenbach in **9 allegorisch-satirischen Gemälden** darstellen, die viele der beteiligten Personen enthielten, unter denen die Ankläger am schlimmsten wegkamen. Als später eine Aussöhnung der Parteien erfolgte, war eine Bedingung die Wegschaffung dieser Gemälde. Sie wurden von General de Pesmes gekauft und nach seinem Schloss St-Saphorin bei Morges gebracht, wo sie sich zur Zeit noch befinden.»

6. **von Mandach 1944**, S. 34: «Der Postmeister Beat Fischer hatte sie [die Bilder des Zyklus] für sein Schloss Reichenbach (bei Bern) bestellt und daselbst zur Schau gebracht. Nach dem Ausgang des Prozesses, in welchem Katharina von Wattenwyl verwickelt war, versöhnten sich die politischen Parteien, die sich in diesem Handel befehdet hatten, unter der Bedingung, dass die Gemälde Werners, welche durch Karikaturen von beteiligten Magistraten Anstoss erregten, aus Bern entfernt würden. Dieselben gingen in den Besitz des Generals de Pesne [sic!] über, der sie in seinem Schloss St-Saphorin bei Morges einbaute. Die Folge wurde vor kurzem für das Schloss Jegenstorf erworben und ist dort öffentlich ausgestellt.»

S. 40: «Der Postmeister Beat von Fischer hatte die Herrschaft Reichenbach 1683 gekauft und daselbst ein schönes Schloss gebaut. Er gehörte nicht der Franzosenpartei an, war aber mit Katharina von Wattenwyl befreundet. Er übertrug dem damals in Bern weilenden Maler Joseph Werner die Aufgabe, die dramatische Episode, in die Katharina verwickelt gewesen war und von der jedermann sprach, für sein Schloss zu malen. Die Geschichte der Katharina hatte Werner nicht teilnahmslos gelassen. Vermutlich sind die Motive zwischen ihm und seinem Auftraggeber ausgesponnen worden. Wir wären nicht überrascht, wenn festgestellt werden könnte, dass Werner in dieser Angelegenheit als Initiant gehandelt hat. Entsprach doch die Geschichte der Katharina seinem Hang zum Abenteuerlichen, zum Erhaschen von Ruhm, ja zur Magie. Seine Aufgabe löste er durch Zuhilfenahme der damals in der Kunst beliebten Allegorie. Zudem beschäftigten ihn die Metamorphosen des Ovids, die er früher zu verschiedenen Malen illustriert hatte. Der Gegensatz zwischen Gutem und Bösem zeigt sich in der Art, wie er die gute Katharina in die böse Katharina verwandelt. Die Komposition ist lebendig und klar. Die Typen sind mit durchdringender Phantasie und mit meisterlichem Können gestaltet. Das Mienenspiel ist wie geprägt. Man hat oft den Eindruck, dass man die dargestellten Persönlichkeiten in Wirklichkeit gesehen hätte. Die Karikaturen zeugen von scharfer Beobachtung und von hervorragender Gestaltungskraft. Hierin war Werner ein Neuerer in der Kunstgeschichte.»

7. **Feller III** 1955, S. 141: «Der Freimut gehörte zu seinem [Beat Fischers] Wesen; aber um seine internationalen Beziehungen zu schonen, hielt er mit Bekenntnissen in der Aussenpolitik zurück, so dass seine Stellung in dem Ringen zwischen Venner Dachselhofer und Schultheiss von Erlach nicht sicher auszufinden ist. Anzeichen deuten darauf hin, dass er Ludwig XIV. abgeneigt war. Anderseits missbilligte er das harte Verfahren gegen Frau Perregaux-von Wattenwyl, mit der er befreundet war. Eben baute er das Landhaus in Reichenbach um. In der Stadt lebte damals Anton [sic!] Werner, der begabteste Maler Berns im 17. Jahrhundert, arm an Ansehen und Aufträgen. Fischer berief ihn, den Perregauxhandel im Saale von Reichenbach darzustellen. Auf der Flucht der neun Gemälde konnte man unschwer unter dem stolzen Wurf des antiken Gewandes den Hohn auf die Verfolger der unglücklichen Frau ausfinden, zumal die Bildnisse der beteiligten Personen unverkennbar sprachen.»

S. 191: «Einen Freund fand er [Werner] in dem Postpächter Beat Fischer, der auf alles einging, was in Bern aufgeschlossen war. Er malte für Fischer die Flucht von Gemälden, die Frankreichs Blossstellung im Perregauxhandel darstellte. Überhaupt lag ihm die Satire, wie er denn die Schwächen Ludwigs XIV. mit dem Pinsel preisgab.»

8. **Bürgerhaus 1964** (von Fischer), S. 63: «Für Reichenbach liess er durch **Joseph Werner** einen **Gemäldezyklus mit der Geschichte der Katharina v[on] Wattenwyl** (Madame Perregaux) malen, deren Prozess die Gemüter stark bewegte. Kurz nach ihrer Entstehung musste Beat Fischer die Bilder wieder aus Reichenbach entfernen. Nachdem sie im **Schloss St-Saphorin bei Morges** aufgehoben worden waren, kehrten sie vor einigen Jahren zurück und befinden sich heute im Schloss Jegenstorf.»

9. **Glaesemer 1974**, S. 73: «Den Auftrag zu der Gemäldefolge erteilte der bernische Postherr Beat Fischer (1641–1697), eine der hervorragenden Persönlichkeiten Berns zu Ende des 17. Jahrhunderts, mit dem Werner offenbar eine herzliche Freundschaft verband. Die gleiche Gesinnung von Auftraggeber und Maler bildete die Voraussetzung für das Zustandekommen der Werke. Fischer hatte die Gemälde als Dekoration für einen Saal seines 1683 erworbenen Schlosses Reichenbach bei Bern bestimmt. (Anmerkung: Über Auftrag, Themenwahl, Bezahlung oder dergleichen fanden sich trotz gründlicher Nachsuche auch unter den Dokumenten des umfangreichen Nachlasses von Beat Fischer, Bern, Staatsarchiv, keinerlei Hinweise) Seine politische Stellung zwischen den beiden Parteien lässt sich nicht mehr mit Sicherheit bestimmen. Im allgemeinen hielt er sich mit aussenpolitischen Bekenntnissen zurück, um seine internationalen Beziehungen nicht zu gefährden (Anmerkung: Feller III 1955, S. 141).»

S. 200: «Ein Freund der Katharina von Wattenwyl, der Berner Postherr Beat Fischer, gab den Gemäldezyklus bei Werner in Auftrag. Er war persönlich nicht in die Affäre verwickelt. Seinem Wunsch entsprechend sollten die Tagesereignisse in einer Reihe grossformatiger Allegorien kommentiert und als Dekoration in seinem Schloss Reichenbach angebracht werden. Die Werke entstanden 1690, noch unter dem direkten Eindruck des Geschehens. Nach der Beilegung der durch den Prozess verursachten Spannungen wurden die Bilder aus Bern entfernt und gingen nach Schloss St-Saphorin in den Besitz des Generals de Pesne [sic!] über.»

10. **Bhattacharya-Stettler 1995/II**, S. 267: «Die Gemälde, die diese Affäre thematisieren, entstanden ohne historische Distanz; Joseph Werner schuf sie nur wenige Monate nach der Urteilsprechung gegen Katharina Perregaux. Noch kursierten Gerüchte über die konfusen Konspirationen und das undurchsichtige Spiel auf höchster Regierungsebene.

Ein Mitglied des Grossen Rates, Beat Fischer, sollte dieser Absicht entgegentreten. Er hatte sich ein paar Jahre zuvor, 1683, in Reichenbach unweit der Stadt ein Schloss errichtet. Der angesehene, weltoffene Berner Postgründer, der sich mit aussenpolitischen Bekenntnissen diplomatisch zurückhielt und keiner der divergierenden Parteien angehörte, beauftragte den weithin geschätzten, selbstbewussten und weitgereisten Maler Werner mit der Ausschmückung eines Saales seines Schlosses, Sitz der neuen Postverwaltung. Unterlagen zur Auftragserteilung sind keine erhalten, doch war Voraussetzung für die Wahl des Bildprogramms, dass Auftraggeber und Maler die gleiche Gesinnung verband.»

Anhang

Bibliographie

Ungedruckte Quellen

Burgerbibliothek Bern (BBB)

FA von Fischer 1: Stamm-Buch des Wohlansehenlichen und Uhralten Geschlechts der Herren Fischer [...] zusamen getragen und in diese Form gebracht durch F[ranz] L[udwig] G[runer] (1713–1794), 1736.

FA von Fischer 2–10: Stammbücher und Stammregister der Familie von Fischer.

FA von Fischer 11: (Karl Ludwig) Friedrich von Fischer von Bellerive (1823–1908): Beatus Fischer (1641–1698).

FA von Fischer 12 (12): Korrespondenz betr. den Eintrag des Prädikats «von» in den Burgerrödeln, 1842.

FA von Fischer 30: Adelsdiplom für Beat Fischer (1641–1698) und seine Deszendenz, von Kaiser Leopold I. (1640–1705), 1680.

FA von Fischer 51 (1): Adelsdiplom für Beat Fischer (1641–1698) und seine Deszendenz, von Kaiser Leopold I. (1640–1705), 1680 (3 Abschriften).

FA von Fischer 51 (4): Erbvertrag zwischen den Söhnen des Beat Fischer (1641–1698), Beat Rudolf (1668–1714), Samuel (1673–1720) und Friedrich Heinrich (1676–1725), 1698 (2 Abschriften).

FA von Fischer 51 (6): Verlassenschaft des Beat Rudolf Fischer (1668–1714), 1713–1714; darin: Inventarium der vorhandenen Mittlen 1714.

FA von Fischer 51 (9): Auszug aus dem Totenrodel von Lenzburg zu Friedrich Heinrich Fischer (1676–1725), 1904.

FA von Fischer 85: Abschrift [des] Adels-Diplom[s] der Familie Fischer in Bern. Vom 8. May 1680, für Rudolf Friedrich von Fischer (1826–1911), 1837. Mit schön koloriertem Wappen.

FA von Fischer 112: Leopold (Rudolf) von Fischer (1868–1924): Genealogische Arbeiten zur Familie von Fischer, 1884–1924.

FA von Fischer 157 (1): Ordre de la Générosité, verliehen an Beat Fischer (1641–1698).

FA von Wattenwyl A 54 (6): Verschiedenes aus dem 17. und 18. Jahrhundert [...] und «Ein neüw Billard zu montieren» von 1738.

GA Bogenschützen 1.3.3: Rodel. In welchen diejenigen sich einschreiben, so in die Wohladenliche Gesellschaft der Bogenschützen angenomen worden de A[nn]o: 1646.

VA BK: Burgertaufrödel IV–VIII.
VA BK: Eherödel III–V.

VA BJW 705 (2): Abschriften von Dokumenten aus der Zeit von 1652–1757, die sich auf das Waisenhaus beziehen, s.d. [18. Jahrhundert].

Mss.h.h. I. 37: Jahrzeitenbuch des St. Vinzenzenstifts Bern und Cronica de Berno, geschrieben 1325–1340.

Mss.h.h. I. 45: Schellhammers Topographie, Bern 1717.

Mss.h.h. I. 98: Berner Chronik von 1673–1704.

Mss.h.h. III. 254–255: [Daniel Engel] I. Meine Reise durch Frankreich 1661–1666, II. Meine Reise durchs Niederland und Teutschland.

Mss.h.h. VIII. 5 und 18 und 46: Genealogien der burgerlichen regimentsfähigen Geschlechter der Stadt Bern von Johann Rudolf Gruner, Bde. 5, 18 und 46.

Mss.h.h. X. 111: Mémoire de Mad[ame] Perregeaux [sic!] née de Wattewille à Monsieur le comte du Luc, ambassadeur de France, 1714.

Mss.h.h. X. 222 (16): Wegen des Berner Geschäfts. Aktenstücke und Briefcopien betreffend die Angelegenheit der Frau von Wattenwyl (Perregeaux [sic!]), 1689–1690.

Mss.h.h. XII. 358: Wappenbuch der bernischen burgerlichen Geschlechter. Offizielle Registratur der bernischen Geschlechter 1684. Die Wappen gemalt von Wilhelm Stettler.

Mss.h.h. XVII. 18 und 70: Genealogien der Berner Geschlechter von Johann Rudolf Gruner, Bde. 18 und 70.

Mss.h.h. XXXIV. 175: Samuel Frisching II, Korrespondenz.

Mss.h.h. XLIV. 191: Äusserer Stand, Schultheiss, Rät und Burger an Beat Fischer, 24. April 1682.

Mss.h.h. LI. 253: Stammbuch Niklaus Frisching, 1652–1656.

Mss.h.h. LII. 9.1–9.7: Bernhard von Rodt, Genealogien burgerlicher Geschlechter der Stadt Bern. Bde. 1–7, 1950.

Mss.Mül. 27: Mémoires de Madame C[atherine] F[rançoise] Perregaux née de Watteville, écrites par elle-même en 1714.

Mss.Mül. 236.3 und 236.6: Jsaak Steigers und Samuel Kirchbergers Staatsbuch, Bd. 3: Mitglieder des Grossen Rates; Bd. 6: Verzeichnis aller Burger, die je ein Amt bekleideten.

Mss.Mül. 643.1 (22): Stammregister Bernischer Geschlechter von Niklaus Friedrich von Mülinen, Heft 22: Familie Fischer.

[ohne Signatur]: Album Amicorum von Jacob Tillier (1630–1685).

Staatsarchiv des Kantons Bern (StAB)

A I 413–419: Spruchbücher des Unteren Gewölbes, Bde. UU–BBB.
A I 461: Polizeibuch, Bd. 8.
A I 613: Bundbuch der Stadt Bern, 4. Teil.
A I 636: Eidbuch, Nr. 8.
A I 652: Osterbuch, Bd. 6.
A I 709: Formular-Buch. Mit vorangestellten Kanzlei-Taxen. «Büchlein Mathey heisst man mich, weil ich manchen Burger den Edlen machte gleich».

A II 269, 428, 460–573: Ratsmanuale, Bde. 398, 117, 149–261.

A III 67–86: Deutsch-Missivenbücher.

A IV 137, 139, 141: Allgemein Eidgenössische Bücher, Bde. B, D, F.

A V 187: Zürichbuch G.

A V 1470: Responsa Prudentum, Bd. 1.

B V 1–3, 13: Akten und Manuale des Kommerzienrates 1687–1699.

B VII 71: Manual der Vennerkammer 1689–1690.

B VII 350–351: Seckelschreiberprotokolle 1669 ff.

B VII 2120: Amtsrechnungen Wangen 1680–1682.

B IX 485: Turmbuch 1684–1690.

B IX 1410: Geltstagrodel, Bd. 3.

C I b 286: Dokumentenbuch des Interlakenhauses.

FA von Fischer I 11 (6): Cahier über die Erneuerung der Post-Ferme 1791–1793, Bd. 1.
FA von Fischer I 13 (4): Akten betreffend die Organisation des Postwesens IV, 1814–1820.
FA von Fischer I 21 (2): Copier-Buch, 1680–1684.
FA von Fischer I 21 (3): Journal und Memoralia wegen erlangten Ambts Wangen, 1680.
FA von Fischer I 23 (4) und (5): Korrespondenz betreffend die Bereinigung der Rechte und Einkünfte mit dem Kloster St. Urban in den Landvogteien Wangen und Aarwangen, 1682 ff.
FA von Fischer I 23 (6) a: Grundriss der Schlossgebäude von Wangen, 1680.
FA von Fischer I 23 (6) b: Verschiedene Korrespondenzen vornehmlich von Schultheiss und Rat von Bern, 1676–1784.
FA von Fischer I 24 (1): Dokumentenbuch Reichenbach I («Kleines Documentenbuch», gehörte Hans von Erlach […]), 1279 ff.
FA von Fischer I 24 (2): Dokumentenbuch Reichenbach II («Grosses Documentenbuch» oder «Rychenbach Gewahrsamme I»), 1279 ff.
FA von Fischer I 25 (1): Dokumentenbuch Reichenbach III (enthält Spruch-, Kauf- und Tauschbriefe sowie Vergleiche), 1593–1744.
FA von Fischer I 25 (2): Dokumentenbuch IV (enthält Kaufbriefe), 1737–1745.
FA von Fischer I 27 (1) Nr. 6: Güterverzeichnisse der Herrschaft Reichenbach, 18. Jahrhundert.
FA von Fischer I 29 (1) a: Urkundenverzeichnis von 1595 und Inventar der Fahrhabe und der Dokumente zu Reichenbach, erstellt anlässlich der Übergabe der Herrschaft an Beat Fischer, von 1683.
FA von Fischer I 50 (2): Geometrischer Grundriss des Schlosses Reichenbach samt dazu gehörigen liegenden Gütern mit prächtiger Cartouche von Johann Adam Riediger, 1717.
FA von Fischer I 51: Plan der Herrschaft Reichenbach um 1700.
FA von Fischer II 1 (1): Lauffender Schulden- und Contibuch, 1679 ff.
FA von Fischer II 1 (2): Documenta (2. Buch), 1689 ff.

Fach Mushafen: Urkunde vom 29. November 1293.

Mannlehenurbar 1564.

Urbarien Amt Seftigen, Nr. 18.

Pläne:
AA IV Wangen Nr. 1: Vogelschauplan der Stadt Wangen von S. Ougspurger, 1751.
AA IV Zollikofen Nr. 102: Reichenbacher Herrschaftsplan von Johann Adam Riediger, 1719.
AA IV Zollikofen Nr. 103: Albertini: Geometrischer Plan der Herrschaft Reichenbach samt dermahlen darinnen ligenden Schloss Güteren, 1775.
Atlas 6, Plan 66: Aufnahmeplan für ein Befestigungsprojekt für die Stadt Wangen von Caesar Steiger, 1714.

Stadtarchiv Bern (StadtABE)

Plan 50, 18: Plan der Stadt Bern von Jakob Brenner, 1757.

Burgerarchiv Thun (BAT)

BAT Nr. 1240: Seckelamts Rechnungen 1570–1580.
BAT: Ämterbuch der Stadt Thun, bearbeitet von Carl Friedrich Lohner (Depot der Stadtbibliothek Thun). [Zit. BAT Lohner].

Universitätsbibliothek Basel (UBBS)

AN II 4a: Matricula studiosorum Universitatis Basiliensis 1654–1761.
AN VI 22: Stammbuch Hieronymus Bauhin 1653–1657.
P III 32: Stammbuch Friedrich Gysi 1651–1659.

Stadtarchiv St. Gallen / Vadiana (StadtASG)

Archiv des Kaufmännischen Direktoriums (AKD) 19, 3.

Gedruckte Quellen

Fischer, Beat: Acta und Schriften. Das Post- und Bottenwesen antreffend, No. 1. 1675 à 1676. Lit. A (maschinenschriftliche und vervielfältigte Abschrift, Generaldirektion PTT), Bern 1935. [Zit. Acta und Schriften Lit. A].

Fontes Rerum Bernensium. Bern's Geschichtsquellen, 10 Bde., Bern 1883–1956.

Sammlung Schweizerischer Rechtsquellen. Die Rechtsquellen des Kantons Bern, Erster Teil: Stadtrechte: Das Stadtrecht von Bern, Bde. I und II, bearb. von Friedrich Emil Welti und Hermann Rennefahrt, Aarau 1971².

Sammlung Schweizerischer Rechtsquellen. Die Rechtsquellen des Kantons Bern, Erster Teil: Stadtrechte: Das Stadtrecht von Bern, Bd. II.2, bearb. von Friedrich Emil Welti, Bern 1939.

Sammlung Schweizerischer Rechtsquellen. Die Rechtsquellen des Kantons Bern, Erster Teil: Stadtrechte: Das Stadtrecht von Bern, Bd. V, bearb. von Hermann Rennefahrt, Aarau 1959.

Sammlung Schweizerischer Rechtsquellen. Die Rechtsquellen des Kantons Bern, Erster Teil: Stadtrechte: Das Stadtrecht von Bern, Bd. IX.2: Gebiet, Haushalt, Regalien, bearb. von Hermann Rennefahrt, Aarau 1967.

Sammlung Schweizerischer Rechtsquellen. Die Rechtsquellen des Kantons Bern, Erster Teil: Stadtrechte: Das Stadtrecht von Bern, Bd. XII: Bildungswesen, bearb. von Hermann Rennefahrt, Aarau 1979.

Sammlung über den Ursprung und Fortgang des Loblichen Postwesens zu Bern, 1761–1763, 2 Bde. (maschinenschriftliche und vervielfältigte Abschrift, bearb. von Johann Jakob Bigler, Generaldirektion PTT), Bern 1936. [Zit. Bigler, Sammlung].

Stelling-Michaud, Sven: Le Livre du Recteur de l'Académie de Genève (1559–1878), Bd. I: Le texte, Genève 1959; Bde. II–VI: Notices biographiques des étudiants A–Z, Genève 1966–1980.

Veiras, Hans Franz: Heutelia, hg. von Walter Weigum, München 1969 [Kommentierte Neuausgabe].

Wackernagel, Hans Georg (Hg.) et al.: Die Matrikel der Universität Basel, 5 Bde., Basel 1951–1980.

Abkürzungen

AKD	Archiv des Kaufmännischen Direktoriums
BAT	Burgerarchiv Thun
FRB	Fontes Rerum Bernensium
BBB	Burgerbibliothek Bern
HBLS	Historisch-biographisches Lexikon der Schweiz
HLS	Historisches Lexikon der Schweiz
SRQ	Sammlung Schweizerischer Rechtsquellen
StAB	Staatsarchiv des Kantons Bern
StadtABE	Stadtarchiv Bern
StadtASG	Stadtarchiv St. Gallen (Vadiana)
StUB	Stadt- und Universitätsbibliothek Bern
UBBS	Universitätsbibliothek Basel

Literatur

Aerni, Klaus: Die Gemmi – Von der Verbindung zum Weg, in: Cartographica Helvetica 19 (1999), S. 3–15.

Das Amt Thun. Eine Heimatkunde, hg. [...] von der Heimatkundekommission, Thun 1943.

Ausstellungskatalog 450 Jahre Bernische Kunst. Vorwort Conrad von Mandach. Kunstmuseum Bern 1941.

Balsiger, Hans: Der Oberaargau im schweizerischen Bauernkrieg 1653, In: Jahrbuch des Oberaargaus, Bd. 46 (2003), S. 163–188.

Banholzer, Max: Wolfgang Aeby. Ein Solothurner Maler des 17. Jahrhunderts, in: Jahrbuch für Solothurner Geschichte, Bd. 75 (2002), S. 255–259.

Barth, Ulrich: Schätze der Basler Goldschmiedekunst 1440–1989: 700 Jahre E.E. Zunft zu Hausgenossen. Ausstellung in der Barfüsserkirche, 20.5.–2.10.1989, Basel 1989.

Barudio, Günter: Zwischen Depotismus und Despotismus. Politische Ideen in Frankreich 1614–1685, in: Pipers Handbuch der politischen Ideen. Neuzeit: Von den Konfessionskriegen bis zur Aufklärung, hg. von Iring Fetscher und Herfried Münkler, München/Zürich 1985, S. 201–232.

Baumann, Carl: Das Postwesen in Basel unter dem kaufmännischen Direktorium (1682–1798), Weinfelden 1927.

Ein Bernisches Sportreglement aus dem Jahre 1679. «Ordnung und Regul nach welcher das Exercitium in dem Ballenhaus angestellet werden soll», in: Berner Zeitschrift für Geschichte und Heimatkunde 1942, S. 109–110.

Bernoulli, Jakob: Wahrscheinlichkeitsrechnung (= Ars conjectandi) 1713, mit dem Anhange: Brief an einen Freund über das Ballspiel (Jeu de paume), übers. und hg. von R. Haussner, Thun/Frankfurt a. M 1999 (Nachdruck der Ausgabe von 1899).

Bhattacharya-Stettler, Therese: Zehn Allegorien auf die Affäre um Katharina Perregaux-von Wattenwyl 1690, in: Im Schatten des Goldenen Zeitalters. Künstler und Auftraggeber im bernischen 17. Jahrhundert, hg. von Georges Herzog, Elisabeth Ryter, Johanna Strübin Rindisbacher und dem Kunstmuseum Bern, Bd. I: Katalog, Bern 1995, S. 187–195.

Bhattacharya-Stettler, Therese: «... anstatt ihrer Haushaltung obzuliegen und in derselben ein stilliges und gottseliges Leben zu führen ...». Die «Landesverräterin» Katharina Perregaux-von Wattenwyl. Ein Gemäldezyklus von Joseph Werner, in: Im Schatten des Goldenen Zeitalters. Künstler und Auftraggeber im bernischen 17. Jahrhundert, hg. von Georges Herzog, Elisabeth Ryter, Johanna Strübin Rindisbacher und dem Kunstmuseum Bern, Bd. II: Essays, Bern 1995, S. 257–271.

Bichsel, Therese: Catherine von Wattenwyl. Amazone, Pfarrfrau und Spionin, Bern 2004.

Bircher, Martin (Hg.): Deutsche Schriftsteller im Porträt. Das Zeitalter des Barock, Bd. 1, München 1979.

Bogel, Else: Schweizer Zeitungen des 17. Jahrhunderts (= Studien zur Publizistik, Bremer Reihe, Bd. 19), Bremen 1971.

Bolzern, Rudolf: Spanien, in: Historisches Lexikon der Schweiz (http://www.hls.ch).

Bonjour, Edgar: Die Universität Basel von den Anfängen bis zur Gegenwart 1460–1960, Basel 1960.

Bosch, Helmut: Die Nürnberger Hausmaler, München 1984.

Braun-Bucher, Barbara: Der Berner Schultheiss Samuel Frisching, 1605–1683. Schrifttum, Bildung, Verfassung und Politik des 17. Jahrhunderts auf Grund einer Biographie (= Schriften der Berner Burgerbibliothek), Bern 1991.

Braun, Hans: Die Familie von Wattenwyl – La famille de Watteville, Bern 2004.

Das Buch der Ritterorden und Ehrenzeichen, Brüssel/Gent/Leipzig 1856.

Buck, August: Traiano Boccalini (1556–1613) als Zeitkritiker, in: Das Ende der Renaissance. Europäische Kultur um 1600, hg. von August Buck und Tibor Klaniczay, Wiesbaden 1987, S. 1–56.

Das Bürgerhaus in der Schweiz, Bd. 11: Das Bürgerhaus im Kanton Bern, 2. Teil (Texte von Heinrich Türler), Zürich 1922.

Das Bürgerhaus in der Schweiz, Bd. 11: Das Bürgerhaus im Kanton Bern, 2. Teil (überarbeitet von Hermann von Fischer), Zürich 1964.

Burkhalter, Beat; Egli, Hans-Rudolf: Verkehrsnetz und touristische Transportanlagen, in: Historisch-statistischer Atlas des Kantons Bern 1750–1995, hg. von Christan Pfister, Hans Rudolf Egli, Bern 1998, S. 40–41.

Buser, Jakob: Das Basler Postwesen vor 1849, Sissach 1903.

Buser, Jakob: Geschichte der schweizerischen Posttaxgesetzgebung, Bern 1912.

Carlen, Georg: Bemalte Balkendecken und Holztäfer im Kanton Solothurn, in: Bemalte Holzdecken und Täfelungen, hg. von Ulrich Schiessl, Bern/Stuttgart 1987, S. 59–69.

Carlen, Georg: Das Türmlihaus in der Hofmatt zu Solothurn, in: Unsere Kunstdenkmäler, Bd. XXXIV, Bern 1983, S. 332–345.

Carlen, Georg: Vom Umgang mit dekorativer Malerei. Wandmalerei auf Verputz in Innenräumen, in: Das Denkmal und die Zeit. Festschrift für Alfred A. Schmid, Luzern 1990, S. 141–152.

Carlen, Georg: Die Wand- und Deckenmalereien, in: Schloss Waldegg bei Solothurn. Brücke zwischen Zeiten und Kulturen, Solothurn 1991, S. 111–132.

Christen & Cie. AG (Hg.): 100 Jahre Christen. 1844–1944, Bern 1944.

Clottu, Olivier: Histoire de Saint-Blaise, St-Blaise 1995.

Clottu, Olivier: La Poste des Fischer 1675–1832. Documents héraldiques, in: Archives héraldiques suisses, Jg. 90 (1976), S. 17–33.

Courvoisier, Jean: Les monuments d'art et d'histoire du Canton de Neuchâtel, Bd. 1: La Ville de Neuchâtel (= Les monuments d'art et d'histoire de la Suisse, Bd. 33), Basel 1955.

Courvoisier, Jean: Les monuments d'art et d'histoire du Canton de Neuchâtel, Bd. 2: Les districts de Neuchâtel et de Boudry (= Les monuments d'art et d'histoire de la Suisse, Bd. 49), Basel 1963.

Cranach, Philipp von: Die Strassenkarte von Pierre Bel, in: Der Weltensammler, hg. von Thomas Klöti, Markus Oehrli, Hans-Uli Feldmann, Murten 1998, S. 14–18.

Dallmeier, Martin: Quellen zur Geschichte des europäischen Postwesens 1501–1806, Teil 1: Quellen, Literatur, Einleitung (= Thurn und Taxis-Studien, Bd. 9, Teil 1), Kallmünz 1977.

Dellsperger, Rudolf: Die Anfänge des Pietismus in Bern (= Arbeiten zur Geschichte des Pietismus 22), Göttingen 1984.

Divo, Jean-Paul; Tobler, Edwin: Die Münzen der Schweiz im 17. Jahrhundert, Zürich 1987.

Dubler, Anne-Marie: Masse und Gewichte im Staat Luzern und in der alten Eidgenossenschaft (= Festschrift Luzerner Kantonalbank), Luzern 1975.

Dülmen, Richard von: Entstehung des frühneuzeitlichen Europa 1550–1648 (= Fischer Weltgeschichte 24), Frankfurt a. M. 1982.

Dünnhaupt, Gerhard: Der barocke Eisberg. Überlegungen zur Erfassung des Schrifttums des 17. Jahrhunderts, in: Aus dem Antiquariat 1980, S. 441–446.

Dünnhaupt, Gerhard: Bibliographisches Handbuch der Barockliteratur, Stuttgart 1991², S. 267–284.

Durheim, Karl Jakob: Historisch-topographische Beschreibung der Stadt Bern und ihrer Umgebungen, mit Rückblicken auf frühere Zustände, Bern 1859.

Durheim, Karl Jakob: Historische Mitteilungen zur Geschichte der «wohladelichen Flitzbogen-Schützengesellschaft von Bern», von ihrem Ursprung bis auf gegenwärtige Zeit, 1856, in: Berner Taschenbuch auf das Jahr 1857, Bern 1857, S. 79–121.

Elsener, Ferdinand: Die Schweizer Rechtsschulen vom 16. bis zum 19. Jahrhundert unter besonderer Berücksichtigung des Privatrechts, Zürich 1975.

Fallet, Eduard M.: Bremgarten (= Berner Heimatbücher 141), Bern 1991.

Fallet, Eduard M.: Die Kirchwege in der früheren Kirchgemeinde Bremgarten, Typoskript, Bremgarten 1966.

Feller, Richard: Geschichte Berns, 4 Bde., Bern 1974².

Fetscherin, W.: Madame Perregaux. Ein bernisches Zeit- und Sittengemälde aus der 2. Hälfte des 17. Jahrhunderts, in: Berner Taschenbuch auf das Jahr 1867, Bern 1867, S. 46–100.

Fischer, Hans Rudolf von: Die Politik des Schultheissen Johann Friedrich Willading (1641–1718), Bern 1927.

Fischer, Hermann von: Bemalte bernische Decken- und Wandtäfer, in: Bemalte Holzdecken und Täfelungen, hg. von Ulrich Schiessl, Bern/Stuttgart 1987, S. 9–12.

Fischer, Hermann von: Fonck à Berne. Möbel und Ausstattungen der Kunsthandwerkerfamilie Funk im 18. Jahrhundert in Bern (= Schriften der Burgerbibliothek Bern), Bern 2001.

Fischer, Hermann von: Zur Restaurierung des Amtshauses Wangen an der Aare, in: Unsere Kunstdenkmäler, Bd. XXIX (1978), S. 34–39.

Fischer, K. L. Friedrich von: Beatus Fischer 1641–1697, in: Sammlung Bernischer Biographien, Bd. 1, Bern 1884, S. 365–377.

Fischer, Leopold von: Das alte bernische Postwesen. Ein Wort der Erinnerung, in: Berner Tagblatt vom 5. Oktober 1909.

Fischer, Léopold de: Les marques bibliothèques de la maison de Fischer-Reichenbach, Paris 1913.

Fluri, Adolf: Das erste bernische Postreglement, in: Blätter für bernische Geschichte, Kunst und Altertumskunde, Bd. 6 (1910), S. 333–341.

Fluri, Adolf: Die beiden Teppichwirker Pierre Mercier, in: Jahrbuch des Bernischen Historischen Museums 1928, S. 15–25.

Fontannaz, Monique: Du château fort à la résidence seigneurale, in: Coppet: histoire et architecture, Coppet 1998, S. 69–141.

Fontannaz, Monique: Portrait architectural de la famille Loys dans la seconde moitié du XVIIe siècle, in: Im Schatten des Goldenen Zeitalters. Künstler und Auftraggeber im bernischen 17. Jahrhundert, hg. von Georges Herzog, Elisabeth Ryter, Johanna Strübin Rindisbacher und dem Kunstmuseum Bern, Bd. II: Essays, Bern 1995, S. 99–140.

Freudiger, Hans: Die politisch wirtschaftliche Entwicklung des Amtes Bipp, Balsthal 1912.

Frey, Adolf: Die Jungfer von Wattenwyl, Stuttgart 1912.
Frey, Robert: Das Fuhrwesen in Basel von 1682 bis 1848 mit besonderer Berücksichtigung der schweizerischen Fuhren, Basel 1932.
Fürstenberger, Markus: Das Basler Stadthaus. Von der Post zum Sitz der Bürgergemeinde (= 150. Neujahrsblatt der Gesellschaft für das Gute und Gemeinnützige), Basel 1972.
Fulpius, George: La poste à Genève, Bd. 2, Genf 1944.
Furrer, Norbert: Das Münzgeld der alten Schweiz: Grundriss, Zürich 1995
Galiffe, Jacques-Augustin: Notices généalogiques sur les familles genevoises depuis les premiers temps jusqu'à nos jours, 7 Bände, Genève 1976².
Geiger, Hans-Ulrich: Der Beginn der Gold- und Dickmünzenprägung in Bern. Ein Beitrag zur bernischen Münz- und Geldgeschichte des 15. Jahrhunderts (= Archiv des Historischen Vereins des Kantons Bern, Bd. 52), Bern 1968.
Geiser, Karl: Bern unter dem Regiment des Patriziates, in: Archiv des Historischen Vereins des Kantons Bern, Bd. 32 (1934), S. 85–112.
Glaesemer, Jürgen: Joseph Werner 1637–1710 (= Schweizerisches Institut für Kunstwissenschaft Zürich: Œuvrekataloge Schweizer Künstler 3), Zürich/München 1974.
Grandjean, Marcel: Les monuments d'art et d'histoire du Canton de Vaud, Bd. 3: La Ville de Lausanne: Edifices publiques (= Les monuments d'art et d'histoire de la Suisse, Bd. 69), Basel 1979.
Grellet, Pierre: La vie cavalière de Catherine de Watteville, agente secrète de Louis XIV en Suisse, Lausanne 1928.
Greyerz, Hans von: Nation und Geschichte im bernischen Denken. Vom Beitrag Berns zum schweizerischen Geschichts- und Nationalbewusstsein (= Festschrift zur Feier Bern 600 Jahre im Bund der Eidgenossen), Bern 1953.
Gritzner, Maximilian: Handbuch der Ritter- und Verdienstorden aller Kulturstaaten der Welt innerhalb des XIX. Jahrhunderts, Leipzig 1893.
Grosjean, Georges et al.: Kanton Bern. Historische Planungsgrundlagen. Planungsatlas Kanton Bern, hg. vom Kantonalen Planungsamt, Bern 1973.
Grosjean, Georges: Die Gründung der Reismusketen-Schützengesellschaft vor dem Hintergrund der Entwicklung von Taktik und Waffentechnik, in: Graffenried, Helmuth von (Hg): Reismusketen-Schützengesellschaft der Stadt Bern, Bern 1978, S. 119–141.
Der Grosse Duden, Bd. 7: Herkunftswörterbuch, 1963.
Gruber, Alain: Weltliches Silber. Katalog der Sammlung des Schweizerischen Landesmuseums Zürich, Bd. 1, Zürich 1977.
Gugger, Hans: Ein Orgeltyp des 17. Jahrhunderts, in: Unsere Kunstdenkmäler, Bd. XXIV (1973), S. 247–255.
Gugger, Hans: Zur Geschichte und zur Restaurierung der «Reichenbachorgel». Polykopiertes Manuskript (u.a. im Kirchgemeindearchiv Wohlen), 1993.
Guichonnet, Paul: Histoire de la Savoie, Toulouse 1973.
Haldi, Jean-Pierre: Beat von Fischer gründet das bernische Postunternehmen, in: PTT-Zeitschrift 26/7 (1975), S. 3–11.
Härry, Arnold: Die historische Entwicklung der schweizerischen Verkehrswege, Frauenfeld 1911.

Hammer-Cavelti, Madlena: Strassenkarte Bern–Genève und Bern–Zürich/Zurzach von Pierre Bel, Köniz 1976.
Hammerstein, Notker: Die Universitätsgründungen im Zeichen der Aufklärung, in: Beiträge zu Problemen deutscher Universitätsgründungen der frühen Neuzeit, hg. von Peter Baumgart und Notker Hammerstein (= Wolfenbütteler Forschungen 4), Nendeln 1978, S. 263–298.
Hammerstein, Notker: Die historische und bildungsgeschichtliche Physiognomie des konfessionellen Zeitalters, in: Handbuch der deutschen Bildungsgeschichte, Bd. 1: 15. bis 17. Jahrhundert: Von der Renaissance und der Reformation bis zum Ende der Glaubenskämpfe, hg. von Notker Hammerstein, München 1996, S. 57–101.
Handbuch der Schweizer Geschichte, 2 Bde., Zürich 1977.
Hanselmann, Friedolf: Das Post- und Ordinariwesen in Schaffhausen bis 1848, [o. O.] 1910.
Hauri, Ernst René: Geschichte des Post- und Fernmeldemonopols, Bern 1994.
Hauswirth, Fritz: Berner Oberland, Emmental und Mittelland, (= Burgen und Schlösser der Schweiz, Bd. 10), Kreuzlingen 1974.
Hediger, Jürg: Wiedlisbach und das Bipperamt im Bauernkrieg von 1653, in: Jahrbuch des Oberaargaus, Bd. 38 (1995), S. 215–232.
Heiniger, Paul E.: Streiflichter aus der bernischen Postgeschichte. Eine Jubiläumsschrift des Briefmarkentauschklub Bern 1903–1978, Bern 1978.
Heiniger, Paul E.: Die Fischer'sche Post. Tarife und Reglemente, Bern 1984.
Henkel, Arthur; Schöne, Albrecht: Emblemata. Handbuch zur Sinnbildkunst des XVI. und XVII. Jahrhunderts, Stuttgart 1967.
Henrioud, Marc: Les postes dans le pays de Neuchâtel. Dès leur origine à 1849, Bern 1902.
Henrioud, Marc: Les anciennes postes valaisannes et les communications internationales par le Simplon et le Grand St. Bernard 1616–1848, Lausanne 1905.
Henrioud, Marc: Les anciennes postes fribourgeoises 1587–1848, Lausanne 1906.
Historisch-Biographisches Lexikon der Schweiz, 7 Bde. und Supplement-Bd., Neuenburg 1921–1934.
Historisches Lexikon der Schweiz, Bde. 1 und 2, Basel 2002, 2003.
Hoch, Ch. Die ersten Posteinrichtungen in der Schweiz, in: Berner Taschenbuch auf das Jahr 1884, Bern 1884, S. 67–103.
Hofer, Hans: Die Post im alten Bern (= Berner Jahrbuch 1964), Bern 1964.
Hofer, Paul: Das ehemalige Posthaus, Postgasse 64/66. Inventarisation der bernischen Kunstdenkmäler. Unveröffentlichtes Manuskript, Bern 1961.
Hofer, Paul: Die Kunstdenkmäler des Kantons Bern, Bd. 1: Die Stadt Bern: Stadtbild, Wehrbauten, Stadttore, Anlagen, Denkmäler, Brücken, Stadtbrunnen, Spitäler, Waisenhäuser (= Die Kunstdenkmäler der Schweiz, Bd. 28), Basel 1952.
Hofer, Paul: Die Kunstdenkmäler des Kantons Bern, Bd. 2: Die Stadt Bern: Gesellschaftshäuser und Wohnbauten (= Die Kunstdenkmäler der Schweiz Bd. 40), Basel 1959.
Hofer, Paul: Die Kunstdenkmäler des Kantons Bern, Bd. 3: Die Stadt Bern: Die Staatsbauten der Stadt Bern (= Die Kunstdenkmäler der Schweiz Bd. 19), Basel 1947.

Hofer, Paul: Die Wehrbauten Berns. Burg Nydegg und Stadtbefestigung vom 12. bis zum 19. Jahrhundert, Bern 1953.

Hofer, Paul: Ungedrucktes Typoskript zu den Posthäusern im Archiv der Denkmalpflege des Kantons Bern. (Material zu: Die Kunstdenkmäler der Schweiz, Kanton Bern, Stadt, Bd. VI).

Hüssy, Annelies: Die Geschichte der Fischerpost 1798–1832, in: Berner Zeitschrift für Geschichte und Heimatkunde, Jg. 58 (1996), S. 107–232.

Im Hof, Ulrich: Die Entstehung der reformierten Hohen Schule, Zürich (1525) – Bern (1528) – Lausanne (1537) – Genf (1559), in: Beiträge zu Problemen deutscher Universitätsgründungen der frühen Neuzeit, hg. von Peter Baumgart und Notker Hammerstein (= Wolfenbütteler Forschungen 4), Nendeln 1978, S. 243–262.

Jordan, Marc-Henri: Prieuré des Augustins à Fribourg. Le décor baroque du vestibule, in: Patrimoine Fribourgeois 3/1994, S. 41–45.

Katzbichler, Emil (Hg.): Homo ludens – der spielende Mensch, hg. vom Institut für Spielforschung und Spielpädagogik in Salzburg, Jg. 1 (1991)–3 (1993), Sondernummer (1993).

Kellerhals, Andreas: Die Fischer aus Bern. Pacht des Postregals, politische Macht, soziale Stellung und kulturelle Aktivitäten, in: Atti della Settimana di Studi: L'impresa. Industria. Commercio. Banca, Secc. XIII–XVIII, hg. vom Istituto Internazionale di Storia Economica «F. Datini», Prato 1991, S. 913–932.

Kellerhals, Andreas: Postpächter, Postangestellte und Postkunden, in: Bevor die Post verstaatlicht wurde. Die Post der Fischer 1675–1832, hg. von Andreas Kellerhals, Thomas Klöti und Karl Kronig (= Schriftenreihe des Schweizerischen PTT-Museums.), Bern 1991, S. 65–89.

Kieser, Robert: Berner Landsitze des XVIIten und XVIIIten Jahrhunderts (= Kunstdenkmäler der Schweiz. Mitteilungen der Schweizerischen Gesellschaft für Erhaltung historischer Kunst-Denkmäler, Serie 3, 1), Genf 1918.

Klöti, Thomas: Frauen im bernischen Postwesen 1675–1798, in: Berner Tagwacht, Nr. 301, vom 22.12.1990.

Klöti, Thomas: Johann Friedrich von Ryhiner 1732–1803 (= Jahrbuch der Geographischen Gesellschaft Bern, 58 [1992–1993]), Bern 1994.

Klöti, Thomas: Die Post, ein «Geschäft» – für wen? Geschichte des bernischen Postwesens von 1648–1798 und Johann Friedrich von Ryhiners «Bericht über das Postwesen in Helvetien, 1793», Bern 1990.

Klöti, Thomas: Postrouten. Am Beispiel der Berner Fischerpost, in: Schweizer Hotel-Journal 1/21 (1991), S. 39–41.

Klöti, Thomas: Postverkehr am Beispiel des bernischen Postwesens im 17. und 18. Jahrhundert, in: Bulletin IVS 1/1999, S. 18–24.

Körner, Martin: Allianzen, in: Historisches Lexikon der Schweiz, Bd. 1, Basel 2002, S. 195–197.

Körner, Martin: Glaubensspaltung und Wirtschaftssolidarität (1515–1648), in: Geschichte der Schweiz und der Schweizer, Basel 1986, S. 357–446.

Körner, Martin: Währungen und Sortenkurse in der Schweiz (= Untersuchungen zu Numismatik und Geldgeschichte 3), Lausanne 2001.

Kronig, Karl: Das Postunternehmen, in: Bevor die Post verstaatlicht wurde. Die Post der Fischer 1675–1832, hg. von Andreas Kellerhals, Thomas Klöti und Karl Kronig (= Schriftenreihe des Schweizerischen PTT-Museums.), Bern 1991, S. 15–37.

Kronig, Karl: Die Post vor der Fischer-Ära – La poste avant l'ère des Fischer, in: Bevor die Post verstaatlicht wurde. Die Post der Fischer 1675–1832, hg. von Andreas Kellerhals, Thomas Klöti und Karl Kronig (= Schriftenreihe des Schweizerischen PTT-Museums.), Bern 1991, S. 8–13.

Kronig, Karl; Klöti, Thomas: Bevor die Post verstaatlicht wurde. Die Post der Fischer 1675–1832, in: PTT-Zeitschrift 8/1991, S. I–VIII.

Kronig, Karl; Klöti, Thomas: La poste des Fischer de 1675 à 1832: Avant l'étisation du service postal, in: Revue des PTT 8/1991, S. I–VIII.

Kühlmann, Wilhelm: Pädagogische Konzeptionen, in: Handbuch der deutschen Bildungsgeschichte. Bd. 1: 15. bis 17. Jahrhundert: Von der Renaissance und der Reformation bis zum Ende der Glaubenskämpfe, hg. von Notker Hammerstein, München 1996, S. 153–196.

Küng, Markus: Die bernische Asyl- und Flüchtlingspolitik am Ende des 17. Jahrhunderts, Genf 1993.

Kunstführer durch die Schweiz, begründet von Hans Jenny, hg. von der Gesellschaft für Schweizerische Kunstgeschichte, Bd. 2: Genf, Neuenburg, Waadt, Wallis, Tessin, Wabern 1976[5].

Kunstführer durch die Schweiz, begründet von Hans Jenny, hg. von der Gesellschaft für Schweizerische Kunstgeschichte, Bd. 3: Basel-Landschaft, Basel-Stadt, Bern, Freiburg, Jura, Solothurn, Wabern 1982[5].

Lanz, Hanspeter; Heusser, Ulrich: Weltliches Silber. Katalog der Sammlung des Schweizerischen Landesmuseums Zürich. Silber Bd. 2, Zürich 2001.

Lerch, Ernst: Der Bernische Kommerzienrat im 18. Jahrhundert, Leipzig 1908.

Leu, Hans Jacob: Allgemeines helvetisches eydgenössisches oder schweitzerisches Lexicon, 20 Bde., Zürich 1747–1765.

Liniger, Werner: Das Berner Postwesen 1350–1850, in: NABRA, Katalog Nationale Briefmarken-Ausstellung, Bern 1965.

Ludi, Regula: Der Ahnenstolz im bernischen Patriziat. Sozialhistorische Hintergründe der Wappenmalerei im 17. Jahrhundert, in: Im Schatten des Goldenen Zeitalters. Künstler und Auftraggeber im bernischen 17. Jahrhundert, hg. von Georges Herzog, Elisabeth Ryter, Johanna Strübin Rindisbacher und dem Kunstmuseum Bern, Bd. II: Essays, Bern 1995, S. 35–48.

Lüthi, Max: Bürgerliche Innendekoration des Spätbarock und Rokoko in der deutschen Schweiz, Zürich 1927.

Mäder, Markus: Ludwig von Hoernigk. Arzt, Jurist und Bücherkommissar im 17. Jahrhundert, Bern 1982.

Mandach, Conrad von: Katharina von Wattenwyl und die Gemälde von Joseph Werner dem Jüngeren im Schloss Jegenstorf, in: Du. Schweizerische Monatsschrift, Jg. 4 (1944), Nr. 2, S. 34–40.

Markwalder, Hans: Das Bierbrauergewerbe in früheren Jahrhunderten in Bern, in: Neues Berner Taschenbuch auf das Jahr 1930, Bern 1929, S. 186–202.

Martin, Colin: Essai sur la politique monétaire de Berne 1400–1789 (= Bibliothèque historique vaudoise 60), Lausanne 1978.

Mathys, Fritz Karl: Die Ballspiele, Dortmund 1983.

Mémoire de Madame Perregaux née de Watteville, présenté en 1714 à Monsieur le Comte du Luc, Ambassadeur de France en Suisse, in: Archiv des Historischen Vereins des Kantons Bern, Bd. 6 (1867), S. 71–159.

Merian, Wilhelm: Aus einem Reisetagebuch des 18. Jahrhunderts von Christoph Merian, in: Neues Berner Taschenbuch auf das Jahr 1919, Bern 1918, S. 215–238.

Merz, Walther: Hans Ulrich Fisch. Ein Beitrag zur Kunstgeschichte des Aargaus, Aarau 1894.

Meylan, Henri: Le Cardinal Jean du Bellay et MM. de Berne. L'Incident de Wiedlisbach, mai 1553, in: Etudes de lettre, série II, 3 (1960) S. 113–119.

Möller, Bernd (Hg.): Theologie in Göttingen. Eine Vorlesungsreihe (= Göttinger Universitätsschriften. Serie A, Schriften; Bd. 1), Göttingen 1987.

Morgenthaler, Hans et al.: Die Burgerlichen Waisenhäuser der Stadt Bern (= Gedenkschrift zur Einweihung des neuen Hauses 1. Oktober 1938), Bern 1938.

Moser, Marc: Beat Fischer von Reichenbach 1641–1697 (= Grosse Verwaltungsmänner der Schweiz), Solothurn 1975.

Moser, Marc: Das Schaffhauser Postwesen, Thayngen 1949.

Mülinen, Egbert Friedrich von: Beiträge zur Heimatkunde des Kantons Bern deutschen Theils, Viertes Heft: Mittelland III: Papiermühle-Zuzwil, Bern 1883.

Mülinen, Wolfgang Friedrich von: Standeserhöhungen und Wappenveränderungen Bernischer Geschlechter, in: Archives héraldiques suisses, Bd. 10 (1896), S. 46–84.

Müller, Ernst: Geschichte der Bernischen Täufer. Nach den Urkunden dargestellt, Frauenfeld 1895.

Müller, Hans: Die Fischersche Post in Bern in den Jahren 1675–1698 (= Archiv des historischen Vereins des Kantons Bern, Bd. 24), Bern 1917.

Münkler, Herfried: Staatsraison und politische Klugheitslehre, in: Pipers Handbuch der politischen Ideen. Neuzeit: Von den Konfessionskriegen bis zur Aufklärung, hg. von Iring Fetscher und Herfried Münkler, München/Zürich 1985, S. 23–72.

Nickisch, Reinhard; Martin, Georg: Die Stilprinzipien in den deutschen Briefstellern des 17. und 18. Jahrhunderts (= Palaestra. Untersuchungen aus der deutschen und englischen Philologie und Literaturgeschichte 254), Göttingen 1969.

Nussbaum, Fritz: Die Herrschaft Reichenbach bei Bern, in: Archiv des Historischen Vereins des Kantons Bern, Bd. 37 (1944), S. 419–481.

Ochsenbein, August: Die Entwicklung des Postwesens der Republik Solothurn, Solothurn 1925.

Oechslin, Werner; Buschow Oechslin, Anja: Der Bezirk Einsiedeln (= Die Kunstdenkmäler der Schweiz, Bd. 100), Bern 2003.

Oestreich, Gerhard: Antiker Geist und moderner Staat bei Justus Lipsius (1547–1606), Göttingen 1989.

Pfister, Rudolf: Kirchengeschichte der Schweiz, Bd 2: Von der Reformation bis zum zweiten Villmerger Krieg, Zürich 1974.

Préaud, Maxime: Antoine Lepautre, Jacques Lepautre et Jean Lepautre (première partie) (= Inventaire du fonds français. Graveurs du XVIIe siècle, Bd. 11), Paris 1993.

Préaud, Maxime: Jean Lepautre (deuxième partie) (= Inventaire du fonds français. Graveurs du XVIIe siècle, Bd. 12), Paris 1999.

Rennefahrt, Hermann: Der Rechtsschutz des Briefes in der Schweiz, Basel 1908.

Ridder-Symoens, Hilde de: Kavalierstour im 16. und 17. Jahrhundert, in: Der Reisebericht. Die Entwicklung einer Gattung in der deutschen Literatur, hg. von Peter J. Brenner, Frankfurt a. M. 1989, S. 197–223.

Rodt, Eduard von: Bern im 17. Jahrhundert, Bern 1903.

Rotach, Arnold: Das Postwesen der Stadt St. Gallen von seinen Anfängen bis 1798, St. Gallen 1909.

Sammlungskatalog Schleswig-Holsteinisches Landesmuseum Schloss Gottorf: Renaissance und Barock, Schleswig 1997.

Schaefer, Richard T.: Der Briefpostverkehr Schweiz–Ausland 1495–1907, Reinach [1995].

Schärer, B. S. Friedrich: Geschichte der öffentlichen Unterrichts-Anstalten des deutschen Theils des ehemaligen Kantons Bern; mit einer summarischen Übersicht des wissenschaftlichen Zustandes überhaupt. Vom Anfang der Stadt Bern im Jahr 1191 bis zur Revolution 1798, Bern 1829.

Schaffroth, Paul: Sturm und Drang. Aus der Vergangenheit der stadtbernischen Presse (1500–1900), Bern 1991.

Schindling, Anton: Bildung und Wissenschaft in der frühen Neuzeit 1650–1680, München 1994.

Schmid, Bernhard; Moser, Franz: Mittelland, Emmental und Oberaargau. Die Burgen und Schlösser des Kantons Bern (= Die Burgen und Schlösser der Schweiz 10), Basel 1942.

Schmid, Regula: Reden, rufen, Zeichen setzen. Politisches Handeln während des Berner Twingherrenstreits 1469–1471, Zürich 1995.

Schmitz, Franz: Schloss Bipp, in: Neujahrsblatt Wangen an der Aare 2000, S. 9–21.

Schneider, Hedwig: Die bernische Industrie- und Handelspolitik im 17. und 18. Jahrhundert, Zürich 1937.

Schneider, Hugo: Katalog der Sammlung des Schweizerischen Landesmuseums Zürich. Zinn, Bd. 1, Olten 1970.

Schneider, Hugo: Kneuss, Paul: Die Zinngiesser der Schweiz und ihre Marken. Zinn, Bd. 3, Olten 1983.

Schneppen, Heinz: Niederländische Universitäten und deutsches Geistesleben (= Neue Münstersche Beiträge zur Geschichtsforschung 6), Münster 1960.

Schöpfer, Hermann: Les monuments d'art et d'histoire du Canton de Fribourg, Bd. 4: Le district du Lac I (= Les monuments d'art et d'histoire de la Suisse, Bd. 81), Basel 1989.

Schubiger, Benno: Die Jesuitenkirche in Solothurn. Geschichte, Bau und Ausstattung der ehemaligen Kollegkirche und des Jesuitenkollegiums, Solothurn 1987.

Schweizerisches Künstler-Lexikon, hg. vom Schweizerischen Kunstverein, red. von Carl Brun, 4 Bde., Frauenfeld 1905–1917.

Schweizer, Jürg: Der bernische Schlossbau im 15. Jahrhundert, in: Berns grosse Zeit: das 15. Jahrhundert neu entdeckt, hg. von Ellen J. Beer, Norberto Gramaccini, Charlotte Gutscher-Schmid, Rainer C. Schwinges, Bern 1999, S. 173–187.

Schweizer, Jürg: Burgen, Schlösser und Landsitze, in: Illustrierte Berner Enzyklopädie, Bd. 3: Siedlung und Architektur im Kanton Bern, Bern 1987, S. 80–109.

Sigg, Otto: Das 17. Jahrhundert, in: Geschichte des Kantons Zürich, Bd 2., Zürich 1996, S. 282–363.

Skowronski, Thadée de: L'empire postal de Béat Fischer de Reichenbach, de Berne (1675–1832), in: Revue des sociétés des amis de Versailles 59 (1975), S. 11.

Staehelin, Andreas: Geschichte der Universität Basel 1632–1818, 2 Bde., Basel 1957.

Staehelin, Andreas (Hg): Professoren der Universität Basel aus fünf Jahrhunderten. Bildnisse und Würdigungen. Zur Fünfhundertjahrfeier der Universität Basel im Auftrag der Universität und unter Mitarbeit zahlreicher Gelehrter, Basel 1960.

Stark, Hans: Bilder aus der älteren Geschichte von Wiedlisbach, in: Jahrbuch des Oberaargaus, Bd. 27 (1984), S. 147–174.

Steiger, Christoph von: Innere Probleme des bernischen Patriziats an der Wende zum 18. Jahrhundert (= Schriften der Berner Burgerbibliothek), Bern 1954.

Stemmler, Theo: Vom Jeu de paume zum Tennis. Eine Kurzgeschichte des Tennisspiels, Frankfurt a. M. 1988.

Stolleis, Michael: Geschichte des öffentlichen Rechts in Deutschland. Bd. 1: Reichspublizistik und Policeywissenschaft 1600–1800, München 1988.

Strahm, Hans: Vom alten bernischen Postwesen bis 1798, in: Bärn. Das Buch der Stadt Bern 1 (1932), S. 75–82.

Streit, Arnold: Album historisch-heraldischer Alterthümer und Baudenkmäler der Stadt und Bern Umgebung, 2 Bde., Bern 1858 und 1862.

Studer, Robert: Wangen und das Bipperamt (= Berner Heimatbücher, Bd. 73), Bern 1958.

Stürler, Moritz von: Die Gesellschaft von Obergerberen, in: Berner Taschenbuch auf das Jahr 1863, Bern 1863, S. 1–144.

Stüssi-Lauterburg, Jürg et al.: Verachtet Herrenpossen! Verschüchet fremde Gäst! Der Bauernkrieg 1653, Lenzburg 2003.

Subal, Peter: Untersuchung der Wandmalereien im «Gerichtssaal» des Schlosses Reichenbach unter Berücksichtigung des kunsthistorischen Umfeldes und der Schlossgeschichte (Diplomarbeit an der Fachklasse Konservierung und Restaurierung an der Schule für Gestaltung), Typoskript Bern 1991.

Tillier, Anton von: Geschichte des eidgenössischen Freistaates Bern von seinem Ursprunge bis zu seinem Untergange im Jahre 1798, 5 Bde. und Register-Bd., Bern 1838–1840.

Tobler, Gustav: Die Gazette de Berne 1689–1798, in: Neues Berner Taschenbuch auf das Jahr 1911, Bern 1910, S. 215–244.

Tobler, Gustav: Schellhammers Bernerchronik, in: Neues Berner Taschenbuch auf das Jahr 1896, Bern 1896, S. 172–191.

Tögel, Bettina: Die Stadtverwaltung Berns. Der Wandel ihrer Organisation und Aufgaben von 1832 bis zum Beginn der 1920er Jahre, Zürich 2004.

Tuason, Vicente; Romaens, Meinrad: Das Recht der schweizerischen PTT-Betriebe, Bern 1980³.

Türler, Heinrich: Die Abstimmung über das bernische Adelsdekret von 1783, in: Neues Berner Taschenbuch auf das Jahr 1902, Bern 1901, S. 287–294.

Türler, Heinrich: Die bernischen Münzmeister, in: Neues Berner Taschenbuch auf das Jahr 1905, Bern 1905, S. 96–119.

Vevey, François-Pierre de: Manuel des orfèvres de Suisse romande: biographies, poinçons, œuvres […], Fribourg 1985.

Viguerie, Jean de: Le mouvement des idées pédagogiques au XVIIe et XVIIIe siècles, in: Histoire mondiale de l'éducation, Bd. 2: 1515–1815, Paris 1981, S. 273–299.

Villiger, Verena: Bemalte Holzdecken und Täferausstattungen in der Stadt Freiburg und ihrer Umgebung, in: Bemalte Holzdecken und Täfelungen, hg. von Ulrich Schiessl, Bern/Stuttgart 1987, S. 27–36.

Villiger, Verena: Freiburger Dekorationsmalereien in Wohn- und Festräumen des 16. und 17. Jahrhunderts (unpubliziertes Typoskript einer Lizentiatsarbeit, eingereicht an der Philosophischen Fakultät der Universität Freiburg i. Üe.), Freiburg i. Üe. 1982.

Vincent, Monique: Anthologie des nouvelles du Mercure Galant (1672–1710) (= Société des textes français modernes 209), Paris 1996.

Volmar, Friedrich: Der Entwicklungsgang der Bernischen Transitverkehrspolitik bis zur Gründung der Berner Alpenbahngesellschaft Bern-Lötschberg-Simplon, Bern 1931.

Waber, Christoph/Gugger, Hans: Die Pfarrkirche von Wohlen bei Bern (= Schweizerische Kunstführer der Gesellschaft für Schweizerische Kunstgeschichte, Serie 57, Nr. 568), Bern 1995.

Wälchli, Karl F.: Von der Reformation bis zur Revolution, in: Illustrierte Berner Enzyklopädie, Bd. 2: Geschichte, Bern 1981, S. 107–150.

Walthard, Rodolphe: Description topographique et historique de la ville et des environs de Berne, Berne 1827.

Wandeler, Max: Das luzernische Postwesen bis 1848, Luzern 1951.

Weber, Berchtold: Historisch-topographisches Lexikon der Stadt Bern in ihren Grenzen vor der Eingemeindung von Bümpliz am 1. Januar 1919, Bern 1976.

Weber, Berchtold: Stundensteine im Kanton Bern, in: Berner Zeitschrift für Geschichte und Heimatkunde, Jg. 38 (1976), S. 73–82.

Wehrli, Max: Geschichte der deutschen Literatur vom frühen Mittelalter bis zum Ende des 16. Jahrhunderts (= Geschichte der deutschen Literatur von den Anfängen bis zur Gegenwart I), Stuttgart 1980.

Winkler, Jean J.: Das Zürcher Postwesen von den Anfängen bis 1803, Bern 1958.

Wyss, Arthur: Der Gotthard in der Verkehrs- und Postgeschichte von Basel, Separatum aus: NABRA, Katalog Nationale Briefmarken-Ausstellung, Basel 1971.

Wyss, Arthur: Die Post in der Schweiz. Ihre Geschichte durch 2000 Jahre, Bern und Stuttgart 1987.

Wyss, Rudolf: Die alten Stuben- und Schiessgesellschaften der Stadt Bern, in: Berner Taschenbuch auf das Jahr 1854, Bern 1854, S. 126–154.

Wyss, Robert Ludwig: Handwerkskunst in Gold und Silber. Das Silbergeschirr der bernischen Zünfte, Gesellschaften und burgerlichen Vereinigungen (= Schriften der Burgerbibliothek Bern), Bern 1996.

Zesiger, Alfred: Die Münsterbaumeister, in: Blätter für bernische Geschichte, Kunst und Altertumskunde, Jg. 17 (1921), S. 22–35.

Zutter, Kurt: Katalog zur Sonderausstellung «Bauernkrieg 1653». Museum Langnau, Langnau i. E. 1999.

Personenregister

Aberli, Johann Ludwig 199
Achard (Wirt) 310
Aeby, Wolfgang 276, 278, 287, 323
Aeschbacher, Ulli 310
Aesopus 71, 79
Affry, Jean Louis de 286
Alba, Herzog von 61
Albert, Heinrich 69
Alberti, Gerolamo 142, 310
Albertini 268
Almers, Sebastian 77
Amaulry, Thomas 58, 73, 310
Amelot, Michel 116, 117, 300, 325
Amerbach, Basilius 46
Amerbach, Bonifacius 45, 46
Amtmännin von Thörigen 114
Amyraut, Moïse 44
Archer, Albert 48
Archimbaud, Pierre 225, 310
Aristoteles 46, 59, 62–63
Arlaud, Henri 142, 227–228, 310
Astolfi, Giovanni Felice 80
Aubert (Gouvernante) 310
Aubery, Antoine 81
Audin 80
August d.J., Herzog von Braunschweig 70

Bächlein, Johann Jakob 310
Bachofen, Hans Conrad 228, 310
Baden-Durlach, Markgrafen von 46
Bailly, Philippe 93
Baldung, Hans 46
Bannwart, Ulli 310
Barde, Jean de la 40–41
Bassompierre, François de 72, 78, 82
Bassompierre, Louise Margarethe de 72
Bauhin, Hieronymus 47
Beaumont de Péréfixe, Hardouin de 81
Beckher, Georg 78
Bellarmin, Robert 61
Beluse (Sattler) 310
Bergeret, Guillaume 142, 310
Berghe, Gottfried zum 47
Berghe, Johannes zum 47

Berner, Bartlome 167, 169, 310
Bernoulli, Jakob 234
Besenval, Johann Viktor I von 286–287
Besold, Christoph 61–62, 75
Bèze, Théodore de 68
Bigler, Johann Jakob 171
Binet (Madame) 141, 310
Bitzius, Theodor 16
Blauner, Joseph 17
Boccalini, Traiano 63–64, 76
Bodmer, Beat Jakob 142, 228, 310
Boissonas, Henry 293
Bondeli, Samuel 129
Bone (Herr) 50
Bonstetten, von (Familie) 25
Bonstetten, Karl von 111
Borri, Francesco 82
Boudan, Alexandre 290
Boulaye, de la (Sekretär von Amelot) 116
Bourrelier, Léonard I 224, 226–227, 310
Boxhorn, Marcus Zuerius 79
Brand, Ludwig von 50
Brandmüller, Johann 311
Braunschweig, Herzog von 70, 72
Braunschwyler & Ortman 310
Brenner, Johann Jakob 232–233, 236
Breughel, Pieter d.Ä. 325
Brüderli, Samuel 250
Brügger (Weibel) 248
Brüggmann, Friedrich 226, 310, 319
Bucher (Familie) 43
Bundeli, Samuel 310
Bunder, Ulrich 242, 244, 251
Büren, von (Familie) 25
Büren, Gabriel von 295
Büren, Karl von 95
Burkhart, Hans Georg 226, 310, 319
Bürki, Emil 242, 254–255
Bütikofer, Willi 308
Byss, Johann Leonhard 241
Byss, Johann Rudolph 241

Calepino, Ambrogio 81
Carpzov, Benedict 67, 77

Chambrier, Samuel de 50
Chamier, Daniel 310
Chandieu, Charles de 272
Charles IX, König von Frankreich 235
Charron, Pierre 42, 64–65, 76
Chevreau, Urbain 76
Chiflet, Laurent 81
Christen & Cie. 197
Chuno, Johann Hellffricht 47
Cicero, Marcus Tullius 46, 71, 79–80
Clavel (Familie) 272
Clüver, Johannes 80
Clüver, Philipp 71, 80
Colerus, Johannes 73, 82
Constantin, Robert 68
Conti, François de Bourbon, Prinz 72
Corneille, Pierre 72
Cortona, Pietro da 278
Corvinus, Johannes Arnoldus 75
Cotte, Robert 321
Couder (Parfümeur) 142, 310
Courtin, Antoine de 76
Courvoisier S.A. (Imprimerie) 206
Crespin, Daniel 141, 310
Crespin, Jean 68–69, 78
Crocium, Paul 69
Cuntz, Peter 125

D'Autun (Pädagoge) 140–141, 310
Dach, Simon 69
Daples (Arzt) 141
Dautel, Johann Martin 140, 310
Daxelhofer (Familie) 25
Daxelhofer, Niklaus 107, 117–118, 326
Debolas (Arzt) 141
Déodati siehe Diodati
Dick, Abraham 310
Dick, David 97, 103–104, 310
Diesbach (Familie) 18, 22, 25
Diesbach, Albrecht von 53
Diesbach, Jean Ferdinand de 286
Diesbach, Jean Frédéric de 287
Diesbach-Python, Anne Elisabeth de 286
Dinkelmann, Hans 250

Diodati (Familie) 49
Diodati (Monsieur) 32
Diodati, Alexandre 49
Diodati, César 50
Diodati, Elie 49
Diodati, François 51–52
Diodati, Jean 50
Diodati, Pompée (16. Jh.) 49
Diodati, Pompée (17. Jh.) 50
Diwy, Karl 236, 238
Dixier, Pierre 295
Dohna, Graf zu 70
Dohna, Frédéric de 272
Donneau de Visé (Geschwister) 72
Donneau de Visé, Jean 72–73
Droz, Abraham 309
Droz, Moïse 309
Du Crest, Claude 225, 310
Dubé, Paul 73, 82
Dubois, Elisabeth Susanne 310
DuChastelet, Paul Hay 82
Duëz, Nathanaël 81
Dufour (Buchhändler) 310
Dufour, Philippe Sylvestre 76
Dufour Sylvestre *siehe* Sylvestre Dufour
Duhamel, Pierre 142, 311
DuMay, Louis 76
Dünz, Abraham II 238–240, 242, 249
Dünz, Hans Jakob II 238
Dünz, Johannes 232, 262–264, 269, 322
Durheim, Karl Jakob 55–56
Duval, Pierre 168

Edelstein, Abraham 237–238
Egger, Simon 247, 251
Ellenberg, Hans 246
Ellwood, Thomas 68, 78
Elsner, Bernhard 47
Engel (Hauptmann) 149
Engel, Daniel 50
Engel, Johann Leonhard 104, 311
Engel-Fischer, Euphrosine 50, 311
Engelmann, Jakob 98
Engimann, Jakob 246

Engimann, Michel 245–246
Engimann, Ulli 245–246
EPA (Warenhaus) 197
Erlach, von (Familie) 18, 25, 100, 128, 261–262, 264, 322–324
Erlach, von (Schultheiss) 178
Erlach, Albrecht von 119
Erlach, Hieronymus von 88
Erlach, Ludwig von 48
Erlach, Rudolf von 128, 321–322
Erlach, Sigmund von 26, 107, 117–118, 326
Escher (vom Glas), Heinrich 117

Faesch, Christoph 46
Faesch, Remigius 46
Fatio, François 311
Favre, Jonas 270, 272
Feichtmayr, Josef Anton 323
Fellenberg, Johann Rudolf 143
Fisch (Familie) 255
Fisch, Ludwig 242–243, 247–248, 251–253, 255, 260

Fischer (Familie) 12–18, 22, 24–30, 50, 52, 98, 110, 121, 123–129, 138–139, 142–143, 147–148, 166, 183, 208, 222–223, 225, 231, 239, 261, 269, 273, 294, 308, 320, 323, 325
Fischer v. Rychenbach, B. 159
Fischer von Saint Blaise 159
Fischer, Albert Rudolf von (1796–1876) 13
Fischer, Antoni (erwähnt 1522) 13
Fischer, Beat (?–1609) 18
Fischer, Beat (1577–1628) 14, 16–18, 29
Fischer, Beat (1613–1668) 14, 18–19, 24, 29, 33, 38, 40–42, 44, 52–54, 87, 165
Fischer, Beat (1643–1708) 21, 24–25, 29, 52, 56, 114
Fischer, Beat (1703–1764) 132, 135, 238, 241, 265, 269, 320–322
Fischer, Beat Friedrich (1740–1810) 28
Fischer, Beat Jakob (1633–1675) 21, 29
Fischer, Beat Jakob (1679–1749) 30

Fischer, Beat Rudolf (1668–1714) 26–27, 29, 44, 131, 141, 144–145, 156–159, 173, 188–189, 197, 228–230, 261, 307–308, 322–323
Fischer, Beat Rudolf (1706–1759) 88, 159
Fischer, (Emanuel) Beat von (1901–1984) 207
Fischer, Berchtold (erwähnt 1226) 12–13
Fischer, Burkhard (?– um 1591) 13–16, 18, 22, 29
Fischer, Burkhard (1588–1656) 16–20, 30, 50, 52
Fischer, Burkhard (1603–1651) 18–19, 21, 29
Fischer, Burkhard (1615–?) 30, 52
Fischer, Burkhard (1638–1679) 21, 29
Fischer, Burkhard (1644–?) 38, 42
Fischer, Burkhard (1645–1706) 29, 53
Fischer, Burkhard (1650–1705) 30
Fischer, Burkhard (1653–1733) 30
Fischer, Burkhard (1658–1702) 19, 29, 54
Fischer, Burkhard (1666–1708) 30
Fischer, Caesar (1656–1705) 29
Fischer, Conrad (erwähnt 1286) 13
Fischer, Conrad (erwähnt 1293) 15
Fischer, Crispinus (erwähnt 1528–1537) 13
Fischer, Daniel (1668–1706) 30
Fischer, David (1656–?) 29, 54
Fischer, Emanuel (1708–1773) 132, 135
Fischer, Emanuel Friedrich (1732–1811) 27, 320
Fischer, Emanuel Friedrich (1786–1870) 27
Fischer, Emanuel Rudolf Friedrich (1761–1827) 27
Fischer, Esther (1642–?) 38, 42, 50
Fischer, Franz Ludwig (1642–1708) 21, 30, 311
Fischer, Franz Ludwig (1672–?) 29
Fischer, Franz Ludwig (1680–1742) 30
Fischer, Gabriel (1709–1761) 29
Fischer, Georg (1621–?) 29
Fischer, Hans Franz (1638–?) 30
Fischer, Hans Jakob (1638–?) 38

Fischer, Hans Jakob (1651–1707) 29, 52
Fischer, Hans Jakob (1665–1733) 29
Fischer, Hans Rudolf (1613–?) 30
Fischer, Hans Rudolf (1676–1733) 29
Fischer, Hans Rudolf (1705–1782) 30
Fischer, Heinrich (erwähnt 1575) 13
Fischer, Heinrich Friedrich (1676–1725)
　26–27, 29, 33–35, 58, 131, 141, 144–145,
　156–159, 173, 188–189, 197, 322
Fischer, Hieronymus (1653–1719) 29
Fischer, Hieronymus (1697–1758) 29
Fischer, Hieronymus (1704–1772) 29
Fischer, Jacob (erwähnt 1566) 13
Fischer, Jacob (erwähnt 1679) 311
Fischer, Jakob (1601–1635) 18–19, 29
Fischer, Johann (erwähnt 1417) 13
Fischer, Johann (1630–1672) 30
Fischer, Johann (1688–1753) 28
Fischer, Johann Emanuel (1711–1764) 132
Fischer, Johann Friedrich (1636–1657) 50
Fischer, Johann Friedrich (1659–1745) 30
Fischer, Johann Friedrich (1698–1757) 30
Fischer, Johann Niklaus (1686–1750) 30
Fischer, Johann Rudolf (1669–1744) 30
Fischer, Johann Rudolf (1702–1746) 30
Fischer, Johannes (1658–1709) 30
Fischer, Johannes (1688–1753) 30
Fischer, Judith (1639–?) 19
Fischer, Karl (1734–1821) 27
Fischer, Karl Ludwig Friedrich (1823–1908)
　13–15, 32, 49, 98, 110, 118, 261
Fischer, Leopold Rudolf (1868–1924)
　13, 15, 17, 18
Fischer, Magdalena (1644–?) 50, 52, 109,
　138, 140, 143, 311
Fischer, Niclaus (erwähnt 1332) 13
Fischer, Niklaus (erwähnt 1532–1566)
　15, 29
Fischer, Niklaus (?–um 1582) 12, 15–16, 30
Fischer, Niklaus (1569–?) 16, 18, 29
Fischer, Niklaus (1595–1675) 18, 21, 29
Fischer, Niklaus (1629–1702) 21, 30,
　53–54
Fischer, Niklaus (1644–1679) 29
Fischer, Niklaus (1645–?) 38, 42, 53
Fischer, Niklaus (1670–1741) 29
Fischer, Peter (erwähnt 1220) 12
Fischer, Peter (erwähnt 1290) 13
Fischer, Peter (erwähnt 1402) 13
Fischer, Peter (erwähnt 1445) 13
Fischer, Rudolf Friedrich (1704–1781) 27
Fischer, Rudolf Friedrich (1826–1911) 124
Fischer, Salome 16
Fischer, Samuel (1581–1652) 16–18, 30
Fischer, Samuel (1618–1682) 18–21,
　24–26, 29, 52, 56, 104, 172
Fischer, Samuel (1627–?) 30, 52
Fischer, Samuel (1642–1689) 21, 24,
　29, 52

Fischer, Samuel (1653–1716) 19, 29, 54, 101,
　103–104, 143, 311
Fischer, Samuel (1673–1720) 26–27, 29, 131,
　141, 144–145, 156–159, 173, 188–189, 197,
　224, 307, 320, 322
Fischer, Samuel (1673–1759) 29
Fischer, Samuel (1676–1742) 30
Fischer, Samuel (1699–1766) 30
Fischer, Sigmund (1646–?) 30
Fischer, Sigmund (1664–?) 30
Fischer, Sigmund (1696–1750) 30
Fischer-Blauner, Magdalena 17
Fischer-Fischer, Margarethe (1648–?)
　38, 50, 53
Fischer-Frisching, Elisabeth (?–1655)
　17, 50
Fischer-Gürtler, Salome (1581–?) 17–18
Fischer-Hackbrett, Kunigunde 17
Fischer-Herport, Anna (1598–?) 18
Fischer-Herport, Cleopha 16
Fischer-Lerber, Margaretha (1624–?) 19
Fischer-Mutter, Barbara 15
Fischer-Noll, Küngold 18
Fischer-Ritschard, Christine 15
Fischer-Seiler, Anna Katharina (1620–?)
　19, 52
Fischer-Steiger, Katharina (1680–?) 27
Fischer-Thormann, Elisabeth (1569–?) 16
Fischer-Tribolet, Esther (1619–?) 19, 38,
　53–54
Fischer-Tribolet, Johanna (1600–?) 18
Fischer-von Sinner, Henriette (1764–1847)
　27
Fischer-Wunderli, Elisabeth 53
Fischer-Wurstemberger, Euphrosine
　(1650–1727) 19–21, 24, 34–35, 44, 109,
　138, 142, 229–230, 319
Fischer-Zurkinden, Susanna 17
Fischerin (Frau Hauptmann) 311

François I, König von Frankreich 235
Frantzke, Georg 79
Freudenreich, Michael 18
Freudenreich, Peter 18
Freudenreich-Fischer, Margaretha
　(geboren 1605) 18
Freudiger, Christen 246
Freudiger, Urs 246
Friderich, Valentin 36–37
Friedrich II., König von Preussen 127, 187
Friedrich III., Kurfürst von Brandenburg
　127, 187
Friedrich Wilhelm III., König von Preussen
　127
Friedrich Wilhelm IV., König von Preussen
　127
Frikhart, Friedrich 311
Frischherz, Johannes 36–37
Frisching (Familie) 17, 25, 43

Frisching, Albrecht 50–51, 311
Frisching, Hans (1486–1559) 17
Frisching, Hans (1569–1620) 17
Frisching, Hans (1597–1638) 50
Frisching, Jakob 50
Frisching, Niklaus 51
Frisching, Samuel (1605–1683) 50–52,
　104, 169
Frisching, Samuel (1638–1721) 51–52
Frisching-Sager, Maria 17
Fröhlicher, Johann Peter 291
Füessli, Johann Melchior 271
Funk (Familie) 224, 228

Gardelle, Robert 52
Gastelius, Christian 75
Geiser (Weibel) 114
Georg I., König von Grossbritannien 118
Gerlach, Samuel 79
Gingins (Familie) 25
Girardet, Abraham Louis 309
Girot (Bote) 300
Gläser, Enoch 47
Glur, Niklaus 243
Glutz (Maler) 241
Godefroy, Denis 52, 67, 76–77
Godefroy, Jacques 52
Gosky, Martin 80
Gothofredus, Dionysius siehe Godefroy,
　Denis
Gottorf, Herzöge von 231
Gottrau-Lenzbourg, de 286
Graffenried, von (Familie) 22, 25, 28
Graffenried, Anton von (1597–1674) 26
Graffenried, Anton von (1639–1730) 51
Graffenried, Friedrich von 139–140, 311
Graffenried, Niklaus von 53
Gränicher, Andreas 248, 251
Graviseth (Familie) 25, 43
Grimm, Johann Balthasar 287
Gross (Unterschreiber) 178
Grotius, Hugo 58, 80
Gruner, Franz Ludwig 12
Gruner, Johann Rudolf 12, 265, 269,
　320–321
Guarini, Battista 80
Guay, David 138, 311
Guay, Jean Jacques 138, 311
Gugger, Durs 247
Gugger, Johann Leonz 287
Guicciardini, Francesco 82
Guicciardini, Ludovico 61, 76
Güntlisperger (Verleger) 91
Gürtler 311
Gürtler, Jakob 17
Gysi, Friedrich 48

Haas, Felix 243
Haas, Urs 245

Haas, Wilhelm 247
Häberli, Bendicht 324
Habold, Conrad 167, 179–180, 213
Hackbrett (Familie) 17
Hackbrett, Andres 17
Hackbrett, Jacob 95
Häfliger, Ulli 245–246
Haller (Familie) 43
Haller, Berchtold 51
Hänni, Abraham 259–260
Hänni, Ludi 244
Harsdörffer, Georg Philipp 70–71, 81
Hartmann, Niklaus 240, 242, 244–247, 251
Hauert, Joseph 307
Häuselmann, Klaus 246, 249
Heilmann, Paul Chrestien 311
Hellmüller (Profos) 245
Henri II, König von Frankreich 235
Henri IV, König von Frankreich 72, 168, 235
Herlicus, Johann David 71
Herport (Familie) 16
Herport, Beat 16
Herport, Hans Rudolf 18–19
Herport, Peter 16
Herport, Rudolf 16
Hess (Familie) 166
Hess (Handelshaus) 164
Hess, Adam 249, 251, 287
Heuss, Theodor 128
Hoëgh, Jakob 47
Hoëgh, Thago 47
Hofer, Daniel 48
Hofer, Ulli 114
Hoffmann, Johann Lukas I 141, 226, 311
Hofmann von Hofmannswaldaus, Christian 71
Hofmann, Johann Jakob 80
Hofweber (Firma) 136
Holbein, Hans 46
Horatius Flaccus, Quintus 71, 80
Hortin (Familie) 43
Huaud (Gebrüder) 228
Huber, Johann Rudolf 21, 27, 120, 139, 268, 294
Hubert, Paul 142, 228, 311
Humbert-Droz, Joseph 309
Hummel, Johann Heinrich 19, 51

Im Hooff, Daniel 95
Im Hooff, Samuel 311
Ingold, Urs 246

Jäger, Johann Caspar 69
Jagow, Achat von 47
Jagow, Thomas von 47
Jeanneret, Balthasar 271–272, 309
Jenner (Familie) 22, 25, 28
Jenner, Samuel 261, 269, 271–272, 321, 323
Johann Georg, Kurfürst von Sachsen 48

Josephus, Flavius 80
Justinian I., römischer Kaiser 46, 58, 66–67, 76

Kahl, Johann 77
Känzig, Hans 40–41
Karl Emanuel II., Herzog von Savoyen 115
Karl Emil, Prinz von Preussen 187
Karl IV., römisch-deutscher Kaiser 99
Kaufmann, Christen 243, 312
Kauw, Albrecht 39, 57, 96, 111, 129, 261–264, 276, 322
Kienstock (Herr) 50
Kirchberger (Familie) 25
Kirchberger, Johann Anton 19, 104
Kirchberger, Niklaus 19, 24, 37
Kirchmaier, Georg Caspar 79
Klingenfuss, Niklaus 166, 175, 179, 192–193, 215
Klock, Caspar 75
Knesebeck, Achat von 47
Knesebeck, Christoph von 47
Knesebeck, Levin von 47
Kneubühler (Witwe) 203
Kneubühler, Samuel 202–203, 215
Knichen, Andreas 61–62, 75
Knipschilt, Philipp 75
Koch, Peter 16
König, Ludwig 311
Küngold (Familie) 18
Kurfürsten von der Pfalz 52

La Fontaine, Jean de 71, 80, 300
La Rochefoucauld, François de 64–65, 76
Langerfeld, Reinhold 47
Langhans, Johann Conrad 151
Langlois, Nicolas I 257, 260, 281
Lauffenburg, Rudolf von 99
Lauwer (Schlosser) 119
Le Clerc, Gabriel 103
Le Goux, Samuel 311
Le Joux, Samuel 140
Leblond, Jean Ier 282–283, 285
Lebrun, Charles 321
Lentulus (Familie) 25
Leopold I., deutscher Kaiser 26, 48, 115, 118, 123–125, 147–148, 175, 183, 261
Lepautre (Gebrüder) 257
Lepautre, Jean 255–260, 273, 276, 278–279, 281–283, 285, 290
Lerber, Daniel 18–19
Lerber, Franz Ludwig 35, 206, 311
Lerber, Urs 19
Leti, Gregorio 72, 81–82
Leu, Hans Jacob 13
Leücht (Herr) 50
Leuenberger, Niklaus 41, 165
Lienhard, Jakob 92
Ligerz (Familie) 25

Lipsius, Justus 61, 75
Locamer, Georg David 76
Lohner, Carl Friedrich 15
Lombach (Familie) 25
Lombach, Anton 137
Lombach, Niklaus 51
Loschi, Alfonso 81
Loys de Villardin, Jean 270, 272
Loys, Jean-Rodolphe 272
Luc, Comte du siehe Vintimille, François-Charles de
Ludwig XIII., König von Frankreich 37, 72
Ludwig XIV., König von Frankreich 49, 72, 74, 94, 107, 114–117, 122, 167, 196–197, 326–327
Ludwig XV., König von Frankreich 321–322
Lully, Jean-Baptiste 233
Luternau (Familie) 25
Lüthard (Jurist) 159
Lüthard, Christoph 19, 51
Lutz, Wolfgang 311

Machiavelli, Niccolò 61, 63–64, 76
Maderni, Diego 166
Magirus, Tobias 79
Mandach, Conrad von 293, 295, 326
Manuel (Familie) 25, 43
Manuel, Albrecht 16–18
Margarethe, Königin von Navarra 42, 73
Mariana, Juan de 61
Mariette, Pierre II 255, 283, 285
Marolles, Michel de 81
Masen, Jacob 69, 79
Maser, David 51
Mathei (Landvogt) 109
Matthey, Conrad 239
Matthey, Johannes (?–1657) 25
Matthey, Johannes (1639–1706) 92
Matthey, Louis 309
Matthey, Pierre 309
Matthey, Samuel 92
Matthiae, Christian 75
Matthys (Postbote) 167
May (Familie) 25
Medici, Katharina de 235
Medici, Maria de 65
Melanchthon, Philipp 68
Melonius, Johann 77
Mercier, Beat Gabriel 295
Mercier, Louis 295
Mercier, Pierre 295
Merian d. Ä., Matthäus 38, 45, 47, 164
Messmer, Johann Jakob 306–308
Mestral, de (Familie) 295
Mestral, Albert Georges Constantin de 293, 326
Mestral-de Pesmes, Judith Louise de 293–294

Meyer (Herr) 109
Meyer, Caspar 185
Meyer, Jakob 243
Mézeray, François Eudes de 81
Michel von Schwerdtschwendi (Familie) 25
Milton, John 68
Mirabelli, Domenico Nani 79
Molière (eigtl. Jean-Baptiste Poquelin) 72
Möller, Johann 80
Monnin, Jacques 272
Montesquieu, Charles de Secondat, Baron de La Brède et de 64
Montmollin, Georges de 269–270, 272, 279, 281, 286, 289
Morlot (Familie) 25
Morlot, Daniel 19, 24, 37, 41
Mosimann, Hans 167, 169, 171
Mülenen, Albrecht von siehe Mülinen, Albrecht von
Mülinen, von (Familie) 25, 100
Mülinen, Albrecht von 137
Mülinen, Beat Ludwig von 137, 309
Mülinen, Niklaus Friedrich von 13
Mülinen-von Tscharner, Magdalena von 309
Müller, Heinrich 247, 251
Mumenthaler, Hans 248
Muoss, Heinrich Ludwig 187–188, 194
Muralt (Familie) 25
Muralt, Johann Bernhard 95
Muralt, Kaspar von 186
Myler ab Ehrenbach, Johann Nikolaus 61–62, 75

Nägeli (Familie) 25
Naudé, Gabriel 75
Neubauer (Herr) 52
Neurone (Gebrüder) 323
Nicole, Pierre 76
Nötiger, David 48
Nourry, Jean 227, 311

Obrecht, Ulrich 76
Ochs, Johannes 48
Oettinger, Johannes 77
Opitz, Martin 70
Orell d. Ä. (Herr) 311
Orelli, Daniel von 115
Ortman siehe Braunschwyler & Ortman
Ougspurger (Familie) 128, 322
Ougspurger, David 129, 148–151, 261, 320, 322–323
Ougspurger, Hans Rudolf (1624–um 1680) 320
Ougspurger, Hans Rudolf (1655–?) 320–321
Ougspurger, Michael 128
Ovens, Jürgen 231
Ovid (Publius Ovidius Naso) 326

Paccotton (Richter) 311
Pantly (Gebrüder) 279, 282–284, 286
Pantly, Pierre 279
Passe, Crispjin van de 234
Pasteur, Jean Marc 186
Perelle, Gabriel 273, 275, 283
Perregaux, Samuel 116
Perregaux, Theophil 296, 304–305
Perregaux-von Wattenwyl, Katharina 116–118, 127, 185–186, 222, 293–305, 321–322, 325–327
Pesmes, de (Familie) 118, 295
Pesmes, François Louis de 118, 294–295, 321, 325–327
Peter (Steinhauer) 244
Peyer, Hans Martin 48
Pfister, Hans 243
Philipp II., König von Spanien 72
Philipp Ludwig, Pfalzgraf 69
Picinelli, Filippo 80, 253
Pillet, David 88
Pipin d. J., König 38
Piscator, Berchtoldus siehe Fischer, Berchtold (erwähnt 1226)
Piscator, Conradus siehe Fischer, Conrad (erwähnt 1293)
Plepp, Joseph 36–38
Plinius d. Ä. (Gajus Plinius Secundus) 253
Pommarede, Guillaume 103–104, 311
Pufendorff, Samuel 74
Puhler, Georg Philipp 311

Radau, Michael 79
Rägetzin (Posamentweberin) 180, 202
Rappach, Carl von 311
Rebhan, Johann 76
Reinhard, Franz 286
Reinking, Dietrich 61, 63
Reinkingk, Theodor von 75
Reusner, Elias 76
Reynold, de (Familie) 284
Richard (Tuchhändler) 312
Richelet, Pierre 81
Richelieu, Armand Jean du Plessis de 72, 81
Riediger, Johann Adam 132, 265–267, 269, 322
Rodt, K. F. Eduard von 90, 232–233
Rohr (Familie) 18
Roll, von (Familie) 260, 276, 278–279, 281, 286–287, 321
Roll, Johann Ludwig von 276
Roll, Maurus von 279, 287
Rolli, Samuel 307
Römerstal, von (Familie) 25
Römerstal, Georg von 18
Römerstal, Simon von 18
Römerstal-Fischer, Salome von 18
Roos, Theodor 117

Rosselet, Blasius 50
Roth, Eberhard Rudolph 74, 82
Röthlisberger, Peter 246
Rudolf II., deutscher Kaiser 166
Ryff, Hans 244–245
Ryff, Niklaus 250
Ryhiner, Emanuel 167
Ryhiner, Johann Friedrich 167

Sager, Hans Rudolf 17
Sager, Ulli 246
Sandrart, Jakob 71
Savoyen, Herzog von 35
Schellhammer, Abraham 167, 180, 235, 238, 265, 267, 272, 320
Schiele, Johann Georg 79
Schilling, Diebold 99
Schlumpf, Daniel 103–104, 312
Schlumpf, Jakob 104, 312
Schmid, Adolph 106
Schmitz, Niklaus 247
Schneider, Isaak 17
Schott, Anton 48
Schottel, Justus Georg 70, 81
Schurts, Cornelius Nikolaus 71
Schütz, Christen 149
Schwarzburg, Graf von 70
Schwertzig, Christof 248, 251
Seiler (Familie) 19
Seiler, Hieronymus 19
Semanus, Ioannes siehe Masen, Jacob
Sergeant (Monsieur) 50
Sickinger, Gregor 90, 199, 239
Siegenthaler, Peter 246
Simon, Friedrich 159
Sinner (Familie) 27–28
Sinner, Friedrich von 27
Sinner Johann Rudolf (1632–1708) 95, 101, 104
Sinner, Johann Rudolf (1658–1742) 88
Socin (Postmeister) 183
Sonnleitner, Georg 202–203
Spanheim, Ezéchiel 52
Speidel, Johann Jakob 76
Steck (Familie) 43
Steiger [schwarz] (Familie) 27
Steiger [schwarz], Caesar 241
Steiger [schwarz], Christoph (I) (1651–1731) 27
Steiger [schwarz], Christoph (II) (1694–1765) 27
Steiger [schwarz], David 53, 54
Steiger [schwarz], Emanuel 95, 312
Steiger [schwarz], Johann Rudolf 51
Steiger-Fischer [schwarz], Judith 38, 42, 53
Steiger [weiss] (Familie) 25
Stempfli, Hans 131
Stettler, Abraham 52
Stettler, Wilhelm 127, 262–266, 276, 312

Stieler, Kaspar von 70–71, 81
Stoppa, Giovanni Battista 78
Strauch, Georg 71
Streit, Arnold 238–239
Streit, Christen 307, 312
Stucki, Johannes 312
Stumpf, Johannes 165
Stürler (Familie) 22, 25, 28
Stürler (Hauptmann) 226
Stürler, Daniel 236, 238
Stürler, Vinzenz 48
Sulzer, Albert 48
Sury, Johann Josef von 287
Sury, Johann Viktor 287
Susan, Maurice 225, 310, 312
Sylvestre Dufour (Kaufmann) 142, 312

Tacitus, Publius Cornelius 64
Tanner, Ruedi 243
Tasso, Torquato 71, 80
Tavernier, Jean Baptiste 72–73, 82
Taylor, Thomas 78
Tellung, Johann Franz 272
Temple, William 81
Tesauro, Emmanuele 78
Tessier, Antoine 203–204
Thilo, Valentin 69, 79
Thormann (Familie) 16, 25
Thormann (Mitglied der Kommerzienkammer) 95
Thormann, Bartlome 16
Thormann, Georg 19, 24, 38
Thormann-Wagner, Ursula 19, 24, 37
Thormann, Hans Rudolf 37
Thurn und Taxis 166, 183, 186, 322
Tillier (Familie) 25, 43
Tillier, Abraham 104
Tillier, Jacob 51, 150
Titius, Caspar 78
Trachsel, Hans 167, 171, 179–180, 213, 312
Tribolet (Familie) 18, 24
Tribolet, Abraham 54
Tribolet, Franz Ludwig 95
Tribolet, Georg (1561–1623) 18–19
Tribolet, Georg (1579–1662) 19, 44, 53–54
Tribolet, Jakob 18
Tribolet, Rudolf 18
Tribolet-Werenfels, Judith 38, 44, 229
Tribolet-Willading, Anna 54
Tscharner (Familie) 25, 28, 128

Tscharner, Bernhard 19
Tscharner, Lucius 128
Tscharner, Samuel 312
Tscharner-von Mülinen, Madeleine 137
Tscharner-von Wattenwyl, Margaretha von 128
Tschiffeli (Familie) 43
Tschiffeli (Herr) 114
Tympe, Matthäus 79

Vaenius, Otto 290
Valois, Margarethe von 64
Vartenius, Samuel 50
Vernage, Etienne F. de 76
Veuillemier, Samuel 50
Vilain d'Aubonne, Jacques 312
Vilain, Jacques 98
Villedieu (Madame de) 73
Vintimille, François-Charles de 116
Vitrarius, Johann Jakob 60
Vitrarius, Philipp Reichard 60
Vogelsang (Familie) 257, 260, 276, 278–279, 286–287
Vogelsang, Johannes 278
Vogelsang, Michael 256, 258, 276, 278–279, 281–286, 288
Vogelsang, Wolfgang 278
Vogelsang-Stebler, Helena 278
Vogt, Berchtold 16
Völlger, Hermann 264
Vullyamoz, Jean-Baptiste 272
Vulpi, Jacob Anthon 203
Vultejus, Hermann 77

Wagner (Familie) 100
Wagner (Frau des Seckelmeisters) 312
Wagner, Hans Jacob 312
Wagner, Michael 92–93, 97
Wagner, Michel 246
Wagner, Sigmund 129
Wagner, Vincenz 312
Watteau, Jean Antoine 323
Wattenwyl, von (Familie) 22, 25, 28, 117, 293
Wattenwyl, Albrecht von 272
Wattenwyl, Alexander von 52
Wattenwyl, Elisabeth von 295
Wattenwyl, Ferdinand von 52
Wattenwyl, Gabriel von 116
Wattenwyl, Johann Jakob von 119
Wattenwyl, Niklaus von 272

Wattenwyl, Vinzenz Maximilian von 52
Weber, Bendicht 245
Wehrli, Ruedi 243
Weibel, Heinrich 248
Weibel, Ulli 243
Weingarten, Johann Jakob von 77
Weitebach (Capitaine) 312
Weitenbach, Burkhart 312
Wendelin, Marcus Friedrich 68, 76, 78
Werenfels, Jacob 229
Werenfels, Johann Rudolf 44, 220, 229–231
Werenfels-Ryff, Jaël 229
Werenfels-Ryhiner, Katharina 231
Werndle, Johann 77
Werner, Joseph 116, 118, 127, 185, 222, 229, 276, 293–305, 321–323, 325–327
Wernier, Niclaus 138, 142
Wernier, Niklaus 312
Wicquefort, Abraham van 72, 78
Widerhold, Hermann 312
Willading (Familie) 25
Willading, Christian 100, 312
Willading, Johann Friedrich 119
Willading, Johann Rudolf 100–101, 103–104
Willading, Kaspar 100
Witz, Konrad 46
Wolleb, Johannes 68, 78
Wurstemberger (Familie) 20, 24–25
Wurstemberger (Venner) 104
Wurstemberger, Hans Rudolf 20, 24
Wurstemberger, Simon (?–1548) 20
Wurstemberger, Simon (?–1577) 20
Wurstemberger-Fischer, Euphrosine 20
Württemberg, Herzöge von 46
Wyss (Familie) 43, 100
Wyss (Landvogt) 167
Wyss, Kaspar 156
Wyss-Fischer, Euphrosine 141, 308, 310
Wyttenbach (Familie) 25

Zehender (Familie) 18, 22, 25
Zehender, Markwart 53
Zesen, Philipp von 71, 80
Ziegler, Jacob 150
Zincgref, Julius Wilhelm 69–70, 79
Zollinger, Albrecht 196
Zurkinden (Familie) 17
Zurkinden, Niklaus 17
Zwinger, Theodor 43, 44

Ortsregister

Aarau 19, 52, 119, 182, 192–193, 195, 242–243, 247–248, 251
Aarberg 164, 167–168, 191–195
Aarburg 167, 182, 192–193, 195
Aargau 119, 163, 195, 270–271
Aarwangen 39, 40, 110, 193, 247, 251
Aegelsee *siehe* Zollikofen
Aigle 19, 50
Altdorf 47, 308
Amsterdam 229, 231
Aosta 186, 193
Arras 68
Athen 44
Attiswil 243–246, 251
Ätzigkofen 131
Aubonne 98
Augsburg 193, 218, 219, 228, 294
Augst 38
Autigny 258, 279, 285–286
Avenches 17, 38, 167, 182, 192–194
Aventicum *siehe* Avenches

Baden 46, 142, 165, 169, 193, 212, 228, 310, 312
Baden-Durlach 46
Balliswil 279, 287
Balsthal 183, 186, 193
Basel 17, 32–33, 35–36, 38, 43–50, 56, 67–68, 95, 106, 138, 141, 163–164, 167, 172, 175–176, 179–180, 183, 186, 191–194, 200, 205, 209–211, 213–214, 216, 219, 226, 229, 231, 310–311, 319
Bavois 37
Bellerive 26, 32, 49, 98, 110, 115, 118
Belp 13, 324
Bergamo 194
Berlin 227–228, 310
Biberist 260, 286–288
Biberstein 21
Biccocca 13
Biel 193, 211, 218–219, 272
Bipp 13, 19, 33, 38–42, 44, 165, 167, 245–246, 251
Bipperamt 38, 40

Bleienbach 38
Blumenstein 171
Böhmen 105, 147
Bonmont 17, 116
Bordeaux 64
Borisried 307
Bourges 46, 64
Brandenburg 74, 127, 187
Brandis 324
Braunschweig 72
Bremgarten 37, 128, 263, 269, 321
Brugg 163, 193, 195
Brüssel 61
Bümpliz 150, 324
Burgdorf 38, 110–112, 182, 192–194, 219
Burgistein 324
Burgund 36–37, 72, 113–115, 118, 167–169, 218–219, 324

Chur 128
Colmar 48
Concise 18
Coppet 272
Cressier 272, 279, 282–284, 286

Deutschland 58–63, 67, 74, 110, 123–124, 127, 147–148, 163–164, 166, 169, 172, 175, 177–180, 183, 186, 192–193, 196–197, 206, 209, 212, 218–219, 231, 235
Deutsches Reich *siehe* Deutschland
Diessbach *siehe* Oberdiessbach
Düdingen 279, 287
Durlach *siehe* Baden-Durlach

Eichberg 26
Eidgenossenschaft *siehe* Schweiz
Einsiedeln 278–279, 287
Elsass 106, 117, 183
Emmental 37, 105, 132–133, 194
England 35, 55, 72, 74, 86, 117, 186, 235
Erfurt 70
Erlach 92, 193
Essert 279, 284, 286
Europa 42, 50, 163

Feldbrunnen 257, 278, 286–287
Flandern 175
Flumenthal 250–251
Fontainebleau 235
Franche-Comté *siehe* Burgund
Franeker 43
Frankfurt an der Oder 44, 47
Frankfurt am Main 43, 69, 73, 202, 218–219, 233
Frankreich 37, 41, 46, 49, 50, 53, 58, 60, 64–65, 70–71, 94–95, 100, 114, 116–117, 122, 163–164, 167–169, 172, 177–178, 180, 183–184–188, 192, 196–197, 201, 206–207, 211–215, 218–219, 229, 233, 235, 295–296, 299, 321, 327
Fraubrunnen 19, 21, 192
Freiburg im Üchtland 99, 137, 164, 178, 188, 193–194, 257, 278–279, 286
Freiburg im Breisgau 99
Freigrafschaft *siehe* Burgund
Fribourg *siehe* Freiburg im Üchtland

Gals 18
Genf 33, 36, 38, 43, 48–52, 60, 68–69, 73, 85, 115, 138, 142, 163, 167–168, 171–172, 175–176, 178–180, 182, 190–194, 196, 200–201, 205–206, 209–211, 213–216, 218–219, 225–229, 296, 310–312, 319
Gerzensee 269, 321
Gex 168
Giessen 70
Givisiez 279, 285–286
Gotthard 162, 186–188, 194, 196
Gottorf 231
Granges-Marnand 272
Graubünden 308
Groningen 43, 48
Grosser St. Bernhard 186, 188
Guévaux 17–18
Gümligen 238, 241
Gümmenen 192

Habsburg 54
Hamburg 70

Heidelberg 43, 47, 49, 68–69
Heimenhausen 249, 251
Helmstedt 44, 47
Herborn 43
Herzogenbuchsee 16, 38, 41, 248, 250–251
Holland *siehe* Niederlande
Holligen 324
Huttwil 41

Interlaken 17, 19
Italien 46, 58–59, 61, 63–64, 70, 72, 186, 192, 197, 209, 212, 214–215, 218–219, 229, 253, 255, 257, 273, 276, 321, 322, 324

Jegenstorf 293, 297, 322–324, 326–327
Jena 44, 47, 61, 67, 70
Jetzikofen 149

Kassel 47
Kirchlindach 131
Klus 38
Köln 61, 69
Königsberg 69
Köniz 307
Konstanz 193
Koppigen 110–111
Kur-Brandenburg 74

L'Isle 272
La Lance 18
La Neuveville 193
Landgarben *siehe* Zollikofen
Landshut 167
Langental 38
Langenthal 41, 109, 112, 114, 182, 192–194, 219, 245, 251
Langnau 245–246, 251
Laupen 128, 321–322
Lauperswil 246
Lausanne 43, 99, 141, 167, 171, 186, 192–193, 272, 310, 324
Le Landeron 18
Le Locle 271–272, 309

Leiden 43, 47, 60–61, 69, 70, 144
Leipzig 44, 47, 67–68, 70, 97
Lenzburg 34, 37, 167, 182, 193, 195
Liebegg 16
Lindau 163, 193, 212
Lombardei 175, 183, 196, 207
London 68, 72
Lorraine 72
Lothringen 114, 117
Lötschenpass 206
Lotzwil 110, 114, 192, 246, 249, 251, 311–312, 321
Löwen 61, 68
Lucca 49
Lugano 17
Lutry 137, 311
Lützelflüh 310
Luzern 16, 179, 188, 193–194, 200, 308
Lyon 35, 58, 74, 85, 138, 142, 163–164, 180, 183, 190, 193–194, 196, 201, 207, 214–215, 225, 227, 296, 310–312

Madrid 72
Mähren 105
Mailand 169, 194, 196, 207
Marburg 43, 46
Marseille 98
Mellingen 193, 212–213
Montauban 43
Montbéliard 48
Montelimar 310
Montreux 324
Moos *siehe* Zollikofen
Morea 320
Morges 118, 167, 192–193, 321–323, 325–327
Moudon 36, 167, 192–193, 270, 272
Muhleren 312
Mülhausen 48
Münchenwiler 19
Münsingen 308, 324
Mur 18, 26
Murten 17, 21, 36, 163, 168, 182, 191, 193–194, 218–219

Nantes 94, 117
Neuchâtel *siehe* Neuenburg
Neuenburg 50, 114, 137, 140, 167, 179, 187, 192–193, 200, 206, 213–214, 216, 218–219, 269–272, 278–281, 286, 289, 311
Neuenstadt 18
Neufchatel *siehe* Neuenburg
Nidau 226, 310, 319
Niederbipp 246, 251
Niederbühlikofen *siehe* Zollikofen
Niederlande 35, 43, 60–61, 86, 186, 229, 235
Nîmes 51, 203–204
Nürnberg 61, 70, 163–164, 175, 193, 212, 214–215, 218–219
Nyon 167, 192

Oberaargau 37–38, 57
Oberauswil 247, 251
Oberbalm 308
Oberbühlikofen *siehe* Zollikofen
Oberdiessbach 272, 321
Oberlindach *siehe* Kirchlindach
Oberried 13, 26
Oetenbach 89–90
Orange 70
Orléans 43, 52, 56, 64
Ortschwaben 131, 136, 149
Österreich 147, 175, 183, 325

Paderborn 69
Padua 44
Paris 43, 44, 49, 64–65, 68, 87, 117, 139, 168–169, 187, 201, 214, 231, 233, 235, 255, 270, 272, 283, 290
Payerne 167, 192–193
Pfalz 52, 105, 106
Piemont 186, 196–197, 207
Pommersfelden 241
Pongibon 142
Pontarlier 187, 193, 206
Prag 125
Preussen 47, 127, 187

Rappersweyer 106
Reichenbach 12, 19, 26, 33, 46, 66, 97, 114, 116, 119, 125–126, 128–137, 139–140, 142, 148–153, 162, 185, 197, 201, 206, 222–225, 228, 238, 243, 251, 256–257, 260–261, 263–266, 269, 271–280, 282–284, 286–291, 293–296, 307–309, 311, 320–327
Rheineck 308
Rheingebiet 186
Riedern 321
Roggwilerfeld 38
Rom 41, 46, 51, 61, 72
Romainmôtier 37, 100, 324
Ropraz 272
Rostock 47
Röthenbach 132, 155, 246, 248, 251
Rudolstadt 70
Rued 16
Rumisberg 245, 251
Rümligen 15
Rüttenen 287

Sachsen 48
Salève 50
Saumur 43–44
Savoyen 20, 114–115, 186, 196–197, 324
Schaffhausen 166, 172, 175–176, 178–179, 186, 192–193, 195–196, 205–206, 210–216, 219
Schenkenberg 92
Schinznach 269, 271–272, 321
Schlesien 47
Schleswig-Holstein 231
Schweiz 36–37, 44–45, 70, 72, 93, 95, 106, 117–118, 163–164, 166–168, 170, 178, 190, 192, 196, 200, 261, 265, 279, 323
Sedan 43
Seftigen 15, 137
Simplon 186–188, 196, 207
Solothurn 19, 36, 38, 40–41, 72, 113, 116, 163–164, 168, 178, 182, 186, 191, 193–195, 211–212, 214, 218–219, 241, 243–244, 248–249, 260, 276, 278–281, 286–287, 321, 323

Spanien 72, 147, 168–169, 175, 183, 196
Spiez 26, 324
St. Blaise 137, 222, 271–272, 309, 322
St. Emmerich 69
St. Gallen 95, 97, 164–165, 168, 177, 179–180, 182, 193, 205, 212, 216, 218–219
St. Johannsen 92, 269
St. Julien 115
St. Maurice 194
St. Petersinsel 143
St. Saphorin 118, 293–295, 321–323, 325–327
St. Urban 112, 291
Steinbrugg 287
Steinenbach *siehe* Zollikofen
Strassburg 43, 44, 47–48, 50, 68, 169, 183
Subigen 109–110
Sumiswald 41
Sursee 193, 218

Ternier 20
Thorberg 110–111
Thörigen 110, 114
Thörishaus 307
Thun 12, 15–16, 37, 98, 143, 183, 185, 321, 324
Tirano 37
Toffen 324
Trier 69
Tübingen 47, 48, 61–62
Turin 35, 115, 142, 196, 207, 310

Ulm 74, 163, 193, 212, 214–215, 218–219
Ungarn 147
Unterseen 17
Utrecht 43

Valangin 50, 116, 187
Venedig 115, 135, 320
Versailles 233
Vevey 141, 167, 180, 192, 225, 310

Waadt 37, 39, 109, 114–115, 118, 145, 150, 163, 168, 270–271, 293, 295
Wallis 187–188, 193, 207, 218–219
Walliswil 38
Wangen 13, 16, 26, 32–34, 38–40, 46, 57, 61–63, 74, 84–85, 93, 95, 101, 108–114, 121, 129, 138, 140–142, 144, 146–148, 167, 183, 192–193, 212, 222–227, 238–247, 249–253, 255–256, 258–261, 265, 273, 276, 278–279, 286, 288, 296, 308, 313, 319–320, 322
Wangenried 38
Wattenwil 171
Wengi 307
Westfalen 47
Westindien 142
Weyler *siehe* Wyler
Wiedlisbach 39–41, 165
Wien 115, 125, 148, 241
Willisau 16, 193, 218–219
Wittenberg 44, 47, 67–68, 70
Wohlen 306–308
Wolfenbüttel 70
Worb 321, 324
Worblaufen 119
Württemberg 46, 197
Würzburg 241
Wyler 123–125, 129, 148, 261
Wynigen 182

Yverdon 311–312

Zerbst 68
Zofingen 38, 101
Zollikofen 119, 128, 131–132, 149, 153–155, 267, 272, 286
Zossen 47
Zürich 85, 89–90, 95, 97, 114–115, 164–170, 172, 176–182, 186, 191–196, 200, 203, 205–206, 209–214, 216, 218–219, 224, 227–228, 293, 310–311
Zweisimmen 92, 101

Abbildungsnachweis

Amsterdam, Bibliotheek van de Universiteit: 99
Basel, Kunstmuseum: 18
Basel, Universitätsbibliothek: 11, 19, 65
Bern, Bernisches Historisches Museum; Fotograf Karl Buri: 44
Bern, Bernisches Historisches Museum; Fotograf Stefan Rebsamen: 16, 41, 47, 129
Bern, Burgerbibliothek; Fotograf Jürg Bernhardt: 15, 20, 23, 25, 26, 40, 42, 48, 52, 55, 93, 131
Bern, Burgerbibliothek; Fotograf Martin Hesse: 8, 62, 139
Bern, Burgerbibliothek; Fotograf Gerhard Howald: 2, 3, 5, 6, 7, 9, 10, 14, 49, 50, 51, 56, 60, 130, 132
Bern, Denkmalpflege des Kantons Bern; Clichépläne Rolf Bachmann: 146, 147
Bern, Denkmalpflege des Kantons Bern; Planaufnahmen Emil Bürki: 110, 116
Bern, Denkmalpflege des Kantons Bern; Fotograf Edouard Fallet: 133
Bern, Denkmalpflege des Kantons Bern; Fotograf Hans A. Fischer: 174
Bern, Denkmalpflege des Kantons Bern; Fotograf Hermann von Fischer: 53, 54, 125
Bern, Denkmalpflege des Kantons Bern; Fotograf Johannes Gfeller: 28, 148, 149, 150, 151, 153 (digitale Bildmontage Abb. 153: Conz von Gemmingen. Baugruppe Architekten), 161, 166, 167, 173, 175, 178, 179, 180, 181, 182, 183, 184, 185
Bern, Denkmalpflege des Kantons Bern; Repros Georges Herzog: 98, 145, 165
Bern, Denkmalpflege des Kantons Bern; Fotograf Martin Hesse: 24, 81, 95, 96, 97, 100, 104, 105, 140, 176
Bern, Denkmalpflege des Kantons Bern; Fotograf Gerhard Howald: 61, 108, 109, 111, 112, 113, 114, 115, 118, 122, 124, 126 (digitale Bildmontage Abb. 126: Conz von Gemmingen. Baugruppe Architekten), 134, 141, 186, 198, 199, 200
Bern, Denkmalpflege des Kantons Bern; Planaufnahmen KDM: 101, 103
Bern, Denkmalpflege des Kantons Bern; Fotograf Peter Subal: 158, 163
Bern, Museum für Kommunikation: 4, 83
Bern, Schweizerische Post, Briefmarken und Philatelie; Fotograf Jürg Bernhardt: 88
Bern, Staatsarchiv des Kantons Bern; Fotograf Jürg Bernhardt: 13, 39, 43, 45, 46, 57, 58, 59, 63, 69, 70, 90, 102, 106, 107, 135, 136, 137, 138
Bern, Staatsarchiv des Kantons Bern; Fotograf Hans Hostettler: 12
Bern, Stadt- und Universitätsbibliothek StUB; Fotograf Jürg Bernhardt: 22, 27, 29, 30, 31, 34, 35, 36, 37, 38, 66, 68, 72, 73, 74, 75, 76, 77, 79, 86, 87
Bern, Stadt- und Universitätsbibliothek StUB; Online: 21
Chavannes-près-Renens, Monuments d'art et d'histoire du canton de Vaud: 143
Freiburg i. Ü., Amt für Kulturgüter: 119, 159, 164, 168, 170, 172
Frankfurt am Main, Stadt- und Universitätsbibliothek: 84
Genf, Musée de l'horlogerie et de l'émaillerie: 92
Gottorf, Schleswig-Holsteinisches Landesmuseum, Schloss Gottorf: 94
Jegenstorf, Stiftung Schloss Jegenstorf; Fotograf Jürg Bernhardt: 188, 189, 190, 191, 192, 193, 194, 195, 196, 197
Münster in Westfalen, Stadtarchiv: 67
Neuenburg, Monuments d'art et d'histoire du canton de Neuchâtel: 142, 156, 177, 201
Paris, Bibliothèque Nationale de France: 117, 120, 123, 127, 128, 155, 157, 160, 162, 169, 171

Privatbesitz; Fotograf Jürg Bernhardt: 1, 64, 89, 187
Privatbesitz; Fotograf Hermann Völlger: 144
Privatbesitz; Fotograf Markus Mühlheim: 17
Privatbesitz: 32
Solothurn, Denkmalpflege des Kantons Solothurn: 121, 152, 154
Wolfenbüttel, Herzog-August-Bibliothek: 33
St. Gallen, Stadtarchiv: 71, 80
Zürich, Schweizerisches Landesmuseum: 91
Zürich, Zentralbibliothek: 85
Pläne; Entwurf Thomas Klöti, Ausführung Steven Götz: 78, 82

Publikationen der Burgerbibliothek Bern

Schriften der Burgerbibliothek Bern
(bis 1991:
Schriften der Berner Burgerbibliothek)

Georges Grosjean: Berns Anteil am evangelischen und eidgenössischen Defensionale im 17. Jahrhundert. Bern 1953; XVI+277 Seiten, 2 Tafeln, Beilage: 1 Karte.

Christoph v. Steiger: Innere Probleme des bernischen Patriziates an der Wende zum 18. Jahrhundert. Bern 1954; x+131 Seiten, 1 Tafel (vergriffen).

Anita Dübi: Die Geschichte der bernischen Anwaltschaft. Bern 1955; XIV+197 Seiten, 1 Tafel (vergriffen).

Berner Erinnerungen aus der Zeit des Überganges. Bern 1956; 276 Seiten, 1 Tafel (vergriffen).

Fritz Häusler: Das Emmental im Staate Bern bis 1798. Die altbernische Landesverwaltung in den Ämtern Burgdorf, Trachselwald, Signau, Brandis und Sumiswald, Band I. Bern 1958; XII+338 Seiten, 1 Farbtafel (vergriffen).

Michael Stettler: Bernerlob. Versuche zur heimischen Überlieferung. Bern 1963, 5. Aufl. 1984; 278 Seiten, 43 Abbildungen (davon 1 Farbtafel).

Michael Stettler: Neues Bernerlob, Versuche zur Überlieferung. Bern 1967; 244 Seiten, 55 Abbildungen (davon 1 Farbtafel).

Fritz Häusler: Das Emmental im Staate Bern bis 1798. Die altbernische Landesverwaltung in den Ämtern Burgdorf, Trachselwald, Signau, Brandis und Sumiswald, Band II. Bern 1968; x+381 Seiten, Beilage: 2 Karten (vergriffen).

Carl Gerhard Baumann: Über die Entstehung der ältesten Schweizer Bilderchroniken (1468 bis 1485) unter besonderer Berücksichtigung der Illustrationen in Diebold Schillings Grosser Burgunderchronik in Zürich. Bern 1971; XII+108 Seiten, 44 Abbildungen (davon 2 Farbtafeln), 1 mehrfarbige Übersichtstafel.

Michael Stettler: Aare, Bär und Sterne. Vermischte Schriften. Bern 1972; 424 Seiten, 93 Abbildungen (davon 2 farbig).

Berchtold Weber: Historisch-topographisches Lexikon der Stadt Bern in ihren Grenzen vor der Eingemeindung von Bümpliz am 1. Januar 1919. Bern 1976; 324 Seiten, 22 Abbildungen, Beilage: 2 Stadtpläne (vergriffen).

Ulrich Moser: Schultheiss Hans Steiger. Bern und die Waadt in der Mitte des 16. Jahrhunderts. Bern 1977; 186 Seiten, 1 Tafel.

Hans Strahm: Der Chronist Conrad Justinger und seine Berner Chronik von 1420. Bern 1978; 185 Seiten, 17 Abbildungen (davon 1 Farbtafel).

Urs Martin Zahnd: Die Bildungsverhältnisse in den bernischen Ratsgeschlechtern im ausgehenden Mittelalter. Verbreitung, Charakter und Funktion der Bildung in der politischen Führungsschicht einer spätmittelalterlichen Stadt. Bern 1979; 360 Seiten, 1 Farbtafel.

Michael Stettler: Machs na. Figuren und Exempel. Bern 1981; 444 Seiten, 78 Abbildungen (davon 8 farbig). *Ausgezeichnet im Wettbewerb «Die schönsten Schweizer Bücher».*

François de Capitani: Adel, Bürger und Zünfte im Bern des 15. Jahrhunderts. Bern 1982; 144 Seiten, 1 Farbtafel.

Urs Martin Zahnd: Die autobiographischen Aufzeichnungen Ludwig von Diesbachs. Studien zur spätmittelalterlichen Selbstdarstellung im oberdeutschen und schweizerischen Raume. Bern 1986; 487 Seiten, 18 Abbildungen (davon 1 Farbtafel und 1 Stammtafel).

Barbara Braun-Bucher: Der Berner Schultheiss Samuel Frisching (1605–1683). Schrifttum, Bildung, Verfassung und Politik des 17. Jahrhunderts auf Grund einer Biographie. Bern 1991; 588 Seiten, 5 Abbildungen (davon 1 Farbtafel, 1 Tafel schw./w., 2 Stammtafeln, 1 handschriftl. Traktat). *Ausgezeichnet im Wettbewerb «Die schönsten Schweizer Bücher».*

Robert L. Wyss: Handwerkskunst in Gold und Silber. Das Silbergeschirr der bernischen Zünfte, Gesellschaften und burgerlichen Vereinigungen. Bern 1996; 332 Seiten, 241 Abbildungen (davon 6 farbig). *Ausgezeichnet im Wettbewerb «Die schönsten Schweizer Bücher».*

Franz Bächtiger, Pierre Cimaz, Rudolf Dellsperger, Hanns Peter Holl, Ulrich Knellwolf, Martin Schlappner, Doris Stump, Albert Tanner: «... zu schreien in die Zeit hinein ...». Beiträge zu Jeremias Gotthelf/Albert Bitzius (1797–1854). Bern 1997; 283 Seiten, 25 Abbildungen (davon 3 farbig). *Ausgezeichnet im Wettbewerb «Die schönsten Schweizer Bücher».*

Georges Herzog: Albrecht Kauw (1616–1681). Der Berner Maler aus Strassburg. Bern 1999; 400 Seiten, 350 Abbildungen (davon 40 farbig).

Hermann v. Fischer: Fonck à Berne. Möbel und Ausstattungen der Kunsthandwerkerfamilie Funk im 18. Jahrhundert in Bern. Bern 2001; 376 Seiten, 713 Abbildungen (davon 174 farbig); 2., verbesserte Auflage Bern 2002.

Die Burgerbibliothek Bern. Archiv, Bibliothek, Dokumentationsstelle. Bern 2002; 152 Seiten, 73 Abbildungen (davon 33 farbig).

Weber, Berchtold; Ryser, Martin: Wappenbuch der Burgergemeinde Bern. Herausgegeben von der Burgergemeinde Bern. Bern 2003; 352 Seiten.

Kataloge der Burgerbibliothek Bern

Otto Homburger: Die illustrierten Handschriften der Burgerbibliothek Bern. Die vorkarolingischen und karolingischen Handschriften. Bern 1962; 182 Seiten Text und Register, 63 Kunstdruckseiten mit 158 Abbildungen (davon 10 Farbtafeln).

Hans Haeberli und Urs Boschung: Albrecht von Haller 1708–1777. Ausstellung im Hallersaal der Burgerbibliothek Bern, 6. Oktober bis 20. November 1977. Bern 1977; 64 Seiten, 10 Abbildungen (davon 1 Farbtafel).

Bee Juker und Gisela Martorelli (Hg.): Jeremias Gotthelf [Albert Bitzius] 1797–1854. Bibliographie 1830–1975. Gotthelfs Werk – Literatur über Gotthelf. Bern 1983; 464 Seiten, 1 Tafel.

Jährlich erscheint seit 1975:
Bibliographie der Berner Geschichte. Redaktion: Mathias Bäbler.

Weitere Publikationen

Schätze der Burgerbibliothek Bern. Hg. im Auftrag der burgerlichen Behörden der Stadt Bern anlässlich der 600-Jahr-Feier des Bundes der Stadt Bern mit den Waldstätten. Bern 1953; 135 Seiten, 32 Tafeln (davon 8 farbig).

Diese Publikationen sind über den Buchhandel erhältlich.
Die «Schriften der Burgerbibliothek Bern» erscheinen im Stämpfli Verlag AG, Bern.

Fischer Family Tree

[Genealogical chart of the Fischer family of Bern, with heraldic coats of arms arranged on branches of a family tree. The chart traces descent from Berchtold Fischer (ca. 1226) down through numerous generations into the 19th century. A bear figure (the Bernese heraldic bear) stands at lower right holding a sword and banner.]

Ancestry Table (lower left)

	Niklaus, Venner zu Thun 1330, Harnet. II Barb. Müllerin. III Elsbet Rütschelin. Mitglied des Raths, gehört der Familie Fischer von Bern.	**Crispinus** s.E. 1341, A.E. 1358 †1363. I Alia Ättlingen. II Vera Meyenstein. Eine ausgezeichnete Verwandtschaft der Familie Fischer zu Thun.
	Niklaus, Venner zu Thun 1399.	**Heinrich**, A.E. 1445.
Hänsli, 1430.	**I Walther**, Landvogt zu Thun 1450. **II Niklaus** 1463. **III Benedict** 1468.	
I Heinrich, 1500.	**II Werner**, Landvogt zu Bern u. Walter 1518. **I Anton**, A.E. 1538. **II Peter**, J.E. 1467, Jupert Peter Fischer u. Johan? eher 1500.	
	Johannes, 1500.	**I Johann**, A.E. 1517, J.E. Rudolf 1519. **II Peter**, J.E. 1521, J.E. Rudolf 1540.
I Niklaus, 1309, J.E. Rath 1333, Hgr. Anna von Balm.	**II Rudolf**, 1309 Hgr. Clara von Hansweil 1334.	**III Cenrad** 1308 Hauptmann der Schwer zu Bern.	**Walther**, der Reiche, J.E. Land. J.E. Rath z. Thun.
I Johann †u. Sad. **II Burkard**.	**III Niklaus** †1308.		**Walther**, J.E. 1350 Pfar. 1353.
	I Cenrad J. Rath, J.E. Bern 1240.	**II Heinrich** J.E. 1538. **III Johann** M? 1291. **IV Peter**, J.E. 1260.	**V Berchtold** J.E. 1286 Canonicus zu Bolligen z. Thun.
	I Johann, J. Rath, J.E. Bern 1280.	**II Heinrich**, Rundlich, J.E. Rath 1230. Grinda zu Esscherten.	
	BERCHTOLD FISCHER des Rath zu Bern de 1226. Canzellarius oder Stadtschrift zu 1227. Mitbegründer des Nunnenkolsters. Grunder der Familie Fischer zu Bern und zu Thun.		

Banner (lower right)

Burkard Fischer, erzyh. Bern 1528. Tochter des Herrschaftsherrn zu Tüek, der Gemeinde Niklaus Fischer zu Thun, comme Baum Geschlechts, dessen wichtige Data alle Urkunden des im fürstlichen Bürgerrechte erscheinen und nichtdenn in Bern verpflanzt, im gemeinschaftlichen Stammnuster...